Enciclopédia de Direito e Segurança

Enciclopédia de Direito e Segurança

Coordenação:
JORGE BACELAR GOUVEIA
SOFIA SANTOS

2015

ENCICLOPÉDIA DE DIREITO E SEGURANÇA

COORDENAÇÃO
Jorge Bacelar Gouveia
Sofia Santos

EDITOR
EDIÇÕES ALMEDINA, S.A.
Rua Fernandes Tomás, n.ᵒˢ 76, 78 e 80
3000-167 Coimbra
Tel.: 239 851 904 · Fax: 239 851 901
www.almedina.net · editora@almedina.net

DESIGN DE CAPA
FBA.

IMPRESSÃO E ACABAMENTO
??????????

Abril, 2015

DEPÓSITO LEGAL
000000/15

Apesar do cuidado e rigor colocados na elaboração da presente obra, devem os diplomas legais dela constantes ser sempre objecto de confirmação com as publicações oficiais.

Toda a legislação contida na presente obra encontra-se actualizada de acordo com os diplomas publicados em Diário da República, independentemente de terem já iniciado a sua vigência ou não.

Toda a reprodução desta obra, por fotocópia ou outro qualquer processo, sem prévia autorização escrita do Editor, é ilícita e passível de procedimento judicial contra o infractor.

 GRUPOALMEDINA

BIBLIOTECA NACIONAL DE PORTUGAL – CATALOGAÇÃO NA PUBLICAÇÃO

ENCICLOPÉDIA DE DIREITO E SEGURANÇA

Enciclopédia de direito e segurança/coord. Jorge Bacelar Gouveia
ISBN 978-972-40-5494

I – GOUVEIA, Jorge Bacelar, 1966-

CDU 34

NOTA PRÉVIA

Permita-me o leitor expressar o maior gosto que tive – um verdadeiro privilégio – em organizar a *Enciclopédia de Direito e Segurança*, que agora se dá à estampa pela Livraria Alemdina, no âmbito de uma nova coleção editorial dedicada a estas matérias.

Mas esse gosto duplica por esta obra representar – além da qualidade intrínseca dos autores e dos textos aqui incluídos – a consolidação de um trabalho que tem agora cerca de dez anos no ensino e na investigação dos domínios da óbvia complementaridade do Direito e da Segurança no contexto próprio do Estado Democrático.

Só posso por isso agradecer não apenas aos numerosos colaboradores desta obra como sobretudo à NOVA Direito – Faculdade de Direito da Universidade Nova de Lisboa (www.fd.unl.pt), ao CEDIS – Centro de Investigação & Desenvolvimento sobre Direito e Sociedade (cedis.fd.unl.pt) e ao Instituto de Direito e Segurança (www.ides.pt) a co-organização de inúmeras iniciativas nestas áreas disciplinares.

Quero ainda deixar uma palavra de futuro para todos aqueles que, ano após ano, têm vindo a participar nos Estudos de Direito e Segurança: garantir-lhes que vamos continuar, de uma forma cada vez mais empenhada, aperfeiçoando metodologias e aprofundando os conteúdos de ensino e de investigação.

Lisboa, 6 de Janeiro de 2015

Jorge Bacelar Gouveia
Sofia Santos

COLABORADORES

Alice Feiteira
Mestre em Direito pela Faculdade de Direito de Lisboa, doutoranda da Faculdade de Direito da Universidade Nova de Lisboa, docente universitária, Auditora de Defesa Nacional, Directora da Colecção Segurança e Defesa e Especialista em Segurança Interna.

André Ventura
Licenciado em Direito pela Faculdade de Direito da Universidade Nova de Lisboa, tendo obtido o Grau de Doutor em Direito pela University College Cork (UCC). É Professor Auxiliar da Universidade Autónoma de Lisboa e Professor Convidado e Subdirector do Mestrado em Direito e Segurança da Faculdade de Direito da Universidade Nova de Lisboa. É autor de diversas publicações no âmbito do Direito Criminal e Fiscal, sendo Investigador Permanente do Centre for Criminal Justice and Human Rights – Irlanda (CCJHR) e do Centro de Pesquisas e Estudos Jurídicos de Mato Grosso do Sul – Brasil (CEPEJUS).

Armando Marques Guedes
Estudou no Instituto Superior de Ciências Sociais e Políticas (ISCSP), na *London School of Economics and Political Science* (LSE), e na *École des Hautes Études en Sciences Sociales* (EHESS), em Paris. Doutorou-se na Faculdade de Ciências Sociais e Humanas (FCSH), Universidade Nova de Lisboa. Agregou-se em Direito na Faculdade de Direito da Universidade Nova de Lisboa (FDUNL). É Professor Associado com Agregação, de nomeação definitiva, desta última, do Instituto de Estudos Superiores Militares (IESM), Ministério da Defesa, e do Instituto de Ciências Policiais e Segurança Interna (ISCPSI), Ministério da Administração Interna. Entre outras posições, foi Presidente do Instituto Diplomático, no Ministério dos Negócios Estrangeiros e Director de *Policy Planning* do mesmo Ministério, e Presidente da Assembleia Geral da Sociedade Portuguesa de Direito Internacional (SPDI). É autor de dezasseis livros e mais de cem artigos e membro de uma vintena de Sociedades científicas, cá e no estrangeiro.

Arménio Marques Ferreira
Licenciado em Direito e mestre em Ciências Jurídicas pela Faculdade de Direito da Universidade de Lisboa

Constança Urbano de Sousa

É Doutora em Direito, Professora Associada da Universidade Autónoma de Lisboa e do Instituto Superior de Ciências Policiais e Segurança Interna, Investigadora Integrada do Ratio Legis, professora convidada da Pós-Graduação de Aperfeiçoamento em Direito da Investigação Criminal e da Prova da Faculdade de Direito de Lisboa. É consultora da Fundação Calouste Gulbenkian e da AM-Advogados. É perita da Comissão Europeia, do Comité das Regiões e do International Centre for Migration Policy Development. É membro da Rede Académica Odysseus de estudos jurídicos sobre imigração e asilo na Europa, coordenada pela Universidade Livre de Bruxelas, onde lecciona no curso de direito europeu de imigração e asilo. Foi presidente do Comité Estratégico Imigração, Fronteiras e Asilo da UE (2007), tendo sido coordenadora do núcleo Justiça e Assuntos Internos da Representação Permanente de Portugal junto da UE (2006-2012).

Duarte Caldeira

Licenciado em Gestão (ISEG). É atualmente coordenador do Curso de Extensão Universitária em Emergência e Proteção Civil da Nova Direito e Presidente do Conselho Diretivo do Centro de Estudos e Intervenção em Proteção Civil (CEIPC). DE 2000 a 2001, foi adjunto do Comissário para a Transição em Timor-Leste, com os pelouros de Proteção Civil e Ajuda Humanitária. De 20002 a 2010, foi Presidente da Escola Nacional de Bombeiros e de 2000 a 2011 presidiu à Liga dos Bombeiros Portugueses. É autor de vários artigos em diversas áreas do Sistema de Proteção Civil.

Duarte Lynce de Faria

Atualmente Diretor do Planeamento e Projetos Estratégicos dos portos de Setúbal e Sesimbra. É licenciado em Ciências Jurídico-Económicas e mestre em Direito Internacional pela Faculdade de Direito de Lisboa. Possui uma pós-graduação em Gestão do Transporte Marítimo e Gestão Portuária pelo ISEG e um diploma de Estudos Avançados pela Universidade da Extremadura (Espanha) em Direito Internacional Privado. Foi oficial da Armada, administrador do Instituto Marítimo-Portuário e administrador do porto de Sines.

Felipe Pathé Duarte

Professor Auxiliar no Instituto Superior de Ciências Policiais e de Segurança Interna, sendo ainda investigador integrado no Instituto de Direito Penal e Ciências Criminais da Faculdade de Direito da Universidade de Lisboa, e investigador associado no Centro de Investigação & Desenvolvimento sobre Direito e Sociedade da Faculdade de Direito da Universidade Nova de Lisboa. É mestre e doutorado e em Ciência Política e Relações Internacionais pela Universidade Católica Portuguesa e licenciado em Filosofia pela Universidade de Coimbra. Foi investigador visitante na Universidade de Oxford e no *Counterterrorism and Homeland Security Program,* do *Center for Strategic and International Studies,* em Washington DC. Pertence à direcção e é porta-voz do Observatório de Segurança, Criminalidade Organizada e Terrorismo. É membro da Academia de Ciências de Lisboa, no Seminário Permanente de Jovens Cientistas.

Francisco Miguel Gouveia Pinto Proença Garcia

Agregado em Relações Internacionais, Universidade Católica Portuguesa. Curso de Estado-Maior, Instituto de Estudos Superiores Militares, Lisboa; Licenciado em Ciências-Militares pela Academia Militar. Desde Setembro de 2011 – Adjunto do Chefe do Estado-Maior do Exército; 2008-2011 – Conselheiro do Representante Permanente junto da Delegação Portuguesa na Organização do Tratado Atlântico Norte. Coordenador científico do ciclo de estudos "Mestrado em Ciências Militares – Segurança e Defesa" do Instituto de Estudos Superiores Militares. Diretor-adjunto da revista Globo, revista de Relações Internacionais. Secretário-Geral da Academia Internacional da Cultura Portuguesa, da Secretaria de Estado da Cultura.

Francisco Pereira Coutinho
Licenciado (2002) e Doutor (2009) em Direito pela Faculdade de Direito da Universidade Nova de Lisboa. É Professor da Faculdade de Direito da Universidade Nova de Lisboa. Membro do CEDIS. Foi colaborador do Instituto Diplomático do Ministério dos Negócios Estrangeiros entre 2005 e 2011.

Frederico de Lacerda da Costa Pinto
Professor Auxiliar da Faculdade de Direito da Universidade Nova de Lisboa e Assessor do Conselho Directivo da Comissão do Mercado de Valores Mobiliários. É Licenciado e Mestre pela Faculdade de Direito da Universidade de Lisboa e Doutor em Direito pela Faculdade de Direito da Universidade Nova de Lisboa. Leccionou na FDUL e na UAL. Mantém colaborações regulares com a FDUC, a FDUL, o CEJ e a PGR e é investigador do CEDIS. Participou em várias reformas legislativas no domínio do direito sancionatório do sistema financeiro. Tem ensinado, investigado e publicado nas áreas do Direito Penal e Processo Penal, Regulação e Supervisão, Direito das Contra-ordenações, Liberdade de Imprensa e Direitos Fundamentais.

Helena Pereira de Melo
Licenciada, Mestre e Doutora em Direito. É Professora de Direito Constitucional e de Direito da Saúde e Bioética na Faculdade de Direito da Universidade Nova de Lisboa. É autora de quatro livros e de cerca de cinquenta artigos publicados em revistas internacionais e nacionais.

João Frias
Licenciado em Ciências Policiais e em Direito. Mestre em Direito. Doutorando em Direito. Subintendente da Polícia de Segurança Pública. Professor Assistente no Instituto Superior de Ciências Policiais e Segurança Interna e na Universidade Lusíada de Lisboa.

João Raposo
Mestre em Direito. Professor convidado do Instituto de Ciências Policiais e Segurança Interna desde 1985, ali lecionando presentemente a disciplina de Direito Policial. É consultor do Centro Jurídico da Presidência do Conselho de Ministros e advogado especialista em Direito Administrativo.

João Vieira Borges
É Major-General do Exército e desempenha as funções de 2.º Comandante e Diretor de Ensino da Academia Militar, de Secretário da Comissão Coordenadora e membro do Gabinete de Apoio Técnico do Modelo de Governação Comum do Ensino Superior

Militar, de professor na Academia Militar/ISCTE e de investigador no Centro de História da FL/UL.

É licenciado em "Ciências Militares – Artilharia", pela Academia Militar, mestre em Estratégia, pelo ISCSP, e doutorado em Ciência Política pela Universidade dos Açores.

É conferencista e autor de várias obras (4 monografias, 4 sebentas, 12 livros e mais de 100 artigos) nas áreas da Estratégia, História Militar e Segurança e Defesa.

Jorge Bacelar Gouveia

É Agregado e Doutor em Direito e exerce as funções de Professor Catedrático da Universidade Nova de Lisboa e da Universidade Autónoma de Lisboa, tendo naquela instituição pública obtido o doutoramento em 1999 e feito a agregação em 2007. Concluiu a licenciatura (1989) e o mestrado em Direito (1993) na Faculdade de Direito da Universidade de Lisboa e neste estabelecimento de ensino foi assistente durante 8 anos. É jurisconsulto e advogado, além de Presidente do Instituto do Direito de Língua Portuguesa e do Instituto de Direito Público, tendo sido Deputado à Assembleia da República na XI Legislatura, Presidente do Conselho de Fiscalização do Sistema de Informações da República Portuguesa (2004-2008) e membro da Comissão da Liberdade Religiosa (2004-2009).

José Fontes

Agregado (2009) e doutor em *Ciências Políticas* (2004), mestre em *Direito* na especialidade de *Ciências Jurídico-Políticas* (1998) e licenciado em *Direito* (1994). Professor da Universidade Aberta, da Academia Militar e da Universidade Cidade de Macau. Investigador científico integrado do Centro de Administração e Políticas Públicas/ISCSP (Universidade de Lisboa). Colabora ainda como investigador no Centro de Investigação da Academia Militar, no Instituto Português de Relações Internacionais (Universidade Nova de Lisboa) e no Observatório Político – Plataforma de Investigação em Estudos Políticos. Eleito Académico de Número da Academia Internacional da Cultura Portuguesa (2014). Exerceu as funções de secretário-geral do *Conselho Nacional de Avaliação do Ensino Superior*, de secretário-geral adjunto da *Academia Internacional da Cultura Portuguesa* e de secretário do *Instituto de Altos Estudos* da Academia de Ciências de Lisboa para os setores do *Seminário Permanente dos Jovens Cientistas e do Ensino Sénior*. Autor de vários livros e artigos designadamente sobre *Ciência Política, Direito Constitucional, Direito Internacional, Administração Pública* e *Direito Administrativo*.

José Lucas Cardoso

Doutor em Direito, na especialidade de Ciências Jurídico-Políticas, com tese intitulada *A dimensão cultural do Estado* (2015). Mestre em Direito, na especialidade de Ciências do Direito Público, com dissertação sobre *Autoridades administrativas independentes e Constituição* (1999). Professor da Universidade Lusíada de Lisboa, anteriormente assistente, desde 1990/1991, onde já ensinou Direito Constitucional, Direitos Fundamentais, Ciência Política, Direito Internacional, Direito da União Europeia, Ciência da Administração Pública, Direito Público Comparado e Introdução ao Direito. Investigador do Instituto de Direito Público, do Instituto de Direito de Língua Portuguesa e do Centro de Estudos Jurídicos, Económicos e Ambientais. Autor de duas monografias e de cerca de duas dezenas de outros títulos nas áreas do Direito Público e do Direito Internacional. Chefe do Gabinete do Secretário de Estado da Administração Local no XV Governo Constitucional. Adjunto do Gabinete do Provedor de Justiça entre 2002 e 2008. Jurisconsulto.

José Manuel de Morais Anes

Nasceu em Lisboa no dia 21 de junho de 1944. É licenciado em Química pela Faculdade de Ciências de Lisboa e entre 1978 e 1997 foi Perito Superior de Criminalística do Laboratório de Polícia Científica da Polícia Judiciária.

Entre 1986 e 2004 foi Assistente das cadeiras de Estatística e de Métodos Quantitativos dos Departamentos de Antropologia, Ciência Política e de Relações Internacionais, da Faculdade de Ciências Sociais e Humanas da Universidade Nova de Lisboa, tendo ainda lecionado, durante os últimos três anos, e no primeiro destes Departamentos, a cadeira de Antropologia da Religião, área onde acabou por se Doutorar, em 2009, nessa mesma faculdade. É, desde essa data, Professor Auxiliar na Universidade Lusíada de Lisboa, Faculdade de Ciências Humanas e Sociais, na Licenciatura em Políticas de Segurança (leccionando as cadeiras de Terrorismo, de Organizações Criminosas e mais recentemente a de Informações Estratégicas) e na Universidade Lusíada do Porto, Faculdade de Direito, na Licenciatura em Criminologia (cadeira de Criminalística e Metodologia de Investigação Criminal) e ainda no Mestrado em Criminologia da mesma Faculdade (cadeira de Criminologia). Foi cofundador, em 2005, do OSCOT – Observatório de Segurança, Criminalidade Organizada e Terrorismo, tendo sido seu Presidente entre 2010 a 2012, sendo actualmente Presidente do seu Conselho Consultivo.

Tem sido docente no IESM – Instituto de Estudos Superiores Militares no Curso de Promoção a Oficiais Superiores da GNR – cadeiras de Polícia científica e Terrorismo –, no Curso de Promoção a Oficiais Generais – módulo sobre Crime organizado – e no Curso do Estado Maior Conjunto – sobre o "Estado Islâmico". Foi ainda docente de Análise de Informações no SIS, num curso intensivo em 2006 e mais recentemente, num curso para analistas do SIS e do SIEDM, em Msio de 2014. Foi convidado pelo Prof. Adriano Moreira a proferir uma conferência sobre o Terrorismo global, no dia 26 de Março, na Academia das Ciências de Lisboa.

É Diretor da revista "Segurança e Defesa" desde a sua fundação em 2006 (n.º 30 em Janeiro de 2015), tendo publicado também em 2006 com outros autores o livro "As Teias do Terror" (Ésquilo). Em 2007 publicou cinco artigos sobre violência religiosa na revista Janus (UAL/Público). Em 2010 coordenou o livro "Organizações criminais – uma introdução ao Crime organizado" (Ed. Lusíada, Lisboa) sendo que a suas 2^. Edição revista sairá em 2015. Foi co-autor do livro "Enfermagem forense" (Pactor/Lidel, Lisboa, 2013). Sairá em 2015, com quatro artigos seus (Terrorismo, Terrorismo islamista, Crime organizado e Polícia científica/Criminalística, a Enciclopédia de Direito e Segurança (coordenada pelo Prof. J. Bacelar Gouveia e editada pela Almedina). Está a ultimar um seu livro sobre "O Jihadismo contemporâneo".

José Pina Delgado

José Pina Delgado é Licenciado em Direito (UEM – Paraná, Brasil), Pós-Graduado em Filosofia Moral e Política (UEL – Paraná, Brasil), Mestre em Direito Internacional (UFSC, Brasil) e Doutorando em Direito Público (FDUNL). Atualmente é Professor do Departamento de Direito e de Estudos Internacionais do ISCJS – instituição na qual desempenha as funções de Presidente – e consultor jurídico para questões de Direito Internacional, Direito Público e Direitos Humanos. Organizou a obra Aspetos Polémicos da Extradição de Nacionais em Cabo Verde e no Espaço Lusófono (Praia, ISCJS: 2009), e a revista Direito & Cidadania, Número Especial: Revisão Constitucional, 2009.

Lino Santos

É Mestre em Direito e Segurança pela Faculdade de Direito da Universidade Nova de Lisboa, em 2011, e Licenciado em Engenharia de Sistemas e Informática pela Universidade do Minho, em 1995. Desempenhou funções de gestor técnico e, mais tarde, de direcção na Fundação para a Computação Científica Nacional, nas áreas de redes, identidade digital, telefonia IP e de segurança. De 2000 a 2014 foi responsável pelo serviço de resposta a incidentes, CERT.PT. Desde Setembro de 2014 é Coordenador do departamento de operações e controlo no Centro Nacional de Cibersegurança.

Liriam Tiujo Delgado

É Licenciada (UEM), Mestre (UFSC) e Doutoranda em Direito (FDUL). Possui curso de curta duração no Institute of International Economic Law, Georgetown Law. É Professora Graduada do Departamento de Direito e de Estudos Internacionais do Instituto Superior de Ciências Jurídicas e Sociais onde lecciona disciplinas de Direito Público. Co-organizou a obra Aspectos Polémicos da Extradição de Nacionais em Cabo Verde e no Espaço Lusófono (2009) e publicou vários artigos na área do Direito Internacional. Actuou como consultora para elaboração do primeiro relatório de Cabo Verde à Convenção para Eliminação de Todas as Formas de Discriminação contra as Mulheres; para o Relatório Analítico "Plus 5" Revisão da Sessão Especial da Assembleia Geral das Nações Unidas sobre a Infância – 2002 e Plano de Acção para Um Mundo Feito para as Crianças; e para o Universal Periodic Review of Cape Verde. Integrou a equipa de consultores responsável pela elaboração do Estudo sobre o Trabalho Infantil em Cabo Verde (2007).

Luís Salgado de Matos

É investigador principal com agregação do Instituto de Ciências Sociais da Universidade de Lisboa. Estuda as «instituições triangulares»: a Igreja, para a identidade; as Forças Armadas, para a segurança; e o Estado, para a reprodução. Tem investigado a crise financeira internacional e portuguesa e é o responsável do blog *O Economista Português* (http://oeconomistaport.wordpress.com/). O seu último livro é *A Separação do Estado e da Igreja*, D. Quixote, 2011. É responsável do blog *Estado e Igreja*, que tem sido consagrado a este tema (http://estadoeigreja.wordpress.com/).

Maria João Leote de Carvalho

Mestre e Doutora em Sociologia pela Faculdade de Ciências Sociais e Humanas da Universidade Nova de Lisboa. Licenciada em Educação e Grupos em Risco, com especialização na área Crianças em Risco Socioeducacional, pela Escola Superior de Educação de Lisboa. É investigadora integrada no CICS.NOVA – Centro Interdisciplinar de Ciências Sociais da Universidade Nova de Lisboa. Tem ensinado, investigado e publicado nas áreas da Sociologia do Desvio, Crime e Violência, Justiça Juvenil, Direitos da Criança, Sociologia da Infância e Sociologia da Juventude. Durante 16 anos exerceu funções docentes e de coordenação de programas de formação em instituição do Ministério da Justiça destinada ao internamento de jovens delinquentes, em Caxias. Na qualidade de perita em justiça juvenil, é membro do European Council for Juvenile Justice – Academic Section do European Juvenile Justice Observatory. Integrou a Comissão de Proteção de Crianças e Jovens de Oeiras, nas modalidades restrita e alargada, durante quatro anos. É consultora da Fundação Calouste Gulbenkian, no Programa Crianças e Jovens em Risco do Programa

COLABORADORES

Gulbenkian de Desenvolvimento Humano. Colabora ainda no grupo de trabalho Pobreza Infantil da EAPN Portugal/Rede Europeia Anti-Pobreza.

Nelson Lourenço
Professor Catedrático. Doutor em Sociologia e Agregado em Sociologia do Desenvolvimento e da Mudança Social pela Universidade Nova de Lisboa. Professor dos Cursos de Mestrado e Doutoramento em Direito e Segurança da Faculdade de Direito da Universidade Nova de Lisboa. Professor Convidado dos Programas de Mestrado e de Doutoramento da Faculdade de Ciências Sociais e da Faculdade de Direito da Universidade Agostinho Neto (Luanda). Presidente do Grupo de Reflexão Estratégica sobre Segurança Interna. Presidente do Comité Nacional da Mudança Ambiental Global (Portugal). Membro da Direcção do Instituto de Direito e Segurança. Investigador do Centro de Investigação e Desenvolvimento sobre Direito e Sociedade (CEDIS. FD-UNL). Foi Reitor da Universidade Atlântica e Presidente da *European Alliance of Global Change Research Committees*
Coordenador e consultor de projectos de investigação e de desenvolvimento da União Europeia, da Fundação Europeia de Ciência, dos Programas da Fundação para a Ciência e a Tecnologia e de projectos protocolados com o Ministério da Administração Interna, o Ministério da Justiça (Centro de Estudos Judiciários) e a Comissão para a Igualdade de Género e Cidadania. Tem integrado painéis de avaliação de projectos de investigação da Comissão Europeia, da Fundação Europeia de Ciência, do Ministério da Educação e Ciência, da Alemanha e da *Agence Nationale de Recherche* de França.
Como investigador a sua actividade tem-se centrado nas questões do desenvolvimento e da mudança social, nomeadamente a análise das atitudes e da inovação, a implementação, a monitorização e a avaliação de políticas; os sistemas de apoio à decisão, designadamente os sistemas espaciais de apoio à decisão, com particular atenção à construção de metodologias e à análise integrada e multidisciplinar da mudança ambiental global. O seu interesse pela análise das mudanças sociais e da globalização levou-o ao estudo da criminalidade, violência e segurança urbana.
Autor e co-autor de livros e artigos publicados em revistas científicas portuguesas e estrangeiras, de entre os quais destaca os seguintes livros, *Estudos de Direito e Segurança* (2012), *Coastal tourism, Environment and Sustainable Local Development* (2003), *A Qualificação dos Recursos Humanos e o Desenvolvimento de Zonas Periféricas* (2000), *Dez Anos de Crime em Portugal. Análise longitudinal da criminalidade (1984-1993)* (1999), *Land use change: Methodological approach to understand the interactions Nature/Society in coastal areas* (1999), *Em Terra de Tufões. Dinâmicas da etnicidade macaense* (1993) e *Família Rural e Indústria* 1991).

Pedro Manuel Sequeira Estrela Moleirinho
Licenciado e Mestre em Ciências Militares na Especialidade Guarda Nacional Republicana, pela Academia Militar; Mestre e Doutorando em Direito e Segurança pela Faculdade de Direito da Universidade Nova de Lisboa; Pós-graduado em Relações Internacionais, pelo Instituto Superior de Ciências Sociais e Políticas, em Direito e Segurança, pela Faculdade de Direito da Universidade Nova de Lisboa e em Ciências Militares – Segurança e Defesa, pelo Instituto de Estudos Superiores Militares; Possui o Curso de Estado-Maior Conjunto pelo Instituto de Estudos Superiores Militares; É Auditor de Segurança Interna e docente na Academia Militar, no Instituto de Estudos Superiores Militares, no Instituto de Defesa Nacional e na Faculdade de Direito da Universidade Nova de Lisboa.

Pedro Verdelho

Magistrado do Ministério Público desde 1990. Desempenhou funções no DIAP de Lisboa, na secção especializada na investigação de crimes económico-financeiros, corrupção e crimes informáticos. Foi docente do Centro de Estudos Judiciários, na área penal, de que foi coordenador. Desde 2011, Coordenador do Gabinete Cibercrime da Procuradoria-Geral da República. Representante de Portugal no Comité da Convenção do Cibercrime do Conselho da Europa, desde 2006, sendo presentemente membro do seu *bureau* permanente.

Rui Pereira

É licenciado em Direito e mestre em Ciências Jurídicas pela Faculdade de Direito de Lisboa, onde lecionou. Foi também Professor Convidado na Faculdade de Direito da Universidade Nova e na Universidade Lusíada. Foi Diretor-Geral do S.I.S., membro do Conselho Superior do M.P., Juiz do Tribunal Constitucional, Secretário de Estado da Administração Interna e Ministro da Administração Interna. É Professor Catedrático Convidado no ISCSP e no ISCPSI. É Presidente e membro fundador do OSCOT.

Sofia Santos

Doutorada em Direito (Direito Internacional Público) pela Universidade de Saarland, Alemanha. Mestre em Direito Europeu e Direito Internacional Público pelo Europa-Institut (Universidade de Saarland). Licenciada em Estudos Europeus, Inglês e Alemão (Universidade do Porto). É Professora Auxiliar Convidada da Faculdade de Direito da Universidade Nova de Lisboa e Investigadora integrada no Centro de Investigação e Desenvolvimento sobre Direito e Sociedade (CEDIS). É auditora do Curso de Defesa Nacional entre outros cursos do Instituto da Defesa Nacional.

Sónia Reis

Mestre em Direito e Assistente da Faculdade de Direito de Lisboa.

Teresa Pizarro Beleza

Professora Catedrática e Directora da Faculdade de Direito da Universidade Nova de Lisboa. É Licenciada em Direito pela Faculdade de Direito da Universidade de Coimbra, Mestre em Criminologia pela Universidade de Cambridge, Doutora em Ciências Jurídico-Criminais pela Faculdade de Direito da Universidade de Lisboa e Agregada em Direito Público na Universidade Nova de Lisboa. Foi Vogal do Conselho Superior do Ministério Público e membro eleito por referência de Portugal para o Comité Europeu para a Prevenção da Tortura (Conselho da Europa). É *E.Ma Director* e membro do *Board of Administrators* do EIUC, em Veneza. É investigadora com funções de coordenação do CEDIS. Tem ensinado, investigado e publicado nas áreas do Direito Penal e Processo Penal, Criminologia, Direitos Humanos, Igualdade, Discriminação e Género.

Viriato Soromenho-Marques

É professor catedrático de Filosofia na Faculdade de Letras da Universidade de Lisboa e membro do Centro de Filosofia da UL, leccionando nos cursos de Filosofia e de Estudos Europeus. É membro correspondente da Academia das Ciências de Lisboa, e da Academia da Marinha. Integra o Conselho Geral da Universidade da Madeira. Membro do Conselho

COLABORADORES

de Imprensa (1985-1987); Presidente nacional da Quercus ANCN (1992-1995); integrou o Conselho Económico e Social (1992-1996). Vice-Presidente da Rede Europeia de Conselhos do Ambiente e do Desenvolvimento Sustentável (2001-2006). Membro do Conselho Nacional do Ambiente e Desenvolvimento Sustentável (CNADS); Coordenador científico do Programa Gulbenkian Ambiente (2007-2011); Membro do *High Level on Energy and Climate Change* do Presidente da Comissão Europeia (2007-2010). É Grande Oficial da Ordem de Mérito Civil (1997), e Grande Oficial da Ordem do Infante D. Henrique (2006). Recebeu o Prémio Quercus, na edição de 2011, e o Prémio Personalidade do Ano 2014, da Fundação Portuguesa do Pulmão.

Vítor Gil Prata

É coronel de infantaria na reserva, com a especialidade de paraquedista, licenciado em ciências militares e em direito e mestre em ciências militares. É juiz militar no Tribunal da Comarca de Lisboa e professor na Academia Militar e no Instituto de Estudos Superiores Militares e, ainda, conferencista sobre o sistema de justiça militar e segurança e defesa. Exerceu várias funções nas tropas para-quedistas e cargos dirigentes em organismos dos ministérios da Administração Interna e da Defesa Nacional.

ACADEMIA MILITAR

Vieira Borges

A Academia Militar é um Estabelecimento de Ensino Superior Público Universitário Militar que tem por missão essencial formar oficiais destinados aos quadros permanentes do Exército e da Guarda Nacional Republicana (GNR), habilitando-os ao exercício das funções que estatutariamente lhes são cometidas, conferir as competências adequadas ao cumprimento das missões do Exército e da GNR e promover o desenvolvimento individual para o exercício de funções de comando, direção e chefia.

A sua História remonta ao período da Restauração, altura em que foi criada por D. João IV, em 1641, a Lição de Artilharia e Esquadria, considerada a primeira escola destinada à formação superior dos quadros militares. Seguiu-se a Aula de Fortificação e Arquitetura Militar, a Academia Militar da Corte, a Academia Real de Marinha e o Real Colégio dos Nobres. Em 1790, foi criada por D. Maria I a Academia Real de Fortificação, Artilharia e Desenho, considerada "a primeira escola verdadeiramente científica, destinada ao ensino superior das matérias que interessam ao oficialato do Exército Português".

Em 1837, num ambiente de grande agitação e instabilidade política e económica, o marquês de Sá da Bandeira (que tinha sido aluno da Academia Real), criou a Escola do Exército, inserida numa vasta e profunda reforma do Ensino Superior em Portugal. O método de ensino era comparado ao da Universidade Portuguesa, tendo os seus professores iguais honras e categorias. A Escola do Exército, que ficou instalada inicialmente no Colégio dos Nobres, transferiu-se depois para outros locais em Lisboa, tendo ocupado as atuais instalações no Paço da Rainha (ou da Bemposta) em 1851.

Depois de sucessivas reestruturações (Escola do Exército 1837-1910, Escola de Guerra 1911-1919, Escola Militar 1919-1938 e novamente Escola do Exército 1938-1959), foi criada a Academia Militar, a 12 de Fevereiro de 1959, tendo por objectivo a preparação dos oficiais do Exército e da Força Aérea, passando os seus cursos a serem equiparados "para efeitos gerais, aos demais cursos superiores".

Como Universidade Militar que forma prioritariamente Comandantes para o Exército e para a GNR (com o grau de mestre ao abrigo do processo de Bolonha), a Academia Militar desenvolve atividades de investigação, presta diversos serviços à comunidade e forma ainda alunos militares dos Países de Língua Oficial Portuguesa e alunos civis e militares no âmbito dos ciclos de estudos não integrados (casos, entre outros, dos mestrados em Guerra de Informação e em Liderança: Pessoas e Organizações).

A Academia Militar tem a sua sede no Paço da Rainha em Lisboa e um Destacamento na Amadora. O seu prestígio advém muito especialmente dos alunos, que ao longo de séculos edificaram e prestigiaram Portugal no concerto das Nações, nos quais se incluem sete Presidentes da República, e muito combatentes que deram a vida em operações, nas campanhas de África, na I Grande Guerra, na Campanha do Ultramar e mais recentemente em teatros de operações tão diversificados como a Bósnia, Kosovo, Angola, Moçambique, Uganda, Timor, Iraque e Afeganistão.

ADMINISTRAÇÃO PÚBLICA DA SEGURANÇA

Alice Feiteira

A administração pública da segurança consiste na actividade desenvolvida por entidades públicas adstritas aos sistemas da defesa, da produção de informações, da segurança pública, da protecção civil e da segurança rodoviária. Os bens jurídicos protegidos por estes domínios da actividade do Estado consubstanciam-se fundamentalmente na defesa contra ameaças e inimigos externos, na garantia da ordem e tranquilidade públicas, na protecção contra calamidades naturais, na prevenção e combate ao terrorismo e à criminalidade organizada transnacional, na segurança alimentar, na salvaguarda do abastecimento regular dos bens essenciais à vida comunitária e ainda, em geral, na prevenção e combate dos actos disruptivos da actividade do Estado.

A abrangência das políticas públicas da segurança e a prevalência da segurança como bem jurídico sobre outros valores reflecte a perspectiva de que certos bens tornam indispensável uma mais forte protecção do Direito, o que se traduz na adopção de medidas que visam conformar actividades e o exercício de direitos com o objectivo de prevenir e minimizar riscos públicos. A actividade da administração pública da segurança reconduz-se, em diversas áreas, aos domínios da previsão e antecipação de riscos e ameaças.

A administração pública da segurança, entendida como actividade, isto é, como o modo de actuação de entidades públicas, representa um núcleo constitutivo do Estado de Direito democrático, compreendendo esta área do Direito Administrativo, em sentido orgânico ou subjectivo, o conjunto de órgãos, serviços e funcionários adstritos à salvaguarda da satisfação regular e contínua das necessidades colectivas atinentes aos bens jurídicos tutelados. Enquanto actividade, a administração pública da segurança, à semelhança dos outros sectores da administração, alicerça-se numa consciência colectiva de serviço público, materializada na existência de uma "estrutura organizativa" incumbida de preparar e executar as decisões das entidades públicas. As estruturas que integram a administração pública da segurança realizam as suas funções através de órgãos e serviços competentes, munidos de atribuições e competências próprias, ao abrigo de uma actividade administrativa pública.

Como organização, a administração pública compreende as estruturas orgânicas afectas aos seus fins e providas, em alguns domínios, de poderes de autoridade. Contudo, as referidas estruturas não são imunes à complexa tensão entre a ordem jurídica e a ordem social, norteada pela ideia da segurança como um bem colectivo, nem ao sentimento social de que o exercício de poderes públicos se legitima num título jurídico-administrativo.

Considerando a sua dimensão funcional, o sistema da administração no domínio da segurança implica a incorporação de práticas de *good governance*, bem como de processos de comunicação e de interacção dos diferentes órgãos e serviços da administração com os cidadãos. Este âmbito garante, por um lado, o exercício da cidadania e, por outro, a responsabilidade da administração. Nos domínios da acção pública da segurança suscitam-se, perante um direito administrativo "blindado" pelos valores da segurança e dos interesses vitais do Estado, complexas questões relativas à determinação dos limites da transparência da administração, à definição de critérios de legitimidade e à amplitude do acesso aos procedimentos da decisão administrativa. As derrogações específicas – embora limitadas e justificadas – de alguns dos princípios fundamentais da actuação da administração pública, como o da transparência, impõem uma acrescida ética de responsabilidade dos órgãos e agentes da administração pública da segurança.

No domínio da legalidade, a funcionalidade dos serviços e forças de segurança, enquanto serviços da administração directa do Estado, é recortada num modelo assente em vários sistemas, designadamente nos sistemas de segurança interna, de informações, de protecção civil e de defesa nacional. A autonomia legal dos referidos sistemas não exclui a necessária interdependência funcional, alicerçada em critérios de complementaridade e de subsidiariedade.

Nas últimas décadas, algumas das reformas legislativas referentes ao sector da administração conduziram a uma pluralidade de matizes reguladoras, algumas das quais divergentes do direito público, dado que reflectem, em alguns domínios, uma tendência para a privatização do direito à segurança. Assim, no plano jurídico-positivo surgiram a segurança privada, a contracção do espaço público perante a expansão do "condomínio privado" e a tendência para a adopção de práticas administrativas conducentes à privatização da segurança, efectivada através da contratualização, em regime de *outsourcing*, de algumas actividades de segurança. Esta tendência suscita algumas perplexidades, nomeadamente quanto à delimitação dos direitos e deveres da administração em "transição" para áreas de intervenção de entidades privadas, factor que pode fragilizar os direitos dos particulares – cuja garantia é uma obrigação primordial do Estado – em detrimento da "contratualização" dos fins de interesse colectivo.

Assim, a noção da segurança traduz um *work in progress*, norteado por concepções sociais, politicas e ideológicas, com inegáveis repercussões na relação entre a liberdade e a segurança e nos níveis de intensidade da formulação do princípio da legalidade neste domínio da administração pública. Perante uma realidade complexa que propicia um aumento dos níveis de conflitualidade entre a administração pública e os cidadãos, os princípios da legalidade e do Estado de Direito democrático determinam que a resposta encontrada deva afastar-se, em situações de conflito grave entre direitos e valores intangíveis, da prevalência das lógicas securitárias, legais ou policiais.

Neste contexto, o exercício da actividade de segurança por órgãos públicos encontra-se vinculado aos princípios da proporcionalidade e da adequação de meios, que representam um limite à acção da administração e um modo de legitimação do exercício da autoridade e da actuação das forças e serviços de segurança. Por essa via, o exercício concreto da actividade de segurança delimita-se, na maioria dos casos, pela necessidade de protecção de pessoas e bens, empiricamente avaliada, em concordância prática com os limites legais estabelecidos.

A aplicação do regime legal – constitucional e infraconstitucional – no domínio da segurança é determinada pela dimensão sociológica do conceito operativo de segurança, dado o permanente diálogo normativo e sociológico nesta matéria. Com efeito, o conceito de segurança abrange realidades diferentes, designadamente, a segurança interna, a segurança externa, a segurança nacional, a segurança objectiva e, por fim, a segurança subjectiva. Refira-se que as normas constitucionais que respeitam à segurança e aos inerentes sistemas administrativos se encontram dispersas no texto constitucional, sublinhando-se sua conexão com os direitos fundamentais, em particular com o disposto no art. 18.º da CRP.

A perspectiva sociológica da segurança tem assumido um papel determinante nas opções políticas e na definição das políticas públicas da segurança. A redefinição do conceito de segurança reflecte-se na construção de novos paradigmas, principalmente quanto ao âmbito da relação entre o direito à segurança e o direito à liberdade e quanto ao entendimento restritivo de alguns direitos fundamentais. A compressão desses direitos enquadra-se na aplicação dos princípios da legalidade e da competência, da defesa do interesse público e, no que tange ao exercício *stricto sensu* da actividade administrativa, no respeito pelos princípios da vinculação e da responsabilidade. O interesse público resulta, desde logo, da previsão constitucional da segurança no art. 27.º da CRP e do regime infraconstitucional, designadamente da Lei de Segurança Interna (Lei n.º 53/2008 de 29 de Agosto) e das leis que regulam a actividade e organização das forças e serviços de segurança.

Da vinculação normativa da administração pública da segurança à Constituição e à lei decorre a conformidade procedimental (formal e material) da actuação administrativa, consubstanciada no dever da prestação de contas quer pelas suas acções, quer pelas suas omissões. Todavia, em domínios específicos da administração pública da segurança – como sejam as áreas em que está em causa o segredo de Estado ou o acesso a matérias classificadas –, a prestação de contas e o dever de transparência da actuação administrativa comporta algumas excepções.

Nestas áreas, impõe-se uma actuação que contemple quer as intenções normativas explícitas e os critérios interpretativos relacionados com a noção de bem comum ou de interesse público, quer a valoração, nalguns casos em tempo real, da adequada compreensão dos direitos, liberdades e garantias. Nesta conformação, perpassam a acção e os fins prosseguidos pela administração pública da segurança, norteados pela compreensão do conceito de bem comum e de interesse público. A segurança surge como um valor sujeito a contínuas alterações resultantes das mutabilidades sociais e das responsabilidades que o Estado, em cada momento histórico, pretende assumir na satisfação das necessidades colectivas.

Neste intricado plano, as dimensões normativas e aplicativas do conceito de segurança encontram-se vinculadas a concepções políticas e ideológicas, territórios onde o princípio da legalidade e os imperativos constitucionais carecem de um desenvolvimento interpretativo em sintonia com a exigibilidade da própria fundamentação das opções constitucionais. Assim, a conformação da legalidade administrativa, no âmbito da actividade de segurança, entrelaça-se com a existência de diversos graus de autonomia permitidos pela lei, traduzidos na escolha, dentro dos parâmetros da normatividade constitucional e infraconstitucional, de uma solução entre várias possíveis. A aparente discricionariedade da acção da administração pública da segurança não representa ilegalidade ou vazio de regulação, dado que este domínio da actuação pública se encontra sujeito à aplicação de leis formais que definem os moldes de actuação das forças e serviços de segurança e, consequentemente, dos seus órgãos, agentes e funcionários.

Perante uma realidade complexa que propicia um aumento dos níveis de conflitualidade entre a administração pública e os cidadãos, os princípios da

ADMINISTRAÇÃO PÚBLICA DA SEGURANÇA

legalidade e do Estado de Direito democrático determinam o afastamento de lógicas securitárias que visem sacrificar, *ex ante,* direitos fundamentais. Os princípios da proporcionalidade e da adequação de meios representam um limite à acção da administração pública da segurança e um modo de legitimação do exercício da autoridade e da actuação das forças e serviços que a compõem. Compreende-se que os sistemas de segurança incorporem práticas de *good governance* e de *acountabillity,* dando ênfase a processos de comunicação e de interacção dos diferentes órgãos e serviços com os cidadãos, de forma a efectivar o exercício da cidadania e a garantir a responsabilidade da administração.

Bibliografia

Caupers, João, *Introdução ao direito administrativo,* Âncora editora, 2009.
Correia, Sérvulo, *Legalidade e autonomia contratual nos contratos administrativos,* Coimbra, 2003.
Coutinho, Luís Pereira, *A Autoridade Moral da Constituição, da fundamentação da validade do Direito Constitucional,* Coimbra, 2009.
Duarte, David, *A norma da legalidade procedimental administrativa – a teoria da norma e a criação de norma de decisão na discricionariedade instrutória,* Coimbra, 2006.
Ferreira de Almeida, Carlos, "Estudos em Homenagem à Professora Doutora Isabel Magalhães Colaço", Vol. II, Coimbra, 2002.
Freitas do Amaral, Diogo, *Uma Introdução à Política* (com a participação de Maria da Glória Garcia e Pedro Machete), Lisboa, 2014.
Gomes Canotilho, José, *Direito Constitucional e Teoria da Constituição,* Coimbra, 2004.
Machete, Pedro, *Estado de direito democrático e administração paritária,* Coimbra, 2007.
Otero, Paulo, *Legalidade e Administração Pública: o sentido da vinculação administrativa à juridicidade,* Coimbra, 2003; *Manual de Direito Administrativo,* Coimbra, 2013, Vol. I.

AGÊNCIA INTERNACIONAL DE ENERGIA ATÓMICA

SOFIA SANTOS

Incorporando no seu âmago a visão "Átomos para a Paz" expressada pelo Presidente norte-americano Dwight D. Eisenhower, no seu discurso perante a Assembleia Geral da Organização das Nações Unidas (ONU) em 1953, a Agência Internacional de Energia Atómica (AIEA) *"procura acelerar e aumentar a contribuição da energia atómica para a paz, saúde e prosperidade em todo o Mundo"* e impedir a sua utilização para fins militares (artigo II do Estatuto).

O Estatuto aprovado na Conferência sobre o Estatuto da Agência Internacional de Energia Atómica realizada na sede da ONU em 1956 (entrada em vigor em 1957), estabelece no artigo III as funções da Agência, entre as quais se destaca: o fomento e facilitação do desenvolvimento e da utilização da energia atómica para fins pacíficos e de investigação, o fornecimento de produtos, serviços, equipamento e instalações necessários para o seu desenvolvimento e utilização,

AGÊNCIA INTERNACIONAL DE ENERGIA ATÓMICA

a facilitação do intercâmbio de informações científicas e técnicas sobre a sua utilização, o desenvolvimento do intercâmbio e dos meios de formação de cientistas e especialistas, a instituição e aplicação de disposições a fim de assegurar que os produtos cindíveis especiais e outros produtos, serviços, equipamento, instalações e informações proporcionados pela Agência ou por sua solicitação ou sob a sua direção ou fiscalização não são utilizados para fins militares, o estabelecimento ou adoção de normas de segurança destinadas a proteger a saúde e a reduzir ao mínimo os perigos aos quais estão expostos as pessoas e os bens (incluindo normas para as condições de trabalho) (artigo III, A). No exercício das suas funções, a Agência deverá fiscalizar a utilização dos produtos cindíveis especiais recebidos, enviar relatórios anuais sobre os seus trabalhos à Assembleia Geral e ao Conselho de Segurança da ONU, quando a questão seja da competência deste órgão, e atuar em conformidade com os objetivos e princípios da Organização (artigo III, B). Com efeito, a Agência encontra-se sob a égide da ONU, detém um caráter autónomo e o estatuto de "organização relacionada" com base num acordo especial assinado entre as duas organizações em 1957 (artigo 1.º, INFCIRC/11).

Para a prossecução dos seus objetivos, a Agência dispõe de três órgãos principais: a Conferência Geral, o Conselho dos Governadores e o Secretariado. A Conferência Geral, composta por um delegado de cada membro da Agência (163 Estados), reúne-se anualmente, em regra, em sessões ordinárias. É competente para discutir todas as questões ou assuntos no âmbito do Estatuto ou dos poderes e funções de qualquer outro órgão e pode fazer recomendações aos membros e/ou ao Conselho dos Governadores. Elege os membros do Conselho dos Governadores, aprova a admissão de novos membros, o orçamento, os relatórios a enviar à ONU e os acordos com esta Organização ou com outras organizações, podendo proceder ao reenvio dos relatórios e acordos ao Conselho com as suas recomendações para que este lhos apresente novamente. Cada membro dispõe de um voto. As decisões sobre questões financeiras, emendas ao Estatuto ou suspensão de membros (e outras questões especificadas nas Regras de Procedimento da Conferência), são tomadas por maioria de dois terços dos membros presentes e com direito a voto enquanto as decisões sobre outras questões são tomadas por maioria dos membros presentes e votantes (artigo V).

O Conselho dos Governadores, constituído por 35 membros, reúne-se em regra cinco vezes por ano. A este órgão incumbe principalmente a aprovação dos acordos de salvaguardas e publicação de padrões de segurança, a elaboração do relatório anual respeitante aos assuntos da Agência e aos projetos aprovados por esta e dos relatórios a apresentar à ONU ou a outra organização. Cada membro tem direito a um voto. As decisões acerca do quantitativo do orçamento (e outras questões especificadas nas Regras de Procedimento do Conselho) são tomadas por uma maioria de dois terços dos membros presentes com direito a voto e sobre outros assuntos por maioria dos membros presentes e votantes (artigo VI).

O Secretariado é liderado pelo diretor-geral nomeado pelo Conselho dos Governadores, com a aprovação da Conferência Geral, por um período de quatro anos, ficando sob sua autoridade e sujeito à sua fiscalização. Este órgão compreende especialistas de questões científicas e técnicas e outros agentes qualificados (inspetores de salvaguardas, analistas, peritos nucleares entre outros) com vista à realização dos objetivos e das funções da Agência. A atuação dos funcionários deve pautar-se pela independência: estes não podem solicitar nem aceitar instruções de nenhuma fonte externa à Agência e devem abster-se de praticar qualquer ato incompatível com a sua função e de revelar informações confidenciais. Do mesmo modo, *"cada membro compromete-se a respeitar o caráter internacional das funções do diretor-geral e do pessoal e a não procurar influenciá-los na execução da sua tarefa"* (artigo VII).

A Agência assenta em três pilares principais: ciência e tecnologia, segurança (*"safety"* e *"security"*) e salvaguardas e verificação. No plano jurídico, importa salientar o pilar respeitante ao sistema de salvaguardas e verificação que se alicerça em diferentes bases normativas: o artigo III do Tratado de Não Proliferação das Armas Nucleares (TNP), o Estatuto da Agência e os Acordos de Salvaguardas.

O TNP obriga os Estados não possuidores de armas nucleares a aceitar as garantias estabelecidas em acordos concluídos com a AIEA em conformidade com o Estatuto e com o sistema de salvaguardas. Com efeito, a Agência é considerada a "autoridade competente" para a verificação e garantia do cumprimento dos acordos de salvaguardas com vista ao uso pacífico da energia pelos Estados Partes do Tratado. Os acordos de salvaguardas colocam todas as atividades relativas ao material físsil declarado sob o controlo da Agência. O "sistema de salvaguardas" inclui um conjunto amplo de medidas técnicas de acordo com as quais esta verifica a veracidade e a totalidade do material e atividades declaradas.

O sistema de salvaguardas encontra-se preceituado no artigo III, A, n.º 5 do Estatuto, no documento INFCIRC/66/Rev.2 (1968), no documento INFCIRC/153(Corrected) (1972), aplicável em acordos com Estados Partes do TNP (*"comprehensive safeguards agreements"*), nos acordos voluntários com os Estados possuidores de armas nucleares e em outros acordos. A Agência adotou o Protocolo Adicional ao Acordo de Salvaguardas em 1997 (INFCIRC/540(Corrected)), com o propósito de fortalecer o sistema (acrescido acesso a informação e instalações), na sequência da descoberta do programa secreto iraquiano em 1991 que expôs as suas fragilidades.

De acordo com o Estatuto, a AIEA baseia-se no princípio da igualdade soberana com vista a assegurar a todos os membros os direitos e privilégios decorrentes da qualidade de membro. Os Estados comprometem-se a cumprir de boa-fé as obrigações assumidas (artigo IV, C). O sistema prevê, contudo, mecanismos de reação a uma situação de incumprimento que compreendem: a comunicação dos inspetores ao diretor-geral que transmite o seu relatório ao Conselho dos Governadores, a intimação ao Estado ou Estado beneficiários a pôr termo imediato à violação, a comunicação da sua existência a todos os membros bem como apresentação do caso ao Conselho de Segurança e à Assembleia Geral da ONU por parte do Conselho dos Governadores; no caso de o(s) Estado(s) não tomar(em) dentro de um prazo razoável, as medidas adequadas para pôr termo a essa violação, o Conselho pode dar instruções no sentido da redução ou cessação do auxílio concedido pela Agência ou por um membro e/ou solicitar a restituição dos produtos e equipamento disponibilizados ao membro ou grupo de membros beneficiário. A Agência poderá ainda decidir suspender os seus direitos e privilégios como membro nos termos do artigo XIX (artigo XII, C).

Os esforços da AIEA na promoção e verificação do emprego da energia atómica para fins pacíficos foram reconhecidos pelo Comité Nobel Norueguês com a atribuição do Prémio Nobel da Paz à Agência e ao seu diretor-geral Mohamed ElBaradei em 2005.

Bibliografia
David Fischer, *The History of the International Atomic Energy Authority: the First Forty Years*, IAEA, Vienna, 1997, disponível em <http://www-pub.iaea.org/MTCD/publications/PDF/Pub1032_web.pdf>.
IAEA, *IAEA at work, atoms for peace*, 2014 Edition, Office of Public Information and Communication, Viena, 2014, disponível em <http://www.iaea.org/sites/default/files/iaeawork.pdf>.
João Mota de Campos (coord.), *Organizações Internacionais*, 4.ª ed., Coimbra Editora, Coimbra, 2010, pp. 628-632.

ALTERAÇÕES CLIMÁTICAS

Viriato Soromenho-Marques

Vivemos da Era do Antropoceno (Crutzen, P. J., & Stoermer, E. F. (2000) – "The Anthropocene", *Global Change Newsletter*. 41, pp. 17-18). Pela primeira vez na história da humanidade, a nossa espécie conseguiu atingir um potencial demográfico e tecnológico de tal modo significativo que nos transformámos, desde o início da Revolução Industrial, na principal força modeladora da paisagem planetária. As alterações climáticas constituem o elemento mais visível, mas não o exclusivo, desse novo domínio antrópico sobre a Terra, que, se não for integrado como uma ameaça à segurança global de primeira grandeza, poderá tornar-se, ainda no século XXI, num factor de destruição ambiental e de desagregação societal. Num risco para a paz internacional, comprometendo o próprio futuro da civilização humana.

1. Alterações climáticas: desta vez é diferente

Os padrões climáticos do nosso planeta têm variado ao longo da história da Terra. Os factores intervenientes nessas mudanças são de múltipla natureza; contudo, a novidade das alterações climáticas actualmente em curso é, essencialmente, de dois tipos: a) as causas são antropogénicas (originadas na acção humana); b) o ritmo da mudança é extremamente acelerado em comparação com a maioria das mudanças climáticas profundas de que temos conhecimento, através do estudo dos climas do passado (objecto da paleoclimatologia).

O clima constitui-se como um sistema de interacções, envolvendo um conjunto de subsistemas, de entre os quais se destacam a atmosfera, a hidrosfera, a criosfera, a litosfera e a biosfera. Actualmente, a intervenção humana sobre o clima actua sobre o complexo conjunto do sistema através da pressão sobre um dos elos da cadeia, que, contudo, devido à sobrecarga a que está submetido, desencadeia depois uma espécie de reacção em cadeia por parte dos restantes subsistemas. O ponto de aplicação da acção humana desde o início da Revolução industrial, em 1750, prende-se com a alteração da composição química da atmosfera. Desde meados do século XVIII que o recurso a combustíveis fósseis em quantidades crescentes tem provocado um extraordinário incremento dos gases com efeito de estufa na nossa atmosfera, em particular o dióxido de carbono. Práticas agro-alimentares intensivas, por outro lado, contribuem para a produção de metano, o segundo dos seis gases com efeito de estufa – contemplados no Protocolo de Quioto – que mais impacto regista nas alterações climáticas em curso[1].

Apesar das suas quantidades praticamente residuais em comparação com o azoto ou o oxigénio, a verdade é que os gases com efeito de estufa são indispensáveis para a existência da vida como a conhecemos na superfície da Terra. Sem a sua presença na atmosfera terrestre, a temperatura do nosso planeta em vez da média anual ponderada de 15°C, desceria a uns inóspitos – 18°C, o que tornaria impossível qualquer espécie de despontar de civilização humana. O problema é que uma coisa boa em excesso pode tornar-se num factor negativo. Os gases com efeito de estufa não escapam a essa regra geral.

De acordo com o mais recente Relatório do IPCC (o Quinto, publicado entre 2013 e 2014), a concentração global na atmosfera de dióxido de carbono atingiu em Maio de 2013 cerca de 400 ppmv CO2. Sendo que em Maio de 2012 esse valor já havia subido para 394 ppmv. Os valores pré-industriais rondavam as 270-80 ppmv. Em apenas trinta anos, entre 1970 e 2004, as emissões de todos os gases com efeito de estufa (medidos em dióxido de carbono equivalente)

---

[1] Filipe Duarte Santos, *Que Futuro? Ciência, Tecnologia, Desenvolvimento e Ambiente*, Lisboa, Gradiva, 2007, p. 318 e segs.

aumentaram 70%. A tendência para uma escalada do aumento mantém-se, depois de uma aparente estabilização nos anos de 1990. Com efeito, a industrialização acelerada de países emergentes, como a China e a Índia, aliada à irresponsabilidade norte-americana, têm provocado um incremento no processo de redesenho químico da atmosfera, ligeiramente atenuado pela crise económica e financeira iniciada em 2008. Os combustíveis fósseis, de facto, continuam a contribuir em mais de 80% para alimentar o crescimento da economia mundial. O constante aumento do barril de crude tem suscitado, por outro lado, um retorno ao carvão, cujas reservas são muito mais abundantes, mas cujo impacto ambiental ainda é mais negativo do que o do petróleo.

O registo das emissões de gases com efeito de estufa (GEE), apresentado na 20.ª Conferência das Partes da Convenção do Clima (Lima, Dezembro 2014), revelam-nos uma inquietante mudança na geografia dos países que mais intensamente contribuem para o transporte do carbono da litosfera para a atmosfera. Em cinco anos as emissões da China são superiores às emissões conjuntas dos EUA e da União Europeia. A China, em 2013, foi responsável por 28% das emissões globais de dióxido de carbono. Logo seguida pelos EUA (14%), UE (10%), e Índia (7%). O que é quase incrível é perceber que as emissões da China, mesmo *per capita*, já suplantaram as emissões dos 28 países da UE. Cada chinês, em média, emite por ano 7,2 toneladas de CO_2, contra 6,8 t, de cada europeu. Por seu turno, em 2019, a Índia ultrapassará o conjunto das emissões da UE. A UE tem baixado as suas emissões, em grande parte devido à prolongada estagnação económica, mas países como a Alemanha, Polónia e Finlândia voltaram a aumentar as suas emissões devido ao incremento do consumo de carvão, o mais poluente dos combustíveis fósseis. Os EUA, depois de vários anos a reduzirem as suas emissões, voltaram a crescer 2,9% entre 2012 e 2013. Entretanto, vamo-nos habituando a fenómenos climáticos extremos, como as precipitações torrenciais no Verão português, as ondas de calor, e a subida do nível médio do mar, com o incremento da erosão costeira. Mas estamos apenas no princípio de uma grande mudança de causas antrópicas, perante a qual a comunidade internacional acusa uma mortal letargia.

Até onde poderá ir esta escalada? Sabemos que há limites físicos insuperáveis. Os combustíveis fósseis foram produzidos ao longo de centenas de milhões de anos através de lentíssimos processos naturais e, não sendo renováveis, estão a ser delapidados a um ritmo absolutamente vertiginoso. Mesmo sem alterações climáticas, dentro de trinta ou quarenta anos a humanidade teria de encontrar alternativa ao petróleo, pois, por essa altura, ele ter-se-á esgotado (pelo menos como realidade comercial viável). O mesmo se passa com o carvão e o gás natural: embora com reservas mais duradouras, têm também limites incontornáveis (*Reflexão do CNADS sobre Energia e Sustentabilidade*, Lisboa, Junho de 2007. Acessível em www.cnads.pt.).

ALTERAÇÕES CLIMÁTICAS

O problema, contudo, é que as alterações climáticas nos dão razões suplementares imperativas para acelerarmos a saída de uma economia e de um estilo de civilização patologicamente dependentes dos combustíveis fósseis. De acordo com o melhor consenso científico possível, se deixarmos aumentar a concentração de gases com efeito de estufa para além de 450 ppmv de dióxido de carbono equivalente, correremos o risco de sofrer um aumento médio global da temperatura superior a 2°C. Ora, em todos os estudos e cenários, um aumento superior a 2°C é considerado como portador de consequências extremamente negativas, que correm o risco de ultrapassar a eficácia das medidas de adaptação que, entretanto, temos de começar a tomar para enfrentar as mudanças climáticas que já não podem ser evitadas.

A necessidade e urgência dessa mudança têm uma relação estreita com o segundo factor de diferenciação, acima apontado, envolvido no actual processo de alterações climáticas com causas antropogénicas: a sua extraordinária velocidade temporal. Enquanto as glaciações, por exemplo, abrangem períodos de aproximadamente 100 000 anos, o actual aquecimento global é e será ainda mais visível em escassas dezenas de anos. Muitos daqueles que hoje lêem estas linhas estarão vivos se e quando as dramáticas projecções dos cenários climáticos, contidas no último Relatório do IPCC, se tornarem absolutamente inquestionáveis.

As consequências da mudança dependerão da nossa capacidade de baixarmos as emissões de modo a estabilizarmos esses gases com efeito de estufa numa concentração na atmosfera que não acarrete um aumento da temperatura média global acima dos 2°C. Esperar um aumento muito abaixo desse valor não será realista. Deixar cair os braços, sem nada fazer, deixando que o aumento derrape acima desse valor, seria uma irresponsabilidade moral inaceitável.

Os impactos serão muitos e o grande grau de incerteza que ainda reina não significará, necessariamente, que a clarificação se venha a fazer no sentido das boas notícias. Sabemos que a temperatura média global aumentará, que o nível das águas do mar subirá, que nalgumas zonas a produtividade agrícola poderá aumentar, embora na maioria venha a decrescer, bem como a pluviosidade. Sabemos que os eventos extremos, como ondas de calor, chuvas intensas, furacões, e outras ocorrências meteorológicas violentas, aumentarão em frequência e intensidade.

Mas há ainda muitas zonas de interrogação. Se, por exemplo, o carbono e o metano contidos no *permafrost* (solo permanentemente gelado) siberiano forem libertados pelo aumento da temperatura, isso significará uma intensificação extraordinária da concentração de gases de estufa. Se o degelo do Árctico se concretizar nas próximas décadas, a temperatura tenderá a aumentar nos oceanos, pois o gelo reflecte nove décimos da radiação que recebe, enquanto o mar limpo de gelo tem o comportamento inverso. O comportamento da criosfera terá aqui um papel decisivo. Se a temperatura média se elevar 3°C, ou mais, correremos o risco de despertar um mecanismo de não retorno que poderá levar, ao longo dos próximos séculos, ao degelo completo das grandes massas de gelo permanente que se encontram sobre a Gronelândia e a Antárctida. Nesse caso, a elevação do mar, fortemente acidificado pelo sumento do carbono dissolvido, assumiria proporções diluvianas de mais de 60 metros. Também não temos certezas sobre o grau de resiliência dos ecossistemas face às pressões induzidas por uma mudança climática tão radical e brusca. O que sabemos, com segurança, é que o ritmo de extinção das espécies não tem parado de se intensificar, embora as alterações climáticas não sejam, por enquanto, o factor determinante nesse processo.

2. A ausência de um acordo climático provocará enormes riscos para a segurança internacional

A combinação de uma crise energética com a aceleração da crise ambiental, derivada do prosseguimento sem contenção das alterações climáticas, teria consequências dramáticas para a humanidade. Há um filão de literatura recente que explora o tema do colapso das civilizações, e em particular antecipa o que poderia ser o regresso a uma nova Idade Média, ainda mais escura e trágica do que a que ocorreu após a queda do Império Romano, se não formos capazes de conduzir a nossa civilização, global e tecnocientífica, para patamares de sustentabilidade e sobrevivência (Jared Diamond, *Collapse: How Societies Choose to Fail or Succeed*, New York, Viking Penguin, 2004; Richard Heinberg, *Powerdown. Options and Actions for a Post-Carbon World*, Forest Row, Clairview, 2004; James Howard Kunstler, *The Long Emergency – Surviving the Converging Catastrophes of the Twenty-First Century*, New York, Grove/Atlantic, 2005; James Lovelock, *The Revenge of Gaia. Why the Earth is Fighting Back – and How We Can Still Save Humanity*, London, Penguin Books, 2007).

O sistema internacional capitulou no objectivo central que seria o de substituir o Protocolo de Quioto (que expirou em 31 de Dezembro de 2012), por um novo instrumento com metas vinculativas de mitigação (redução da quantidade de emissões). A liderança europeia da diplomacia climática foi quebrada pelo facto de a União Europeia ter mergulhado numa crise intestina sobre contabilidade nacional, que se traduziu num longo inverno de austeridade que está longe de se poder considerar terminado. Se forem, atrasadas as medidas de mitigação e de adaptação, se não forem reunidos os investimentos e o capital político necessário para assegurar uma transição energética e tecnológica para um perfil de civilização mais sustentável, o resultado mais previsível seria o desencadear de uma desenfreada corrida à escala planetária por recursos cada vez mais escassos.

Uma corrida entre países, mas também uma corrida entre gerações. A geração que hoje toma decisões sustentaria a sua sobrevivência na delapidação de recursos energéticos e ambientais que seriam vitais para a geração seguinte. E tudo isso ocorreria num quadro de perfeita consciência e lucidez, dado que os relatórios e os estudos científicos não deixariam de afluir, confirmando o triste rumo do mundo deixado à sua sorte na aceleração da crise climática. O abismo ontológico, de um mundo a mudar a olhos vistos, a tornar-se cada vez mais hostil para a vida humana, com o passar dos anos daria lugar a uma crise moral sem paralelo na memória dos homens. Um Inferno moral pior do que as visões de Dante, ou os quadros de Hieronymus Bosch!

Não se julgue que se trata de um exagero retórico. Sem um acordo climático global, as hipóteses de inovação tecnológica serão mínimas e insuficientes. Os próprios estímulos para reformas profundas serão quase nulos. Os Estados serão pressionados pelos sectores mais retrógrados, em nome da salvaguarda da competitividade no mercado internacional, a deixar quase tudo como está. Tal como numa congestão de trânsito, em que não importa a qualidade da viatura que se tem, pois a velocidade média tende para o zero, também sem acordo climático global, mesmo os países mais desenvolvidos verão diminuídas as possibilidades de imporem uma diferença positiva e tenderão para uma estagnação tecnológica e para uma apatia moral generalizadas.

A razão profunda para esta eventual catástrofe reside no facto de que hoje o combate às alterações climáticas constitui o fulcro da reconstrução do sistema internacional, numa perspectiva de equidade e na base do respeito pelo multilateralismo. A famosa "guerra ao terrorismo", não passa de um jogo pueril quando colocada em confronto com a seriedade do combate às alterações climáticas. Um combate, todavia, que não pode ter sucesso quando perseguido unilateralmente, isto é, fora de um verdadeiro regime climático internacional.

Sem um acordo climático global as bases de confiança do sistema internacional serão corroídas, ao ponto crítico da anarquia apodrecida, extrapolando a partir da imagem de Adriano Moreia do actual sistema internacional como anarquia madura. Apenas um exemplo: que condições existiriam, sem um acordo climático global, para o fortalecimento do comércio mundial? Não teriam os países que implementassem, mesmo com o pano de fundo do desacordo, políticas de diminuição das emissões de gases com efeito de estufa, legitimidade para criar obstáculos alfandegários para importações de países que continuassem a usar os combustíveis fósseis, sem quaisquer restrições, na produção industrial? Sem um novo regime climático correremos o risco de uma vaga geral de proteccionismo que aumentará a pobreza e o sofrimento em todo o mundo, particularmente nos países mais pobres. Lembremo-nos que as consequências mais graves da Grande Depressão de 1929 resultaram, precisamente, da queda a pique do comércio

ALTERAÇÕES CLIMÁTICAS

mundial iniciada pelas leis proteccionistas do Congresso dos EUA, promulgadas em 1930. Com efeito, as ondas de choque da Smoot-Hawley Tariff elevaram, em apenas dois anos, a taxa de desemprego nos EUA de 9% para 25% da população activa! (Philippe Legrain, *Open World: The Truth About Globalisation*, London, Abacus, 2002, pp.102-104).

3. Da "dissuasão Nuclear" à "Dissuasão Climática"

As principais etapas para um regime climático global foram dadas nos anos 90 do século passado. Primeiro com a assinatura da Convenção-Quadro das Nações Unidas para as Alterações Climáticas, em 1992, no Rio de Janeiro, Depois com a inclusão nessa Convenção de um Protocolo com objectivos concretos de mitigação para os países desenvolvidos, em Quioto, Japão, em 1997. Contudo, a concretização da Convenção foi e continua a ser morosa, decepcionante e ineficaz, face ao aumento descontrolado dos riscos climáticos. O Protocolo de Quioto só entrou em vigor em 2005, com os EUA de fora. E desde 1 de Janeiro de 2013 que a diplomacia climática se encontra à deriva, Como poderemos evitar a rota de fuga para a frente, que se instalou, transformando a atmosfera num "bem comum global", que em vez de ser protegido está a ser delapidado pela concorrência desenfreada dos países, numa "tragédia dos comuns" à escala planetária? Hans Morgenthau, um dos expoentes do realismo, seria o primeiro a afirmar que esse novo regime seria não só viável, como absolutamente necessário, desde que os participantes no mesmo fossem capazes de compreender que ele satisfaria mais interesses, e interesses mais prioritários, de cada um e de todos os parceiros, do que aqueles que pela sua ausência pudessem ser eventualmente satisfeitos (Hans J. Morgenthau, *Politics Among Nations. The Struggle for Power and Peace*, New York, Alfred A. Knopf [1.ª edição: 1948] 1965 [3.ª edição], p. 9).

Ora, não existe qualquer interesse mais elevado do que a própria sobrevivência, que é o que está precisamente em jogo na necessidade imperiosa de se chegar a um acordo. É na explicitação desse interesse prioritário, que a União Europeia deve continuar a insistir, com paciência e persistência.

E no plano prático, temos algum exemplo histórico que nos possa dar um apoio empírico na luta por esse novo regime climático e ambiental? Julgo que o grande exemplo é o da guerra-fria. Pela primeira vez na história da humanidade um sistema internacional fundado no dualismo entre duas alianças inimigas não terminou por uma guerra central em grande escala. Que razões explicam essa verdadeira singularidade? Essencialmente, o consenso profundo entre as duas superpotências da altura, EUA e URSS, de que seria do interesse de ambos os lados da trincheira não elevar o conflito até ao patamar nuclear, que abria a porta para a destruição generalizada, para a "destruição mútua assegurada" (*mutual assured destruction*) (sobre a lógica interna da guerra-fria: Viriato Soromenho-Marques, *Europa. O Risco do Futuro*, Lisboa, Publicações Dom Quixote, 1985).

Entre 1989 e 1991 a URSS preferiu a implosão da sua configuração política à destruição do planeta, que incluiria, evidentemente, a eliminação física da população e dos dirigentes do império comandado a partir de Moscovo. Mais uma vez, a sobrevivência prevaleceu sobre o impulso para o domínio a todo o custo. A dissuasão pelo terror funcionou a favor da vida, dando uma nova oportunidade ao sistema internacional. Hoje, as ameaças que pairam sobre o clima e o ambiente mundiais têm no uso de um património comum, a atmosfera, o centro nevrálgico do problema e da sua eventual solução. A atmosfera planetária é hoje um tema político de segurança nacional e mundial. Nenhum país pode decretar uma soberania exclusiva sobre a "sua" atmosfera, sem, com isso, incorrer num acto de hostilidade para com o resto dos parceiros da comunidade internacional. Não temos meios para expandir fisicamente a atmosfera, mas temos meios para uma sua gestão mais sustentável. Mas para isso o requisito fundamental é a assinatura de um regime internacional para a protecção do clima, capaz de vigorar após 2012. Um regime que implicará a compreensão de que a defesa do clima e do ambiente planetário é o interesse mais forte e prioritário de todos e de cada um dos parceiros da comunidade internacional, pois toca no valor primário da sobrevivência.

4. Poderemos construir uma "economia de guerra" para combater a emergência climática? O exemplo dos EUA

O nosso padrão de civilização está umbilicalmente ligado ao consumo de doses maciças de combustíveis fósseis. À semelhança do que acontece com os indivíduos fortemente viciados em substâncias tóxicas, a nossa civilização está a prolongar excessivamente a transição da tomada de consciência de que são necessárias mudanças radicais, para as acções concretas que vão possibilitar a implementação dessas mudanças.

Um novo regime internacional de protecção climática, centrado no combate ao aquecimento global, teria de assentar em quatro pilares fundamentais:

- *Metas de mitigação*: redução radical das emissões de gases com efeito de estufa, de modo a que a perigosa barreira dos 450 ppmv de dióxido de carbono equivalente não seja transposta.
- *Medidas de adaptação*: mesmo que miraculosamente parassem hoje as emissões de gases com efeito de estufa, a verdade é que a inércia sobre o sistema climático terrestre das emissões historicamente já ocorridas não deixaria de se fazer sentir ao longo das próximas décadas e séculos. Por isso, é preciso

ALTERAÇÕES CLIMÁTICAS

começar a tomar medidas para nos adaptarmos como sociedade aos efeitos que inevitavelmente ocorrerão. Essas medidas de adaptação terão de traduzir-se em todos os domínios da vida social e das políticas públicas, desde o ordenamento do território, às actividades produtivas, passando pela protecção civil e tecnologias construtivas.

– *Aposta maciça na inovação tecnológica*: perante os desafios que temos pela frente, os meios de que dispomos são escassos e insuficientes. Nesse sentido, importa organizar à escala mais ampla possível uma verdadeira revolução tecnológica, capaz de proporcionar à economia e à sociedade os instrumentos para uma mudança em direcção a modelos mais sustentáveis de produção e consumo.

– *Coordenação entre políticas públicas e mecanismos de mercado*: O modelo actualmente prevalecente de demissão do Estado da esfera económica é impotente para efectuar as medidas de que necessitamos para atempadamente enfrentar os grandes desafios que temos diante de nós. Sem retirar ao mercado o dinamismo e a criatividade que só ele possui, é preciso reconstruir uma administração pública capaz de elaborar e implementar estratégias flexíveis e inteligentes, que sirvam com vigor o interesse público.

Em qualquer um dos quatro pilares, os EUA terão um papel decisivo a desempenhar. Mas onde os EUA poderiam ter um papel de verdadeiro catalisador à escala global será na combinação do terceiro e do quarto pilares. Nenhum outro país pode apresentar um currículo de inovação tecnológica acelerada como os EUA. Entre 1942 e 1945, a América, através do projecto Manhattan, foi capaz de construir a primeira bomba atómica, partindo de uma situação absolutamente desvantajosa, relativamente à Alemanha nazi. Mais tarde, depois do fiasco da ciência espacial americana, representado pelo Sputnik soviético (1957), os EUA, em pouco mais de uma década, foram capazes de colocar o primeiro homem na Lua.

Entre 1942 e 1945, a dinâmica de mercado nos EUA, dirigida por um Estado federal forte e interveniente, tornou-se numa eficaz e disciplinada força ao serviço dos objectivos superiores de uma economia de guerra. A indústria automóvel, que havia produzido 4 000 000 de veículos em 1941, baixou para 223 000 essa produção, no ano de 1942, mas em contrapartida foram produzidos, no mesmo período, 24 000 tanques e 17 000 veículos blindados. Entre 1942 e 1944, a indústria de guerra americana produziu 229.600 aviões militares de todos os tipos. No que diz respeito à marinha mercante, o poderio naval americano passou de 1000 para 5000 unidades, entre 1939 e 1945, muito acima das baixas causadas pelos submarinos alemães e japoneses (Lester R. Brown, *Plan B. Rescuing a Planet under Stress and a Civilization in Trouble*, New York/London, W.W. Norton & Company, 2003, pp. 203-206.)

ALTERAÇÕES CLIMÁTICAS

Em matéria de capacidade científica, tecnológica e industrial, os EUA continuam muito à frente de qualquer outra nação do mundo, bem como da força combinada da União Europeia. Contudo, podemos imaginar o tremendo potencial de inovação que seria posto em movimento se uma colaboração efectiva fosse desenhada entre as capacidades de investigação e desenvolvimento dos EUA e da União Europeia, com a colaboração dos países emergentes – a China, a Índia, o Brasil, entre outros – em zonas de excelência que já são suas? Quanto mais tempo será necessário esperar até dispormos de suficiente visão e coragem para declararmos uma guerra sem tréguas ao modelo insustentável de produção, consumo e habitação da Terra em que nos deixámos instalar? Infelizmente, o estado comatoso da União Europeia, mergulhada numa crise profunda desde 2008, não parece contribuir muito para a viabilidade de um tal cenário promissor.

5. As alterações climáticas: desafio para as políticas públicas de segurança

Para as políticas públicas o primeiro desafio representado pelas alterações climáticas é o da *complexidade*. Mais do que nunca estadistas, estrategistas e cientistas têm de estar lado a lado na monitorização da evolução do estado ambiental e climático do planeta. Complexidade, ainda, na medida em que as alterações climáticas se ligam a outros problemas da habitação comum da Terra que aguardam por solução urgente, como é o caso da urgência de uma nova política energética que nos liberte da dependência de combustíveis fósseis, que além de poluentes, trazem consigo o risco da multiplicação de disputas violentas dada a sua crescente escassez.

O segundo desafio prende-se com a *escala e a natureza* da ameaça. As alterações climáticas constituem o melhor exemplo da *globalização* da ameaça. Uma ameaça cuja natureza é de um novo tipo, a saber, *ontológico*. Não se prende com a projecção espacial e territorial do poder, mas com a metamorfose intrínseca desse espaço e desse território pela acção desmesurada e colateral do poder humano (incluindo aqui a violenta capacidade de transformação plástica dos ecossistemas por parte da tecnociência).

O terceiro desafio implica a aceitação dos limites dos meios militares para fazer face a esta nova ameaça. Curiosamente, o pensamento estratégico já enfrentou no passado uma situação semelhante, quando a possibilidade de autodestruição da humanidade, num quadro de *Mutual Assured Destruction*, acabou por fazer do não uso das armas nucleares a melhor doutrina do seu planeamento e desenvolvimento.

O quarto desafio aportado pelas alterações climáticas é o da *cooperação compulsiva*, entre os Estados e outros actores da política internacional. Hoje, as ameaças que pairam sobre o clima e o ambiente mundiais têm no uso de um património comum, a atmosfera, o centro nevrálgico do problema e da sua eventual solução. A atmosfera planetária é hoje um tema político de segurança nacional e mundial. Nenhum país pode decretar uma soberania exclusiva sobre a "sua" atmosfera, sem, com isso, incorrer num acto de hostilidade para com o resto dos parceiros da comunidade internacional. Não temos meios para expandir fisicamente a atmosfera, mas temos meios para uma sua gestão mais sustentável. A multiplicação de vagas de refugiados ambientais, de conflitos entre Estados (cada vez mais débeis, ou mesmo falhados) e dentro de Estados pela disputa de recursos naturais cada vez mais escassos, poderá ser uma realidade ainda mais violenta se não compreendermos todas as dimensões de segurança envolvidas na ameaça ambiental e climática em rápida aceleração.

Poderemos concluir, por isso, que mais do que nunca são válidas as máximas da prudência clausewitziana, que aconselham a colocar na *lógica política* a condução do destino dos Estados, subordinando a essa visão de conjunto todos os outros meios, nomeadamente a *gramática militar*, como seus instrumentos operacionais. A prioridade hoje passa por conseguir um novo regime climático mundial. Estamos a perder tempo desde o final de 2012, data em que expirou o Protocolo de Quioto da Convenção-Quadro das Nações Unidas para as Alterações Climáticas (UNFCCC, na sigla inglesa). A União Europeia tem a esse respeito uma particular responsabilidade. Com efeito, a União foi a única grande região mundial que cumpriu por excesso as metas do Protocolo de Quioto. Mais, até à eclosão da "crise das dívidas soberanas", a Europa liderava sem rival a batalha por um novo regime internacional que funcionasse como uma frente ecuménica, envolvendo todas as potências, de maior ou menor dimensão do actual sistema internacional em profunda e incerta reconstituição. Infelizmente, o prolongamento da crise europeia, tem vindo a assumir contornos cada vez mais dramáticos no plano político e social. A prioridade dada à estratégia combinada energia e clima tem vindo a declinar inexplicavelmente, mesmo com a vingança da realidade, que, como se tornou visível na crise com a Rússia em torno da Ucrânia, colocou a nu a dependência europeia face ao gás natural russo. Até por razões estratégicas, e de segurança de abastecimento, em acréscimo aos de natureza ambiental que são importantíssimos, a UE deveria ser capaz de ultrapassar a crise política que a ameaça despedaçar (dediquei ao tema da crise europeia, o meu mais recente ensaio: Viriato Soromenho-Marques, *Portugal na Queda da Europa*, Lisboa, Temas e Debates/Círculo de Leitores, 2014).

Do sucesso da prioridade dada à combinação entre políticas públicas de energia, clima e ambiente, dependerá a reconstrução viável de uma nova ordem internacional plural e multilateral, capaz de obedecer tanto aos imperativos do direito internacional público como aos limites físicos do ambiente planetário, que é a nossa única casa para prosseguir a odisseia da civilização humana.

ARMADA

Francisco Proença Garcia

A Marinha é um ramo das Forças Armadas, e como tal integra o sistema de forças nacional. Como Ramo das FA é dotada de autonomia administrativa, e integra-se na administração directa do Estado, através do Ministério da Defesa Nacional.

A Marinha representa uma moldura institucional com legitimidades heterogéneas e capacidades multifuncionais, onde se identifica uma componente de ação militar que constitui o ramo naval das Forças Armadas, histórica e conceptualmente designado de Armada, e uma componente de ação não militar, fora do propósito imediato e do âmbito próprio das Forças Armadas, que constitui uma outra estrutura do Ministério da Defesa Nacional, designada Autoridade Marítima Nacional.

Apesar de ser tida como Marinha, o termo Armada aparece como referência desde o nível do comando e da organização. A Armada é assim a componente de ação militar que constitui o ramo naval das Forças Armadas encarregue da defesa naval do país, quer em ambiente marítimo quer nos ambientes fluvial e lacustre.

A Autoridade Marítima Nacional é a estrutura superior de administração e coordenação dos órgãos e serviços que, integrados na Marinha, possuem competências ou desenvolvem ações enquadradas no âmbito do Sistema da Autoridade Marítima (SAM).

A Marinha tem como missão principal participar, de forma integrada, na defesa militar da República, nos termos do disposto na Constituição e na lei, sendo fundamentalmente vocacionada para a geração, preparação e sustentação de forças da componente operacional do sistema de forças. Ainda, nos termos do disposto na Constituição e na lei, incumbe também à Marinha: a) Participar nas missões militares internacionais necessárias para assegurar os compromissos internacionais do Estado no âmbito militar, incluindo missões humanitárias e de paz assumidas pelas organizações internacionais de que Portugal faça parte; b) Participar nas missões no exterior do território nacional, num quadro autónomo ou multinacional, destinadas a garantir a salvaguarda da vida e dos interesses dos portugueses; c) Executar as acções de cooperação técnico-militar nos projectos em que seja constituído como entidade primariamente responsável, conforme respectivos programas quadro; d) Participar na cooperação das Forças Armadas com as forças e serviços de segurança, nos termos previstos no artigo 26.º da Lei Orgânica n.º 1-A/2009, de 7 de Julho (alterada pela Lei Orgânica n.º 6/2014); e) Colaborar em missões de protecção civil e em tarefas relacionadas com a satisfação das necessidades básicas e a melhoria da qualidade de vida das populações;

f) cumprir as missões de natureza operacional que lhe sejam atribuídas pelo CEMGFA; g) disponibilizar recursos humanos e materiais necessários ao desempenho das competências de órgãos e serviços da AMN.

Compete também à Marinha assegurar o cumprimento das missões particulares aprovadas, de missões reguladas por legislação própria e de outras missões de natureza operacional que lhe sejam atribuídas, designadamente: a) Exercer a autoridade marítima e garantir o cumprimento da lei nos espaços marítimos sob soberania ou jurisdição nacional; b) Assegurar o serviço de busca e salvamento marítimo nos espaços marítimos sob responsabilidade nacional; c) Realizar operações e actividades no domínio das ciências e técnicas do mar. A Marinha pode ser empregue, nos termos da Constituição e da lei, quando se verifique o estado de sítio ou de emergência. A Marinha executa actividades no domínio da cultura.

A Marinha é comandada pelo Chefe do Estado-Maior da Armada e para o cumprimento da respetiva missão compreende: o Estado-Maior da Armada; os órgãos centrais de administração e direcção; o comando de componente naval, designado por Comando Naval; os órgãos de conselho; o órgão de inspecção, designado por Inspecção-Geral da Marinha; os órgãos de base; os elementos da componente operacional do sistema de forças; outros órgãos e serviços regulados por legislação própria.

Bibliografia
Lei Orgânica n.º 6/2014, de 1 de setembro.
Decreto-Lei n.º 185/2014, de 29 de dezembro.
www.marinha.pt.

ARMAS DE DESTRUIÇÃO MASSIVA

SOFIA SANTOS

1. Conceito

O Direito Internacional absteve-se de formular uma definição de "Armas de Destruição Massiva", facto que tem implicações na delimitação categórica deste conceito.

Em sentido lato, pode-se considerar que se refere a qualquer arma que possua a capacidade de provocar um número massivo de vítimas e um grau massivo de destruição.

Em sentido estrito, a noção é objeto de diferentes interpretações variando o seu grau de extensividade, isto é, de elementos que se encontram subsumidos nesta designação. A definição mais adequada afigura-se a que se refere ao emprego de armas não convencionais como nucleares, biológicas, químicas e radiológicas através de vetores como mísseis balísticos e de cruzeiro, com o propósito de provocar um elevado número de vítimas e danos materiais de elevada magnitude, sendo este nível de gravidade a condição essencial para a qualificação como ADM. Nesta linha de interpretação e à qual se adiciona uma perspetiva futura, a definição formulada pela Comissão para Armas Convencionais das Nações Unidas em 1948, reiterada pela Assembleia Geral, tem sido utilizada formalmente desde 1977: *"Atomic explosive weapons, radioactive material weapons, lethal chemical and biological weapons, and any weapons developed in the future which might have characteristics comparable in destructive effect to those of the atomic bomb or other weapons mentioned above"*. (Res. 32/84B, 1977).

Da desconstrução deste termo em sentido estrito resultam ameaças distintas cuja noção importa precisar. A investigação, a produção, a transferência e a utilização encontram-se regulamentadas no Direito Internacional por diferentes tratados multilaterais, incluindo regionais (que se concretizaram nas denominadas *Zonas Livres de Armas Nucleares*) e bilaterais relativamente às armas nucleares e por importantes convenções internacionais no que se refere às armas biológicas e químicas, dado que a proliferação de ADM por atores estatais e não estatais constitui uma das principais ameaças à paz e segurança internacionais.

2. As Armas Nucleares

I. Conceito

As armas nucleares podem ser definidas como um engenho explosivo que resulta de um processo de fissão, mais concretamente, um processo de separação do núcleo de um átomo de plutónio 239 ou urânio 235 (materiais físseis) – bomba atómica – ou de um processo de fusão, combinação de átomos, ativado após um processo de fissão – bomba de hidrogénio ou termonuclear.

II. Principais tratados internacionais

1. O *Tratado de Não Proliferação das Armas Nucleares* (TNP) foi assinado a 1 de Julho de 1968, reconhecendo cinco Estados nucleares – Estados Unidos, China, Rússia, França e Reino Unido (artigo IX, n.º 3) – e entrou em vigor em 1970. Atualmente são 189 os Estados Partes. No entanto, certos Estados que possuem armas nucleares como a Índia, o Paquistão, Israel e a Coreia do Norte (retirou-se do tratado em 2003) não são Estados Partes do Tratado.

O TNP assenta em três pilares: não proliferação, uso pacífico da energia nuclear e desarmamento. Nos termos do artigo I, os Estados nucleares renunciam à transferência de armas nucleares, outros dispositivos nucleares explosivos ou da sua tecnologia a Estados que não os possuem, por seu turno, estes últimos, de acordo com o artigo II, comprometem-se a não adquirir, produzir ou receber ajuda de outro Estado para a sua fabricação. Contudo, o artigo IV, n.º 1 ressalva que *"Nenhuma disposição do presente Tratado será interpretada no sentido de afetar o direito inalienável de todas as Partes no Tratado a desenvolver a investigação, a produção e a utilização da energia nuclear para fins pacíficos"* e, nesse sentido, os Estados Partes comprometem-se *"a facilitar um intercâmbio tão vasto quanto possível de equipamento, de materiais e de informações científicas e tecnológicas"* (artigo IV, n.º 2). O terceiro pilar encontra-se consagrado no artigo VI segundo o qual cada Estado Parte se obriga *"a efetuar negociações de boa-fé sobre medidas eficazes relativas à cessação da corrida aos armamentos nucleares (...) e ao desarmamento nuclear e sobre um tratado de desarmamento geral e completo sob um controle internacional estrito e eficaz"*.

O Tratado concentra na *Agência Internacional de Energia Atómica* a competência de verificação do cumprimento das obrigações de uso pacífico da energia nuclear através de um sistema de salvaguardas que assenta na conclusão e implementação de acordos com Estados não possuidores de armas nucleares (artigo III).

2. O *Tratado de Interdição Completa de Ensaios Nucleares* foi adotado pela Assembleia Geral da ONU em 1996, mas a sua entrada em vigor e, consequentemente, da *Organização do Tratado de Interdição Completa de Ensaios Nucleares* prevista no tratado, tem-se deparado com alguns obstáculos. Este tratado foi assinado por 183 Estados e ratificado por 163 Estados. A principal condicionante reside na obrigatoriedade da ratificação de 44 Estados que possuem tecnologia nuclear – mencionados no Anexo 2 – e de momento, ainda oito Estados não ratificaram (China, Egito, Índia, Irão, Israel, Coreia do Norte, Paquistão e Estados Unidos). Esta Organização seria um fórum para consulta e cooperação entre os Estados Partes e teria como principal objetivo assegurar a implementação das disposições através da monitorização e verificação, incluindo intercâmbio de dados e inspeções *in situ*. Em 1996 foi instituída a *Comissão Preparatória da Organização do Tratado de Interdição Completa de Ensaios Nucleares* (Comissão, órgão plenário, constituída pelos Estados Partes e o Secretariado Técnico provisório) que visa promover a assinatura e ratificação do tratado e estabelecer um regime com capacidade de detetar explosões nucleares no solo, subsolo, submarinas e na atmosfera.

3. De salientar, ainda, o *Tratado de Interdição Parcial de Ensaios Nucleares* de 1963 (131 Estados Partes), o qual interdita os testes na atmosfera, no espaço e submarinos, exceto subterrâneos, o *Tratado sobre a Proibição da Colocação de Armas Nucleares e outras Armas de Destruição Massiva no Fundo dos Mares e Oceanos* assim como no seu subsolo de 1971 (95 Estados Partes), a *Convenção sobre a Proteção Física dos Materiais Nucleares* de 1980 (149 Estados Partes e Euratom) e a *Convenção Internacional para Eliminação dos Atos de Terrorismo Nuclear* de 2005 (99 Estados Partes).

3. As Armas Biológicas

I. Conceito

As armas biológicas disseminam intencionalmente micro-organismos e toxinas com vista a infligir a morte ou lesões provocadas pelos seus efeitos patogénicos. Estes agentes encontram-se divididos em bactérias (como o Antraz), vírus (como a Varíola e o Ébola), riquétsias (como Febre Q), fungos e toxinas (como o Rícino e a Toxina Botulínica).

II. O *Protocolo de Genebra* (*Protocolo relativo à Proibição do Emprego na Guerra de Gases Asfixiantes, Tóxicos ou Similares e de Meios Bacteriológicos*) de 1925 proíbe o uso de armas biológicas e químicas. A *Convenção sobre as Armas Biológicas e Tóxicas* de 1972, que entrou em vigor em 1975 (170 Estados Partes), complementa o Protocolo ao interditar o desenvolvimento, a produção, o armazenamento, a aquisição e a conservação de micro-organismos e outros agentes biológicos ou toxinas e armas, equipamento ou vetores que possibilitem o uso destes para fins hostis ou num conflito armado (artigo I). Paralelamente, obriga os Estados Partes a proceder à sua destruição ou transformação para fins pacíficos (artigo II) e a abster-se de transferir e de prestar assistência, encorajar ou induzir a sua produção ou aquisição (artigo III) exceto para fins profiláticos, de proteção ou pacíficos. A principal fragilidade, contudo, é a inexistência de um mecanismo efetivo de verificação da observância das disposições pelos Estados Partes.

4. As Armas Químicas

I. Conceito

Estas armas recorrem às propriedades tóxicas de substâncias químicas como o fosgénio e os gases mostarda, VX e sarin com vista a infligir a morte ou lesões nas vítimas.

II. A *Convenção sobre as Armas Químicas* foi assinada em 1993 e entrou em vigor em 1997 (190 Estados Partes). A Convenção amplia o alcance do Protocolo de Genebra ao proibir o desenvolvimento, a produção, a aquisição, o armazenamento, a conservação ou transferência de armas químicas (artigo I, n.º 1, alínea a)) e o apoio a terceiros em ações que a violem (alínea d)) e não se circunscrever à sua utilização (alínea b)).

A sua implementação apoia-se na *Organização para a Proibição de Armas Químicas* consagrada no artigo VIII da Convenção.

5. As armas radiológicas

Este termo refere-se ao emprego de um explosivo convencional em combinação com material radioativo com o propósito de o propagar numa área ampla de modo a expor as vítimas a radiação nuclear. Este tipo de arma, denominada como "bomba suja", é frequentemente associada a possíveis atos de terrorismo perpetrados por atores não estatais.

Bibliografia
James J. Wirtz, "Weapons of mass destruction and the proliferation challenge" *in* Myriam Dunn Cavelty, Victor Mauer (eds.), *The Routledge Handbook of Security Studies*, Routledge, London, 2010, pp. 139-148.
Patricia Lewis, Trevor Findlay, *Coming to Terms with Security: A Handbook of Verification and Compliance*, United Nations Institute for Disarmament Research, Geneva, 2003, disponível em http://www.unidir.org/files/publications/pdfs/coming-to-terms-with-security-a-handbook-on-verification-and-compliance-302.pdf.
Nathan E. Busch, Daniel H. Joyner (eds.), *Combating Weapons of Mass Destruction, The Future of International Nonproliferation Policy*, The University of Georgia Press, Athens: Georgia, 2009.
Waheguru Pal Singh Sidhu, "The Nuclear Disarmament and Non-Proliferation Regime" *in* Paul D. Williams, *Security Studies: An Introduction*, Second Edition, Routledge, London, 2012, pp. 409-424.

ATAQUE ARMADO

Sofia Santos

I. Conceito

Tradicionalmente, um ataque armado consiste num ato ilícito perpetrado por um Estado que atenta contra a independência política ou a integridade territorial de outro Estado. A ocorrência de um ataque armado constitui a condição essencial para o exercício do direito de legítima defesa em conformidade com o artigo 51.º da Carta das Nações Unidas. No entanto, a Carta é omissa quanto à natureza e contornos dos atos que podem ser considerados um ataque armado.

A doutrina em geral orienta-se pelas determinações do parecer "Atividades Militares e Paramilitares na e contra a Nicarágua" do Tribunal Internacional de Justiça de 1986. Neste parecer, o Tribunal explicitou que tem de se tratar de um ataque massivo e coordenado contra outro Estado, não podendo uma simples escaramuça de fronteira ser considerada um ataque armado, salientando que

ATAQUE ARMADO

tal determinação requer uma análise caso a caso com base na consideração dos critérios de escala e dos efeitos do ataque (ICJ Reports 1986, §195, p. 103). O Tribunal determinou ainda que *"o envio de grupos ou bandos armados por parte de um Estado, ou em seu nome, praticando atos armados de gravidade equiparada à dos atos anteriormente referidos"* representa um exemplo de ataque armado, recorrendo ao artigo 3.º alínea g) da Definição de Agressão da Assembleia Geral das Nações Unidas 3314 (XXIX) de 1974.

Na verdade, apesar de a Definição não ser respeitante a um "ataque armado" nos termos do artigo 51.º, aludindo apenas a alguns exemplos como diretrizes para a determinação de "agressão", o catálogo enunciado auxilia a sua interpretação.

A inexistência de uma definição de "ataque armado" suscita questões interpretativas, dificultando a determinação do real alcance do direito de legítima defesa.

II. Questões interpretativas

1. Perspetiva *ratione materiae*

O parecer "Atividades Militares e Paramilitares na e contra a Nicarágua" não proporciona uma clarificação categórica e vinculativa, permanecendo controverso que tipo de atos se encontram abrangidos por esta formulação. A problemática prende-se com o facto de os critérios de escala e efeitos, que de acordo com o Tribunal legitimam uma reação de um Estado, carecerem de interpretação e de a sua qualificação de forma precisa suscitar particular dificuldade. Acresce a questão sobre a tipologia dos atos cometidos por entidades não estatais, tais como grupos terroristas, que permitiria a sua qualificação como "ataque armado". A "teoria de acumulação de ataques" tenta contornar estas questões, enfatizando que vários incidentes (ataques de menor dimensão) com o mesmo objetivo justificam a sua equiparação a um ataque de maior dimensão e, deste modo, medidas com base no direito de legítima defesa. Esta teoria, contudo, não se conseguiu afirmar no Direito Internacional, tendo o Conselho de Segurança das Nações Unidas rejeitado a fundamentação de Israel neste sentido face aos ataques da Organização para a Libertação da Palestina (a título de exemplo, resoluções 490 (1981) e 501 (1982)).

2. Perspetiva *ratione temporis*

A interpretação da formulação "no caso de ocorrer um ataque armado" encontra-se no centro do debate sobre se este direito somente se verifica após a ocorrência de um ataque armado ou se existe num momento prévio e, em que circunstâncias tal ataque pode ser intercetado ou antecipado. Enquanto uma posição defende uma interpretação em sentido estrito, outra sublinha a existência de um direito de legítima defesa em antecipação, subdividindo-se, no entanto, esta corrente de pensamento: por um lado, numa argumentação assente no critério de iminência, e, por outro lado, na justificação da existência deste direito em face de ameaças ainda abstratas (incerteza relativamente à altura e local do ataque).

3. Perspetiva *ratione personae*

A interpretação tradicional da Carta interpreta o artigo 51.º no sentido de um ataque perpetrado por um Estado. Na literatura, alguns autores frisam que um ato cometido por entidades não-estatais não pode ser considerado um "ataque armado". Na linha do parecer do Tribunal supracitado, que interpreta esta noção como englobando *"also the sending by or on behalf of a state"*, advogam uma interpretação estrita e, portanto, a responsabilidade estatal como um elemento tipificador fundamental (ICJ Reports, 1986, § 195, p. 103). No entanto, uma grande parte da doutrina sublinha que não é possível inferir do artigo 51.º a imprescindibilidade de um envolvimento estatal e que os critérios definidos pelo Tribunal são demasiado restritivos. A sua argumentação apoia-se, ainda, nas resoluções 1368 e 1373 do Conselho de Segurança, nas quais este órgão qualificou os ataques terroristas de 11 de Setembro de 2001 como um ataque armado. Contudo, permanece pouco claro se estas decisões do Conselho de Segurança constituirão um precedente.

Bibliografia

Tom Ruys, *'Armed Attack' and Article 51 of the UN Charter, Evolutions in Customary Law and Practice*, Cambridge Studies in International and Comparative Law, Cambridge University Press, New York, 2010.

Sofia Santos, *O Uso da Força no Direito Internacional e os Desafios ao Paradigma Onusiano*, Revista da Faculdade de Direito da Universidade Federal de Minas Gerais, No. 61, Julho-Dezembro, 2012, pp. 533-568, disponível em http://www.direito.ufmg.br/revista/index.php/revista/article/view/P.0304-2340.2012v61p533.

Torsten Stein, Christian von Buttlar, *Völkerrecht*, 13. Auflage, Vahlen, München, 2012, pp. 281-287.

Christine Gray, *International Law and the Use of Force*, Third Edition, Oxford University Press, Oxford, 2008, pp. 128-207.

AUTORIDADE MARÍTIMA NACIONAL E POLÍCIA MARÍTIMA

DUARTE LYNCE DE FARIA

I. A Autoridade Marítima Nacional

Após diversas vicissitudes que decorreram na alteração da estrutura do Estado no pós-25 de abril, em meados dos anos 90 foi sentida a necessidade de rever e aprofundar a organização do exercício da autoridade do Estado no mar. Assim, através das Resoluções do Conselho de Ministros n.º 185/96, de 28 de Novembro, e 84/98, de 10 de julho, foi formalmente reconhecida a necessidade de reavaliação do Sistema da Autoridade Marítima (SAM), com especial incidência nos instrumentos de articulação e de coordenação das diversas entidades com responsabilidades no exercício da autoridade marítima. Constituíram-se, assim, diversos grupos de trabalho interministeriais, tendo em vista a reestruturação e redefinição do SAM e, finalmente e após a apreciação de diversos relatórios e de propostas nestas matérias, foram aprovados, no final de 2001 e publicados em março de 2002, dois diplomas legais que criaram o actual figurino do Sistema da Autoridade Marítima (Decreto-Lei n.º 43/2002, de 02 de março) e da Autoridade Marítima Nacional (Decreto-Lei n.º 44/2002, de 02 de março).

O Decreto-Lei n.º 43/2002 (re)criou o Sistema da Autoridade Marítima, estabeleceu o seu âmbito e atribuições, definiu a sua estrutura de coordenação e criou a Autoridade Marítima Nacional (AMN), visando-se garantir o cumprimento da lei nos espaços marítimos sob jurisdição nacional mas num âmbito material muitíssimo mais vasto, abarcando a segurança e controlo da navegação, a preservação e protecção dos recursos naturais, do património cultural subaquático e do meio marinho, a prevenção e combate à poluição, o assinalamento marítimo, as ajudas e avisos à navegação, a fiscalização das actividades de aproveitamento económico dos recursos vivos e não vivos, a salvaguarda da vida humana no mar e salvamento marítimo, a protecção civil com incidência no mar e na faixa litoral, a protecção da saúde pública, a prevenção e repressão da criminalidade, nomeadamente no que concerne ao combate ao narcotráfico, ao terrorismo e à pirataria, a prevenção e repressão da imigração clandestina e a segurança da faixa costeira e no domínio público marítimo e das fronteiras marítimas e fluviais, quando aplicável.

O órgão de topo do Sistema da Autoridade Marítima, para efeitos da emissão de orientações, da definição de metodologias de trabalho e de acções de gestão tendo em vista uma articulação eficaz das entidades, deixou de ser o Ministro da Defesa Nacional – que assim se mantinha desde 1991, numa função claramente de direcção e no pressuposto do entendimento anteriormente expresso – e passou a ser o Conselho Coordenador Nacional, presidido por aquele Membro do Governo em que passaram a participar os Ministros da Administração Interna, do Equipamento Social, da Justiça, da Agricultura, do Desenvolvimento Rural e das Pescas e do Ambiente e do Ordenamento do Território (ou os seus representantes) e, ainda os dirigentes das entidades que exercem o poder de autoridade marítima (com excepção das Autoridades Portuárias, representadas pelo Presidente do Instituto Marítimo-Portuário) e, ainda, o Chefe do Estado-Maior da Força Aérea, o Director-Geral das Pescas e Aquicultura e representantes das Regiões Autónomas, para além de outros participantes.

Simultaneamente, foi publicado o Decreto-Lei n.º 44/2002, que visou definir, no âmbito do SAM, a estrutura, organização, funcionamento e competências da

Autoridade Marítima Nacional, dos seus órgãos e dos seus serviços, criando-se, igualmente, a Direcção-Geral da Autoridade Marítima como órgão central da Autoridade Marítima Nacional (que substituiu a Direcção-Geral de Marinha), o Conselho Consultivo e a Comissão do Domínio Público Marítimo.

Previu-se, ainda, que a Polícia Marítima integrasse a estrutura operacional da Autoridade Marítima Nacional, na dependência do comandante-geral (por inerência, o director-geral da autoridade marítima). Definiram-se as competências dos órgãos regionais e locais da Autoridade Marítima Nacional (i.e., os departamentos marítimos e as capitanias dos portos), para além das que resultavam já da lei orgânica da polícia marítima. Manteve-se, contudo, em vigor boa parte do Decreto-Lei n.º 265/72, de 31 de julho (que aprovou o Regulamento Geral de Capitanias) que constitui um diploma despido de sistemática jurídica, dadas as sucessivas revogações e alterações.

Em relação às ligações funcionais dentro do Sistema da Autoridade Marítima, o Decreto-Lei n.º 122/2011, de 29 de dezembro, que aprovou a lei orgânica do Ministério da Defesa Nacional veio a fazer uma referência interessante à própria Autoridade Marítima Nacional, no que respeita à sua articulação institucional. Sob o título "Outras estruturas" (que não se integram nem na administração directa ou indirecta do Estado, nem são órgãos consultivos) refere que, no âmbito do Ministério da Defesa Nacional, funcionam ainda o Conselho do Ensino Superior Militar, o Conselho da Saúde Militar, a Autoridade Marítima Nacional e a Autoridade Aeronáutica Nacional. Acrescenta-se que compete ao Ministro da Defesa Nacional dirigir o Sistema Nacional para a Busca e Salvamento Marítimo, o Sistema Nacional para a Busca e Salvamento Aéreo e presidir ao Conselho Coordenador Nacional do Sistema de Autoridade Marítima, estando, ainda, sujeitos à sua tutela a Cruz Vermelha Portuguesa e a Liga dos Combatentes.

No que respeita à Autoridade Marítima Nacional (AMN), o diploma de 2011 refere que a AMN é a entidade responsável pela coordenação das actividades, de âmbito nacional, a executar pela Marinha e pela Direcção-Geral da Autoridade Marítima, na área de jurisdição e no quadro do SAM, com observância das orientações definidas pelo Ministro da Defesa Nacional.

Não tendo, até então, reunido o órgão de cúpula do SAM – o seu Conselho Coordenador – entendeu o Governo fazer aprovar o Decreto Regulamentar n.º 86/2007, de 12 de dezembro pelo qual visou regular, *"de forma integrada, a articulação nos espaços marítimos sob soberania e jurisdição nacional, entre autoridades de polícia, no exercício dessa autoridade, e demais entidades competentes"* como os órgãos e serviços da Marinha/Autoridade Marítima Nacional, da Força Aérea Portuguesa, da Guarda Nacional Republicana, do Serviço de Estrangeiros e Fronteiras, da Polícia Judiciária, da Direção-Geral das Alfândegas e dos Impostos Especiais sobre o Consumo, da Autoridade de Segurança Alimentar e Económica, da

Autoridade de Saúde Nacional, do Instituto da Água e o Instituto Portuário e dos Transportes Marítimos.

Entretanto, o Decreto-Lei n.º 263/2009, de 28 de setembro veio alterar o citado Decreto-Lei n.º 43/2002 por forma a adequá-lo à criação do Sistema Nacional de Controlo de Tráfego Marítimo, passando a integrar a Autoridade Nacional de Controlo do Tráfego Marítimo. Contudo, mais importante para o sistema, constituiu a alteração produzida pelo Decreto-Lei n.º 235/2012, de 31 de outubro ao citado Decreto-Lei n.º 44/2002 e que, de acordo com o seu preâmbulo e quanto ao seu objeto, se refere o seguinte: *De facto, atualmente, ambas as componentes, militar e não militar, não se confundem, sem prejuízo de se articularem sinergicamente numa lógica funcional de alinhamento e complementaridade entre capacidades e competências, no exercício do emprego operacional no mar, quer da Armada no quadro próprio das missões das Forças Armadas, quer da Autoridade Marítima Nacional no quadro das atribuições do SAM. Assim, o presente decreto-lei procede à clarificação da dependência hierárquica da Autoridade Marítima Nacional e à consequente adequação da legislação relativa à Polícia Marítima, alterando, para o efeito, o Decreto-Lei n.º 44/2002, de 2 de março, e o Decreto-Lei n.º 248/95, de 21 de setembro, alterado pelo Decreto-Lei n.º 220/2005, de 23 de dezembro, que estabelece o Estatuto do Pessoal da Polícia Marítima".*

Neste diploma de 2012, a AMN passou a ser definida como *"a entidade responsável pela coordenação das atividades, de âmbito nacional, a executar pela Armada, pela Direção-Geral da Autoridade Marítima (DGAM) e pelo Comando-Geral da Polícia Marítima (CGPM), nos espaços de jurisdição e no quadro de atribuições definidas no Sistema de Autoridade Marítima, com observância das orientações definidas pelo Ministro da Defesa Nacional, que aprova o orçamento destinado à AMN".*

Embora com uma diferença de dependência funcional expressa, o Chefe do Estado-Maior da Armada manteve-se, por inerência, como AMN embora, nesta qualidade funcional, dependente do próprio Ministro da Defesa Nacional.

II. A Polícia Marítima

No âmbito da actividade de polícia e de órgão de polícia criminal, a Polícia Marítima (PM) é uma força policial armada e uniformizada, dotada de competência especializada nas áreas e matéria legalmente atribuídas ao SAM e composta por militares da Marinha e agentes militarizados. A PM integra a estrutura operacional da AMN. O pessoal da PM é considerado órgão de polícia criminal para efeitos de aplicação da legislação processual penal, sendo os inspectores, subinspectores e chefes considerados, no âmbito das suas competências, autoridades de polícia criminal.

A PM garante e fiscaliza o cumprimento das leis e regulamentos na área de jurisdição marítima nacional, designadamente em espaços integrantes do domínio público marítimo, em águas interiores e em águas sob soberania e jurisdição nacional. Compete-lhe, ainda, em colaboração com as demais forças policiais e de segurança, garantir a segurança e os direitos dos cidadãos.

Como polícia de especialidade que exerce funções nas áreas de jurisdição da AMN, compete-lhe executar ações de policiamento, fiscalização, vigilância e de investigação, designadamente, efectuar a visita a navios e embarcações, nos termos legais, praticar os actos que, no âmbito de polícia, sejam necessários com vista à concessão do despacho de largada de navios e embarcações e realizar os atos de inquérito a sinistros marítimos, efectuando todas as diligências necessárias à respetiva averiguação processual.

Compete-lhe, ainda, executar, na sequência de determinações do órgão local da Direcção-Geral da Autoridade Marítima, os actos processuais e instrutórios em âmbito dos ilícitos contra-ordenacionais, efectuar as diligências processuais necessárias á instrução dos relatórios de mar, praticar os actos e realizar as diligências necessárias ao cumprimento das determinações do capitão do porto no âmbito da segurança da navegação, nomeadamente no âmbito de decisões tomadas em matéria do fecho de barra, acesso e navegação em águas interiores e territoriais e transporte de cargas perigosas e efectuar detenções dos estrangeiros que entrem ou permaneçam ilegalmente em território português.

São ainda competências da PM executar os atos de detenção de embarcações, nos casos legalmente previstos, fiscalizar o cumprimento das normas legais relativas às pescas, fazer cumprir as normas respeitantes aos banhistas, zelar pela preservação do meio marinho no que respeita a recursos vivos, a prevenção e o combate à poluição e à vigilância do litoral, colaborar com as demais entidades policiais para garantir a segurança e os direitos dos cidadãos e preservar a regularidade das actividades marítimas.

Como órgão de polícia criminal, compete-lhe, entre outras atribuições, desenvolver actos, medidas e demais diligências averiguatórias, em âmbito judicial, sob a direcção do Ministério Público e executar mandados e ordens judiciais, designadamente em matéria de apreensões, arrestos e demais medidas cautelares. A PM pode efetuar diligências de investigação relacionadas com matéria processual que lhe esteja cometida em cumprimento de decisões judiciais e garantir a salvaguarda e protecção de todos os meios de prova relacionados com infracções detectadas.

Finalmente, são ainda competências da PM intervir para estabelecer a ordem a bordo de navios e embarcações sempre que ocorra perigo para a segurança e perturbação da tranquilidade do porto, ou quando requerido pelo respectivo capitão ou cônsul do Estado de bandeira, verificar as condições de acesso a bordo de navios e embarcações, de modo a garantir a segurança de pessoas e a manutenção da ordem, efectuar a investigação de ocorrências em caso de naufrágios e instruir processos de contra-ordenação.

De acordo com o disposto no Decreto-Lei n.º 248/95, de 21 de setembro, são os seguintes os órgãos de comando da mesma: Comandante-Geral, 2.º Comandante--Geral, Comandantes Regionais e Comandantes Locais.

O Director-Geral e o Subdirector-Geral da Autoridade Marítima são, por inerência de funções, o Comandante-Geral e o 2.º Comandante-Geral da Polícia Marítima, respectivamente. Os chefes dos departamentos marítimos e os capitães dos portos são, por inerência, os comandantes regionais e os comandantes locais da PM.

Além da formação inicial para ingresso na polícia marítima, com a duração de um ano e da formação para progressão na carreira, o pessoal da polícia marítima frequenta acções de formação contínua nas áreas de informática, armamento e tiro, Direito Penal, Direito Processual Penal, atendimento ao público e governo de embarcações.

III. Conclusões

O SAM deve ter um papel determinante de coordenação de entidades públicas que exercem as suas competências no mar e na orla costeira e o acervo legislativo de março de 2002, com a clarificação de 2012 e com o decreto regulamentar de 2007, sucedâneo parcial da inoperacionalidade do Conselho Coordenador do SAM, teve o ensejo de definir os caminhos de evolução legislativa para o sector marítimo--portuário, clarificando as áreas de responsabilidade da Autoridade Marítima Nacional e de outras entidades com atuação no mar, criando os necessários mecanismos de coordenação institucional e, igualmente, provendo, a jusante, a perspectiva de diversos diplomas que poderão clarificar algumas áreas de sobreposição.

É um sistema que procura articular a ação de todas as autoridades, designadamente, as que têm funções policiais e de vigilância, entidades públicas essas que têm tarefas específicas de acordo com as suas leis orgânicas e que, assim sendo, contribuem para o Sistema da Autoridade Marítima nas suas diversas valências.

Quanto à PM, esta estrutura garante e fiscaliza o cumprimento das leis e regulamentos na área de jurisdição marítima nacional, designadamente em espaços integrantes do domínio público marítimo, em águas interiores e em águas sob soberania e jurisdição nacional.

Se formos consequentes com o legislador de 2002, dir-se-á que as opções para o futuro próximo devem continuar nessa evolução mas moldadas de forma diferenciada, face aos novos riscos e ameaças e ao que significará, no presente e no futuro, o "mar" como ativo estratégico num país coma acentuada "taxa de maritimidade" como Portugal.

Nota final: Na segunda metade de 2014 foram publicados diversos diplomas que visaram aperfeiçoar o modelo da AMN e a sua progressiva autonomização, mantendo, porém, o sistema de dupla função das hierarquias superiores, designadamente por via do Decreto-Lei n.º 183/2014 e do Decreto-Lei n.º 185/2014, ambos de 29 de dezembro.

Bibliografia

Abreu, F. Vidal de, «A Marinha e as missões de interesse público», Revista da Armada, n.º324, Ano XXIX, Set/Out 2000, pp. 5 ss.

Comissão Estratégica dos Oceanos – Relatório da Comissão Estratégica dos Oceanos, 1.ª ed., Junho de 2004, Presidência do Conselho de Ministros, Lisboa, 2004.

Cunha, T. Pitta e, «A Importância Estratégica do Mar para Portugal», in Nação e Defesa n.º 8, verão de 2005, Lisboa, IDN (resumo em http://www.idn.gov.pt).

Diogo, Luís C., «Ameaças Difusas nos Espaços Marítimos sob Jurisdição Nacional. A Autoridade Marítima no Quadro Constitucional da Intervenção dos Órgãos do Estado», in Nação e Defesa n.º108, verão de 2004, Lisboa, IDN (resumo em http://www.idn.gov.pt).

Lopes. Ernâni R., «Mar no Futuro de Portugal. Uma Abordagem Estratégica», in Nação e Defesa n.º108, verão de 2004, Lisboa, IDN (resumo em http://www.idn.gov.pt).

Matias, N. Vieira, «O Poder Naval e o Serviço Público», Cadernos Navais, n.º 10, Jul/Set 2004 (http://www.marinha.pt).

AUTORIDADE NACIONAL DE PROTEÇÃO CIVIL

Duarte Caldeira

A Autoridade Nacional de Protecção Civil (ANPC) nasceu em 2007, substituindo o Serviço Nacional de Bombeiros e Protecção Civil que, por sua vez, resultou da fusão do Serviço Nacional de Protecção Civil, do Serviço Nacional de Bombeiros e da Comissão Nacional Especializada de Fogos Florestais.

A ANPC tem por missão "planear, coordenar e executar a política de proteção civil, designadamente na prevenção e reação a acidentes graves e catástrofes, de proteção e socorro de populações e de superintendência da atividade dos bombeiros, bem como assegurar o planeamento e coordenação das necessidades nacionais na área do planeamento civil de emergência com vista a fazer face a situações de crise ou de guerra".

A ANPC possui atribuições, de âmbito nacional, sem prejuízo das competências próprias dos respetivos órgãos e serviços das regiões autónomas e das autarquias locais, nos seguintes domínios: previsão e gestão do risco e planeamento de emergência; atividade de proteção e socorro; atividades dos bombeiros; recursos de proteção civil. Cabe-lhe também "promover a aplicação e fiscalizar o cumprimento das leis, regulamentos, normas e requisitos técnicos aplicáveis no âmbito das suas atribuições".

A organização interna da ANPC obedece ao modelo de estrutura hierarquizado e tem cinco Direções Nacionais (planeamento de emergência; bombeiros; recursos de proteção civil; meios aéreos e auditoria e fiscalização).

Com vista a assegurar o comando operacional das operações de socorro e ainda o comando operacional integrado de todos os agentes de proteção civil, embora com respeito pela autonomia própria destes, possui ainda: um comado nacional; agrupamentos distritais; comandos distritais de operações de socorro.

Para o exercício das competências referentes às atividades dos Bombeiros, a ANPC possui um órgão consultivo designado Conselho Nacional de Bombeiros.

Legislação
Lei n.º 27/2006, de 3 de julho, DR I Série n.º 126 de 31 de julho, Lei de Bases da Proteção Civil.
Decreto-Lei n.º 72/2013, de 31 de maio, DR I Série n.º 105 de 31 de maio (Alteração do Decreto--Lei n.º 134/2006, de 25 de julho), Sistema Integrado de Operações de Proteção e Socorro.
Decreto-Lei n.º 73/2013 de 31 de maio, DR I Série n.º 105 de 31 de maio de 2013 (Alteração do Decreto-Lei n.º 75/2007, de 29 de março alterado pelo Decreto-Lei n.º 73/2012 de 26 de março), Modelo de Organização da Autoridade Nacional de Proteção Civil.

AUTORIDADE DE SEGURANÇA ALIMENTAR E ECONÓMICA

André Ventura

A Autoridade de Segurança Alimentar e Económica (ASAE) é a autoridade administrativa nacional especializada no âmbito da segurança alimentar e fiscalização económica.

Enquanto entidade administrativa pública, a ASAE resultou, em 2006 (Decreto-Lei n.º 237/2005 de 30 de Dezembro), da fusão entre vários organismos de fiscalização económica no sector alimentar e não alimentar. Especificamente, a ASAE resultou da extinção da Direcção-Geral do Controlo e Fiscalização da Qualidade Alimentar (DGFCQA), da Agência Portuguesa de Segurança Alimentar, I. P. (APSA), e da Inspecção-Geral das Actividades Económicas (IGAE), tendo operado a fusão das suas competências com as oriundas das direcções regionais de agricultura, da Direcção-Geral de Veterinária, do Instituto do Vinho e da Vinha, da Direcção-Geral de Protecção de Culturas e da Direcção--Geral das Pescas (Decreto-Lei n.º 274/2007 de 30/07).

Enquanto entidade fiscalizadora da actividade económica em geral a ASAE tem por missão a fiscalização e prevenção do cumprimento da legislação reguladora do exercício das atividades económicas, nos setores alimentar e não alimentar, bem como a avaliação e comunicação dos riscos na cadeia alimentar, sendo o organismo nacional de ligação com as suas entidades congéneres, a nível europeu e internacional.

A ASAE tem uma estrutura nuclear e várias unidades orgânicas desconcentradas, entre as quais se destaca a Unidade Regional do Norte, Unidade Regional do Centro e Unidade Regional do Sul. É dirigida superiormente por um Inspector-Geral, coadjuvado por dois Subinspectores-Gerais, auxiliados em matéria científica e técnica, no domínio dos riscos da cadeia alimentar, por um Conselho Científico composto por diversos especialistas nas diversas áreas de competência funcional da ASAE.

Para além de constituir uma entidade administrativa de fiscalização, a ASAE assume a qualidade e os poderes de órgão de polícia criminal, sendo que, nos termos do artigo 15.º, n.º 2 constituem autoridades de polícia criminal *"o inspector- -geral, os subinspectores-gerais, os inspectores-directores, os inspectores-chefes e os chefes das equipas multidisciplinares"*. Neste sentido, a ASAE detém os poderes e está sujeita ao regime de actuação no âmbito da investigação criminal consagrado no Código de Processo Penal (nomeadamente em termos de dependência funcional das autoridades judiciárias), devendo colaborar com os restantes órgãos de polícia criminal em matéria de cooperação e prevenção.

Em matéria específica de competências materiais, a ASAE desenvolve as suas competências em cinco grandes áreas de actuação (fiscalização das actividades económicas, segurança alimentar, cooperação interna e externa, instrução e aplicação de sanções no âmbito contraordenacional, divulgação e informação públicas), tendo visto as suas competências alargadas aquando da revisão orgânica de 2012, nomeadamente em matéria de publicidade.

Bibliografia
Costa, Adalberto, As práticas individuais restritivas do comércio, Vida Económica Editorial (2014).
AAVV, *Legislação de defesa do consumidor,* Imprensa Nacional-Casa da Moeda, Leya Ed. (2014).

AUTORIDADE TRIBUTÁRIA E ADUANEIRA

André Ventura

A Autoridade Tributária e Aduaneira (AT) resultou da fusão da Direcção- -Geral das Contribuições e Impostos (DGCI), da Direcção-Geral das Alfândegas e dos Impostos Especiais sobre o Consumo (DGAIEC) e da Direcção-Geral de Informática e Apoio aos Serviços Tributários e Aduaneiros (DGITA), operada a 1 de Janeiro de 2012.

A AT por missão administrar os impostos, direitos aduaneiros e demais tributos que lhe sejam atribuídos, bem como exercer o controlo da fronteira externa da União Europeia e do território aduaneiro nacional, para fins fiscais, económicos e de protecção da sociedade, de acordo com as políticas definidas pelo Governo e o Direito da União Europeia.

Nos termos da sua lei orgânica, a AT prossegue fundamentalmente as seguintes atribuições:

a) Assegurar a liquidação e cobrança dos impostos sobre o rendimento, sobre o património e sobre o consumo, dos direitos aduaneiros e demais tributos que lhe incumbe administrar, bem como arrecadar e cobrar outras receitas do Estado ou pessoas colectivas de direito público;

b) Exercer a acção de inspecção tributária, garantir a aplicação das normas a que se encontram sujeitas as mercadorias introduzidas no território da União Europeia e efectuar os controlos relativos à entrada, saída e circulação das mercadorias no território nacional, prevenindo e combatendo a fraude e evasão fiscais e aduaneiras e os tráficos ilícitos;

c) Assegurar a negociação técnica e executar os acordos e convenções internacionais em matéria tributária, cooperar com organismos europeus e outras administrações tributárias, e participar nos trabalhos de organismos europeus e internacionais especializados no seu domínio de actividade;

d) Promover a correcta aplicação da legislação e das decisões administrativas relacionadas com as suas atribuições e propor as medidas de carácter normativo, técnico e organizacional que se revelem adequadas;

e) Desenvolver e gerir as infra-estruturas, equipamentos e tecnologias de informação necessários à prossecução das suas atribuições, à prestação de apoio, esclarecimento e serviços de qualidade aos contribuintes;

f) Realizar e promover a investigação técnica e científica no domínio tributário e aduaneiro, tendo em vista o aperfeiçoamento das medidas legais e administrativas em matéria tributária e aduaneira, a qualificação permanente dos recursos humanos, bem como o necessário apoio ao Governo na definição da política fiscal e aduaneira;

g) Informar os contribuintes e os operadores sobre as respectivas obrigações fiscais e aduaneiras e apoiá-los no cumprimento das mesmas;

h) Assegurar o controlo da fronteira externa da União Europeia e o licenciamento do comércio externo dos produtos tipificados em legislação especial e gerir os regimes restritivos do respectivo comércio externo;

i) Exercer a acção de justiça tributária e assegurar a representação da Fazenda Pública junto dos órgãos judiciais.

Em alguns casos específicos, no âmbito de inquérito criminal, a AT exerce funções de Autoridade de Polícia Criminal. Isso mesmo dispõe o n.º 2 do art. 40.º do Regime Geral das Infracções Tributárias (RGIT) ao estatuir que "*aos órgãos da administração tributária e aos da segurança social cabem, durante o inquérito, os poderes e as funções que o Código de Processo Penal atribui aos órgãos e às autoridades de polícia criminal, presumindo-se-lhes delegada a prática de actos que o Ministério Público pode atribuir àquelas entidades, independentemente do valor da vantagem patrimonial ilegítima*".

Nestes casos concretos, a delegação nos termos acima descritos é reservada, nos termos do n.º 1 do art. 41.º do RGIT:

a) Relativamente aos crimes aduaneiros, no director de serviços antifraude, nos processos por crimes que venham a ser indiciados no exercício das suas atribuições ou no exercício das atribuições das alfândegas e na Brigada Fiscal da

Guarda Nacional Republicana, nos processos por crimes que venham a ser indiciados por estes no exercício das suas atribuições.

b) Relativamente aos crimes fiscais, no director de finanças que exercer funções na área onde o crime tiver sido cometido ou no director da Unidade dos Grandes Contribuintes, ou no Director de Serviços de Investigação da Fraude e Acções Especiais nos processos por crimes que venham a ser indiciados por estas no exercício das suas atribuições.

c) (...)

Deve ainda ser sublinhado que, nos termos do n.º 1 do art. 3.º do Decreto-Lei n.º 118/2011 de 15 de Dezembro *"a AT é dirigida por um director -geral, coadjuvado por 12 subdirectores -gerais, cargos de direcção superior de 1.º e 2.º graus, respectivamente".* Os subdirectores-gerais encontram-se organizados segundo áreas funcionais que abarcam domínios tão diversos como a cobrança, impostos sobre o consumo, impostos sobre o rendimento ou a inspecção tributária.

Finalmente, o Decreto-Lei n.º 118/2011, de 15 de Dezembro, contempla ainda a existência de um órgão consultivo especializado, o Conselho de Administração da Autoridade Tributária e Aduaneira (CAAT), cujas competências são, fundamentalmente, as seguintes:

a) Aprovar os regulamentos internos da AT, incluindo o seu próprio regimento;

b) Aprovar os projectos do quadro de avaliação e responsabilização, do plano e do relatório de actividades;

c) Aprovar a proposta de orçamento;

d) Aprovar o projecto de plano anual de formação profissional;

e) Aprovar o projecto de balanço social;

f) Aprovar a priorização dos projectos estratégicos nas áreas dos sistemas de informação e decisões na área tecnológica;

g) Avaliar o progresso dos principais projectos de sistemas de informação e decisões na área tecnológica, aprovando acções correctivas em caso de desvio face aos objectivos estabelecidos;

h) Aprovar a política de segurança da AT.

Finalmente, deverá notar-se que a AT prossegue as suas atribuições no âmbito de um quadro de princípios que devem ser respeitados, por força legal e constitucional. Revestem especial importância, nesta sede, o princípio da legalidade, da proporcionalidade, da flexibilidade administrativa, da desburocratização e da desconcentração administrativa, definindo um quadro sólido de limites à actuação administrativa da AT.

Bibliografia

Fernando Ricardo, Joaquim, *Direito Tributário*, 16.ª ed., Vida Económica Editorial (2914).

Cerdeira Ribeiro, Nuno, *O Controlo Jurisdicional dos Actos da Administração Tributária*, Leya (2014).

BIOSSEGURANÇA

Sofia Santos

1. Conceito

A biossegurança refere-se ao conjunto de medidas de prevenção, de proteção e de resposta perante a disseminação de agentes biológicos patogénicos. A biossegurança desdobra-se nas noções de *"biosafety"* – segurança dos trabalhadores relativamente a incidentes e acidentes laboratoriais e, eventualmente da comunidade – e de *"biosecurity"* – segurança no âmbito de ações de libertação deliberada destes agentes para fins hostis que poderão ser perpetradas por entidades estatais e não estatais. À *"biosecurity"* encontram-se frequentemente associados os conceitos de "bioterrorismo" (atos terroristas com a utilização de micro-organismos patogénicos com o objetivo de provocar doença ou morte) e de "biodefesa" (investigação com agentes biológicos com o propósito de desenvolver medidas de proteção e de defesa contra um ataque biológico).

O conceito de biossegurança surgiu na década de setenta do século passado ligado à engenharia genética, mas gradualmente foi abarcando inúmeros assuntos, muitas vezes interligados, referentes à saúde pública (doenças emergentes e reemergentes/epidemias e pandemias de origem natural, acidental ou deliberada) à segurança alimentar, à biodiversidade, à agronomia, à biotecnologia, à bioética, entre outros.

2. Instrumentos legais relevantes

As políticas de biossegurança visam garantir a segurança dos materiais biológicos, reduzir os riscos colocados pela prática laboratorial e pela ameaça biológica e promover a coordenação e a harmonização jurídica na prevenção e resposta a ameaças.

Existem vários organismos e entidades internacionais como a Organização Mundial de Saúde, a Organização das Nações Unidas, a União Europeia que regulam as diferentes áreas abrangidas com reflexos na esfera nacional: as medidas de biossegurança são desenvolvidas no âmbito de instrumentos legais multilaterais vigentes e de acordo com orientações e padrões internacionais, mas também por iniciativa nacional, e envolvem inúmeros organismos e entidades nacionais (a título de exemplo, o Instituto Nacional de Saúde Doutor Ricardo Jorge, a Direção-Geral da Saúde, Forças de Segurança, Forças Armadas, a Autoridade Nacional de Proteção Civil, a Agência Portuguesa do Ambiente, o Ministério dos Negócios Estrangeiros, o Ministério da Administração Interna, o Ministério da Saúde e o Ministério do Ambiente, Ordenamento do Território e Energia).

BIOSSEGURANÇA

I. Esfera internacional

1. A *Convenção sobre as Armas Biológicas e Tóxicas* de 1972 proíbe o desenvolvimento, a produção, o armazenamento, a aquisição e a conservação de micro-organismos ou outros agentes biológicos ou toxinas e de armas, equipamento ou vetores que possibilitem o uso destes para fins hostis ou num conflito armado (artigo I) e a sua transferência (artigo III). Porém, salvaguarda a possibilidade da sua utilização para para fins profiláticos, de proteção ou pacíficos. O artigo VII prevê a possibilidade de prestação de assistência a um Estado Parte, o qual o Conselho de Segurança determine que tenha sido vítima de um ataque biológico.

2. A resolução 1540 (2004) do Conselho de Segurança das Nações Unidas impôs medidas vinculativas a todos os Estados-Membros, sobretudo, a abstenção de proporcionar qualquer forma de apoio a atores não estatais que procurem desenvolver, adquirir, manufaturar, possuir, transportar ou utilizar ADM e os seus meios de emprego e a adoção e reforço de leis adequadas e efetivas com o propósito de prevenir a proliferação destes materiais e conexos, sobretudo para atos de terrorismo e apelou à observância dos tratados multilaterais.

3. Entre as diretivas europeias são de salientar a Diretiva n.º 2000/54/CE que pretende garantir a proteção dos trabalhadores de riscos ligados à exposição a agentes biológicos durante o trabalho e a Diretiva n.º 98/81/CE que regulamenta o uso de organismos geneticamente modificados.

4. O atual Regulamento Sanitário Internacional adotado pela Assembleia Mundial da Saúde da Organização Mundial de Saúde em 2005 (em vigor desde 2007) produz efeitos vinculativos e tem como propósito *a prevenção, a proteção e controlo e proporcionar uma capacidade de resposta em termos de saúde pública utilizando meios de forma proporcional e limitada aos riscos de saúde pública e que evite interferências desnecessárias no tráfego e nas trocas comerciais internacionais* (artigo 2.º). Aos Estados é exigido que desenvolvam capacidades mínimas de saúde pública e que notifiquem a OMS de todas as ocorrências que possam constituir uma emergência de saúde pública verificadas no seu território que cumpram os critérios estipulados (artigo 6.º, n.º 1).

5. O Protocolo de Cartagena sobre Segurança Biológica de 2000, firmado no âmbito da Convenção sobre a Diversidade Biológica de 1992, visa contribuir para assegurar um nível adequado de proteção no âmbito da transferência, manuseamento e utilização seguros de organismos vivos modificados resultantes da biotecnologia moderna que possam ter efeitos adversos na conservação e utilização sustentável da diversidade biológica, tendo em conta os riscos para a saúde humana e com especial enfoque no movimento transfronteiriço (artigo 1.º).

II. Esfera nacional

1. Portugal assinou a *Convenção sobre as Armas Biológicas e Tóxicas* em 1972, aprovou para ratificação no Decreto 208/73 de 8 de Maio e ratificou a Convenção a 15 de Maio de 1975 (aviso de 6 de Maio publicado no Diário da República, 1.ª série, n.º 104/78).

2. A Decisão-Quadro n.º 2002/475/JAI do Conselho de 13 de Junho relativa à luta contra o terrorismo (alterada pela Decisão-Quadro n.º 2008/909/JAI do Conselho de 27 de Novembro) foi transposta para a ordem jurídica interna na Lei de Combate ao Terrorismo n.º 52/2003 de 22 de Agosto que contempla também o bioterrorismo (a Lei n.º 17/2011 de 3 de Maio constitui a mais recente alteração).

3. A Lei n.º 102/2009 de 10 de Setembro (diretivas enunciadas no artigo 2.º) define o regime jurídico da promoção da segurança e saúde no trabalho e define um sistema de prevenção de riscos profissionais com referência, por exemplo, à proteção do património genético do trabalhador. O Decreto-Lei n.º 2/2001 (Diretiva n.º 98/81/CE), de 4 de Janeiro, altera o quadro legal relativo à utilização confinada de micro-organismos geneticamente modificados e a Portaria n.º 1036/98, de 15 de Dezembro, altera a lista dos agentes biológicos classificados para efeitos da prevenção de riscos profissionais, aprovada na Portaria n.º 405/98, de 11 de Julho (Diretiva n.º 97/65/CE). O Decreto-Lei n.º 84/97, de 16 de Abril (Diretivas n.ºs 90/679/CEE, 93/88/CEE e 95/30/CE) estabelece as regras de proteção dos trabalhadores contra os riscos de exposição a agentes biológicos durante o trabalho. A Portaria n.º 1129/95, de 15 de Setembro aprova a lista de agentes biológicos e patogénicos animais e vegetais e equipamentos de proliferação biológica.

4. O atual Regulamento Sanitário Internacional foi publicado pelo Aviso n.º 12/2008, no Diário da República, 1.ª série, n.º 16 de 23 de Janeiro.

5. O Protocolo de Cartagena sobre Segurança Biológica foi assinado por Portugal em 2000 e ratificado em 2004 (Decreto n.º 7/2004 de 17 de Abril) e Aviso n.º 205/2004 de 21 de Dezembro.

6. A Diretiva Operacional Nacional n.º 3 – NRBQ, Dispositivo Integrado de Operações Nuclear, Radiológico, Biológico e Químico de 2010 constitui "*um instrumento de planeamento, organização, coordenação e comando operacional no quadro das ações de resposta a situações de emergência envolvendo agentes NRBQ e ainda como documento de referência para os planos e diretivas das outras entidades públicas ou privadas da área da proteção e do socorro*" (n.º 4, p. 7).

Bibliografia
Peter Katona, John P. Sullivan, Michael D. Intriligator (eds.), *Global Biosecurity, Threats and Responses*, Routledge, London, 2010.

Alexandre Reis Rodrigues (ed.), Bioterrorismo e Biossegurança: Desafios para Portugal, (Seminário), Instituto de Estudos Superiores Militares/Academia das Ciências de Lisboa, Lisboa, 2011.

Frida Kuhlau e John Hart, "Biosecurity and International Security Implications", in Peter Burgess (ed.), *The Routledge Handbook of New Security Studies*, London: Routledge, 2010, pp. 173-183.

Barry Kellman, "Emerging dangers of biological weapons", in Peter Burgess (ed.), *The Routledge Handbook of New Security Studies*, London: Routledge, 2010, pp. 232-242.

Sofia Núncio, Ana Pelerito, Rita Cordeiro (eds.), Workshop Biossegurança; Situação em Portugal, Instituto Nacional de Saúde Doutor Ricardo Jorge, Lisboa, 2012, disponível em http://repositorio.insa.pt/bitstream/10400.18/1538/3/Workshop%20Biosseguran%C3%A7a%20-%20Situa%C3%A7%C3%A3o%20em%20Portugal.pdf.

BOMBEIROS

Duarte Caldeira

Data de 25 de agosto de 1395 a Carta Régia de D. João I que estabeleceu as primeiras diretivas escritas, sobre a tomada de medidas, preventivas e de combate, tendo em vista os numerosos incêndios que ocorriam em Lisboa: "(...) em caso que se algum fogo levantasse o que deus não queira, que todos os carpinteiros e cala-fates venham àquele lugar, cada um com seu machado, para haverem de atalhar o dito fogo. E que outrossim todas as mulheres que ao dito fogo acudam, tragam cada uma o seu cântaro ou pote para acarretar água para apagar o dito fogo".

Estava pois criado o primeiro corpo de bombeiros, homens e mulheres a quem incumbia, em Lisboa, enfrentar o terrível flagelo do fogo e, simultaneamente, a sua primeira organização operacional.

Mais de seis séculos depois, hoje Bombeiro é "o individuo que, integrado de forma profissional ou voluntária num corpo de bombeiros, tem por atividade cumprir as missões deste, nomeadamente a proteção de vidas humanas e bens em perigo, mediante a prevenção e extinção de incêndios, o socorro de feridos, doentes ou náufragos e a prestação de outros serviços previstos nos regulamentos internos e demais legislação aplicável".

No ordenamento jurídico do sistema português de proteção civil define-se corpo de bombeiros como "a unidade operacional oficialmente homologada e tecnicamente organizada, preparada e equipada para o cabal exercício das missões previstas na lei".

Os Bombeiros integram-se em corpos de bombeiros profissionais, mistos, voluntários ou privativos. Os corpos de bombeiros profissionais são criados, detidos e mantidos por Câmaras Municipais, sendo exclusivamente constituídos por elementos profissionais, designando-se Sapadores.

Relativamente aos corpos de bombeiros mistos, estes são dependentes de uma câmara municipal ou de uma associação humanitárias de bombeiros, pessoa coletiva sem fins lucrativos, sendo o seu efetivo constituído por Bombeiros profissionais e voluntários.

Quanto aos corpos de bombeiros voluntários estes pertencem a uma associação humanitária de bombeiros e são constituídos por Bombeiros em regime de voluntariado, embora possam possuir elementos em regime laboral.

Finalmente, os corpos privativos de bombeiros pertencem a uma pessoa coletiva privada que pela natureza da sua atividade ou do seu património tem a necessidade de criar e manter um corpo profissional de bombeiros para autoproteção.

A atividade do Bombeiro tem natureza interna e externa. A primeira é prestada no perímetro interior das instalações do corpo de bombeiros. A segunda é prestada fora das referidas instalações, para cumprimento das seguintes missões:

a) Prevenção e combate a incêndios;

b) Socorro às populações, em caso de incêndios, inundações, deslizamentos e, de um modo geral, em todos os acidentes;

c) Socorro a náufragos e buscas subaquáticas;

d) Socorro e transporte de acidentados e doentes, incluindo a urgência pré-hospitalar, no âmbito do sistema integrado de emergência médica;

e) Emissão de pareceres técnicos em matéria de prevenção e segurança contra o risco de incêndios, nos termos da legislação aplicável, e outros sinistros;

f) Participação noutras atividades de proteção civil, de formação e sensibilização junto das populações.

Os Bombeiros são alvo de instrução e formação específica para o desempenho das suas missões, sob a direção e orientação do comandante do corpo de bombeiros, de acordo com programa previamente estabelecido pela Escola Nacional de Bombeiros, enquanto autoridade pedagógica de formação.

A instrução visa o treino e o saber-fazer, através do aperfeiçoamento permanente dos conhecimentos adquiridos nas ações de formação.

Quanto à formação, esta compreende as seguintes modalidades:

a) Inicial para ingresso na carreira de bombeiro;

b) Inicial para ingresso na carreira de oficial bombeiro e bombeiro especialista;

c) De acesso, necessária para a progressão na carreira;

d) Quadros de Comando, destinada a habilitar elementos nomeados para o exercício dos cargos.

A Autoridade Nacional de Protecção Civil tem a competência de assegurar as ações de formação necessárias ao ingresso nas estruturas de comando, ou ingresso e acesso na carreira de bombeiro, bombeiro especialista e oficial bombeiro.

Relativamente às Regiões Autónomas dos Açores e da Madeira, compete ao Serviço Regional de Proteção Civil e Bombeiros e ao Serviço Regional de Proteção Civil, respetivamente, exercerem as mesmas competências.

Bibliografia

Amaro, António Duarte (2012), *O Socorro em Portugal*, Instituto de Direito Público.
Serviço Nacional de Bombeiros (SNB), *Bombeiros Portugueses – Seis séculos de história (1395-1995)*, Volume I.

Legislação

Lei n.º 32/2007 de 13 de agosto, DR I Série, n.º 155 de 13 de agosto de 2007, que define o regime jurídico das associações humanitárias de bombeiros.
Decreto-Lei n.º 248/2012 de 21 de novembro, do Ministério da Administração Interna, DR I Série n.º 225 de 21 de novembro (Alteração do Decreto-Lei n.º 247/2007, de 27 de junho, que define o regime jurídico aplicável à constituição, organização, funcionamento e extinção dos corpos de bombeiros).
Decreto-Lei n.º 249/2012 de 21 de novembro, do Ministério da Administração Interna, DR I Série n.º 225 de 21 de novembro (Alteração do Decreto-Lei n.º 241/2007, de 21 de junho, que define o regime jurídico aplicável aos bombeiros portugueses).

CARREIRA MILITAR

Francisco Proença Garcia

De acordo com o Estatuto dos Militares das Forças Armadas, a carreira militar é o conjunto hierarquizado de postos, desenvolvida por categorias, que se concretiza em quadros especiais e a que corresponde o desempenho de cargos e o exercício de funções diferenciadas entre si.

O desenvolvimento da carreira militar, em cada categoria, está condicionado à verificação dos seguintes pressupostos: Alimentação adequada às necessidades de cada quadro especial; existência de mecanismos reguladores que assegurem flexibilidade de gestão e permanente motivação dos militares; o número de lugares distribuídos por postos, fixados nos quadros especiais aprovados.

Os militares agrupam-se, por ordem decrescente de hierarquia, nas seguintes categorias: a) Oficiais; b) Sargentos; c) Praças. As subcategorias correspondem a subconjuntos de postos que se diferenciam por um aumento da autonomia, da complexidade funcional e da responsabilidade. O posto é a posição que, na respectiva categoria, o militar ocupa no âmbito da carreira militar fixada de acordo com o conteúdo e qualificação da função ou funções.

A todos os militares é garantido o direito de progressão na carreira, nos termos fixados nas leis estatutárias respectivas. A nenhum militar pode ser prejudicado ou beneficiado na sua carreira em razão de ascendência, sexo, raça, território de origem, religião, convicções políticas ou ideológicas, situação económica ou condição social. O desempenho profissional dos militares deve ser objecto de apreciação fundamentada, que, sendo desfavorável, é comunicada ao interessado, que dela pode apresentar reclamação e recurso hierárquico, nos termos fixados nas respectivas leis estatutárias.

O desenvolvimento da carreira militar traduz-se, em cada categoria, na promoção dos militares aos diferentes postos, de acordo com as respectivas condições gerais e especiais, tendo em conta as qualificações, a antiguidade e o mérito revelados no desempenho profissional e as necessidades estruturais das Forças Armadas. O desenvolvimento da carreira militar, em cada categoria, deve possibilitar uma permanência significativa e funcionalmente eficaz nos diferentes postos que a constituem.

Desenvolvimento da carreira militar orienta-se pelos seguintes princípios:

a) Do primado da valorização militar – valorização da formação militar, conducente à completa entrega à missão;

b) Da universalidade – aplicabilidade a todos os militares que voluntariamente ingressam nos QP;

c) Do profissionalismo – capacidade de acção, que exige conhecimentos técnicos e formação científica e humanística, segundo padrões éticos institucionais, e supõe a obrigação de aperfeiçoamento contínuo, tudo em vista ao exercício das funções com eficiência;

d) Da igualdade de oportunidades – perspectivas de carreira semelhantes nos vários domínios da formação e promoção;

e) Do equilíbrio – gestão integrada dos recursos humanos, materiais e financeiros, por forma a ser obtida a coerência do efectivo global autorizado;

f) Da flexibilidade – adaptação atempada à inovação e às transformações de crescente complexidade decorrentes do progresso científico, técnico, operacional e organizacional, com emprego flexível do pessoal;

g) Da mobilidade – faculdade de compatibilizar os interesses da instituição militar com as vontades e interesses individuais;

h) Da credibilidade – transparência dos métodos e critérios a aplicar.

Fontes
Bases Gerais da Condição Militar, Lei n.º 11/89, de 1 de Junho.
Estatuto dos Militares das Forças Armadas, Decreto-Lei n.º 236/99 de 25 de Junho.

CIBERESPAÇO

Lino Santos

O termo ciberespaço é um daqueles de que se dispõe sem grande procupação de exactidão e relativamente ao qual poucos dos que o usam saberiam definir o sentido, senão de forma vaga. Diferentes grupos ou comunidades usam o termo ciberespaço para se referirem a coisas tão distintas como a rede planetária de computadores (*internet*), o ambiente virtual imersivo de lazer e cultura (*mundo virtual*), o produto das interacções sociais mediadas pelas tecnologias da informação (*rede social*), ou o local onde é armazenada e processada a informação (*cloud*). Na realidade, mesmo entre os especialistas, não existe um consenso em relação à sua abrangência e a sua natureza dinâmica dificulta a formulação de uma definição clara e precisa.

As dúvidas surgem, desde logo, sobre a sua real existência. O termo, numa prespectiva epistemológica, foi utilizado pela primeira vez por William Gibson, em 1982, no conto *Burning chrome* e, mais tarde, no seu romance de ficção científica *Neuromancer*. Neste último, Gibson refere-se ao ciberespaço como "uma alucinação consensual vivida diariamente por milhares de milhões de operadores, em cada nação, por crianças a quem se ensina conceitos matemáticos... Uma representação gráfica de dados abstraída a partir dos bancos de computadores em cada sistema humano. Complexidade impensável. Linhas de luz dentro do não-espaço da mente, grupos e constelações de dados." A partir desta acepção, salienta-se o ciberespaço como um "espaço falso", "inventado", "criado", sem uma existência real.

Gibson faz uso de um conceito que gerou grande entusiasmo junto da comunidade matemática, mas também de sectores da psiquiatria e dos estudos da comunicação (chamada escola de Palo Alto). Referimo-nos ao conceito de "cibernética", em *Cybernetics – or Control and Communication on the Animal and the Machine*, onde Norbert Wiener advoga a criação de algo de "novo" como produto da interação (interface e retro-alimentação) entre o homem e a máquina. Neste sentido, o prefixo "ciber-" funciona como qualificativo de tudo o que diz respeito à interacção com os computadores. Tal como noutros termos afins, como sejam cibernauta, ciberguerra ou cibercultura – para referir apenas alguns exemplos –, o prefixo "ciber-" apela ao imaginário do virtual e transporta o receptor para o contexto das tecnologias da informação e da comunicação (TIC). Neste contexto, se atentarmos à quantidade de referências à noção comum de espaço empregues ao quotidiano da utilização do ciberespaço, podemos afirmar que este configura uma metáfora conceptual, na acepção de George Lakoff. Os identificadores dos dispositivos presentes no ciberespaço designam-se igualmente de "endereços" IP, os utilizadores possuem "caixas de correio" – que se designa igualmente de "endereço de correio electrónico" –, "navegam" na internet e marcam "encontros" no *facebook*, as organizações têm um "sítio na web", e os Estados têm uma "presença" na internet. Este sentido de espaço, resultante da interacção com os computadores e as tecnologias da informação, designa-se de ciberespaço conceptual.

Por outro lado, e na sequência da sua quase imediata apropriação por parte de grupos entusiastas das novas tecnologias da informação e da comunicação, o termo ciberespaço passou a ser um quasi-sinónimo de internet, ganhando desta forma uma dimensão física. De facto, para muitos autores, a internet representa a base material do ciberespaço – o sistema de comunicações global ao qual os sistemas de informação e os dispositivos electrónicos de uso pessoal se ligam para realizarem a sua função. A internet surgiu como rede militar, desenvolveu-se como rede académica no final da década de 1980, rapidamente se assumiu como meio de comunicação de massas em meados dos anos 90, tornando-se hoje, finalmente, num poderoso veículo comercial e num essencial factor de desenvolvimento económico. A facilidade do acesso a este novo meio e o advento do computador pessoal deram origem às globalizações da informação, do conhecimento e do saber, criando novos espaços de interactividade, partilha e armazenamento do conhecimento e da cultura, no que Manuel Castells designou de "Sociedade em rede".

Neste sentido, o ciberespaço é um novo meio – ou um conjunto de novos meios – que configura um novo contexto nas relações institucionais, grupais ou individuais, com a capacidade para alterar os equilibrios de poder existentes e de gerar novos. No âmbito das relações internacionais, e tendo em conta as suas características estruturais e funcionais, o ciberespaço representa uma oportunidade para alguns Estados reduzirem assimetrias relativamente a outros, para favorecer o surgimento de novos actores não Estatais ou, ainda, para reforçar o poder de actores não Estatais existentes, junto dos primeiros. Se, para actores Estatais, este espaço virtual representa um complexo campo de acção, onde confluem relações económicas, securitárias e de direitos humanos, onde a topologia transnacional dificulta o seu controlo e a acção, para os restantes significa um espaço de liberdade e a esperança na "difusão" das relações de poder estabelecidas – Ciberutopismo.

Do ponto de vista funcional, o ciberespaço disponibiliza um conjunto de aplicações, das quais se destacam: a rede global de comunicações, o media global e o espaço de interacção social, e a grande biblioteca digital. A rede global de comunicações electrónicas, que é também a sua espinha dorsal; o meio ao qual indivíduos, organizações e Estados se ligam e através do qual comunicam a grande velocidade e em grande quantidade, independentemente da distância, de coordenadas geográficas ou da topologia da estrutura física que o suporta. Por outro lado o ciberespaço é o media global e o espaço de interacção social mediada pela tecnologia entre estes mesmos actores, incluindo as redes sociais, os jogos on-line, o comércio electrónico, o governo electrónico, ou a democracia electrónica. Finalmente, o ciberespaço é também a grande biblioteca digital, o local indefinido onde é armazenada e onde é disponibilizada informação e conhecimento, nos mais variados formatos tais como texto, imagem ou vídeo. Esta função do ciberespaço é materializada na teia de hiperligações entre estes vários media que configura a *World Wide Web*, bem como nos novos serviços de armazenamento na *Cloud*.

O ciberespaço apresenta algumas características distintivas. Desde logo aumenta radicalmente a velocidade e a quantidade das comunicações, ao mesmo tempo que reduz ou elimina a distância entre instituições, entre indivíduos, ou mesmo entre nações. Por outro lado, o ciberespaço é aterritorial. Ao contrário dos domínios naturais (ar, mar, terra e espaço), onde os Estados, dentro das suas capacidades, exercem a soberania sobre um espaço físico bem definido, no ciberespaço esse exercício levanta imensos problemas de delimitação. Conceitos clássicos tais como "jurisdição" ou "propriedade" – para dar aqui apenas alguns exemplos – tornam-se difusos quando aplicados ao ciberespaço e carecem de uma definição mais precisa, senão de instâncias igualmente supranacionais. Outra característica deste espaço virtual diz respeito à possibilidade de realização de acções de forma praticamente anónima, o que levanta, novamente, dificuldades quanto à atribuição dos actos praticados ou à identificação dos seus autores.

Sendo difícil, como vimos, definir de forma precisa o termo ciberespaço, e porque na realidade existem vários ciberespaços, Lance Strate sugere uma definição que, embora vaga, consegue agregar estas várias dimensões: o ciberespaço é o conjunto "[d]as diferentes vivências do espaço associado às tecnologias e à computação."

Bibliografia
Strate, L. (1999). The varieties of cyberspace: Problems in definition and delimitation. Western Journal of Communication, 63(3), 382-412.
Gozzi Jr, R. (1994). The cyberspace metaphor. Etc.: A Review of General Semantics, 51(2), 218.

CIBERSEGURANÇA

Lino Santos

Definir cibersegurança pode ser tanto ou mais complexo que definir segurança. O termo surge na década de 1990 para referir a segurança do ciberespaço, abrangendo todo um novo conjunto de ameaças e de actores. Isto não significa, porém, que a cibersegurança possa ser tratada de forma isolada, dado o elevado grau de interdependência entre o ciberespaço e os restantes espaços físicos e sociais, e o consequente risco sistémico. Desta forma, a cibersegurança pode ser vista a partir de duas perspectivas, independentemente de o objecto da cibersegurança ser o Estado, as organizações ou os indivíduos: a segurança do ciberespaço (na acepção física deste como entidade autónoma) e a segurança da componente "ciber" de um qualquer sistema (segurança do ciberespaço desse sistema).

Desde o início da década de 2010, o tema da cibersegurança tem preenchido a agenda política de segurança interna e externa de muitos países. As abordagens ao tema são, como seria de esperar, muito variadas.

Num primeiro plano de análise podemos pensar a cibersegurança a partir das entidades que são objecto da cibersegurança: o Estado, o mercado e os cidadãos. Os Estados tecnologicamente mais avançados – que, paradoxalmente, são também os mais vulneráveis neste aspecto – ancoram a cibersegurança num contexto de segurança nacional, focando a sua atenção no desenvolvimento de meios técnicos e capacidades com vista à protecção, mas também à exploração, do ciberespaço. O exemplo mais conhecido – mas longe de ser o único – é o dos Estados Unidos que criaram, recentemente, o *U.S Cyber Command* e identificam, de forma clara, na sua doutrina militar, o ciberespaço como um novo domínio operacional, onde podem vir a ser conduzidas operações defensivas e ofensivas.

Por outro lado, os Estados preocupados com a importância das TIC no desenvolvimento da economia e com o facto de esta ser gerida e operada maioritariamente por entidade privadas, colocaram o enfoque da cibersegurança no quadro regulatório das telecomunicações e no robustecimento da resiliência das infra-estruturas de comunicação. Esta é a abordagem seguida pela Comissão Europeia, que possui um programa específico para a protecção de infra-estruturas críticas da informação e definiu uma estratégia europeia para a cibersegurança. Com uma perspectiva essencialmente económica, a cibersegurança é vista como factor de geração de confiança no comércio electrónico e como parte integrante das políticas de desenvolvimento da designada sociedade da informação e do conhecimento. Neste grupo incluem-se ainda os países com tradição no desenvolvimento de planos de protecção de infra-estruturas críticas, onde a interdependência da internet e das TIC em geral com outros sectores particularmente críticos como a energia ou os transportes elevou a cibersegurança para um patamar de relevo na estratégia de protecção dessas infra-estruturas.

Por último, a cibersegurança também se refere à segurança dos indivíduos, e em particular à segurança da informação digital circulante ou armazenada destes e sobre estes, à segurança dos seus dados pessoais, à sua privacidade e às suas liberdades e outros direitos individuais, quando inseridos no ciberespaço. Esta perspectiva torna-se particularmente relevante quando grande parte da informação, parte dela sensível, assume forma digital e se encontra armazenada ou circula em processos no ciberespaço. Compete ao Estado a promoção das medidas de segurança necessárias para a sua protecção, neste particular assegurar a sua integridade e confidencialidade, assim como assegurar que essas medidas existem e são postas em prática.

Num segundo plano de análise, podemos identificar o conjunto de sistemas ou domínios que o Estado e a sociedade em geral possuem para lidar com a (in)cibersegurança. São eles a protecção simples, a prossecução criminal, a guerra e a diplomacia.

CIBERSEGURANÇA

O domínio de actuação da protecção simples engloba os meios técnicos, processuais e humanos que realizam diariamente as componentes preventiva, reactiva e de gestão da qualidade da segurança. É, pois, a primeira linha de protecção das infra-estruturas, dos serviços vitais e da informação presentes no ciberespaço. Neste contexto, um ciberataque é entendido como uma sequência de acções destinadas a produzir um resultado não autorizado ou uma perturbação indesejada na confidencialidade, na integridade ou na disponibilidade de um serviço ou produto, ou seja, a protecção do ciberespaço é perspectivada numa lógica de mercado e de continuidade de negócio. Tendo em conta que grande parte das componentes do ciberespaço são propriedade ou são geridas por privados, a sua protecção não é um assunto da exclusiva responsabilidade dos Estados. Em diferentes estágios, são muitos os participantes nesta protecção simples, desde os fabricantes de produtos de software, de hardware ou de processos, os técnicos que administram os sistemas e as redes, as entidades reguladoras sectoriais, a academia, os *Computer Security Incident Response Team* (CSIRT), até, em última instância, o utilizador de tecnologia – no que se designa de ciber-higiene. Neste contexto, o *International Telecomunications Union* (ITU) define cibersegurança como o "conjunto de ferramentas, políticas, guias, abordagens de gestão de risco, acções de formação, boas práticas, e tecnologias que podem ser usadas para protecção dos activos das organizações e dos utilizadores no ambiente virtual. Os activos das organizações e dos utilizadores incluem os dispositivos ligados em rede, os utilizadores, as aplicações e serviços, sistemas de telecomunicações e de comunicação multimédia e a informação transmitida e/ou armazenada no mundo virtual."

Também na cibersegurança, o objectivo principal do sistema judicial é o da dissuasão da prática de crimes pela prevenção e, no limite, pela condenação concreta do autor de um crime. No domínio da prossecução criminal, os ciberataques representam actos criminalmente relevantes, passíveis de acção penal, tais como os dirigidos, tendencialmente, contra pessoas (eg. a pornografia de menores e os crimes contra a honra) ou contra interesses patrimoniais (eg. a violação de direitos de autor e direitos conexos e a burla informática) ou, finalmente, contra dados e informação (falsidade informática, dano informático, sabotagem informática, acesso ilegítimo, acesso indevido). Estes últimos configuram o que se designa por cibercrime. Por outro lado, num mundo cada vez mais digital, é natural que uma grande parte dos elementos de prova, mesmo de crimes tradicionais, assuma essa mesma forma digital. A competência legal para prevenção criminal e a investigação criminal dos crimes informáticos está atribuída por lei à Polícia Judiciária. São participantes neste domínio de actuação, os órgãos de polícia criminal, o Ministério Público e os Magistrados Judiciais.

No domínio da guerra e da defesa do Estado são relevantes, por um lado, assegurar a capacidade operacional militar em missão que passa por garantir o correcto funcionamento e a protecção das suas comunicações e sistemas de informação, elementos fundamentais para o exercício do comando e controlo no moderno campo de batalha – hoje em dia muito dependente das TIC –; e, por outro, explorar o ciberespaço para obtenção de vantagem competitiva sobre os adversários. Também em situações declaradas de estado de sítio ou estado de guerra o comando e a gestão dessa situação, também no ciberespaço, compete à defesa nacional.

Finalmente, no domínio da diplomacia, importa prosseguir os interesses políticos nacionais no âmbito das relações internacionais, bilaterais ou multilaterais.

Num terceiro plano de análise, podemos agrupar, em eixos de intervenção, o conjunto de medidas e iniciativas políticas que caracterizam grande parte das estratégias nacionais de cibersegurança conhecidas.

Um primeiro eixo de combate ao cibercrime compreende o conjunto das iniciativas de actualização e de harmonização legislativa com vista a uma mais eficaz criminalização das condutas referidas e das respectivas acções tipo, assim como o esforço de regulamentação do mercado das telecomunicações e da indústria das TIC em geral, no sentido de assegurar um nível adequado de cibersegurança.

Num segundo eixo de normalização e certificação, concentram-se as actividades nacionais e internacionais de produção de referenciais, regras, condições ou requisitos de segurança, bem como as de aferição dos níveis de conformidade de produtos e serviços na área das TIC com os mesmos.

O eixo da formação e consciencialização compreende, por um lado, o conjunto das actividades de capacitação e de actualização tecnológica dos indivíduos responsáveis pelo manuseamento de componentes do ciberespaço ou que, de uma forma geral, actuam sobre esses mesmos componentes, e, por outro, as actividades de divulgação e de alerta para os perigos de uma utilização negligente da Internet e para as suas consequências.

O eixo da protecção de infra-estruturas críticas abrange as iniciativas de identificação e de mapeamento das dependências funcionais dentro de um sector ou entre sectores de actividade, a realização de uma análise de risco, bem como a aplicação de medidas de protecção, com vista à mitigação dos riscos identificados nas funções classificadas como críticas.

Num outro eixo normalmente designado de alerta e resposta a incidentes concentramos as principais actividades de mitigação de incidentes de segurança informática e a função de alerta para novas vulnerabilidades e riscos emergentes.

Um sexto eixo de intervenção inclui as actividades centradas na investigação e no desenvolvimento, quer em áreas tecnológicas, quer noutras áreas fundamentais para a compreensão da dimensão social da segurança e da ciberse-gurança, designadamente em temas como a ética, a segurança comportamental, a criminologia ou o risco.

Bibliografia
Denning, D. E. R. (1999). Information warfare and security (Vol. 4). Reading MA: Addison--Wesley.
Luiijf, E., Besseling, K., & De Graaf, P. (2013). Nineteen national cyber security strategies. International journal of critical infrastructures, 9(1), 3-31.
Santos, L. (2012). Contributos para uma Melhor Governação da Cibersegurança em Portugal. In J. Bacelar Gouveia (ed.), Estudos Avançados de Direito e Segurança (Vol. II, pp. 217-305). Almedina.

COMANDANTE SUPREMO DAS FORÇAS ARMADAS

Francisco Proença Garcia

O Presidente da República é, por inerência, o Comandante Supremo das Forças Armadas.

O exercício dos poderes constitucionalmente atribuídos ao PR no âmbito da Defesa Nacional e, enquanto Comandante Supremo das Forças Armadas, estão expressamente consagrados na Constituição da República (art.º 120.º) e na Lei de Defesa Nacional e das Forças Armadas (art.º 39.º). Esta legislação enquadrante imputa responsabilidades específicas ao PR, compreendendo os seguintes direitos e deveres:

- O dever de contribuir, no âmbito das suas competências constitucionais, para assegurar a fidelidade das Forças Armadas à Constituição e às instituições democráticas e de exprimir publicamente, em nome das Forças Armadas, essa fidelidade;
- O direito de ser informado pelo Governo acerca da situação das Forças Armadas e dos seus elementos;
- O dever de aconselhar, em privado, o Governo acerca da condução da política de Defesa Nacional;
- O direito de consultar o Chefe do Estado-Maior General das Forças Armadas e os Chefes dos Estados-Maiores dos Ramos;
- Em caso de guerra, o direito de assumir a sua direção superior, em conjunto com o Governo, e o dever de contribuir para a manutenção do espírito de defesa e de prontidão das Forças Armadas para o combate;
- O direito de conferir, por iniciativa própria, condecorações militares;
- O direito de ocupar o primeiro lugar na hierarquia das Forças Armadas.

Sem prejuízo de outras competências que lhe sejam atribuídas pela Constituição ou pela lei, compete ao Presidente da República, em matéria de defesa nacional: a) Exercer as funções de Comandante Supremo das Forças Armadas; b) Declarar a guerra, em caso de agressão efectiva ou iminente, e fazer a paz, sob proposta do Governo, ouvido o Conselho de Estado e mediante autorização da Assembleia da República, ou, quando esta não estiver reunida, nem for possível a sua reunião imediata, da sua Comissão Permanente; c) Assumir a direcção superior da guerra, em conjunto com o Governo, e contribuir para a manutenção do espírito de defesa; d) Declarar o estado de sítio e o estado de emergência, ouvido o Governo e mediante autorização da Assembleia da República, ou, quando esta não estiver reunida, nem for possível a sua reunião imediata, da sua Comissão Permanente; e) Ratificar os tratados internacionais em que o Estado assume responsabilidades internacionais no domínio da defesa, nomeadamente os tratados de participação de Portugal em organizações internacionais de segurança e defesa, bem como os tratados de paz, de defesa, de rectificação de fronteiras e os respeitantes a assuntos militares; f) Presidir ao Conselho Superior de Defesa Nacional; g) Nomear e exonerar, sob proposta do Governo, o Chefe do Estado-Maior-General das Forças Armadas, bem como, ouvido o Chefe do Estado-Maior-General das Forças Armadas, os Chefes do Estado-Maior da Armada, do Exército e da Força Aérea.

A atuação do Presidente da República enquanto Comandante Supremo das Forças Armadas desenvolve-se com base em objetivos cuja materialização se traduz em atividades concretas, intervenções, visitas, participações ou outras:

a) Desenvolver na sociedade portuguesa uma maior cultura de Segurança e de Defesa Nacional;

b) Contribuir para o reforço da coesão e do prestígio das Forças Armadas;

c) Sensibilizar a Nação para o papel das Forças Armadas como Instituição estruturante do Estado;

d) Acompanhar a evolução dos assuntos relativos à Defesa Nacional, particularmente no que concerne ao planeamento estratégico e emprego de capacidades nacionais, ao processo de reestruturação da Defesa e das Forças Armadas e ao âmbito do seu reequipamento.

Bibliografia
Lei Orgânica n.º 1-A/2009, de 7 de Julho – Aprova a Lei Orgânica de Bases da Organização das Forças Armadas.
http://www.presidencia.pt/comandantesupremo/?idc=303.

CONDIÇÃO MILITAR

José Fontes

De acordo com a legislação em vigor, os militares servem, exclusivamente, a República e a comunidade nacional e assumem voluntariamente os direitos e deveres que integram a *condição militar.*

O estatuto da *condição militar* legalmente previsto consagra as bases gerais a que obedecem genericamente o exercício dos direitos e o cumprimento dos deveres pelos militares na efetividade de serviço, bem como os princípios que norteiam as respetivas carreiras. Este estatuto jurídico aplica-se igualmente aos militares da Guarda Nacional Republicana. Nos termos legais, a *condição militar* caracteriza-se pela subordinação ao interesse nacional, pela permanente disponibilidade para lutar em defesa da Pátria – se necessário com o sacríficio da própria vida; pela sujeição aos riscos inerentes ao cumprimento das missões militares, bem como à formação, à instrução e ao treino que as mesmas exigem, quer em tempo de paz quer em tempo de guerra; pela subordinação à hierarquia militar; pela aplicação de um regime disciplinar próprio; pela permanente disponibilidade para o serviço, ainda que com sacrifício dos interesses pessoais; pela restrição, nos termos constitucionalmente admitidos, do exercício de alguns direitos e liberdades; pela adoção, em todas as situações, de uma conduta conforme à ética militar, por forma a contribuir para o prestígio e a valorização moral das Forças Armadas e da GNR; e pela consagração de especiais direitos, compensações e regalias, designadamente nos campos da Segurança Social.

Os militares assumem, nos termos da lei, o compromisso, público e solene, de respeitar a Lei Fundamental e as restantes leis da República, ficando, por isso, a sua ação subordinada, nomeadamente, aos princípios da constitucionalidade e da legalidade.

Por outro lado, o estatuto da *condição militar* impõe, no âmbito da disciplina militar, um particular dever de obediência aos escalões hierárquicos superiores e um dever de exercício responsável da autoridade. Nos termos constitucionais e legais, prevalecerá o poder de direção, desde que tal não implique o cumprimento de ordens que envolvam a prática de crime. Importa ainda assinalar que os militares gozam de todos os direitos e liberdades reconhecidos aos restantes cidadãos, embora o seu exercício possa ser sujeito a restrições constitucionalmente previstas.

Bibliografia
João Freire, *Elementos de Cultura Militar*, Edições Colibri, 2011.

CONSELHO DE SEGURANÇA DAS NAÇÕES UNIDAS

Sofia Santos

1. O Conselho de Segurança é um dos principais órgãos da Organização das Nações Unidas (artigo 7.º, n.º 1). É composto por quinze Estados-Membros, dos quais cinco membros detêm o estatuto de permanente: os Estados Unidos, a Federação Russa, o Reino Unido, a França e a China. Os dez membros não permanentes são eleitos pela Assembleia Geral por um período de dois anos com base no seu contributo para a manutenção da paz e segurança internacionais e para outros propósitos da Organização e numa distribuição geográfica equitativa (artigo 23.º, n.ᵒˢ 1 e 2). Os membros não permanentes incluem cinco Estados de África e Ásia, dois Estados da América Latina, dois Estados do grupo dos países da Europa Ocidental e outros Estados e um Estado da Europa de Leste.

O Conselho de Segurança detém a responsabilidade principal na manutenção da paz e segurança internacionais (artigo 24.º, n.º 1). No âmbito desta função adquire vastas competências que se encontram especificadas nos capítulos VI, VII, VIII e XII da Carta (artigo 24.º, n.º 2), sendo as mais amplas as que se encontram estatuídas nos dois primeiros.

Ao Conselho incumbe nos termos do capítulo VI apelar ao alcance de um acordo entre as partes através de meios pacíficos, como negociação, inquérito, mediação, conciliação, arbitragem, solução judicial, recurso a entidades ou acordos regionais, entre outros meios (artigo 33.º). Este órgão pode empreender investigações sobre controvérsias ou situações para determinar se a sua continuação poderá constituir uma ameaça à paz (artigo 34.º) e efetuar recomendações para a resolução da controvérsia (artigos 36.º a 38.º).

O insucesso em resolver uma controvérsia por meios pacíficos pode conduzir à determinação da existência de uma "ameaça à paz", de um "ato de agressão" ou de uma "rutura da paz" nos termos do artigo 39.º, disposição que despoleta um encadeado normativo gradativo ao abrigo do capítulo VII. Após essa determinação, este órgão pode decidir "medidas provisórias" (artigo 40.º), sanções coativas não militares (artigo 41.º) ou sanções coativas militares (artigo 42.º), se o Conselho de Segurança considerar que as medidas previstas no artigo 41.º seriam ou demonstraram ser inadequadas. Conforme estipula o artigo 48.º, as decisões do Conselho de Segurança no âmbito deste capítulo produzem um efeito vinculativo.

2. O processo decisório encontra-se previsto no artigo 27.º da Carta. Cada Estado membro do Conselho tem um voto (n.º 1), as decisões sobre questões procedimentais são tomadas por nove membros (n.º 2), as decisões sobre "quaisquer outros assuntos" são *"tomadas por voto favorável de nove membros, incluindo* *os votos de todos os membros permanentes"* – direito de veto (n.º 3). Os métodos de trabalho encontram-se estipulados nas "Regras Provisórias de Procedimento" (*"Provisional Rules of Procedure"*) estabelecidas em 1982.

3. A reforma do Conselho de Segurança é uma questão muito controversa no âmbito da Organização e na doutrina. Não obstante o amplo consenso sobre a necessidade de reforma deste órgão com o propósito de o tornar mais representativo, eficiente e transparente e de melhorar a sua eficácia e legitimidade, os esforços de reforma têm-se revelado infrutíferos.

O debate remonta à Conferência de São Francisco em 1945, que estabeleceu a Organização das Nações Unidas, onde ficaram patentes as tensões jurídico-políticas entre as grandes potências e os Estados de média e pequena dimensão.

Os apelos a uma reforma intensificaram-se na década de noventa do século passado, intimamente ligados às alterações geopolíticas e securitárias: a desintegração da União Soviética, o desenvolvimento económico da Alemanha e do Japão bem como de determinados Estados em vias de desenvolvimento. Contudo, a apresentação de uma proposta tinha como consequência dois movimentos antagónicos: por um lado, o apoio de certos Estados-Membros e, por outro, a recusa parcial ou completa do modelo apresentado devido aos respetivos interesses nacionais, mais concretamente, à procura de influência, a considerações geopolíticas e a rivalidades regionais.

No período que precedeu a Cimeira Mundial de 2005, prevista na Cimeira do Milénio, surgiram várias propostas quer por parte dos Estados-Membros quer no seio da Organização que foram apresentadas na Cimeira, no entanto, sem sucesso.

A fim de contornar este imobilismo foi introduzido um novo método de negociação (2008/2009), negociações informais que decorrem numa sessão informal da Assembleia Geral, abandonando-se o processo que tinha ocorrido no âmbito do Grupo de Trabalho *"Open-Ended Working Group on the Question of the Equitable Representation on and Increase in the Membership of the Security Council and other Matters related to the Security Council"* desde 1993.

I. A questão da composição

A necessidade de reforma prende-se com o anacronismo da atual composição, que apesar de ter sido alterada em 1963 de acordo com o artigo 108.º, com o aumento do número de lugares não permanentes de seis para dez, demonstra a necessidade de tornar o Conselho de Segurança mais representativo da comunidade internacional e da constelação geopolítica atual.

Em traços gerais, as questões debatidas prendem-se com a futura dimensão do Conselho de Segurança, com a representação regional e em que termos esta deve ocorrer, com a categoria dos membros, ou seja, se este órgão deve incluir mais membros permanentes e não permanentes ou apenas não permanentes – ou mesmo se deve ser instituída uma nova categoria de membros como semi-permanentes – bem como se o modelo estabelecido deve ser num primeiro momento intermédio ou definitivo. No que se refere ao direito de veto, o dissenso reside no facto de, por um lado, os eventuais membros permanentes poderem deter esse privilégio e, por outro, de este direito dos atuais membros permanentes dever ser limitado ou mesmo eliminado.

A reforma da composição e do direito de veto implica uma alteração *de jure*, o que dificulta a sua implementação, pois de acordo com os artigos 108.º e 109.º, n.º 2 da Carta é necessária a adoção e ratificação de todos os membros permanentes. Isto significa que se dois terços dos Estados-Membros das Nações Unidas (129 Estados), como se encontra prescrito nestes artigos, aceitarem e ratificarem um determinado modelo, se um membro permanente, porém, não o ratificar, a reforma fracassa.

Propostas

A multiplicidade dos modelos apresentados tornou o debate sobre a reforma pouco claro ao longo das décadas. O que se verifica atualmente é que após inúmeras rondas de negociação (*"rounds"*) os grupos e os modelos defendidos permanecem praticamente idênticos desde 2005. Predominantemente, os Estados-Membros encontram-se divididos em quatro grupos principais que defendem uma expansão do Conselho: o "Grupo dos Quatro" (G-4) (liderado pelo Brasil, Alemanha, Índia e Japão) que argumenta a favor do alargamento do número de lugares permanentes, mas poderá abdicar do direito de veto até uma conferência de revisão, o "Grupo L-69" (composto por Estados em vias de desenvolvimento) que defende o alargamento a novos lugares permanentes com direito de veto, o "Grupo da "União Africana" (coordenado por dez Estados africanos (C-10)), advoga o alargamento do número de lugares permanentes e a abolição do direito de veto, mas se esse privilégio for mantido, os estados africanos devem possuir esse direito, e o Grupo "Unidos para o Consenso" (liderado pela Itália, Costa Rica, Argentina e Colômbia), que rejeita categoricamente a inclusão de novos lugares permanentes (apenas alargamento a não permanentes ou uma nova categoria de lugares com um mandato mais longo e renováveis).

Enquanto a maioria dos Estados-Membros procura adquirir um maior direito de intervenção num Conselho de Segurança reformado, os membros permanentes não estão dispostos a ceder nos seus privilégios e até à data não representam uma posição comum. Partilham, contudo, a ideia de não atribuição do direito de veto a futuros membros permanentes.

II. A questão dos métodos de trabalho

Aparentemente, a reforma dos métodos de trabalho afigura-se uma tarefa com um grau de dificuldade reduzido em virtude de as propostas dos Estados-Membros e na literatura se intersecionarem em inúmeros aspetos e a reforma poder ocorrer *de facto*, isto é, de modo informal. Além disso, ao contrário da questão da composição, certos compromissos foram alcançados relativamente à transparência e ao processo decisório. No entanto, os membros permanentes continuam a revelar resistência na sua integração formal e implementação de outras medidas. Sobretudo o grupo *"Accountability, Coherence and Transparency"* (ACT) – criado em 2013 na sequência do fracasso da aprovação da proposta do "Grupo dos Cinco" (*"small five"*) em 2012 e que impulsionava os esforços de reforma neste domínio desde 2006 – tem-se concentrado exclusivamente nesta dimensão da reforma. Este grupo pretende exercer pressão no sentido de melhorar o aspeto da responsabilidade, da coerência e a da transparência dos métodos de trabalho. Mais concretamente, tem em vista o aumento do envolvimento de Estados-Membros que não são membros do Conselho e da responsabilidade deste órgão perante todos os membros da Organização.

Bibliografia

Sabine Hassler, *Reforming the UN Security Council Membership: The illusion of representativeness*, Routledge, London, 2013.

Sofia Santos, *Die Reform des Sicherheitsrates der Vereinten Nationen und ihre Auswirkungen auf die internationale Ordnung*, Nomos, Baden-Baden, 2011.

Sofia Santos, *A Reforma dos Instrumentos Militares e da Autoridade do Conselho de Segurança das Nações Unidas na Implementação de Medidas Coercitivas Militares*, Janus.net, e-journal of International Relations, Observatório de Relações Exteriores (OBSERVARE), Universidade Autónoma de Lisboa, vol. 4, n.º 1, 2013, pp. 1-17, disponível em http://observare.ual.pt/janus.net/pt_vol4_n1_art1.

Edward C. Luck, *UN Security Council, Practice and Promise*, Routledge, London, 2012.

Jorge Bacelar Gouveia, *Manual de Direito Internacional Público*, 4.ª ed., Almedina, Coimbra, 2013.

Vaughan Lowe, Adam Roberts, Jennifer Welsh, Dominik Zaum (eds.), *The United Nations Security Council and War: The Evolution of Thought and Practice since 1945*, Oxford; New York: Oxford University Press, 2008.

CONSELHO SUPERIOR DE DEFESA NACIONAL

Francisco Proença Garcia

Este Conselho, presidido pelo Presidente da República (que tem voto de qualidade), é o órgão constitucional independente e específico de consulta para os assuntos relativos à defesa nacional e à organização, funcionamento e disciplina das Forças Armadas (n.º 2 do art. 274.º da CRP).

Da sua composição e de acordo com o artigo 16.º da Lei de Defesa Nacional, constam o Primeiro-Ministro; o Vice-Primeiro-Ministro e Ministros de Estado, se os seguintes Ministros: Defesa Nacional, Negócios Estrangeiros, Administração Interna; Finanças; Ministros responsáveis pelas áreas da indústria, energia, transportes e comunicações.

Integram ainda a sua composição os Chefes militares (CEMGFA, CEMA, CEME, CEMFA); os Representantes da República para as Regiões Autónomas bem como os respetivos Presidentes dos governos Regionais; o Presidente da Comissão de Defesa Nacional da Assembleia da República e ainda dois Deputados à Assembleia da República.

O pendor executivista deste Conselho, ressalta da sua composição e do facto de "existir um concerto de vontades entre o PR e o PM, no que respeita especialmente à convocação de reuniões extraordinárias, no convite a outras entidades para participarem nas suas reuniões sem direito de voto, e nomeação e exoneração do respetivo secretário" (Miranda; Morais 2000).

No âmbito consultivo das suas competências, compete-lhe, e de acordo com o artigo 17.º, emitir parecer sobre várias matérias. Entre estas convirá referir a declaração de guerra e feitura da paz; a política de defesa nacional; a aprovação de tratados internacionais em que o Estado assume responsabilidades internacionais no domínio da defesa, nomeadamente os tratados de participação de Portugal em organizações internacionais de segurança e defesa, bem como os tratados de paz, de defesa, de retificação de fronteiras e os respeitantes a assuntos militares; os projetos e as propostas de atos legislativos relativos à política de defesa nacional e das FA, à organização, funcionamento e disciplina das FA e às condições de emprego destas no estado de sítio e no estado de emergência.

Compete-lhe ainda emitir parecer sobre os projetos e as propostas de leis de programação militar; o projeto de conceito estratégico de defesa nacional; a participação de destacamentos das Forças Armadas em operações militares no exterior do território nacional; em caso de guerra, sobre a organização da proteção civil, da assistência às populações e da salvaguarda dos bens públicos e particulares; as infraestruturas fundamentais de defesa; as propostas relativas à mobilização e à requisição, necessárias à prossecução dos objetivos permanentes da política de defesa nacional, e ainda outros assuntos relativos à defesa nacional e às FA que lhe sejam submetidos pelo Presidente da República, por iniciativa própria ou a pedido do Primeiro-Ministro.

Este órgão, de acordo com n.º 2 do art. 17.º, tem ainda competências administrativas para confirmar o conceito estratégico militar e aprovar as missões específicas das Forças Armadas e os sistemas de forças necessários ao seu cumprimento, após proposta do Ministro da Defesa Nacional; exercer, em tempo de guerra, as competências previstas no artigo 43.º Tem ainda o importante poder de aprovar as propostas de nomeação e exoneração do Presidente do Supremo Tribunal Militar, a funcionar em tempo de guerra, dos comandantes-chefes, dos comandantes ou representantes militares junto da organização de qualquer aliança de que Portugal seja membro, bem como os oficiais generais, comandantes de força naval, terrestre ou aérea destinadas ao cumprimento de missões internacionais naquele quadro.

O legislador protege no entanto as decisões dos seus conselheiros dado que os seus pareceres só são publicados quando aquele órgão assim o deliberar.

Durante a vigência do estado de guerra, e de acordo com o artigo 43.º, compete ao CSDN definir e ativar os teatros e zonas de operações; aprovar as cartas de comando destinadas aos comandantes-chefes; aprovar a orientação geral das operações militares e os planos de guerra e, estudar, adotar ou propor as medidas indispensáveis para assegurar as necessidades da vida coletiva e das FA. Nesta situação o MDN mantém o CSDN permanentemente informado sobre a situação político-estratégica e, salientamos ainda que, tendo em vista a execução de operações militares, pode o Conselho de Ministros delegar em autoridades militares competências e meios normalmente atribuídos aos departamentos ministeriais, mediante proposta do CSDN.

Legislação
Constituição da República Portuguesa VII revisão constitucional 2005.
Lei n.º 31-A/2009 de 7 de Julho – Aprova a lei de Defesa Nacional
Miranda, Jorge; Blanco de Morais, Carlos (coord.) (2000), *O Direito da Defesa Nacional e das Forças Armadas*, Lisboa, Cosmos.

CONSTITUIÇÃO

Jorge Bacelar Gouveia

1. O sentido contemporâneo do conceito de Constituição

I. A *Constituição, por ser a* lex suprema *do Estado, é a fonte legislativa que contém o sistema de normas e princípios jurídicos que, ao nível supremo do Ordenamento Jurídico-Positivo, estabelece a estrutura básica do Estado*: (i) *quer do Estado-Poder,* na organização dos seus órgãos e respetivos poderes, bem como o estatuto dos titulares dos mesmos; (ii) *quer do Estado-Comunidade,* nas relações do poder público instituído com os cidadãos, que são o seu substrato humano.

Mas não se pense que o sentido contemporâneo da Constituição é totalmente inovador, já tendo sido objeto de múltiplas utilizações antecedentes, ainda que numa perspetiva meramente institucional.

II. Foi esse o caso pioneiro de Aristóteles, que no seu livro *Política* definiu o conceito de Constituição como "Politeia", ou seja, como ordenação das magistraturas e, em especial, da magistratura suprema do Estado, nela ainda incluindo o fim da comunidade política: "Um regime pode ser definido como a organização da cidade no que se refere a diversas magistraturas e, sobretudo, às magistraturas supremas. O governo é o elemento supremo em toda a cidade e o regime é, de facto, esse governo".

Este conceito de Constituição, tal como sucedeu com o *rem publicam constituere* do Estado Romano, em nada tinha que ver com aquele que viria a ser o conceito atual de Constituição, integrando-se na lógica da aceção institucional de Constituição, que qualquer Estado tem, ao mesmo se juntando os conceitos de *nomos*, como lei, e *psefisma*, como decreto.

Com a Idade Média é que verdadeiramente se geraria o embrião de uma ideia mais aproximada do conceito atual de Constituição no sentido de ordenamento unificador e superior ao Estado. Tal foi claro com as *leis fundamentais medievais*, ainda que estas não pudessem configurar uma aceção formal e material de Constituição que só a Idade Contemporânea pôde trazer.

2. Elementos e dimensões do conceito de Constituição

I. A *Constituição* – a partir desta ou de outra terminologia – *é o ato de poder público dotado de supremacia máxima na Ordem Jurídica Estadual, regulando a organização dos respetivos sistemas social, económico e político.*

Daí que seja legítimo dissociar, no conceito de Constituição, alguns elementos que lhe são necessariamente congénitos, os quais facilitam a sua distinção de outras realidades: (i) *o elemento subjetivo* – é um ato intencional do Estado, não tendo a natureza costumeira, integrando a categoria das fontes voluntárias; (ii) *o elemento formal* – que se localiza num lugar cimeiro do Ordenamento Jurídico Estadual; (iii) *o elemento material* – regulando as opções principais do Estado ao nível dos sistemas social, económico e político.

II. Mesmo se vista nestes seus elementos definitórios, a Constituição pode também ser observada facetadamente, em razão de quatro perspetivas que nela podem estar presentes, que cumpre referir como suas dimensões ou aceções: (i) *uma dimensão material*: a *Constituição Material* expressa um determinado conteúdo nas opções que transporta e que determina, ideologicamente nascida no Liberalismo, mas que a evolução do Estado Constitucional veio a alargar e, sobretudo, relativizar; (ii) *uma dimensão formal*: a *Constituição Formal* expressa a ideia de que, sendo um ato legislativo, o mesmo ocupa uma posição suprema no Direito Positivo; (iii) *uma dimensão documental* (ou instrumental): a *Constituição Documental* é encarada como um ato legislativo que realiza a codificação de um dado ramo do Direito, nela se arrumando, sistemática e cientificamente, a disciplina fundamental do mesmo; (iv) *uma dimensão institucional*: a *Constituição Institucional* reflete um desejo mínimo de organização da entidade estadual, independentemente da caracterização que possa obter ao nível de certas opções de conteúdo, de forma ou de localização hierárquica.

3. Aceções afins do conceito de Constituição

I. É ainda de observar entendimentos possíveis de Constituição usados noutros ramos jurídicos, mas que não autorizam qualquer assimilação com o sentido que obtém no Direito Constitucional.

O mais comum deles é o sentido de Constituição empregue pelo Direito Internacional Público, que é muito distante do sentido dado pelo Direito Constitucional, sendo de referir a propósito de várias ideias: (i) *Constituição como tratado constitucional ou institutivo de uma organização internacional*, sendo até essa a expressão que por vezes se utiliza na respetiva nomenclatura; (ii) *Constituição como feixe de princípios fundamentais*, que sintetizam o ordenamento jurídico criado no seio de uma organização internacional; (iii) *Constituição como patamar superior de escalonamento da Ordem Jurídica Internacional ou de certa organização internacional*, assim se evidenciando uma parcela da Ordem Jurídica aplicável.

II. Noutros ramos do Direito, é também possível falar de Constituição, num sentido impróprio e que não se confunde com o seu sentido constitucional: (i) *no Direito Administrativo*: num sentido orgânico como composição de um órgão, ou como a sua própria criação; (ii) *no Direito Civil*: como ato ou efeito de criar uma pessoa coletiva; (iii) *no Direito Canónico*: como ato normativo promulgado pelo Papa, no uso dos seus poderes.

Bibliografia
Marcelo Rebelo de Sousa, *Direito Constitucional*, Livraria Cruz, Braga, 1979, pp. 41 e ss.
Rogério Ehrhardt Soares, *Conceito ocidental de Constituição*, in *Revista de Legislação e Jurisrudência*, ano 119.º, 1986, n.º 3743, pp. 36 e ss., e n.º 3744, pp. 69 e ss.
Marcello Caetano, *Manual de Ciência Política e Direito Constitucional*, I, 6.ª ed., Almedina, Coimbra, 1989, pp. 338 e ss.
Hans Kelsen, *Teoria Geral do Direito e do Estado*, 3.ª ed., Martins Fontes, São Paulo, 2000, pp. 369 e ss.
Jorge Bacelar Gouveia, *Manual de Direito Constitucional*, I, 4.ª ed., Almedina, Coimbra, 2011, pp. 591 e ss.

CONVENÇÃO DE MÉRIDA

André Ventura

A Convenção de Mérida, igualmente conhecida como Convenção das Nações Unidas contra a Corrupção, foi celebrada naquela cidade mexicana de 9 a 11 de Dezembro de 2003 e estabeleceu como objetivos primordiais:

– Promover e intensificar as medidas destinadas a prevenir e combater a corrupção de forma mais eficaz e eficiente;
– Promover, facilitar e apoiar a cooperação internacional e a assistência técnica nesta matéria;

– Promover a integridade, responsabilidade e gestão adequada dos assuntos públicos e da propriedade pública.

Em termos de objecto de incidência, a Convenção de Mérida procura abranger as várias fases de combate à corrupção, desde a sua investigação inicial à fase de apreensão e congelamento dos bens envolvidos, directa ou indirectamente, no fenómeno da corrupção. Neste sentido, são aconselhadas uma série de medidas que visam estabelecer formas concretas de prevenção do fenómeno da corrução, a investigação eficaz de todos os seus contornos e a promoção de uma justiça penal adequada.

Assim, os Estados partes na Convenção foram aconselhados a tomar as seguintes medidas como parte de um combate global e sistemático contra o fenómeno da corrupção:

– Assegurar a responsabilização das pessoas colectivas;
– Permitir o congelamento de bens, a apreensão e a confiscação.
– Proteger testemunhas, peritos e vítimas;
– Solucionar as consequências dos actos de corrupção;
– Garantir às entidades ou pessoas que tenham sofrido danos em consequência de um acto de corrupção o direito de intentar acções legais de indemnização;
– Estabelecer um organismo ou organismos ou nomear pessoas especializadas no combate à corrupção através da aplicação da lei;
– Incentivar a cooperação com as forças da ordem;
– Incentivar a cooperação entre autoridades nacionais e o sector privado;
– Ultrapassar obstáculos que possam resultar da aplicação das leis de sigilo bancário;
– Ter em conta as condenações anteriores de um alegado criminoso noutro Estado, para efeitos de processo penal;
– Estabelecer a respectiva jurisdição sobre os delitos cometidos nos seus territórios, ou contra os mesmos, ou por um dos seus nacionais, etc.

A Convenção de Mérida representou um passo muito significativo no âmbito da luta internacional contra a corrupção, devido fundamentalmente a dois factores: a abordagem da corrupção numa perspectiva multifacetada e multidisciplinar e a insistência na cooperação internacional e em mecanismos transnacionais como forma de atacar o problema.

Por um lado, deixou-se cair a perspectiva, ainda dominante em muitos Estados, de que a corrupção é um problema exclusivamente político, associado às instituições públicas e às organizações políticas. A Convenção sublinhou muito claramente que a corrupção é um fenómeno transversal, polivalente e extremamente maleável, capaz de se introduzir em realidades tão diversas como o desporto, os negócios empresariais ou as parcerias público-privadas.

Por outro lado, a maioria dos signatários esteve de acordo quanto à necessidade de criação de mecanismos preventivos e repressivos de carácter internacionai, deixando de lado as criações legislativas puramente nacionais como forma privilegiada de encarar o problema da corrupção. Efectivamente, ficou claramente percetível que mecanismos derivados exclusivamente dos parlamentos nacionais, baseados em tradições locais, regionais ou nacionais mais ou menos enraizadas, em nada contribuíam para a construção de soluções definitivas, antes agravavam, não poucas vezes, os problemas.

Apesar disso, e sobretudo devido à mentalidade politicamente enraizada e à insistência de diversos membros, a Convenção esteve particularmente atenta ao fenómeno da corrupção entre os agentes públicos, prevendo mecanismos de prevenção e controle específicos deste segmento institucional e procurando criar ferramentas jurídicas que não sejam anuladas ou obstaculizadas com as imunidades ou regimes de exceção existentes.

Finalmente, a Convenção de Mérida estabeleceu ainda mecanismos inovadores relativamente ao intercâmbio de informação em matéria criminal, incitando os Estados-parte a partilharem não apenas informação judicial mas efetivamente os elementos policiais e de investigação que permitam uma monitorização eficaz do fenómeno da corrupção a nível internacional. Complementarmente, os Estados deverão promover e participar em programas de formação específicos que permitam manter atualizadas as instituições e os responsáveis nacionais no âmbito do combate à corrupção.

Em homenagem ao dia de assinatura da Convenção de Mérida, 9 de Dezembro, celebra-se nesta data o Dia Internacional de Luta contra a Corrupção.

Bibliografia
Mouraz Lopes, José António, *O Espectro da Corrupção*, Leya (2013).
Conde Correia, João, *Da Proibição do Confisco à Perda Alargada*, Leya (2013).
Luís de Sousa, João Triães, *A Corrupção e os Portugueses: atitudes, práticas e valores*, R.C. Pinto (2008).

CONVENÇÃO DE PALERMO

André Ventura

A designação de Convenção de Palermo reporta-se ao instrumento jurídico aprovado pela Organização das Nações Unidas no âmbito do combate ao crime organizado: a Convenção das Nações Unidas contra a Criminalidade Organizada Transnacional.

A Convenção desdobra as respectivas incidências em múltiplas áreas funcionais. Uma das áreas funcionais mais relevantes é precisamente a do combate ao branqueamento de capitais, promovendo um maior e mais eficaz controlo sobre as instituições financeiras susceptíveis de servir de instrumento a este tipo de ilícito penal "*a fim de prevenir e detectar qualquer forma de branqueamento de dinheiro, sendo que nesse regime as exigências relativas à identificação de clientes, ao registo das operações e à notificação de operações suspeitas devem ser consideradas essenciais*" (art. 7.º, n.º 1 al. a) da Convenção).

Também na área da recolha e partilha de informação, a Convenção de Palermo se traduziu num importante e inovador instrumento jurídico, promovendo a criação de centros nacionais de recolha de informação e de plataformas de difusão internacional da mesma, o que adquire especial relevo no domínio complexo e desmaterializado das infracções financeiras.

No âmbito concreto do combate à corrupção, a Convenção de Palermo destacou-se por envolver uma considerável dimensão de política criminal e pedagogia penal, ao impor aos Estados o desenvolvimento de esforços legislativos objectivos no sentido da criminalização de 'práticas de corrupção', materializando este conceito nas seguintes condutas típicas:

a) O facto de prometer, oferecer ou conceder a um funcionário público, directa ou indirectamente, um benefício indevido, em seu proveito próprio ou de outra pessoa ou entidade, a fim de que este pratique ou se abstenha de praticar um acto no desempenho das suas funções oficiais;

b) O facto de um funcionário público pedir ou aceitar, directa ou indirectamente, um benefício indevido, para si ou para outra pessoa ou entidade, a fim de praticar ou se abster de praticar um acto no desempenho das suas funções oficiais.

Da mesma forma, tendo presente o cada vez maior número de transacções de dimensão internacional e a própria estrutura do mercado de capitais mundial, a Convenção instou os Estados a considerar a possibilidade de "*adoptar as medidas legislativas ou outras que sejam necessárias para estabelecer como infracções penais os actos enunciados no n.º 1 do presente artigo que envolvam um funcionário público estrangeiro ou um funcionário internacional. Do mesmo modo, cada Estado Parte considerará a possibilidade de estabelecer como infracções penais outras formas de corrupção*".

A Convenção de Palermo assumiu, pela primeira vez em termos de instrumento jurídico-internacionais, a opção de propor aos Estados um conjunto de medidas destinadas a lidar com os elevados índices de ineficácia do combate à criminalidade de carácter trasnacional, procurando evitar o choque com as disposições legais ou constitucionais de direito interno. Assim foi, por exemplo, no âmbito das medidas de coacção privativas de liberdade, da libertação condicional ou antecipada dos condenados e ainda da figura da prescrição. Quanto a este último ponto, a Convenção de Palermo foi particularmente incisiva, ao dispor que "*sempre que as circunstâncias o justifiquem, cada Estado Parte determinará, no âmbito do seu direito interno, um prazo de prescrição prolongado, durante o qual poderá ter início o processo relativo a uma das infracções previstas na presente Convenção, e um período mais longo quando o presumível autor da infracção se tenha subtraído à justiça".*

Finalmente, a Convenção de Palermo distinguiu-se ainda pela imposição de um novo paradigma em matéria de cooperação entre os Estados no âmbito do combate ao crime organizado transnacional. Efectivamente, procurou-se estabelecer um regime amplo e flexível, capaz de contornar as barreiras clássicas dos acordos formais de extradição. Neste sentido, definiu a Convenção que, para aqueles Estados Partes que condicionem a extradição à existência de um Tratado:

a) No momento do depósito do seu instrumento de ratificação, de aceitação, de aprovação ou de adesão à presente Convenção, indicarão ao Secretário-Geral da Organização das Nações Unidas se consideram a presente Convenção como fundamento jurídico para a cooperação com outros Estados Partes em matéria de extradição; e

b) Se não considerarem a presente Convenção como fundamento jurídico para cooperar em matéria de extradição, diligenciarão, se necessário, pela celebração de tratados de extradição com outros Estados Partes, a fim de darem aplicação ao presente artigo.

Bibliografia

Calderoni, Francesco, *Organized Crime Legislation in the European Union: Harmonization and Approximation of Criminal Law, National Legislations and the EU Framework Decision on the Fight Against Organized Crime*, Springer Science & Business Media (2010).

Conde Correia, João, *Da Proibição do Confisco à Perda Alargada*, Leya, Lisboa (2013).

Masi, Carlo, *Criminalidade económica e repatriação de capitais*, EDIPUCRS, São Paulo (2012).

Sites

Organização das Nações Unidas, Gabinente de Documentação e Direito Comparado, http://www.gddc.pt/siii/im.asp?id=1710

CORRUPÇÃO

ANDRÉ VENTURA

A corrupção é um fenómeno com uma vasta rede de implicações práticas e conceptuais que se estendem a um conjunto variado do tecido social, apresentando variações políticas, económicas, sociológicas e morais consideráveis.

Elemento omnipresente nas reflexões de carácter político-filosófico e religioso, sobretudo no mundo ocidental, a corrupção tem adquirido um progressivo relevo dogmático nos sistemas jurídicos mundiais sobretudo a partir da década de noventa do último século, não obstante a presença muito significativa nos sistemas normativos desde a época liberal.

Palavra com origem na expressão latina "corruptus" – que significa "quebrado em pedaços" –, a corrupção tem longa e vasta presença nos modelos mentais dominantes na scociedade ocidental, sobretudo após os processos de industrialização acelerada na Europa no século XVIII.

Do ponto de vista jurídico, a corrupção ocorre, essencialmente, quando uma pessoa, que ocupa uma posição dominante, aceita receber uma vantagem indevida em troca da prestação de um serviço, embora tal figurino possa assumir distintos contornos no âmbito da dogmática penal.

Em concreto, no âmbito do ordenamento jurídico português, haverá que distinguir entre corrupção activa e corrupção passiva, podendo esta última ainda ser direcionada para acto lícito ou para acto ilícito.

Neste sentido, o ilícito de corrupção activa verifica-se quando alguém, por si ou por interposta pessoa com o seu consentimento ou ratificação, der ou prometer a funcionário, ou a terceiro com conhecimento daquele, vantagem patrimonial ou não patrimonial que ao funcionário não seja devida, para qualquer acto ou omissão contrário aos deveres do cargo (cfr. Artigo 374.º do Código Penal).

Por sua vez, a corrupção passiva concretiza-se quando o funcionário, por si ou por interposta pessoa, com o seu consentimento ou ratificação, solicitar ou aceitar, para si ou para terceiro, sem que lhe seja devida, vantagem patrimonial ou não patrimonial, ou a sua promessa, para um qualquer acto ou omissão, contrário aos deveres do cargo.

A corrupção passiva pode ainda assumir a figura do recebimento indevido de vantagem, consistindo este na situação do funcionário que, no exercício das suas funções ou por causa delas, por si, ou por interposta pessoa, com o seu consentimento ou ratificação, solicitar ou aceitar, para si ou para terceiro, vantagem patrimonial ou não patrimonial que não lhe seja devida, tal como textualmente descrito no n.º 1 do art. 372.º do Código Penal. Neste caso, no entanto, a punição não incidirá apenas no funcionário que solicitar a vantagem mas igualmente naquele que a der ou prometer dar, embora com uma moldura penal abstracta mais reduzida, nos termos do n.º 2 do mesmo artigo.

Em relação ao crime de corrupção, devem ser anotados dois aspectos jurídico--dogmáticos relevantes:

- por um lado, o centro nevrálgico da ilicitude penal consiste no elo de conexão entre o que se oferece – ou solicita – e o objectivo final pretendido. O desvalor penal está precisamente nesse encadeamento teleológico que define a acção e concretiza as margens de ilicitude
- por outro lado, é importante não esquecer que o simples acto unilateral de solicitar ou oferecer uma vantagem densifica o tipo penal de corrupção, sendo o acordo entre as partes não um elemento do tipo fundamental, mas antes um elemento agravante.

Finalmente, deve ser sublinhado que, dado o impacto e importância crescente deste fenómeno a nível internacional, têm sido produzidos diversos instrumentos internacionais teleologicamente orientados para a prevenção e repressão do fenómeno da corrupção, onde merecem destaque a Convenção Interamericana contra a Corrupção (aprovada em 29 de Março de 1996), a Convenção da União Africana para prevenir e combater a corrupção (aprovada pelos Chefes de Estado e Governo da União Africana em 12 de julho de 2003) e a Convenção das Nações Unidas contra a Corrupção (aprovada em 14 de Dezembro de 2005) que marcou o início de um importante caminho em alguns aspectos como a cooperação internacional e a recuperação de activos no âmbito do combate a este tipo criminal.

Bibliografia
Guimarães, Juarez, Bignotto, Newton, *Corrupção – ensaios e críticas*, UFMG (2008).
Susan Rose-Ackerman, *International Handbook on the Economics of Corruption*, Edward Elgar Publishing (2007).

CRIME

ANDRÉ VENTURA

A noção de crime é, indiscutivelmente, muitíssimo variável do ponto de vista histórico. A evolução mora, ética e social das comunidades provocou, na mesma proporção, a mutação do conceito de 'crime'. Quanto a este aspecto, existem variados exemplos históricos de condutas que eram criminalizadas e deixaram de o ser, ou vice-versa.

A ideia – sublinhada por Jean Maillard – de desvio a um padrão sociológico e moralmente dominante é outra das ideias que tem moldado a noção material de crime. Simplificando, poderemos dizer que o legislador tende a criminalizar, em cada época histórica, os comportamentos que considera particularmente graves do ponto de vista do desvio a esse mesmo padrão e da eventual ameaça aos bens jurídicos considerados essenciais.

Do ponto de vista formal, poderemos ainda dizer que a noção de crime se prende sobretudo com a ofensa grave a esses mesmos bens jurídicos essenciais – ou pelo menos assim considerados por uma comunidade historicamente organizada. O crime corresponderá, assim, à descrição formal de uma determinada conduta considerada lesiva de bens jurídicos fundamentais.

De certa forma, a noção material de crime, continuando a ser um problema de política criminal, ficou balizada por certos princípios e postulados de natureza constitucional. Alguns destes princípios, como o princípio da proporcionalidade, da necessidade, da adequação e da culpa tornaram-se importantes

CRIME

critérios delimitadores do poder penal do Estado e, consequentemente, tornam-se barreiras formai e substantivas à discricionariedade da política criminal.

Finalmente, deve ser colocada a questão de saber se a noção material de crime deve ficar confinada ao campo estrito da política criminal e das suas oscilações históricas? A resposta parece ser, com os dados cientifico-dogmáticos actuais, negativa. A noção material de crime deve, assim, concretizar-se segundo três linhas politico-dogmática essenciais:

1) Enquanto objecto de política criminal: a noção de crime deverá estar suportada na vontade comunitária, que elege os bens jurídicos essenciais e o grau de lesividade ou perigosidade das condutas – e portanto histórica e geograficamente variável;

2) Fortemente limitada por postulados constitucionais incontornáveis: os princípios da proporcionalidade, da necessidade, da adequação e da culpa restringem a discricionariedade do legislador para criminalizar comportamentos.

3) Delimitada pelo catálogo de bens jurídicos fundamentais de natureza constitucional e internacional, o que significa que a noção material de crime não poderá ignorar a hierarquia de bens jurídicos aposta na Constituição da Republica Portuguesa e na Convenção Europeia dos Homem.

Bibliografia
Ventura, André, Lições de Direito Penal – Volume I, Chiado Editora (2013).
Beleza, Teresa, Direito Penal, AAFDL, 2.ª ed. Revista, Lisboa (1984).
Faria Costa, José de, Noções Fundamentais de Direito Penal, 3.ª ed., Coimbra Editora (2012).

CRIME MILITAR

Vítor Gil Prata

Historicamente, qualifica-se como crime ou delito militar qualquer infração à lei penal militar. Já o primeiro código de justiça militar, publicado em 9 de abril de 1875, assim o definia.

Porém, este código dividia os crimes de natureza militar em infrações que ofendessem diretamente a disciplina do exército e violassem algum dever exclusivamente militar, às quais designava como *crimes meramente militares* e infrações que, em razão da qualidade militar dos delinquentes, do lugar e circunstâncias em que fossem cometidas tomavam a designação propriamente dita de *crimes militares*. Estas duas categorias de infrações seriam punidas nos termos do código, cabendo aos regulamentos militares a punição de todas as restantes infrações à disciplina militar cometidas por militares que o código não

CRIME MILITAR

qualificasse como crime, numa clara interdependência entre procedimentos criminal e disciplinar, pois em ambos se pretendia punir violações ao dever militar e ofensas à disciplina.

O código penal português aprovado por decreto de 16 de setembro de 1886 também definia crimes militares. Nos termos do seu art. 16.º, eram crimes militares os factos que ofendessem diretamente a disciplina do exército ou da marinha, e que a lei militar qualificasse e mandasse punir como violação do dever militar, sendo cometidos por militares ou outras pessoas pertencentes ao exército ou marinha. Este código penal acrescentava, como parágrafo único, que os crimes comuns cometidos por militares ou outras pessoas pertencentes ao exército ou marinha seriam sempre punidos com as penas determinadas na lei geral, ainda quando julgados nos tribunais militares.

Aquela classificação de infrações de natureza militar manter-se-ia durante séculos, apesar da alteração das designações. Assim, com a aprovação, em 13 de maio de 1896, de novo código de justiça militar seria mantida a designação de crimes militares para aqueles que apenas acidentalmente o eram, isto é, que estavam tipificados em razão da qualidade dos seus agentes, do lugar ou das circunstâncias em que eram cometidos; porém, o crime meramente militar passou a ser designado *crime essencialmente militar*, designação que se iria manter até 14 de setembro de 2004, data da entrada em vigor do código de justiça militar de 2003.

Essa qualificação dos crimes de natureza militar foi mantida no código de processo criminal militar, aprovado em 16 de março de 1911 pelo governo da 1.ª República, bem como no código de justiça militar aprovado em 26 de novembro de 1925.

Com a aprovação do código de justiça militar de 9 de abril de 1977, desapareceu a qualificação e designação de crime militar, passando a estarem tipificados apenas crimes essencialmente militares, considerando-se como tal os factos que violassem algum dever militar ou ofendessem a segurança e a disciplina das forças armadas, bem como os interesses militares da defesa nacional, e que como tal fossem qualificados pela lei militar.

Mantendo-se como crime de natureza militar qualquer facto violador do dever militar ou que ofendesse a segurança e a disciplina militar, este código converteu em crimes essencialmente militares alguns factos anteriormente tipificados como crimes militares.

Neste código, tal como nos códigos anteriores, todas as infrações disciplinares qualificadas como crimes de natureza militar só podiam ser punidas de harmonia com o código de justiça militar, reservando para os regulamentos disciplinares apenas as infrações violadoras do dever militar que não fossem qualificadas como crime por aquele.

CRIME MILITAR

Assim, entre o crime tipicamente militar e a infração disciplinar *stricto sensu* existia uma diferença meramente qualitativa. Desta asserção extrai-se que não era punível disciplinarmente a infração qualificada como crime essencialmente militar, sob pena de violação do princípio *non bis in idem*.

Bibliografia
Prata, Vítor M. Gil, *A Justiça Militar e a Defesa Nacional*, ed. Coisasdeler, Lisboa, 2012.
Roque, Nuno, *A Justiça Penal Militar em Portugal*, ed. Atena, Linhó, 2000.

CRIMES ESTRITAMENTE MILITARES

Vítor Gil Prata

Crime estritamente militar é qualquer facto lesivo de interesses militares da defesa nacional e dos demais que a Constituição comete às Forças Armadas e como tal qualificado pela lei.

Esta designação surge com o código de justiça militar aprovado em 15 de novembro de 2003, mas que entrou em vigor apenas em 14 de setembro de 2004. Este código deixou de entender o crime de natureza militar como uma infração violadora do dever militar, passando a qualificar como tal apenas os factos lesivos de interesses militares da defesa nacional e dos demais que a Constituição comete às Forças Armadas. Assim, não são crimes estritamente militares nem puníveis no âmbito do código de justiça militar os factos censuráveis cuja única conexão seja a qualidade do seu agente, o local ou as circunstâncias em que ocorram, mas que não violem bens jurídicos estritamente militares.

A noção de crime estritamente militar tem certamente um intuito restritivo em relação à designação anterior de crime essencialmente militar, pelo que o conceito atual implica que os bens ou interesses protegidos pelo tipo sejam só (exclusivamente, integralmente, *estritamente*) militares.

A distinção preponderante entre o crime comum e o crime estritamente militar está no bem jurídico a ser tutelado. Assim, os bens jurídicos tutelados pelo direito penal militar são os interesses militares da defesa nacional e outros cometidos às Forças Armadas. Porém, para que haja crime estritamente militar não basta a lesão desses interesses militares; é necessário, ademais, que a lei qualifique o facto como estritamente militar.

No entanto, existe legislação avulsa que tipifica crimes de natureza militar, pois tutelam interesses militares da defesa nacional, mas que não os qualifica como tal. São exemplo o crime de desobediência, previsto no art. 50.º da Lei n.º 20/95, de 13 de Julho – que regula a mobilização e requisição no interesse da defesa nacional –, e a falta de cumprimento dos deveres decorrente da convocação para a prestação de serviço efetivo, punido com pena de prisão nos termos da al. b) do n.º 6 do art. 34.º e do n.º 4 do art. 58.º da Lei n.º 174/99, de 21 de Setembro (Lei do Serviço Militar).

O código de justiça militar consagra como interesses militares da defesa nacional a independência e a integridade nacionais, os direitos das pessoas (onde se incluem os crimes de guerra), a missão e a segurança das Forças Armadas, a capacidade militar, a autoridade (militar), o dever militar e o dever marítimo.

Para este código, os agentes destes factos lesivos de interesses militares da defesa nacional não têm de ser necessariamente militares. Por isso, prevê crimes estritamente militares comuns e específicos. Nos primeiros o agente é indeterminado, podendo ser qualquer sujeito; nos segundos, os agentes possíveis ficam circunscritos a uma categoria determinada. Porém, a maior parte dos crimes estritamente militares são crimes específicos, na medida em que os seus agentes têm a condição de militares.

Bibliografia

Canas, Vitalino, Pinto, Ana Luísa e Leitão, Alexandra, *Código de Justiça Militar Anotado*, Coimbra Editora, Coimbra, 2004.

Prata, Vítor M. Gil, *A Justiça Militar e a Defesa Nacional*, ed. Coisasdeler, Lisboa, 2012.

CRIMINALIDADE

Nelson Lourenço

A criminalidade é o conjunto de actos penalmente puníveis, numa determinada sociedade e num determinado período histórico. Esta definição retém o facto de não existir uma definição universalmente aceite de crime e de variarem no tempo histórico os actos que são considerados crime.

Assim definida, a criminalidade emerge como uma realidade complexa resultante da associação de factores individuais e societais. No quadro da relação *crime – sociedade*, importa considerar o axioma de que cada sociedade gera o seu tipo de comportamento desviante e de crime. Na sociedade global e do consumo, o crime patrimonial é predominante e a criminalidade transnacional organizada assume uma importância crescente, enquanto o desenvolvimento das tecnologias de informação faz surgir o *cibercrime*.

Nas últimas décadas – mais precisamente, a partir da primeira metade da década de 1960 – a Europa e o restante mundo industrializado assistiram, com alguma *décalage* no tempo, a um aumento da criminalidade, seguido da sua diminuição ou estabilização, em muitos países, a partir do final dos anos 1990. No período posterior a 2007, quer nos países da União Europeia quer nos Estados Unidos da América regista-se uma tendência de diminuição da maioria dos tipos de crime. A destacar nesta tendência a diminuição, desde 1995, do número de homicídios registados nos países da União Europeia, nos Estados Unidos e em muitos países da Ásia, segundo dados das Nações Unidas.

O facto de o aumento da criminalidade se ter acentuado na década de 1960, um período de grande prosperidade económica e de criação de emprego e, no período posterior à crise de 2008, apresentar uma tendência de diminuição, obriga a que se relativize a ideia de *crime e crise económica* formarem um par indissociável. A leitura é certamente muito mais complexa e deve associar um conjunto amplo de variáveis que vão da exclusão social, à ausência de expectativas, à quebra de mecanismos informais de controlo social, à urbanização, onde todos estes factores convergem e se potenciam, até a variáveis demográficas, nomeadamente o envelhecimento da população.

No contexto dos países em desenvolvimento a situação assume contornos diferentes. A violência e criminalidade urbana registam um aumento constante e constituem um sério constrangimento à vida dos cidadãos, com um crescente sentimento de insegurança e medo do crime. Os países da África Austral, da América Central e do Sul a das Caraíbas são os que registam as taxas mais elevadas de criminalidade do conjunto de 207 países incluídos na análise das Nações Unidas, nomeadamente da criminalidade violenta com destaque para muito elevadas taxas de homicídio.

A criminalidade acarreta danos que estão muito para além da dimensão psicológica e económica do seu impacte direto. Os resultados dos actos criminosos atingem não apenas as vítimas diretas como têm efeitos que se poderão designar por danos indiretos, afetando a vida de indivíduos não envolvidos diretamente no acto em causa e afetando a sociedade no seu todo.

É um facto assente que a criminalidade se associa diretamente à emergência do sentimento de insegurança que, por sua vez, é gerador de efeitos que devem ser medidos quer na sua dimensão social quer na sua dimensão económica, uma vez que a necessidade de uma segurança pública acrescida acarreta custos que recaem sobre toda a sociedade. A criminalidade e a percepção da insegurança que lhe está associada têm ainda uma contribuição direta na desvalorização de regiões e da propriedade.

O crime, nas diferentes formas que a criminalidade vai historicamente assumindo é social e politicamente fracturante, descredibilizando as instituições e põe em causa o funcionamento da sociedade democrática.

Bibliografia

Le Blanc, Marc; Cusson, Maurice (Eds.), *Traité de Criminologie Empirique*, 4.ª Edição, Les Presses Universitaires de Montréal, Montréal, 2010.

Henry, Stuart; Lanier, Mark M. (Eds.), *What is crime? Controversies over the Nature of Crime and What to do about it*, Rowman & Littlefield Publishers, Lanham – Maryland, 2001.

Lilly, James Robert; Cullen, Francis T.; Ball, Richard A. *Criminological Theory. Context and Consequences*, 5.ª Edição, Sage Publications, London, 1995.

CRIMINALIDADE ORGANIZADA

José Manuel Anes

Este "problema global" não ocupa tanto as páginas dos jornais como as guerras, as catástrofes, o terrorismo e as ADM ("armas de destruição massiva"). Apenas quando há alguma detenção de um "capo" mafioso ou quando os crimes da actividade mafiosa atingem grandes proporções – como é o caso actual da mortandade causada pelos cartéis mexicanos – é que o órgão de comunicação social lhes dá espaço e atenção. Mas estes não são os únicos responsáveis pela indiferença relativamente ao crime organizado pois os políticos dos diversos países, na sua maioria, só dão atenção às suas manifestações visíveis e esquecem ou ignoram as suas dimensões invisíveis, subterrâneas e permanentes que vão corroendo as sociedades. Mas é a estas últimas dimensões que importa sobretudo dar atenção e combate.

Como refere Jean-François Gayraud (ver op. cit na Bibliografia, p. 11), "as máfias continuam a revelar a sua faculdade de adaptação (à modernidade), de resistência (à repressão) , de expansão (económica) e de ocultação (mediático-política)", características que lhes permitem sobreviver e continuar a desenvolver as suas actividades. Estas características permitem-lhes, sobretudo, manter o seu carácter subterrâneo e clandestino e o seu enraizamento na sociedade, razões pelas quais é muito difícil terminar com este nefasto fenómeno. Alguns dizem até – e eu concordo com eles – que um dia poderá ser possível acabar com esta forma contemporânea de terrorismo que é o "jihadismo", mas que muito dificilmente se acabará com o crime organizado.

As organizações criminosas de que falaremos neste livro são, pois, aquelas que se incluem nesse universo a que se convencionou chamar de Crime Organizado. Não são os bandos ou gangues de rua ou de bairro problemático ou sensível, que se formam muitas vezes para praticar algumas acções criminosas, não apresentando uma estrutura fixa, tendo pouca hierarquia e desfazendo-se pouco depois dessas acções realizadas – por motivos diversos, entre os quais se podem incluir as detenções dos seus membros, as rivalidades e conflitos entre eles, etc. – que serão objecto desta publicação mas sim as organizações de "crime organizado" (máfias, cartéis, sindicatos, etc.) que têm uma estrutura e uma hierarquia consolidadas, apresentando um estabilidade na sua organização ao longo dos tempos, uma divisão de trabalho e uma especialização dos seus membros e, ao mesmo tempo, apresentam um desenvolvimento da organização como se fosse uma verdadeira empresa criminal, com as lógicas de mercado – seu único objectivo – e de internacionalização que se enquadram naquilo a que se costuma denominar de globalização ou mundialização do crime, sempre com o objectivo de enriquecimento ilícito através do fornecimento de bens e serviços geralmente ilegais.

CRIMINALIDADE ORGANIZADA

Não quer isto dizer que uma organização criminosa incipiente, pouco estável e durável como o são os gangues, ou bandos criminosos – o que não significa que não sejam perigosos –, não possa evoluir para estados mais elaborados, mais estruturados e mais estáveis que são os de uma "proto-máfia" e de um "sindicato", "cartel" ou "máfia". Isso de facto tem acontecido em diversas partes do mundo pelo que é necessário estar atento às dinâmicas que essas organizações criminosas apresentam e à evolução, verdadeira progressão, dos seus membros na senda do crime, a denominada "circulação das elites".

Xavier Raufer e Stéphane Quéré apresentam-nos (ver op. cit. na Bibliografia, pp. 14-17) uma interessante e muito útil sistematização dessa progressão ou "ascensão criminal"em sete níveis, que pela importância e originalidade da sua proposta nos permitimos citar com algum detalhe:

1 – "Associações de malfeitores", "no limiar de uma carreira criminal" dedicando-se à prostituição, ao proxenetismo, aos roubos e assaltos (de oportunidade) à mão armada, ao pequeno tráfico de rua de estupefacientes; trata-se aqui grupos temporários e poucos estruturados de amigos de rua ou bairro, numa actividade impulsiva e descontínua realizada por indivíduos brutais, com características primitivas e instinto territorial;

2 – "Grupos realizando crimes que implicam uma estrutura e capital", numa actividade organizada, contínua e durável, com capacidades hierárquicas, de gestão de território e de concepção de contra-medidas (intimidação, corrupção e violência), necessitando da utilização de cúmplices (advogados, notários e contabilistas corruptos), de informações, de dinheiro e de "lavagem" do produto da actividade ilícita, através do tráfico local ou regional de estupefacientes e de veículos roubados, de assaltos e roubos à mão armada importantes e planificados;

3 – "Grupos necessitando de lucros complementares estáveis" pois é necessário aparentar (e ter) poder (belos carros e belos fatos), dar grandes gorjetas e remunerar os informadores, colaboradores e corruptos, pelo que entre os grandes golpes é preciso ter um fluxo constante de dinheiro líquido proveniente de "racket" (extorsão/protecção de empresas e negócios), da prostituição de máquinas de jogo ("de moedas"): trata-se aqui, neste nível, de indivíduos lúcidos, realistas e planificadores;

4 – "Grupos que se infiltram na economia legal", para poderem reciclar o dinheiro criminoso na economia e nas finanças legítimas, adquirindo negócios e empresas modestas ou em dificuldades, até mesmo em estado de falência, com o fim de fornecer a esses grupos uma fachada legal e uma fonte de álibis e ainda para, ao mesmo tempo, poderem lavar o dinheiro, produto das suas actividades ilícitas, de um modo mais intenso;

5 – "Actividades predadoras visando a sociedade e o Estado" a partir de uma fachada legal que permite as operações criminosas de maior envergadura

– facturas falsas, fraudes com o IVA, desvios de apoios e subvenções (nacionais ou comunitárias) – e, ao mesmo tempo, obter os favores de certos políticos, sejam eles de direita ou de esquerda.

6 – "Cartéis e sociedades criminais análogas" – a "primeira divisão do crime organizado" – bem longe da "trivial "associação de malfeitores", do bando de amigos do café ou bar de bairro. Estamos em plena actividade criminal transnacional, ou mesmo continental, que controla território e diáspora (ex. "máfia" russa, sindicatos nigerianos, ou cartéis mexicanos) e tem bem estabelecido os contactos oficiais e de negócios. A organização deste tipo precisa de silêncio – trata-se de verdadeiras sociedades secretas criminosas –, de corrupção a todos os níveis, intimidação psicológica e física – chegando mesmo até a morte... desde que não prejudique o "negócio" (o caso da evolução dos cartéis colombianos é exemplar).

7 – "As máfias, estado supremo do crime organizado". Estas têm séculos de existência, vivendo "em simbiose perfeita com a oligarquia financeira e o aparelho de Estado" e assentam em famílias e clãs e em antigos poderes patriarcais e feudais em luta contra o poder centralizador dos Estados nascentes, colocando estes em situação de aceitar o seu poder complementar ou alternativo – como foi o caso de Garibaldi na Itália. As máfias têm uma história "aristocrática" criminosa de séculos, face à qual os cartéis e sindicatos são verdadeiros "novos-ricos".

Entre o gangue, o cartel, o sindicato ou a máfia, a diferença é apenas de estrutura, de âmbito criminal e de escala, sendo o estado superior, o da máfia. Assim (cf. Raufer e Quéré, op. cit., p. 19 e seguintes), se usarmos apenas os critérios 1, 5 e 11 teremos um bando ou gangue criminoso estruturado, enquanto que só teremos uma máfia se tomarmos em conta todos os critérios acima enumerados. De facto, "um bando estruturado, (e mesmo que) durável e internacionalizado" não é uma máfia pois esta...

Vejamos agora as diversas definições de "crime organizado" consagradas pelas organizações internacionais:

- Conferência de Nápoles de 1994: "Organizações de grupos para fins de actividades criminais, presença de ligações hierárquicas ou de relações pessoais permitindo a certos indivíduos dirigir o grupo; recurso à violência, à intimidação e à corrupção; branqueamento de lucros ilícitos".
- União Europeia (art.º 1.1 da acção comum) de 1998: "Associação estruturada de mais de duas pessoas, estabelecida ao longo do tempo e actuando de maneira concertada com o objectivo de cometer infracções puníveis com penas de quatro ou mais anos de prisão, quer estas infracções constituam um fim em si ou um meio para obter vantagens patrimoniais, ou então influir indevidamente o funcionamento das autoridades públicas".

CRIMINALIDADE ORGANIZADA

– Convenção das Nações Unidas de 2000: "Grupo estruturado de três pessoas ou mais existindo há um certo tempo e actuando concertadamente com o objectivo de cometer uma ou mais infracções graves (...) para obter vantagens financeiras ou outras vantagens materiais".

A União Europeia (Enfopol, 161/1994, anexo C) define "crime organizado" através de 11 critérios, a saber:
1 – Colaboração de mais de duas pessoas;
2 – Tarefas específicas atribuídas a cada uma delas;
3 – Num período de tempo suficiente longo ou indeterminado;
4 – Com uma forma de disciplina e controle;
5 – (com pessoas) suspeitas de terem cometido infracções penais graves;
6 – Actuando a um nível internacional;
7 – Recorrendo à violência ou a outros meios de intimidação;
8 – Utilizando estruturas comerciais ou de tipo comercial;
9 – Dedicando-se ao branqueamento de dinheiro;
10 – Exercendo influência sobre meios políticos, os *media*, a administração pública, ou poder judicial ou a economia;
11 – Actuando pelo lucro e/ou pelo poder.

As actividades a que se dedicam estas organizações são as mais diversas mas podem sintetizar-se na fórmula proposta por Raufer e Quéré (op. cit., p. 20): "fornecer serviços legais (tabaco, álcool...) ou ilegais (narcóticos, etc.) a mercados ilegais". De entre as muitas actividades ilegal a que se dedicam citemos: "protecção" e extorsão, contrabandos diversos (tabaco, álcool, perfumes, etc.), controle criminoso de serviços públicos (lixos, sucatas, etc.), manipulação de adjudicações de Estado, produção e tráfico de narcóticos, tráfico de armas, tráfico de seres humanos (migrantes, exploração sexual, etc.), pornografia, tráfico de viaturas furtadas ou roubadas, controle de jogos legais (casinos, lotarias, etc.), organização de jogos ilegais, roubos à mão armada, tráfico de objectos artísticos, contrafacção de marcas, fraudes comerciais e financeiras (IVA, etc.), contorno de embargos, fraudes com "dinheiro de plástico" (cartões de crédito ou débito, etc.), fraude com as subvenções da U.E., pirataria marítima, falsificações diversas (moeda, documentos, etc.), fraudes informáticas (contas bancárias, etc.).

No entanto e apesar desta subvalorização das organizações criminosas face ao Crime Organizado – de que este livro se ocupará, especificamente – é importante ter sempre presente que as primeiras evoluem na direcção das segundas (como o esquema em 7 etapas de Raufé e Quéné claramente indica) e que, mesmo no seu estado "proto-mafioso", são violentas constituindo um grave perigo para a segurança dos cidadãos, seus bens e para a sua integridade

CRIMINALIDADE ORGANIZADA

física e vida e ainda para as empresas e para a economia e as finanças do Estado. E não esquecendo que existe um ligação entre algumas organizações criminais e o terrorismo. De facto, podemos dar diversos exemplos destas ligações, considerando:

– utilização instrumental do terrorismo nas actividades do crime organizado: vários atentados das diversas "máfias" e outras organizações com maior ou menor grau de estruturação – vide a actual dramática sucessão de incidentes violentos e terroristas dos cartéis mexicanos;
– ligação entre o terrorismo laico ou político e o crime organizado: exemplos disto são as acções terroristas das FARC (Forças Armadas Revolucionárias da Colômbia) que se reclamavam de uma ideologia revolucionária mas que evoluíram para a utilização sistemática do crime organizado;
– ligação entre o terrorismo religioso e o crime organizado: vários exemplos podemos encontrar em diversas latitudes: os atentados de 11 de Março em Madrid foram planeados e executados por um grupo islamista que se dedicava a diversos negócios escuros e os explosivos utilizados foram obtidos junto de um traficante espanhol por troca directa com haxixe que conseguiram em Marrocos junto de jihadistas locais.

Este fenómeno do crime organizado necessita de um esforço conjunto da sociedade internacional e de suas instituições para (cf. Raufer e Quéré, op. cit., cap. IV):

– capturar os criminosos;
– proceder à extradição dos mafiosos, onde quer que se encontrem (não apenas devido a fuga mas devido também e sobretudo de vido à sua actividade que é transnacional);
– elaborar leis internacionais para extinguir os seus santuários.

• "G8": na Cimeira de Lyon em 1996, face ao agravamento do crime organizado (constatado na Cimeira de Halifax do ano anterior), foram aprovadas 40 recomendações para lutar contra este flagelo, tendo sido constituído um grupo de especialistas, o "grupo de Lyon" que concentrou os seus esforços na criminalidade informática, pornografia infantil na Internet e na importantíssima estratégia de combate ao branqueamento de capitais, à luta anti--corrupção e à confiscação dos bens dos criminosos e das suas organizações de fachada.
• ONU: em 2000 reuniu-se em Palermo (capital da Sicília...) 148 países integrados na Convenção das Nações Unidas contra a Criminalidade Transnacional Organizada que assenta em 41 Artigos e que foi assinada em

2002 por 141 países, prevendo a transcrição para o Código Penal de cada país dos crimes de participação nas actividades de um grupo criminoso, de branqueamento de dinheiro criminoso, de corrupção e de entrave ao bom funcionamento da Justiça;

- Interpol: existe nesta Organização Internacional de Polícia Criminal, com sede em Lyon – a qual pretende promover a cooperação entre as polícias dos Estados Membros –, uma Divisão de Crime Organizado e Branqueamento – em Portugal, o Gabinete Nacional da Interpol integra a PJ;
- OCDE: a Organização de Cooperação e de Desenvolvimento Económico interessa-se sobretudo pela corrupção e pela criminalidade de alta tecnologia e tem um Grupo de Acção Financeira Internacional dedicado ao branqueamento de dinheiro "sujo";
- Conselho da Europa: tem, desde 1990, a Convenção sobre o branqueamento e a confiscação dos produtos do crime e, desde 2001, a Convenção sobre o Ciber-crime;

A Comissão Europeia: tem como objectivo (expresso por Romano Prodi, em 2002) a constituição de "uma força de polícia europeia integrada (...) para combater o terrorismo e o crime organizado" – projecto bastante longe da sua realização. A Europol, embora ainda longe da sua vocação, desenvolve um muito útil sistema de coordenação e de permuta de informações criminais. No entanto instrumentos como o Mandato de Detenção europeu e a Directiva anti-branqueamento, ambos aprovados em 2001, são passos importantes na luta contra a ameaça que constitui o crime organizado, tal como o é esse importante passo dado no combate ao crime que é o Eurojust.

Bibliografia
ONU, "State of the Future", Setembro de 2007.
Jean-François Gayraud, "Le Monde des Mafias", 2008.
Xavier Raufer e Stéphane Quéré, "Crime organisé", 2005.

CRIMINALIDADE TRANSNACIONAL E GLOBALIZAÇÃO

NELSON LOURENÇO

A crescente complexidade da sociedade actual é um produto da globalização e decorrente das profundas e muito rápidas transformações sociais, culturais, políticas e económicas e obviamente da inovação científica e tecnológica iniciadas com a Revolução Industrial e acentuadas nas últimas décadas, particularmente no pós II Guerra Mundial, com ênfase para as tecnologias da informação e da comunicação.

A noção de crime é indissociável da modernidade e, por essa razão intrínseca, do processo de globalização. A noção de crime pressupõe a sua contextualização, nas suas dimensões espaciais e temporais. O crime refere-se sempre a um determinado espaço social, a um determinado quadro normativo e, naturalmente, a uma ordem económica específica.

Assim, compreendemos como à modernização da sociedade corresponde uma nova criminalidade cujo sentido de localidade se integra na trama social e económica da globalização. Se a internacionalização do capital, o consumismo e a construção de um mercado global são partes do processo de globalização, são também componentes essenciais para a compreensão do crime, quer na sua génese e natureza, quer nas representações sociais sobre ele e no seu impacto sobre a sociedade.

A relação entre crime e globalização ganha contornos particulares a partir da emergência de três fenómenos de proporções socialmente relevantes, com impactos significativos à escala local e global: violência urbana; criminalidade organizada transnacional; e terrorismo.

A criminalidade transnacional tem-se espalhado de forma exponencial com o processo de globalização e só recentemente os Estados e as organizações internacionais tiveram algum progresso no desenvolvimento de medidas para combater este tipo de criminalidade.

Em 2000, Kofi Annan, então Secretário-geral das Nações Unidas, no seu discurso à Assembleia Geral para apresentação do Relatório sobre o papel das Nações Unidas no século XXI, considerava a criminalidade organizada transnacional como uma ameaça real ao crescimento económico e à estabilidade política e como uma das mais graves ameaças às sociedades do século XXI.

O conceito de crime transnacional – a atividade criminosa que atravessa fronteiras nacionais – foi introduzido na década de 1990. Em 1995, a ONU identificou várias categorias de crime transnacional, cuja preparação, execução, e/ou efeitos diretos ou indiretos envolvem mais de um país: lavagem de dinheiro; actividades terroristas; roubo de objetos de arte e culturais; roubo de propriedade intelectual; tráfico ilícito de armas; sequestro de aviões; pirataria marítima; fraude de seguros; criminalidade informática; criminalidade ambiental; tráfico de pessoas; tráfico de órgãos humanos; tráfico ilícito de drogas; falência fraudulenta; infiltração em empresas legítimas; corrupção e suborno de funcionários públicos ou agentes partidários.

Devido às diferenças nas legislações nacionais e às dinâmicas dos grupos criminosos, a definição mais recente de criminalidade organizada transnacional da ONU (2003) centra-se mais nos actores do que nas infrações e agrupa um conjunto heterogéneo de actos.

CRIMINALIDADE TRANSNACIONAL E GLOBALIZAÇÃO

Nos termos da *Convenção Contra a Criminalidade Organizada Transnacional*, de 2003, um grupo criminoso organizado é: um grupo estruturado de três ou mais pessoas, existente durante algum tempo, atuando concertadamente com o propósito de cometer um ou mais crimes graves ou transgressões, de modo a obter, direta ou indiretamente, um benefício económico ou outro benefício material.

Assim, um crime é de natureza transnacional se:

a) For cometido em mais de um Estado;

b) For cometido num só Estado, mas uma parte substancial da sua preparação, planeamento, direção ou controle ocorre noutro Estado;

c) For cometido num só Estado, mas a organização criminosa está envolvida em actividades criminosas em mais de um Estado;

d) For cometido num só Estado, mas tem efeitos substanciais outro Estado.

Os crimes graves incluídos na definição são os actos que constituam uma infração punível com uma pena privativa de liberdade igual ou superior a quatro anos.

O processo de globalização potencia, a nível internacional, a deslocalização das grandes organizações criminais, que tendem a conhecer os locais onde a repressão das suas actividades é menos agressiva. Este é um dos desafios que se colocam em termos de uma política, que terá de ser global, de prevenção e combate à criminalidade organizada transnacional.

Bibliografia

Rauffer, Xavier, *Géopolitique de la Mondialisation Criminelle. La face obscure de la mondialisation*, PUF, Paris, 2013.

Lourenço, Nelson, "Globalização, Metropolização e Insegurança: América Latina e África". *RDeS – Revista de Direito e Segurança*, 1, 2013, pp: 87-116.

Gayraud, Jean-François; Thual, François, *Géostrategie du Crime*, Odile Jacob, Paris, 2012.

CRIMINOLOGIA

ANDRÉ VENTURA

A criminologia assume-se progressivamente, nos nossos dias, como a ferramenta auxiliar por excelência do direito penal e da política criminal. Esta asserção preliminar não visa excluir a criminologia do âmbito científico, mas antes orientar e compreender o seu sentido fundamental, ou melhor, os seus dois sentidos fundamentais distintos: enquanto método ou forma de compreensão e enquanto ferramenta auxiliar.

Neste sentido, a criminologia poderá ser definida como ciência empírica e interdisciplinar, que se ocupa do estudo do crime, da pessoa do infrator, da vítima e do controle social do comportamento criminoso, e que trata de criar e desenvolver uma informação válida, contrastada, sobre a génese, dinâmica e variáveis principais do crime, contemplado este simultaneamente como problema individual e como problema social, assim como sobre os programas de prevenção eficaz do mesmo e técnicas de intervenção positiva no âmbito da delinquência e nos diversos modelos ou sistemas de resposta ao delito.

Neste sentido, um aspecto fundamental da moderna ciência criminológica prende-se com o facto de não apenas procurar acumular dados e estatísticas sobre o fenómeno criminoso, mas produzir verdadeiramente informação organizada e sistematizada sobre o mesmo, em ordem aos vários objectivos que subjazem à política criminal preponderante. Neste sentido, e enquanto ciência, procura definir correlações, causas, conexões e variáveis que possam simultaneamente constituir fonte científica de caracterização e compreensão e, ao mesmo tempo, um elemento de sustento e amparo das políticas criminais de prevenção e repressão do crime.

A criminologia contemporânea tem vindo a ser marcada por dois fenómenos distintos: a crise do paradigma causal explicativo e o crescente domínio de modelos abertos enquanto formas de percepção e sistematização da informação obtida. Significa isto, nas palavras de Luiz Flávio Gomes, que *"a cientificidade da Criminologia só significa que esta disciplina, pelométodo que utiliza, está em condições de oferecer uma informação válida e confiável – não refutada – sobre o complexo problema do crime, inserindo os numerosos e fragmentados dados obtidos sobre ele em um marco teórico definido. A correção do método criminológico garante o rigor da análise de seu objeto, porém não pode eliminar a problematicidade do conhecimento científico nem a necessidade de interpretar os dados e formular as correspondentes teorias"*.

Bibliografia fundamental
García-Pablos de Molina, A., *Tratado de criminología*, Madrid (1999), p. 43 e ss
Mannheim, H., *Comparative criminology*, Routledge (1965), v. 1, p. 6-14

DECLARAÇÃO DE GUERRA

Francisco Proença Garcia

A Declaração de Guerra (DG) é um ato formal de discurso conformativo tendo sido uma prática ritual que se generalizou a partir do século XII, através de emissários ou por carta, mas fazia parte de um todo processual de negociação mais alargado e complexo (Nys, 1882 e Dias, 2010), e que se traduzia formalmente pelo iniciar de um estado de guerra entre duas ou mais nações.

A sua utilização foi perdendo vigor e utilidade ao longo da idade média, onde nos aparece também associada a uma interpretação sobre a legitimidade ou não da guerra.

Já no período contemporâneo, na segunda Conferência de Paz realizada em Haia (1907) sobre a resolução pacífica das controvérsias internacionais, foi aprovada a III convenção onde se afirmava que a hostilidade entre estado só podia iniciara-se com uma DG anterior. Contudo desde a segunda guerra mundial até aos dias de hoje, só identificámos uma declaração de guerra formal (quando em 5 de junho de 1967, a Argélia, Iraque, Kuwait, Sudão e Síria, o fizeram relativamente a Israel) não significando isto que o fenómeno da guerra tenha acabado. Houve sim uma alteração significativa de conceitos sem que existisse um acompanhamento ajustado da lei internacional, ou podemos considerar ainda que o que ouve foi uma evolução semântica para outros conceitos operacionais, como emprego da força e conflito armado, situação que pode muito bem ter tornado a declaração de guerra formal, redundante como instrumento jurídico internacional, sobretudo depois da promulgação da Carta das Nações Unidas em 1945, incluindo a sua proibição da ameaça ou uso da força nas relações internacionais (House of Lords, 2006).

Podemos ainda considerar que com a generalização/banalização do emprego do termo guerra, por vezes encontramos expressões como "guerra contra as drogas" (Jeffrey, 1989), ou mesmo contra o "terrorismo", e também atores não estatais têm descrito o exercício dos seus atos de violência organizada, como DG, funcionando num equivalente funcional a uma chamada às armas dos seus seguidores.

Em muitos países o poder de fazer uma DG é atribuído ao chefe de Estado, sendo que no caso português aparece expresso na Constituição, que o Presidente da República representa a República Portuguesa, garante a independência nacional, a unidade do Estado e o regular funcionamento das instituições democráticas e, de acordo com a alínea b) do n.º 2 do Artigo 9.º compete-lhe, em matéria de defesa nacional, " declarar a guerra, em caso de agressão efetiva ou iminente, e fazer a paz, sob proposta do Governo, ouvido o Conselho de Estado e mediante autorização da Assembleia da República, ou, quando esta não estiver reunida, nem for possível a sua reunião imediata, da sua Comissão Permanente", de acordo com o mesmo artigo, alínea c), compete ainda ao Presidente, "assumir a direção superior da guerra, em conjunto com o Governo, e contribuir para a manutenção do espírito de defesa.

No extremo oposto à DG, podemos também materializar o final das hostilidades através do recurso à assinatura de um acordo de paz, ou de um qualquer outro instrumento jurídico com igual propósito.

Bibliografia

Constituição da República Portuguesa VII revisão constitucional 2005.

Dias, Mendes (2010) – *Sobre a Guerra. Estratégia, tática e logística*. Prefácio, Lisboa.

Garcia, Francisco Proença (2010) – *Da Guerra e da Estratégia. A nova polemologia*. Prefácio, Lisboa.

Jeffrey, A. (1989) – *From George Bush, A Convencing Declaration of War on Drugs*. The Heritage Foundation, disponível em http://www.heritage.org/research/reports/1989/09/from-george-bush-a-convincing-declaration-of-war-on-drugs.

Nys, Ernest (1882) – *Le droit de la guerre et les précurseurs de Grotius*. Merzbach et Falk, Bruxelles.

House of Lords (2006) – *Waging war: Parliament's role and responsibility Select Committee on the Constitution*, Vol. 1, Report.

DEFESA NACIONAL

Francisco Proença Garcia

O termo Nação deriva do vocábulo latino *natio* (nascer), que significa aqueles que vêm da mesma raiz e, na Enciclopédia luso-brasileira Defesa aparece identificada como a ação praticada por um individuo ou sociedade para evitar ou minimizar uma agressão com vista a garantir a sua integridade ou mesmo a sua sobrevivência, sendo a Defesa Nacional (DN) a atividade de defesa de uma nação. Aqui Nação tida como uma comunidade de base cultural.

A DN também pode ser entendida como a "totalidade da ação do estado com vista à salvaguarda da nação" (Cumprido, 1978), ou como nos esclarece Loureiro dos Santos (2000), um "conjunto de medidas, militares e políticas, económicas, sociais e culturais, que, adequadamente coordenadas e integradas, e desenvolvidas global e sectorialmente, permitem reforçar a potencialidade da Nação e minimizar as suas vulnerabilidades, com vista a torná-la apta e enfrentar todos os tipos de ameaça, que direta ou indiretamente possam por em causa a segurança nacional (Santos, 2000)". Ou seja, a DN constitui um conjunto de medidas para se alcançar a segurança nacional, esta última entendida como um estado ou condição a atingir, e que se traduz pela "permanente garantia da sua sobrevivência em paz e liberdade, assegurando a soberania, independência e unidade, a integridade do território, a salvaguarda coletiva de pessoas e bens e dos valores espirituais, o desenvolvimento normal da funções do estado, a liberdade de ação política dos órgãos de soberania e o pleno funcionamento das instituições democráticas" (Santos, 2000).

Hoje, é frequente confundirem-se ou empregarem-se indistintamente os termos DN, Defesa Militar (conjunto de atividades de natureza militar, integrantes da DN) e FA, confundindo-se assim funções com o instrumento. Há também uma tendência para confusão conceptual dos termos Segurança Nacional e Defesa Nacional. No caso específico de Portugal, as mentalidades vigentes ainda condicionam muito a forma de encarar os assuntos de defesa e segurança; o conceito de Defesa Nacional está muito ligado apenas à atividade militar, mas sabendo que não basta a Defesa para se obter a Segurança, o conceito a adotar deve assim ser o de Segurança Nacional, resultante de um conjunto de políticas do Estado, devidamente articuladas, na vertente militar, mas também em outras políticas sectoriais como a económica, cultural, educativa, que englobe ações coordenadas de segurança externa e interna, cuja fronteira está atualmente desvanecida (Viana, 2002; p. 10-18).

A natureza e as características das novas ameaças, que podem ter origem em qualquer lugar fora da base territorial do Estado, mas manifestarem-se no seu interior, impulsionou o desenvolvimento gradual de uma nova conceção de segurança alargada, coletiva ou cooperativa, abrangendo outras dimensões para além da militar, envolvendo outras agências e organizações que não só as de defesa.

Na Lei portuguesa a confusão conceptual mantem-se, não facilitando no ordenamento português a clarificação do respetivo quadro relacional (Miranda, 2000). Quando o legislador procurou estabelecer o conceito de DN, procurou "demarcar a área normal de intervenção das FA e das FS, e assim delimitar à partida a missão primária e mesmo a vocação para a atuação específica de cada instituição sem prejuízo da necessária articulação e cooperação de todas para a realização integral dos fins do estado" (Santos, 2000).

De acordo com o art. 273.º da CRP, a DN tem por objetivos garantir, no respeito da ordem constitucional, das instituições democráticas e das convenções internacionais, a independência nacional, a integridade do território e a liberdade e a segurança das populações contra qualquer agressão ou ameaça externas, sendo detalhado na Lei Orgânica n.º 1-B/2009 de 7 de Julho, que a DN tem por objetivos garantir a soberania do Estado, a independência nacional e a integridade territorial de Portugal, bem como assegurar a liberdade e a segurança das populações e a proteção dos valores fundamentais da ordem constitucional contra qualquer agressão ou ameaça externas, sendo que a DN assegura ainda o cumprimento dos compromissos internacionais do Estado no domínio militar, de acordo com o interesse nacional. Da conjunção desta legislação com o arts. 1.º a 5.º da CRP, a DN surge pressuposta unicamente pela ocorrência de ameaças externas, sendo excluídas do seu âmbito de atividade as ameaças à ordem constitucional geradas por qualquer agressão interna (Miranda; Morais, 2000).

Como princípios gerais a lei indica-nos no seu artigo 2.º, o da independência nacional e da igualdade dos Estados, o respeito pelos direitos humanos e pelo direito internacional, bem como pela resolução pacífica dos conflitos internacionais e o da contribuição para a segurança, a estabilidade e a paz internacionais. Acrescenta-se ainda que a República Portuguesa defende os interesses nacionais por todos os meios legítimos, dentro e fora do seu território, das zonas marítimas sob soberania ou jurisdição nacional e do espaço aéreo sob sua responsabilidade. No mesmo artigo especifica-se que constitui também interesse nacional a salvaguarda da vida e dos interesses dos Portugueses que o Estado defende num quadro autónomo ou multinacional. Portugal reserva ainda o recurso à guerra para os casos de agressão efetiva ou iminente, sempre no exercício do direito de legítima defesa, sendo de realçar o direito e dever de cada português de passar à resistência, ativa e passiva, nas áreas do território nacional ocupadas por forças estrangeiras.

Bibliografia

Cumprido, Baptista (1978) – *Segurança nacional, forma adulta de defesa nacional.* Editora Abril.

Garcia, Francisco Proença (2010) – *Da Guerra e da Estratégia: A nova polemologia,* Lisboa: Prefácio.

Santos, Loureiro (2000) – Reflexões sobre Estratégia. Temas de Segurança e Defesa. Instituto de Altos estudos Militares.

Viana, Rodrigues (2002) – Segurança Colectiva, A ONU e as Operações de Apoio à Paz. Lisboa: Cosmos.

Legislação

Constituição da República Portuguesa VII Revisão Constitucional (2005).

Conceito Estratégico de Defesa Nacional (RCM n.º 6/2003).

Lei de Defesa Nacional (Lei n.º 31-A/2009).

DEFESA DA PÁTRIA

Francisco Proença Garcia

O termo Pátria, vem do latino *patrius,* terra dos antepassados, e encerra em si, segundo Martin de Albuquerque (1974), uma "linha emotiva gerada em torno da terra e do sangue", assentando assim em elementos de afetividade, sendo o patriotismo um valor ou virtude ligada ao sentimento nacional.

A expressão aparece na CRP associada ao termo defesa, mais propriamente no seu artigo 276.º, n.º 1, onde se afirma que "a defesa da Pátria é direito e dever fundamental de todos os portugueses", ou seja, o artigo particulariza o direito e o dever fundamental no indivíduo em contribuir para a DN. Esta menção surge--nos agregada a outros deveres mas desta vez coletivo, e previamente afirmados no artigo 273.º, n.º 2, sobre a "obrigação do Estado assegurar a defesa nacional" e no artigo 275.º, n.º 1, onde se incumbem as FA da Defesa Militar da República. A Defesa da Pátria volta a ser enunciada nos mesmos moldes no artigo 36.º, n.º 1, da Lei n.º 31-A/2009.

Esta referência ao direito-dever de defesa da Pátria não é contudo um produto do acaso (Canotilho; Moreira, 1998), sendo considerado indiscutível (Miranda, 2000) que com a utilização do conceito na CRP, se pretendeu fazer apelo a um elemento emocional e afetivo da cidadania.

O conceito de Pátria não surge na CRP desligado de outros valores de referência como Nação e República, vivendo sim numa relação de dependência recíproca (Miranda, 2000). António de Araújo considera mesmo que no contexto do artigo 276.º "a Pátria não tem o significado de uma mera representação psicológica ou mental; pelo contrário, assume uma dimensão objetiva, que se traduz na defesa da integridade de um território e da segurança de um povo e das suas instituições" (Miranda; Morais, 2000).

Bibliografia

Constituição da República Portuguesa VII revisão constitucional 2005.

Lei n.º 31-A/2009 de 7 de Julho – Aprova a lei de Defesa Nacional.

Albuquerque, Martim de (1974) – A Consciência nacional portuguesa. Ensaio de História das ideias política.

Canotilho, Gomes; Moreira, Vital, (1998) – Constituição da República Portuguesa Anotada. 3.ª Edição, Coimbra Editora.

Miranda, Jorge; Blanco de Morais, Carlos (coord.) (2000) – O Direito da Defesa Nacional e das Forças Armadas. Lisboa: Cosmos.

DEFESA PREEMPTIVA

Sofia Santos

O conceito de defesa preemptiva (os conceitos de "defesa preventiva" e "defesa preemptiva" não são empregues uniformemente quer pelos Estados quer pela doutrina; estes conceitos aparecem, por vezes, em textos com uma significação oposta) refere-se à prática de um ataque em antecipação justificado no âmbito do direito de legítima defesa com o intuito de proteger interesses nacionais numa situação em que a ameaça se encontra num estádio abstrato, mas que se perspetiva a sua consubstanciação futura.

A legítima defesa preemptiva detém um alcance mais amplo do que a legítima defesa preventiva e um diferente propósito, dado que pretende evitar a objetivação de uma ameaça ainda abstrata em termos de iminência ou em termos de ocorrência fáctica.

Esta teoria é preconizada sobretudo pela literatura anglo-saxónica, impulsionada pela Administração norte-americana liderada pelo Presidente George W. Bush na sequência dos ataques terroristas de 11 de Setembro de 2001. De facto, a denominada "doutrina Bush" relançou o debate sobre a legitimidade de um direito de legítima defesa em antecipação perante uma ameaça com tais caraterísticas.

As Estratégias Nacionais de Segurança dos Estados Unidos de 2002 e de 2006 precisaram esta doutrina. O documento estratégico de 2002 salientou a existência de um direito de legítima defesa face a um ataque iminente no Direito Internacional, todavia, defendeu a adaptação do conceito de ameaça iminente às "capacidades" e "objetivos" das ameaças atuais. Neste sentido, determina:

"*The greater the threat, the greater is the risk of inaction – and the more compelling the case for taking anticipatory action to defend ourselves, even if uncertainty remains as to the time and place of the enemy's attack. To forestall or prevent such hostile acts by our adversaries, the United States will, if necessary, act preemptively*" (The National Security Strategy, 2002, p. 15). O documento estratégico de 2006 reitera a lógica da defesa preemptiva: "*If necessary, however, under long-standing principles of self defense, we do not rule out the use of force before attacks occur, even if uncertainty remains as to the time and place of the enemy's attack. When the consequences of an attack with WMD are potentially so devastating, we cannot afford to stand idly by as grave dangers materialize*" (The National Security Strategy, 2006, pp. 22 e s.).

O argumento principal assenta, portanto, na imprevisibilidade das ameaças, designadamente o risco do emprego de armas de destruição massiva (ADM) por Estados párias e grupos terroristas que poderão recorrer a este tipo de armas com efeitos de elevada magnitude

Em regra, esta teoria é considerada ilícita. Um caso paradigmático de defesa preemptiva constitui a invasão do Iraque pela coligação liderada pelos Estados Unidos, com o apoio do Reino Unido, em Março de 2003. Os argumentos esgrimidos a favor da intervenção militar centraram-se na interpretação da passagem da resolução 1441 (2002) do Conselho de Segurança das Nações Unidas, a qual „*recalls (...) that the Council has repeatedly warned Iraq that it will face serious consequences as a result or its continued violations of its obligations*", designadamente na expressão "*serious consequences*", que permitiria inferir uma autorização deste órgão, e no facto de um possível ataque iraquiano com ADM.

Esta avaliação, porém, não foi partilhada pela generalidade da comunidade internacional. Os restantes três membros permanentes – a Federação Russa, a França e a China – e inúmeros Estados-Membros das Nações Unidas bem como a maioria da doutrina jusinternacionalista rejeitaram estas justificações, mormente, porque o Conselho não tinha determinado a existência de uma ameaça iminente, tendo ameaçado graves consequências a serem impostas num momento futuro, e a maioria dos membros deste órgão pretendia continuar as inspeções que não tinham encontrado evidências da existência de ADM em território iraquiano e que se veio de facto posteriormente a confirmar.

Bibliografia

Tom Ruys, '*Armed Attack' and Article 51 of the UN Charter, Evolutions in Customary Law and Practice*, Cambridge Studies in International and Comparative Law, Cambridge University Press, New York, 2010.

Sofia Santos, *O Uso da Força no Direito Internacional e os Desafios ao Paradigma Onusiano*, Revista da Faculdade de Direito da Universidade Federal de Minas Gerais, N.º 61, Julho-Dezembro, 2012, pp. 533-568, disponível em http://www.direito.ufmg.br/revista/index.php/revista/article/view/P.0304-2340.2012v61p533.

Torsten Stein, Christian von Buttlar, *Völkerrecht*, 13. Auflage, Vahlen, München, 2012, pp. 299-311.

Torsten Stein, "Preemption and Terrorism" in: Harvey Langholz, Boris Kondoch, Alan Wells (eds.), *International Peacekeeping: The Yearbook of International Peace Operations*, vol. 9, Brill/Nijhoff, 2004, pp.155-171.

Christine Gray, *International Law and the Use of Force*, Third Edition, Oxford University Press, Oxford, 2008, pp. 208-222.

DEFESA PREVENTIVA

Sofia Santos

A legítima defesa preventiva (os conceitos de "defesa preventiva" e "defesa preemptiva" não são empregues uniformemente quer pelos Estados quer pela doutrina; estes conceitos aparecem, por vezes, em textos com uma significação oposta) prende-se com a interpretação da expressão "no caso de ocorrer um ataque armado" nos termos do artigo 51.º da Carta das Nações Unidas no sentido de um ataque iminente.

A condição de iminência seria determinante para o recurso ao uso da força por parte do Estado potencialmente vítima. Este entendimento radica sobretudo na irrazoabilidade de um Estado ter que aguardar a ocorrência de um ataque, o qual no caso do emprego de Armas de Destruição Massiva seria de elevada magnitude.

A posição dominante na doutrina jusinternacionalista defende o critério de iminência em situações de ameaça extremas para o exercício deste direito em antecipação e recusa a possibilidade de medidas preemptivas por se tratar de uma ameaça de natureza abstrata.

A linha de argumentação da legitimidade perante um ataque iminente divide-se em duas posições distintas: uma considera que o artigo 51.º substituiu o direito de legítima defesa costumeiro enquanto a outra posição sublinha que a expressão "direito inerente" contida nesse artigo evidencia a preservação de uma legítima defesa preventiva no Direito Internacional costumeiro – e recorre, assim, à fórmula de Daniel Webster, Secretário de Estado norte-americano, de 1837, enunciada no caso Caroline, na qual se pode constatar uma dimensão preventiva: "*it will be for that government to show a necessity of that self-defence is instant, overwhelming and leaving no choice of means, and no moment for deliberation*".

A ação contra a força aérea egípcia empreendida por Israel em 1967 durante a Guerra dos Seis Dias é considerada um caso exemplar de legítima defesa preventiva. Por seu turno, o bombardeamento do reator nuclear de Ossirac no Iraque, em 1981, por Israel, justificado com a iminência de um ataque e a utilização do reator para produzir urânio enriquecido para armas nucleares foi condenado pelo Conselho de Segurança na resolução 487 (1981).

Bibliografia

Tom Ruys, *'Armed Attack' and Article 51 of the UN Charter, Evolutions in Customary Law and Practice*, Cambridge Studies in International and Comparative Law, Cambridge University Press, New York, 2010.

Torsten Stein, "Preemption and Terrorism" in: Harvey Langholz, Boris Kondoch, Alan Wells (eds.), *International Peacekeeping: The Yearbook of International Peace Operations*, vol. 9, Brill/Nijhoff, 2004, pp. 155-171.

Sofia Santos, *O Uso da Força no Direito Internacional e os Desafios ao Paradigma Onusiano*, Revista da Faculdade de Direito da Universidade Federal de Minas Gerais, N.º 61, Julho-Dezembro, 2012, pp. 533-568, disponível em http://www.direito.ufmg.br/revista/index.php/revista/article/view/P.0304-2340.2012v61p533.

Torsten Stein, Christian von Buttlar, *Völkerrecht*, 13. Auflage, Vahlen, München, 2012, pp. 299-311.

Christine Gray, *International Law and the Use of Force*, Third Edition, Oxford University Press, Oxford, 2008, pp. 208-222.

DELINQUÊNCIA JUVENIL

MARIA JOÃO LEOTE DE CARVALHO

A delinquência juvenil é essencialmente entendida como uma categoria do desvio reportada aos atos desenvolvidos por crianças e jovens que, à luz das leis penais, configurariam a prática de crime pela quebra ou violação do estabelecido nos normativos jurídicos mas que, pela idade, se encontram numa situação de inimputabilidade criminal, beneficiando de legislação específica em detrimento da aplicação de um código penal. Isto é, a reação social de que são alvo é diferenciada da aplicada aos adultos perante a prática de atos aparentemente da mesma natureza. Na sua raiz etimológica o termo *delinquere* refere-se a ato ilegal, infração (delito) ou violação punida por lei, o que remete para a necessidade de se considerar os quadros jurídicos de um determinado contexto, patamar último da regulação e do controlo social formal. A atribuição da rotulagem de um ato como delinquente decorre do estabelecido a partir de uma convenção jurídica e depende de um compromisso entre diversas forças sociais num dado contexto e época. A delimitação desta problemática implica, portanto, uma análise complementar das razões de ordem sociológica e jurídica.

Enquanto conceito socialmente construído por referência a normas, valores e representações, a definição de delinquência juvenil continua a ser objeto de controvérsia. Na literatura científica, existem diferentes posicionamentos consoante se adote uma visão restrita, sobreposta ao sentido jurídico do termo, que engloba só as infrações às normas jurídicas, ou se siga um olhar mais alargado, que tende abarcar vários tipos de interdições sociais e os diversos comportamentos, ditos problemáticos, de crianças e jovens e, nos quais, as infrações às lei constituem apenas uma parte. Nesta perspetiva incluem-se todos os atos que não sendo penalizados legalmente se cometidos por adultos (i.e. mendicidade, fugas de casa, indisciplina, faltas voluntárias à escola), se revelam problemáticos quando concretizados na infância e juventude, fundando-se a importância da sua análise nas condições e processos de socialização. Estas situações são designadas por *delitos de status* na medida em que estão relacionadas com os papéis sociais atribuídos a crianças e jovens na contemporaneidade. Nas últimas três décadas, a nível internacional, tem sido produzida legislação no campo dos Direitos da Criança e da Justiça Juvenil onde é recomendado que os Estados promovam a abolição de dispositivos legais nacionais que sustentam a abertura de procedimentos judiciais com base nos *delitos de status* e, em seu lugar, seja antes conduzida uma intervenção social ou educativa, fora do sistema judiciário.

A demarcação etária do limite de inimputabilidade penal é crucial na diferenciação do conceito em análise e o modo como se vê definido depende do entendimento que uma sociedade faz sobre duas categorias sociais, infância e juventude, não podendo a reação social posta em execução delas ser dissociada. No caso português, e à data (fevereiro de 2015), a idade da imputabilidade penal é de 16 anos. Deste modo, todas as crianças e jovens menores de 16 anos que tenham cometido factos qualificados pela lei penal como crime ficam abrangidos por legislação específica de proteção, nos casos até aos 12 anos, e de natureza tutelar educativa quando os atos são cometidos entre os 12 e os 16 anos, existindo situações em que pode ser requerida uma ação conjunta entre os dois sistemas.

Ainda que o termo delinquência surja primordialmente associado a juvenil, nem sempre se reporta, de modo exclusivo, a jovens. Em vários países, os mecanismos de controlo social formal colocam crianças em idades muito baixas (7-10 anos) em patamar similar ao dos jovens (acima dos 12-13 anos), o que se traduz numa grande abrangência e amplitude etária podendo, sob a mesma capa, ocultar-se uma diversidade de situações. A recorrência no uso deste qualificador deve-se, em muito, à generalização relativa de fenómenos de desvio durante a juventude, alguns dos quais sob a forma de infrações, situação amplamente demonstrada em diferentes áreas científicas. Esta tendência encontra as suas razões de ser na especificidade do desenvolvimento psicossocial e da condição dos jovens na sociedade, concretamente em meios e culturas eminentemente juvenis cujas representações, valores e normas podem não ser coincidentes com os que dominam o mundo dos adultos, daí o confronto que envolve o que ambas as partes consideram legítimo.

Desde há muito que a questão do género suscita um intenso debate pois à tendência global para uma (muito) mais fraca expressão da delinquência feminina nos sistemas de justiça juvenil associa-se a existência de especificidades atribuídas aos modos de vida das raparigas que não devem ser desvalorizadas e que resultarão de uma construção identitária de género. Isto não significa que não existam muitos traços sociais comuns quando se esboça o perfil de rapazes e de raparigas recenseados nos sistemas oficiais; o que mais os difere é a frequência dos atos, as lógicas de ação e a natureza da atuação/envolvimento nas práticas delinquentes.

A delinquência juvenil não é um fenómeno exclusivo das sociedades contemporâneas; existiu desde sempre e em todos os grupos sociais, variando na forma como se caracteriza e se torna visível ao longo dos tempos. De igual modo, também a preocupação social sobre esta problemática não é nova. A nível internacional, as evidências revelam que os atos mais frequentes continuam a ser pequenos delitos contra o património, contudo, a atual dramatização e politização desta temática nas sociedades ocidentais tende a fazer crer que se está perante um cenário social único, onde crianças e jovens se tornaram mais violentos do que nunca, desvalorizando-se que não se trata de um fenómeno recente; novos podem ser alguns dos seus traços e atuais dinâmicas, bem como dos contextos onde se produzem.

Na origem da delinquência juvenil estão processos e dinâmicas sociais, fatores de natureza individual e circunstâncias pessoais e coletivas que colocam em causa a coesão e a segurança das sociedades, alicerces da ordem social num Estado de Direito. O interesse do seu estudo reside primordialmente no fato de resultar da interação social, de ocorrências que são fruto da vida social e que não só traduzem maneiras de pensar, agir e sentir individuais e grupais, como também refletem um poder, coercivo, aparentemente exterior aos indivíduos, que ganha corpo em determinadas formas de organização social e de sanções.

A leitura deste problema social é complexa. Conhecê-lo a partir dos contextos sociais onde se produz, dos atores sociais, agressores e vítimas nela envolvidos é uma coisa, conhecê-la a partir da informação recenseada nos sistemas oficiais de justiça e das forças de segurança, dos instrumentos de reação social de que uma sociedade dispõe no exercício do controlo social é outra. Trata-se de um fenómeno plural, que encerra em si uma multiplicidade de expressões. Esta diversidade tanto pode ser analisada em termos do funcionamento de padrões individuais e coletivos como centrar-se na evolução histórica e social dos modelos de intervenção e prevenção da problemática num determinado contexto.

Na atualidade, delinquência, incivilidades, desordens, pequena e grande criminalidade nacional e transnacional, interpenetram-se e entrecruzam-se nos mais diversos níveis e dimensões da vida social produzindo realidades sociais dinâmicas e de difícil controlo. No quadro de globalização, marcado por processos de intensa e permanente, mas também difusa, mediatização, que se traduzem na amplificação dos problemas sociais, a delinquência emerge como um problema proeminente das sociedades atuais, urbanas e globais. Constitui um traço fundamental da análise social das dinâmicas da(s) cidade(s) e da(s) metrópole(s), que se edificam num quadro alargado de mudanças sociais tendo por pano de fundo um fenómeno de globalização que acarreta a diluição de fronteiras e se traduz em fluxos migratórios de natureza e dimensão diferenciadas e distintas das tradicionais. Desde os anos 1990 que os desvios e violências em contexto urbano revelam ruturas sociais fortemente associadas a uma delinquência crónica, persistente, que não provém somente de carências afetivas e educativas mas tem a sua origem em segmentos da população e em territórios urbanos duramente atingidos por fatores de desvantagem social e até de exclusão. É uma delinquência mais complexa, pois aos aspetos individuais recorrentemente identificados tende a associar-se, nestes espaços, uma concentração de indivíduos e redes criminosas que, aproveitando e explorando as vulnerabilidades sociais aí existentes, funcionam com base num enquadramento e organização que ultrapassa as fronteiras de bairros, cidades, por vezes de regiões e até, em alguns casos, de países.

Bibliografia

Binder, Arnold; Geis, Gilbert; Bruce, Dickson D., *Juvenile Delinquency. Historical, Cultural and Legal Perspectives*, 3.ª edição, Anderson Publishing Co., Cincinnati – Ohio, 2001.

Carvalho, Maria João Leote, "Delinquência de Crianças e Jovens: uma Questão de Olhar(es)?", *Alicerces. Revista de Investigação, Ciência, Tecnologias e Artes*, n.º5, 2012, pp: 23-35.

Elliot, Delbert S.; Wilson, William J.; Huizinga, David; Sampson, Robert J.; Elliot, Amanda; Rankin, Bruce, "The effects of neighborhood disadvantage on adolescent development", *Journal of Research in Crime and Delinquency*, Vol. 33, n.º 4, 1996, pp: 389-426.

Piquero, Alex R.; Farrington, David P.; Blumstein, Alfred, *Key Issues in Criminal Career Research: New Analysis of the Cambridge Study in Delinquent Development*, Cambridge University Press, 2007.

Roché, Sébastién, *En Quête de Sécurité. Causes de la Délinquance et Nouvelles Réponses*. Armand Colin, Paris, 2003.

DEMOCRACIA

JORGE BACELAR GOUVEIA

1. As *democracias*, opostas às ditaduras, representam organizações de poder público em que os governados influenciam a atividade e o percurso dos governantes, sobre eles exercendo um efetivo controlo.

A própria palavra "democracia", na sua raiz etimológica, é bem ilustrativa do seu significativo denotativo, pois que é originário do grego, aí se usando os vocábulos "demos" – que quer dizer povo – e "kratos" – que designa poder público.

Ou como não nos lembrarmos da expressão do Presidente Norte-Americano Abraham Lincoln, que certo dia definiu a democracia como o "governo do povo, pelo povo e para o povo"!

2. A concretização da forma política democrática nos textos constitucionais faz-se também com apelo ao princípio da soberania popular, na titularidade do povo e dela emanando o critério de escolha e de atividade do Estado-Poder.

Deste modo, a democracia significa que o poder público postula uma relação de confiança com a comunidade política, em que o respetivo exercício se submete a diversos controlos, jurídicos e políticos.

A operacionalização da democracia depende da regra da *maioria*, segundo a qual a decisão corresponde à vontade popular se determinada por um conjunto de cidadãos em número superior ao daqueles que têm uma opinião contrária, regra da maioria que se fundamenta precisamente na igualdade da intervenção de cada um desses cidadãos.

3. O funcionamento da democracia com base na regra da maioria não pode querer dizer que as minorias – ou seja, aqueles que têm opinião contrária ou mesmo nenhuma opinião – se consideram excluídas do sistema político ou, numa visão menos drástica, apenas se limitem a esperar a oportunidade de passarem a maioria política.

Não: a democracia, num debate que se tem recentemente revalorizado, é também deferente para com as minorias políticas, na medida em que são partes integrantes do sistema político, numa lógica heraclitiana – entre a afirmação e o seu contrário, entre o ser e o não ser – em que só pela dialética discursiva e pelo contraditório político-ideológico se pode verdadeiramente legitimar a decisão política.

É assim que a aplicação do princípio da maioria vai sofrer algumas reduções, quer porque se reconhecem situações de decisão com maioria agravada, quer porque as minorias podem ter votos de bloqueio.

Só que este entendimento jamais pode levar à equivalência da maioria e da minoria no sistema político porque isso seria, desde logo, antidemocrático: mas pelo menos chama a atenção para a importância de a proteção das minorias permitir a preservação da própria democracia, mostrando a alternativa futura e evitando que a maioria degenere numa ditadura.

4. Ao invés do que sucede com as ditaduras, nas democracias regista-se a efetiva presença dos governados no estatuto e no desempenho dos governantes, sendo vários os prismas que podem ser analisados:

- *a intervenção na escolha dos governantes*, através de um esquema em que, direta ou indiretamente, a sua vontade é decisiva na seleção daqueles;
- *a intervenção na atividade levada a cabo pelos governantes*, na medida em que esta se apresenta limitada na distribuição de poderes entre os órgãos (separação de poderes) e no respeito por um espaço de proteção dos cidadãos (direitos fundamentais);

– *a intervenção na fiscalização dos atos dos governantes*, através da sua efetiva submissão a uma atividade de controlo judicial e de natureza política;

– *a intervenção na possibilidade da não redesignação dos governantes*, com mandatos limitados no tempo, e sempre com uma ponderação acerca do mérito do trabalho desenvolvido.

5. Na prática, a concretização da relação entre os governados e os governantes, em regime democrático, pode desdobrar-se à luz de três importantes óticas:

– *a democracia representativa*, caso em que os governantes mandam em nome do povo e tem a sua confiança política;

– *a democracia referendária*, sendo pontualmente o povo a decidir diretamente questões de governação, com a força de um ato jurídico-público;

– *a democracia participativa*, situação em que o exercício de direitos políticos, que formam a opinião pública, contribui, ainda que informalmente, para a limitação do poder público e a sua democratização.

6. As vantagens da democracia como modalidade de forma institucional de governo, a despeito do enorme consenso em seu redor, podem ser sistematizadas, de acordo com Robert A. Dahl, com base nas seguintes ideias-força:

– ajuda a evitar a governação por autocratas cruéis e viciosos;

– garante aos cidadãos um conjunto mínimo de direitos fundamentais impossíveis em sistemas ditatoriais;

– assegura uma maior margem de liberdade pessoal;

– auxilia os cidadãos na proteção dos seus interesses fundamentais;

– proporciona o exercício do autogoverno, permitindo a escolha democrática das leis;

– favorece a oportunidade do exercício de uma responsabilidade moral;

– encoraja o desenvolvimento humano na coletividade;

– favorece um elevado grau de igualdade política;

– ajuda o clima de paz em relação a outras democracias;

– auxilia o aumento da riqueza nacional.

7. A natureza democrática do Estado Português, não suscitando qualquer espécie de dúvida, não deixa de ser solenemente proclamada nos preceitos iniciais do respetivo articulado constitucional.

Recorde-se, de resto, que a profusão de indicações constitucionais a este respeito nem sequer pode causar qualquer estranheza se tomarmos nota do facto de ter sido em nome da democracia que precisamente se firmou uma das principais razões da Revolução Constitucional de 25 de Abril de 1974.

Portanto, o princípio democrático, na CRP, assume-se como um princípio geral de Direito Constitucional e que atravessa todo o seu articulado.

8. As indicações constitucionais começam logo com o preâmbulo da CRP, que explicitamente alude à construção de um Estado Democrático:

- "Libertar Portugal da ditadura, da opressão e do colonialismo representou uma transformação revolucionária e o início de uma viragem histórica da sociedade portuguesa" (§ 2.º do preâmbulo da CRP);
- "A Assembleia Constituinte afirma a decisão do povo português de (...) estabelecer os princípios basilares da democracia..." (§ 4.º do preâmbulo da CRP).

9. Os preceitos iniciais do articulado da CRP, por seu turno, também se mostram da máxima importância, com várias alusões:

- "Portugal é uma República soberana, baseada (...) na vontade popular..." (Art. 1.º da CRP);
- "A República Portuguesa é um Estado de Direito Democrático, baseado na soberania popular, no pluralismo de expressão e organização política democráticas (...), visando a realização da democracia económica, social e cultural e o aprofundamento da democracia participativa" (Art. 2.º da CRP);
- "A soberania, una e indivisível, reside no povo, que a exerce segundo as formas previstas na Constituição" (Art. 3.º, n.º 1, da CRP).

10. O funcionamento do sistema político é ainda muito sensível à preservação da democracia, a qual se pretende manter no funcionamento das instituições constitucionais, no plano estadual e no plano infra-estadual:

- em termos gerais, "É reconhecido às minorias o direito de oposição democrática, nos termos da Constituição e da lei" (Art. 114.º, n.º 2, da CRP);
- em matéria de situações funcionais, realça-se o direito de réplica política, pois que "Os partidos políticos representados na Assembleia da República, e que não façam parte do Governo, têm direito, nos termos da lei, a tempos de antena no serviço público de rádio e televisão, a ratear de acordo com a sua representatividade, bem como o direito de resposta ou de réplica política às declarações políticas do Governo, de duração e relevo iguais aos dos tempos de antena e das declarações do Governo, de iguais direitos gozando, no âmbito da respetiva região, os partidos representados nas Assembleias Legislativas das regiões autónomas" (Art. 40.º, n.º 2, da CRP).

DEMOCRACIA

Tudo isto sem esquecer diversos mecanismos parlamentares que refrangem a participação das minorias políticas, como as comissões de inquérito, os agendamentos potestativos ou a distribuição proporcional dos sub-órgãos parlamentares – como a Mesa ou as presidências das comissões parlamentares especializadas – em função da proporcionalidade da representação partidária na Assembleia da República.

11. Ao nível da garantia do núcleo fundamental da CRP, são finalmente visíveis as preocupações com os traços fundamentais do regime democrático, que bem se expressam em alguns dos limites materiais da revisão constitucional, porquanto as "...leis de revisão constitucional terão de respeitar...":

- "Os direitos, liberdades e garantias dos cidadãos" (Art. 288.º, al. d), da CRP);
- "O sufrágio universal, direto, secreto e periódico na designação dos titulares eletivos dos órgãos de soberania, das regiões autónomas e do poder local, bem como o sistema de representação proporcional" (Art. 288.º, al. h), da CRP);
- "O pluralismo de expressão e organização política, incluindo partidos políticos, e o direito de oposição democrática" (Art. 288.º, al. i), da CRP).

12. A variedade de alusões à forma democrática de governo, através da exaltação do princípio da soberania popular, revela-se no plano da verificação das três modalidades que pudemos salientar, que se encontram todas presentes, sendo elas gradações da intervenção popular no sistema político:

- *a dimensão representativa*;
- *a dimensão referendária* (ou semidireta); e
- *a dimensão participativa*.

Vejamos separadamente a importância que cada uma dessas modalidades de democracia que o Direito Constitucional Português defende.

Bibliografia
Alain Touraine, *O que é a Democracia*, 2.ª ed., Petrópolis, 1996.
Jorge Bacelar Gouveia, *Manual de Direito Constitucional*, II, 5.ª ed., Almedina, Coimbra, 2013.
Robert A. Dahl, *Democracia*, Lisboa, 2000.

DIGNIDADE DA PESSOA HUMANA

JORGE BACELAR GOUVEIA

1. O *princípio da dignidade da pessoa humana,* como relevante manifestação material do princípio do Estado de Direito, significa, de um modo geral, que a pessoa é colocada como o fim supremo do Estado e do Direito.

DIGNIDADE DA PESSOA HUMANA

Esta conceção geral visivelmente encontra nos direitos fundamentais a sua grande consagração, dado ser esta categoria o instrumento técnico-jurídico que melhor se adequa à garantia dos valores que ela transporta.

A dignidade humana como critério de fundamentação do Direito em geral, e dos direitos fundamentais em particular, parte das características da (i) liberdade e da (ii) racionalidade da pessoa, antropologicamente sustentada numa (iii) inserção social, garantindo o seu (iv) desenvolvimento pessoal.

2. Essa é uma resposta que pode ser melhor conferida no seio de uma mais vasta *conceção jusnaturalista do Direito*, a qual se assume como decorrendo da objetividade da natureza humana não voluntariamente criada e, por isso, imutável em face de circunstancialismos de tempo e de lugar.

O ideal de justiça que o Direito Positivo deve alcançar acarreta que o desrespeito daquele determine a desobrigação perante tal lei, assim considerada injusta.

3. Nessa conceção da dignidade da pessoa humana, a *pessoa* que se torna o centro da pauta de valores assume-se nestas quatro vertentes:

– é a *pessoa concreta* e não o indivíduo abstrato do Liberalismo oitocentista – a pessoa situada na História e não fora dela, vivendo no seu tempo e sentindo um conjunto de necessidades de ordenação social;

– é a *pessoa solidária* porque *homo homini persona* e não alguém geometricamente igualizado num cenário facticamente distorcido – a pessoa que está em relação com os outros, com um desejo constante promoção social, em que o Direito está atento às desigualdades reais (e não só da lei) através da consagração de direitos de natureza social;

– é a *pessoa-fim* e não a pessoa-instrumento como nos transpersonalismos, de direita e de esquerda, que o século XX infelizmente conheceu – a pessoa que se assume como a finalidade última do Direito e do Poder, que não pode ser secundarizada em nome de bens coletivos que espezinhem a sua dignidade elementar;

– é a *pessoa-essência* e não a pessoa-existência, *in fieri*, que se vai construindo ao sabor da vida e da história pessoal – a pessoa como ser humano, que postula sempre certos direitos, não se moldando ao sabor de conjunturas ou de evoluções de vida, mais ou menos ocasionais.

4. A preservação da dignidade da pessoa humana está ainda indissoluvelmente ligada à conceção que se tenha acerca da Constituição, que a deve refletir, se bem que à mesma não possa confinar-se.

Sem dúvida que o alargamento das matérias que são consideradas constitucionais – para além das tarefas específicas que se lhe assinalam de racionalização do poder e de garantia dos direitos fundamentais – determina que, hoje, o conceito de Constituição seja um *conceito pluralista*, que tendo a âncora da dignidade da pessoa nela não possa esgotar-se, conceito de Constituição que se abre a várias relevantes dimensões:

(i) é um *conceito supra-positivo* – na medida em que precipite orientações metapositivas, de raiz axiológica;
(ii) é um *conceito normativo-legalista* – na medida em que expresse uma dada conceção de poder e de organização da sociedade, segundo opções políticas inteiramente livres;
(iii) é um *conceito de raiz sociológica* – na medida em que reflita a consciência social dominante.

5. A colocação da dignidade da pessoa humana no contexto jurídico--constitucional, em estreita associação com a positivação dos direitos fundamentais, preenche, por seu turno, diversas funções, lembrando cinco perspetivas fundamentais, que do mesmo modo funcionam como funções atribuídas aos princípios constitucionais em geral:

– uma *função legitimadora* – que realça o seu papel de "porta para a eternidade", colocando o Direito Positivo sob a alçada do Direito Supra-Positivo, aí fundamentando as suas soluções materiais e, desse jeito, impedindo a sua livre disponibilidade, vedando o "Não-Direito" (*Nicht-Recht*) ou o "Torto"; esse é um conteúdo que se afirma segundo uma *conceção personalista* – nem individualismo, como no tempo liberal, nem transpersonalismo, como nos regimes totalitários, de direita e de esquerda – *do Direito, servindo a pessoa humana, concreta e socialmente situada*;
– uma *função positivadora* – que se espelha, apesar do seu caráter transcendente, como critério de consagração de direitos fundamentais, na ausência ou mesmo contra, se necessário, as normas do Direito Positivo, ultrapassando, portanto, uma mera noção filosófica ou valorativa, para penetrar na realidade histórica; a dignidade da pessoa humana é invocável como *fonte direta de alguns direitos fundamentais*, cuja violação traz a invalidade ou a ilegitimidade – consoante haja ou não o reconhecimento positivo de tal critério – das normas infratoras; e isto, como realça JESÚS GONZÁLEZ PÉREZ, simultaneamente numa dimensão positiva e negativa: positiva, quando permite determinados comportamentos, e negativa, quando veda certas condutas em preterição dessa mesma dignidade;
– uma *função integradora* – que se coloca no plano suplementar da complementação dos catálogos constitucionais de direitos fundamentais; o recurso ao princípio da dignidade da pessoa é possível para a invocação de outros tipos de direitos fundamentais que não tenham logrado obter consagração nesses catálogos, assim se dilatando o elenco dos mesmos;

DIGNIDADE DA PESSOA HUMANA

– uma *função interpretativa* – que se situa, não já no plano das fontes, mas no da determinação das respetivas regras, servindo a dignidade da pessoa de critério interpretativo auxiliar, perante hipóteses de incerteza hermenêutica, em que se regista uma carência acrescida de valoração;
– uma *função prospetiva* – que se explica pelo facto de a dignidade humana, não sendo uma realidade estática, permitir a sua progressiva concretização, forçando ao desenvolvimento do Ordenamento Jurídico no sentido da sua maximização, segundo as circunstâncias sociais e económicas, de acordo com uma conceção temporalmente dependente.

6. A observação do Direito Constitucional Português não permite qualquer dúvida acerca da posição eminente que a dignidade da pessoa humana ocupa na economia global do respetivo texto, com duas importantes referências textuais:

– *nos preceitos iniciais*: "Portugal é uma República soberana, baseada na dignidade da pessoa humana..." (Art. 1.º, primeira parte, da CRP);
– *nos preceitos sobre direitos fundamentais*: "A lei estabelecerá garantias efetivas contra a obtenção e utilização abusivas, ou contrárias à dignidade humana, de informações relativas às pessoas e famílias" (Art. 26.º, n.º 2, da CRP).

7. No plano da jurisprudência constitucional portuguesa, não têm sido muitos os momentos para a densificação prática e útil deste princípio, não obstante a facilidade com que o Tribunal Constitucional se refere ao princípio da dignidade da pessoa humana.

É a perspetiva limitadora do poder público aquela que se apresenta prevalecente, sendo o princípio da dignidade da pessoa humana erguido como barreira que evita o respetivo avanço contra os valores por ela protegidos.

Mas também tem havido a invocação do princípio da dignidade da pessoa humana numa lógica normogenética, reconhecendo-se o direito a uma assistência material mínima, adequada a assegurar a subsistência condigna, numa grande proximidade ao direito à vida, na vertente prestadora que igualmente possui.

É este, *v. g.*, o caso do Acórdão n.º 509/2002 do Tribunal Constitucional, de 19 de Dezembro, que veio a dar razão ao pedido de fiscalização preventiva apresentado pelo Presidente da República na redução que então se propunha ao regime do rendimento mínimo garantido.

Bibliografia
Franco Bartolomei, *La dignità umana como concetto e valorecostituzionale – saggio*, Torino, 1987.
Jesús González Pérez, *La dignidad de la persona*, Tecnos, Madrid, 1986.
Jorge Bacelar Gouveia, *Manual de Direito Constitucional*, II, 5.ª ed., Almedina, Coimbra, 2013.

DIREITO AFRICANO DA SEGURANÇA

José Pina Delgado

1. A Organização da Unidade Africana (OUA), criada em 1963, não teve um mecanismo muito evoluído de segurança coletiva, não obstante ser considerada uma organização regional colaboradora do Conselho de Segurança (CS) em matéria de paz e segurança regionais. Muito embora não se o possa atribuir sempre a limitações jurídicas, dos três tipos principais de conflitos que eclodiram em África antes do fim da Guerra Fria (GF) – conflitos interestaduais, conflitos internos e conflitos anticoloniais –, a prazo, a principal contribuição da OUA radicou precisamente na concretização dos processos de libertação nacional, mantendo-se conservadora no que toca a intervenções em questões internas, adotando um princípio quase absoluto da não-intervenção, e permanecendo ineficaz na resolução dos conflitos regionais.

Com o fim da GF, o novo ambiente internacional, caracterizado pela distância da legitimidade histórica dos novos regimes pós-coloniais e maior pressão internacional em relação ao cumprimento de regras mínimas relacionadas a direitos humanos, vão fomentar o desenvolvimento do sistema de segurança regional com a adoção do Mecanismo de Gestão de Conflitos de 1993, o qual, com a sua base consensual clássica, também não se mostrou muito mais eficaz do que o anterior, não conseguindo dar respostas firmes aos morticínios do Ruanda, da República Democrática do Congo (RDC) ou da Serra Leoa.

2. O desenvolvimento seguinte foi a adoção do Ato Constitutivo da União Africana (UA) em 2000, que vem a ser, na atualidade, o pilar do sistema de paz e segurança regional, contemplando a sua estrutura e normas básicas. Proporcionou ainda a criação de instrumentos complementares de caráter jurídico ou político, como são os casos do Protocolo que estabelece o Conselho de Paz e de Segurança (CPS) (2002), do Protocolo de Não-Agressão e Defesa Mútua (2005); da Carta Africana sobre Democracia, Eleições e Boa Governação (2007), aos quais se deve acrescentar mais três aprovados no âmbito da OUA, que foram absorvidos e nalguns casos revistos: a Convenção para a Eliminação do Mercenarismo em África (1977); o Tratado para a Criação de uma Zona Livre de Armas Nucleares em África (1996); a Convenção Africana para a Prevenção e Repressão do Crime de Terrorismo (1999). Ao abrigo do conceito expandido de segurança (incluindo a humana) que marca a atualidade, deve-se incluir no rol documentos regionais de proteção aos direitos humanos, nomeadamente a Carta Africana dos Direitos Humanos e dos Povos (1981), os instrumentos regionais de proteção dos refugiados (1969), das crianças (1990), das mulheres (2003), da juventude (2006) e de deslocados internos (2009), bem como a estrutura institucional recente e hesitantemente criada para lhe apoiar (estabelecidas pelos Protocolos que criam o Tribunal Africano de Direitos Humanos e dos Povos e o Tribunal de Justiça e de Direitos Humanos da UA). No mesmo diapasão não deixam de justificar esta presença os instrumentos regionais de promoção da integração económica através da criação da Comunidade Económica Africana (1991), de combate à corrupção (2003), de promoção dos valores do serviço público (2011), e do relacionado à proteção da(s) cultura(s) africana(s) (2006).

3. Este conjunto de instrumentos jurídicos é caracterizado por dois aspetos importantes. Primeiro, parte de uma visão holística da segurança regional, no quadro da multiplicidade de problemas dessa natureza presentes no continente, tentando, de forma gradativa, apresentar respostas normativas e institucionais; segundo, como é natural se atentarmos ao regime jurídico-internacional aplicável, adota uma posição de integração num sistema global de segurança coletiva que tem no seu ápice o CS e na sua ponta organizações sub-regionais africanas, posicionando-se como uma estrutura intermédia.

Os princípios básicos do sistema, de forma coerente, reflectem esta filosofia de base, procurando conciliar aspetos universais ao contexto e a desenvolvimentos locais. Reiteram-se princípios gerais de Direito Internacional insertos na Carta das Nações Unidas e na Declaração de Princípios sobre Relações Amigáveis de 1972 (da coexistência pacífica; da proibição do uso e ameaça do uso da força; da não-ingerência de um Estado nos assuntos internos de outro e o dos Direitos Humanos). A estes ainda se juntam princípios que não sendo apanágio exclusivo do sistema africano, ali adquirem uma força e uma dimensão especiais (os princípios da democracia; do Estado de Direito; da boa governação; da defesa comum; e da estabilidade das fronteiras coloniais). Já os princípios da segurança coletiva regional e o da ingerência têm contornos muito próprios que praticamente não se reproduzem em outros sistemas regionais.

4. Do ponto de vista orgânico, o sistema gravita à volta do CPS, porém o seu órgão supremo é a Conferência de Chefes de Estado e de Governo (Conferência), podendo o papel ser exercido pela Comissão Executiva, por delegação. Intervêm ainda o Conselho de Sábios, o Presidente da Comissão Africana, a Força de Intervenção Rápida, e, potencialmente, o parlamento e o tribunal comunitários.

A visão holística da segurança regional abarca, para além da contenção remota através da articulação de políticas económicas, de saúde e de segurança interna, a prevenção de conflitos armados, através de mecanismos de alerta precoce e de diplomacia preventiva e de meios de solução pacífica de controvérsias, bem como a suspensão de atividades e adoção de sanções económicas, particularmente nos casos de mudança inconstitucional e antidemocrática de regime (República Centro Africana; Costa do Marfim; Guiné-Bissau; República da Guiné; Madagáscar; Mali; Mauritânia; Níger), e intervenção militar em caso de conflito interestadual ou situações internas que envolvam práticas de genocídio, crimes contra a humanidade ou crimes de guerra (Ato, art. 4(h); Protocolo de Segurança, art. 7 (e)), permitindo à UA inovar em matéria de adoção explícita da controversa doutrina das intervenções humanitárias unilaterais.

A adoção das medidas mais gravosas pressupõe um processo marcado por quatro fases. Uma *fase preliminar* que decorre perante o CPS, podendo ser dinamizada por várias entidades, nomeadamente pelos Estados Membros, pelo Conselho de Sábios ou pelo Presidente da Comissão, cabendo-lhe, eventualmente ouvido o Conselho de Sábios, a determinação final sobre a existência dos pressupostos de utilização dos mecanismos previstos pelo sistema. A segunda fase é a de *decisão*, atribuindo-se a iniciativa ao CPS, mas cabendo à Conferência ou, no caso de haver delegação, à Comissão Executiva, a decisão final. Os instrumentos jurídicos não são suficientemente elucidativos sobre a necessidade de obtenção de autorização do CS, orientando-se num sentido misto de adequação e harmonização do sistema regional com o universal e de autonomização, subsidiariedade e substituição em casos de inação da ONU.

Seguidamente avança-se para a *execução*, terceira fase. É gerida pelo Presidente da Comissão, mas executada idealmente por uma força militar própria da UA, a Força de Intervenção Rápida. Na última fase, pós-conflito, de *Reconstrução*, o Mecanismo conta com a possibilidade de intervenção nos domínios político-militar; institucional; sócio-económico e humanitário. As medidas adotadas são passíveis de *controlo político* (Conferência/Parlamento) e *jurisdicional* (Tribunal).

5. O sistema é desenhado para ter brigadas das forças de intervenção em cinco sub-regiões (Norte; Oeste; Leste; Centro e Sul). Neste sentido, os instrumentos jurídicos prevêem uma complementaridade entre os dois níveis do sistema, bem como a sua necessária colaboração. As organizações sub-regionais africanas com intervenção significativa no domínio da manutenção da paz e segurança são: a) a Comunidade Económica dos Estados da África Ocidental (CEDEAO), que possui um mecanismo ambicioso e intrusivo (1999), completado por protocolos sobre democracia e boa-governação (2001), armas ligeiras e de pequeno calibre, munições e materiais afins (2006), e cooperação judiciária em matéria penal (1992; 1994); b) a Comunidade de Desenvolvimento da África Austral (SADEC) (para além do Protocolo de Segurança (2001), com instrumentos relativos a corrupção (2001); narcotráfico (1996); controlo de armamento ligeiro (2001); cooperação judiciária em matéria penal (2002); repressão de práticas ilícitas contra a vida selvagem (1999)); c) a Autoridade Intergovernamental de Desenvolvimento (IGAD) da África Oriental e Grandes Lagos; d) a Comunidade Este Africana; e) a Comunidade Económica dos Estados da África Central; f) a Comunidade dos Estados do Saara e do Sahel. As quatro últimas são mais consensuais e clássicas. Ajustes serão necessários para garantir a coerência do sistema num quadro de sobreposição e hiatos de pertença a organizações sub-regionais com mandato e capacidade para manter a paz e segurança nas respectivas áreas de intervenção.

Bibliografia

Abass, A. (ed.), *Protecting Human Security in Africa*, Oxford, Oxford University Press, 2010.

Aneme, G., *A Study of the African Union's Right of Intervention against Genocide, Crimes against Humanity and War Crimes*, Nijmegen, Wolf, 2011.

Francis, D., *Uniting Africa. Building Regional Peace and Security Systems*, Aldershot, Ashgate, 2006.

Gumedze, S., *The Peace and Security Council of the African Union: Its Relationship with the United Nations, with the African Union and with Sub-Regional Mechanisms*, Abo, Abo Academy University Press, 2011.

Yusuf, A. A-Q. & Ouguergouz, F. (eds.), *The African Union: Legal and Institutional Framework. A Manual on the Pan African Organization*, Leiden, Martinus Nijhoff, 2012.

DIREITO CONSTITUCIONAL

Jorge Bacelar Gouveia

1. O conceito de Direito Constitucional

I. O Direito Constitucional, no contexto da sua inserção no Direito em geral, consiste no *sistema de princípios e de normas que regulam a organização, o funcionamento e os limites do poder público do Estado, assim como estabelecem os direitos das pessoas que pertencem à respetiva comunidade política.*

Isso quer dizer que o Direito Constitucional assenta numa tensão dialética, que reflete um *equilíbrio* – nem sempre fácil e nem sempre calibrado – entre:

- por um lado, *o poder público estadual*, que numa sociedade organizada monopoliza os meios públicos de coação e de força física; e
- por outro lado, *a comunidade de pessoas em nome das quais aquele poder é exercido*, estas carecendo de autonomia e de liberdade frente ao poder público estadual.

II. A explicação do sentido do Direito Constitucional como setor da Ordem Jurídica não vem a ser unívoca, pois que nele é possível surpreender *três elementos*, a partir dos quais é viável a busca dos pilares fundamentais que permitem a respetiva caracterização:

- *um elemento subjetivo* – que se define pelo *destinatário* da regulação que o Direito Constitucional contém, ao dirigir-se ao Estado na sua dupla vertente de *Estado-Poder* – a organização do poder público – e de *Estado-Comunidade* – o conjunto das pessoas que integram a comunidade política;

DIREITO CONSTITUCIONAL

– *um elemento material* – que se define pelas *matérias* que são objeto da regulação levada a cabo pelo Direito Constitucional, nela se estipulando um sistema de normas e princípios, de natureza jurídica, que traçam as opções fundamentais do Estado;
– *um elemento formal* – que se define pela *posição* hierárquico-normativa que o Direito Constitucional ocupa no nível supremo da Ordem Jurídica, acima da qual não se reconhece outro patamar de juridicidade positiva interna, integrando-se num ato jurídico-público chamado "Constituição".

2. A terminologia "Direito Constitucional"

I. A terminologia utilizada – "Direito Constitucional" – acabaria por se cristalizar com o tempo e é hoje a designação mais utilizada um pouco por todo o Mundo, sendo igualmente reconhecida em múltiplas instituições internacionais e comparatísticas.

Esta denominação é diretamente tributária da palavra "Constituição", que se apresentou coeva do nascimento deste novo setor do Direito Público a partir do século XVIII.

Assim sendo, o Direito Constitucional representa a síntese dos princípios e das normas que se condensam (pelo menos, maioritariamente) na Constituição enquanto ato cimeiro do Estado e da sua Ordem Jurídica, podendo ser simplesmente definido como o "Direito do Estado na Constituição".

II. A expressão "Direito Constitucional" surgiu em França e na Itália, aquando da elaboração dos primeiros manuais que, nos respetivos contextos de receção do Constitucionalismo Liberal, se dedicaram ao estudo científico deste ramo do Direito, nesse esforço se evidenciando o nome de Pellegrino Rossi.

Esta conclusão não exclui, no entanto, que num momento inicial aquela expressão tivesse sofrido a concorrência de outras designações, como foi o que sucedeu com a de *Direito Político*.

Este é o caso, ainda hoje, de certos espaços académicos, *maxime* na vizinha Espanha, em que o Direito Constitucional é *grosso modo* equivalente ao Direito Político, embora depois nestas paragens os estudos tenham evoluído para a separação entre o Direito Político – numa análise mais próxima da Ciência Política – e o Direito Constitucional – numa apreciação essencialmente jurídico-normativa.

A propagação da locução "Direito Constitucional", ultrapassados estes momentos iniciais, acabaria por se consolidar um pouco por toda a parte, ainda que se frisando a preocupação de não se fechar num quadro rigidamente normativista.

Portugal, não obstante algumas hesitações durante o século XIX, firmar-se-ia definitivamente no século XX como adepto do vocábulo "Direito Constitucional", tendência que se conserva até hoje, numa altura em que este ramo do Direito inclusivamente transbordou, ao nível terminológico e não só, para entidades supra-estaduais.

3. As divisões do Direito Constitucional

I. Mesmo tomando nota da sua unidade intrínseca, o Direito Constitucional é suscetível de ser encarado sob diversas perspetivas, tantas quantos os problemas mais específicos que permitem a ereção de polos regulativos próprios, sem que tal possa quebrar aquela sua primária essência sistemática.

São estes os principais níveis por que o Direito Constitucional pode ser entendido:

- *o Direito Constitucional Material*: o conjunto dos princípios e das normas constitucionais que versam sobre os direitos fundamentais das pessoas em relação ao poder público, quer nos seus aspetos gerais, quer nos seus aspetos de especialidade;
- *o Direito Constitucional Económico, Financeiro e Fiscal*: o conjunto dos princípios e das normas constitucionais que cuidam da organização económica da sociedade, medindo os termos da intervenção do poder público, no plano dos regimes económico, financeiro e fiscal;
- *o Direito Constitucional Organizatório*: o conjunto dos princípios e das normas constitucionais que fixam a disciplina do poder público, no modo como se organiza e funciona, bem como nas relações que nascem entre as suas estruturas;
- *o Direito Constitucional Garantístico*: o conjunto dos princípios e das normas constitucionais que estabelecem os mecanismos destinados à proteção da Constituição e à defesa da sua prevalência sobre os atos jurídico-públicos que lhe sejam contrários.

II. Dentro destes grandes âmbitos em que o Direito Constitucional se desenvolve, é ainda possível forjar distinções que assentam na existência de fenómenos mais específicos, ora dispondo uma regulação privativa, ora combinando tópicos pertinentes àquelas várias perspetivas, oferecendo, em qualquer caso, uma feição institucional.

Estas são algumas dessas possibilidades, muitas vezes até justificando a existência de disciplinas constitucionais autónomas, de cunho complementar relativamente a um patamar geral que o Direito Constitucional inegavelmente possui:

- *o Direito Constitucional Internacional*: parcela do Direito Constitucional que traça as relações jurídico-internacionais do Estado, simultaneamente do ponto de vista da participação na formação e na incorporação do Direito Internacional Público no Direito Interno e do prisma dos critérios que orientam a ação do Estado nas grandes questões que se colocam à sociedade internacional, sem ainda esquecer as peculiares relações que os Estados hoje já ostentam com algumas organizações internacionais de cunho supranacional;

– *o Direito Constitucional dos Direitos Fundamentais*: parcela do Direito Constitucional que é atinente à regulação dos direitos fundamentais das pessoas frente ao poder público, nos pontos relativos à sua positivação, regime de exercício e mecanismos de defesa, dimensão que se concretiza tanto na generalidade quanto na especialidade dos seus diversos tipos;

– *o Direito Constitucional Económico*: parcela do Direito Constitucional que orienta a organização da economia, tanto no seu estrito âmbito privado, como nos instrumentos que ao poder público se consente de na mesma intervir;

– *o Direito Constitucional Ambiental*: parcela do Direito Constitucional que, recebendo a influência crescente da necessidade da proteção do ambiente, o qual se mostra transversal a toda a Ordem Jurídica, confere direitos aos cidadãos e impõe deveres e esquemas de atuação ao poder público;

– *o Direito Constitucional Eleitoral*: parcela do Direito Constitucional que se organiza em torno da eleição como modo fulcral de designação dos governantes, quer numa perspetiva funcional, atendendo à dinâmica do procedimento eleitoral e dos momentos em que se desdobra, quer numa perspetiva estática, levando em consideração o direito de sufrágio e a possibilidade de os cidadãos poderem democraticamente influenciar a vida do Estado;

– *o Direito Constitucional dos Partidos Políticos*: parcela do Direito Constitucional que equaciona o estatuto jurídico dos partidos políticos, não apenas na sua conexão com os órgãos do poder público, mas também enquanto singular expressão da liberdade política, no plano dos vários direitos fundamentais de intervenção política;

– *o Direito Constitucional Parlamentar*: parcela do Direito Constitucional que define o estatuto do Parlamento, na sua estrutura e modo de funcionamento, sem esquecer as relações que mantém com outros órgãos do poder público, *maxime* com o Governo;

– *o Direito Constitucional Procedimental*: parcela do Direito Constitucional que disciplina os termos por que se desenrola o procedimento legislativo, na sua marcha tramitacional no âmbito da produção dos atos jurídico-públicos de feição procedimental, *maxime* dos atos legislativos;

– *o Direito Constitucional Regional (ou Autonómico)*: parcela do Direito Constitucional que incide no estatuto constitucional das regiões autónomas, expressando-se nos órgãos e competências respetivas, bem como na produção dos atos jurídico-públicos que lhe são próprios;

– *o Direito Constitucional Processual*: parcela do Direito Constitucional que se reserva ao estabelecimento dos mecanismos processuais de fiscalização da constitucionalidade das leis, genericamente associados à ideia de justiça constitucional;

– *o Direito Constitucional de Exceção*: parcela do Direito Constitucional que engloba os princípios e as normas que se aplicam nas situações de crise que perturbam a estabilidade constitucional, numa lógica temporária, permitindo reforçar o poder público contra os direitos dos cidadãos, transformando radicalmente a Ordem Constitucional da Normalidade;

– *o Direito Constitucional Penal*: parcela do Direito Constitucional que diz respeito à Constituição Penal, tendo esta uma plúrima tarefa de critério e limite do *ius puniendi* do Estado a partir dos princípios e valores constitucionais.

4. As características do Direito Constitucional

I. O mais profundo conhecimento preliminar do Direito Constitucional – sem ainda ter chegado o momento do seu estudo pormenorizado – deve ser apoiado pela apreciação dos *traços distintivos* que permitem a respetiva singularização no contexto mais vasto do Direito em que o mesmo se integra.

Esta nem sequer é uma observação isenta de escolhos num momento em que aquele conhecimento é superficial, embora uma breve alusão a essas características decerto faculta avançar-se um pouco mais na respetiva dilucidação.

Várias são as *características* que podemos elencar, cada uma delas carecendo de uma explicação breve, iluminando um pouco mais os meandros do Direito Constitucional:

a) Supremacia;

b) Transversalidade;

c) Politicidade;

d) Estadualidade;

e) Legalismo;

f) Fragmentarismo;

g) Juventude;

h) Abertura.

II. Antes, porém, de indagarmos o sentido de cada uma destas características, interessa situar o Direito Constitucional no contexto dos grandes compartimentos da Ordem Jurídica e aí proceder à respetiva localização.

Está sobretudo em questão a dicotomia entre Direito Público e Direito Privado, a qual tem sido o grande fator de especialização jurídico-científica, mas igualmente de orientação formal-pedagógica no Direito Interno.

Qualquer um dos critérios que, ao longo do tempo, têm sido propugnados para defender a operatividade desta *summa divisio* é válido para inserir o Direito Constitucional no Direito Público, não se suscitando a este propósito qualquer dúvida:

– *é um setor do Direito em que claramente avulta o interesse público,* na medida em que nele se estabelecem as máximas orientações da vida coletiva, sob a responsabilidade do Estado;
– *é um setor do Direito que essencialmente regula o poder público, bem como as suas relações com as pessoas e os outros poderes,* sendo assim este o seu objeto normativo primacial;
– *é um setor do Direito que posiciona o poder público na sua veste de suprema autoridade soberana,* atribuindo-lhe as mais amplas faculdades normativas que se conhece.

III. A primeira das características referenciadas é a da *supremacia* que o Direito Constitucional ocupa dentro da Ordem Jurídica.

Não é mais possível equacionar o Direito Positivo sem nele ao mesmo tempo ver uma estrutura hierarquicamente organizada, em que se depara com a existência de diferentes patamares normativos, compostos por outros tantos conglomerados de normas e de princípios jurídico-positivos.

Olhando para esse escalonamento da Ordem Jurídica, o Direito Constitucional, quanto à respetiva força jurídica, assume uma posição suprema, colocando-se no topo da respetiva pirâmide, desse facto decorrendo importantes corolários.

A localização no cume da hierarquia da Ordem Jurídica implica que o respetivo sentido ordenador não possa ser contrariado por qualquer outra fonte, que lhe deve assim obediência, tal facto se traduzindo na ideia de conformidade constitucional ou de constitucionalidade.

Essa força suprema não se mostra apenas concebível numa ótica *substantiva,* dado esse posicionamento no topo da Ordem Jurídica. Ela é também *adjetiva,* ao igualmente implicar a adoção de mecanismos de verificação dessa supremacia, assim como a determinação de consequências negativas para os atos e os comportamentos que violem aquele Direito supremo.

Aquela supremacia – que é hierárquico-normativa – não se pode confundir, contudo, com qualquer putativa ilimitação material das opções do Direito Constitucional, as quais se perspetivam dentro das condições axiológicas a que necessariamente se encontra adstrito.

IV. A situação do Direito Constitucional no cimo do Ordenamento Jurídico pode também refletir-se numa perspetiva material, o que automaticamente faz transparecer a *transversalidade* das matérias que o atravessam.

É que, por força desse lugar eminente, ao Direito Constitucional defere-se uma preocupação de traçar as grandes opções de certa comunidade política, o que determina a sua relação com múltiplos temas que, nos dias de hoje, se mostram relevantes à convivência coletiva: o que, aliás, se revela em número progressivamente maior, que bem se compreende na hodierna e inevitável intensificação regulativa.

A transversalidade que se expressa nestas muitas conexões com tantos âmbitos da Ordem Jurídica foi bem identificada por um professor de origem italiana, refugiado na Suíça e depois radicado em França, no século XIX, Pellegrino Rossi, ao considerar que o Direito Constitucional seria composto pelas *têtes de chapitre* da Ordem Jurídica.

Decerto que esta transversalidade traz dificuldades acrescidas nas tarefas de harmonização com as zonas fronteiriças de outros ramos de Direito, sobretudo na utilização de conceitos que sejam oriundos de outras paragens, não se podendo olvidar ainda a maior complexidade das tarefas hermenêuticas que lhe estão associadas.

V. Característica que igualmente avulta no Direito Constitucional, mas que também por certo lhe aumenta o seu encanto científico, é a da sua *politicidade*, resultado evidente por o seu objeto ser o estatuto do poder público.

A perspetiva a frisar aqui, porém, não é tanto a da natureza desse objeto quanto sobretudo a das implicações que de tal facto se projetam sobre a definição do regime jurídico que vai estabelecer.

Essa politicidade impõe a necessidade suplementar de se estar mais atento à proximidade entre as situações juridicamente reguláveis pelo Direito Constitucional e aquelas que devem manter-se no campo puro da Política, fora daquele âmbito. Mesmo no caso de intervenção do Direito Constitucional, é de aceitar que aí a decisão possa ser livremente determinada por critérios políticos, não juridicamente controláveis ao nível dos respetivos parâmetros próprios.

Em resumo: pode aqui residir uma dificuldade acrescida, nem sempre fácil de transpor, de perceber os casos que devem ser deixados ao livre jogo da atividade política, assim dispensando ou aliviando a intervenção jurígena que necessariamente o Direito Constitucional acarreta, para além de outros problemas que surjam associados às tarefas especificamente interpretativas.

VI. Traço que paralelamente não pode ser olvidado é o da *estadualidade* que impregna o Direito Constitucional, por ser este, a um passo, sujeito e objeto do próprio Estado.

Claro que não se desconhece que o Direito não tem uma pertença necessariamente estadual, até se valorizando, nos tempos mais recentes, as preocupações

DIREITO CONSTITUCIONAL

pluralistas da Ordem Jurídica, quer no domínio das fontes, quer no domínio das entidades que são submetidas ao império do Direito e que o aplicam.

Contudo, sem dúvida que o Direito Constitucional ostenta uma estadualidade intrínseca, sendo porventura o mais estadual dos setores jurídicos, ao representar a radicalidade da soberania estadual, daí decorrendo a sua projeção na modelação da pertinência dos outros ordenamentos jurídicos que não tenham uma origem estadual.

VII. Ao nível das fontes do Direito em geral, o Direito Constitucional expressa ainda uma específica tendência no modo como se sublinha a importância relativa de uma delas na produção das normas e dos princípios constitucionais, sendo influenciado por uma conceção *legalista*.

Inevitavelmente que o Direito Constitucional assenta numa visão de cunho legalista, pois que o acento tónico, na relevância que é conferida às respetivas possíveis fontes normativas, recai sobre a lei, sendo até este setor do Direito o resultado de uma intenção particular de disciplinar o poder público, bem como os espaços de autonomia das pessoas que o mesmo serve.

Assim é, desde logo, por razões históricas, uma vez que o Direito Constitucional, paralelamente à codificação que desde logo representou, se estabeleceu contra um Direito essencialmente consuetudinário, na preocupação de rasgar com o passado monárquico-absolutista triunfante até ao século XVIII.

Assim é, por outro lado, por razões estratégicas, tendo em atenção a função específica que está atribuída ao Direito Constitucional na regulação do poder público, porquanto se pretende, com a precisão possível, limitar o seu exercício, tarefa muito mais espinhosa – para não dizer impossível – se feita por uma via consuetudinária ou jurisprudencial.

Assim é, por fim, por razões filosófico-políticas, na medida em que o Direito Constitucional esteve e está associado à expressão democrática da soberania, que dificilmente se pode revelar em atos jurisdicionais ou que, nos atos costumeiros, nunca pode logicamente representar-se quantitativamente nas maiorias, que é apenas viável nas deliberações apropriadas à produção das leis.

VIII. Em razão da sua função ordenadora, o Direito Constitucional apresenta-se do mesmo modo como *fragmentário*, pois que não procede a uma regulação exclusivista das matérias constitucionais, em face da congénita essencialidade regulativa que o acompanha.

Tal fragmentarismo significa que raramente consegue efetuar uma regulação completa das matérias sobre que se debruça, deixando muitos dos seus elementos de regime a outros níveis reguladores, aparecendo o Direito Constitucional como um setor mínimo fundamental, no qual se estabelecem, ao nível da cúpula, os fundamentos dos diversos institutos jurídicos, públicos e privados.

Obviamente que esta característica nem sempre se apresenta com a mesma intensidade e a respetiva quantificação pode estar estritamente relacionada com o facto de haver matérias mais tipicamente constitucionais do que outras, para tal contribuindo cada opção no sentido de uma forte ou fraca constitucionalização material e formal das questões que são chamadas à respetiva órbita regulativa.

IX. O critério temporal na apreciação de um ramo do Direito não deixa de ser importante, já que a duração da respetiva vida autónoma inelutavelmente se reflete nos resultados a que possa chegar-se.

É indubitável que o Direito Constitucional – juntamente com muitos outros ramos do Direito Público, como é o caso do Direito Administrativo, seu contemporâneo, e do Direito Internacional Público, aparecido algum tempo antes – comunga de uma mesma *juventude* na respetiva elaboração, pelo pouco tempo que medeia entre a sua criação moderna e a atualidade.

As consequências não deixam de se sentir, em primeiro lugar, numa atividade doutrinária e jurisprudencial não tão abundante e sedimentada quanto sucede com os ramos jurídicos mais antigos, com profundos lastros histórico-culturais, a mergulhar nas profundezas de outras épocas históricas, como a Antiguidade Clássica e a Idade Média.

No entanto, a principal consequência a salientar reside na ideia de não ser possível lidar com conceitos e soluções testadas há muitos séculos, os quais sobreviveram à experiência do tempo e das circunstâncias, tal verificação podendo trazer a dificuldade de adicionais fatores de debilidade dogmática nas soluções a encontrar.

X. Cumpre finalmente considerar que o Direito Constitucional pode beneficiar de um traço claro de *abertura*, que o faz permeável aos influxos de outros ramos normativos, estando muito longe de ser um sistema normativo fechado.

Isso é essencialmente verdadeiro a partir da consideração do respetivo caráter fragmentário, porquanto para certas matérias não é o Direito Constitucional uma disciplina unitária, em larga medida sendo esse papel dificultado pelo seu cunho transversal e plurimaterial.

Em termos práticos, o Direito Constitucional aceita complementaridades e receções de outros ordenamentos, internacionais e internos, e com eles mantém relações intersistemáticas que não podem ser desprezadas, sobretudo na parte dos direitos fundamentais.

5. As relações do Direito Constitucional com os ramos do Direito

I. O conhecimento do Direito Constitucional torna-se ainda mais impressivo pela concreta demarcação das suas linhas de fronteira no confronto com outros ramos do Direito, na suposição de que o Direito Constitucional – como, de resto, qualquer setor jurídico – é uma região do "continente" mais vasto que é a Ordem Jurídica.

Só que essas linhas de fronteira com os outros ramos que lhe são mais próximos revestem a particularidade, que só se encontra presente no Direito Constitucional, de não ser, as mais das vezes, fruto de uma certa divisão de tarefas e, pelo contrário, surgir com zonas sobrepostas, simultaneamente presentes no Direito Constitucional e no ramo jurídico que com ele se relaciona.

A separação dos âmbitos regulativos não é normalmente feita pela identificação dos diferentes institutos ou matérias a regular, mas através da preocupação de que se defere ao Direito Constitucional a essência de uma regulação jurídico-normativa, à qual se acrescenta uma força hierárquico-formal suprema:

- a *essencialidade material regulativa* determina que o Direito Constitucional cumpre a relevante função de estabelecer as grandes opções do Ordenamento Jurídico, assim se lhe dando a tarefa de, a título fundacional, definir as opções estratégicas da comunidade política, este podendo assim apresentar-se conexo com múltiplos – senão mesmo, a totalidade – ramos do Direito;
- a *supremacia hierárquico-formal* subordina os diversos ramos jurídicos às respetivas orientações, acarretando a necessidade de os muitos desenvolvimentos regulativos lhe serem conformes, mas estando de fora do Direito Constitucional, pela impossibilidade operativa óbvia de tudo levar para dentro da Constituição.

Daí que não possa estranhar-se que as relações do Direito Constitucional com os outros ramos sejam muito mais intensas e extensas do que sucede com qualquer outro setor jurídico, metaforicamente representadas pela imagem do "tronco da árvore" que sustenta a vastidão dos ramos e das folhas da Ordem Jurídica.

Esse facto até permite que surja o desenvolvimento, com importantes implicações dogmáticas, de *ramos jurídicos mistos*: o Direito Constitucional Administrativo, o Direito Constitucional Internacional, o Direito Constitucional Europeu ou o Direito Constitucional Penal, no Direito Público; o Direito Constitucional Civil ou o Direito Constitucional do Trabalho, no Direito Privado.

II. As relações mais intensas são entre o Direito Constitucional e os diversos ramos do Direito Público, o que bem se explica por aquele desenvolver o estatuto do poder público, ainda que em relação com os cidadãos, sendo de exemplificar os seguintes casos, com vários pontos de sobreposição regulativa:

- *o Direito Administrativo*: sendo o Direito Administrativo o setor jurídico que estabelece a organização e o funcionamento da Administração Pública, bem como as suas relações com os administrados, relaciona-se com o Direito

Constitucional porque lhe pede uma intervenção na fixação das grandes linhas orientadoras dos seus principais capítulos, como sejam a organização administrativa, com realce para a posição do Estado-Administração, os direitos fundamentais dos administrados, as diversas manifestações do poder administrativo ou os termos da intervenção jurisdicional na averiguação da juridicidade administrativa;

– *o Direito Internacional Público*: se o Direito Internacional Público é o setor do Direito que estabelece as normas e os princípios que disciplinam a organização e a atividade dos membros da sociedade internacional, enquanto atuam nessa órbita e assistidos de poder público, ao Direito Constitucional compete a definição da relevância desse Direito na Ordem Interna, não só no modo da sua inserção e no respetivo lugar hierárquico, bem como os diversos poderes das pessoas coletivas internas no que respeita à participação nas relações internacionais, com a natural relevância que é dada ao Estado, entidade mais proeminente nas relações internacionais;

– *o Direito da União Europeia*: sendo o Direito da União Europeia o ramo jurídico que estabelece a organização e o funcionamento da UE, bem como as relações que mantém com outras entidades, *maxime* os Estados-membros, ao mesmo tempo que define a formação da sua própria Ordem Jurídica, ao Direito Constitucional comete-se a importante função de autorizar essa pertença comunitária e de definir as relações entre as duas Ordens Jurídicas, sem nunca perder de vista o caráter primário do poder estadual que se simboliza na própria ideia de Constituição como lei unicamente estadual;

– *o Direito Penal*: sendo o Direito Penal o setor jurídico que, de um modo mais drástico, sanciona os comportamentos humanos através da respetiva criminalização, aplicando aos infratores penas privativas de liberdade, para além dos casos das medidas de segurança, é indesmentível que o Direito Penal só se pode estabelecer em razão dos bens jurídicos que são recortados pelo Direito Constitucional no plano do catálogo dos direitos fundamentais consagrados, sinal da proteção mais relevante que a comunidade política quis fixar;

– *o Direito Contraordenacional*: num nível menos dramático, cabe ao Direito contraordenacional a tipificação de comportamentos ilícitos, mas em que a sua fraca ilicitude apenas determina a aplicação de sanções pecuniárias ou outras de cariz acessório, nunca privativas de liberdade, cabendo, contudo, ao Direito Constitucional a sua definição, numa lógica secundária em relação ao Direito Penal;

– *o Direito Judiciário:* pedindo-se ao Direito Judiciário o estabelecimento da organização e do funcionamento das instituições judiciárias que exercem o poder judicial, na sua vertente institucional, regista-se a conexão de ser ao

Direito Constitucional que se atribui a definição fundamental do enquadramento de tal poder, bem como da respetiva organização, no contexto mais vasto dos diversos poderes do Estado;

– *o Direito Processual*: regulando o Direito Processual, nas suas múltiplas divisões, a tramitação do poder jurisdicional do Estado no seu lado material, e não tanto institucional, na dialética que se estabelece com os diversos sujeitos intervenientes, ao Direito Constitucional reconhece-se a preocupação pela imposição de certos direitos fundamentais de cunho processual, em ordem a proteger o núcleo fundamental daquela dialética;

– *o Direito Financeiro*: representando o Direito Financeiro o setor jurídico que disciplina a atividade jurídico-financeira das entidades públicas, ele mostra uma íntima conexão com o Direito Constitucional na medida em que se estabelecem as prioridades fundamentais ao nível da estrutura do Orçamento do Estado, bem como das receitas e das despesas de diversos organismos públicos em geral, para além dos mecanismos de controlo, político e jurídico, daquela mesma atividade;

– *o Direito Fiscal*: uma vez que o Direito Fiscal tem a preocupação de estabelecer o regime das receitas dos impostos, inerentes à atividade pública, calibrando a tensão entre o Estado-Fisco e os contribuintes, facilmente se compreende que ao Direito Constitucional se reconheça a descrição dos fundamentos da tributação, na generalidade e na especialidade, assim como a positivação dos direitos fundamentais dos contribuintes;

– *o Direito da Religião*: como conjunto de orientações ordenadoras no tocante à proteção da religião numa sociedade democrática, é natural que neste recente setor autónomo do Direito se evidenciem aspetos de conexão com o Direito Constitucional, *maxime* em matéria de proteção da liberdade de religião – em ambas as perspetivas individuais e comunitárias – e no domínio da relação do poder público com o fenómeno religioso, nas suas diversas manifestações;

– *Direito da Economia*: não sendo em Estado Social a atividade económica um domínio desregulamentado, é natural que se façam sentir nos múltiplos capítulos do Direito da Economia zonas de sobreposição com os textos constitucionais, estes contendo a disciplina fundamental do regime económico a estabelecer;

– *Direito da Segurança*: como conjunto dos princípios e das normas, maioritariamente de Direito Público, que se aplicam em torno da prossecução da ideia de segurança, cabe ao Direito Constitucional fixas as orientações fundamentais para cada uma das suas vertentes, como seja a segurança externa, a segurança interna, a segurança internacional ou a segurança do Estado.

III. Ainda que menos fortes, já não é novidade para ninguém que o Direito Constitucional igualmente se apresenta como um setor jurídico com muitas opções para o Direito Privado, até porque os tempos mais recentes têm vindo a esbater – para não dizer, apagar – uma inicial e essencialmente inadequada severa demarcação de fronteiras entre o Direito Público e o Direito Privado.

Está, assim, ultrapassado o dogma – que depois, para alguns, se tornou em preconceito e em trauma – da impenetrabilidade do Direito Público no Direito Privado ou, mais especificamente, da despiciência do Direito Constitucional para o Direito Privado. Os setores constitucionais em que tal se torna mais nítido são os do Direito Constitucional dos Direitos Fundamentais e do Direito Constitucional da Economia, com verdadeiros estudos paradigmáticos a este propósito.

No primeiro caso, as conexões são múltiplas por força da dispersão dos direitos fundamentais praticamente em todos os ramos do Direito Privado, do Direito da Personalidade ao Direito do Trabalho, passando pelo Direito de Autor e pelo Direito da Família.

No outro caso, as conexões são mais visíveis no plano da ordenação constitucional da atividade económica, interessando ao Direito Civil, ao Direito da Concorrência, ao Direito dos Mercados Públicos ou ao Direito dos Valores Mobiliários, na sua vertente de Direitos patrimoniais.

Bibliografia
Diogo Freitas Do Amaral, *Manual de Introdução ao Direito*, I, Coimbra, 2004.
Jorge Bacelar Gouveia, Manual de Direito Constitucional, I e II, 5.ª ed., Coimbra, 2013.
Marcelo Rebelo de Sousa, *Direito Constitucional I – Introdução à Teoria da Constituição*, Braga, 1979.
Marcello Caetano, *Manual de Ciência Política e Direito Constitucional*, I, 6.ª ed., Coimbra, 1989.

DIREITO CONSTITUCIONAL DA SEGURANÇA

Jorge Bacelar Gouveia

1. O Estado Pós-Social e as sociedades de risco

I. A chegada do século XXI e de um novo milénio fizeram acentuar um conjunto de problemas que, sobretudo no último quartel do século XX, colocariam em dúvida a utilidade do Estado Social, pelo menos tal como ele fora concebido e praticado a seguir à II Guerra Mundial, discussão que ficou conhecida por "crise do Estado Social", alguns já dando o nome até de *Estado Pós-Social*.

Uma das razões radica nas insuficiências do gigantesco aparelho burocrático que se criou com os diversos sistemas de direitos económicos e sociais, fazendo disparar a carga fiscal sobre os contribuintes e gerando diversas ineficiências na gestão dos recursos.

Por outra banda, a Globalização derrubaria fronteiras em todos os domínios, não se excluindo a circulação das pessoas e a migração, para além do facto de a competição direta ser feita agora à escala global, e não já dentro de espaços economicamente protegidos.

II. Na perspetiva da proteção dos direitos fundamentais, a configuração do Estado Social tem enfrentado uma mudança sensível na estrutura dos direitos apresentados, surgindo duas novas gerações – a 3.ª e a 4.ª – de direitos fundamentais considerados "pós-modernos".

Deixando de existir um unívoco fio condutor na positivação destes novos direitos, eles vão surgindo ao sabor de necessidades mais particulares, à medida que outros tantos desafios se colocam ao Estado:

- *os desafios da degradação ambiental,* com a criação de direitos fundamentais de proteção no ambiente;
- *os desafios do progresso tecnológico,* com o aparecimento de direitos de proteção da pessoa na Bioética;
- *os desafios do multiculturalismo das sociedades,* com o aparecimento de direitos de defesa das minorias.

III. Os sinais dessa mudança – que nos parece inelutável – são visíveis nas múltiplas dimensões da organização do poder estadual, pelo que nem sequer se pode dizer que seja apenas a afirmação de um aspeto parcelar da caracterização da evolução do Estado Constitucional.

Esses sinais são desde logo nítidos na configuração do exercício do poder público e nas relações que este mantém com os cidadãos, afirmando-se a intensidade de uma democracia participativa, que sem colocar em causa a democracia representativa a fortemente condiciona:

- no uso constante de sondagens, assinalando as diversas etapas da decisão política;
- na abertura permanente da decisão política aos contributos dos grupos de interesses;
- na possibilidade de os cidadãos, pela petição e pela iniciativa legislativa popular, poderem impulsionar o procedimento legislativo.

Esses sinais são também claros na configuração da execução dos direitos fundamentais dos cidadãos, com a concorrência entre esquemas públicos, privados e sociais, num claro recuo do exclusivo dos sistemas públicos. As recentes reformas que se vão fazendo na saúde, no ensino ou na segurança social são disso uma indesmentível evidência.

IV. Pode é questionar-se até que ponto estas alterações, que vão sendo mais estruturais do que conjunturais, se mostram verdadeiramente relevantes para permitirem afirmar um Estado Pós-Social, designação que – à falta de outra melhor – se afirma pela negação daquilo que o Estado já não é.

Uma boa parte da doutrina entende que estas mudanças, a despeito de serem inquestionáveis, se posicionam como acertos normais num longo percurso que o Estado Social já tem, mas que não têm em si mesmo a virtualidade de sugerir a transição para um novo tipo de Estado, assumindo-se apenas numa ótica de intensidade e não tanto na respetiva natureza.

Não parece que essa conceção seja suficientemente explicativa da realidade. Os fatores de mudança são tão fortes que tem sentido afirmar o desenvolvimento de um novo modelo de Estado, até por força do influxo da própria globalização e do multiculturalismo que lhes estão subjacentes.

2. A Segurança como fim do Estado

I. Outro dos traços nesta nova evolução do Estado Constitucional Contemporâneo – sendo ou não um novo tipo constitucional de Estado – está precisamente relacionado com a Segurança, após os ataques terroristas de 11 de setembro de 2001.

Desde então para cá confirmou-se algo que antes apenas se considerava latente ou indiciário: *a conclusão de que o Estado Constitucional, na passagem para o terceiro milénio, se fragilizara, com a consequência de a cidadania se passar a exercer em sociedades de risco*, primeiro no plano nacional, para depois se chegar ao nível supra-estadual.

Tudo isto tem sido muito bem frisado por Ulrich Beck no seu conceito de *Weltrisikogesellschaft* (sociedade de risco mundial): "A única resposta ao terror global (...) é a cooperação transnacional. Nesse sentido, os Estados nacionais, sem poder de facto, têm de saltar por cima da sua própria sombra, da sua ficção de autonomia, para se entregar à luta contra os problemas tanto nacionais como globais (...), alcançando uma nova e coordenada soberania, uma soberania conjunta" (Ulrich Beck, *La sociedad del riesgo mundial – em busca de la seguridad perdida*, Barcelona, 2008, p. 68).

Esse resultado, ao nível interno, já se desenhava com bastante nitidez no tocante aos riscos sociais, embora também estivesse em expansão para as questões da criminalidade. É determinante observar as estatísticas da criminalidade a partir dos anos sessenta do século XX.

Mas com os ataques terroristas da Al Quaeda, *a sociedade de risco tornou-se uma comunidade internacional de risco*, com tudo quanto isso passou a implicar ao nível das relações internacionais.

II. De um modo relativamente inesperado, o clássico fim do Estado – a partir da Idade Moderna sobretudo desenvolvido pela teoria contratualista e totalitária de Thomas Hobbes – ganhou uma nova acuidade e uma nova coloração, em face de um conjunto alucinante de novas ameaças, riscos e perigos.

Por uma perspetiva, *a segurança deixou de ser apenas uma segurança contra atos criminosos para igualmente passar a acolher a prevenção e solução dos riscos naturais, no âmbito da proteção civil, avultando a segurança na sua aceção de safety.*

Por outra perspetiva, mantendo-se como finalidade de preservação do Estado, *a segurança viria a ser acolhida numa dimensão supraestadual, em consonância com a magnitude dos riscos de ataques terroristas que deixaram de ser nacionais, localizados, públicos e com armas convencionais, assim se revigorando a segurança na sua aceção de* security.

III. Todavia, os novos desafios que se colocam à construção da segurança como fim do Estado no século XXI são ainda maiores se nos lembrarmos de todo um percurso que o Estado Constitucional fez no século XX, durante o Estado Social, no sentido da democratização do poder político, com a consumação do sufrágio universal e a multiplicação de formas alternativas de participação política.

Numa palavra: *o reforço da segurança como fim do Estado não pode fazer-se à custa da democracia e da liberdade dos cidadãos, criando-se assim um novo conjunto de opções dilemáticas em termos políticos e em termos jurídicos.*

Certamente que não tem faltado o debate e até opiniões mais assertivas no sentido do reforço da segurança à custa da limitação da liberdade, sobretudo no Direito Penal, com a construção de Günther Jakobs acerca do "Direito Penal do Inimigo" (Günther Jakobs, *Derecho Penal del enemigo*, 2.ª ed., Madrid, 2006, p. 43).

Contudo, ainda assim se tem observado a resistência das estruturas constitucionais democráticas, ao mesmo tempo que se têm traçado novos equilíbrios entre a segurança e a liberdade que mantêm a essência do respetivo sentido profundo.

IV. A realidade da segurança, não obstante a sua importância ao nível dos fins do Estado, não significa apenas uma segurança da coletividade e das estruturas públicas, coisa que indiciaria facilmente uma qualquer conceção securitária, descontextualizada do Estado de Direito dos tempos de hoje.

A segurança pode ser entendida em diversas aceções possíveis, numa evidente polissemia de sentido, que complica o seu imediato entendimento, ainda que se baseie sempre na ideia de proteção de valores contra a sua perturbação, através da adoção de comportamentos e de atividades, apoiados em organizações que propiciam aquele objetivo.

Daí que seja avisado efetuar algumas classificações do conceito de segurança, em nome de outros tantos critérios possíveis:

- *o sujeito protegido*: a segurança do Estado, da pessoa, dos grupos, da comunidade internacional;
- *os bens a proteger*: a segurança externa, a segurança interna, a proteção civil e a segurança do Estado, aqui se podendo falar também noutras seguranças mais específicas, como a segurança ambiental, a segurança rodoviária, a segurança alimentar, *etc.*;
- *a intensidade da perturbação realizada*: a segurança que é posta em causa por riscos, ameaças e perigos;

DIREITO CONSTITUCIONAL DA SEGURANÇA

– *as estruturas e os meios que a asseguram*: a segurança militar, a segurança policial, a segurança civil e a segurança privada.

V. Todavia, a polissemia da palavra segurança extravasa deste seu ambiente natural e assume outras múltiplas formas que cumpre esclarecer, a fim de serem evitadas confusões conceptuais.

Um dos sentidos de segurança como conceito afim ao da segurança que agora se analisa é o de *segurança jurídica*. A segurança jurídica não tem que ver com a segurança nacional e refere-se a coisa diversa, que é a preocupação com o conhecimento do Direito aplicável, impondo que as respetivas fontes sejam públicas e prospetivas na sua vigência.

Outro dos sentidos de segurança paralelo ao conceito de segurança como fim do Estado é o da *segurança social*, conceito que se relaciona com a proteção social dos cidadãos perante os riscos sociais de desemprego, doença e velhice e outros equiparados, mas cuja lógica em nada se relaciona com a segurança nacional da perspetiva do combate às ameaças ou aos riscos que vulneram o Estado e as suas estruturas.

É ainda de mencionar outras aceções de segurança: a segurança no emprego ou no trabalho, a segurança económica, a segurança médica ou no consumo. Todas elas do mesmo modo se afastam do conceito em causa, ainda que reflitam a ideia da verificação de uma ameaça que se pretende esconjurar.

3. A conceção integrada da Segurança na Constituição

I. Várias têm sido então as respostas que o Constitucionalismo neste início do terceiro milénio tem procurado para corresponder a este desejo de reforço da Segurança, com algumas respostas que mais não são do que coisas óbvias, quais ovos de Colombo que eram tão fáceis de descobrir.

Uma dessas respostas é o novo conceito de Segurança Nacional, o qual conglomera todo um conjunto de elementos de proteção do Estado-Poder e do Estado-Sociedade, numa visão integrada – e não compartimentada – das estruturas, dos valores e dos instrumentos de Segurança Nacional.

Deixou de fazer sentido a divisão absoluta das estruturas de segurança, pela inerente fluidez dos novos riscos:

– *a fluidez da distinção entre as ameaças externas e as ameaças internas*, sendo muitas vezes impossível deparar com a origem das ameaças a ponto de pré--determinar a intervenção da força competente para debelar esse problema;

– *a fluidez da distinção entre as respostas militares e as respostas policiais*, muitas vezes as ameaças internas, teoricamente reprimidas pela forças policiais, acabando por assumir uma muito maior virulência do que as ameaças externas, em função de novos fenómenos de criminalidade organizada e violenta.

II. Gradualmente essa nova visão integrada da Segurança – assim se designando por "Segurança Nacional" – tem vindo a ser acolhida pelos Estados, de vários modos:

– ao nível da *Política de Segurança*, racionalizando estruturas e otimizando meios;
– ao nível do *Direito da Segurança*, com a criação de novos tipos de crime e mais expeditos mecanismos de prevenção e de combate à criminalidade;
– ao nível das *Relações Internacionais da Segurança*, fazendo com que o Mundo passasse a interessar-se diretamente pelos temas da segurança nos países e a sua repercussão ao nível da paz e segurança internacionais.

III. O impacto jurídico-constitucional desta nova conceção da Segurança Nacional é *a reconstitucionalização dos temas da segurança, ora com novas importâncias sistemáticas, ora com novas soluções regulativas.*

É precisamente isso o que sucede com a Constituição Portuguesa de 1976, na medida em que lhe reserva diversas disposições, que podem agrupar-se nos seguintes quatro pilares:

– a Defesa Nacional e as Forças Armadas;
– a Segurança Interna e as Forças Policiais;
– a Segurança do Estado e os Serviços de Informações, e
– a Segurança Comunitária e a Proteção Civil.

IV. A relevância constitucional da Segurança Nacional permite extrair três sentidos fundamentais que são utilizados na referência à Segurança Nacional:

– *Segurança Nacional como objetivo*;
– *Segurança Nacional como responsabilidade*; e
– *Segurança Nacional como atividade.*

Bibliografia
Jorge Bacelar Gouveia, *Manual de Direito Constitucional*, I, 4.ª ed., Coimbra, 2011.

DIREITO DISCIPLINAR MILITAR

Vítor Gil Prata

O instrumento mais elementar para resolução da maior parte das manifestações de indisciplina no seio das Forças Armadas é, sem dúvida, o direito disciplinar militar. Este regula as condutas que ofendem os princípios essenciais da

Instituição militar – da hierarquia e da disciplina – mas que não sejam merecedoras da tutela penal, cominando-as com a aplicação de penas disciplinares aos seus autores.

Por direito disciplinar militar entende-se o conjunto de normas que tutela os valores militares fundamentais em que se baseia a organização e a atividade das Forças Armadas, designadamente os da missão, da hierarquia, da coesão, da disciplina e da segurança. Para tutelar estes valores são impostos aos militares certos deveres intimamente ligados à condição militar.

O direito disciplinar militar, que emana principalmente do regulamento de disciplina militar, abrange o direito disciplinar substantivo, regulador dos deveres militares, das infrações disciplinares e das medidas disciplinares, e o direito adjetivo ou processual, que disciplina a instrução do processo disciplinar.

O direito disciplinar militar atual, ao contrário dos anteriores, estabelece uma divisão dos deveres militares em deveres geral e especiais e procede a uma definição clara destes.

Definem-se como deveres especiais dos militares os de obediência e de autoridade, correspondendo aos valores da disciplina e hierarquia; os de disponibilidade, de zelo, de responsabilidade, de isenção política e de aprumo devidos pelo valor da missão; de tutela, de lealdade e de camaradagem, para observar o valor da coesão; os de sigilo e de honestidade, relativos ao valor da segurança; e ainda o de correção para salvaguarda dos valores da coesão e da missão.

O direito disciplinar, enquanto direito sancionatório, aproxima-se do direito penal. Porém, enquanto o direito disciplinar comum consente uma ampla margem de discricionariedade, seja na identificação da transgressão, seja no decidir se esta deve ser punida, no direito disciplinar militar é restringida a consideração de oportunidade da reação disciplinar, uma vez que as especiais necessidades de bom funcionamento, integridade da organização, eficiência, eficácia e a suprema valia dos objetivos prosseguidos, impõem aos comandos e chefias militares deveres de autoridade que implicam promover a disciplina de modo particularmente ativo e firme, recompensando, participando disciplinarmente e punindo, conforme os casos.

Assim, tanto o crime de natureza militar como a infração disciplinar militar são condutas que colocam em causa princípios basilares da instituição militar: a hierarquia e a disciplina. Todavia, enquanto o crime estritamente militar é uma conduta grave que lesa um bem jurídico tutelado pelo direito penal militar, cabendo aos tribunais puni-la, a infração disciplinar é qualquer facto, comissivo ou omissivo, ainda que negligente, praticado em violação de qualquer dos deveres militares, punido por superior hierárquico que exerça funções de comando.

Assim, o cometimento por um militar de uma infração disciplinar implica a instauração obrigatória e imediata de um processo disciplinar, por decisão de superior hierárquico que detenha competência disciplinar. Esta assenta no poder

DIREITO DISCIPLINAR MILITAR

de comando, direção ou chefia e, a par da competência para instaurar processo disciplinar, integra a competência para recompensar e punir (*jus puniendi*).

Até recentemente, a infração disciplinar era considerada uma violação dos deveres militares não suficientemente grave para relevar como crime de natureza militar, havendo uma interdependência entre procedimento disciplinar e procedimento criminal. Por esta razão, o Supremo Tribunal Militar, atualmente extinto em tempo de paz, dispunha de competência para julgamento dos recursos contenciosos de decisões disciplinares dos chefes de estado-maior dos ramos e para aplicação de sanções disciplinares.

Atualmente, o procedimento disciplinar é independente do procedimento criminal instaurado pelos mesmos factos. Daí que a autoridade com competência disciplinar não esteja vinculada a suspender o processo disciplinar até que no processo-crime seja proferida decisão final, nem o instrutor fica vinculado na sua instrução a aguardar a decisão judicial que qualifique penalmente os factos participados.

As medidas disciplinares que podem ser aplicadas por um superior hierárquico, no exercício da sua ação de comando, não são apenas sancionatórias. Na verdade, sempre que um comandante considere que deve ser enaltecido o comportamento dos seus militares pode fazê-lo através de recompensas, que se destinam a destacar condutas relevantes que transcendam o normal cumprimento dos deveres. As recompensas concedidas ao militar, além do elogio efetuado frente aos camaradas, podem ser do tipo louvor publicado em ordem de serviço ou em diário da República, licença por mérito ou dispensa de serviço.

Pela prática de infração disciplinar são aplicáveis penas disciplinares. As penas disciplinares aplicáveis aos militares são típicas, significando que quem tem o poder de punir tem à sua disposição um elenco taxativo de penas fixado na lei, cabendo-lhe escolher em cada caso, de acordo com a gravidade dos factos, uma dessas penas. No entanto, o regulamento de disciplina militar estabelece limites à competência punitiva, nomeadamente na medida e tipo de pena a aplicar, relacionando-a com o posto e função do detentor do poder disciplinar.

O regulamento de disciplina militar prevê penas corretivas (repreensão e repreensão agravada), pena suspensiva, penas detentivas (proibição de saída e prisão disciplinar) e penas expulsivas (reforma compulsiva, separação de serviço e cessação do regime de voluntariado ou de contrato).

As penas privativas da liberdade (proibição de saída e prisão disciplinar) constituem um elemento característico nuclear do sistema punitivo disciplinar militar. A prisão disciplinar imposta a militares torna inquestionável a autonomia do direito disciplinar militar em relação aos demais direitos disciplinares, aproximando o processo disciplinar militar do processo-crime. E porque tanto os ilícitos penais como os ilícitos disciplinares podem cominar em penas privativas da liberdade, o regulamento de disciplina militar dispõe que, em tudo o que não estiver nele previsto, são subsidiariamente aplicáveis, com as devidas adaptações e por esta ordem, os princípios gerais do direito penal, a legislação processual penal e o código do procedimento administrativo.

O RDM estabelece um equilíbrio entre o interesse da disciplina e da hierarquia militar e os direitos dos militares individualmente considerados. O superior interesse da disciplina e da hierarquia militar está garantido através de brevidade do espaço de tempo entre a prática da infração e a aplicação da pena. A proteção do militar, por sua vez, está devidamente acautelada através das garantias de defesa de que dispõe no processo disciplinar (...), mas também através dos meios próprios de impugnação junto dos tribunais (Ac. do TC n.º 299/2012, de 2 de Maio).

Os princípios gerais do direito, consagrados constitucionalmente, têm aplicação no processo disciplinar, pelo que são garantidos aos militares os direitos de audiência, defesa, reclamação e recurso hierárquico e contencioso, sendo sempre garantido o patrocínio.

Compete aos tribunais administrativos e fiscais o julgamento das ações e recursos contenciosos que tenham por objeto dirimir os litígios emergentes das relações jurídicas administrativas e fiscais. Assim, atualmente compete ao tribunal central administrativo conhecer, em primeira instância, dos recursos contenciosos de punições disciplinares de proibição de saída ou mais gravosas, proferidas pelo chefe de estado-maior general das Forças Armadas ou chefes de estado-maior dos Ramos.

Tal como no respeitante a crimes de natureza estritamente militares, no julgamento destes recursos intervêm juízes militares e o Ministério Público junto destes tribunais é assessorado por assessores militares.

Bibliografia
Antunes, Maria João e Chaby, Estrela, "Constituição e Justiça Militar – Algumas notas a propósito do novo Regulamento de Disciplina Militar", in: *Revista Julgar*, n.º 10, Janeiro--Abril 2010.
Leitão, Alexandra, "A Administração Militar", in: *O Direito da Defesa Nacional e das Forças Armadas*, Miranda, Jorge e Morais, Carlos Blanco, ed. Cosmos/IDN, Lisboa, 2000.
Prata, Vítor Gil, *A Justiça Militar e a Defesa Nacional*, ed. Coisasdeler, Lisboa, 2012.

DIREITO INTERNACIONAL HUMANITÁRIO

Helena Pereira de Melo

O Direito Internacional Humanitário (DIH) é, nas palavras de Jorge Bacelar Gouveia, "o capítulo do Direito Internacional Público que, sob a óptica da protecção humanitária, estabelece a regulamentação dos conflitos humanitários, tanto na perspectiva da protecção dos que neles não participam directamente, como na moderação dos meios de violência bélica utilizada". No que concerne à História deste capítulo do Direito Internacional Público é possível estabelecer dois momentos fundamentais: um anterior à Batalha de Solferino, de 24 de Junho de 1859, travada entre as forças armadas franco-italiana e prussa e outro posterior a essa batalha, e à subsequente criação da Cruz Vermelha Internacional. Durante toda a Antiguidade imperou a Lei do mais forte, decretando por exemplo, a Lei das Doze Tábuas (datada de 450 a. C) tudo ser permitido na luta contra o inimigo. As primeiras instituições de cariz humanitário surgem na Idade Média, por influência dos princípios da cavalaria e da ética cristã. Por exemplo, as "Tréguas de Deus" proíbem a realização de combates em determinados momentos do calendário litúrgico e a "Paz de Deus" assegura a inviolabilidade dos mosteiros e das igrejas. O conceito de "guerra justa" assente na soberana razão dos Estados começa a ser elaborado, embora apenas na óptica da protecção das vítimas do Estado que a declara – decreta-se, deste modo, no Concílio de Latrão (1139) que a besta apenas pode ser utilizada contra os infiéis. Apesar de com Jean Jacques Rousseau (*O Contrato Social*) e Emmerich de Vattel (*Direito das Gentes*) começar a impor-se a ideia de que a guerra deve ter por alvo os militares e que a população civil deve ser protegida, apenas com a aludida Batalha de Solferino, que causou cerca de 40 000 mortos, dos quais cerca sessenta por cento faleceram em consequência de ferimentos não tratados, há uma alteração significativa no modo de enquadrar o fenómeno social que é a guerra. Neste sentido foi fundamental a publicação por Henry Dunant, jovem homem de negócios suíço, que esteve presente no campo de batalha, do livro *Uma Recordação de Solferino*, em 1862. Nele faz duas propostas fundamentais: que os Estados aceitem um princípio internacional de protecção jurídica dos serviços que prestem assistência sanitária em campo de batalha e que constituam, no respectivo território, uma associação de socorros mútuos. Constitui, conjuntamente com dois médicos (Louis Appia e Théodore Maunoir) e um oficial do exército (o General Guillaume-Henri Dufour) um comité, que pede às autoridades helvéticas a realização de uma conferência diplomática. Na sequência desta conferência é assinada em 22 de Agosto de 1864, pelos representantes de 12 Estados, incluindo Portugal, a I Convenção de Genebra, com o objectivo de melhorar a situação dos militares feridos das forças armadas em campanha.

Pouco depois, em 1868, é adoptada a Declaração de São Petersburgo, que proclama ser o único fim legítimo da guerra o enfraquecimento das forças militares do inimigo. Surge, assim, o DIH, como Direito na Guerra, como um ramo de Direito *sui generis* cuja aplicação é condicionada pela existência de guerra: *i.e.*, a guerra em si mesma considerada, é a actividade que é enquadrada por este capítulo do Direito Internacional Público. Não obstante a guerra se traduzir, com frequência, na prática de actos ilícitos, o legislador no DIH parte do pressuposto de que os beligerantes actuam de forma racional, sendo possível persuadi-los a agir de acordo com normas jurídicas previamente aceites. O legislador parte,

DIREITO INTERNACIONAL HUMANITÁRIO

ainda, do entendimento de que a guerra não consiste um fim em si mesma, mas um meio (o último meio, esgotados os meios diplomáticos e as sanções económicas) para destruir o potencial humano e material do inimigo. Como é o último meio a que o Estado recorre para que o outro se submeta à sua vontade, o DIH determina que o uso de meios militares seja proporcional ao fim a atingir, sendo em princípio ilícito o recurso a violência desnecessária para se alcançar o fim pretendido. Isto implica, por exemplo, que se dê preferência à captura sobre o ferir e ao ferir sobre a morte quando se pretende destruir o potencial humano do inimigo. Ou seja, o objectivo da captura dos indivíduos que contribuem directamente para o esforço de guerra (que deve ser o mais suportável possível) é não o de os castigar, mas sim o de os impossibilitar de continuar a combater. O DIH orienta-se, igualmente, pelo princípio do menor mal, no sentido de que cada uma das partes no conflito, uma vez este findo, ter vantagem em que os danos reciprocamente causados sejam os menos gravosos possível – deste modo o processo de reconstrução soco-económica do Estado uma vez restaurada a paz será mais fácil.

O DIH é um direito de coordenação, cujo cumprimento depende em larga medida da boa vontade dos Estados em se vincularem às suas normas e em as cumprirem. Muitas das suas normas, à semelhança do que sucede em outros capítulos do Direito Internacional, são normas imperfeitas, cuja violação carece de sanção eficaz. As fontes do DIH inscrevem-se nas enunciadas no artigo 38.º do Estatuto do Tribunal Internacional de Justiça, anexo à Carta das Nações Unidas, da qual constitui parte integrante: as convenções internacionais gerais e especiais que estabeleçam regras expressamente reconhecidas pelos Estados litigantes; o costume internacional; os princípios gerais de direito reconhecidos pelas nações civilizadas e as decisões judiciais e a doutrina dos publicistas mais qualificados das diferentes nações.

O campo de aplicação do DIH pode ainda, ser alargado através dos mecanismos previstos nas quatro Convenções de Genebra adoptadas em 12 de Agosto 1949 (a saber, a Convenção I, Convenção de Genebra para Melhorar a Situação dos Feridos e Doentes das Forças Armadas em Campanha; a Convenção II, Convenção de Genebra para Melhorar a Situação dos Feridos, Doentes e Náufragos das Forças Armadas no Mar; a Convenção III, Convenção de Genebra Relativa ao Tratamento dos Prisioneiros de Guerra e a Convenção IV, Convenção de Genebra Relativa à Protecção das Pessoas Civis em Tempo de Guerra. Um destes mecanismos consiste na faculdade de as partes no conflito poderem celebrar acordos especiais sobre todas as questões que possam ser reguladas de forma particular, o que lhes permite melhorar a protecção resultante das convenções e tratados internacionais, que por vezes se situa num nível mínimo. Outo mecanismo de alargamento do campo de aplicação do DIH consiste na possibilidade de as partes afastarem

DIREITO INTERNACIONAL HUMANITÁRIO

a *exceptio non adimpleti contractus* e a cláusula *si omnes*. Ou seja, sempre que ocorra um conflito armado a obrigação de uma das partes de respeitar o DIH não está sujeita a uma cláusula de reciprocidade: mesmo que os outros beligerantes não o façam, ou que um deles não tenha assinado as Convenções de Genebra, o beligerante em causa continua vinculado ao disposto pelo DIH. Outro mecanismo de alargamento do DIH também associado à necessidade de se assegurar o respeito pelo princípio de protecção das vítimas do conflito, é o da inalienabilidade de direitos, segundo o qual ninguém pode renunciar voluntariamente à protecção convencional concedida. Esta limitação à liberdade da pessoa de autolimitar a protecção conferida a bens jurídicos fundamentais (vida, integridade física e moral...) visa prevenir toda a situação de coacção e, simultaneamente, assegurar um nível mínimo de protecção constante à pessoa.

O DIH é um ramo de Direito autónomo face ao Direito Internacional dos Direitos Humanos: não obstante ambos os ramos terem por objecto assegurar a protecção da pessoa e de serem complementares no sentido de um poder ser aplicado em situações em que o outro não o é (*v.g.* quando no âmbito de um conflito armado o Estado invoca uma cláusula de suspensão dos direitos fundamentais) os seus campos de aplicação não são coincidentes, e encontram-se contidos em fontes distintas e autónomas. Há, no entanto, princípios comuns a que obedece a aplicação das normas dos dois ramos de Direito Internacional considerados: o princípio da igualdade na sua vertente negativa de não discriminação no exercício dos direitos convencionalmente consagrados; o princípio da inviolabilidade da pessoa humana e o princípio da segurança jurídica, nomeadamente no âmbito do processo penal.

Quanto às fontes do DIH podemos estabelecer uma distinção fundamental entre fontes convencionais e consuetudinárias. Podemos agrupar as fontes convencionais em vários conjuntos de normas, cujo objectivo é distinto: o "Direito de Haia" que se centra na protecção do combatente, o "Direito de Genebra" que visa sobretudo a protecção dos não combatentes e o "Direito de Nova Iorque" que abrange normas elaboradas sob a égide da Organização das Nações Unidas (ONU).

O Direito de Haia assente no princípio da proporcionalidade entre o fim do conflito armado e os meios usados para o alcançar limita os direitos dos combatentes e encontra-se fundamentalmente contido na aludida Convenção de Genebra de 1864, na Declaração de São Petersburgo de 1868, nas quinze Convenções de Haia para a Protecção de Bens Culturais em Caso de Conflito Armado, de 1899 e de 1907 e na Convenção e Protocolo de Haia de 14 de Maio de 1954.

O Direito de Genebra que visa proteger "as pessoas que não tomem parte directamente nas hostilidades, incluindo os membros das Forças Armadas que tenham deposto as armas e as pessoas que tenham sido postas fora de combate por doença, ferimento, detenção, ou qualquer outra causa, serão, em todas as circunstâncias, tratadas com humanidade" (art. 3.º comum às Convenções I, II, III e IV de Genebra), tem como fontes principais o Protocolo de Genebra relativo à Proibição da Utilização em Guerra de Gases Asfixiantes, Tóxicos ou Similares e de Métodos Bacteriológicos de Guerra, de 17 de Junho de 1925, as quatro Convenções de Genebra de 12 de Agosto de 1949 e os dois Protocolos Adicionais de 8 de Junho de 1977.

Face à desactualização das quatro Convenções de Genebra que se aplicam em caso de guerra declarada ou de outro conflito armado que possa surgir entre duas ou mais das Altas Partes contratantes e que visavam responder aos problemas que se suscitavam na matéria tal como eles se faziam sentir no final da II Grande Guerra Mundial, foram adoptados dois protocolos adicionais a estas Convenções a 8 de Junho de 1977: o Protocolo Adicional n.º 1 relativo à Protecção das Vítimas de Conflitos Armados Internacionais que melhora a situação dos feridos, doentes e náufragos, aperfeiçoando assistência médica às vítimas, torna mais flexíveis as condições requeridas para o acesso ao estatuto de combatente legítimo, reforça as restrições estabelecidas aos meios e métodos de guerra e melhora os mecanismos de controlo da aplicação das normas convencionais, e o Protocolo Adicional n.º 2 relativo à Protecção das Vítimas de Conflitos Armados Não Internacionais. Este segundo protocolo, que constitui o primeiro tratado de alcance universal aplicável às guerras civis, reforça as garantias fundamentais previstas no acima referido art. 3.º comum às quatro Convenções de Genebra.

O Direito de Nova Iorque encontra-se contido em normas de *soft* e *hard law* elaboradas sob a égide da ONU, como sejam as constantes da Convenção sobre a Proibição ou Limitação do Uso de Certas Armas Convencionais que Podem ser Consideradas como Produzindo Efeitos Traumáticos Excessivos ou Ferindo Indiscriminadamente (1980); da Convenção sobre a Proibição do Desenvolvimento, Produção, Armazenagem e Utilização de Armas Químicas e sobre a sua Destruição (1993) da Convenção sobre a Proibição da Utilização, Armazenagem, Produção e Transferência de Minas Antipessoal e sobre a sua Destruição (1997); e o Estatuto de Roma do Tribunal Penal Internacional (1998).

Quanto às fontes consuetudinárias do DIH, que se encontram na origem deste capítulo do Direito Internacional, elas existem a partir do momento em que ocorra uma prática constante e uniforme dos Estados acompanhada da convicção de que esta é a prática justa e da qual resulta o reconhecimento de direitos ou de deveres a serem por estas respeitados. Parte destas fontes foram objecto de positivação durante o século XX, na medida em que as suas normas foram reproduzidas em tratados internacionais. As fontes consuetudinárias aplicam-se sobretudo quando existe uma lacuna no Direito Convencional, ou quando um Estado não se vinculou a um tratado aplicável a uma determinada situação concreta, ou o denunciou.

Os destinatários das normas de DIH são os Estados; as organizações internacionais; os indivíduos enquanto sujeitos de direito com capacidade de praticar ou de ser vítimas de ofensas ao DIH; os movimentos de libertação nacional e as partes num conflito armado não internacional.

São múltiplas as matérias reguladas por este capítulo do DIH, todas elas centradas na necessidade de regular, prevenir ou colmatar os efeitos de um eventual conflito bélico: o estatuto de combatente; o estatuto dos espiões e dos mercenários; o estatuto dos refugiados, as regras a que obedece a ocupação de guerra, o estatuto do prisioneiro de guerra...

Bibliografia

Gouveia, Jorge Bacelar (2006), *Direito Internacional Humanitário Introdução*, Textos Fundamentais, Coimbra: Almedina.

Pereira, Maria Assunção Vale (2014), *Noções Fundamentais de Direito Internacional Humanitário*, Coimbra: Coimbra Editora.

DIREITO INTERNACIONAL HUMANITÁRIO

Jorge Bacelar Gouveia

1. Ao lado dos casos em que o uso da força é internacionalmente lícito, vigora o *Direito Internacional Humanitário*, o capítulo do Direito Internacional Público e da Segurança que, sob a ótica da proteção humanitária, estabelece o regime do tratamento de feridos, prisioneiros e populações civis em tempo de conflito armado.

Compreender-se-á que a sua importância circunstancial vá diminuindo à medida que as ocasiões para a sua aplicação também venham a decrescer, o que tem sido, de resto, uma linha contínua de evolução.

2. Contudo, esse decréscimo no seu relevo fáctico está longe de o tornar inútil porque as intervenções militares, muitas vezes à revelia dos preceitos internacionais de proscrição da guerra, se têm sucedido.

Ora, é aqui que pode residir a sua autonomia substancial, sem sequer falando da importância dos valores perenes que diretamente protege: se as normas que condenam o uso unilateral da força não são efetivas, ao menos que este reduto do Direito Internacional, menos problemático de cumprir, se mantenha na sua plena efetividade.

3. O Direito Internacional Humanitário nasceu intimamente associado a um sujeito internacional não estadual: a Cruz Vermelha Internacional, que o marcou desde logo através do seu Comité Internacional.

É assim possível dizer que um mesmo momento assinalou a relevância internacional desta organização e do Direito Internacional Humanitário.

4. A evolução deste capítulo do Direito Internacional pode ser compreendida, para além daquele momento fundador, mais simbólico que regulativo, em três fases distintas:

- uma primeira fase, em 1899 e em 1907, nas Convenções da Haia;
- uma segunda fase, em 1949, nas Convenções de Genebra; e
- uma terceira fase, em 1977, nos seus dois Protocolos Adicionais.

Há ainda quem acrescente um posterior conjunto de regras – o Direito de Nova Iorque – criado no seio da atividade da Organização das Nações Unidas, que se tem multiplicado no campo da proteção das vítimas de conflitos armados, na sequência da Resolução da Assembleia Geral n.º 2444, adotada em 1968, nela se pugnando pelo respeito dos direitos humanos em período de conflito armado.

É assim de não esquecer vários outros documentos internacionais que, dispersamente, têm estabelecido outras limitações no uso da força da ótica do Direito Internacional Humanitário, mas que não se filiam em nenhuma ocasião especial, antes refletem a evolução e o fruto das circunstâncias que se sucederam depois daqueles momentos polarizadores das codificações internacionais que nesta matéria foram levadas a cabo.

5. A primeira fase, que integra o chamado Direito da Haia, tem um interesse essencialmente militar – que incluiu tanto as duas Convenções de 1899, celebradas na 1.ª Conferência, como as 13 Convenções de 1907, realizadas numa 2.ª Conferência e que vieram substituir aquelas – e corresponde à codificação das clássicas regras sobre o uso da força, tocando nos seguintes temas:

- Proibição do uso da força para a cobrança de dívidas (Convenção Drago-
  -Porter);
- Abertura de hostilidades;
- Leis e costumes da guerra terrestre;
- Direitos e deveres dos Estados neutros em caso de guerra terrestre;
- Regime dos barcos mercantes ao iniciarem as hostilidades;
- Transformação de navios mercantes em navios de guerra;
- Colocação de minas submarinas;
- Bombardeamento de forças navais em tempo de guerra;
- Aplicação à guerra marítima dos princípios da Convenção de Genebra;
- Restrições ao direito de captura na guerra marítima;
- Criação de um Tribunal Internacional de Presas;
- Direitos e deveres dos Estados neutros na guerra marítima;
- Declaração sobre a proibição de lançamento de projectéis e explosivos por aeróstatos.

6. Mais tarde, já fora deste período codificador, outras convenções seriam celebradas com o mesmo intuito de limitação do uso da força: o Protocolo de Genebra de 17 de junho de 1925, sobre a proibição do uso na guerra de gases asfixiantes, tóxicos ou análogos, em reação à nefasta experiência da I Guerra Mundial; a Convenção de Genebra de 27 de julho de 1929, sobre o tratamento de feridos em combate, doentes e prisioneiros de guerra; o Tratado de Londres de 22 de abril de 1930; e o Protocolo de Londres de 6 de novembro de 1936 sobre guerra submarina.

7. A segunda fase, ocorrida em 1949, correspondendo ao Direito de Genebra, é aquela que marcou o sentido profundo do Direito Internacional Humanitário, bastando lembrar o facto de ter surgido no rescaldo de um sangrento conflito mundial, a que se impunha dar uma adequada resposta, acarretando a revogação de parte das normas do Direito da Haia.

Foi então organizada uma Conferência Diplomática em Genebra, dela tendo saído as quatro Convenções de Direito Internacional Humanitário, todas de 12 de agosto de 1949:

- 1.ª Convenção: para melhorar a situação dos feridos e doentes das forças armadas em campanha;
- 2.ª Convenção: para melhorar a situação dos feridos, doentes e náufragos das forças armadas no mar;
- 3.ª Convenção: relativa ao tratamento dos prisioneiros de guerra;
- 4.ª Convenção: relativa à proteção das pessoas civis em tempo de guerra.

8. Estas Convenções de Genebra assentam ainda em três princípios orientadores da atividade de proteção no seio do exercício da força:

- o *princípio da neutralidade*, através do qual o intuito de socorrer os feridos nunca pode ser considerado como se estando a tomar parte por uma das partes beligerantes;
- o *princípio da não discriminação*, pelo qual essa atividade não pode ser discriminatória em nome de qualquer critério que seja considerado inadmissível, como a língua, a raça ou a religião, de entre outros; e
- o *princípio da responsabilidade*, caso em que o Estado que procede à proteção responde pela sorte das pessoas protegidas.

9. Em 1977, na sequência de outra conferência diplomática, foram aprovados dois Protocolos Adicionais àquelas Quatro Convenções de Genebra, com o intuito de aperfeiçoar a proteção, em face de novos desenvolvimentos na tecnologia do armamento e das próprias ciências militares:

DIREITO INTERNACIONAL DA SEGURANÇA

– 1.º Protocolo Adicional: extensão da proteção humanitária aos efeitos diretos das hostilidades internacionais, incluindo as guerras de libertação nacional;
– 2.º Protocolo Adicional: reforço das garantias de proteção conferida aos civis no âmbito dos conflitos internos.

10. A mais recente evolução do Direito Internacional Humanitário – aquilo que se vai designando por "Direito de Nova Iorque", ao partir do labor da própria Assembleia Geral das Nações Unidas – tem aprofundado uma proteção cada vez mais específica, para se enfrentar vários problemas pontuais, tendo sido elaboradas algumas convenções internacionais:

– a Convenção sobre proteção de bens culturais, de 1954;
– a Convenção sobre a proibição de armas bacteriológicas, de 1972;
– a Convenção sobre a proibição de certas armas consideradas excessivamente lesivas ou geradoras de efeitos indiscriminados; e
– a Convenção de Genebra sobre a proibição das armas químicas, de 1992.

11. Mesmo assim, não se deixa atualmente de considerar que estas são normas insuficientes porque a tecnologia do armamento evolui mais depressa do que as normas aplicáveis, sendo de ponderar a consideração de outras ameaças, indiretamente provocadas pela guerra, a merecer a proteção da ótica das populações civis.

Bibliografia
Abdelwahab Biad, *Droit International humanitaire*, 2.ª ed., Paris, 2006.
Jorge Bacelar Gouveia: *Direito Internacional Humanitário – Introdução e Textos Fundamentais*, Coimbra, 2006; *Manual de Direito Internacional Público*, 4.ª ed., Almedina, Coimbra, 2013; *Direito Internacional da Segurança*, Almedina, Coimbra, 2013.
Leonardo Estrela Borges, *O Direito Internacional Humanitário: a proteção do indivíduo em tempo de guerra*, Belo Horizonte, 2006.
Maria da Assunção do Vale Pereira, *Direito Internacional Humanitário*, Coimbra, 2014.
Michel Bélanger, *Droit International humanitaire général*, 2.ª ed., Paris, 2007.

DIREITO INTERNACIONAL DA SEGURANÇA

Jorge Bacelar Gouveia

1. Naturalmente que o Direito Internacional Público – como *o sistema de princípios e normas, de natureza jurídica, que disciplinam os membros da comunidade internacional, ao agirem numa posição jurídico-pública, no âmbito das suas relações internacionais* – não podia deixar de considerar o tema central da *segurança internacional*.

Daí que o Direito Internacional Público tenha determinado âmbitos específicos de regulação da atividade da Comunidade Internacional considerando a necessidade de garantir elevados padrões de segurança, assim erigida a desiderato deste mesmo setor do Direito.

Contudo, a segurança internacional não é apenas a teleologia fundamental deste capítulo jurídico-internacional, uma vez que também tem vindo a configurar um novo plano institucional e organizatório através da criação de estruturas e de organismos que lidam com uma atividade de produção de segurança internacional e que são hoje indispensáveis.

2. Escusado será esconder que a afirmação do Direito Internacional Público – por maioria de razão tal acontecendo com o Direito Internacional da Segurança – tem sido problemática, sendo de referir até as grandes visões que, mesmo com uma aceitação assimétrica, marcam o entendimento e a força que têm sido atribuídos ao Direito Internacional Público, recordando em cada uma dessas visões o inestimável contributos de três grandes filósofos políticos segundo três diferentes correntes:

- *a corrente hobbesiana*, pela qual os sujeitos internacionais vivem num estado de natureza, todos sendo inimigos recíprocos (*homo homini lupus*), numa aplicação da conceção de Thomas Hobbes, para quem só o Leviatã poderia impor a ordem ao nível do Estado;
- *a corrente grociana*, perspetiva que, fundada na doutrina de Hugo Grócio, propugna a possibilidade do estabelecimento de relações internacionais numa base de cooperação e reciprocidade, com ganhos comuns e respeito por cada feixe de posições jurídicas;
- *a corrente kantiana*, em que se acredita na construção de um Direito Internacional Público universalista e solidário, dele decorrendo a subordinação dos interesses individuais, de acordo com as propostas de Immanuel Kant de um Direito Cosmopolita, superior estádio de sofisticação em relação ao Direito das Gentes.

3. Não obstante a maior ou menor pertinência da aplicação destas conceções, julgamos que não estará em causa a afirmação da juridicidade do Direito Internacional Público, nem mesmo a juridicidade do Direito Internacional da Segurança, ainda que este surja porventura como muito mais problemática.

É igualmente de mencionar que de todas estas conceções, provavelmente a conceção hobbesiana poderá considerar-se mais frequente nos momentos de construção e de aplicação do Direito Internacional da Segurança.

4. Deste modo, é possível conceber-se um *Direito Internacional da Segurança como capítulo daquele Direito Internacional Público, o qual consiste no subsistema de normas* *e princípios de natureza jurídica que estabelecem orientações que regem a atividade dos sujeitos internacionais com vista à segurança internacional, igualmente fixando as sanções aplicáveis em caso de violação desse mesmo regime:*

– um *elemento formal*: o conjunto dos princípios e das normas, com conteúdo jurídico, que entre si se articulam sistematicamente;
– um *elemento material*: o sentido ordenador que se aplica à atividade dos sujeitos internacionais restringindo a sua discricionariedade, através dos mais variados tipos de regras e princípios jurídicos, numa feição essencialmente ablativa;
– um *elemento teleológico*: a finalidade que preside ao estabelecimento das normas e dos princípios que limitam o campo de ação dos sujeitos internacionais, que é a própria segurança internacional, nas modalidades da prevenção, manutenção, reposição ou aprofundamento da mesma.

5. Só que o Direito Internacional da Segurança está longe de se apresentar de um modo uniforme, suscitando-se paralelamente a importância da sua divisão interna em vários capítulos que contêm regulações específicas, podendo exemplificar-se os seguintes:

– o Direito Internacional Sancionatório;
– o Direito Internacional dos Conflitos Armados;
– o Direito Internacional Humanitário; e
– o Direito Internacional Penal.

Isto aqui sucede muito à semelhança do que se passa no Direito Internacional Público, em cujo contexto se pode surpreender um Direito Internacional Geral, depois se recortando muitos Direitos Internacionais Especiais, que em pormenor versam as específicas orientações normativas que se vão impondo ao sabor de preocupações de tipo material e de tipo funcional:

– de *tipo material*, quando se verifica a existência de um capítulo do Direito Internacional Público, num prisma de profundidade regulativa, focando uma realidade bem reduzida, como sucede com o Direito Internacional do Mar ou do Espaço Exterior;
– de *tipo funcional*, quando o Direito Internacional Público especialmente se organiza, numa lógica de transversalidade, para estudar determinada atividade ou função, como é o caso do Direito Internacional das Comunicações ou do Direito Internacional do Comércio.

6. A delimitação externa do Direito Internacional da Segurança permite compreender os setores que, se bem que jurídico-internacionais, se mostram ser afins da regulação pelo mesmo desenvolvida, podendo, porém, ser chamado à compreensão de outros específicos núcleos regulativos dada as suas evidentes afinidades, como sucede com:

– o *Direito Internacional dos Direitos do Homem*: o capítulo jurídico-internacional que procede ao reconhecimento dos direitos do homem, nos seus diversos níveis, e que estabelece as condições adjetivas que permitem a fiscalização do seu acatamento por parte dos Estados;
– o *Direito Internacional das Organizações Internacionais*: o capítulo jurídico--internacional que giza a organização e o funcionamento das organizações internacionais, bem como regula as relações que mantêm com outros sujeitos internacionais;
– o *Direito Internacional Económico e do Desenvolvimento*: o capítulo jurídico--internacional que enquadra as relações económicas internacionais e que produz as regras que se destinam a estimular o desenvolvimento, económico e social, dos Estados do Terceiro Mundo;
– o *Direito Internacional Diplomático e Consular*: o capítulo jurídico-internacional que regula as relações diplomáticas e consulares entre os sujeitos internacionais, matéria em que se evidencia o lastro histórico do relacionamento entre os Estados, nele se definindo o sentido, o estatuto e as vicissitudes dessas relações;
– o *Direito Internacional dos Espaços*: o capítulo jurídico-internacional que delimita geograficamente os diversos espaços, nacionais e internacionais, fixa o regime dos respetivos aproveitamentos, cruzando a soberania estadual com os espaços internacionais, distinguindo-se o mar, o ar e o espaço sideral.

Bibliografia
Jorge Bacelar Gouveia: *Manual de Direito Internacional Público*, 4.ª ed., Almedina, Coimbra, 2013; *Direito Internacional da Segurança*, Almedina, Coimbra, 2013.

DIREITO DE LEGÍTIMA DEFESA INTERNACIONAL

Sofia Santos

1. Conceito

No plano jusinternacionalista, o direito de legítima defesa encontra-se consagrado no artigo 51.º da Carta das Nações Unidas, o qual constitui uma das exceções admissíveis ao princípio geral de proibição do uso da força estatuído no artigo 2.º, n.º 4, norma imperativa de Direito Internacional (*ius cogens*).

Esta consagração constitui o culminar de um processo de instituição de um quadro jurídico-internacional de contenção da discricionariedade do recurso ao uso da força nas relações internacionais. O Pacto da Sociedade das Nações de 1919 e o Pacto de Briand-Kellog de 1928 ilustram os esforços nesse sentido.

Este direito pode ser exercido pelo próprio Estado ou por Estados terceiros, tratando-se neste caso de uma legítima defesa coletiva. Esta possibilidade encontra-se igualmente prevista em pactos militares.

2. Pressupostos e limites normativos

O artigo 51.º estabelece que *"Nada na presente Carta prejudicará o direito inerente de legítima defesa individual ou coletiva, no caso de ocorrer um ataque armado contra um membro das Nações Unidas, até que o Conselho de Segurança tenha tomado as medidas necessárias para a manutenção da paz e da segurança internacionais. As medidas tomadas pelos membros no exercício desse direito de legítima defesa serão comunicadas imediatamente ao Conselho de Segurança e não deverão, de modo algum, atingir a autoridade e a responsabilidade que a presente Carta atribui ao Conselho para levar a efeito, em qualquer momento, a ação que julgar necessária à manutenção ou ao restabelecimento da paz e da segurança internacionais"*.

O direito de legítima defesa pressupõe a ocorrência de um ataque armado perpetrado contra um Estado-Membro, ou seja, o ataque ter ocorrido ou ainda se encontrar a ocorrer.

Embora as medidas tomadas não dependam de uma autorização do Conselho de Segurança das Nações Unidas, estas têm que lhe ser comunicadas de forma imediata.

Este direito detém um caráter provisório, uma vez que a Carta preceitua a sua cessação assim que o Conselho tenha tomado as medidas necessárias para a manutenção ou restabelecimento da paz e da segurança internacionais.

Os pressupostos da "proporcionalidade" e da "necessidade" limitam, igualmente, o alcance do exercício deste direito conforme determinou o Tribunal Internacional de Justiça no parecer "Atividades Militares e Paramilitares na e contra a Nicarágua" de 1986 (ICJ Reports, Nicaragua v. United States of America, 1986). Por outras palavras, tem que se verificar uma correlação legítima entre a importância da intervenção e os fins perseguidos, os meios têm que ser adequados a esses fins e o ato exercido tem que ser necessário.

3. Questões interpretativas

O teor do artigo 51.º tem suscitado diversas questões jurídicas, que dificultam a determinação inequívoca dos parâmetros de licitude do exercício deste direito.

Na verdade, a controvérsia sobre a sua interpretação remonta à criação da Organização das Nações Unidas em 1945, mas a emergência de novas ameaças à paz e segurança internacionais demonstraram cabalmente a premência desta clarificação.

DIREITO DE LEGÍTIMA DEFESA INTERNACIONAL

O debate foi intensificado pelos ataques terroristas de 11 de Setembro de 2001 perpetrados contra os Estados Unidos, sobretudo em virtude de os ataques cometidos por entidades não estatais extravasarem o entendimento clássico de conflitos e questionarem a interpretação de "ataque armado" e a condição de responsabilidade estatal. A admissibilidade de medidas de caráter preventivo ou preemptivo, isto é, a possibilidade de derivar deste artigo um direito de legítima defesa em antecipação (*"anticipatory self-defence"*) também é fonte de dissenso.

O debate doutrinal encontra-se marcado por três correntes de pensamento: uma parte da doutrina interpreta o artigo 51.º de forma estrita, rejeitando o direito de medidas em antecipação de um ataque, os partidários de uma legítima defesa preventiva, que advogam a existência de um direito de legítima defesa perante um ataque iminente e a posição que defende que o exercício deste direito é justificável perante uma ameaça ainda que exista incerteza relativamente à altura e ao local do ataque.

Para os autores que interpretam este artigo *stricto sensu*, uma interpretação extensiva poderia conduzir a um abuso do poder discricionário. Por seu turno, os defensores das outras duas correntes de pensamento alicerçam a existência de um direito de legítima defesa preventiva ou preemptiva no argumento, ainda que com divergências *ratione temporis*, da irrazoabilidade do Estado, potencial vítima, ter que aguardar a ocorrência de um ataque, o que em certos casos poderá ser devastador como no caso do emprego de armas de destruição massiva.

Bibliografia

Jorge Bacelar Gouveia, *Manual de Direito Internacional Público*, 4.ª ed., Almedina, Coimbra, 2013, pp. 704-714 e 726-730.

Sofia Santos, *O Uso da Força no Direito Internacional e os Desafios ao Paradigma Onusiano*, Revista da Faculdade de Direito da Universidade Federal de Minas Gerais, No. 61, Julho-Dezembro, 2012, pp. 533-568, disponível em http://www.direito.ufmg.br/revista/index.php/revista/article/view/P.0304-2340.2012v61p533.

Torsten Stein, Christian von Buttlar, *Völkerrecht*, 13. Auflage, Vahlen, München, 2012, pp. 281-287.

Albrecht Randelzhofer, "Article 51" *in* Bruno Simma et al. (ed.), *The Charter of the United Nations: A Commentary*, Second Edition, Oxford University Press, Oxford, 2002, pp. 788-806.

DIREITO MILITAR

José Fontes

Ramo do Direito que regula aspetos muito diferenciados, designadamente, mas não exclusivamente, da organização e da atividade militares, quer dos três ramos das Forças Armadas (Marinha, Exército e Força Aérea) quer ainda da Guarda Nacional Republicana, que é, segundo a legislação em vigor, um Corpo Especial de Tropas.

Por vezes, o conceito de *Direito Militar* pode ser considerado sinónimo de Direito Castrense, uma expressão mais antiga, mas que, embora ancestral, não está codificado, encontrando-se as suas normas dispersas por vários diplomas de natureza diversa. Desde logo, encontramos na Constituição da República Portuguesa um acervo vasto de normas que se referem à instituição militar e a que podemos chamar «Constituição Militar». Este conjunto normativo tem, pela sua natureza e posicionamento hierárquico, uma proeminência no Direito Militar. A designação do Comandante Supremo das Forças Armadas por inerência do desempenho do cargo de Presidente da República, é um exemplo, como o são ainda, entre outros, a previsão da dependência direta da administração militar face ao Governo (depois da Revisão Constitucional de 1982) ou o enquadramento previsto no Título X da Parte III da Lei Fundamental sobre Defesa Nacional e Forças Armadas.

De entre as várias instituições jurídicas peculiares, a da hierarquia militar é uma das mais marcantes, porque está intimamente relacionada com a disciplina militar que visa sobremaneira a coesão, a unidade de ação e de comando e o integral cumprimento das missões atribuídas. Importa assinalar a possibilidade de instituição de privilégio de foro próprio, nos termos da Lei Fundamental, prevendo-se uma jurisdição contenciosa, com uma categoria judiciária específica (tribunais militares) na *vigência do estado de guerra com competência para julgamento de crimes de natureza estritamente militar.*

Bibliografia
José Fontes, *Teoria Geral do Estado e do Direito*, 3.ª ed., Coimbra Editora, 2010.

DIREITO PENAL MILITAR

Vítor Gil Prata

O Direito Penal Militar visa proteger valores fundamentais associados à função militar, isto é, de defesa militar da Pátria. Assim, entende-se por direito penal militar o sistema de normas que tutelam os interesses militares da defesa nacional ou, dito de outra forma, é o complexo de normas jurídicas destinadas a assegurar a realização dos fins da defesa nacional e da instituição militar, cujo principal é a defesa armada da Pátria.

De entre estas normas, existem normas substantivas e normas adjetivas ou processuais; aquelas constituindo o direito penal militar propriamente dito e estas o direito processual penal militar.

Até à entrada em vigor do código de justiça militar de 2003, os códigos anteriores reuniam em si os dois tipos de normas que, a par de uma organização judiciária própria, constituíam a autonomia da justiça militar relativamente ao direito penal e processual comuns e à ordem jurisdicional ordinária.

É no reinado de D. Diniz (1279-1325) que surge o primeiro Regimento de Guerra, onde se estabeleciam detalhes sobre a justiça militar, tendo assim sido dado o primeiro passo para o surgimento de um direito substantivo específico para a atividade militar. Porém, foi a seguir à Restauração da Independência que foi instituído o *Conselho de Guerra*, que funcionava como tribunal de apelação para ilícitos de natureza militar, e foi aprovado, em 22 de Dezembro de 1643, um Regimento que constituiu um primeiro compêndio de preceitos jurídico-militares.

Outro momento importante do direito militar foi a aprovação, a partir de 1763, dos Regulamentos de Infantaria e Cavalaria e os seus Artigos de Guerra, publicados por Alvará d'El-Rei D. José I, de 8 de Fevereiro, e que ficaram conhecidos como Regulamentos do Conde de Lippe. De entre os seus capítulos mais relevantes, realçam-se os relativos aos interrogatórios e conselhos de guerra, aos castigos e aos temidos Artigos de Guerra. Os deveres destes Regulamentos eram rigorosos e as penas muito severas, sendo numerosos os delitos punidos com a pena capital.

A substituição dos Artigos de Guerra por legislação penal militar codificada foi tentada repetidas vezes, mas sem muito sucesso. Apenas em 9 de Abril de 1875 foi aprovado o primeiro Código de Justiça Militar. Este código, tal como os que se lhe seguiram, era composto por quatro livros: dos crimes e das penas; da organização judiciária; da competência do foro militar; e do processo criminal militar. Assim, a justiça militar constituía um sistema autónomo com organização judiciária, princípios e normas substantivas e adjetivas próprias (que se manteve até setembro de 2004).

Após a implantação da República, em 1911, é publicado o Código de Processo Criminal Militar, onde é abolida a pena de morte para autores de crimes militares. Porém, na sequência da entrada de Portugal na I Guerra Mundial, em 1916, voltou a consagrar-se a aplicação da pena de morte, para crimes de natureza militar cometidos no teatro de operações no estrangeiro e em tempo de guerra.

Quando entrou em vigor, em 1976, a atual Constituição da República, vigorava como direito penal militar o código de justiça militar que tinha sido aprovado em 26 de Novembro de 1925 e que mantinha a previsão da pena de morte.

Esta Constituição impôs a aprovação de novo código de justiça militar que atendesse aos novos princípios constitucionais e abolisse o resquício da pena de morte. Porém, o novo código aprovado em 9 de abril de 1977, consequência da pressa com que foi aprovado, manteve quase inalterada a parte substantiva do anterior código e manteve desvios ao regime geral do direito penal português.

O direito penal militar só aplicaria disposições gerais da lei penal comum se estas não contrariassem os princípios fundamentais daquele. Pelo que, a sujeição da subsidiariedade do código penal à não contrariedade aos princípios do código de justiça militar conduziu mesmo à prevalência absoluta deste diploma sobre aquele. O direito penal militar constante neste código de justiça militar, tal como nos anteriores, afastava-se em muitos aspetos do direito penal comum, com penas consideradas particularmente severas e desproporcionadas, sem possibilidade de aplicação de penas de substituição da pena de prisão nem da suspensão da execução da pena, admitia a lesão de direitos dos arguidos em nome da preocupação central de celeridade e, ainda, atribuía a tutela da investigação criminal a um juiz de instrução criminal militar e não ao Ministério Público.

O código de justiça militar de 1977 continha tipos de crime que não tutelavam diretamente bens jurídicos militares, situação que constituía ainda vestígio do antigo foro pessoal. Assim, com a aprovação do código de justiça militar de 2003 o direito penal militar passou a ser exclusivamente definido em função dos bens jurídicos e não em função da qualidade do agente.

Com este novo código, constitui crime estritamente militar o facto lesivo dos interesses militares da defesa nacional e dos demais que a Constituição comete às Forças Armadas e como tal qualificado pela lei. Ou seja, não basta que o facto lese interesses militares da defesa nacional e outros cometidos às Forças Armadas; é necessário, ademais, que a lei qualifique o facto como estritamente militar. Este código afasta, assim, a possibilidade do crime estritamente militar ser uma infração disciplinar qualificada, como era considerado no código anterior.

Atualmente, o Livro I (Parte geral) do Código Penal tem aplicação no direito penal militar a título principal, salvo se houver disposição em contrário, e consagra-se ainda, embora com algumas normas especiais, a aplicação a título principal do código do processo penal.

A Constituição impõe que o Estado assegure os objetivos da defesa nacional e incumbe às Forças Armadas a defesa militar da República. Pelo que, a independência, integridade e segurança nacionais, bem como a incolumidade e funcionalidade das Forças Armadas constituem bens jurídicos dignos de tutela penal, justificando a especialidade do direito penal militar. Assim, como elenco de crimes estritamente militares que tutelam os interesses militares da defesa nacional, estão identificados os seguintes: crimes contra a independência e a integridade nacionais; crimes contra os direitos das pessoas; crimes contra a missão das Forças Armadas; crimes contra a segurança das Forças Armadas; crimes contra a capacidade militar e a defesa nacional; crimes contra a autoridade (militar); e crimes contra o dever militar e o dever marítimo.

A especialidade do direito penal militar deve-se, assim, ao tipo de bens jurídicos tutelados, mas também à identificação e necessidade de tratamentos diferentes dos previstos nos códigos penal e processual penal. Nesses, o código de justiça militar identifica os seguintes: aplicação no espaço (crime cometido em território nacional ou no estrangeiro); a tentativa de crime é sempre punível; afastamento da aplicabilidade de causas de exclusão da ilicitude e da culpa em determinadas circunstâncias; regime de sanções, em que a pena de prisão é a única pena principal; penas acessórias de reserva compulsiva e de expulsão; natureza de crime público de todos os crimes estritamente militares; natureza urgente dos processos militares; as notificações a militares em efetividade de serviço são requisitadas ao comandante e a medida de coação de obrigação de apresentação periódica é cumprida apresentando-se ao comandante; regras especiais de competência material e funcional no processo penal, designadamente a 1.ª secção criminal da instância central dos tribunais judiciais das Comarcas de Lisboa e Porto, a secção criminal das Relações de Lisboa e Porto e a secção criminal do Supremo Tribunal de Justiça com juízes militares, sendo um por Ramo e um da Guarda Nacional Republicana, e julgamento dos crimes estritamente militares em tribunal coletivo; a assessoria militar ao Ministério Público; e dever dos militares de denúncia dos crimes estritamente militares de que tenham conhecimento e do oficial proceder à detenção em flagrante delito pela prática deste tipo de crimes.

No que respeita a penas de substituição, o código prevê a suspensão da execução da pena de prisão – medida que não era admitida no âmbito dos códigos anteriores – e a aplicação da pena de multa como pena substitutiva da pena de prisão. Quanto à suspensão da execução da pena de prisão, o código exige a adequação – à condição militar e à situação de cumprimento de serviço militar efetivo – dos deveres e regras de conduta previstos nos arts. 51.º e 52.º do Código Penal, pois alguns destes poderiam impedir o militar de exercer a sua função, de ter armas na sua posse ou de executar a sua atividade se tiver de marchar para fora da sua guarnição em serviço.

Para a investigação dos crimes estritamente militares o legislador atribuiu competência específica ao órgão de polícia criminal militar, bem como competência reservada para os crimes cometidos no interior de unidades, estabelecimentos e órgãos militares.

Bibliografia

Oliveira, Francisco Carlos Pereira da Costa, *O Direito Penal Militar, questões de legitimidade*, AAFDL, Lisboa, 1996.

Pereira, Rui, "A Justiça Militar tem Futuro?", in: *Revista de Segurança e Defesa*, Fevereiro 2007.

Prata, Vítor M. Gil, *A Justiça Militar e a Defesa Nacional*, ed. Coisasdeler, Lisboa, 2012.

Roque, Cor Nuno, *A Justiça Penal Militar em Portugal*, ed. Atena, Linhó, 2000.

Sousa, Pedro Miguel L. F. Lourenço de, *O Direito Penal e a Defesa Nacional*, ed. Almedina, Coimbra, 2008.

DIREITO RODOVIÁRIO

Sónia Reis

O Direito Rodoviário compreende as normas relacionadas com a circulação de veículos não ferroviários nas vias terrestres de domínio público do Estado, das Regiões Autónomas e das autarquias locais e ainda nas vias terrestres de domínio privado, quando abertas ao trânsito público. Trata-se de uma criação do século XX, que tem por principal escopo garantir a segurança dos intervenientes na circulação estradal, *maxime* de pessoas e bens, e assume natureza simultaneamente preventiva e repressiva. Preventiva, porque o legislador, por meio da imposição de regras essencialmente ténicas, delineadas com o propósito de assegurar as condições de segurança necessárias à circulação, pretende evitar que a segurança rodoviária seja perturbarda e/ou posta em perigo. Repressiva, dado que a violação da regra técnica em causa implica a cominação de sanções, reafirmando-se assim a validade na norma jurídica violada. A evolução do Direito Rodoviário passou em Portugal por três fases essenciais.

A primeira, iniciada em 1901 com a publicação do primeiro *Regulamento sobre Circulação de Automoveis*, aprovado por Decreto de 3 de outubro de 1901, publicado no *Diario* n.º 231, I Série, de 14 de outubro, é marcada pela existência de legislação extravagante, de natureza contravencional.

A segunda começa em 1928 com o primeiro Código da Estrada (CE), aprovado pelo Decreto n.º 14:988, de 30 de janeiro de 1928, publicado no *Diário do Govêrno* n.º 30, de 6 de fevereiro de 1928, e caracteriza-se pelo encetar de um movimento de codificação, que não mais se abandona, e pela adopção de regras técnicas estruturantes, sendo que algumas vigoram inalteradas até aos dias de hoje, como é o caso da posição de marcha pela via direita. A profunda agitação social e política que por essa altura se vivia em Portugal marcou a produção legislativa. Daí que em um curto espaço de tempo de cerca de três meses, o primeiro CE tenha sido substituído por um segundo CE (aprovado pelo Decreto n.º 15:536, de 14 de abril de 1928, publicado no *Diário do Govêrno* n.º 123, de 31 de maio de 1928) e depois, em 1930, pelo terceiro CE (aprovado pelo Decreto n.º 18:406, de 31 de maio de 1930, publicado no *Diário do Govêrno* n.º 125, I Série). Elo comum em todos esses diplomas continua a ser a natureza contravencional das sanções aplicadas à violação das regras técnicas, e é com eles que surge a codificação das responsabilidades civil e criminal (aqui, por mera remissão para o Código Penal). A renovação e ampliação das estradas levada a cabo pelo Estado Novo a partir de 1926, a par de progressos técnicos em aspetos muito precisos como são o peso, o volume ou a velocidade dos automóveis, e ainda a proliferação de diplomas extravagantes aplicáveis ao domínio rodoviário, conduziram

DIREITO RODOVIÁRIO

ao surgimento do quarto CE, em 1954, aprovado pelo Decreto-Lei n.º 39 672, de 20 de maio de 1954. Trata-se do CE que mais tempo vigorou entre nós (até 1994), e que, pela primeira vez, tipificou crimes autonomizados do catálogo do Código Penal de 1852/1886, concretamente: a condução de veículo ou animal contra a vontade ou sem a autorização do proprietário quando o agente não fosse possuidor do animal, o homicídio (que determinava a agravação da punição do homicídio negligente quando praticado no exercício da condução, com violação de regras impostas pela legislação rodoviária), o abandono de sinistrados e a desobediência qualificada à decisão que impusesse a interdição de conduzir. Este diploma também tinha natureza contravencional, o que significa que, à semelhança dos Códigos anteriores, a violação de regras de pendor puramente técnico, como o estacionamento ou a não observância da regra de posição de marcha, seria punida com multa que, não sendo paga no prazo legalmente estabelecido, poderia acarretar, uma vez esgotadas as demais possibilidades previstas na lei, a conversão da multa em prisão, dado que as contravenções, como o ilícito criminal, se pautavam pelo princípio *nulla poena sine judicio, sine culpa e sine lege.*

A terceira, e última fase, é marcada pela assunção de natureza contra-ordenacional das infracções rodoviárias, o que tem lugar a partir do quinto CE, que entrou em vigor em 1994, com o Decreto-Lei n.º 114/94, de 3 de Maio, a par da consagração de crimes relacionados com a circulação rodoviária também no Código Penal. É nesse terceiro momento evolutivo que ora nos situamos.

O CE é o diploma central no âmbito do Direito Rodoviário. É dele que emanam os princípios e as regras gerais relacionados com a circulação estradal de condutores, de veículos e de peões e bem assim o regime sancionatório aplicável. Claro que existem outros diplomas relevantes neste plano rodoviário, como o Regulamento de Sinalização de Trânsito, o Regulamento da Habilitação Legal para Conduzir ou o Código de Imposto sobre Veículos, por exemplo. Não obstante, o CE é nuclear na compreensão dos traços fundamentais do Direito Rodoviário e o regime sancionatório que consagra apresenta características distintivas. Por isso que a exposição subsequente vai centrada no regime sancionatório do CE, evidenciando as suas características essenciais, e aflora ainda as Responsabilidades Civil e Penal.

Regime sancionatório do CE:

– Natureza: o regime sancionatório presente no CE e na legislação rodoviária complementar e especial tem natureza contra-ordenacional, aplicando-se subsidiariamente o Regime Geral do Ilícito de Mera Ordenação Social (RGIMOS), aprovado pelo Decreto-Lei n.º 433/82, de 27 de Outubro, assumindo assim autonomia substantiva, sancionatória e processual face ao ilícito penal;

- Responsabilidade pelas infracções: são responsáveis pelas contra-ordenações rodoviárias os agentes que as praticarem, abarcando-se as pessoas singulares e as pessoas colectivas ou equiparadas, estas nos termos da lei geral;
- Nas contra-ordenações rodoviárias, a negligência é sempre punida, o que as distancia do RGIMOS, em que a negligência só é punida quando expressamente prevista na lei;
- Classificação das contra-ordenações: leves, graves e muito graves. As contra-ordenações graves e muito graves estão taxativamente elencadas na lei, nos arts. 146.º e 147.º CE, respectivamente. Contra-ordenações leves são todas as que não estejam incluídas naquele elenco. A diferente classificação radica no plano cominatório: enquanto as contra-ordenações leves são sancionadas apenas com coima, as contra-ordenações graves e muito graves são punidas com coima e sanção acessória de inibição de conduzir, variando entre um mínimo de um mês e um máximo de um ano de inibição no caso das contra-ordenações graves, e entre dois meses e dois anos no das contra-ordenações muito graves;
- Sanções: a sanção característica do ilícito contra-ordenacional é a coima, por isso que essa é também a cominação aplicável à violação das regras constantes do CE. A coima pode ser paga em prestações, desde que o seu valor mínimo seja igual ou superior a 200€, o arguido o requeira nos quinze dias seguintes à notificação para pagamento e as prestações, nunca inferiores a 50€, sejam cumpridas ao longo de um período máximo de doze meses. Tendo natureza exclusivamente pecuniária, a coima não pode determinar a privação da liberdade e a falta do pagamento respectivo apenas dá lugar à execução do património. A par da coima, pode ainda ser aplicada aos condutores a sanção acessória de inibição de conduzir. No caso de o condutor não estar habilitado à condução, ou tratando-se de pessoa colectiva, a sanção de inibição de conduzir é substituída por apreensão do veículo, por período idêntico de tempo que àquela caberia;
- Competência para o processamento e aplicação das sanções: o processamento compete à Autoridade Nacional de Segurança Rodoviária (ANSR) e a cominação das coimas e das sanções acessórias ao Presidente respectivo;
- Recurso: a impugnação judicial de decisão administrativa da ANSR deve ser interposta no prazo de 15 dias, e tem efeito suspensivo;
- Prescrição: O procedimento por contraordenação rodoviária extingue-se por efeito da prescrição logo que tenham decorrido dois anos sobre a prática da contraordenação, mas o prazo de prescrição do procedimento por contra-ordenação suspende-se e interrompe-se nos termos do RGIMOS e também com a notificação ao arguido da decisão condenatória.

As coimas e as sanções acessórias prescrevem no prazo de dois anos contados a partir do carácter definitivo ou do trânsito em julgado da decisão condenatória.

Responsabilidade Civil

Os veículos a motor e seus reboques, só podem transitar na via pública desde que seja efetuado seguro de responsabilidade civil. Trata-se de um seguro civil obrigatório. A reparação de danos causados por desconhecido, por isento da obrigação de seguro ou por responsável incumpridor da obrigação de seguro é garantida pelo Fundo de Garantia Automóvel (FGA), que tem direito de regresso sobre o incumpridor relativamente aos montantes das indemnizações de que haja dispendido. É entendimento dominante que, no caso de acidente de viação, a responsabilidade civil extracontratual que emerge é objectiva ou pelo risco, mesmo quanto aos condutores que se encontrem no exercício de actividade profissional.

Responsabilidade Penal

Os denominados *crimes rodoviários*, aqueles que são praticados no exercício da condução, contra a circulação rodoviária ou motivados por circunstâncias relacionadas com requisitos técnicos ligados à condução, aos condutores e/ou aos veículos, estão dispersos pelo Código Penal, como sucede com a condução perigosa ou com a condução de veículo em estado de embriaguez ou sob influência de estupefacientes ou substâncias psicotrópicas, por exemplo, mas também pelo CE, sob a forma de crimes de desobediência, simples ou qualificada, e ainda em legislação penal extravagante, como é o caso do crime de condução sem habilitação legal, previsto no art. 3.º do Decreto-Lei n.º 2/98, de 3 de Janeiro. A prática de um desses crimes pode fazer o agente incorrer em pena de prisão ou multa e, tratando-se dos crimes rodoviários de condução perigosa, de condução de veículo em estado de embriaguez ou sob influência de estupefacientes ou substâncias psicotrópicas e de desobediência cometido mediante recusa de submissão às provas legalmente estabelecidas para detecção de condução de veículo sob efeito de álcool, estupefacientes, substâncias psicotrópicas ou produtos com efeito análogo, pode ainda haver lugar à cominação da pena acessória de proibição de conduzir, com uma duração mínima de três meses e máxima de três anos.

Bibliografia
Albuquerque, Paulo Pinto de – *Comentário do Código Penal à Luz da Constituição da República e da Convenção Europeia dos Direitos do Homem*, 2.ª edição atualizada, Universidade Católica Editora, Lisboa, 2010.

Carvalho, José A. C. *et al.* – *Código da Eestrada Anotado*, Vislis, Lisboa, 2005.

Dias, Jorge de Figueiredo (Dir.) – *Comentário Conimbricense do Código Penal, Parte Especial*, Tomo II, Coimbra Editora, Coimbra, 1999.

Pinto, António Augusto Tolda – *CE Anotado e Legislação Rodoviária Complementar*, 3.ª edição, Coimbra Editora, Coimbra, 2009.

Silva, Germano Marques da – *Crimes Rodoviários, Pena Acessória e Medidas de Segurança*, Universidade Católica Editora, Lisboa, 1996.

Silva, Germano Marques da – «A Guerra na Estrada: Uma Proposta de Estratégia Jurídica», Politeia, Revista do Instituto Superior de Ciências Policiais e Segurança Interna, A1, N.º 2 (Jul.-Dez), 2004, pp. 13-22.

Vieira, Francisco Marques – *Direito Penal Rodoviário – Os Crimes dos Condutores*, Publicações Universidade Católica, Porto, 2007.

Vilela, Alexandra – *O Direito de Mera Ordenação Social – Entre a Ideia de "Recorrência" e a de "Erosão" do Direito Penal Clássico*, Coimbra Editora, Coimbra, 2013.

DIREITOS FUNDAMENTAIS

Jorge Bacelar Gouveia

1. A configuração conceptual dos direitos fundamentais

I. O *conceito de direitos fundamentais*, de acordo com esta perspetiva específica, implicou que ao Direito Constitucional, como estalão supremo da Ordem Jurídica, se entregasse a incumbência singular de proteção da pessoa humana.

Assim, *os direitos fundamentais são as posições jurídicas ativas das pessoas integradas no Estado-Sociedade, exercidas por contraposição ao Estado-Poder, positivadas no texto constitucional*, daqui se descortinando três elementos constitutivos:

- *(i) um elemento subjetivo*: as pessoas integradas no Estado-Sociedade, os titulares dos direitos, que podem ser exercidos em contraponto ao Estado--Poder;
- *(ii) um elemento objetivo*: a cobertura de um conjunto de vantagens inerentes aos objetos e aos conteúdos protegidos por cada direito fundamental;
- *(iii) um elemento formal*: a consagração dessas posições de vantagem ao nível da Constituição, o estalão supremo do Ordenamento Jurídico.

Vejamos em pormenor cada um destes elementos, melhor se compreendendo os respetivos aspetos caracterizadores.

II. O *elemento subjetivo* prende-se com as pessoas jurídicas a quem os direitos fundamentais respeitam, no contexto da titularidade dos mesmos, sendo certo que são posições subjetivas insuscetíveis de titularidade por parte de todo e qualquer indiferenciado sujeito jurídico.

DIREITOS FUNDAMENTAIS

A fronteira que se deve estabelecer – e que também dá a necessária consistência aos direitos fundamentais no Estado Constitucional – repousa no facto de os direitos fundamentais ganharem sentido a benefício de quem pretende enfrentar o poder estadual, ou qualquer outro poder público.

Os direitos fundamentais, na sua génese, evolução e função, não se explicam senão num contexto dicotómico entre o Poder e a Sociedade, devendo por isso somente ser titulados por pessoas que se integram na Sociedade e que em relação ao Poder se possam contrapor.

Assim sendo, é de afastar os direitos fundamentais que estejam na titularidade das estruturas dotadas de poder público, não fazendo sentido que entre estas se exerçam espaços de autonomia, já que não se vê como seja logicamente possível que alguém no poder se defenda do próprio poder.

III. O *elemento objetivo* explicita a existência de vantagens, patrimoniais e não patrimoniais, em favor do titular dos direitos fundamentais, inscrevendo-se num conjunto das situações jurídicas ativas porque portadoras de benefícios.

Não é possível ser mais rigoroso, numa ótica juscivilística, a respeito do recorte dessas situações de vantagem: elas são de muitas diversas índoles, não tendo necessariamente de respeitar o conceito específico de direito subjetivo, podendo oferecer outros contornos.

Os efeitos jurídicos que traduzem a situação de vantagem projetam-se sobre as realidades materiais que afetam, em favor do titular do direito, bens jurídicos que se tornam, por essa via, constitucionalmente relevantes.

A apreciação do objeto dos direitos fundamentais permite individualizar diferentes conceções, desde prestações a outros tipos de vantagens atribuídas ao titular do direito fundamental.

IV. O *elemento formal* dá-nos conta da necessidade de os direitos fundamentais se consagrarem no nível máximo da Ordem Jurídico-Estadual Positiva, que é o nível jurídico-constitucional.

A Ordem Jurídica não dispõe de um só nível e, pelo contrário, espraia-se por diversos patamares, em correspondência à importância das matérias versadas, mas também de harmonia com a lógica funcional das autoridades que as produzem.

Os direitos fundamentais, neste contexto, vêm a ocupar a posição cimeira da pirâmide da Ordem Jurídico-Estadual, em obediência, de resto, ao respetivo conteúdo no seio dos valores que o Direito Constitucional transporta.

2. A evolução dos direitos fundamentais

I. Os direitos fundamentais, bem como o nascimento da ideia de cidadania, não se posicionam somente numa ótica de viragem para o Estado Contemporâneo,

DIREITOS FUNDAMENTAIS

já que do mesmo modo se afiguram pertinentes da perspetiva do enriquecimento que proporcionaram à evolução da Sociedade e do Estado em geral.

Essa é uma verificação que não deixa margem para hesitações quando analisamos *a evolução da positivação dos direitos fundamentais*. É que por aí se percebe o eixo de ação das grandes instituições do Direito Constitucional, assim como se pressente o seu valor para o próprio desenvolvimento daquele setor do Direito.

Se muitas coisas aconteceram em dois séculos de Constitucionalismo, não se podem excluir as mutações que tão substancialmente aperfeiçoaram o catálogo constitucional dos direitos fundamentais.

Trata-se de uma apreciação que é facilitada a partir de alguns pontos de contraposição, os quais posteriormente permitem equacionar *os grandes marcos de alteração substancial na consagração dos direitos fundamentais*: (i) o Liberalismo económico do século XIX transformou-se no Intervencionismo social keynesiano no século XX; (ii) o Nacionalismo político do século XIX cedeu o passo ao Internacionalismo do século XX, bem como à multiplicação das relações internacionais; (iii) o Individualismo filosófico do século XIX foi sensivelmente atenuado pelo Solidarismo do século XX.

Daí que as grandes linhas de viragem dos séculos XIX e XX, que se resumem a estes fenómenos, impliquem a necessidade de se equacionar várias alterações, que cumpre organizar na seguinte *periodificação,* também apelidadas de "gerações" de direitos fundamentais segundo Karel Vasak: (i) o *período liberal*; (ii) o *período social*; (iii) o *período cultural.*

II. O *período liberal* analisa-se pela consagração de *uma primeira geração de direitos fundamentais* como conjunto de *direitos de natureza negativa*, através dos quais se tinha em mente, em primeiro lugar, a garantia de um espaço de autonomia e de defesa dos cidadãos em face do poder público (*Abwehrrechte*).

Isso é bem visível nas principais liberdades públicas que foram então consagradas e que até aos nossos dias, salvo algumas pontuais modificações, continuam a fazer parte de um património irrevogável que o Constitucionalismo Liberal legou e que foi produzido pelos pioneiros.

Por outro lado, embora revelando uma preocupação específica, essa primeira geração de direitos fundamentais foi preenchida pelo estabelecimento de várias garantias dos âmbitos penal e processual-penal, dessa forma se alcançando a chamada "humanização" do Direito Penal.

III. O *período social* consagrou *uma segunda geração de direitos fundamentais*, em que se tornou evidente o propósito de alargar os fins do Estado e de neles fazer refletir uma *proteção de natureza social*.

É assim que, a partir da segunda metade do século XX, nasceram os direitos de natureza social, assumindo-se o Estado como prestador de serviços. Criaram-se os direitos fundamentais à educação, à proteção da saúde e à segurança social, de entre outros, sempre exemplificações dos direitos fundamentais a prestações (*Leistungsrechte*).

Obviamente que esta visão social dos direitos fundamentais não pode ser desligada do sentido do Estado Social, bem como dos conteúdos económicos das Constituições, que também ganham neste período foros de cidade.

IV. O *período cultural* traduz a existência de *uma terceira geração de direitos fundamentais*, em que se regista o aparecimento de novos direitos fundamentais, a partir do último quartel do século XX.

Todavia, o que mais caracteriza esta fase não é tanto a sua unicidade, mas, pelo contrário, a sua *multidirecionalidade*, tal a diferença e sobretudo a pouca proximidade que se regista entre os novos tipos de direitos fundamentais consagrados.

O contexto em que estes direitos fundamentais se formam é mesmo tributário de várias dimensões caracterizadoras da sociedade atual: (i) uma sociedade de risco; (ii) uma sociedade global; (iii) uma sociedade de informação; (iv) uma sociedade multicultural.

Um primeiro grupo de propósitos aflora nas *questões ambientais*, domínio que, por força do desenvolvimento tecnológico, se tornou inevitável como centro das políticas públicas. Vão assim surgir diversas posições subjetivas em matéria de ambiente, daí derivando direitos fundamentais, deveres fundamentais e interesses difusos, todos com o objetivo comum da sua proteção.

Outro núcleo extremamente importante relaciona-se com os recentes desenvolvimentos *na investigação científica em matéria de manipulação genética*, fazendo avançar o progresso humano a níveis alarmantes para a destruição do homem e, por junto, da própria civilização. É então indispensável que se adotem mecanismos de segurança da identidade genética humana, em que se preserva o ser humano de indesejáveis avanços tecnológicos e científicos.

Cumpre ainda mencionar as fortes preocupações que passaram a ser constitucionalmente sentidas *em matéria de representação das singularidades culturais dos povos, bem como do fito de estabelecer os direitos dos grupos minoritários*, numa ótica menos esmagadora da força conformadora do princípio maioritário, que aqui encontra os seus limites.

V. Claro que o facto de ser possível frisar, em mais de duzentos anos de Constitucionalismo, a pertinência de três períodos bem marcados na evolução dos direitos fundamentais não pode significar que os direitos da geração anterior deixassem de obter reconhecimento.

Esta foi *uma evolução acumulativa* e não alternativa, por cuja ação se adicionaram novos direitos àqueles que já pertenciam ao catálogo dos direitos fundamentais previamente positivados nos textos constitucionais.

Igualmente não pode esconder-se que essa sobreposição de direitos exerceu uma influência limitativa naqueles que já estavam anteriormente consagrados, tal se evidenciando mais na passagem do período liberal ao período social.

Só que esse fenómeno deu-se aqui como em qualquer outro aspeto constitucional, a partir do momento em que os textos constitucionais incorporaram uma cláusula social, mostrando-se permeáveis – e já não neutrais, como no tempo liberal – à realidade constitucional circundante.

VI. O itinerário da positivação constitucional dos direitos fundamentais identicamente não pode desconsiderar as profundas mutações que o Direito Internacional Público conheceria na segunda metade do século XX, as quais são diretamente atinentes os valores internamente protegidos pelos direitos fundamentais.

Estamos obviamente a falar na *proteção internacional dos direitos do homem*, momento que apenas se concretizaria a seguir à II Guerra Mundial e que viria do mesmo modo a influenciar os direitos fundamentais constitucionalmente consagrados.

De que forma, porém, foi essa influência exercida?

A principal delas esteou-se na aceleração da consagração dos direitos fundamentais já conhecidos dos Estados mais evoluídos, que primeiro os exteriorizaram para os instrumentos internacionais de proteção de direitos humanos.

Mas a importância dos direitos humanos internacionalmente concebidos pôde também ter sido substancial – e não apenas processual – na medida em que, a partir do plano internacional, foi possível congeminar um conjunto de preocupações internacionais, principalmente atinentes aos direitos fundamentais de terceira e quarta geração, quer em matéria de ambiente, quer em matéria de direitos à proteção das minorias, quer no domínio da autonomia cultural dos grupos e dos povos.

Bibliografia

Marcelo Rebelo de Sousa, *Direito Constitucional*, Livraria Cruz, Braga, 1979, pp. 156 e ss.

Reinhold Zippelius, *Teoria Geral do Estado*, 3.ª ed., Fundação Calouste Gulbenkian, Lisboa, 1997.

Ingo Wolfgang Sarlet, *A eficácia dos direitos fundamentais*, 9.ª ed., Porto Alegre, 2007, pp. 42 e ss.

Jorge Bacelar Gouveia, *Os direitos fundamentais atípicos*, Aequitas, Lisboa, 1995; *A afirmação dos direitos fundamentais no Estado Constitucional Contemporâneo*, in AAVV, *Direitos Humanos* (coord. de Paulo Ferreira da Cunha), Coimbra, 2003, pp. 54 e 55.

Idem, *Manual de Direito Constitucional*, II, 5.ª ed., Almedina, Coimbra, 2013, pp. 1025 e ss.

DISCIPLINA MILITAR

Vítor Gil Prata

A disciplina sempre foi um elemento essencial para conseguir-se vitórias no campo de batalha, pois as formações disciplinadas de unidades militares facilitavam a manobra e aumentavam o poder de fogo. A disciplina treinava-se e interiorizava-se então, tal como agora, como condição para o êxito da missão em situações de risco e pressão extremas.

Como dizia o preâmbulo do diploma que aprovou o regulamento de disciplina militar de 1977, a comunidade militar só poderá cumprir integralmente a missão que constitucionalmente lhe é atribuída, e que consiste na defesa da independência nacional, da unidade do Estado e da integridade do território, se lhe forem atribuídos os meios indispensáveis. E um deles é a disciplina. Sem esta não haverá forças armadas.

Se a disciplina é essencial à vida em sociedade, a sua necessidade é ainda mais premente na sociedade militar, já que ela *a par do princípio da hierarquia e umbilicalmente ligada a este, é a condição básica da existência das Forças Armadas, contribuindo decisivamente para a coesão e eficácia de que estas necessitam para cumprir cabalmente as suas missão e tarefas. Os princípios por que se rege a instituição militar (princípio do comando, da hierarquia, da disciplina e coesão, a par dos deveres de honra, lealdade e coragem que todos os militares devem praticar e observar), constituem características específicas que a distinguem da restante Administração Pública e que outorgam aos seus membros um conjunto de deveres que lhes pode impor, no limite e em certas circunstâncias, o sacrifício da própria vida*” (Ac. STA 01118/13, de 26-09-2013).

A disciplina militar é, assim, um dos princípios basilares da natureza e atividade das Forças Armadas, sendo definida no regulamento de disciplina militar como o elemento essencial do funcionamento regular das Forças Armadas, visando a sua integridade, eficiência e eficácia, condições indispensáveis para conseguirem o objetivo supremo de defesa da Pátria.

É ela que garante a observância dos valores militares fundamentais em que se baseia a organização e a atividade das Forças Armadas, designadamente os da missão, da hierarquia, da coesão e da segurança e consiste no cumprimento pronto e exato dos deveres militares decorrentes da Constituição, das leis da República e dos regulamentos militares, bem como das ordens e instruções dimanadas dos superiores hierárquicos em matérias de serviço. Assim, a disciplina é considerada pelos militares não apenas como um dever mas, essencialmente, como um valor militar que garante o respeito pelos princípios éticos da virtude e da honra inerentes à condição militar.

Os valores fundamentais e os deveres militares estão consagrados num diploma tradicionalmente designado por regulamento de disciplina militar. Conforme dispunha o art. 1.º do Regulamento Disciplinar de 2 de Maio de 1913, disciplina militar é *o laço moral que liga entre si os diversos graus da hierarquia militar; nasce da dedicação pelo dever e consiste na estrita e pontual observância das leis e regulamentos militares.* Isto é, a disciplina é aceite conscientemente como laço que envolve os militares dos vários escalões da hierarquia e os une na dedicação ao cumprimento da missão e no respeito pronto e completo das leis, regulamentos e ordens superiores.

O sentido de disciplina mais profundo e valioso para as organizações é o significado subjetivo em que a sujeição a uma regra é assumida como aceitação consciente de um imperativo inerente ao próprio sujeito não por temor da pena ou esperando recompensa, mas pela persuasão íntima de que se trata de um imperativo necessário. É evidente que, para se assegurar a eficiência das Forças Armadas e garantir-se o êxito das suas missões, a base da disciplina militar não pode assentar no receio do castigo mas sim na sua aceitação natural por parte do militar.

Assim, a disciplina militar garante a observância dos valores fundamentais inerentes à função militar, e tutela-os através da imposição de deveres, cuja violação constitui uma infração disciplinar. Estes deveres diferenciam-se dos deveres impostos a outros funcionários, porquanto os deveres militares são essencialmente de natureza pessoal associados à condição militar e os daqueles são, normalmente, de natureza funcional. Assim, e precisamente pela natureza pessoal de muitos dos deveres militares, os regulamentos militares cobrem simultaneamente a atividade profissional, ainda que se encontrem no exercício de funções fora da estrutura das Forças Armadas, e a vida privada dos militares.

O primeiro dos deveres militares tutelado pela disciplina militar é o da defesa da Pátria que, se necessário, é cumprido com o sacrifício da própria vida. Note-se que esta exigência de disponibilidade pessoal para o sacrifício supremo é exclusivamente feita a militares e a mais nenhum funcionário, constituindo a característica mais relevante da função militar.

Bibliografia
Miranda, Jorge e Morais, Carlos Blanco, *O Direito da Defesa Nacional e das Forças Armadas*, ed. Cosmos/IDN, Lisboa, 2000.
Prata, Vítor Gil, "A Tutela Jurídica da Disciplina Militar", in *Estudos de Direito e Segurança*, Gouveia, Jorge Bacelar, vol. II, Almedina, Coimbra, 2012.

EMERGÊNCIA MÉDICA

DUARTE CALDEIRA

A Emergência Médica (EM) está organizada em Portugal, através do Sistema integrado de Emergência Médica (SIEM).

Descodificando o acrónimo SIEM: Sistema, porque agrega um conjunto de partes coordenadas entre si e que concorrem para o mesmo fim; Integrado, porque combina partes ou etapas que funcionam de forma completa; Emergência, porque ocorre subitamente e de forma inesperada.

A EM abrange todos os procedimentos julgados necessários à prestação de socorro à (s) vítima (s) de acidente ou doença súbita, desde o local da ocorrência até à unidade hospitalar de referência. Por isso, considera-se que a EM protagoniza uma nova conceção de cuidados de saúde específicos, caracterizada por um conjunto de ações na área da saúde que abrangem todos os procedimentos efetuados no local da ocorrência, até ao momento em que se inicia o tratamento na unidade hospitalar adequada, contando para tal com a participação de inúmeros intervenientes.

Segundo a Organização Mundial de Saúde (OMS) a existência de um SIEM reduz em 20% a taxa de mortalidade por acidente bem como a taxa de morbilidade, com relevantes impactos económicos e sociais nos países.

Em Portugal, o Instituto Nacional de Emergência Médica (INEM), organismo do Ministério da Saúde criado em 3 de agosto de 1981, tem a responsabilidade de coordenar o funcionamento, no território continental, do SIEM.

A cadeia da EM tem início quando um cidadão liga 112 – Número Europeu de Emergência. O atendimento cabe às centrais de emergência que de imediato encaminham para os Centros de Orientação de Doentes Urgentes (CODU), estruturas de base regional do INEM.

Compete ao CODU definir a unidade hospitalar de acolhimento, mediante critérios geográficos e de recursos existentes na referida unidade, necessários para fazer face à situação. Cada CODU assegura ainda o acompanhamento permanente das equipas a operar no terreno, efetuando sempre que necessário o contacto prévio com a unidade hospitalar que irá receber a vítima.

Para exercer a sua atividade, o INEM dispõe de meios de emergência médica, operados diretamente ou – através de protocolos – por outras entidades, tais como Bombeiros, Cruz Vermelha Portuguesa e Hospitais.

Bibliografia

Gandra, Romero Manuel Bandeira (1995), *Medicina de Catástrofe – da exemplificação histórica à iatroética*, Porto, Instituto de Ciências Biomédicas de Abel Salazar, Editora da Universidade do Porto.

Mateus, Barbara Aires (2007), *Emergência Médica Pré-hospitalar Que realidade*, Lisboa, Lusociência.

Legislação

Decreto-Lei n.º 34/2012, de 14 de fevereiro, do Ministério da Saúde, DR I Série n.º 32 de 14 de fevereiro de 2012, Lei Orgânica do INEM.

Decreto-Lei n.º 73/1997 de 3 de abril, do Ministério da Administração Interna, DR I Série n.º 78 de 3 de abril de 1997, Funcionamento do número europeu de emergência.

Portaria n.º 260/2014, de 15 de dezembro, do Ministério da Administração Interna e da Saúde, DR I Série n.º 241 de 15 de dezembro de 2014, Regulamento do Transporte de Doentes.

Despacho n.º 14041/2012, de 23 de outubro, do Ministério da Saúde, DR II Série n.º 209 de 29 de outubro de 2012, Atividade do Centro de Orientação de Doentes Urgentes.

ESTADO

Jorge Bacelar Gouveia

1. O sentido de Estado em geral

I. O que é fundamental para quem se abalança ao estudo do Direito Constitucional é o conhecimento do Estado, bem como da sua estrutura, sendo certo que é nele que se concentra, nos dias de hoje, o principal modo de organização política e social.

É verdade que o Estado nem sempre existiu, nem sequer se pode ter a certeza de que o Estado seja uma realidade imutável ou eterna. Mas não é menos verdade que se tem mantido estável na sua essência, apesar das modificações sensíveis que tem vindo a conhecer ao longo das diferentes épocas históricas que tem atravessado, assim como das conceções que o têm acompanhado.

Seja como for, o Estado de hoje, herdado da Idade Contemporânea, é ainda um modo de organização que satisfaz os interesses dos cidadãos, se comparado com outros modos de organização que têm surgido, a um ritmo cada vez mais veloz.

II. Uma primeira aproximação à essência da natureza estadual implica que dela se possa formular uma definição conceptual: *o Estado é a estrutura juridicamente personalizada, que num dado território exerce um poder político soberano, em nome de uma comunidade de cidadãos que ao mesmo se vincula.*

Antes de se analisar com mais detença estes três elementos tradicionais do Estado – o elemento humano, o elemento funcional e o elemento espacial – vem a ocasião de observarmos alguns aspetos preliminares que contribuem para a sua melhor perceção:

– *as características do Estado*;
– *os fins do Estado*;
– *as aceções do Estado*; e
– *o nome do Estado.*

III. As *características do Estado* como fenómeno político-social permitem o seu melhor entendimento, para além da respetiva diferenciação em face de realidades afins, características que se resumem a estas seis reflexões:

a) a complexidade organizatória e funcional: o Estado pressupõe um mínimo de complexidade organizacional e funcional, isso acarretando uma pluralidade de organismos, de tarefas, de atividades e de competências para levar a cabo os seus objetivos;

b) a institucionalização dos objetivos e das atividades: o Estado assenta na dissociação da sua realidade estrutural por contraposição aos interesses particulares e pessoais daqueles que nele desempenham funções, criando-se um quadro próprio de referência, nisso consistindo, aliás, a ideia de personalidade coletiva;

c) a autonomia dos fins: naquele aparelho complexo, o Estado separa os fins que prossegue dos interesses pretendidos pelos seus membros individualmente considerados, permanecendo para além da sua vida terrena e com os mesmos não se confundindo, nem sequer sendo o seu somatório e avultando, assim, a ideia de bem comum;

d) a originariedade do poder: o Estado expressa-se em função da qualidade do poder político de que é detentor, no caso e necessariamente um poder político originário, que se mostra constitutivo dele mesmo, de tal sorte que é o próprio Estado a autodeterminar-se e a auto-organizar-se nos seus diversos planos de organização e de funcionamento, poder esse que é o poder constituinte;

e) a sedentariedade do exercício do poder: o Estado, na prossecução dos seus fins, carece de uma localização geográfico-espacial, uma vez que a sua atividade inelutavelmente se lança num dado território, não havendo Estados virtuais, nem Estados nómadas;

f) a coercibilidade dos meios: o Estado, embora não o seja em exclusividade, é o depositário supremo das estruturas de coerção, que podem aplicar a força física para fazer respeitar o Direito que produz e a ordem político-social que mantém.

IV. Ao lado das características do Estado, é de sublinhar que a sua importância na organização social também se mede pelos *fins* por que luta.

A ereção de uma realidade estadual não é neutra, nem satisfaz interesses indiferenciados, antes vai corresponder a desejos e a objetivos que fazem dessa estrutura, ainda hoje, a mais relevante entidade de satisfação das necessidades coletivas da vida em sociedade.

Tais fins têm sido tradicionalmente agrupados em três vertentes:

– *a segurança*: a *segurança externa* contra as entidades agressoras, no plano territorial, no plano das pessoas e no plano do poder; a *segurança interna*, na manutenção da ordem pública, da segurança de pessoas e bens, e na prevenção e repressão de danos de bens sociais, para além da própria aplicação geral do Direito;

– *a justiça*: a *justiça comutativa*, quando se impõe estabelecer relações de igualdade, abolindo as situações de privilégio, com uniformes critérios de decisão; a *justiça distributiva*, no sentido de dar a cada um o que lhe pertence pelo mérito ou pela sua situação real, numa visão não necessariamente igualitarista;

– *o bem-estar*: o *bem-estar económico* pela provisão de bens que o mercado não pode fornecer ou não pode fornecer satisfatoriamente; o *bem-estar social* pela prestação de serviços sociais e culturais a cargo do Estado, normalmente desinseridos do mercado.

Certamente que cada Estado, através da Constituição, se encarregará de concretizar as suas grandes tarefas, especificando melhor os desígnios que explicam o seu sentido útil, que tem subjacente, de resto, um amplo debate num dos principais temas da Filosofia Contemporânea, com a contraposição entre as teorias individualistas e as teorias comunitaristas.

V. O conceito de "Estado", para além do seu lado linguístico, acolhe diferentes aceções que nele se acobertam, designando outras tantas perspetivas da estruturação do Estado, de algum jeito em razão da incidência que se pretenda conferir a alguns dos seus aspetos:

– *Estado no Direito Constitucional*: Estado-Poder e Estado-Comunidade, conforme se pretenda realçar, respetivamente, o conjunto dos órgãos, titulares, atribuições e competências ou o conjunto das pessoas, essencialmente cidadãos, que beneficiam da proteção conferida pelos direitos fundamentais, sendo certo que, em ambos os casos, é a mesma pessoa coletiva pública que detém o poder constituinte e que interpreta mais abstratamente o interesse público no exercício das funções legislativa e política;

– *Estado no Direito Internacional Público*: Estado enquanto pessoa coletiva participante das relações jurídicas internacionais que integram a sociedade internacional como o seu sujeito qualitativamente mais antigo, e ainda essencial não obstante o alargamento subjetivo que essa mesma sociedade internacional tem vindo a sofrer;

– *Estado no Direito Administrativo* (Estado-Administração): Estado enquanto pessoa coletiva pública, distinta de outras pessoas coletivas reguladas pelo Direito Administrativo, noutros níveis e setores da Administração Pública;

– *Estado no Direito Judiciário* (Estado-Justiça): Estado enquanto pessoa coletiva pública que desenvolve a função jurisdicional através dos órgãos judiciais, assim realizando a administração da Justiça;

– *Estado no Direito Privado*: Estado enquanto pessoa coletiva que se submete ao Direito Privado, este como Direito comum que é, em tudo o que não requeira a regulação dada pelos diversos capítulos do Direito Público.

VI. A *palavra Estado*, numa perspetiva terminológica, nem sempre foi o vocábulo designado para o denominar, sendo um atributo de recente conquista.

Nisso foi decisiva a obra de Nicolau Maquiavel, a partir da qual essa nomenclatura definitivamente se instalaria na doutrina político-constitucional: *status* e *stato*.

Até então, o Estado aparecia normalmente referido pela expressão atinente à forma institucional de governo vigente, praticamente sendo exclusiva da monarquia, por contraposição à república.

A conveniência da palavra "Estado", na esteira da proposta daquele autor florentino, radica na sua adequação para referir uma das suas características, que é a permanência e a intensidade do respetivo poder político.

2. O elemento humano – o povo

I. O *elemento humano* do Estado é o conjunto das pessoas que, relativamente a determinada estrutura estadual, apresentam com a mesma um laço de vinculação jurídico-política, que tem o nome de *cidadania*, conjunto de *cidadãos* de um Estado que toma, por isso, o substantivo coletivo de *povo*.

A consideração dos cidadãos no seu vínculo jurídico-público ao Estado, com tudo o que isso implica, refrange a existência de um substrato humano ou pessoal, em relação ao qual a atividade do Estado ganha uma dimensão própria, ao nela evidenciar-se a vertente comunitária, até por contraponto a outras estruturas, que possuindo também uma parcela do poder político, não ostentam aquele substrato pessoal.

Do ponto de vista terminológico, ao lado da locução "cidadania", utiliza-se muitas vezes a expressão "nacionalidade". Como esta igualmente se aplica a realidades afins que não são as pessoas humanas, a título de exemplo a nacionalidade das pessoas coletivas, de navios e de aeronaves, o seu emprego, neste contexto, deve ser evitado, preferindo-se a expressão "cidadania", ainda que se reconheça que o nome "nacionalidade" é, na linguagem corrente e até legal, muito mais frequente.

II. A importância do substrato humano do Estado, como pessoa jurídica coletiva, é visível em diversos domínios, aparecendo como o mais relevante de todos o facto de ser em favor dessas pessoas – e de outras que venham a ser eventualmente equiparadas àquelas para certos objetivos da governação estadual – que são definidos os seus objetivos e desenvolvidas as respetivas atividades.

Eis alguns dos domínios em que se torna mais nítida a relevância do substrato humano da organização estadual:

– *na escolha dos governantes*: havendo democracia, como é mais frequente, quem escolhe os titulares do poder político são os cidadãos, não os estrangeiros ou as empresas, exprimindo a sua livre vontade através do sufrágio;
– *no desempenho de cargos públicos*: os cargos públicos mais diretamente ligados ao poder do Estado, como o de Chefe de Estado e outros equiparados, só podem ser desempenhados por cidadãos desse mesmo Estado, havendo, porém, uma margem variável que cada Direito Constitucional em particular especifica;
– *na definição das prestações sociais*: as preocupações com o bem-estar económico e social, através do exercício dos direitos fundamentais económicos e sociais, são aquilatadas em função dos cidadãos que delas vão beneficiar;
– *no cumprimento de alguns deveres fundamentais*: na defesa da Pátria, por exemplo, o respetivo dever de proteção contra agressões inimigas recai sobre quem tem a qualidade de cidadão desse mesmo Estado.

ESTADO

III. O conceito de povo deve ser cuidadosamente diferenciado de outros *conceitos afins*, cuja dilucidação interessa para se descortinar os contornos destas realidades jurídico-políticas, sendo de enunciar as seguintes:

a) a população: as pessoas residentes ou habitantes no território estadual, independentemente do vínculo de cidadania, nacional ou estrangeira, ou do não-vínculo de apolidia, em que não há cidadania alguma;

b) a nação: as pessoas que se ligam entre si com base em laços sociopsicológicos, como uma mesma cultura, religião, etnia, língua ou tradições, formando uma comunidade com esses traços identitários;

c) a pátria: o sítio onde viviam os pais, a terra dos antepassados, numa conjunção de fatores territoriais e histórico-culturais;

d) a nacionalidade (stricto sensu): a qualidade atribuída a pessoas coletivas ou a bens móveis registáveis, como as aeronaves ou os navios, que os associa a determinada Ordem Jurídica, tornando-a aplicável.

IV. No seu conteúdo, a relação jurídico-pública de cidadania pode ser vista sob uma dupla veste:

– ora como um *estatuto*;
– ora como um *direito*.

A cidadania como *estatuto* designa sinteticamente a atribuição de um feixe de posições jurídicas à pessoa que dela beneficia, feixe de posições jurídicas que tem um caráter acentuadamente caleidoscópico, variando em função da natureza das posições que nesse estatuto se encontram presentes:

– *posições ativas* – direitos – e *posições passivas* – deveres;
– *posições constitucionais* – atribuídas logo pela Constituição – e *posições infraconstitucionais* – de natureza internacional ou legal.

A cidadania como *direito* traduz o percurso trilhado no sentido de se obter aquele estatuto, mediante o respeito por algumas regras fundamentais, assim favorecendo a ligação da pessoa a determinada estrutura estadual.

Há orientações internacionais no sentido de tornar indesejável a situação de apolidia ou de apatridia, como do mesmo modo existem orientações internas que favorecem o acesso à cidadania mediante o preenchimento de determinadas condições.

O fenómeno da atribuição da cidadania, tal como a História Política nos tem mostrado, condensou-se na prevalência de dois grandes critérios:

– o *ius sanguinis* – as relações de sangue, porque se os progenitores pertencem a certa cidadania, ela se comunica aos seus descendentes;
– o *ius soli* – o lugar do nascimento, por uma ligação afetivo-territorial justificar a atribuição da cidadania.

3. O elemento funcional – a soberania

I. O *elemento funcional* do Estado expressa a organização de meios que se destinam a operacionalizar a atividade estadual em ordem a alcançar os respetivos fins.

O poder político do Estado, contudo, não oferece uma infinita combinação de cambiantes porque, tratando-se de uma estrutura própria, a mesma toma a natureza de *soberania*, que vale duplamente, na esfera externa e na esfera interna:

– a *soberania na ordem interna* representa a *supremacia* sobre qualquer outro centro de poder político, que lhe deve obediência e cujas existência e amplitude são forçosamente definidas pelo próprio Estado;

– a *soberania na ordem externa* significa a igualdade e a independência nas relações com outras entidades políticas, *maxime* dos outros Estados, nelas se reconhecendo diversos poderes, como o direito de celebrar tratados (*ius tractuum*), o direito de estabelecer relações diplomáticas e consulares (*ius legationis*), o direito de apresentar queixa, o direito de exercer a legítima defesa e o direito de participar na segurança da comunidade internacional (*ius belli*).

II. O reconhecimento de que o poder político do Estado é soberano, para lá da dupla vertente que fica assinalada, reflete ainda o traço fundamental de a respetiva dilucidação – qual seja a de uma dimensão estritamente qualitativa – se expressar na primariedade do poder político do Estado, que é o poder máximo da sua auto-organização, interna e externa: a *Kompetenz-Kompetenz* ou *a competência das competências*.

Essa primariedade do poder do Estado implica que lhe compete, em cada momento, autodefinir-se na sua estruturação e que os outros poderes políticos, internos e externos, existem e medem-se em razão de uma decisão fundamental que só ao Estado cabe tomar.

Em termos práticos, esse é o poder constitucional de auto-organização do Estado, que tanto pode ser inicial, quando o Estado estabelece uma nova Constituição, ou superveniente, quando em cada momento modifica a Constituição ou, mais profundamente, exerce um novo poder constituinte primário.

Contudo, importa dizer que esta primariedade do poder político do Estado não pode associar-se a uma qualquer ideia de omnipotência estadual, no sentido de lhe ser permitido agir sem limites.

São essencialmente dois os limites com que é preciso contar: com os limites axiológicos que se imponham à atuação de qualquer poder político e, por isso, também do poder soberano; e com os limites lógicos que derivam da coexistência, sobretudo na ordem internacional, dos diversos Estados soberanos.

III. A *soberania interna* do Estado implica que dentro das extremas da atividade política estadual, no seio do seu território, *é o Estado a autoridade máxima, nenhuma outra com ele podendo ombrear.*

Desta soberania interna decorre, em primeiro lugar, que é o Estado que se apresenta como a autoridade suprema, dele dependendo a fonte da juridicidade da Ordem Jurídica interna.

Essa soberania interna implica, por outro lado, que é ao Estado que compete optar pela existência de outras entidades infra-estaduais ou menores, opção que normalmente se insere no respetivo texto constitucional.

A soberania interna traduz ainda a orientação de que é ao Estado que incumbe o estabelecimento da natureza, da intensidade e dos limites do poder político atribuído a essas estruturas infra-estaduais.

Definida nestes termos, a soberania interna separa-se da qualidade do poder político que é entregue às entidades infra-estaduais que com ele convivem, mas que por serem infra-estaduais não podem ser, segundo esta perspetiva, soberanas.

Deste modo, é preferível utilizar-se neste contexto o conceito de *autonomia*, ao exprimir a possibilidade de acionar meios próprios de ação política, mas sempre condicionados, tomando o poder estadual soberano por referência, seja porque é o poder estadual que permite a sua criação, seja porque é o poder estadual que baliza os poderes que lhes são delegados.

IV. Os poderes que se integram na soberania estadual interna costumam ser repartidos por dois núcleos distintos:

– as *competências territoriais*; e
– as *competências pessoais.*

As *competências pessoais* representam um dos aspetos mais nobres do exercício do poder político na esfera interna, incidindo sobre o conjunto das pessoas que são os seus cidadãos, em relação às quais o Estado define o respetivo estatuto jurídico-político, a começar por quem o pode ser e por quem o não pode ser, se bem que a ação do seu poder possa igualmente incidir sobre as restantes pessoas que residam no respetivo território.

As *competências territoriais*, do mesmo modo vistas da ótica do Estado, determinam que se lhe reconheça a capacidade de livremente configurar o regime da utilização e aproveitamento dos seus espaços geográficos. É unicamente o Estado a entidade com *senhorio territorial*, aí projetando as suas leis, o mesmo é dizer, a respetiva Ordem Jurídica.

V. A *soberania externa* do Estado, mantendo relações de independência – ou seja, de não sujeição – e de igualdade de direitos no seio da sociedade internacional, simboliza a liberdade de as estruturas estaduais escolherem os seus vínculos contratuais e diplomáticos, sem que se possa aceitar a existência de autoridades que lhes sejam superiores, a não ser com o seu consentimento, ou que esse resultado seja uma consequência lógica da viabilidade da atuação internacional dos Estados.

Porém, a realidade estadual, se é fácil de averiguar do ponto de vista da soberania interna, no plano internacional enfrenta hipóteses que se mostram mais variáveis, sendo os Estados internamente sempre soberanos, mas no plano internacional tal podendo nem sempre acontecer, no todo ou em parte, falando-se, a este propósito, de duas categorias:

- *os Estados semissoberanos*: os Estados semissoberanos são Estados que, por várias razões, não se apresentam com uma soberania plena na esfera das relações internacionais; e
- *os Estados não soberanos*: os Estados não soberanos, embora sendo verdadeiros Estados, somente o são assim na ordem interna, carecendo na ordem internacional de capacidade de atuação própria.

VI. Os Estados *semissoberanos* – relativamente aos quais se verifica, da ótica do Direito Internacional, mas que também assume relevância para o Direito Constitucional, uma limitação na sua capacidade – podem ter diversas causas, assim como atingir aspetos daquela soberania internacional, devendo distinguir-se os seguintes exemplos:

- os *Estados confederados*;
- os *Estados vassalos*;
- os *Estados protegidos*;
- os *Estados exíguos*;
- os *Estados neutralizados*;
- os *Estados federados*; e
- os *Estados membros de organizações supranacionais*.

Os *Estados confederados*, do prisma de cada uma das unidades que integra a confederação, veem a sua soberania internacional limitada nos assuntos que ficaram delegados na estrutura confederativa, tal como os mesmos foram indicados no tratado que a fundou. Não se trata de uma limitação total porque mantêm a capacidade internacional nos domínios não abrangidos pela atividade da confederação, que por natureza jamais absorve todos os assuntos que integram a política internacional de um Estado.

Os *Estados vassalos* refletem a existência de um vínculo feudal, através do qual o Estado suserano, em troca do exercício de poderes internacionais, confere proteção e segurança ao Estado vassalo. Não existindo hoje exemplos deste tipo de vínculo, foi ele utilizado algumas vezes nos séculos passados.

Os *Estados protegidos*, numa situação próxima da anterior, colocam-se numa posição de menoridade relativamente ao Estado protetor, a quem conferem um mandato para o exercício de certos poderes internacionais, em troca de proteção e de ajuda. Tal como os anteriores, são situações históricas.

Os *Estados exíguos* – ou, noutra nomenclatura, os microestados ou os Estados--Lilipute – são Estados que, por causa da sua pequenez territorial, não são aceites à plenitude da capacidade jurídico-internacional, embora possam ter alguns dos poderes que se lhes reconhecem, naturalmente sendo impossível esquecer o óbice de essa exiguidade ser, na verdade, impeditiva da assunção de maiores responsabilidades na cena internacional.

Os *Estados neutralizados* são os Estados que, por ato unilateral interno ou por tratado internacional, ficaram decepados do seu poder de intervir em assuntos de natureza militar no plano internacional, separando-se dos Estados neutros, estes correspondendo a uma opção momentânea de não intervir num determinado conflito armado, beneficiando do estatuto da neutralidade.

Os *Estados federados* são verdadeiramente Estados, mas por força da sua inclusão numa federação perdem parte da respetiva capacidade internacional, nos termos previstos no texto institutivo da respetiva estrutura federativa, tendo sido disso um bom exemplo algumas das repúblicas da ex-URSS, embora noutras situações possa essa perda ser total, devendo neste caso integrar o grupo dos Estados não soberanos e não o grupo destes Estados semissoberanos.

Os *Estados membros de organizações supranacionais* são Estados que, ao fazerem parte destas entidades internacionais, deixam de possuir a plenitude da sua soberania internacional, delegada ou transferida para a órbita daquelas, as quais lhes podem impor as suas decisões, mesmo contra a sua vontade.

VII. Os *Estados não soberanos*, nos quais apenas se assinala a verificação da soberania interna, sendo verdadeiros Estados para o Direito Constitucional, desdobram-se em duas modalidades estruturalmente distintas, previstas nos respetivos textos constitucionais:

– os *Estados federados*; e
– os *Estados membros de uniões reais*.

Os *Estados federados*, pertencentes a federações mais amplas, na sequência do exemplo precursor dos Estados Unidos da América, mantêm a sua soberania interna, com os poderes que a identificam, incluindo o poder constituinte, e estabelecem uma estrutura de separação entre o nível estadual e o nível federal. Os Estados federados, nesta sua versão, não são sequer sujeitos de Direito Internacional, por terem transferido a totalidade dos poderes de atuação internacional para o nível federal.

ESTADO

Os *Estados membros de uniões reais*, que se inserem nestas estruturas estaduais compósitas, mantêm a sua soberania interna, ainda que limitada, mas diferentemente do que sucede com os Estados federados, alguns dos órgãos daqueles podem ser comuns à união real, numa lógica de fusão dos poderes estaduais subjacentes com os poderes estaduais superiores.

4. O elemento espacial – o território

I. O *elemento espacial* do Estado consiste no domínio geográfico em que o poder do Estado faz sentido, o que se denomina por *território estadual*, ou seja, uma parcela de espaço físico que se submete ao respetivo poder político soberano, que também pode tomar o nome de *senhorio territorial* ou de *domínio eminente*.

Tudo isto implicita que a atividade do Estado não pode nunca desprender-se de um suporte físico, que é o seu território, embora se discuta se o elemento territorial tem a mesma natureza constitutiva dos outros elementos do Estado – o povo e a soberania – ou se não será apenas uma condição da sua existência.

A importância do elemento espacial do Estado percebe-se melhor através das várias funções que o território estadual é chamado a desempenhar:

– *a sede dos órgãos estaduais*: é no território que se situa a capital do Estado, que se pode transferir para qualquer lugar em vista da melhor garantia do objetivo de segurança externa;

– *o lugar de aplicação das políticas públicas do Estado, bem como da residência da maioria dos seus cidadãos*: a definição das políticas públicas, sobretudo de cunho infraestrutural, leva em consideração a extensão do território, beneficiando os cidadãos desse mesmo Estado, propiciando mais elevados níveis de bem-estar;

– *a delimitação do âmbito de aplicação da ordem jurídica estadual*: é o território que traça as fronteiras da aplicação do poder estadual, bem como dos outros poderes, que se expressam na Ordem Jurídica que produzem e que têm a missão de preservar e defender;

– *o espaço vital de independência nacional*: é o território que favorece a permanência e a independência do Estado relativamente aos respetivos inimigos, para além de ser um espaço de construção da sua singularidade identitária.

II. O conceito de território estadual, na medida em que o mesmo possa acolher a titularidade e o exercício de poderes de natureza soberana, deve ser cuidadosamente apartado de outros conceitos afins que do mesmo modo ligam o poder político ao espaço físico onde o mesmo se projeta, sobretudo relevando do Direito Administrativo.

Um desses conceitos é o de *domínio público do Estado e das demais pessoas coletivas*, que designa os direitos de utilização de bens coletivos que, por causa da sua função, não podem ser objeto de comércio privado, estando sujeitos a um severo regime de imprescritibilidade e de inalienabilidade.

Outro conceito a referir é o do *domínio privado do Estado e das demais pessoas coletivas públicas*, nele se sinalizando os direitos de utilização de bens coletivos que, ao contrário daqueles primeiros que inerem ao domínio público, permitem a sua entrada no comércio privado, sujeitos à regra geral da disponibilidade jurídica.

Conceito ainda a aludir, sendo mais amplo, é o de *domínio privado das pessoas privadas*, que não tem qualquer peculiaridade, ao denominar os direitos reais comuns que se exercem sobre os bens.

A diferença essencial entre estes conceitos cifra-se no facto de o senhorio territorial exprimir, num plano mais abstrato, a aplicação espacial do Direito Estadual, ao passo que o domínio público e o domínio privado são esquemas concretos de aproveitamento de bens que se integram na esfera jurídica das pessoas coletivas públicas, mesmo de entidades infra-estaduais.

III. No seu território soberano, o Estado organiza a sua competência segundo três características fundamentais, que se adequam bem ao referido conceito de senhorio territorial, na sua aceção positiva e negativa:

- a *permanência*: o poder do Estado é tido por duradouro e não consubstancia qualquer situação de vigência limitada, pois que, se assim fosse, não configuraria um verdadeiro poder estadual;
- a *plenitude*: o poder do Estado é exercido na máxima potencialidade que se conhece, não se concebendo outra modalidade mais ampla, podendo imaginar-se vários outros direitos de natureza menor, mas que não podem almejar à qualificação de direitos de soberania territorial;
- a *exclusividade*: o poder do Estado não é partilhável com mais ninguém ao seu nível de soberania, sendo exercido somente pelo Estado nesse domínio territorial e a esse título.

Ainda que estas características do território estadual se possam socorrer da Dogmática do Direito Civil, a verdade é que só por aproximação faz sentido falar em direitos reais – *ius in rem* – quando se refere a relação do Estado com o seu território, na certeza de que alguns dos seus traços fundamentais não se aplicam. Tal discussão parece assim ser ociosa ou necessariamente construída noutros moldes, para o que são apresentadas algumas teorias explicativas da conexão do poder estadual em relação ao respetivo território:

- a *teoria patrimonial*, segundo a qual o direito sobre o território, sendo dominial, teria as mesmas características do direito de propriedade do Direito Civil;

ESTADO

– *a teoria do imperium pessoal*, pela qual o direito sobre o território se exerceria sobre as pessoas que nele se situassem ou residissem;
– *a teoria do direito real institucional*, idêntica à primeira, mas mitigada pela função dos serviços estaduais;
– *a teoria da jurisdição ou senhorio*, para a qual o direito sobre o território afeta simultaneamente pessoas e bens, nunca se equiparando a um direito real.

O desenvolvimento do território estadual tem vindo a confirmar a correção da *teoria do senhorio territorial*, não ostentando as características dos direitos reais porque não persiste qualquer apropriação dos espaços, mas só uma difusa aplicação da Ordem Jurídica estadual, sendo também por isso inviáveis as teorias patrimoniais, pessoais ou funcionais do território.

IV. A afirmação da evidência e da necessidade do território estadual não é ainda suficiente, porquanto a sua explicitação possibilita desfibrar a existência de três modalidades, a primeira e a última inelutáveis, se bem que a segunda meramente eventual:

– *o espaço terrestre*;
– *o espaço marítimo*; e
– *o espaço aéreo*.

Note-se, contudo, que já não é hoje possível alcançar uma total uniformidade na medida dos poderes soberanos de que os Estados dispõem sobre cada uma destas modalidades de território estadual.

Não raras vezes são reconhecidos limites específicos à soberania territorial que sobre eles se projeta, em nome da novidade desses mesmos espaços – como é o caso das águas arquipelágicas, que, para serem recentemente reconhecidas, tiveram de integrar mais severas limitações na aplicação da soberania do Estado arquipelágico em comparação com outros espaços marítimos "mais soberanos" – ou em nome de necessidades relevantes no plano da segurança da atividade internacional ou na própria subsistência dos respetivos recursos biológicos ou naturais – como é o caso das restrições que certas organizações internacionais com atribuições marítimas impõem, como sucede com a União Europeia, quer através da adoção de procedimentos de segurança na navegação, quer através do estabelecimento de limites máximos de captura para preservação de espécies em perigo de extinção.

O percurso, nesta como noutras matérias, tem sido o da progressiva limitação quantitativa da soberania estadual, em ordem à preservação de tais espaços, bem como das atividades que neles podem ser desenvolvidas, tarefa que tem sido progressivamente atribuída ao Direito Internacional Público.

V. O *espaço terrestre* corresponde à massa de terra seca, continental ou insular, onde o Estado, os seus órgãos e os respetivos cidadãos desenvolvem a sua atividade, espaço que, não obstante aquela caracterização física, pode ainda incluir massas líquidas, assim globalmente distribuídas:

– *a terra seca*: a porção de terra que se encontra acima do nível médio das águas;
– *os cursos fluviais*: as porções de água doce, assistidas de corrente circulatória, que percorrem os meandros da terra seca;
– *os lagos e lagoas*: as porções de água doce (nalguns casos de regime internacional e não meramente interno), sem corrente circulatória, que se encerram em espaços delimitados por terra seca.

VI. O *espaço marítimo* abrange a porção de água salgada que circunda o território terrestre, nalguns casos podendo abranger ainda o solo e o subsolo marítimos, de acordo com as seguintes subcategorias:

– *as águas interiores*: a porção de água salgada até ao limite interno do mar territorial;
– *o mar territorial*: a porção de água salgada entre a linha de baixa-mar e o limite exterior das 12 milhas, ou a partir do limite exterior das águas interiores, quando seja caso disso, no que também se inclui o solo e o subsolo subjacentes, ainda nesta categoria se considerando, em certos casos, o regime especial dos estreitos internacionais;
– *a plataforma continental*: o solo e o subsolo marítimos até ao bordo exterior da plataforma continental ou, no máximo, até às 350 milhas;
– *as águas arquipelágicas*: a massa de água compreendida entre a linha da baixa-mar e o perímetro arquipelágico exterior, nos casos de Estados totalmente constituídos por ilhas, nelas se exercendo poderes preferenciais de aproveitamento de pesca, mas apenas concorrentes na navegação e na instalação de cabos e oleodutos, numa situação em que se registam significativos limites à soberania marítima.

VII. O *espaço aéreo* abrange a camada de ar sobrejacente aos espaços terrestres e marítimos submetidos à soberania estadual, até a um limite superior a partir do qual se considera existir o espaço exterior, aí vigorando um regime internacional, e não já de soberania interna.

Assim, todo o espaço aéreo nacional está submetido à ação do Estado, que pode realizar o seu aproveitamento, autorizando e impedindo a circulação das aeronaves, tal como outras eventuais utilizações.

O principal título jurídico deste tipo de espaço vem a ser o Direito Interno de cada Estado a que respeita, mas também é possível que essas indicações sejam complementadas por outros títulos jurídicos, internos e internacionais.

ESTADO

Algumas desses princípios e normas consideradas aplicáveis encontram-se em disposições da Convenção de Montego Bay que versam sobre os espaços marítimos que genericamente se adequam à soberania estadual, este tratado internacional acessoriamente avançando para a definição de regras aplicáveis a espaços que não têm a consistência daqueles, como é o que se passa com o espaço aéreo nacional.

O mais relevante instrumento internacional, porque especificamente concebido para regular os espaços aéreos nacionais, acaba indiscutivelmente por ser a Convenção de Chicago, a qual estabeleceu, desde 7 de Dezembro de 1944, as normas e os princípios fundamentais em matéria de Direito Aéreo, na base da partilha das diversas soberanias nacionais.

Este espaço aéreo nacional não deve ser confundido com outra qualidade de espaço aéreo, este já internacional, que corresponde à massa de ar, até ao limite inferior do espaço exterior, em que se assinala um regime puramente internacional, sendo a projeção superior de espaços terrestres ou marítimos onde não se exerce qualquer soberania territorial.

VIII. O território do Estado, que se compõe por estes diversos espaços, naturalisticamente diferenciados, não permite ainda determinar a totalidade das situações de exercício do poder estadual.

É possível observar casos em que existem poderes menos intensos, que não são de soberania, mas que expressam, todavia, importantes vias de aproveitamento ou exploração, para lá dos poderes de jurisdição e de fiscalização, numa por vezes intrincada rede de direitos e deveres:

- *a zona contígua*: espaço marítimo delimitado entre as 12 e as 24 milhas, a seguir ao mar territorial, em que o Estado costeiro pode exercer poderes de fiscalização com vista a evitar ou reprimir violações às suas leis e regulamentos internos;
- *a zona económica exclusiva*: espaço marítimo delimitado entre as 12 e as 200 milhas, a seguir ao mar territorial, nela o Estado exercendo direitos preferenciais de aproveitamento dos recursos biológicos vivos aí existentes, para além de poderes de jurisdição e de fiscalização.

IX. Como o Estado igualmente assume uma vertente de relacionamento internacional, é ainda apropriado considerar que lhe está permitido um uso livre, dentro dos limites gerais estabelecidos pelo Direito Internacional, dos espaços internacionais, que são também de três naturezas:

- ou *espaços terrestres*, em que o Estado pode desenvolver diversas atividades em igualdade e liberdade com os outros Estados, situação que atualmente apenas se exemplifica pela *Antártida*, dado o completo aproveitamento

dos espaços terrestres pelas diversas autoridades estaduais que foram gradualmente ocupando as faixas de terra seca, no Globo progressivamente descobertas;
- ou *espaços marítimos*, neles o Estado podendo fazer navegar navios que arvoram a sua bandeira ou desenvolver quaisquer atividades permitidas, podendo tais espaços corresponder ao *alto mar*, à *zona económica exclusiva* (considerando apenas a vertente de navegação) e à *área*;
- ou *espaços aéreos*, em que o Estado pode efetuar os aproveitamentos inerentes à atividade aeronáutica e à atividade rádio-elétrica, concretizando-se tais espaços no *espaço aéreo internacional* e no *espaço exterior*.

5. As vicissitudes do Estado

I. A realidade estadual, que considerámos sob uma ótica estática, pode paralelamente ser vista numa perspetiva dinâmica, na certeza de que se trata de uma realidade não eterna, que teve um começo, que terá um fim e que sofre transformações.

Esses acontecimentos incorporam o conceito de *vicissitudes do Estado*, estas assumindo duas tonalidades:

- *as vicissitudes políticas*; e
- *as vicissitudes territoriais*.

II. As *vicissitudes políticas* referenciam mutações no sistema político dos Estados, com óbvias implicações em cada sistema constitucional, como sucede com o reconhecimento dos governos provisórios, ou com as situações em que a capacidade internacional dos Estados se altera.

Na maior parte dos casos, estas vicissitudes políticas ganham apenas uma projeção sobre os sistemas constitucionais dos Estados, operando-se modificações nos seus regimes político, social ou económico, não sendo, por isso, imediatamente concernentes ao plano internacional.

Também pode dar-se a hipótese de tais alterações políticas se projetarem na fisionomia internacional dos Estados, determinando alterações na sua aparência, podendo diminuir ou aumentar a sua capacidade jurídico-internacional.

III. As *vicissitudes territoriais* referenciam alterações no elemento territorial, que se modifica total ou parcialmente, determinando uma mutação na respetiva configuração, sendo estas, de longe, as mais usuais na vida internacional, já que diretamente interferem no respetivo posicionamento.

Uma melhor dilucidação das vicissitudes territoriais depara com três categorias, acompanhando o Estado nas suas alterações vitais, assim sendo:

– *vicissitudes aquisitivas*;
– *vicissitudes modificativas*; e
– *vicissitudes extintivas*.

IV. As *vicissitudes aquisitivas* designam o aparecimento do Estado, que é o momento jurídico-político a partir do qual, contrariamente ao que sucedia antes, emerge no Direito Público, interno e internacional, uma nova entidade jurídico-política, que tem poderes de intervenção próprios da natureza de que aí se reveste.

O aparecimento do Estado manifesta-se por diferentes modos, já que o momento jurídico-formal da sua criação é suscetível de diversas perspetivas, pelo que podemos enquadrar as seguintes situações:

– o *nascimento a partir de um processo de secessão*, com manutenção do Estado anterior, assim ficando reduzido, surgindo um novo Estado através de um ato de separação territorial;
– o *nascimento a partir de um processo de descolonização política*, com fundamento no movimento da descolonização internacional;
– o *nascimento por fusão num novo Estado de territórios que pertenciam a outros Estados*, que ao mesmo tempo se dissolvem, ou, pelo contrário, por cisão ou desmembramento de um Estado anterior em dois ou mais Estados, por efeito do fenómeno da sua extinção.

V. As *vicissitudes modificativas*, não postulando o desaparecimento do Estado, apenas o modificando territorialmente, concretizam-se segundo diversos esquemas:

– a *aquisição de parcelas territoriais*, seja por fenómenos naturais, como o aluvião e o avulsão, em conjunto a acessão, seja por atos jurídicos, como a ocupação de terras *res nullius*, a ocupação autorizada ou a adjudicação onerosa;
– a *perda de parte do seu território*, por cataclismos naturais, como terramotos ou inundações permanentes;
– a *cessão parcial voluntária*, havendo a decepação de parcela do seu território, a integrar noutro Estado ou a erigir-se, autonomamente, em novo Estado, através de um processo convencional.

VI. As *vicissitudes extintivas* determinam o desaparecimento do Estado, o que pode surgir segundo diversos fenómenos:

– o *desaparecimento físico do seu território*, como terá sido o caso da lendária Atlântida, que se "afundou" no Oceano Atlântico;
– a *secessão extintiva*, quando o Estado se desagrega, integrando-se as suas partes noutros Estados já existentes ou dando origem a novos Estados;
– a *usucapião*, quando a posse sobre território alheio, sem que seja contestada, se convola em direito de soberania territorial;
– a *decisão unilateral* de um governo de facto ou de uma organização internacional, quando impõe a consequência jurídica da extinção do Estado.

Bibliografia
Georg Jellinek, *Teoría General del Estado*, Editorial Comares, Granada, 2000.
Hans Kelsen, *Teoria Geral do Direito e do Estado*, 3.ª ed, Martins Fontes, São Paulo, 2000.
Jorge Bacelar Gouveia, *Manual de Direito Constitucional*, I, 5.ª ed., Almedina, Coimbra, 2013.
Reinhold Zippelius, *Teoria Geral do Estado*, 3.ª ed., FCG, Lisboa, 1997.

ESTADO DE DIREITO

Jorge Bacelar Gouveia

1. Estado Constitucional e princípio do Estado de Direito

I. Na ótica do tipo histórico de Estado, *o princípio do Estado de Direito* surge como um dos principais resultados do Constitucionalismo e do Liberalismo, sendo a expressão firme da oposição ao sistema político precedente, com a preocupação essencial pela limitação do poder político, por isso também fundando o Estado Contemporâneo.

O Estado Absoluto, quer na sua fase primeira de fundamentação divina do poder, quer na sua fase última de poder inspirado na doutrina do Despotismo Esclarecido, de todo em todo atendia ao problema da limitação jurídica do poder estadual.

O poder público era criado e executado livremente pelo monarca, que em qualquer momento não só o transformava como inclusivamente em si concentrava os seus diversos momentos de criação, execução e controlo.

II. Este foi o ambiente propício para o aparecimento do princípio do Estado de Direito, mas numa primeira veste de uma simples *construção doutrinária*, no fito de reprimir a arbitrariedade do poder monárquico absoluto.

Tal mérito caberia ao autor germânico Robert Von Mohl, que na década de trinta do século XIX inovatoriamente o formularia, usando esse nome.

O conceito doutrinário de Estado de Direito *compreendia a limitação jurídica do poder público segundo um conjunto de regras que se impunham externamente ao próprio Estado.*

Foi contra aquele conjunto de situações – em que reinava o puro arbítrio, ainda que se pudessem admitir algumas, mas muito ténues, garantias – que o princípio do Estado de Direito se iria formar, através da sua progressiva densificação, até à respetiva ramificação, extensiva e intensiva, rapidamente saindo do meio germânico e atingindo as latitudes de outras experiências constitucionais.

2. A multidimensionalidade do Estado de Direito

I. Só que não é fácil, nos dias de hoje, e depois de dois séculos de luta pelo Estado de Direito, em que este passou de *Kriegsbegriff* a *Verteidigungsbegriff*, definir o seu significado jurídico-constitucional, tomando em consideração a complexificação que o mesmo foi absorvendo à medida que os sistemas constitucionais foram amadurecendo.

Havia, porém, uma lógica de fundo que já permitia intuir bastante do sentido íntimo do princípio do Estado de Direito e que se mantém plenamente atual: *a ideia de que a atuação do Estado, ou do poder político em geral, longe de se desenvolver fora do Direito, se lhe devia submeter.*

Com isso se proscreveu, perentoriamente, *o arbítrio como critério de atuação do Estado, o mesmo se substituindo pela ideia de racionalidade decisória*, de acordo com a vertente organizatória que este princípio jurídico-constitucional obviamente comporta.

II. Esta dimensão da limitação formal do Estado pelo Direito, embora já de si importante, mostrava-se, contudo, bastante insuficiente e sobretudo muito empobrecedora se vistas as potencialidades materiais que depois se extrairiam deste mesmo princípio.

Daí que rapidamente se tivesse caminhado rumo à consagração de uma *dimensão material do princípio do Estado de Direito*, pela qual se coloca igualmente em relevo um conjunto de limitações que internamente contêm o poder do Estado.

Assim se abriria o princípio do Estado de Direito ao Estado-Sociedade, para além da sua aplicação óbvia no domínio do Estado-Poder: a proteção dos direitos fundamentais, como as diversas limitações no modo de atuação do poder na sua relação com os cidadãos.

À dimensão material do princípio do Estado de Direito ainda se juntaria uma *dimensão normativa*, transparecendo o objetivo de enquadrar o poder público no seio das novas exigências impostas pelo Constitucionalismo na construção do sistema jurídico em geral.

ESTADO DE DIREITO

III. O estádio atual da evolução do princípio do Estado de Direito – para a qual têm contribuído, concorrentemente, a Doutrina e a Teoria do Direito Constitucional – assenta, pois, num *pluralismo de elementos* que concretizam a ideia geral de que o poder público está submetido a regras que disciplinam a sua atuação, não atrabiliária, mas limitada por padrões que não podem ser voluntaristicamente manipulados pelo próprio poder público.

Deste modo, se cristalizariam *três indesmentíveis facetas deste princípio*, a beneficiar, em razão de aceções específicas de cada Direito Constitucional Positivo, de diversos graus de desenvolvimento:

- uma dimensão *material*, transcendente ao poder público, que se lhe impõe segundo uma axiologia que o próprio poder público não controla e não elabora, antes lhe devendo obediência;
- uma dimensão *normativa*, que se revela num particular arranjo do Ordenamento Jurídico Estadual ao nível das fontes normativas, com uma função específica a atribuir à Constituição;
- uma dimensão *organizatória*, que exprime a necessidade de a limitação desse poder público agir através de uma sua específica distribuição pelos órgãos públicos, sobretudo realçando-se o papel da vertente do controlo da constitucionalidade do mesmo.

É assim que os textos constitucionais, um pouco por todo o Mundo, mais ou menos generosamente, mais ou menos tecnicamente, vão consagrando não apenas as nomenclaturas do "Estado de Direito", nas respetivas partes introdutórias, como positivando, nos lugares próprios, diversos indicadores que assinalam o acolhimento do correspondente princípio.

No século XX, é justo ver na Lei Fundamental de Bonn de 1949 um excelso contributo no reconhecimento deste princípio, não apenas previsto na sua primeira parte, sendo também possível deparar com o mesmo princípio em vários outros pontos do respetivo texto.

Foi, na verdade, a partir deste texto constitucional, seguido de um inestimável desenvolvimento doutrinário e jurisprudencial, que esta nova conceção do princípio do Estado de Direito irradiaria, posteriormente acolhida noutras Constituições, tendo chegado a Portugal e sido incorporada na CRP.

Essa importância é expressivamente indiciada logo no preâmbulo do texto constitucional português, para ser depois confirmada na introdução e, a seguir, concretizada nas suas múltiplas disposições.

3. Portugal como Estado de Direito

I. A consideração conjunta das diversas dimensões que o princípio do Estado de Direito foi integrando, no seu percurso ao longo de dois séculos de Constitucionalismo, e na passagem do Estado Liberal ao Estado Social, permite sintetizar os seguintes sub-princípios que melhor o densificam:

– o *princípio da dignidade da pessoa humana*;
– o *princípio da juridicidade e da constitucionalidade*;
– o *princípio da separação de poderes*;
– o *princípio da segurança jurídica e da proteção da confiança*;
– o *princípio da igualdade*;
– o *princípio da proporcionalidade*.

II. O princípio do Estado de Direito constitucionalmente relevante na CRP apresenta-se com *múltiplas facetas*, em grande parte mercê do desenvolvimento que o conceito foi beneficiando desde que surgiu, pela primeira vez, no século XIX, sendo hoje praticamente total a sua positivação.

A ideia básica da subordinação do Estado ao Direito, com exclusão do arbítrio, encontra-se expressa no preâmbulo e num dos preceitos constitucionais iniciais:

– *no preâmbulo*, ao dizer-se que "A Assembleia Constituinte afirma a decisão do povo português (...) de assegurar o primado do Estado de Direito Democrático..." (§ 4.º, primeira parte, do preâmbulo da CRP);
– *num dos preceitos iniciais*, com a precisa epígrafe de "Estado de Direito Democrático", ao estipular-se que "A República Portuguesa é um Estado de Direito Democrático..." (Art. 2.º, parte inicial, da CRP).

Entrando pelo articulado constitucional adentro, há a oportunidade de melhor vivenciar cada uma daquelas dimensões do princípio do Estado de Direito, de certa sorte servindo de pórtico a cada uma das partes relevantes do Direito Constitucional Português, algumas delas merecendo, pela sua complexidade, um tratamento autonomizado.

Bibliografia
Diogo Freitas do Amaral, *Manual de Introdução ao Direito*, I, Coimbra, 2004, p. 266.
Jorge Bacelar Gouveia, *Manual de Direito Constitucional*, II, 5.ª ed., Coimbra, 2013.
Marcelo Rebelo de Sousa, *Direito Constitucional I – Introdução à Teoria da Constituição*, Braga, 1979.
Reinhold Zippelius, *Teoria Geral do Estado*, 3.ª ed., FCG, Lisboa, 1997.

ESTADO DE GUERRA

Francisco Proença Garcia

A Constituição, com grande cuidado do legislador, determinou uma espécie de divisão de estado de exceção em três níveis de gravidade diferenciados: estado de emergência, estado de sítio (Lei n.º 44/86) e estado de guerra, (Lei Orgânica n.º 1-B/2009, que aprova a Lei da Defesa Nacional).

Nos primeiros dois níveis, o legislador especificou que a declaração daqueles estados de exceção tem de ser adequadamente fundamentada e conter a especificação dos direitos, liberdades e garantias cujo exercício fica suspenso (art. 19.º CRP), sendo a sua declaração possível, em casos de agressão efetiva ou iminente por forças estrangeiras, de grave ameaça ou perturbação da ordem constitucional democrática ou de calamidade pública (art. 1.º da Lei 44/86).

O último nível referido, o estado de guerra, de acordo com o art. 40.º da Lei Orgânica n.º 1-B/2009, existe desde a declaração de guerra até à feitura da paz.

A referida Lei, no seu art. 41.º, estabelece os princípios de atuação dos órgãos públicos em estado de guerra, destacando-se desde logo o empenhamento total na prossecução das finalidades da guerra, bem como o ajustamento da economia nacional ao esforço de guerra, adotando os órgãos competentes todas as medidas necessárias e adequadas à sua condução, nomeadamente através da disponibilização de todos os recursos necessários à defesa nacional e às Forças Armadas para preparar e executar as ações militares, bem como para o restabelecimento da paz.

Já o art. 42.º preconiza a competência da direção superior da guerra (conjuntamente ao Presidente da República e ao Governo) bem como a condução militar da mesma (Chefe do Estado-Maior-General das Forças Armadas, assistido pelos Chefes do Estado-Maior dos ramos das Forças Armadas, e aos comandantes--chefes, de acordo com as orientações e diretivas dos órgãos de soberania competentes), sendo que o CSDN, de forma a assistir os responsáveis políticos na direção da guerra, funciona em sessão permanente (art. 43.º).

Nesta situação, e com vista à execução de operações militares, o CEMGFA assume o comando completo das FA (art. 44.º) e o Conselho de Ministros, mediante proposta do CSDN pode delegar nas autoridades militares, competências e meios normalmente atribuídos aos departamentos ministeriais (art. 43.º).

Neste estado de exceção, o legislador protege o Estado de qualquer responsabilidade civil pelos prejuízos direta ou indiretamente causados por ações militares, considerando ainda que os prejuízos são da responsabilidade do agressor e a indemnização por eles devida é reclamada no tratado de paz ou na convenção de armistício.

Durante a vigência do estado de guerra serão constituídos tribunais militares com competência para o julgamento de crimes de natureza estritamente militar (art. 213.º da CRP).

Bibliografia
Jorge Bacelar Gouveia, *Estado de guerra*, in Dicionário Jurídico da Administração Pública.
Constituição da República Portuguesa VII revisão constitucional 2005.
Lei n.º 44/86, de 30 de Setembro – Regime do estado de sítio e do estado de emergência.

ESTADO-MAIOR-GENERAL DAS FORÇAS ARMADAS

Francisco Proença Garcia

O Estado-Maior-General das Forcas Armadas (EMGFA) integra-se na administração direta do Estado através do Ministério da Defesa Nacional, sendo dotado de autonomia administrativa.

O EMGFA tem por missão geral planear, dirigir e controlar o emprego das Forcas Armadas no cumprimento das missões e tarefas operacionais que a estas incumbem, de acordo com a Constituição e a lei, nomeadamente: Desempenhar todas as missões militares necessárias para garantir a soberania, a independência nacional e a integridade territorial do Estado; Participar nas missões militares internacionais necessárias para assegurar os compromissos internacionais do Estado no âmbito militar, incluindo missões humanitárias e de paz assumidas pelas organizações internacionais de que Portugal faça parte; Executar missões no exterior do território nacional, num quadro autónomo ou multinacional, destinadas a garantir a salvaguarda da vida e dos interesses dos portugueses; Executar as ações de cooperação técnico -militar, no quadro das políticas nacionais de cooperação; Cooperar com as forças e serviços de segurança tendo em vista o cumprimento conjugado das respetivas missões no combate a agressões ou ameaças transnacionais; Colaborar em missões de proteção civil e em tarefas relacionadas com a satisfação das necessidades básicas e a melhoria da qualidade de vida das populações; Desempenhar as missões decorrentes do estado de sítio ou de emergência.

O EMGFA tem ainda por missão garantir as condições para o funcionamento do ensino superior militar e da saúde militar.

O EMGFA constitui-se como Quartel-General das Forcas Armadas, compreendendo o conjunto das estruturas e capacidades adequadas para apoiar o Chefe do Estado-Maior-General das Forcas Armadas no exercício das suas competências.

O EMGFA e chefiado pelo Chefe do Estado-Maior- General das Forcas Armadas (CEMGFA) e compreende: a) o Adjunto para o Planeamento e Coordenação (ADJPC); b) o Comando Conjunto para as Operações Militares (CCOM);

c) o Comando Operacional dos Açores (COA); d) o Comando Operacional da Madeira (COM); e) a Divisão de Planeamento Estratégico Militar (DIPLAEM); f) a Divisão de Recursos (DIREC); g) a Direção de Comunicações e Sistemas de Informação (DIRCSI); h) o Centro de Informações e Segurança Militares (CISMIL); i) a Direção de Saúde Militar (DIRSAM); j) a Direção de Finanças (DIRFIN); k) o Comando de Apoio Geral (COAG). No âmbito do EMGFA inserem-se ainda, como órgãos na dependência direta do CEMGFA e regulados por legislação própria: a) o Instituto Universitário Militar (IUM); b) as missões militarem no estrangeiro.

Em estado de guerra, podem ser constituídos comandos -chefes, na dependência do CEMGFA, com o objetivo de permitir a condução de operações militares, dispondo os respetivos comandantes-chefes das competências, forças e meios que lhes forem outorgados por carta de comando.

Bibliografia
Lei Orgânica n.º 6/2014, de 1 de setembro.
Decreto-Lei n.º 184/2014, de 29 de dezembro.

ESTADO-MAIOR DOS RAMOS

Francisco Proença Garcia

A organização militar compreende por norma na sua estrutura orgânica Estados-Maiores, que são órgãos de estudo, concepção e planeamento das actividades dos Ramos, para apoio à decisão dos respetivos Chefes do Estado-Maior.

Porém, cada Ramo apresenta a sua especificidade organizativa, sendo frequente as mudanças na organização, mantendo-se no entanto os mesmo princípios e regras de funcionamento. Assim, o Estado-Maior da Armada (EMA), além do apoio à decisão do CEMA tem, ainda, por missão apoiar a decisão da Autoridade Marítima Nacional, sem prejuízo do disposto em legislação própria. O EMA actualmente é dirigido pelo Vice-Chefe do Estado-Maior da Armada (VCEMA) que, para o efeito, é coadjuvado pelo Subchefe do Estado-Maior da Armada (SUBCEMA), o qual desempenha a função de director-coordenador do EMA e é um contra -almirante. O EMA compreende as divisões e órgãos de apoio.

Já o Estado-Maior do Exército (EME) é dirigido actualmente pelo VCEME que para o exercício das suas funções é coadjuvado tecnicamente por um Major- -General designado por director-coordenador do Estado-Maior do Exército. O EME compreende: o Estado-Maior Coordenador e a Unidade de Apoio.

Por seu lado o Estado-Maior da Força Aérea (EMFA) é dirigido pelo VCEMFA que, para o efeito, é coadjuvado por um major-general piloto-aviador designado por subchefe do Estado-Maior da Força Aérea (SUBCEMFA). O EMFA compreende as divisões e órgãos de apoio.

ESTADOS FALHADOS

FELIPE PATHÉ DUARTE

Os elementos que constituem um Estado são vários. Em sentido lato, temos um território, um povo e um poder político soberano que deverá garantir segurança, justiça e bem-estar social. Portanto, a função de um Estado é assegurar determinados bens e serviços à população. O sucesso ou o fracasso de um Estado depende do grau de efectivação dessa mesma garantia.

Muito embora desempenhe um papel fundamental nos processos de análise e decisão política internacionais, a definição de" Estados Falhados" é ainda muito controversa. Podemos encontrar várias, bem como os critérios que para elas contribuem. Mas em comum quase todas apontam como características de um "Estado Falhado" a fragilidade e/ou colapso das instituições estatais, instrumentos que garantem o bem-estar social; a perda da legitimidade do exercício de poder, associada a uma instabilidade político-social, por vezes de carácter subversivo; a perda do monopólio legítimo do uso da força e a impossibilidade de um controlo efectivo sobre o território nacional; o aumento da violência e do caos, levando por vezes a um conflito interno e dando margem à presença de organizações criminosas e/ou terroristas.

Esta questão dos "Estados Falhados" existe desde o desenvolvimento do Estado Moderno no Ocidente. Porém, torna-se mais frequente após a Segunda Guerra Mundial, mais especificamente em consequência do princípio da autodeterminação dos povos, patente na Carta das Nações Unidas de 1945. Por aqui se garante à população de um determinado país, o direito inaliável à soberania e à auto-governação livre de qualquer ingerência externa. Pouco anos depois, em Dezembro de 1960, a resolução 1514 aprovada pela Assembleia Geral das Nações Unidas declarou como legítima a luta pela libertação nacional. A onda de movimentos anticoloniais, legitimada internacional e moralmente nestes princípios, levou a intensos conflitos, sobretudo em países africanos e asiáticos, na procura de uma integridade territorial, da independência política e da soberania. Em resultado destas legitimadas aspirações de autodeterminação e dos conflitos com as potências colonizadoras, um conjunto de novos Estados emergiu. Porém, muitos dos países que então foram reconhecidos internacionalmente como tal, não correspondiam aos mínimos de governabilidade e careciam de instituições estatais: estavam falidos, sem independência e legitimidade política, logo, incapazes das reformas económicas e políticas necessárias.

Assim, muitos dos Estados que proliferaram neste contexto falharam, colapsaram ou permaneceram muito fragilmente. Desta forma, permeabilizaram-se a um conjunto de fenómenos geradores de instabilidade político-social e, consequente, de insegurança, tais como regimes totalitários sanguinários, conflitos internos e/ou regionais, ou criminalidade organizada.

Actualmente, esta mesma condição ainda persiste, lançando de novo a discussão sobre uma definição operacional de "Estados Falhados". Porém, se anteriormente estava mais associada a crises e à necessidade de intervenções humanitárias, hoje refere-se a uma ameaça à estabilidade internacional, incorporando as estratégias de segurança e defesa de vários governos e administrações.

Optando agora por uma exposição gradativa, podemos então dizer que temos "Estados Fracos", "Estados Falhados" e "Estados Colapsados". O primeiro caso refere-se aos Estados cujos órgãos e instituições não têm capacidade de exercer plena soberania sobre o território e garantir os bens e serviços básicos à população. Como tal, a legitimidade do exercício de poder é muito facilmente posta em causa, contribuindo também para isso a visão patrimonial com que a elite política deste tipo de Estados tende a encarar a governação.

O segundo caso engloba o tipo de Estado que, partindo do grau anterior, põe em causa o adágio weberiano que afirma o Estado Moderno como o legítimo monopolizador o uso da foça. Ou seja, é quando entidades não-estatais competem com o poder formal na disputa de controlo territorial e da população. Fazem-no, necessariamente, através do uso da violência armada.

Por fim, temos os "Estados Colapsados", ou seja, aqueles em que poder formal não existe. Os órgãos e as instituições que exercem soberania sobre um território e sobre uma população simplesmente colapsam. Tais casos levam inevitavelmente ao caos organizacional de uma determinada comunidade político-social, fazendo com que impere a lei do mais forte na disputa do apoio populacional e do controlo territorial.

Bibliografia

Krasner, Stephen D.; Pascual, Carlos, "Addressing State Failure", *Foreign Affairs*. Vol. 84, N.º 4, 2005, pp. 153-163.

Miller, Paul D., *Armed State Building: Confronting State Failure, 1898-2012*, New York: Cornell University Press, 2013.

Rotberg, Robert, "The New Nature of Nation-State Failure", *The Washington Quarterly*. Vol. 25, N.º 3, 2002, pp. 85-96.

Rotberg, Robert, *When States Fail: Causes and Consequences*, New Jersey: Princeton University Press, 2003.

ESTADOS DE SÍTIO E DE EMERGÊNCIA

Jorge Bacelar Gouveia

1. O regime jurídico do estado de exceção

I. A positivação do estado de exceção no Direito Constitucional Português esteia-se nas duas figuras do *estado de sítio* e do *estado de emergência*, a primeira com

ESTADOS DE SÍTIO E DE EMERGÊNCIA

raízes no Constitucionalismo Português porque introduzida na C1911 e a segunda criada, originalmente, com a CRP.

A ligação do estado de exceção constitucional aos direitos, liberdades e garantias é muito óbvia: a CRP apenas admite a sua suspensão na vigência do estado de sítio e do estado de emergência, em vista das respetivas finalidades e estritamente limitado ao modo por que pode exercer-se.

Daí que estudar a suspensão dos direitos, liberdades e garantias seja estudar também, em maior escala, tal como o mesmo vem a ser sistematicamente localizado, o estado de exceção na CRP.

II. Na sua essência, o regime constitucional do estado de sítio e do estado de emergência – que podem ser conjuntamente designados por estado de exceção – foi logo definido na versão primitiva da CRP, tendo as posteriores revisões constitucionais efetuado alterações de pouca monta

No plano legal, o regime constitucional do estado de exceção é amplamente desenvolvido por uma lei que apenas trata destas matérias – a lei sobre o regime do estado de sítio e do estado de emergência (LRESEE).

Assim sendo, o regime do estado de exceção constitucional pode ser distribuído pelos seguintes eixos: (i) *os pressupostos* – situações de crise político-social; (ii) *os efeitos materiais* – a suspensão de direitos, liberdades e garantias – e *os efeitos organizatórios* – o reforço das competências administrativas do Governo; (iii) *o procedimento de decretação* – intervenção partilhada dos órgãos de soberania politicamente ativos.

2. Pressupostos, efeitos e procedimento do estado de exceção

I. O texto constitucional, em matéria de *pressupostos* do estado de exceção, considera três situações possíveis para se levar a cabo a respetiva decretação: (i) a "agressão efetiva ou iminente por forças estrangeiras" – uma situação de caráter militar internacional, em que se regista a ofensa da integridade territorial do Estado; (ii) a "grave ameaça ou perturbação da ordem constitucional democrática" – uma situação de caráter político-institucional, na qual se põe em causa a estrutura constitucional do Estado, nos seus aspetos e princípios nucleares; (iii) a "calamidade pública" – uma situação de cariz social, de elevados prejuízos e que atinge um grande número de pessoas, causada por acidentes tecnológicos ou por catástrofes naturais.

II. A *decisão* de decretação do estado de exceção – seja do estado de sítio, seja do estado de emergência – assume-se como possuindo um caráter discricionário, sendo internamente delimitada pelo princípio da proporcionalidade, designadamente impondo a contenção, segundo os termos exigentes desse princípio fundamental de Direito Público, dos seguintes efeitos: (i) *os efeitos materiais*: na suspensão de direitos fundamentais; (ii) *os efeitos organizatórios*: na tomada das medidas administrativas apropriadas; (iii) *os efeitos territoriais*: na escolha da parcela do território nacional em que esses efeitos vão ter lugar; e (iv) *os efeitos temporais*: na duração desses mesmos efeitos.

Os *efeitos de índole material* abarcam a suspensão dos direitos, liberdades e garantias previstos na CRP. A LRESEE prevê, no entanto, limitações nalguns direitos suscetíveis de suspensão, dispondo a respeito do modo como sobre eles se projeta esse efeito ablativo.

A CRP, no que é repetida pela LRESEE, determina ainda a impossibilidade da suspensão destes direitos fundamentais: os direitos à vida, à integridade pessoal, à identidade pessoal, à capacidade civil e à cidadania, a não retroatividade da lei criminal, o direito de defesa dos arguidos e a liberdade de consciência e de religião (art. 19.º, n.º 6, da CRP).

Os *efeitos de cariz organizatório* são muito mais limitados se comparados com os efeitos materiais. De um modo geral, permite-se o reforço das competências administrativas do Governo, órgão que chefia a execução do estado de exceção, dizendo-se que "A declaração do estado de sítio ou do estado de emergência confere às autoridades competência para tomarem as providências necessárias e adequadas ao pronto restabelecimento da normalidade constitucional" (art. 19.º, n.º 8, da CRP e art. 19.º da LRESEE).

III. Em termos de declaração do estado de sítio e do estado de emergência, regista-se um *procedimento* em que se envolvem os diversos órgãos do Estado, com isso se atestando, aliás, a extraordinária importância que a CRP quis atribuir à situação de exceção constitucional: (i) *a iniciativa do Presidente da República*: perante o preenchimento dos respetivos pressupostos, cabe ao Chefe de Estado tomar oficiosamente a iniciativa de pôr em marcha um procedimento para declarar o estado de sítio e o estado de emergência, elaborando para o efeito um projeto de declaração; (ii) *a audição, a título instrutório, do Governo*: havendo a intenção de iniciar o procedimento, o Presidente da República deve consultar o Governo, que emite parecer obrigatório e não vinculativo; (iii) *a autorização da Assembleia da República*: o projeto de declaração, devidamente acompanhado do parecer do Governo, é depois submetido a apreciação da Assembleia da República, que lhe concede ou não a sua autorização, não podendo, em todo o caso, introduzir--lhe emendas; (iv) *a decisão final do Presidente da República*: havendo a autorização parlamentar, cabe ao Presidente da República a última palavra, decretando ou não o estado de sítio e o estado de emergência, exatamente nos termos propostos (tendo ainda que contar com a referenda ministerial).

3. Estado de sítio e de emergência: dualidade ou unidade de natureza nas estruturas de exceção?

I. A dualidade de figuras de estado de exceção, tal como o mesmo se encontra gizado pelo Direito Constitucional Português, só é dogmaticamente aceitável se a uma distinção terminológica corresponder, na verdade, uma real diferenciação de regimes aplicáveis a cada uma dessas figuras.

Estamos em crer que essa diferença de regime existe. A separação entre o estado de sítio e o estado de emergência vem então a cimentar-se numa divisão mista, sublinhando-se a existência simultânea nessa diferenciação de elementos quantitativos e de elementos qualitativos.

II. Simplesmente, ela é *tão ténue* que nunca deveria justificar, por si mesma, a apresentação separada das duas figuras, pelo que se costuma normalmente optar pela sua apresentação conjunta.

Note-se que este não é o panorama do Direito Constitucional Comparado Europeu, que normalmente acentua – até por razões históricas muito fortes – a diferenciação de variados instrumentos do estado de exceção.

III. É no plano da CRP que se situam as diferenças menos sensíveis entre o estado de sítio e o estado de emergência. Os critérios que, segundo o texto constitucional, permitem fazer a dissociação regimental entre o estado de sítio e o estado de emergência são dois, um qualitativo e o outro quantitativo: (i) o *critério qualitativo* tem que ver com a maior gravidade dos pressupostos do estado de sítio por comparação com os pressupostos que originam o estado de emergência; (ii) o *critério quantitativo* liga-se à circunstância de o estado de emergência, ao contrário do que sucede com o estado de sítio, só poder suspender alguns – e não todos os que seria possível, pelo menos em abstrato, suspender – direitos, liberdades e garantias.

IV. No plano da normação infraconstitucional, avançam-se outros relevantes critérios, para além da densificação que se faz do primeiro dos critérios constitucionais enunciados.

A LRESEE explicita que os dois pressupostos da agressão militar e da perturbação da Ordem Constitucional originam o estado de sítio e o pressuposto da calamidade pública dá azo ao estado de emergência.

Os novos critérios legais, que vão para além daquilo que se estabelece na CRP, são: o *grau de militarização das autoridades administrativas* – com a substituição e a subordinação das autoridades civis pelas autoridades militares no estado de sítio e apenas a coadjuvação daquelas por estas no estado de emergência; a *intervenção das autoridades judiciárias militares* – que existe no estado de sítio, mas não ocorre no estado de emergência.

Bibliografia

Gerardo Morelli, *La sospensione dei diritti fondamentali nello Stato Moderno*, Milano, 1966.

Francisco Fernández Segado, *El estado de excepción en el Derecho Constitucional Español*, Madrid, 1978.

Pedro Cruz Villalón, *Estados excepcionales y suspensión de garantías*, Madrid, 1984.

Jorge Bacelar Gouveia, *Os direitos fundamentais atípicos*, Aequitas, Lisboa, 1995, pp. 457 e ss.

Jorge Bacelar Gouveia, *O estado de exceção no Direito Constitucional*, Almedina, Coimbra, 1998, I, pp. 557 e ss., e II, pp. 781 e ss.

ESTATÍSTICAS CRIMINAIS

Nelson Lourenço

As estatísticas criminais visam medir o crime. Esta entrada pretende responder às seguintes questões: O que se mede? Para que se mede? Como se mede?

O estudo do crime enquanto fenómeno social assenta à partida em estatísticas. As análises sobre tendências e evolução da criminalidade, as características dos criminosos e delinquentes, a tipologia dos crimes e o seu móbil pressupõem forçosamente o recurso a bases de dados criminais e ao seu tratamento. Medir a criminalidade deve ter como objectivo o conhecimento aprofundado da criminalidade, das suas tendências, dos contextos sociais de maior prevalência, das vítimas e dos agressores, isto é, medir a criminalidade é um imperativo analítico.

Entre a criminalidade real e a criminalidade punida há um largo intervalo cujos limites são de difícil medição. A certeza é que não é possível assimilar num mesmo conjunto a criminalidade real, a criminalidade aparente (ou conhecida) e a criminalidade punida, representando esta apenas uma fração da real.

Na Europa Continental, as estatísticas criminais assentavam essencialmente nas estatísticas judiciais. As estatísticas policiais ganham espaço apenas no após Segunda Guerra Mundial, seguindo o modelo utilizado nos EUA, desde a década de 1930, assente na ideia de que a medida da criminalidade deve ser efetuada a montante do sistema judicial.

Actualmente e na maioria dos países europeus, as estatísticas criminais assentam em duas fontes:

- As **estatísticas policiais**, que têm como objecto os factos que são do conhecimento das polícias como resultado de uma participação (ou *reatividade*) ou por sua própria iniciativa (ou *proatividade*); o seu conjunto designa-se vulgarmente por criminalidade aparente.
- As **estatísticas judiciais**, que são o resultado do tratamento dos factos criminais pelas instituições judiciais.

Em Portugal, as estatísticas criminais resultam da informação tratada pela Policia de Segurança Pública, pela Guarda Nacional Republicana e pela Polícia Judiciária a que se devem somar as participações registadas pela Autoridade de Segurança Alimentar e Económica (ASAE), pela Autoridade Tributária e Aduaneira (AT), pelos Serviços de Estrangeiros e Fronteiras, pela Polícia Marítima e pela Polícia Judiciária Militar.

A primeira limitação comummente apontada às estatísticas policiais refere-se ao facto de as estatísticas policiais tenderem a dar uma ideia muito incompleta e imprecisa da criminalidade, devido à frequente baixa taxa de participação de actos de vitimação. A razão de muitos actos não serem participados pelo público, poderá ficar a dever-se à autoavaliação da gravidade do acto, ao sentimento de que nada pode ser feito, à convicção de que a polícia não teria capacidade de solucionar o caso, à vontade de o manter em esfera privada – como acontece frequentemente com a violência familiar e a violação – ao receio de represálias ou, ainda, ao querer resolver a situação como um assunto pessoal.

No polo oposto, a motivação de participar à polícia uma vitimação poderá relacionar-se com factores tais como a gravidade atribuída ao acto, o sentimento de dever, o querer ser indemnizado ou recuperar o objecto roubado, o estar este ou não no seguro, o sentimento de necessidade de protecção ou ajuda.

O comportamento dos indivíduos relativamente à participação não é uniforme, com variações acentuadas entre países e no interior do mesmo país, consoante os contextos sociais. Assim, se as razões que levam os cidadãos a não participar à polícia um crime de que foram vítimas não variam muito de um país para outro já as taxas de participação traduzem expressivamente diferentes atitudes quanto à eficácia da denúncia. Em Portugal, as taxas de denúncia são, ou eram, significativamente baixas. O único instrumento de avaliação disponível é o II Inquérito de Vitimação, realizado em 1993, pelo Ministério da Justiça: 74% das pessoas que declararam ter sido vítimas de um crime não o tinham denunciado à polícia.

Para suprir estas limitações das estatísticas policiais, muitos países têm vindo a adoptar novos instrumentos de medida que são aplicados em alternativa, ou em complemento, dos sistemas administrativos, é o caso dos inquéritos de vitimação, os inquéritos de delinquência autorrevelada, essencialmente utilizados nos estudos sobre delinquência juvenil e os estudos sobre os custos económico e social do crime, que vêm assumindo um particular relevo nos países anglo--saxónicos e escandinavos.

Os estudos assentes na quantificação da vitimação têm-se vindo a afirmar, desde o primeiro inquérito realizado nos EUA, em 1960, com a designação de *National Crime Victimization Survey,* como uma alternativa válida ou complemento útil às estatísticas policiais de pendor mais administrativo. O exemplo mais conhecido e mais reputado é o *Britsh Crime Survey* (BCS), responsável pelas estatísticas do Reino Unido (actualmente designado por *Crime Survey for England and Wales* dado a Escócia produzir o seu próprio inquérito).

É pertinente ter em consideração as lógicas diferentes em que assentam estas duas medições diferentes da criminalidade. Lógicas cuja diferença impõe dificuldades técnicas na comparação dos valores obtidos por um e outro dos sistemas.

As estatísticas policiais contabilizam principalmente os factos objecto de um procedimento administrativo, resultante de uma participação ou de um inquérito policial. A unidade de contagem é, assim, o processo. São instrumentos administrativos, pensados essencialmente para medir a atividade das polícias.

ESTATÍSTICAS CRIMINAIS

Os inquéritos de vitimação contabilizam pessoas (ou agregados domésticos, como no caso do BCS) que tenham sido vitimadas, a partir de uma amostra representativa da população. Os resultados são, assim, de natureza probabilística, no interior de intervalos de confiança, e inventariam factos não reportados às polícias.

Os inquéritos de vitimação são mais do que instrumentos de medida. Eles assentam em questionários elaborados tendo como objetivo o conhecimento e a análise do fenómeno criminal permitindo, nomeadamente, a recolha de informação sobre o perfil e comportamento das vítimas e as percepções da violência.

Refira-se, no entanto, que a vantagem da utilização dos inquéritos de vitimação como instrumentos de recolha de informação não deixa de se confrontar com limites que convém reter.

Com efeito, estes são construídos para medirem actos em que haja uma vítima direta e funcionam menos bem em casos em que havendo uma vítima direta a complexidade do acto dificulta uma formulação estandardizada suscetível de ser medida no conjunto da amostra de um modo uniforme (como nos casos de abuso de confiança). De igual modo, nos casos de vitimação difusa como a corrupção e tipos de criminalidade económica os inquéritos de vitimação são de menor utilidade.

No entanto e segundo o *Home Office*, os inquéritos de vitimação fornecem uma melhor reflexão acerca do verdadeiro nível de criminalidade do que as estatísticas policiais, uma vez que incluem crimes que não foram reportados, ou registados, pelas polícias. Este tipo de inquérito mede o crime com mais rigor do que as estatísticas policiais, uma vez que consegue captar crimes que as pessoas podem não se preocupar em denunciar, ou porque acham que o crime era muito trivial ou a polícia não podia fazer muita coisa. Os inquéritos de vitimação contribuem também para uma melhor medição das tendências ao longo do tempo, uma vez que adotam uma metodologia consistente que não é afetada por mudanças nas práticas de registo dos crimes.

Em síntese, mais do que uma obsessiva busca das cifras negras importa ter uma ideia consolidada das tendências da criminalidade na sua *multidimensionalidade*: actos, violência, motivações, actores, vítimas, situação e contexto.

Resulta daqui que a medição da criminalidade ao serviço de uma análise compreensiva do fenómeno social que é o crime deve assentar numa multiplicidade de instrumentos em que os inquéritos de vitimação e os estudos sobre os custos social e económico do crime são peças essenciais.

É fundamental assumir este conhecimento como elemento indispensável de apoio à definição de políticas de prevenção e de combate da criminalidade.

Bibliografia

Bauer, Alain; Rizk, Cyril; Soullez, Christophe, *Statistiques Criminelles et Enquêtes de Victimation*, PUF, Paris, 2011.

Catalano, Shannan M. *The Measurement of Crime: Victim Reporting and Police Recording*. LFB Scholarly Pub, New York, 2006.

Lourenço, Nelson e Lisboa, Manuel. *Dez Anos de Crime em Portugal. Análise longitudinal da criminalidade participada às polícias (1984-1993)*. Centro de Estudos Judiciários, Lisboa, 1999.

Lourenço, Nelson. "O custo social e económico do crime. Introdução à análise dos impactes do crime nas vítimas e na sociedade". *Pela Lei e Pela Grei. Revista da Guarda Nacional Republicana*, 88, 2010, pp: 50-55.

Pottier, Marie-Lys; Tournier, Pierre; Robert, Philippe, Les comptes du crime. Les délinquances en France et leurs mesures, L'Harmattan, Paris, 1994.

EXÉRCITO

Francisco Proença Garcia

O Exército é um Ramo das Forças Armadas, dotado de autonomia administrativa, que se integra na administração directa do Estado, através do Ministério da Defesa Nacional.

O Exército é parte integrante do Sistema de Forças Nacional. Nas componentes do sistema de forças inserem-se: na componente operacional, os comandos, as forças e as unidades operacionais; Na componente fixa, o conjunto de órgãos e serviços essenciais à organização e apoio geral do Exército.

O Exército tem por missão principal participar, de forma integrada, na defesa militar da República, nos termos do disposto na Constituição e na lei, sendo fundamentalmente vocacionado para a geração, preparação e sustentação de forças da componente operacional do sistema de forças. Ainda, nos termos do disposto na Constituição e na lei, incumbe também ao Exército: a) Participar nas missões militares internacionais necessárias para assegurar os compromissos internacionais do Estado no âmbito militar, incluindo missões humanitárias e de paz assumidas pelas organizações internacionais de que Portugal faça parte; b) Participar nas missões no exterior do território nacional, num quadro autónomo ou multinacional, destinadas a garantir a salvaguarda da vida e dos interesses dos portugueses; c) Executar as acções de cooperação técnico-militar nos projectos em que seja constituído como entidade primariamente responsável, conforme respectivos programas quadro; d) Participar na cooperação das Forças Armadas com as forças e serviços de segurança, nos termos previstos no artigo 26.º da Lei Orgânica n.º 1-A/2009, de 7 de Julho (alterada pela Lei Orgânica n.º 6/2014); e) Colaborar em missões de protecção civil e em tarefas relacionadas com a satisfação das necessidades básicas e a melhoria da qualidade de vida das populações; f) cumprir as missões de natureza operacional que lhe sejam atribuídas pelo CEMGFA.

O Exército é comandado pelo Chefe do Estado-Maior do Exército e para o cumprimento da respectiva missão compreende: a) o Estado-Maior do Exército; b) os órgãos centrais de administração e direcção (Comando do Pessoal; o Comando da Logística e a Direcção de Finanças; c) o comando de componente terrestre, designado por Comando das Forças Terrestres (CFT); d) Os órgãos de conselho (o Conselho Superior do Exército, Conselho Superior de Disciplina do Exército; Junta Médica de Recurso do Exército; e) o órgão de inspecção, designado por Inspecção-Geral do Exército; f) os órgãos de base (Regimentos, Academia Militar e outras Escolas de formação); g) os elementos da componente operacional do sistema de forças (as grandes unidades e unidades operacionais, as forças de apoio geral e de apoio militar de emergência).

Do CFT dependem os comandos das zonas militares dos Açores e Madeira e os elementos da componente operacional do sistema de forças, os comandos das Grandes Unidades e respetivos quartéis-generais. A sua missão é a de apoiar o exercício do comando por parte do Chefe do Estado-Maior do Exército, tendo em vista: a preparação, o aprontamento e a sustentação das forças e meios da componente operacional do sistema de Forças; b) O cumprimento das missões reguladas por legislação própria e de outras missões que sejam atribuídas ao Exército; c) a administração e direção das unidades e órgãos da componente fixa colocados na sua direta dependência.

Bibliografia
Decreto-Lei n.º 186/2014, de 29 de dezembro.

EXPULSÃO

Constança Urbano de Sousa

A expulsão é o ato unilateral pelo qual o Estado decide o afastamento coercivo de um estrangeiro do território nacional para sancionar a sua entrada e permanências irregulares ou para prevenir/reprimir uma ameaça à ordem pública, segurança pública ou outro interesse fundamental do Estado.

Não se confunde com a extradição, que é uma forma de cooperação judiciária internacional em matéria penal entre Estados. Por outro lado, enquanto a expulsão apenas visa estrangeiros, pois a expulsão de portugueses é proibida (art. 33.º, n.º 1 CRP), a extradição pode abranger, nos casos de terrorismo ou criminalidade internacional organizada, portugueses, desde que exista reciprocidade e o Estado requerente dê garantias de um processo justo e equitativo (art. 33.º, n.º 3 CRP).

A expulsão também se distingue da readmissão, que é uma medida de afastamento de estrangeiro que se encontre ilegalmente em território nacional ao abrigo de um acordo internacional.

EXPULSÃO

Existem dois tipos de expulsão: a administrativa e a judicial. A primeira é determinada por autoridade administrativa – o Serviço de Estrangeiros e Fronteiras (SEF) – e a segunda por um tribunal.

Com a entrada em vigor da Lei n.º 29/2012, de 9 de Agosto, que introduziu alterações à Lei n.º 23/2007, de 4 de Julho (Lei de Estrangeiros – LE), a expulsão administrativa passou a denominar-se *"afastamento coercivo determinado por autoridade administrativa"*, de forma a adaptar o conceito ao da Diretiva n.º 2008/115/CE ("Diretiva Retorno"), que regula ao nível da UE o afastamento de nacionais de países terceiros em situação irregular no território dos Estados-Membros. O termo "expulsão" passou a ser exclusivo da decisão de afastamento coercivo adotada por autoridade judicial.

O afastamento coercivo ordenado pelo SEF (expulsão administrativa) só pode ter como fundamento a entrada e a permanência ilegais do estrangeiro no território nacional (art. 145.º LE). Este é o único fundamento constitucionalmente admissível, já que *"A expulsão de quem tenha entrado ou permaneça regularmente no território nacional, de quem tenha obtido autorização de residência, ou de quem tenha apresentado pedido de asilo não recusado só pode ser determinada por autoridade judicial, assegurando a lei formas expeditas de decisão"* (art. 33.º, n.º 2 da CRP).

A expulsão administrativa só deve ser utilizada como último recurso, já que deve ser dada prioridade ao abandono de território nacional (art. 138.º LE). O estrangeiro que não tenha regressado voluntariamente pode, ainda, optar pela condução à fronteira nos termos do artigo 147.º LE, para evitar a detenção em centro de instalação temporária (artigos 146.º e 146.º-A LE) e beneficiar de um prazo de interdição de entrada em território de apenas 1 ano, bastante inferior ao previsto no artigo 144.º LE, que pode ir até 5 anos.

A expulsão de um estrangeiro determinada por um tribunal pode revestir a forma de medida autónoma de expulsão ou de pena acessória da condenação pela prática de um crime.

A pena acessória de expulsão pode ser aplicada a estrangeiros não residentes quando sejam condenados por crime doloso em pena superior a 6 meses de prisão efetiva ou em pena de multa alternativa (art. 151.º, n.º 1, LE). Se o estrangeiro for titular de uma autorização de residência temporária em Portugal, a pena acessória só pode ser aplicada se tiver sido condenado em pena superior a 1 ano de prisão, devendo o juiz ter em consideração *"a gravidade dos factos praticados pelo arguido, a sua personalidade, eventual reincidência, o grau de inserção na vida social, a prevenção especial e o tempo de residência em Portugal"* (art. 151.º, n.º 2, LE). Se o estrangeiro tiver residência permanente em Portugal, a expulsão como pena acessória da condenação em pena superior a 1 ano de prisão apenas pode ser aplicada *"quando a sua conduta constitua uma ameaça suficientemente grave para a ordem pública ou segurança nacional"* (art. 151.º, n.º 3 LE). De qualquer forma, a expulsão de um imigrante legal não pode ser um efeito automático e necessário da sua condenação numa pena de prisão, sob pena de violar o n.º 4 do artigo 30.º CRP (Cfr. Acórdão n.º 41/95 do Tribunal Constitucional, de 1.02.1995).

A medida autónoma de expulsão judicial de estrangeiro com permanência legal em Portugal só pode ser decretada por um dos fundamentos previstos nas alíneas b) a g) do n.º 1 do artigo 134.º LE, nomeadamente quando, e sem prejuízo de eventual responsabilidade criminal: atente contra a segurança nacional ou a ordem pública; a sua presença ou atividades em Portugal constituam ameaça aos interesses ou à dignidade do Estado Português ou dos seus nacionais; interfira de forma abusiva no exercício de direitos de participação política reservados aos portugueses; tenha praticado atos que, se fossem conhecidos, teriam obstado à sua entrada em território nacional; ou em relação a ele existem sérias razões para crer que cometeu atos criminosos graves ou que os tenciona cometer em Portugal ou na UE. O processo judicial de expulsão do estrangeiro é instaurado pelo SEF (art. 153.º LE), sendo competente o juízo de pequena instância criminal com jurisdição na área de residência ou permanência do estrangeiro ou os tribunais de comarca, nas restantes áreas do País (art. 152.º LE).

Independentemente do tipo de expulsão, existem limites ao afastamento coercivo de estrangeiros. O artigo 135.º LE cria categorias de estrangeiros "quase" inexpulsáveis, em razão dos seus laços particulares com Portugal (família ou duração da permanência): os que nasceram em Portugal e aqui residam, ou que aqui se encontrem desde idade inferior a 10 anos, bem como os que tenham filhos menores (portugueses ou estrangeiros) a cargo a residir em Portugal. São casos em que uma expulsão pode constituir, de acordo com a jurisprudência do Tribunal Europeu dos Direitos do Homem, uma ingerência injustificada e desproporcionada no exercício do direito ao respeito pela vida privada e familiar consagrado no artigo 8.º da CEDH (Cfr. Acórdão Moustaquim v. Bélgica, de 18 de fevereiro de 1991, Série A, n.º 193). Não obstante, a Lei 29/2012 introduziu uma limitação ao permitir a sua expulsão, quando a sua presença ou atividades no País constituam ameaça aos interesses ou à dignidade do Estado Português ou dos seus nacionais ou quando em relação a eles existam sérias razões para crer que cometeu atos criminosos graves ou que tenciona cometer atos dessa natureza, designadamente na UE (art. 135.º LE).

Existem certas categorias de estrangeiros que gozam de um regime de proteção acrescida contra expulsão: os que têm estatuto de residente de longa duração e os cidadãos da UE. Em relação aos primeiros, o tribunal só pode decretar a expulsão de um residente com estatuto de longa duração, se ele representar uma ameaça real e suficientemente grave para a ordem pública ou a segurança nacional, devendo ter em consideração a duração da sua residência em Portugal, a idade, as

EXPULSÃO

consequências da expulsão para si e para a família, os laços que tem com Portugal e a ausência de laços com o país de origem (art. 136.º LE). Os segundos não são abrangidos pela Lei de Estrangeiros (artigo 4.º), pois têm o direito de entrar e residir em Portugal (artigo 20.º TFUE, Diretiva 2004/38/CE; Lei n.º 37/2006, de 9 de Agosto), podendo apenas ser expulsos em casos excecionais quando o seu comportamento representa uma ameaça real, atual e suficientemente grave à ordem pública e segurança pública, não bastando a mera condenação penal (cfr. Acórdão do STJ de 21 de Junho de 2012, processo n.º 527/11).

Em princípio o estrangeiro expulso será enviado para o seu país de origem. No entanto, não pode ser repatriado para um país onde possa ser perseguido pelos motivos que nos termos da lei justificam a concessão de asilo (atividade em favor da democracia, da liberdade, dos direitos do homem ou em virtude da sua raça, religião, nacionalidade, opiniões políticas ou pertença a certo grupo social) ou onde possa sofrer tortura, tratamento desumano ou degradante (art. 143.º LE). É uma consequência do princípio do *non refoulement*, tal como decorre da Convenção de Genebra sobre o estatuto dos refugiados e do artigo 3.º da CEDH, que de acordo com a jurisprudência do TEDH, impõe aos Estados a obrigação de não expulsar um estrangeiro, quando tal o coloque em situação de poder ser sujeito a tortura ou a um tratamento desumano ou degradante. Também o artigo 8.º da CEDH pode opor-se à expulsão de um estrangeiro quando esta constituir uma ingerência injustificada no exercício do seu direito à vida privada e familiar.

Bibliografia

Ana Luísa Pinto, *A pena acessória de expulsão de estrangeiros do território nacional*, Coimbra Editora, 2005. 120 p.

Constança Urbano de Sousa, "A Lei n.º 53/2003 relativa ao reconhecimento mútuo de decisões de expulsão: uma transposição incompleta da Directiva Comunitária 2001/40/CE ao estilo "copypaste" atabalhoado, In: *Estudos de Homenagem ao Professor Doutor Germano Marques da Silva*, Almedina, 2004, p. 33-56.

Rui Elói Ferreira, "A expulsão de estrangeiros", *Boletim da Ordem dos Advogados*, n.º 31 (Mar.-Abr. 2004), p. 40-46.

Paulo Manuel Abreu da Silva Costa, "A protecção dos estrangeiros pela Convenção Europeia dos Direitos do Homem perante processos de asilo, expulsão e extradição: a jurisprudência do Tribunal Europeu dos Direitos do Homem" *Revista da Ordem dos Advogados*, a.60n.1 (Jan. 2000), p. 497-541.

Teresa Pizarro Beleza, Hostilidades: sobre a pena acessória de expulsão de estrangeiros do território nacional, in: Estudos em homenagem a Cunha Rodrigues/organização [de] Jorge de Figueiredo Dias. [et al.], Coimbra Editora, 2001. – 1.v., p. 139-149.

EXTRADIÇÃO

Constança Urbano de Sousa

A extradição é uma forma de cooperação judiciária internacional em matéria penal, através da qual um Estado (requerido) entrega uma pessoa que se encontra no seu território a outro Estado (requerente), onde foi acusada ou condenada por um ou mais crimes, para efeitos de procedimento criminal ou para cumprimento de pena ou de medida de segurança privativa da liberdade.

Quando analisada do ponto de vista do Estado requerente, a extradição diz-se ativa, e passiva, se analisada do ponto de vista do Estado requerido, em cujo território se encontra a pessoa a extraditar.

A extradição rege-se pelos acordos internacionais que vinculam Portugal e, na sua falta ou insuficiência, pela Lei da Cooperação Judiciária em matéria penal (Lei n.º 144/99, de 31 de agosto, como alterada, por último, pela Lei n.º 115/2009, de 12 de outubro).

Embora por imposição constitucional não seja admitida a expulsão de portugueses, pode um nacional ser, excecionalmente, extraditado para o território de um Estado requerente para efeitos de procedimento penal, desde que nos termos do n.º 3 do artigo 33.º da CRP (e n.º 2 do artigo 32.º da Lei n.º 144/99) estejam preenchidos três pressupostos: Exista reciprocidade estabelecida em convenção internacional; A extradição seja solicitada no âmbito de um caso de terrorismo ou de criminalidade internacional organizada; A ordem jurídica do Estado requerente garanta um processo justo e equitativo (um processo que satisfaça as exigências da CEDH). Nos termos do artigo 32.º, n.º 3 da Lei n.º 144/99, a extradição de nacional português apenas terá lugar para efeitos de procedimento penal (e não para efeitos de cumprimento de pena) e desde que o Estado requerente garanta a devolução do nacional para cumprimento da pena ou medida de segurança, salvo se a pessoa em causa se opuser expressamente a tal devolução. Caso não estejam verificados os pressupostos em que é admissível a extradição de nacional português, a extradição deve ser negada, mas a pessoa em questão estará sujeita a procedimento penal em Portugal (artigo 32.º, n.º 5 da Lei n.º 144/99).

Em relação à extradição passiva, o n.º 6 do artigo 33.º da CRP estabelece uma importante garantia constitucional, na medida em que proíbe a extradição de uma pessoa (nacional ou estrangeira) *"por motivos políticos ou por crimes a que corresponda, segundo o direito do Estado requisitante, pena de morte ou outra de que resulte lesão irreversível da integridade física".*

O n.º 4 do artigo 33.º da CRP estabelece outra importante garantia constitucional que condiciona a decisão de extraditar. A extradição por crimes a que corresponda, segundo o direito do Estado requisitante, pena ou medida de segurança privativa ou restritiva da liberdade com carácter perpétuo ou de duração

EXTRADIÇÃO

indefinida, só é admitida *"se o Estado requisitante for parte de convenção internacional a que Portugal esteja vinculado e oferecer garantias de que tal pena ou medida de segurança não será aplicada ou executada."*

Estas garantias constitucionais estão igualmente consagradas no artigo 6.º da Lei n.º 144/99 que estabelece os requisitos gerais negativos da cooperação internacional, cuja verificação conduz à recusa de extradição. É o caso quando o processo no Estado requerente não respeita as exigências da CEDH, quando existem fundadas razões para crer que a extradição da pessoa em questão é solicitada para a perseguir em virtude da sua raça, religião, sexo, nacionalidade, língua, das suas convicções políticas ou ideológicas ou da sua pertença a um grupo social determinado ou quando a extradição diz respeito a crimes puníveis no Estado requerente com a pena de morte ou pena perpétua, salvo se forem dadas garantias de que tal pena não será aplicada. De acordo com o artigo 7.º da Lei n.º 144/99, também não é admissível a extradição se o processo respeitar a infrações políticas ou a crime exclusivamente militar. A extradição também será recusada, quando a pessoa reclamada já foi objeto de procedimento penal pelo facto ou factos que fundamentam o pedido (*ne bis in idem*), tal como decorre do artigo 8.º da Lei n.º 144/99.

Nos termos do artigo 46.º da Lei n.º 144/99, o processo de extradição comporta duas fases, uma primeira, de natureza administrativa, e uma segunda, de natureza judicial: (1) A fase administrativa é da competência do Ministro da Justiça e versa sobre a admissibilidade do pedido de extradição, podendo este ser liminarmente indeferido por razões de ordem política, ou de oportunidade ou de conveniência. (2) A fase judicial é da competência do tribunal da Relação e destina-se a decidir *"com audiência do interessado, sobre a concessão da extradição por procedência das suas condições de forma e de fundo, não sendo admitida prova alguma sobre os factos imputados ao extraditando."*

Entre os Estados Partes do Conselho da Europa a extradição é regulada pela Convenção Europeia de Extradição, de 13 de dezembro de 1957 e os seus Protocolos Adicionais, de 15 de outubro de 1975 e 17 de março de 1978. Estes instrumentos internacionais criaram regras uniformes e impõem aos Estados contratantes a obrigação de entregarem as pessoas perseguidas por uma infração penal ou procuradas para cumprimento de pena privativa de liberdade ou medida de segurança, quando o facto praticado é punido em ambos os Estados (requerente e requerido) com pena privativa de liberdade de pelo menos um ano de duração (princípio da dupla incriminação). Em determinados casos a extradição não deve ser concedida: Se diz respeito a infração considerada como política pelo Estado requerido; Quando existem sérias razões para querer que a extradição visa a perseguição ou punição da pessoa em questão em virtude da sua raça, religião, nacionalidade ou convicções políticas (*non refoulement*); Quando a infração é exclusivamente militar, quando a pessoa reclamada já foi julgada pelo facto ou factos que

EXTRADIÇÃO

fundamentam o pedido de extradição (*ne bis in idem*); Quando o procedimento criminal ou a pena foram extintos por prescrição; Quando a infração foi abrangida por uma amnistia no Estado requerido, sendo este competente para o procedimento criminal. De acordo com esta Convenção, o Estado requerido tem a possibilidade de recusar a extradição dos seus nacionais, podendo, neste caso, instaurar--lhe um procedimento criminal. Entre outras situações, também pode recusar a extradição de uma pessoa, quando a infração é punida no Estado requerente com a pena de morte ou pena perpétua, salvo se este der garantias que não a executará. Também se pode recusar a extradição de pessoa condenada à revelia, quando o Estado requerido entenda que os seus direitos de defesa não foram suficientemente garantidos, salvo se se realizar novo julgamento que assegure estes direitos.

Na União Europeia a extradição foi substituída pelo Mandado de Detenção Europeu – MDE (adotado pela Decisão-quadro n.º 2002/584/JAI, de 13 de junho de 2002, transposta pela Lei n.º 65/2003, de 23 de agosto), que é um mecanismo mais célere de entrega de pessoas procuradas para efeitos de perseguição criminal ou cumprimento da pena. O MDE é uma decisão judiciária de um Estado-Membro com vista à detenção e entrega por outro Estado-Membro de uma pessoa procurada para efeitos de perseguição criminal por infração punível com pena privativa de liberdade não inferior a 1 ano ou cumprimento de uma pena ou medida de segurança privativa da liberdade de duração não inferior a 4 meses. É um instrumento do reconhecimento mútuo das decisões judiciais. Os Estados-Membros são obrigados a executar o MDE, devendo tomar uma decisão definitiva sobre a sua execução no prazo máximo de 60 dias. Ao contrário do que acontece na extradição, para as infrações mais graves listadas no artigo 2.º da Decisão-Quadro (terrorismo, tráfico de seres humanos, corrupção, falsificação de moeda, homicídio, etc.) não existe controlo de dupla incriminação. Em especial, são motivos de não execução a existência de uma decisão definitiva de um Estado-Membro contra a mesma pessoa pelos mesmos factos (princípio *ne bis in idem*), quando a infração foi abrangida por uma amnistia no Estado-Membro de execução, ou quando, no Estado-Membro de execução, a pessoa em causa não poder ser criminalmente responsabilizada, devido à sua idade (artigo 3.º). A possibilidade de recusar a execução de um MDE é mais limitada do que na extradição.

Bibliografia
Acórdão do STJ, de 30.05.2012 (proc. n.º 290/11).
Acórdão do TRL, de 17.11.2011 (proc. n.º 759/11).
Nuno Piçarra, "As revisões constitucionais em matéria de extradição: a influência da União Europeia", *Themis. Revista da Faculdade de Direito da ULN*, n.esp. (2006), p. 217-241.
António Miguel Veiga, "Da relevância da vontade do visado na extradição passiva e na execução do mandado de detenção europeu: a solução portuguesa", Revista portuguesa de ciência criminal, Coimbra, a.22n.4 (Out.-Dez.2012), p. 581-631.

FORÇA AÉREA

Francisco Proença Garcia

Força Aérea é um ramo das Forças Armadas, dotado de autonomia administrativa, que se integra na administração directa do Estado, através do Ministério da Defesa Nacional.

À semelhança dos outros Ramos das FA, também a FA é parte integrante do sistema de forças. Na componente operacional do sistema de forças inserem-se os comandos, as forças e as unidades operacionais, na componente fixa, o conjunto de órgãos e serviços essenciais à organização e apoio geral da Força Aérea.

Força Aérea é comandada pelo Chefe do Estado-Maior da Força érea e para o cumprimento da respectiva missão compreende: o Estado-Maior da Força Aérea; os órgãos centrais de administração e direcção; o comando de componente aérea, designado por Comando Aéreo; os órgãos de conselho (o Conselho Superior; Conselho Superior de Disciplina; Comissão Histórico--Cultural e a Junta Superior de Saúde); o órgão de inspecção, designado por Inspecção-Geral da Força Aérea; os órgãos de base; os elementos da componente operacional do sistema de forças; outros órgãos que integrem sistemas regulados por legislação própria.

A Força Aérea tem por missão principal participar, de forma integrada, na defesa militar da República, nos termos do disposto na Constituição e na lei, sendo fundamentalmente vocacionada para a geração, preparação e sustentação de forças da componente operacional do sistema de forças. Ainda, nos termos do disposto na Constituição e da lei, incumbe também à Força Aérea: a) Participar nas missões militares internacionais necessárias para assegurar os compromissos internacionais do Estado no âmbito militar, incluindo missões humanitárias e de paz assumidas pelas organizações internacionais de que Portugal faça parte; b) Participar nas missões no exterior do território nacional, num quadro autónomo ou multinacional, destinadas a garantir a salvaguarda da vida e dos interesses dos portugueses; c) Executar as acções de cooperação técnico-militar nos projectos em que seja constituído como entidade primariamente responsável, conforme respectivos programas quadro; d) Participar na cooperação das Forças Armadas com as forças e serviços de segurança, nos termos previstos no artigo 26.º da Lei Orgânica n.º 1-A/2009, de 7 de Julho (alterada pela Lei Orgânica n.º 6/2014, de 2 de setembro); e) Colaborar em missões de protecção civil e em tarefas relacionadas com a satisfação das necessidades básicas e a melhoria da qualidade de vida das populações; f) Cumprir as missões de natureza operacional que lhe sejam atribuídas pelo CEMGFA. Compete ainda à Força Aérea assegurar o cumprimento das missões reguladas por legislação própria, designadamente o funcionamento de serviços de Busca e Salvamento Aéreo.

FORÇAS ARMADAS

Da sua organização constam órgãos centrais de administração e direcção, que têm carácter funcional e visam assegurar a direcção e execução de áreas ou actividades específicas essenciais, de acordo com as orientações superiormente definidas. Estes órgãos são os seguintes: o Comando de Pessoal da Força Aérea; O Comando da Logística da Força Aérea; a Direcção de Finanças da Força Aérea.

A FA possui ainda o Comando de Componente Aérea, constituído por um Comando Aéreo (CA), cuja missão é a de apoiar o exercício do comando por parte do CEMFA, tendo em vista: a preparação, o aprontamento e a sustentação das forças e meios da componente operacional do sistema de forças; o cumprimento das missões reguladas por legislação própria e de outras missões de natureza operacional que sejam atribuídas à Força Aérea; o planeamento, o comando e controlo da actividade aérea; a administração e direcção das unidades e órgãos da componente fixa, colocados na sua directa dependência; planear, dirigir e controlar a segurança militar das unidades das unidades e órgãos da Força Aérea.

Dependem do CA os Comandos da Zona Aérea dos Açores e da Madeira; as bases aéreas; os aeródromos de manobra; os aeródromos de trânsito; o Campo de Tiro, as estações de radar, os centros de treinos.

Bibliografia:
Lei Orgânica n.º 1-A/2009, de 7 de Julho. Aprova a Lei Orgânica de Bases da Organização das Forças Armadas.
Decreto-Lei n.º 232/2009, de 15 de Setembro.

FORÇAS ARMADAS

Luís Salgado de Matos

A ciência do Direito não estuda em geral as Forças Armadas. Quando as estuda, o que desde o final do século XX começou a suceder com crescente frequência, divide-se em duas grandes orientações de filosofia política e metodologia constitucional. A mais antiga considera a defesa uma das funções tradicionais do Estado, sendo as Forças Armadas objeto de estudo de direito administrativo. Esta orientação doutrinária decorre do constitucionalismo francês que apenas refere a defesa nacional e o recrutamento militar a propósito das competências do Parlamento, não reconhecendo as Forças Armadas como instituição. Já o constitucionalismo português, desde a lei básica de 1822 à de 1976-1982, ainda que não descure a problemática da defesa nacional, comete às Forças Armadas diretas e específicas missões constitucionais, assim as reconhecendo como instituição:

FORÇAS ARMADAS

«Às Forças Armadas incumbe a defesa militar da República». Só a elas incumbe este tipo de defesa e a CRP autoriza-lhes missões não militares, mas há defesa não militar (CRP, artigo 275.º n.º 1, 5 e 6). Ao Estado, a CRP comete algo bem diferente: a «garantia da independência nacional» (art.º 9.º, a).

A instituição castrense garante a segurança de um dado país ou organização política. O Estado é a instituição da reprodução e a Igreja, incluindo neste conceito a organização comummente designada por Maçonaria, é a instituição do simbólico. Este triângulo institucional articula-se de acordo com as regras em geral designadas por constitucionais e forma a estrutura da organização política. As Forças Armadas são a principal organização da instituição castrense e respondem pela segurança exterior; a polícia responde pela segurança interna. Anotemos que em direito constitucional, o termo segurança oferece diferente compreensão.

No Estado Novo, as Forças Armadas, que em 1926 tinham fundado o regime e o tinham apoiado na manutenção da ordem pública, acabaram lateralizadas e foi a sua revolta, a 25 de abril de 1974, que permitiu restabelecer a democracia representativa. A instituição castrense viveu em autogoverno desde esta data até à revisão constitucional de 1982, sendo gerida por um Presidente da República militar e um órgão que desde 11 de março de 1975 teve a designação de Conselho da Revolução. O autogoverno significou partidarização e vanguardismo político. A revisão constitucional de 1982 normalizou a situação castrense, afinando-a pelo paradigma da Nato: reafirmou a supremacia do poder civil mas procurou evitar as pechas dissimétricas do Estado Novo e do período revolucionário face às Forças Armadas: partidarização, governamentalização e enfraquecimento das garantias tanto dos militares como dos restantes cidadãos.

Essa normalização foi obtida pela Lei de Defesa Nacional e das Forças Armadas (LDNFA, Lei n.º 29/82, de 11 de dezembro, da responsabilidade política de Diogo Freitas do Amaral, organizando o consenso PS, PSD, CDS, e de boa qualidade técnica; foi alterada pelas Leis n.º 41/83, de 21 de Dezembro, n.º 111/91, de 29 de agosto, n.º 113/91, de 29 de agosto, n.º 18/95, de 13 de julho, Orgânica n.º 3/99, de 18 de setembro, Orgânica n.º 4/2001, de 30 de agosto e Orgânica n.º 2/2007, de 16 de abril; n.º 31-A/2009, 7 de julho); à LDNFA seguiam-se as leis orgânicas do Ministério da Defesa Nacional, do Estado-Maior General das Forças Armadas, e dos três ramos das Forças Armadas: Marinha, Exército e Força Aérea, além do Estatuto dos Militares das Forças Armadas (EMFAR, Decreto-Lei n.º 236/99, de 25 de junho; depois alterado e retificado: Declaração de Retificação n.º 10-BI/99, de 31 julho, Lei n.º 25/2000, de 23 agosto, Decreto-Lei n.º 232/2001, de 25 agosto, Decreto-Lei n.º 197-A/2003, de 30 agosto, Decreto-Lei n.º 70/2005, de 17 março, Decreto-Lei n.º 166/2005, de 23 setembro e Decreto-Lei n.º 310/2007, de 11 setembro). A LDNFA deixou de elencar a organização militar com a aprovação da Lei Orgânica de Bases da Organização das Forças Armadas (LOBOFA, Lei n.º 111/91, de 29 de Agosto, alterada em 1995 e por fim pela Lei Orgânica n.º 1-A/2009, de 7 de julho).

A LDNFA deu ao Presidente da República, «comandante supremo das forças armadas» (CRP, hoje art.º 120.º), o cargo de presidente do novo Conselho Superior de Defesa Nacional (CSDN), órgão de consulta e administrativo, composto por membros do governo e chefes militares, e permitia atenuar a governamentalização da instituição castrense (Vital Moreira-Canotilho acentuam esse encontro e Jorge Miranda-Rui Medeiros diluem-no; iam no mesmo sentido o Conselho Superior Militar e o Conselho de Chefes de Estado-Maior.

Os militares que tinham feito a revolução de abril e a extrema-esquerda defenderam então o modelo institucional da 5.ª República francesa, no qual a instituição castrense dependeria do Presidente da República; não tiveram êxito. As Forças Armadas foram afastadas quase por completo da manutenção da ordem pública/segurança interna, o que protegia os cidadãos e despartidarizava os militares. As garantias internas de autonomia institucional e não governamentalização residiam nas promoções, cuja iniciativa dependia sempre da instituição; a promoção a general devia ser confirmada pelo CSDN, que se limitou a um papel quase só notarial, e na nomeação das chefias militares, que conheceu alguma variação legislativa mas sempre foi caraterizada por os sucessivos governos aceitarem o chefe militar que cada Ramo lhes sugeria.

A LDNFA organizava a dimensão operacional das Forças Armadas a partir de uma cascata de conceitos que, do mais geral ao mais singular, são o «conceito estratégico de defesa nacional», o «conceito estratégico militar», o de «missões»; das «missões» decorreria o «sistema de forças», e deste o de «dispositivo». Esta metodologia da Nato parecia a muitos mais adequada a uma potência militar universal do que a uma potência regional.

Na revisão constitucional de 1997, foram extintos os tribunais militares, mas foi mantida uma categoria de «crimes de natureza estritamente militar» (CRP, arts. 213.º e 219.º, n.º 3) os quais passaram a ser julgados por tribunais comuns de competência específica, dos quais faria parte pelo menos um juiz militar, com assessoria técnica para o Ministério Público (Leis n.º 100/2003 e n.º 101/2003, ambas de 15 de Novembro). Os militares passaram a ver as suas carreiras reguladas em tribunais civis, o que determinou um aumento do respetivo contencioso, o qual porém não atingiu a dimensão operacional.

No modelo tradicional, em Monarquia as Forças Armadas eram um exército profissional, cujo inimigo era externo e interno; em República eram uma milícia de serviço militar obrigatório (SMO), cujos membros não desfrutavam de direito de associação e cujos soldados não recebiam salários; o seu inimigo era apenas externo; eram integralmente financiadas pelo Estado. Esse modelo

FORÇAS ARMADAS

republicano foi abandonado depois da queda do comunismo russo: os exércitos profissionalizaram-se; ao lado deles, surgiram empresas militares privadas, ainda que submetidas às Forças Armadas ou aos governos; depois dos atentados do 11 de setembro de 2001, o inimigo voltou a ser interno, o que antes era apanágio de regimes autocráticos, exceto depois de declarados estados de exceção (CRP, art.º 275.º, n.º 7); esta mudança foi simbolizada pelo novo conceito estratégico da Nato, aprovado na cimeira de Lisboa, em novembro de 2006.

As Forças Armadas portuguesas atravessam também este processo de transição, que sinalizaremos apenas por breves alusões ao SMO, ao direito de associação e à capacidade eleitoral. O SMO fora perturbado e paradoxalmente consolidado pelo estabelecimento da objeção de consciência (Lei n.º 7/92, de 12 de Maio), sendo porém abolido em 2004 e simbolicamente substituído pelo Dia da Defesa Nacional, obrigatório aos 18 anos, incluindo para as cidadãs, que também pela primeira vez constavam do recenseamento militar, o que constituía um icónico e inesperado reforço dele; este dia consistia apenas numa visita dos jovens às instalações militares, cuja realidade lhes era exposta (primeira alteração à Lei do Serviço Militar (Lei do Serviço Militar, n.º 174/99, de 21 de Setembro; Lei Orgânica n.º 1/2008, de 6 Maio; respetiva regulamentação).

A tradição constitucional da Revolução Francesa interditava o direito de associação aos cidadãos armados para evitar ameaças à soberania de que era titular a assembleia eleita. Esta tradição foi porém alterada, também em Portugal. Nos termos constitucionais e num propósito de despartidarização, a LDNFA limitava os direitos de expressão, reunião, manifestação, associação e petição coletiva dos militares, bem como a sua «capacidade eleitoral passiva» (art. 31.º), mas assim de algum modo os reconhecia. A Associação 25 de Abril foi logo reconhecida a título excecional, como institucionalização do movimento militar constitucionalista do 25 de abril de 1974, e contribui para que a exceção se tornasse norma, dando voz a muitos militares que se consideravam vítimas de uma injustificada *caput diminutio*. O direito de «associação profissional dos militares» foi reconhecido em termos gerais pela Lei Orgânica n.º 3/2001 de 29 de agosto. Já antes, sucessivos governos tinham de fato reconhecido o sindicalismo militar, primeiro de oficiais e depois de sargentos, perturbando sem destruir a função tradicional de representação social das forças que pertencia aos chefes militares. A capacidade eleitoral passiva foi reconhecida mediante a atribuição de uma licença especial (Decreto-Lei n.º 279-A/2001, de 19 de outubro). Ao mesmo tempo, desenvolvia-se a tolerância de formas suaves de afetação partidária, que porém apenas interessavam uma minoria de militares. A instituição castrense sobrevivera às primeiras fases de um processo de acelerada civilianização e mutação social.

Bibliografia

Diogo Freitas do Amaral, *A Lei de Defesa Nacional e das Forças Armadas (textos, discursos e trabalhos preparatórios)*, Coimbra, Coimbra Editora, 1983, 493 pp.

Diogo Freitas do Amaral, «A Constituição e as Forças Armadas», em *Portugal O Sistema Político e Constitucional 1974-1987*, Mário Baptista Coelho (org.), *Instituto* de Ciências Sociais, Universidade de Lisboa, pp. 647-662.

Jorge Miranda, Carlos Blanco de Morais, (orgs.), *O Direito da Defesa Nacional e as Forças Armadas*, Edições Cosmos – Instituto da Defesa Nacional, Lisboa, 2000, 589 pp.

Luís Salgado de Matos, *Como Evitar Golpes Militares O Presidente, O Governo e a Assembleia Eleita face à Instituição Castrense no Estado Parlamentar, no Presidencial e no Semipresidencial*, pref. de Jorge Sampaio, Imprensa de Ciências Sociais, 2008, 407 pp.

Luís Salgado de Matos, *Um 'Estado de Ordens' Contemporâneo – A Organização Política Portuguesa*, dissertação de doutoramento sob a orientação do Dr. Manuel de Lucena, elaborada no Instituto de Ciências Sociais da Universidade de Lisboa, 2000, 1772 pp.

http://www.emgfa.pt/

GESTÃO DE CRISES

Sofia Santos

1. Conceito

Objetivamente, a gestão de crises pode ser definida como os esforços internacionais no sentido de resolver uma crise internacional, isto é, uma fase de tensão que se inclui na fase de evolução de um conflito internacional cujo agravamento poderá resultar num conflito armado (guerra). Contudo, este conceito tem vindo a ser empregue relativamente a um vasto leque de medidas/ações internacionais desde a prevenção à estabilização pós-crise.

A crescente complexidade das crises e as caraterísticas das novas ameaças influíram gradualmente na interpretação do termo "crise" e implicaram forçosamente uma intepretação extensiva do conceito de "gestão de crises" e novas formas de implementação. Mas a ausência de definições vinculativas de "crise" e de "crise internacional" e a perceção distinta de situações e controvérsias consideradas como crises, agravadas pela multiplicidade de causas e sintomas, entravam, por vezes, a sua gestão.

A gestão de crises internacionais tem sido conduzida por Estados e organizações internacionais no âmbito de missões militares e/ou civis. A multidimensionalidade crescente das crises internacionais e, consequentemente, das missões de gestão tem exigido o envolvimento de diferentes atores no seio das organizações internacionais e uma cooperação interorganizacional em diversas vertentes, uma *"abordagem abrangente"* (*"comprehensive approach"*).

2. As organizações internacionais e a gestão de crises

I. Organização das Nações Unidas

A Organização não faculta uma definição vinculativa de "gestão de crises", o que tem o efeito benéfico de permitir uma ampla flexibilidade. As inúmeras operações de paz têm possibilitado a sua gestão em diferentes amplitudes com o intuito de proporcionar uma resposta adequada à emergência de diferentes tipos de crises. É neste contexto que se insere o desenvolvimento e evolução das missões de manutenção da paz (*peacekeeping*), de imposição da paz (*peaceenforcement*), de estabelecimento da paz (*peacemaking*) e de consolidação da paz (*peacebuilding*) com base nos propósitos da Organização e nos capítulos VI, VII e VIII da Carta.

II. Organização do Tratado do Atlântico Norte

A orientação estratégica e normativa da Aliança Atlântica passou a contemplar a gestão de crises. Se nos conceitos estratégicos de Roma (1991) e de Washington (1999) ocupava uma função mais subalterna, no atual Conceito Estratégico (2010) a gestão de crises surge como uma das funções securitárias principais (§ 4, alínea c)). A gestão de crises significa o emprego adequado de meios militares e civis *"para auxiliar na gestão de crises em desenvolvimento que têm o potencial de afetar a segurança da Aliança, antes de estas escalarem em conflitos; conter conflitos em curso quando afetem a segurança da Aliança e auxiliar a consolidar a estabilidade em situações de pós-conflito quando afetem a segurança euro-atlântica"*. O Glossário da OTAN proporciona igualmente uma definição deste conceito: *"as ações coordenadas tomadas para minimizar as crises, evitar o seu agravamento para um conflito armado e conter eventuais hostilidades"* (NATO Glossary of Terms and Definitions, 2014, 2-C-18). No entanto, estas definições não possuem caráter vinculativo.

III. União Europeia

A gestão de crises carateriza-se por uma vertente de "gestão civil de crises" vincada a par de missões de gestão de crises militares. Esta designação tem-se consolidado no léxico da União e marcado a sua *praxis*. No entanto, embora seja empregue desde 1999 e englobe quatro áreas principais – policiamento, Estado de Direito, proteção civil e administração civil –, os Estados-Membros não se vincularam a uma definição, ou de "gestão de crises" na sua generalidade.

A base normativa para as missões de gestão de crises militares e não militares encontra-se consagrada na seção 2, Capítulo 2 do Título V do TUE no âmbito da Política Comum de Segurança e Defesa (PCSD). O artigo 42.º prevê a possibilidade do emprego de meios militares e civis, proporcionados pelos Estados-Membros, em missões para além das fronteiras externas da União com o objetivo de garantir a manutenção da paz, a prevenção de conflitos e o reforço da segurança internacional, com base nos princípios da Carta das Nações Unidas. Neste sentido, o n.º 1 do artigo 43.º estabelece a possibilidade de ações conjuntas em matéria de desarmamento, missões de aconselhamento e assistência em matéria militar para além de missões humanitárias e de evacuação, de prevenção de conflitos e de manutenção da paz e missões de forças de combate para a gestão de crises, incluindo missões de restabelecimento da paz e de estabilização pós-conflito – as missões de Petersberg consagradas no Direito originário no Tratado de Amesterdão e ampliadas no Tratado de Lisboa. A execução de uma missão poderá ser delegada pelo Conselho a um grupo de Estados-Membros que disponha dos meios civis e militares requeridos para a sua execução (artigo 44.º).

Bibliografia
Javier Ignacio García González, *Crisis e instrumentos militares de gestión de crisis: adaptación tras la Guerra Fria*, Ministerio de Defensa, Madrid, 2009.
Jorge Bacelar Gouveia, *Manual de Direito Internacional Público*, 4.ª ed., Almedina, Coimbra, 2013, pp. 720-725.
Francisca Saraiva, "A Definição de Crise das Nações Unidas, União Europeia e NATO", *Nação e Defesa*, n.º 129 – 5.ª Série, 2011, pp. 11-30.
Nicoletta Pirozzi, "EU performance in civilian crisis management" *in* Richard G. Whitman, Stefan Wolff, *The European Union as a Global Conflict Manager*, Routledge, London, 2012, pp. 189-208.
José Loureiro dos Santos, Incursões no domínio da Estratégia, Fundação Calouste Gulbenkian, Lisboa, 1983, pp. 101-154.

GUARDA NACIONAL REPUBLICANA

João Raposo

1. A Guarda Nacional Republicana (GNR) foi criada a 3 de maio de 1911, *«para velar pela segurança pública, manutenção da ordem e proteção das propriedades públicas e particulares em todo o país»*, conforme se dispunha no artigo 1.º do Decreto com força de lei publicado no *Diário do Governo* de 4 de maio daquele ano. A sua atual orgânica contém-se na Lei n.º 63/2007, de 6 de novembro, que deu corpo às orientações fundamentais da reforma da GNR e da Polícia de Segurança Pública (PSP) vertidas na Resolução do Conselho de Ministros n.º 44/2007, de 19 de março. Nos termos do disposto no artigo 1.º da referida lei, a GNR é uma *força* de segurança de natureza militar, constituída por militares organizados num corpo especial de tropas, cuja missão principal consiste em defender a legalidade democrática e garantir a segurança interna e os direitos dos cidadãos. Trata-se, por conseguinte, de uma *polícia de segurança pública, de natureza militar*, à semelhança daquilo que também acontece, por exemplo, em Espanha com a *Guardia Civil*, em França com a *Gendarmerie Nationale*, na Holanda com a *Koninklijke Marechaussee*, na Itália com a *Arma dei Carabinieri* e no Brasil com as Polícias Militares Estaduais.

2. A GNR depende hierarquicamente do Ministro da Administração Interna (artigo 2.º, n.º 1, da Lei n.º 63/2007). Tratando-se, porém, de um corpo especial de tropas, depende do Ministro da Defesa Nacional em matéria de uniformização, normalização da doutrina militar, armamento e equipamento (*idem*, n.º 2). Finalmente, e enquanto autoridade de *polícia tributária*, a GNR mantém ainda uma "ligação funcional" com o Ministério das Finanças, regulada por portaria conjunta dos Ministros da Administração Interna e das Finanças (cfr. artigo 13.º, n.º 2). À semelhança da Polícia Judiciária e da Polícia de Segurança Pública, a GNR é um *órgão de polícia criminal de competência genérica*. Por conseguinte, podemos caracterizá-la como uma *força de segurança de natureza militar, com funções de polícia administrativa e judiciária*.

3. Enquanto corpo de *polícia administrativa geral ou de segurança pública*, cabe à Guarda Nacional Republicana garantir a ordem pública e a segurança de pessoas e bens, e assegurar o exercício dos direitos, liberdades e garantias dos cidadãos. A essa componente nuclear da missão geral da Guarda se reportam, designadamente, as alíneas a), b), d), j), g), e p) do n.º 1, e c) do n.º 2 do artigo 3.º do seu diploma orgânico. A GNR desempenha também relevantes funções de *polícia administrativa especial*. Assim, e nomeadamente, tem funções de *polícia de viação terrestre e de transportes rodoviários*; de *estrangeiros e fronteiras*; de *espetáculos*; da *natureza e ambiental*; de *pesca marítima*; e, conforme já referido, *de polícia tributária* [cfr. artigos 3.º, n.ºs 1, alíneas f), h) e l), e 2, alíneas a), b) e f), e 13.º]. O Serviço de Proteção da Natureza e do Ambiente (SEPNA) tem por funções a preservação da natureza e a defesa do ambiente, sendo integrado por pessoal militar com formação adequada e por pessoal civil da carreira florestal proveniente do antigo Corpo Nacional da Guarda Florestal (cfr. Decreto-Lei n.º 22/2006, de 2 de fevereiro, artigos 2.º, 3.º e 5.º).

A GNR desenvolve tarefas de *proteção civil*, a que se referem especificamente as alíneas i) do n.º 1 e g) do n.º 2 do artigo 3.º do seu diploma orgânico. Na dependência do comando-geral encontra-se o Grupo de Intervenção de Proteção e Socorro, que tem como missão específica "a execução de ações de prevenção e de intervenção de primeira linha (...) em situações de emergência de proteção e socorro, nomeadamente nas ocorrências de incêndios florestais ou de matérias perigosas, catástrofes e acidentes graves" (artigo 4.º, n.ºs 1 e 2, do Decreto-Lei n.º 22/2006).

Para além das tarefas de polícia administrativa (geral e especial) e de proteção civil, a GNR desempenha ainda funções de *polícia judiciária* [cfr. artigo 3.º, n.º 1, alínea b)].

Assim, nos termos do artigo 3.º da sua Lei Orgânica, cabe-lhe prevenir a criminalidade, em geral [cfr. n.º 1, alínea c)]; desenvolve ações de investigação criminal [alínea e)]; previne e deteta situações de tráfico e consumo de estupefacientes ou outras substâncias proibidas [alínea m)] (vejam-se os artigos 57.º, n.º 2, do Decreto-Lei n.º 15/93, de 22 de janeiro, na redação dada pelo artigo 1.º do Decreto-Lei n.º 81/95, de 22 de abril, e 2.º, n.ºs 2 e 3, deste diploma; o Decreto-Lei n.º 15/93 foi alterado pela última vez através da Lei n.º 77/2014, de 11 de novembro); e, de acordo com o artigo 6.º da Lei de Organização da Investigação Criminal (Lei n.º 49/2008, de 27 de agosto, alterada pela Lei n.º 34/2013, de 16 de maio), investiga os crimes cuja competência não esteja reservada a outros órgãos de polícia criminal, bem como daqueles cuja investigação lhe seja deferida pela autoridade judiciária competente para a direção do processo.

4. As atribuições da Guarda são prosseguidas em todo o território nacional, incluindo o mar territorial (artigo 5.º, n.º 1, da sua Lei Orgânica). Em matéria de prevenção e investigação de infrações tributárias, fiscais e aduaneiras, bem como de fiscalização e controlo da circulação de mercadorias sujeitas à ação tributária, fiscal e aduaneira, a sua atuação pode estender-se à zona contígua (*idem*, n.º 4) (para os conceitos de mar territorial e zona contígua, veja-se a Lei n.º 34/2006, de 28 de julho, que determina a extensão das zonas marítimas sob soberania ou jurisdição nacional e os poderes que o Estado Português nelas exerce, bem como os poderes por este exercidos no alto mar). A delimitação das áreas de responsabilidade da GNR e da PSP é feita através de portaria ministerial (atualmente, a Portaria n.º 340-A/2007, de 20 de Março). Fora da sua área de responsabilidade, a intervenção da GNR depende de pedido expresso de outra força de segurança, de ordem especial nesse sentido ou ainda de imposição legal (cfr. n.º 3 do referido preceito legal). Enfim, a GNR pode ser mandatada para realizar missões no estrangeiro (artigo 5.º, n.º 5, da mesma lei).

5. Como se estabelece no artigo 10.º, n.ºs 1 e 2, da sua Lei Orgânica, os militares da GNR no exercício de funções de comando de *forças* (por tal se entendendo o efetivo mínimo de dois militares em missão de serviço) têm a categoria de *comandantes de força pública*; e, quando não lhes deva ser atribuída qualidade superior, os militares da Guarda são considerados *agentes da força pública e de autoridade*. Qualidade superior é, desde logo, a reconhecida a certos militares da GNR na

GUARDA NACIONAL REPUBLICANA

alínea a) do n.º 1 do artigo seguinte. Assim, são consideradas *autoridades de polícia (administrativa)* o comandante-geral, o 2.º comandante-geral, o comandante do Comando Operacional da Guarda, os comandantes de unidade e subunidade de comando de oficial, e outros oficiais da Guarda, quando no exercício de funções de comando ou chefia operacional. As referidas autoridades são competentes para a aplicação das *medidas de polícia* previstas na Lei de Segurança Interna (cfr. artigos 11.º, n.º 2, e 14.º, n.º 1).

Detendo a GNR, conforme visto, a natureza de *órgão de polícia criminal de competência genérica,* as autoridades de polícia administrativa indicadas no n.º 1 do artigo 11.º da Lei n.º 63/2007 são igualmente qualificadas como *autoridades de polícia criminal* no artigo 12.º, n.º 1, alínea a). Por seu turno, são considerados *órgãos de polícia criminal* todos os militares da GNR a quem caiba levar a cabo quaisquer atos ordenados por uma autoridade judiciária ou determinados pelo Código de Processo Penal [*idem,* alínea b)].

6. A estrutura geral da GNR compreende a *estrutura de comando* (o Comando da Guarda e os órgãos superiores de comando e direção), as *unidades* (o Comando--Geral, as unidades territoriais, as unidades especializadas, as unidades de representação e a Unidade de Intervenção) e um *estabelecimento de ensino* (a Escola da Guarda) (cfr. artigos 20.º a 22.º). O *Comando da Guarda* compreende o comandante-geral, o 2.º comandante-geral, a Inspeção da Guarda, os órgãos de conselho (o Conselho Superior da Guarda, o Conselho de Ética, Deontologia e Disciplina, e a Junta Superior de Saúde) e a Secretaria-Geral. O comandante-geral da GNR é um tenente-general nomeado por despacho conjunto do Primeiro--Ministro, Ministro da Administração Interna e Ministro da Defesa Nacional, sendo responsável pelo cumprimento das missões gerais da Guarda. Para o efeito, dispõe das competências próprias dos cargos de direção superior de 1.º grau (cfr. artigo 7.º da Lei n.º 2/2004, de 15 de janeiro, alterada pela última pela da Lei n.º 68/2013, de 29 de agosto) e, ainda, das constantes do n.º 3 do artigo 23.º do diploma orgânica desta força de segurança. *Órgãos superiores de comando e direção* da Guarda são o Comando Operacional, o Comando da Administração e dos Recursos Internos, e o Comando da Doutrina e Formação (artigos 21.º a 34.º). As *unidades* são o Comando Geral, sediado em Lisboa, que concentra toda a estrutura de comando da corporação; os comandos territoriais (que prosseguem localmente as missões da Guarda, compreendendo os destacamentos, que se articulam em subdestacamentos ou postos); e as Unidades de Controlo Costeiro, de Ação Fiscal e Nacional de Trânsito, de Segurança e Honras de Estado, e de Intervenção (artigos 36.º a 44.º). A Portaria n.º 1450/2008, de 16 de dezembro, estabelece a organização interna das unidades da GNR, salvo o Comando-Geral. Nos termos do disposto no artigo 5.º, n.º 2, do Decreto-Lei n.º 81/95, em cada brigada territorial da GNR existirá uma brigada anticrime. Conforme se dispõe

GUARDA NACIONAL REPUBLICANA

no n.º 1 deste artigo, trata-se de unidades especiais com competência específica em matéria de prevenção e investigação do tráfico de substâncias estupefacientes ou psicotrópicas.

7. Conforme se estatui no artigo 2.º, n.º 1, do Estatuto dos Militares da Guarda Nacional Republicana, aprovado pelo Decreto-Lei n.º 297/2009, de 14 de outubro, militar da Guarda é "aquele que, satisfazendo as características da condição militar, ingressou nesta força de segurança e a ela se encontra vinculado com carácter de permanência ou nela presta serviço voluntariamente". Os militares dos quadros permanentes da Guarda estão sujeitos à condição militar (artigo 19.º, n.º 1, do referido Estatuto); e, de acordo com o artigo 5.º, n.º 1, do mesmo diploma, são-lhes aplicáveis a Lei de Bases Gerais do Estatuto da Condição Militar, o Regulamento de Disciplina Militar, o Regulamento de Continências e Honras Militares, o Regulamento da Medalha Militar e das Medalhas Comemorativas das Forças Armadas, com os ajustamentos adequados. Em matéria disciplinar vigora ainda a Lei n.º 145/99, de 1 de setembro, alterada pelo Decreto-Lei n.º 119/2004, de 21 de maio, que aprovou o Regulamento de Disciplina da Guarda Nacional Republicana. Em matéria de deontologia, rege o Código Deontológico do Serviço Policial, constante da Resolução do Conselho de Ministros n.º 37/2002, de 7 de fevereiro. Ao pessoal civil ao serviço da GNR é aplicável a lei geral do trabalho em funções públicas (Lei n.º 35/2014, de 20 de junho).

8. Nas forças de segurança – que são serviços de natureza essencialmente operacional – a hierarquia assume uma importância primordial. O Estatuto dos Militares da Guarda Nacional Republicana lida com três conceitos de hierarquia: a hierarquia militar do artigo 28.º, a hierarquia funcional do artigo 37.º e a hierarquia protocolar do artigo 51.º A primeira tem por função estabelecer as relações de autoridade e subordinação *entre os militares em todas as circunstâncias do serviço*, sendo determinada pelos postos (ou patentes), antiguidade e precedências, e devendo ser observada mesmo fora do desempenho de funções. Os militares da GNR agrupam-se hierarquicamente em categorias profissionais, subcategorias e postos. As categorias profissionais são os oficiais (compreendendo as subcategorias de oficiais generais, oficiais superiores, capitães e oficiais subalternos), sargentos e guardas, compreendendo vários postos (cfr. artigos 19.º, n.º 2, da Lei Orgânica e 29.º, 57.º e 199.º a 277.º do Estatuto dos Militares da GNR). À hierarquia militar na GNR corresponde a *hierarquia de comando* da PSP. A hierarquia funcional é aquela que se estabelece em razão dos *cargos e funções profissionais exercidos*, respeitando, em regra, a hierarquia dos postos e a antiguidade dos militares. *Cargos profissionais* são os legalmente previstos na Lei Orgânica e, bem assim, os lugares de nomeação existentes em qualquer serviço do Estado ou em organismos internacionais a que correspondam funções de natureza militar ou policial (artigo 39.º, n.ºs 1 e 2, do Estatuto dos Militares da GNR). Das *funções*

219

GUARDA NACIONAL REPUBLICANA

profissionais (de comando, de direção ou chefia, de estado-maior e de execução) se ocupam os artigos 40.º e seguintes do mesmo estatuto. Por último, a hierarquia que se pode designar *protocolar* destina-se a ser observada em *atos e cerimónias militares ou civis*, exceto nas formaturas: assenta na ordem hierárquica de postos e antiguidades, respeitando, contudo, as precedências legalmente consignadas de acordo com as funções exercidas ou cargos desempenhados pelos militares que se encontrem presentes.

9. Conforme se prevê nos artigos 17.º do Estatuto dos Militares da Guarda Nacional Republicana e 47.º da Lei de Defesa Nacional, aprovada pela Lei n.º 31-A/2009, de 7 de julho, da condição militar decorrem para o pessoal da GNR as restrições ao exercício de direitos e liberdades aplicáveis aos militares das Forças Armadas. Tais restrições contêm-se nos artigos 26.º a 35.º da Lei de Defesa Nacional. Dizem respeito à liberdade de expressão, ao direito de reunião, ao direito de manifestação, à liberdade de associação, ao direito de petição coletiva, à capacidade eleitoral passiva, à queixa ao Provedor de Justiça e a exigências específicas em matéria de justiça e de disciplina. O direito à constituição de associações profissionais de âmbito nacional por parte dos militares da GNR encontra-se regulado na Lei n.º 39/2004, de 18 de agosto, que foi objeto de regulamentação através do Decreto-Lei n.º 233/2008, de 2 de dezembro.

10. A Guarda Nacional Republicana faz parte da *European Gendarmerie Force* (EUROGENDFOR), força de polícia multinacional fundada em 17 de setembro de 2004 na Holanda e declarada operacional em 20 de julho de 2006, da qual fazem parte, para além de Portugal, a França, Itália, Holanda, Roménia e Espanha, através das respetivas polícias de natureza militar. A EUROGENDFOR tem por objetivo contribuir para o desenvolvimento da Política Comum de Segurança e Defesa, podendo ser posta ao dispor da União Europeia, das Nações Unidas, da Organização para a Segurança e Cooperação na Europa, da Organização do Tratado do Atlântico Norte e de outras organizações internacionais.

Bibliografia

Andrade, Nuno, coord., *100 Anos – Guarda Nacional Republicana [1911-2011]*, Lisboa, 2011.

Branco, Carlos, *Guarda Nacional Republicana – Contradições e Ambiguidades*, Lisboa, 2010; *Desafios à Segurança e Defesa e os Corpos Militares de Polícia*, Lisboa, 2000.

Ferrão, Alfredo Mendes de Almeida, *Serviços Públicos no Direito Português*, Coimbra, 1963, pp. 185-202.

Raposo, João, *Guarda Nacional Republicana, in Dicionário Jurídico da Administração Pública*, 1.º Suplemento, José Pedro Fernandes (dir.), Lisboa, 1988.

Santos, António Pedro Ribeiro dos, *O Estado e a Ordem Pública – As Instituições Militares Portuguesas*, Lisboa, 1999.

GUERRA JUSTA

José Pina Delgado

1. A guerra justa é um conceito da Ética, de acordo com o qual a utilização da força militar está condicionada à sua correção moral. Desconsiderando as discussões ainda infantes sobre a legitimação interna da guerra (Buchanan), se atentarmos aos três momentos diferentes de um conflito armado, isto significa que uma entidade internacional: a) só pode recorrer às armas no cenário internacional em situações limitadas (*jus ad bellum*); b) durante o conflito deve abster-se de utilizar meios bélicos e táticas de combate contra indivíduos ou entidades que dele não participam ou causar sofrimento e danos desnecessários (*jus in bello*); c) está sujeita a encontrar uma solução equânime para lhe pôr termo (*jus post-bellum*), atendendo que se trata de situação excecional que se opõe à normalidade da paz.

2. A ideia de que a guerra, mesmo a ilimitada, deve ser legitimada pela justiça é já antiga, acompanhando a evolução da humanidade. Mesmo povos que construíram grandes impérios no Médio Oriente, na China ou na Índia sempre apresentavam os seus empreendimentos bélicos como atos divinos de extensão da luz sobre as trevas e de civilização dos povos bárbaros circundantes ou de recuperação de uma doação divina, como foram as guerras ordenadas por *Yaveh* ao povo de Israel.

Esta noção de que existem guerras santificadas não impediu que a religião contribuísse para que, a partir de sistemas políticos, jurídicos e morais, emergissem noções importantes de controlo material e processual da feitura da guerra. Em Israel, as guerras que tinham propósitos seculares estavam submetidas a uma tramitação específica prevista no livro do *Deuteronómio*. Em Roma, a necessidade simbólica de garantir o apoio das divindades, levou ao desenvolvimento de um mecanismo (o *jus fetiale*) para assegurar que havia causa justa para a guerra e que ela seria um recurso de última instância. Foi da internacionalização do conceito de *bellum iustum* do Direito Público Romano e da sua apropriação medieval pelos teóricos cristãos que o conceito foi efetivamente incorporado ao vocabulário do Direito das Gentes.

Foi S. Agostinho que, perante a necessidade de adequar a religião oficial do decadente Império Romano, imperativos de defesa e o pacifismo seguido pelo cristianismo primitivo, sustentou a ideia de que, no mundo imperfeito dos homens, para que o bem sobrevivesse seria necessário se contrapor ao mal (*De Civ. Dei; Cont. Faustum*), processo completado pela referência de S. Tomás aos três critérios da guerra justa – causa justa, autoridade legítima e intenção correta –, e por contribuições de pensadores como S. Anselmo, Hostienses ou Inocêncio IV.

Estas conceções teóricas, mau grado a concorrência da mais religiosa 'guerra santa', cuja influência far-se-á sentir especialmente no quadro das cruzadas, simbolizada pela expressão *Deus Vult!* e contraposta simetricamente pela *jihad* islâmica, tivera o mérito de contribuir para que, pelo menos ao nível retórico, emergissem figuras como a *Treuga Dei*, a proteção de entidades civis e religiosas na guerra, a necessidade de se a considerar como uma anomalia, pelo menos entre cristãos, etc.

Com a transição para o Renascimento e depois para a Modernidade, a sorte da teoria da guerra justa vai ser diferente. No espaço Europeu enfrentou a concorrência intelectual do realismo político defensor do afastamento da moral nas relações públicas e da *raison d'Etat*, e foi chamada à responsabilidade pela destrutividade das guerras religiosas que grassaram na Europa nos séculos XVI e XVII, em que católicos e protestantes, *qua* representantes da 'verdadeira fé', invocavam ao mesmo tempo a justiça do seu *casus belli*. O arranjo que lhes pôs termo (a Paz de Vestefália de 1648) e o positivismo jurídico, que foi aos poucos triunfando na prática e teoria internacionais, acabou por levar ao seu ocaso progressivo.

No espaço ultramarino, designadamente no lusitano, foi mais resiliente. Usada por autores como Vitória para avaliar e justificar a Conquista das Américas, com base na ideia da existência de um direito de visita internacional, da liberdade universal de prédica da religião de Cristo e da responsabilidade pela violação do Direito Natural, pela prática da antropofagia ou de sacrifícios rituais, a doutrina da guerra justa, transmitida através dos estudantes salmantinos e da presença em Évora e Coimbra de luminares como Molina e Suárez, foi utilizada continuamente na América Portuguesa sob forma doutrinária ou legislativa, principalmente como modo de enquadrar a escravatura indígena, e nos espaços Africano e Asiático para legitimar a conquista (tentativa de ocupação do Império Monomotapa e nas Guerras Angolanas) ou reclamadas por ordens religiosas como a jesuíta, como fator de facilitação da evangelização da Abissínia, Índia, China e Japão. A sua durabilidade no discurso português é representada por D. João VI, que, fazendo eco dessa tradição ao chegar ao Brasil em 1808, adotou como primeira medida o lançamento de uma 'guerra justa' contra os índios Botocudos que perturbavam a paz pública.

3. Já vetusta aos olhos da maior parte dos membros da comunidade internacional no século XIX, fora de círculos religiosos, a teoria da guerra justa só conseguiu recuperar o seu protagonismo no contexto da Guerra Fria, com a ameaça nuclear pendente e em função da Guerra do Vietname quando, por influência de alguns teóricos norte-americanos, o conceito foi recuperado, muito embora, naquele evento concreto, numa perspectiva de deslegitimação. Na atualidade, há uma notória influência dessa tradição, perpassando juristas, filósofos, politólogos, teóricos das RIs, etc. Correspondendo a uma amostra representativa do pensamento contemporâneo, apresentam-na a partir de pressupostos Liberais (Rawls), Cosmopolitas (Habermas) ou outros (Walzer). Ademais, transcendendo discussões académicas, tem feito parte da retórica dos próprios decisores políticos (Bush; Blair; Obama) que apelam tanto a argumentos jurídicos (licitude) ou políticos (necessidade/conveniência), mas também de tipologia própria da teoria (moralidade/justiça-legitimidade), enquadrada numa postura legitimista de muitos Estados, no sentido de democratização e proteção aos direitos humanos. São desenvolvimentos que promovem reflexões sobre temas candentes ligados ao tradicional *jus ad bellum* (intervenções humanitárias/responsabilidade de proteger, guerra de auto-defesa na luta contra o terrorismo, ataques dirigidos/assassinatos seletivos) ao *jus in bello* (utilização de armamento de destruição massiva, limites à invocação de necessidade militar; danos colaterais), e ao *jus post bellum* (ocupação militar, anexação de território; responsabilização de líderes políticos e militares).

4. Sendo um conceito eticamente marcado, a sua relação com o Direito e com a Segurança são incontornáveis, mas tensas. É que a teoria da guerra justa tanto pode ser um produtor de violência, quando os ditames da justiça sobrepõem-se aos da paz (*fiat iustitia et pereat mundus*), como levar à violação do Direito Internacional da Segurança, haja em vista que haverá situações de desalinhamento entre o lícito e o legítimo e, nestes casos, a partir do ponto de vista moral do qual parte a teoria da guerra justa, o Estado pode violar as normas jurídicas para concretizar o correto. Num sentido inverso, também poderão ocorrer situações, particularmente a envolver o *jus in bello*, em que aquilo que é permitido pelo Direito em casos de conflito armado, mormente em termos de alvos legítimos, poderá ser vedado pela teoria da guerra justa.

5. No quadro de um Estado de Direito Democrático como o português é natural que não haja uma utilização direta de vocabulário moral na formatação do seu direito e práticas públicas. Todavia, haja em vista as bases em que se assenta – nos direitos humanos e na soberania popular – e dos princípios estruturantes do Estado de Direito, da Dignidade da Pessoa Humana e da Democracia, um dos critérios de fixação da licitude constitucional do emprego de forças portuguesas em conflitos armados e das decisões de utilizá-las levará necessariamente em consideração, pelo menos negativamente, a justiça e injustiça da guerra, não podendo travar as que não o sejam, e será elemento definidor das condutas bélicas que o Estado incriminará através do seu Direito Penal Interno para a proteção externa de bens jurídicos importantes.

Bibliografia

Habermas, J., "Bestialität und Humanität. Eine Krieg an der Grenze Zwischen Recht und Moral [Bestialidade e Humanidade. Uma Guerra na Fronteira entre Direito e Moral]", *Die Zeit*, Hamburg, 29 April 1999 (há tradução para o português de Luiz Repa, *Cadernos de Filosofia Alemã*, S. Paulo, n. 5, 1999).

Neff, S., *War and the Law of Nations. A General History*, Cambridge, UK, Cambridge University Press, 2005.

MacMahan, J., *Killing in War*, Oxford, UK, Clarendon Press, 2009.

Rawls, J., *The Law of Peoples*, Cambridge, Mass, Harvard University Press, 1999 (há tradução portuguesa de Luís Castro Gomes, Coimbra, Quarteto, 2000).

Walzer, M., *Just and Unjust Wars. A Moral Argument with Historical Illustrations*, 3.ed., New York, Basic Books, 2000 (há tradução para o português de Waldeá Barcellos, S. Paulo, Martins Fontes, 2003).

HABEAS CORPUS

André Ventura

Expressão latina profundamente enraizada na cultura jurídica europeia, significa o "domínio do corpo", numa alusão referente a uma ideia ínsita de liberdade e segurança. No âmbito jurídico, a expressão "habeas corpus" teve origem na Magna Carta de 1215, constituindo-se numa barreira específica contra as arbitrariedades do poder executivo em matéria de detenção e privação de liberdade. Visto estar em causa a violação ou a afectação de um direito fundamental, o Habeas Corpus assenta também numa perspectiva de decisão veloz ou sumária em relação aos factos sob apreciação, razão pela qual ficou conhecido, na cultura jurídica moderna, como um instrumento preliminar de apreciação, pelos tribunais, da legalidade das detenções efectuadas por qualquer órgão policial ou administrativo. A moderna historiografia jurídica tem, no entanto, sido consensual em apontar a origem da estrutura actual do "Habeas Corpus" no '*habeas corpus amendment act*' promulgado em 1679 no Reino Unido.

Neste sentido, a definição de Habeas Corpus encerra, desde logo, duas dimensões importantes, do ponto de vista jurídico – conceptual: uma garantia contra qualquer detenção decretada ou levada a cabo ilegalmente e, por outro lado, o direito de qualquer pessoa detida a comparecer perante um tribunal ou órgão jurisdicional para se pronunciar sobre a sua detenção ou privação de liberdade.

No plano estritamente jurídico, a figura do Habeas Corpus foi ganhando progressivo relevo dogmático e processual na maioria dos sistemas jurídicos liberais, embora nem sempre com recurso a esta expressão latina. Nos países hispânicos, por exemplo, encontra-se a figura do "amparo de libertad", que remete exactamente para a mesma ideia de uma defesa intransponível do direito à liberdade face a uma situação de detenção ilegal. Como refere Pinto Ferreira "*o habeas corpus nasceu historicamente como uma necessidade de contenção do poder e do arbítrio. Os países civilizados adoptam-no como regra, pois a ordem do habeas corpus significa, em essência uma limitação às diversas formas de autoritarismo.*"

É importante esclarecer que a figura do Habeas Corpus centra e foca a sua eficácia no campo estrito da detenção ou privação da liberdade do indivíduo. A sua eficácia jurídica delimita-se no campo da legalidade dessa mesma detenção e apenas nesse, estando por isso fora do seu alcance questões processuais ou materiais relacionadas com outros elementos eventualmente arguidos ou invocados pelo detido ou seu representante legal.

Ao mesmo tempo, a sua predominância dogmática não pode, em princípio, ser afastada, devendo este direito estar acessível a todos os indivíduos (independentemente da nacionalidade) e em todas as circunstâncias ou tipos de crimes. Alguns ordenamentos jurídicos, como o norte-americano, prevêem expressamente a possibilidade de derrogação deste regime, mas apenas e exclusivamente em caso de invasão ou rebelião armadas que coloquem em causa a ordem pública (Artigo 1.º, Cláusula 9, secção 2 da Constituição dos Estados Unidos).

No caso específico do direito português, o Habeas Corpus surge originariamente na Constituição de 1911, mantendo-se ma Constituição de 1933 (embora em articulação com uma regulamentação significativamente restritiva) e vindo a ser regulamentado em 1945 e depois, já após a Revolução, através do Decreto-Lei n.º 744/74 de 27 e Dezembro. No direito português actual, esta figura está expressamente previsto no art. 31.º da Constituição da Republica Portuguesa: *"Haverá habeas corpus contra o abuso de poder, por virtude de prisão ou detenção ilegal, a requerer perante o tribunal competente"*. No direito português, este direito constitucionalmente consagrado tem algumas especificidades próprias: deve ser decidida no prazo de oito dias e não tem necessariamente de ser requerido pelo próprio, podendo sê-lo por qualquer cidadão no gozo dos seus direitos.

Trata-se, portanto, de um direito difuso, em harmonia com o relevo jurídico-dogmático e social que a figura adquiriu no ordenamento jurídico português. Efectivamente, trata-se não apenas de um direito subjectivo mas de uma verdadeira prerrogativa pública, uma barreira de defesa dos direitos individuais no Estado de Direito. Como referem Simas Santos e Leal Henriques *"o habeas corpus é uma providência extraordinária e expedita destinada a assegurar de forma especial o direito à liberdade constitucionalmente garantido. O seu fim exclusivo e último é, assim, estancar casos de detenção ou de prisão ilegais"*.

No âmbito do direito português, o Habeas Corpus tem consagração legal quer a nível constitucional (art. 31.º da Constituição da Republica Portuguesa) quer infra-constitucional (art. 222.º do Código de Processo Penal). Desde logo, através dos regulares cânones de hermenêutica jurídica, é notório o regime restritivo de aplicação desta figura jurídico – constitucional no ordenamento jurídico português. É neste ponto que reside a natureza residual da figura do Habeas Corpus. A liberdade fundamental a defender apenas estará no escopo normativo desta figura em caso de *"atentado ilegítimo, grave e em princípio grosseiro e rapidamente verificável"*. Do mesmo modo, estão excluídos deste âmbito a verificação de quaisquer pressupostos de facto legalmente exigíveis ou a densificação de conceitos ou ainda a formulação de juízos discricionários, elementos que devem ser apreciados em sede do manancial de recursos ordinários definidos no CPP.

Nesta linha de concepção dogmática, o Professor Germano Marques da Silva define a figura do Habeas Corpus com esta conotação restritiva ou residual, enquanto *"providência extraordinária com a natureza de acção autónoma com fim cautelar, destinada a pôr termo, em muito curto espaço de tempo, a uma situação de ilegal privação de liberdade".*

Esta concepção restritiva da figura do Habeas Corpus tem vindo a ser alterada, em sede legal e jurisprudencial – na mesma senda, aliás, das recentes tendências reformadoras do direito processual penal europeu – admitindo-se já a ocorrência simultânea da petição de Habeas Corpus com a interposição de outro tipo de recursos jurisprudenciais.

Dispõe, neste sentido, o n.º 2 do art. 219.º do Código de Processo Penal, ao estipular que *"não existe relação de litispendência ou de caso julgado entre o recurso previsto no número anterior e a providência de habeas corpus, independentemente dos respectivos fundamentos".*

Está-se, desta forma, mais próximo da acepção do Habeas Corpus enquanto direito fundamental, no sentido dogmático pleno da fundamentalidade constitucional.

Bibliografia
Simas Santos e Leal Henriques, Código de Processo Penal Anotado, 1999, I vol., pp. 1063 e 1064.
Germano Marques da Silva, Curso de Processo Penal, Vol. 2, p. 260.

INDEPENDÊNCIA NACIONAL

Luís Salgado de Matos

O preâmbulo da Constituição da República Portuguesa afirma como primeira «decisão do povo português» a «de defender a independência nacional» e repete este conceito em vários artigos: a independência nacional é o «princípio» pelo qual Portugal «rege-se nas relações internacionais» (art. 7.º/1); «garantir» esse princípio é uma das «tarefas fundamentais do Estado» (art. 9.º, *a*); ele é um dos «princípios» cujo «respeito» se impõe aos partidos políticos (art. 10.º/2); a sua constante salvaguarda é uma das «incumbências prioritárias do Estado» no desenvolvimento d'«as relações económicas com todos os povos» (art. 81.º, *g*); ele é dos critérios da disciplina dos investimentos estrangeiros (art. 87.º); garantir a independência nacional é a segunda missão do Presidente da República, a seguir à defesa da República (art. 120.º); é também a segunda missão da defesa nacional, a seguir a um elenco de bens jurídico-constitucionais: respeito

INDEPENDÊNCIA NACIONAL

da «ordem constitucional, das instituições democráticas e das convenções internacionais» (art. 273.º/2). *Last but not least,* a «independência nacional» é um dos limites materiais da revisão constitucional (art. 288.º, *a*).

A leitura dos normativos acima pareceria autorizar-nos a qualificar a independência nacinal de conceito jurídico; uma leitura atenta, porém, revela que aquela expressão assume uma pluralidade de compreensões, sendo hermenêuticamente um princípio filosófico, exterior ao direito e que este jurisdicionaliza no caso da nossa Constituição. Com efeito, enquanto não há direito sem, por exemplo, a noção de legitima defesa ou de respeito dos contratos, um Estado de Direito é compatível com a ausência de «independência nacional», bastantdo para tanto que seja um Estado federal. Assim, independência nacional é primacialmente um valor de luta política ou um conceito de ciência social ao passo que a noção de Estado, é jurídico-institucional. Em rigor, independência nacional significa que uma dada nação se rege a si mesma na ordem interna e na ordem internacional mas é ao Estado que a noção se aplica. Independência nacional conhece estreitas relações com a soberania, sem se confundir com ela; tem cabimento como medida social da efetividade da soberania jurídica; é suscetível de apoiar a noção de direito à autodeterminação sem de igual modo ser por ela absorvida. A crescente internacionalização jurídico-política abre a crise do conceito e da prática da independência nacional.

Nação e Estado

Independência nacional depende da prévia categorização da nação, ao passo que o Estado depende de uma ordem jurídica que o configure. O conceito de Estado remete para o de constituição, em princípio escrita. Já o conceito de constituição não remete necessariamente para o de nação e, por isso, não remete necessariamente para a independência nacional. Com efeito, um Estado independente não é necessariamente um Estado Nação, caso das federações ou dos impérios; um estado não independente desfruta de uma constituição se for um estado federado, como por exemplo os do Brasil. Com efeito, a nação é uma realidade social prévia à constituição e esta remete para o povo constitucional, por ela instituído, e não para qualquer outra realidade que lhe seja prévia.

Nação é uma palavra popular entre os cientistas sociais, do século XIX para cá; só os liberais se lhes opõem, por recearrem que o o seu sentimento traga o protecionismo económico. O fascinante Frédéric Bastiat (1801-1850) dizia ele aos franceses que defendiam a «independência nacional» para não dependerem do Reino Unido: «esta espécie de dependência, que resulta das trocas, das transações comerciais é uma dependência recíproca. Não podemos depender do estrangeiro sem que o estrangeiro dependa de nós» (*Sophismes Économiques,*

1.ª série, cap. XIX). O argumento é falacioso, pois há trocas comerciais assimétricas, mas é exato que o comércio livre não impediu a Primeira Guerra Mundial (1914-1918). Talvez o conceito de nação seja atraente para a maioria dos cientistas sociais por ser numinoso; ele remete para a etnia, a cultura, a localização num dado espaço e é por isso uma noção insuscetível de rigorosa definição pois é impossível formalizar com rigor o que distingue uma etnia ou uma cultura de outra etnia ou outra cultura. Por isso, o conceito de nação repugna ao direito, que necessita de conceitos definidos com rigor. Max Weber definiu nação como «uma comunidade de sentimento que em condições normais manifestar-se-ia adequadamente num Estado próprio» (H. H. Gerth, e C. Wright Mills, orgs, *From Max Weber Essays in Sociology*, Londres, 1974, p. 176). Estas palavras são impressivas, mas não constituem uma definição pois nem identificam o sentimento nem em causa nem explicam o modo como a nação produz o Estado. Mesmo descontando os efeitos do mercado triunfante sobre a instituição Estado, que a abalam, aquela visão weberiana é simplista. Com efeito, por um lado, os assim designados Estados-Nação são em geral um aglomerado de nações sob a hegemonia de uma delas, sendo por isso o sentimento extranacional (a Inglaterra no Reino Unido, face à irlandeses, galeses e escoceses; a França da *langue d'oïl* face a bretões, alsacianos e occitanos, para não multiplicarmos os exemplos); por outro lado, o conceito de Estado-nação inclui realidades sociais tão diversas como, por exemplo, Portugal, um país de razoável homogeneidade linguística e simbólica, com cerca de dez milhões de habitantes ou a China ou a Índia, cada um com mais de mil milhões de habitantes, e diversas línguas e religiões; ainda que numerosos analistas não incluíssem aquelas três organizações políticas na mesma categoria, a pertença comum às Nações Unidas (NU) colocava-os num pé de igualdade, menos marcado no caso da China por este país ser membro permanente do Conselho de Segurança das NU. A igualdade seria por isso de natureza institucional, estatal e não nacional. Nação é com efeito uma palavra a que não corresponde uma noção rigorosa e por isso é indefenível; está do lado da *ordem*, a mais elementar divisão social do trabalho, ao passo que o Estado é uma instituição triangular (Luís Salgado de Matos, *O Estado de Ordens*, Lisboa, 2004, pp. 16 ss, 91 ss; Matos, 2005). Usaremos Estado-Nação, ou Nação-Estado, para sublinharmos a superioridade definitória deste, e sem deppendência alguma do conceito de nação, pois em vez dele usamos o de povo, um conjunto organizado de homens que, com o território, formam a organização política da tradicional *Allgemeine Staatslehre* (Reinhold Zippelius, *Teoria Geral do Estado*, Lisboa, 3.ª ed., 1997, §§ 11 e 12).

A Nação-Estado parece-nos hoje uma realidade tão omnipresente que não nos damos conta que ele nasceu com a Revolução Francesa (1789-1794) e que, antes, a nação era um conceito de aplicação social pouco frequente e maginal: referia os estudantes nas uiversidades e os cardeais nos conclaves católicos, como Weber lembra. Com efeito, a Constituição norte americana (1789) não inclui a palavra América e está redigida de modo a ser aplicável todos os Estados do mundo. No pólo oposto, a Monarquia tradicional transpirenaica assentava no princípio da legitimidade, incarnado no rei – *O Estado sou eu*, sintetizara Luís XIV de França –, o que o autorizava a opor-se à nação, isto é: ao povo do Estado, de cuja política era titular – e por isso o Rei Luís XVI apelou sem problemas jurídico-morais para que os outros reis europeus interviessem pelas armas em França contra o povo revoltado. Este concreto princípio de legitimidade nunca vigorou em Portugal, cujo rei foi sempre ratificado por consentimento popular e de português, tendo esta realidade adquirido contornos constitucionais depois da Restauração quando as atas das Cortes de Lamego, hoje consabidamente apócrifas, foram reconhecidas como direito público. Esta diferente interpretação da legitimidade é aliás uma das linhas de fronteira entre a *Action Française* e o Integralismo Lusitano.

O nacionalismo foi depois entendido como traço caraterístico de correntes de direita, conservadoras ou reacionárias, mas a sua marca genética é revolucionária: é o conjunto dos elementos de uma dada nação que detém a titularidade da soberania e do poder constituinte; reis ou presidentes são simpples ainda que dignificados agentes do povo.

Neste campo, a Revolução Francesa traduziu-se depois no romântico princípio das nacionalidades, que dominou o século XIX, e consistia em afirmar que qualquer nação exercia o direito de se dotar de um Estado próprio. As independências das colónias espanholas na América do Sul e a do Brasil (1822) são as primeiras manifestações desta vaga nacionalista. As revolução de 1848 foram sobretudo constitucionalistas, mas em Itália e na Polónia adquiriram uma conotação nacional. Aquele princípio favoreceu as unificações alemã, sob a égide da Prússia (1864-1870), e italiana (1870), com a hegemonia piemontesa, pondo termo aos Estados Papais; teve o efeito simétrico de enfraquecer os Impérios Austro-Húngaro (irredentismo eslavo e magiar) e Otomano (independências da Grécia em 1832, Roménia em 1878, Bulgária 1908, Albânia 1912).

A Primeira Guerra Mundial é em larga medida desencadeada para concretizar o princípio das nacionalidades. O Presidente dos Estados Unidos, Woodrow Wilson, afirma-o nos seus catorze pontos. A organização internacional, à qual competia consolidar a vitória e organizar a segurança coletiva, fora significativamente batizada de Sociedade das Nações. Contudo, a questão não fora resolvida em 1918 e não deixa de ser revelador que o pretexto da Alemanha nazi para começar a Segunda Guerra Mundial tenha sido o acesso a Dantzig (Gdansk), uma cidade germânica encravada na Polónia, *casus belli* que relevava do princípio das nacionalidades. Colocou-se então em vários Estados o problema político-constitucional das «minorias nacionais», que era a inevitável contrapartida daquele princípio, que atribuía a uma única nação um poder absoluto no seu território.

Autodeterminação

O princípio das nacionalidades não foi estendido aos territórios coloniais e por isso tardou o direito à autodeterminação. O n.º 1 do artigo 22.º do pacto da Sociedade das Nações afirmava haver povos «ainda incapazes de se dirigirem por si próprios» que sairiam dessa situação pelo exercício da «missão sagrada da civilização»; para isso, afim de administrar as colónias dos países derrottados na Primeira Guerra Mundial eram estabelecidos vários tipos de mandato, sendo um mandatário sempre um país europeu ou norte americano, de maioria branca e desenvolvido. Este sistema do mandato (*trust*, em inglês) era confuso do ponto de vista jurídico e resultou de um compromisso entre os defensores de uma administração internacional e os da integração pura e simples desses colónias no Estado administrante. Só os mandatos de tipo A, para territórios mais desenvolvidos, todos do Médio Oriente (Síria, Líbano, Palestina, Iraque, Transjordânia) conduziriam à independência; é certo que os mandatários tinham que prestar informações sobre os seus mandatos, mas este só lhes era licitamente retirado por unanimidade e, portanto, com o próprio e improvável consentimento do suspeito.

A Carta das Nações Unidas (1945) começou por repristinar o sistema de mandatos da SDN, mas criou alguma ambiguidade pois ao lado destes colocou os «territórios não autó nomos», uma categoria que não era definida; no seu art.º 73.º estabeleceu a obrigação de os Estados-membros os territórios não autónomos por eles administrados e e de informarem com regularidade o secretário-geral da organização organização sobre o exercício da sua administração; a Carta reforçava o princípio da superioridade dos interesses dos povos administrados e do dever de os promover socialmente; era estabelecido um Conselho de Mandatos, que gozava do direito de ouvir peticionários do território sob mandato e de o inspeccionar, mas não estabelecia nenhum direito à autodeterminação e o exercício desta continuava dependente do grau de desenvolvimento económico-social de cada território. A situação só começou a mudar no final dos anos 1950, por força da ação do Movimento dos [Países] Não Alinhados (1955) e da rivalidade americano-soviética, que levou os Estados Unidos a promoverem a independência das colónias dos seus aliados europeus. Com efeito, antes de 1955, as Nações Unidas contavam 58 membros, dos quais apenas quatro eram africanos (Egito, Etiópia, Libéria e África do Sul), havendo dezasseis asiáticos ; era uma organização de maioria americana e europeia. Em 1961, as NU tinham saltado para 108 membros, dos quais 28 era africanos e 24 asiáticos. A maioria euro americana quase desaparecera. 1960 é o ano da mudança quanto à autodeterminação. Em dezembro de 1960, a assembleia geral das Nações Unidas aprovou duas resoluções que aceleraram o exercício do direito à autodeterminação, do qual decorreu a descolonização da África e de boa parte da Ásia: a 14, foi aprovado que a falta de preparação para a independência da população de um dado território não era

INDEPENDÊNCIA NACIONAL

invocável como motivo para a recusar (resolução n.º 1514/XV); no dia seguinte, foram esclarecidas as condições em que era obrigatória a prestação de informações sobre os territórios não autónomos e elencadas as modalidades de concretização do direito à autodeterminação, ou do direito dos povos a disporem de si próprios: independência e soberania; associação livre com um Estado independente; integração num Estado independente à qual foi mais tarde acrescentada uma quarta categoria, a saber «qualquer outro estatuto político livremente definido por um povo» (1541/XV; 2625/XXV). O direito dos povos a disporem de si próprios tanto no plano político como no social, económico e cultural foi reconhecido *expressis verbis* pelo Pacto dos Direitos civis e políticos (1966).

Portugal foi admitido nas NU em dezembro de 1955 e logo no ano seguinte foi interrogado sobre os seus territórios não autónomos; recusou prestar declarações sobre territórios não autónomos, nos termos e para os efeitos do art. 73.º da Carta e em termos políticos declarou que não os possuía. Nos primeiros anos, a situação foi sustentável: pois havia duas votações: uma, processual, sobre se a era uma das «questões importantes», nos termos do art. 18.º da Carta; sendo importante, só seria aprovada por uma maioria de dois terços que o bloco afro-asiático não reunia; as maiorias favoráveis a Portugal reduziam-se porém com a passagem dos anos e o número crescente das independências africanas. A partir de 1960, Portugal passou a perder essas votações, colocando-se assim em incumprimento perante as Nações Unidas.

Portugal invocava o princípio do «domínio reservado» dos Estados, ou da «não ingerência» nos assuntos da competência dos Estados, estabelecido no art. 2.º, n.º 7, Carta, que apenas salvaguardava a aplicação do cap. VII da Carta, relativo ao uso da força, por autorização do Conselho de Segurança da organização. O princípio dito do «domínio reservado» já era reconhecido pelo Direito Internacional. A Carta não dá uma definição substantiva do conceito o qual foi dominado por maiorias políticas. Nos anos 1960 e seguintes, este princípio foi perdendo terreno: «a Assembleia [Geral das Nações Unidas] entende hoje que o princípio do domínio reservado deve ceder perante o princípio da autodeterminação, perante a interferência da organização na administração dos territórios não autónomos, e perante a sua intervenção em matérias relativas à violação de direitos humanos» (p. 376 de André Gonçalves Pereira, *Curso de Direito Internacional Público*, 2.ª ed. revista e ampliada, Edições Ática, Lisboa, s.d.).

Medida da eficácia da soberania jurídica

Por fim, a noção de independência nacional tem cabimento como medida social da efetividade da soberania jurídica. A nossa Constituição política alude a esta eficácia diferencial doconceito de «independência nacional» quando coloca entre as «tarefas fundamentaais do Estad» a de «criar as condições políticas, económicas, sociais e culturais que a promovam» (art. 9.º). Quem manda «criar» pressupõe a possibilidade destruir. Certo é que o Estado da constituição de 1975 nunca se interessou pela medida da criação e da drestruição daquelas condições da independência nacional. Para se nteressar teria que começar por medir a independência nacional e averiguar se ela é impossível abaixo de um certo valor; deois, determinaria as condições que causam a respetiva variação. Há numerosos índices que procuram medir a força dos Estados-nações e a eles devemos recorrer neste caso: é o caso do índice composto de capabilidade nacional ou índice chinês do Poder Nacional Conjunto, entre tantos outros. Outros falarão de eltites políticas corrutas e subordinadas ao estrangeiro; era este el larga medida o discurso sobre o neocolonialismo dos anos 1960 e 1970: os novos Estados pareciam independentes mas o seu grupo dirigente obedecia à antiga potência colonizadora.

As recentes medidas jurídicas desfavoráveis à independência nacional

A independência nacional era facilitada num ordenamento internacional que favorecia a Nação-Estado e a sua reserva de competência, ou domínio reservado, opondo-se em absoluto à ingerência nos assuntos internos de um Estado. O princípio *uti possidetis* (como possuis, assim possuis), de direito internacional consuetudinário, favorecia a intangibilidade das fronteiras e assim beneficiava a independência nacional. A imunidade do chefe de Estado era o fecho da abóbada jurídica que garantia a independência nacional pois o Rei ou o Presidente, mesmo que fosse um criminoso, mesmo que já não estivese em exercício, era insuscetível de procedimento penal e, por isso, o seu Estado nunca seria licitamente condenado. A assembleia geral das Nações Unidas reiterou em 1970 a condenação da secessão (resolução 2625/XXV) o que pressupunha que o direito à autodeterminação, a culminar na independência, só era reconhecido depois do acordo da anterior potência administrante.

Vimos acima que aquele princípio de proteção da independência nacional, ou da soberania do Estado, (re)começou a perder terreno na fase da descolonização, pois a comunidade internacional passou valorar mais outros valores jurídicos. Sem de elencar as medidas jurídicas,concretizadoras desta mudança enumermos algumas delas.

A imunidade do chefe de Estado deixou de ser respeitada no caso do general Augusto Pinochet, o chefe do golpe militar que depôs o Presidente Salvador Allende e antigo autocrata chileno (1998, anos seguintes).

Diversos juízes europeus aplicaram então, naquele e noutros casos, o princípio da juruisdição universal, que lhes permitia contornar amnistias nacionais de chefes de estado, ou generais, considerados prevaricadores.

O estabelecimento do Tribunal Penal Internacional, vigente desde 2002 e sediado na Haia, generalizou o fim da imunidade penal dos chefes de Estado, pelo menos dos países signatários da convenção instituinte, o Estatuto de Roma, que não incluíam os Estados Unidos, a China, a Índia, Israel; a federação Russa assinou mas não ratificou. O Tribunal julga os crimes de genocídio, contra a humanidade e de guerra; prevê-se que em 2017 comece a julgar o de agressão.

A independência da Eritreia (1993), os desmembramentos da República Federal da Jugoslávia (2003) e da União das Repúblicas Socialistas Soviéticas (1990) nem semrpe respeitaram a condenação da secessão.

As mudanças no direito da guerra também abalaram a independência nacional, pelo menos dos Estados fracos. O direito a entrar em guerra (*ius ad bellum*) continua a ser regulado pela carta das Nações Unidas e por outras normas. O antigo *ius in bello* (direito no decurso da guerra) regula-se no essencial pelas convenções Haia do século XIX/começo do século XX e pelas de Genebra de 1949 e 1954, reforçadas por protocolos posteriores. Diz-se que o direito de Haia restringe os direitos dos combatentes e o de Genebra reforça os dos não combatentes. Estas normas jurídicas adquiriram no começo do século XXI uma designação mais aliciante: Direito Internacional Humanitário. Esta designação corresponde a um enfraquecimento da independência nacional, devido ao reforço das instâncias internacionais: passou a abranger os conflitos internos e não apenas as guerrras internacionais; os seus princípios (proporcionalidade, não danificação duradoura do ambiente, ausência de ataques a alvos civis) autorizam o julgamento dos responsáveis civis e militares.

Os direitos do homem são diferentes deste «direito humanitário», embora como ele assentem em convenções internacionais. Numerosos autores, sobretudo franceses, afirmam a existência de um «direito de ingerência», desde que exercido para defender os direitos do homem; designam-no por vezes como intervenção humanitária. Seria assim uma violação do «domínio reservado» dos Estados e do princípio *uti possidetis* Não existe porém um tal direito exceto nos quadros do já referido capítulo VIII da carta das Nações Unidas, que exige a aprovação do Conselho de Segurança da organização, no qual há direito de veto por parte dos membros permanentes (Estados Unidos, Reino Unido, França, Rússia e China). Desde a guerra no Biafra, nos anos 1960, a promoção mediática da intervenção humanitária conheceu um crescendo: organizações não governamentais especializadas alimentam em informações sangrentas reporteres equipados com câmarade de televisão que transmitem do local dos massacres em direto para o mundo inteiro. A imediatização da informação implica uma controversa imediatização da aplicação do direito.

Se não há nenhum direito de ingerência humanitária, há intervenções militares sem autorização do capítulo VIII da Carta: os Estados Unidos bombardearam a

Sérvia nos anos 1990, a França invadiu a Costa do Marfim em 2002; os Estados Unidos, apoiados por diversos aliados, auxiliaram os rebeldes sírios em 2014 em ações militares, sem nenhum mandato internacional.

Conclusões

O princípio da independência nacional mantém-se como unidade básica do direito e da política internacionais mas está em crise devido ao predomínio do mercado e da *ordem* sobre a instituição estatal. A queda do comunismo russo acelerou perversamente a desorganização mundial, em particular sob a forma de desenvolvimento do terrorismo, o que suscitou reações violadores da independência nacional, em nome ora da segurança coletiva ora dos direitos humanos; estas reações nem sempre respeitaram o processo prescrito pela Carta das Nações Unidas. Ocorrem casos de *summum ius, summa iniuria*. Para que a crise cesse, deverá ser melhorada a capacidade de gestão mundial ou inversamente os Estados-nações deverão recuperar a sua independência nacional.

Bibliografia

Deyra, Michel, *Direito Internacional Humanitário*, Procuradoria-Geral da República Gabinete de Documentação e Direito Comparado, s.d. http://www.gddc.pt/direitos-humanos/DIHDeyra.pdf.

Matos, Luís Salgado, *Como Evitar Golpes Militares O Presidente, O Governo e a Assembleia Eleita face à Instituição Castrense no Estado Parlamentar, no Presidencial e no Semipresidencial*, pref. de Jorge Sampaio, Imprensa de Ciências Sociais, Lisboa, 2008.

Matos, Luís Salgado, «Portugal e a Europa de Leste: Depois da Revolução, a Europa Democrática», em Royo, Sebastián (org.), *Portugal, Espanha e a Integração Europeia*, Imprensa de Ciências Sociais, Lisboa, 2005, pp. 103-138.

Robertson, Geoffrey, *Crimes Against Humanity The Struggle for Global Justice*, Harmondsworth (Inglaterra), Penguin Books, 2000 (há edição revista de 2005)

Smith, Anthony D., *A Identidade Nacional*, Gradiva, Lisboa, 1997.

INGERÊNCIA HUMANITÁRIA

Sofia Santos

A ingerência humanitária pode ser definida como a intervenção com recurso ao uso da força militar no território de um Estado sem o seu consentimento, por parte de um outro Estado ou Estados ou organizações internacionais com o propósito de proteger a população desse Estado de graves violações dos direitos humanos.

A emergência desta teoria decorre da perceção de que perante o fenómeno conflitual de cariz intraestadual, graves violações dos direitos humanos e catástrofes humanitárias, verificado na década de noventa do século passado, o

INGERÊNCIA HUMANITÁRIA

princípio de soberania não se poderia sobrepor à proteção dos direitos humanos como no entendimento clássico de domínio reservado. A interpretação dinâmica da Carta das Nações Unidas conduziu, assim, a uma progressiva erosão dos princípios de soberania estadual e de não ingerência nos assuntos internos tidos como sacrossantos na perspetiva vestefaliana, que se encontram consagrados na Carta (artigo 2.º, n.ᵒˢ 1 e 7).

À nova prática da comunidade internacional encontra-se subjacente o papel do Conselho de Segurança ao determinar a existência de uma "ameaça à paz" e autorizar o recurso ao uso da força ao abrigo do Capítulo VII para por termo a graves violações dos direitos humanos. Na resolução 794 (1992) referente à Somália, este órgão determinou a existência de uma ameaça à paz e autorizou pela primeira vez uma intervenção num conflito intraestatal por razões humanitárias, a qual constituiu a base jurídica para o destacamento de uma missão sob o comando dos Estados Unidos. Esta decisão constituiu um precedente para a autorização de missões subsequentes no sentido de proteger os direitos humanos. Contudo, o insucesso do Conselho em conter situações de genocídio como no Ruanda (1994) ou em Srebrenica (1995) reavivou recorrentemente o debate sobre a proteção das populações de graves violações dos direitos humanos face à paralisação deste órgão em virtude da ameaça ou exercício do direito de veto por um ou mais membros permanentes.

A intervenção da comunidade internacional com motivações humanitárias sem a obtenção de um mandato do Conselho de Segurança, órgão com a competência exclusiva de autorização do uso da força, não é pacífica. A intervenção militar da Organização do Tratado do Atlântico Norte (OTAN) no Kosovo, em 1999, na sequência da paralisação do Conselho de Segurança, devido à ameaça do exercício do direito de veto pela Federação Russa, acrescentou uma nova faceta à problemática da ingerência humanitária. Esta intervenção foi precedida por um aceso debate entre duas perspetivas na doutrina e, sobretudo entre os aliados. Atualmente, persistem as divergências relativamente ao facto de a intervenção da OTAN no Kosovo poder constituir um precedente para uma ação em moldes semelhantes por parte de outros sujeitos internacionais ou mesmo para a Aliança Atlântica emitir o seu próprio mandato. Note-se que o uso da força sem uma autorização prévia do Conselho não se encontra previsto no Tratado do Atlântico Norte. Pelo contrário, a relevância da Carta na orientação normativa da OTAN encontra-se claramente expressa no Tratado. Mais concretamente, os aliados enunciam o respeito pelos objetivos e princípios e comprometem-se a não recorrer à ameaça ou ao emprego da força de forma incompatível com os propósitos das Nações Unidas (artigo 1.º).

Na doutrina, vários autores argumentam a favor de uma intervenção por parte de um grupo de Estados sem obtenção de um mandato e sustentam a sua posição numa exceção não codificada do princípio de proibição geral do uso da força – uma nova regra de Direito Internacional costumeiro – que assenta na *praxis* do Conselho respeitante ao recurso ao uso da força tendo em vista a proteção dos direitos humanos; outros autores repudiam uma intervenção com estas caraterísticas por marginalizar a autoridade deste órgão.

A *International Commission on Intervention and State Sovereignty* – instituída pelo governo canadiano na sequência do apelo do Secretário-Geral das Nações Unidas Kofi Annan no seu relatório *We, the Peoples, The Role of the United Nations in the 21st Century* de 2000 de clarificação desta matéria – no seu relatório *The Responsibility to Protect*, em 2001, introduziu a este respeito uma nova conceção e terminologia: uma *"Responsabilidade de Proteger"* em substituição de um direito de intervir.

Ao englobar a responsabilidade de prevenir, de reagir e de reconstruir, enfatizando sobretudo a responsabilidade de prevenir as causas que se encontram na origem de conflitos, esta conceção vai além da doutrina da intervenção humanitária. De acordo com esta conceção, a responsabilidade de proteger reside primeiramente no Estado. A comunidade internacional tem a responsabilidade de lhe prestar assistência; se as entidades nacionais não estiverem dispostas ou não forem capazes de proteger a sua população e as medidas pacíficas se revelarem ineficazes, esta conceção prevê o recurso ao uso da força coletiva a fim de proteger a população de crimes de genocídio, crimes de guerra, limpeza étnica e crimes contra a humanidade.

Esta conceção foi incluída na Declaração Final da Cimeira de 2005 e apesar de não ter sido na amplitude traçada pela Comissão – a qual tinha enunciado critérios orientadores do uso da força corroborados pelo Secretário-Geral das Nações Unidas Kofi Annan em 2005 – as graves violações dos direitos humanos são consideradas um assunto internacional que obriga a comunidade internacional a agir e o Conselho a garantir a proteção da população de um Estado ao abrigo do Capítulo VII.

Em 2006, o Conselho de Segurança salientou, pela primeira vez, a importância da responsabilidade de proteger (resolução 1674 (2006)), o que constituiu um desenvolvimento normativo importante, uma vez que as decisões deste órgão ao abrigo do Capitulo VII produzem efeitos vinculativos. A primeira aplicação a um caso específico verificou-se na resolução 1706 (2006) ampliando o alcance do mandato da missão da Organização das Nações Unidas para o Sudão à região de Darfur e à implementação do Acordo de Paz, mas desde então alude pontualmente direta ou indiretamente à responsabilidade de proteger sem se comprometer verdadeiramente com uma responsabilidade vinculativa.

O acordo permanece portanto frágil, facto que se prende com a resistência de certos Estados em assumir tal vinculação e com os receios de outros de uma ingerência nos seus assuntos internos. A qualidade jurídica da "responsabilidade de proteger" permanece controversa. Enquanto alguns autores falam de uma norma emergente, outros advogam que se trata de uma conceção. Presentemente, a sua implementação não se encontra assegurada e a prática não se revela uniforme, não se assegurando o respeito pelo efeito *erga omnes* da proteção dos direitos humanos em todas as situações. O conflito entre os princípios da igualdade soberana dos Estados, de não ingerência nos assuntos internos, de proibição do uso da força e a proteção dos direitos humanos persiste, podendo-se pelas razões enunciadas concluir que a responsabilidade de proteger ainda não se estabeleceu como uma norma de Direito Internacional.

Bibliografia
Alex J. Bellamy, "Humanitarian intervention", *in* Myriam Dunn Cavelty, Victor Mauer (eds.), *The Routledge Handbook of Security Studies*, London: Routledge, 2010, pp. 428-438.
Idem, "The responsibility to protect", *in* Paul D. Williams (ed.), *Security Studies: An Introduction*, Second Edition, Routledge: London, 2012, pp. 486-502.
Teresa Leal Coelho, "O Direito Internacional e a Ingerência Humanitária: o poder/dever da intervenção armada", *Nação e Defesa*, n.º 5 – 2.ª Série, 2003, pp. 103-119.
Sofia Santos, *O Uso da Força no Direito Internacional e os Desafios ao Paradigma Onusiano*, Revista da Faculdade de Direito da Universidade Federal de Minas Gerais, No. 61, Julho-Dezembro, 2012, pp. 533-568, disponível em http://www.direito.ufmg.br/revista/index.php/revista/article/view/P.0304-2340.2012v61p533.

INIMIGO

Luís Salgado de Matos

A noção de inimigo é estranha ao direito constitucional interno e à ciência do direito do Estado de Direito Democrático do século XXI. O inimigo é o que «nos odeia ou detesta», «nos prejudica ou causa dano». O nosso Estado apenas admite o adversário opõe-se-nos, mas é acima de tudo «concorrente» (Aurélio; um dicionário francês muito divulgado, *o Petit Larousse*, é mais claro na contraposição pois Aurélio admite a sinonímia residual adversário-inimigo, que o dicionário francês rejeita). Ora causar dano no limite é matar e por isso o direito não reconhece o inimigo, exceto na lei da guerra. Aliás, o *Littré* classifica de inimigo «aquele contra quem se está em guerra». A etimologia ajuda a compreender o caso: *inimicus* em latim é o que não é amigo; este por sua vez é o que não ama. Além da palavra *inimicus*, os romanos dispunham de outra: *hostis*. Esta palavra sofre de uma etimologia mais opaca; significa convidado, estrangeiro. E também inimigo. Os dicionários da língua tendem a dizer que *inimicus* é o inimigo privado e *hostis* o coletivo: António é inimigo de Bento, os ilírios são inimigos dos sírios (por hipótese). Os dicionários simplificam. Na época imperial, porém, *inimicus* e *hostis* ter-se-iam tornado sinónimos (*Hostis*, em Francisco Torrinha, *Dicionário Latino-Português*, 3.ª ed., [Porto], 1945). Para a Antiguidade Clássica, segundo a maioria dos autores, o estrangeiro era a figura do inimigo pois em rigor não havia inimigo dentro da *polis*. Talvez. Lembremo-nos porém que n'*As Leis* Platão, um ateniense, institui como personagem do diálogo «um estrangeiro ateniense» (ou um ateniense estrangeiro). Para os gregos, o estrangeiro inimigo seria o bárbaro, estando o cidadão de outra *polis* grega noutra categoria (Emile Benveniste, *Le Vocabulaire des Institutions Indo-Européennes 2. Pouvoir, Droit, Relig*, Paris, 1969, I, p. 92 ss, p. 361).

Constitucionalização do inimigo

Se na na nossa organização política não havia inimigo, a Constituição Política não usaria a palavra inimigo. A Carta Constitucional, no art. 113.º do capítulo VIII, consagrado à «força militar», obriga todos os cidadãos do Reino a defenderem-no «de seus inimigos externos, e internos». Havia assim um inimigo interno para a Carta. Contudo, no § 34 do seu art.º 145, regulando o que hoje designaríamos por estado de exceção, a Carta contrapõe: «Nos casos de rebelião, ou invasão de inimigos». Os de dentro seriam rebeldes, os de fora seriam estrangeiros invasores e inimigos? Não era indiscutível. Os «bravos do Mindelo», aliás, tinham vindo de fora. A Constituição de 1911, nas disposições gerais, esclarece que «todos os portugueses» são obrigados a defender «a integridade da Pátria e da Constituição» dos «seus inimigos internos e externos». A aplicação não desmereceu. A lei do liberalismo monárquico era clarificada: havia em Portugal inimigos internos.

A Constituição de 1933 é menos direta do que a de 1911; no seu texto original, o art. 53.º, inserido no capítulo «Defesa Nacional» atribui às forças armadas «a manutenção da ordem e da paz pública». Era uma paráfrase da constituição monárquica. Sem emncionar o inimigo interno, a Constituição Política designava-o e a práticca não ficou abaixo do sugerido.

Em Portugal, será a Constituição de 1976 que pela primeira vez dispensa em palavras, em sistema e em atos noção de inimigo interno.

A noção de inimigo na ciência social

Por isso, a noção de inimigo é evitada pela ciência social; encontra o seu terreno na doutrina militar e em certa medida na análise das relações internacionais. Importará, porém, determinar em que medida essa ostracização do conceito de inimigo não consiste na sua eufemização.

A ciência social no século XIX aproximou-se por vezes da definição de inimigo. Vilfredo Pareto (1848-1923) e Gaetano Mosca (1858-1941) carateri-zavam as relações entre dirigentes e dirigidos como de mal disfarçada hostilidade. Max Weber (1864-1920) historiografa a Europa usando como chave o conceito implícito do inimigo, a ser destruído com violência. Carl Schmitt (1888-1885) definiu o político pelo inimigo, mas a sua tentativa ficou isolada. Gaston Bouthoul (1896-1980), filiando-se naquela escola realista ou elitista, propôs uma ciência da guerra, que designou por polemologia, mas o seu êxito foi limitado. C. Wright Mills (1916-1962), um weberiano, ainda tentou uma sociologia política de *The Power Elite*, mas o seu esforço suscitou seguidores esparsos e marginalizados pela academia. A ciência social contemporânea metamorfoseou o inimigo em conflito, sempre subordinado ao parceiro binário, a cooperação. Um manual de sociologia muito popular no final do século passado equacionava o conflito com o desvio, o crime e, num plano coletivo, a revolução, nunca autorizando o conflito (Anthony Giddens, *Sociologia*, trad. da 2.ª ed. inglesa, Lisboa, 199, pp. 147 ss, 729 ss). Talvez por isso, a ciência social dominante mal consegue analisar os fenómenos de rotura social. Excluídas certas correntes institucionalistas, cujo nome mais conhecido é Thornstein Veblen, ficou para o marxismo não socialdemocrático o grosso da análise do inimigo em ciência social. É justamente célebre *On the Contradiction*, de Mao Tse Tung, que explica a universalidade da contradição, e nela distingue entre a antagonista, resolvendo-se pela destruição, e a não antagonista, na qual avultam os elementos de cooperação.

Carl Schmitt e o inimigo

Carl Schmitt justifica um ligeiro exame na especialidade pois é dos raros juristas a produzir uma análise que dialoga com a ciência social e ao mesmo tempo estabelece a noção de inimigo.

Para ele, «a distinção específica do político, à qual são reconduzíveis todos os atos e objetivos políticos, é a discriminação entre amigo e inimigo» (Schmitt, 1972, p. 66). Em 1963, Schmitt classificou de «lugar comum muito geralmente espalhado» a ideia que ele daria «o primado ao conceito de inimigo» (*id.*, p. 50). A citação inicial do presente parágrafo mostra que ele deu a primazia ao eixo amigo-inimigo e, como não definia o amigo sem o inimigo, era legítmo considerar que ele consagrava a supremacia definitória deste último. O texto de Schmitt é desprovido de referências cronológicas mas foi publicado em 1932, no apogeu do chamado «Estado ético», isto é, no apogeu do fascismo italiano e durante a ascensão ao poder na Alemanha do Nacional-Socialismo de Adolfo Hitler. Como o parlamentarismo desconhecia a noção de inimigo interno e os tota-litarismos (fascismo italiano e comunsimo russo) a apregoavam, não é de excluir que muitos leitores schmittianos de 1932 tenho lido n'*O Conceito de Política* uma compreensão do Estado ético e uma condenação do parlamentar. Num pensador como o autor da *Théologie Politique*, não deixa de ser surpreendente que o inimigo substitua o caos, ou a desordem, como objeto da política. Com efeito, o inimigo é uma categoria seccional, ligada à guerra e, na teoria das três *ordens*, a guerra pertence à segunda, que dá segurança. A primeira *ordem* é simbólica, e diz a identidade. A terceira é reprodutora. O caos é evitado porque as três *ordens* organizam o conjunto de cidadãos, em torno de uma ideia positiva (o símbolo identitário), e não de um inimigo (Luís Salgado de Matos, *O Estado de Ordens*, Lisboa 2004).

O inimigo e a guerra

O inimigo foi regulado a propósito da guerra. A guerra, pelo menos entre povos que se conheciam, foi sempre objeto de regulação. Limitar-nos-emos a evocar o papel da religião no mundo antigo e na Idade Média (a paz de Deus), assim como as regras do feudalismo. Essa regulação torna-se jurídica no final do século XIX, com as convenções de Haia, que protegem o cidadão armado e uniformizado, de um Estado reconhecido internacionalmente; o soldado ou marinheiro aprisionado, desde que uniformizado, tinha direito a ser alimentado num campo de concentração, não devendo ser objeto de violências, antes tratado com o respeito adequado à sua situação. Na longa metragem *La Grande Illusion* (1937), o realizador de cinema francês Jean Renoir tipificou esta situação, temperando-a com um molho de luta de classes à Karl Marx que não dissolvia a vaga de fundo: durante a Primeira Guerra Mundial, o combate entre o aristocrata francês prisioneiro e o aristoccrata alemão carcereiro, brilhantemente representado por Erich von Stroheim, sempre nos termos das convenções internacionais que tinha apoiado a Cruz Vermelha Internacional. Aquela proteção era portanto circunscrita e localizada ao Estado Nação e às suas forças armadas, em conflitos que hoje designamos por clássicos. O inimigo entrava assim no direito, mais precisamente no direito internacional público.

As convenções de Haia pressupunham que a guerra decorria entre oficiais profissionais comandando soldados do contingente geral, ou soldados também profissionais; este pressuposto entra em crise com a Primeira Guerra Mundial e em particular com as ações das forças militares alemãs: o afundamento de navios mercantes, outras exações cometidas sobre a população cívil, o recurso à guerra química violavam para muitos o pressuposto moral das leis da guerra. Por isso, o tratado de Versalhes, que deu um termo àquele conflito (1919), determinou que o *Kaiser*, o chefe de Estado alemão, fosse julgado por «ofensa suprema contra a moral internacional e autoridade sagrada dos tratados (art. 227.º) e que os tribunais militares dos vencedores julgassem «as pessoas acusadas de terem praticados contrários às leis e costumes da guerra» (art. 228.º). Estas disposições conheceram uma deficiente adplicação, pois a Holanda recusou entregar o Kaiser e os alemães recusaram entregar os seus acusados (depois os seus próprios tribunais foram autorizados a julgá-los), mas estava estabelecido o princípio de julgar os inimigos vencidos pela força das armas (Scott, James Brown, «Le procès du Kaiser», p. 184 ss., de *Ce qui se passa réellement à Paris en 1918-1919*, Payot, Paris, 1923).

A Segunda Guerra Mundial agrava as violências da Primeira, o que tem por consequência uma mutação internacional do fenómeno bélico e do inimigo: os Estados Unidos impuseram que os chefes políticos e militares nazis fossem julgados no Tribunal de Nuremberga (e os japoneses no de Tóquio). Aquele Tribunal aplicava legislação penal retroativa e foi uma inovação controversa do ponto de vista jurídico e filosófico. O tradicional era que os vencidos fossem presos ou enforcados, pelo proprio facto da derrota e não por sentença de um tribunal em cuja independência era difícil acreditar. O almirante Karl Doenitz, que em 1945 sucedera a Adolf Hitler na chefia do terceiro *Reich* alemão, foi na realidade preso, julgado e condenado.

A política interna não deixava de conhecer mutações profundas depois de 1945, em particular na Guerra Fria, depois de 1949. O direito de algum modo acompanhou essas mutações. O que as determina é o agudizar dos conflitos: no imediato pós Segunda Guerra Mundial, a violência das greves de mineiros franceses provocou ou explicou a violência das tropas do Ministerio do Interior, as *Compagnies Républicaines de Sécurité* (CRS); a ameaça externa da União Soviética parece justificar no plano interno a limitação de certas liberrdades; as guerras coloniais são invocadas para justificar procedimentos imorais, como o caso famoso da tortura aplicada na Argélia pelo exército francês. No Brasil (1964), na Indonésia (1967), na Grécia (1967), no Chile de Salvador Allende (1972), golpes militares cruentos põem termo a tentativas de revoluções sociais que tinham começado a tentar forjar as suas próprias forças armadas, retirando à instituição castrense estatal o seu monopólio da violência legítima.

No Brasil, o general Golbery do Couto e Silva (1911-1987) apadrinhou um conceito de Estado de Segurança Nacional, incluindo o conceito de inimigo interno, que foi muito criticado mas no fundo não terá divergido muito da vulgata social dos Estados Unidos durante a Guerra Fria.

O conceito de inimigo interno

O que estava em causa era a instituição do conceito jurídico de inimigo interno. Os libertários receavam que o Estado se tornasse tirânico quando tinha que impor a segurança contra uma revolução violenta. Era no fundo a generalização do golpe fundador, o 18 Brumário de Napoleão Bonaparte (9 de novembro de 1799). Essa ameaça fora respondida com a jurisdicionalização do estado de exceção, um instituto pouco desencvolvido no constitucionalismo oitocentista e consideravelmente aperfeiçoado no século passado; o estado de exceção uma realidade temporária, prevista constitucionalmente, no qual certos (e apenas certos) direitos individuais eram suspensos por um período pré determinado.

A questão do inimigo interno é diferente da legalidade da intervenção das Forças Armadas para a manutenção da ordem pública. Divergem neste ponto os sistemas anglo-saxónico e continental europeu: aquele usa a técnica da lei marcial, que autoriza o governo a convocar o Exército e outras forças armadas para restabelecer a ordem pública o, que repugna ao sistema europeu, ligado a estados de exceção cujos instrumentos de concretização são civis (polícias ou tropas dependentes dos Ministérios do Interior) e só em situação insurrecional recorre à instituição castrense (Matos 2008).

O problema jurídico do terrorismo

A constitucionalização do estado de exceção foi porém insuficiente para responder à outra ameaça aos direitos derivadas do inimigo: o grande terrorismo, iniciado mediaticamente com o ataque às Torres Gémeas de Nova Iorque, a 11 de setembro de 2001. O Reino Unido com o IRA, a Espanha com a organização basca ETA, a Itália com as *Brigate Rosse* e a Alemanha com a Raf (*Rote Armee Fraktion*) já tinha cionehecido desde os anos 1960 movimentos terroristas; mas estes movimentos eram nacionalistas ou comunistas e portanto de variedade já testada. O novo terrorismo pós 11 de setembro tem conotações religiosas, num certo tipo de islamismo radical, e objetivos mal definidos e por isso ainda mais assutadores; colocou um problema sem solução jurídica e por isso abriu uma crise do direito. Que normas jurídicas lhes seriam aplicadas? Os terroristas seriam militares? Que é juridicamente este novo inimigo? Os Estados Unidos não aplicaram aos seus prisioneiros as Convenções de Haia e de Genera, por não os considerarem combatentes, e mantiveram-nos em prisões secretas, sem julgamentos em tribunais, apesar das promessas em contrátio do Presidente Barack Obama. Havia aqui um problema de fundo: a organização polítia via-se desprovida de meios jurídicos para combater as violências que pareciam ser de um tipo novo. Estava preparado para combater a greve revolucionária ou a «quinta coluna» mas não para combater juridicamente o inimigo terrorista.

Bibliografia
Chaliand, Gérard e Arnaud Blin, *Histoire du Terrorisme De l'Antiquité à Al Qaida*, Paris, Bayard, 2006.

Mao Tse Tung, *On Contradiction*, https://www.marxists.org/reference/archive/mao/selected-works/volume-1/mswv1_17.htm.

Matos, Luís Salgado de, *Como Evitar Golpes Militares O Presidente, O Governo e a Assembleia Eleita face à Instituição Castrense no Estado Parlamentar, no Presidencial e no Semipresidencial*, pref. de Jorge Sampaio, Imprensa de Ciências Sociais, 2008.

Schmitt, Carl, *La Notion de Politique Théorie du* Partisan, pref. Jullien Freund, Paris, Calmann--Lévy, 1972.

Walzer, Michael, *Guerres Justes et Injustes*, trad. francesa de *Just and Unjust Wars*, Paris, Gallimard, 2006.

INTERVENÇÃO PARA ALTERAÇÃO E PROTEÇÃO DE REGIME [POLÍTICO] (INCLUINDO A INTERVENÇÃO DEMOCRÁTICA)

José Pina Delgado

1. A intervenção para alteração de regime político pode ser conceituada como a utilização da força armada por um Estado ou por uma organização regional com o objetivo precípuo de alterar o sistema político de um Estado e substituí-lo por outro. Se o seu fim for a implantação de uma democracia ou de um Estado de Direito Democrático (EDD) tem sido denominada de intervenção pró-democrática ou democrática.

2. A intervenção para mudança de regime não é novidade do atual sistema internacional. Sempre que houve divisão ideológica entre formas de organização política da comunidade constatou-se igualmente a propensão para os diferentes modelos entrarem em choque. Foi assim, por exemplo, na Antiga Grécia entre a Esparta mais aristocrática e a Atenas mais democrática ou, mais tarde, entre a França Revolucionária e as Monarquias Absolutas associadas na chamada Santa Aliança e até, de certa forma, a Alemanha Nazi e as suas nemésis comunista e capitalista, a União Soviética (URSS) e a Grã-Bretanha (GB).

3. É, no entanto, na atual ordem internacional que o problema se torna cada vez mais presente, haja em vista que, primeiro, no período da Guerra Fria (GF), houve a confrontação ideológica entre Estados Unidos (EUA) e URSS, e, mesmo depois da ascensão (quase) incontestada do EDD como modelo ideal de organização política, a forma proselitista dos seus defensores tem levado a situações de conflito ideológico entre Estados Democráticos e Estados Autoritários (Iraque; Líbia; Síria; Rússia), Teocráticos (Irão) e/ou Comunistas (Coreia do Norte).

4. De um ponto de vista jurídico-internacional, esse tipo de intervenção estaria coberta pela proibição do uso e da ameaça do uso da força prevista pelo artigo 2 (4) da Carta das Nações Unidas, pelo princípio da não-intervenção nos assuntos de domínio reservado dos Estados, pelo princípio da soberania e da igualdade entre os Estados, pelos capítulos VII e VIII da Carta das Nações Unidas, pelas regras internacionais sobre responsabilidade internacional e pelas normas costumeiras do Direito Internacional da Segurança.

INTERVENÇÃO PARA ALTERAÇÃO E PROTEÇÃO DE REGIME [POLÍTICO]

4.1. Na atualidade, não haveria dúvidas de que uma intervenção externa para a alteração de um regime democrático para um Estado não-democrático seria ilícita. As regras regionais pró-democráticas vigentes na Europa, Américas e África e particularmente a reação de Estados terceiros a casos similares e a crises internas fazem-nos pensar que dificilmente seriam aceitáveis pelo Direito Internacional. Aliás, mesmo no período da GF, os precedentes mais próximos, das intervenções da URSS na Hungría (1956) e na Checoslováquia (1967) contra movimentos de liberalização política, foram, dentro dos limites políticos próprios desse período, rejeitados pela comunidade internacional.

4.2. Relativamente às intervenções pró-democráticas a situação é um pouco mais ambígua e vai depender da situação concreta que houver, nomeadamente de ela visar a proteção da democracia ou a imposição da democracia (e, logo, a mudança de regime).

4.2.1. Se o objetivo for a proteção de regime democrático, como regra, uma intervenção seria considerada lícita, mesmo que, a rigor, as autoridades legitimadas pelo povo já tenham perdido o controlo sobre o território do Estado. Uma intervenção autorizada pelo Conselho de Segurança com amparo no Capítulo VII para defesa da democracia – que podemos chamar de intervenções pró-democráticas coletivas – como ocorreu no Haiti (1994) desde que um dos pressupostos do artigo 39 esteja presente, mormente uma situação de ameaça à paz e segurança internacionais, seria conforme ao DI. Do mesmo modo, uma ação militar de uma organização regional na sua área geográfica para defesa da democracia, a pedido dos representantes legítimos dum membro, seria igualmente lícita desde que ela tivesse tais poderes previstos no seu tratado constitutivo e/ou protocolos complementares (caso da União Africana e da Comunidade Económica dos Estados da África Ocidental (CEDEAO)); finalmente, uma intervenção empreendida por um Estado ou grupo de Estados à margem de qualquer quadro institucional para proteger uma democracia sob ameaça, mesmo que a situação seja de guerra civil, seria lícita, se fosse consentida pelos governantes popularmente legitimados do país.

4.2.2. Já uma intervenção para a imposição da democracia é sempre mais problemática, mas a taxatividade da resposta poderá ser diferente consoante a situação. O que se sabe, invertendo a ordem do ponto anterior, é que uma intervenção unilateral empreendida sob tal justificação seria claramente ilícita no DI contemporâneo. A reação negativa à operação *Liberdade Iraquiana* (EUA; Grã-Bretanha-Iraque, 2003) e, ainda no período da GF, às invasões dos EUA a Granada (1983) e ao Panamá (1999), em que tal justificação foi utilizada, é sintomática da posição da Comunidade Internacional, incluindo os Estados que se organizam enquanto EDDs, nesta matéria. Já se a entidade promotora de um empreendimento bélico com finalidades democráticas for o CS ou uma entidade

244

regional o quadro poderá não ser tão nítido, já que no âmbito dos seus poderes poderá, hipoteticamente, considerar que uma situação de ausência de democracia corresponderia a um dos pressupostos de utilização das medidas militares previstas pelo Capítulo VII, mais concretamente da ameaça à paz e segurança internacionais. No entanto, a dificuldade prática disso acontecer é evidente, haja em vista que, sem mais, é altamente improvável que um Estado não-democrático em que não haja oposição ativa ao ponto de gerar repressão desproporcional, violação a direitos civis e deslocações massivas de refugiados para o exterior, possa pôr em risco a segurança e a paz internacionais. Assim, para que tais medidas pudessem ser legitimadas, o intuito democrático deverá estar subordinado a um humanitário no sentido estrito ou dele evoluir como ocorreu com o caso da Líbia de 2011.

5. As intervenções pró-democráticas por organizações regionais são igualmente relevantes porque muitas delas – mais concretamente na Europa, Américas e África – têm regras sobre mudança de regime vertidas para tratados constitutivos e/ou para o seu regime jurídico secundário. São os casos da União Europeia, da Organização dos Estados Americanos, da União Africana, da CEDEAO e da Comunidade de Desenvolvimento da África Austral. Em nenhum caso isso autoriza-as a intervir para impor um regime democrático, mas partindo do princípio que todos os seus membros já adotaram esse modelo de organização política, poderá justificar uma intervenção em situações em que o regime democrático está em risco, desde que haja um pedido das suas autoridades (v. 4.2.1).

6. No caso de Portugal, não parece que, sem embargo do princípio democrático que estrutura a Constituição, uma intervenção unilateral para impor a democracia fosse permissível. O que poderia justificar a utilização das forças armadas portuguesas seriam os casos em que, ao abrigo do artigo 275, resultassem de compromissos internacionais assumidos pelo Estado Português – nomeadamente ao nível bilateral – ou em que, para além da democracia estivessem envolvidos aspectos humanitários e, neste caso, no âmbito das organizações internacionais de que faz parte, nomeadamente a ONU, a OTAN e a UE.

Bibliografia
Fox, G. & Roth, B. (eds.), *Democratic Governance and International Law*, Cambridge, Cambridge University Press, 2000.
Franck, T., "Intervention Against Illegitimate Regimes" in: Damrosch, L. F. & Scheffer, D. (eds.), *Law and Force in the New International Order*, Washington, The American Society of International Law, 1991, pp. 159-176.
Müllerson, R., *Regime Change: from Democratic Peace Theories to Forcible Regime Change*, Leiden, Nijhoff, 2013.
Owen, J., *The Clash of Ideas in World Politics: Transnational Networks, States and Regime Change, 1510-2010*, Princeton, Princeton University Press, 2010.
Reisman, W. M., "The Manley Hudson Lecture: Why Regime Change is (Almost Always) a Bad Idea?", *AJIL*, v. 98, n. 3, 2004, pp. 516-525.

INVESTIGAÇÃO CRIMINAL

André Ventura

O conceito de investigação criminal é suficientemente amplo para ser considerado como um elemento adjectivo e, ao mesmo tempo, substantivo no seio do ordenamento jurídico.

Em termos estritos, o conceito de investigação criminal reporta-se ao conjunto de actos levados a cabo pelos órgãos de polícia criminal e pelas autoridades judiciais no sentido de apurar uma eventual responsabilidade criminal. Por sua vez, em termos globais, a investigação criminal é muitas vezes referenciada ao seu contudo funcional, isto é, enquanto actividade institucional cujo objectivo primordial é encontrar os responsáveis pela prática de um determinado ilícito criminal (definição muito próxima daquela que encontramos nos trabalhos de Edmund Locard, um dos pioneiros em termos de sistematização da actividade de investigação criminal).

No caso específico do ordenamento jurídico português, a Lei de Organização da Investigação Criminal (Lei n.º 49/2008 de 27 de Agosto) fornece uma definição precisa do conceito de investigação criminal delimitando-se enquanto *"conjunto de diligências que, nos termos da lei processual penal, se destinam a averiguar a existência de um crime, determinar os seus agentes e a sua responsabilidade e descobrir e recolher as provas, no âmbito do processo"*.

Este corresponde, assim, ao conceito normativo de investigação criminal, mas é insuficiente no plano material e epistemológico, não permitindo aferir a extensão real do conceito. Consequentemente, alguns autores têm chamado a atenção para a necessidade de concretizar e materializar, de forma mais específica, o conceito de investigação criminal. Ferreira Antunes, por exemplo, considera que a investigação criminal deve ser perspectivada, para além do conceito legal, como *"a pesquisa sistemática e sequente do respectivo objecto, com recurso a meios técnicos e científicos, incluindo obrigatoriamente três ferramentas obrigatórias: a informação, a interrogação e a instrumentação"*.

Em termos processuais e operacionais, a investigação criminal tem, em Portugal, algumas particularidades que merecem destaque e devem ser sublinhadas:

- A direcção da investigação criminal cabe à autoridade judiciária em cada uma das fases do processo (o Ministério Público no Inquérito, o Juiz de Instrução durante a fase de Instrução), sendo assistida pelos órgãos de polícia criminal de competência genérica ou específica;
- Os órgãos de polícia criminal actuam no processo sob a direcção e na dependência funcional da autoridade judiciária competente, o que diferencia o sistema português de outros, de natureza anglo-saxónica;

- Os órgãos de polícia criminal impulsionam e desenvolvem, por si, as diligências legalmente admissíveis, sem prejuízo de a autoridade judiciária poder, a todo o tempo, avocar o processo, fiscalizar o seu andamento e legalidade e dar instruções específicas sobre a realização de quaisquer actos;
- Coexistem, em Portugal, órgãos de polícia criminal de competência genérica e de competência específica, sendo que é a própria lei que constitui a Polícia Judiciária responsável exclusiva de um conjunto de crimes que, pela sua gravidade, características ou conexões, exigem um conjunto de técnicas de investigação reforçadas do ponto de vista técnico e científico.

Bibliografia

Antunes, Ferreira, "Investigação criminal – Uma perspectiva introdutória" in Polícia e Justiça, EPJ, (1985), p. 34.

Andrade, Manuel da Costa, Sobre as proibições da prova em processo penal, Coimbra editora, Coimbra (1992).

Andrade, Manuel da Costa, "O regime dos conhecimentos da investigação em processo penal. Reflexões a partir das escutas telefónicas, in RLJ n.º 3981, ano 142 (2013), pp. 352-377.

JUÍZES MILITARES

Vítor Gil Prata

Juiz militar é a designação dada ao oficial do quadro permanente das Forças Armadas ou da Guarda Nacional Republicana nomeado por escolha pelo Conselho Superior de Magistratura, sob proposta do Conselho de Chefes de Estado-Maior ou do Conselho Geral da GNR, para exercer funções nas várias instâncias criminais, designadamente no Supremo Tribunal de Justiça, nos Tribunais da Relação de Lisboa e Porto e nas instâncias centrais dos tribunais judiciais das Comarcas de Lisboa e Porto. Estas nomeações devem recair, de preferência, em oficiais possuidores da licenciatura em Direito.

Não se confunde com a figura de juiz auditor, pois este é magistrado judicial requisitado ao Conselho Superior de Magistratura para exercer funções nos tribunais militares, enquanto estes existiram ou, agora, se houver necessidade da sua criação.

Os juízes militares integram, assim, os tribunais que julgam os crimes de natureza militar, consagrados atualmente pela Constituição como crimes estritamente militares. Os juízes militares no Supremo Tribunal de Justiça têm a patente de vice-almirante ou de tenente-general, os juízes militares em funções nas Relações de Lisboa e Porto têm a patente de contra-almirante ou de major-general e os juízes militares que desempenham funções nas instâncias centrais dos tribunais judiciais das Comarcas de Lisboa e Porto têm a patente de capitão-de-mar--e-guerra ou de coronel.

JUÍZES MILITARES

Os juízes militares tomam posse perante o presidente do Supremo Tribunal de Justiça, dos presidentes dos tribunais das Relações de Lisboa e Porto ou dos presidentes dos tribunais judiciais das Comarcas de Lisboa e Porto e são independentes, inamovíveis e não podem ser responsabilizados pelas suas decisões, nos mesmos termos que os demais juízes do tribunal em que exercem funções.

Enquanto durar o exercício de funções judiciais, os juízes militares estão sujeitos ao Estatuto dos juízes militares e, complementarmente, ao Estatuto dos Militares das Forças Armadas ou ao Estatuto do Militar da Guarda Nacional Republicana, consoante os casos. Porém, por factos praticados no exercício das suas funções, estão ainda sujeitos ao regime disciplinar previsto no Estatuto dos Magistrados Judiciais. Está determinado que o trajo profissional dos juízes militares no exercício das suas funções é, de acordo com o respetivo Regulamento de Uniformes, o uniforme n.º 1 ou equivalente.

Durante séculos, os tribunais militares eram tribunais de júri constituídos por oficiais de diferente graduação, dependente da graduação dos arguidos, nunca inferior à destes. No âmbito do código de justiça militar de 1977, os crimes de natureza militar eram julgados em tribunais militares de composição coletiva, compostos por maioria de juízes militares e por um juiz auditor, em que a graduação daqueles teria de ser superior à do arguido. Atualmente, a competência funcional dos tribunais para o julgamento dos crimes estritamente militares é determinada em razão da patente militar do agente do crime. Assim, compete, respetivamente, às secções criminais do Supremo Tribunal de Justiça julgar os processos por crimes estritamente militares cometidos por oficiais generais, seja qual for a sua situação; às secções criminais das Relações de Lisboa e do Porto julgar os processos por crimes estritamente militares cometidos por oficiais de patente idêntica à dos juízes militares de 1.ª instância (capitão-de-mar-e-guerra ou coronel), seja qual for a sua situação; e às secções criminais das instâncias centrais dos tribunais judiciais das Comarcas de Lisboa e Porto julgar os processos por crimes estritamente militares cometidos por militares de patente inferior à dos juízes militares de 1.ª instância.

Na justiça militar afloram as peculiaridades da instituição militar, com leis, regulamentos e um código deontológico próprios. As relações de subordinado e superior e de disciplina e hierarquia têm um rigor e características não observadas nem exigíveis aos restantes funcionários. Igualmente o grau de sacrifícios e o perigo inerente às suas missões, ao armamento e equipamentos utilizados pelos militares exige que estes vejam as suas condutas ilícitas, que coloquem em causa valores militares, serem valoradas por tribunais que integrem juízes militares, conseguindo-se a integração do saber jurídico com o saber militar. Os juízes militares são conhecedores da cultura militar, valores e tradições, dos aspetos operacionais da função militar, das ameaças e riscos a que os militares estão sujeitos e da pressão psicológica das ações militares. Assim, a natureza dos ilícitos e a necessidade destes serem conhecidos e julgados por quem seja capaz de ponderar a sua influência na hierarquia e disciplina das Forças Armadas foram a razão da criação, há séculos, de um foro próprio. Disse Georges Clemenceau, primeiro-ministro francês durante a Grande Guerra, que "assim como há uma sociedade civil fundada sobre a liberdade, há uma sociedade militar fundada sobre a obediência, e o juiz da liberdade não pode ser o da obediência".

Porém, também há juízes militares a julgar recursos de decisões punitivas em matéria de direito disciplinar militar.

Justificada pela natureza especial das penas disciplinares, muito perto das penas penais por serem possíveis penas privativas da liberdade, e por essas serem decisões punitivas dos chefes de estado-maior dos ramos atendendo às características de recurso hierárquico necessário para estes, os recursos contenciosos daquelas punições, nos processos relativos a atos administrativos de aplicação das sanções disciplinares de detenção ou mais gravosas, são conhecidos em 1.ª instância pela secção de contencioso administrativo de cada tribunal central administrativo com a intervenção de um juiz militar como juiz-adjunto. Este juiz militar é, por inerência, o juiz militar nomeado para os tribunais da relação, do respetivo ramo das Forças Armadas.

A natureza dos valores fundamentais tutelados pelos deveres geral e especiais do regulamento de disciplina militar é suficiente para assegurar que os juízes militares devam fazer parte da constituição dos tribunais administrativos, quer por experiência na apreciação da especificidade destes tipos de ilícitos, quer ainda pelas contribuições de vivências concretas para a apreciação da matéria de facto, dada a proximidade e o seu conhecimento das situações, factos e circunstâncias relacionadas com tais ilícitos.

Bibliografia
Canas, Vitalino, Pinto, Ana Luísa e Leitão, Alexandra, *Código de Justiça Militar Anotado*, Coimbra Editora, Coimbra, 2004.
Comissão da Defesa Nacional, *A Justiça Militar – Colóquio Parlamentar*, Assembleia da República, Divisão de Edições, Lisboa, 1995.
Prata, Vítor Gil, *A Justiça Militar e a Defesa Nacional*, ed. Coisasdeler, Lisboa, 2012.

JUSTIÇA MILITAR

Vítor Gil Prata

A hierarquia e a disciplina, sendo princípios basilares da organização da instituição militar, constituem a própria essência das Forças Armadas. Seria um erro desconsiderar a missão a estas constitucionalmente consagrada e atribuir a tribunais comuns, em qualquer circunstância, a competência para conhecer dos factos que atentam contra os interesses militares conexionados com a função militar.

JUSTIÇA MILITAR

Assim, a natureza dos ilícitos militares e a necessidade destes serem conhecidos e valorados por quem conheça a influência dos mesmos na hierarquia e disciplina da instituição militar levaram à criação, há muito tempo, de um foro próprio militar. Este garante que no julgamento daqueles factos ilícitos intervenha quem conheça os diversos fatores que interferem nas ações militares, designadamente riscos, elementos psicológicos e culturais, aspetos técnicos, operacionais, além de fatores criminógenos. Por isso, é fundamental a existência de uma justiça militar.

Falar-se de justiça militar é falar-se de uma organização judiciária própria, com tribunais e foros militares, autoridades judiciárias militares e autoridades e agentes de polícia judiciária militar, tal como é falar ainda de um direito penal militar com normas penais e processuais próprias ou especiais. Até à entrada em vigor do código de justiça militar de 2003, porque existiam em permanência tribunais militares, podia falar-se de uma ordem jurisdicional militar, a par da ordem judicial comum e da ordem administrativa.

Os tribunais militares tinham preponderância de juízes militares a julgar os crimes de natureza militar e tinham promotores de justiça e defensores que eram oficiais das Forças Armadas. As chefias militares e os comandantes das regiões militares eram autoridades judiciárias e, assim, tinham intervenção na marcha do processo-crime militar. As atribuições dos agentes de polícia judiciária militar eram também exercidas pelos comandantes das unidades militares até 1975, ano em que foi criado o Serviço de Polícia Judiciária Militar.

Porém, até ao século XVII a tutela da disciplina militar foi prerrogativa exclusiva dos chefes militares, pois considera-se que em Portugal a justiça militar só adquiriu um foro próprio em 1640 quando, por decreto de D. João IV, datado de 11 de Dezembro, foi instituído o *Conselho de Guerra* que, além de centralizar e superintender todos os assuntos tocantes à guerra, funcionava como tribunal de apelação para ilícitos de natureza militar. Podemos então afirmar que é muito antiga, entre nós, a tradição de as Forças Armadas disporem de tribunais próprios, os quais tinham jurisdição exclusiva sobre os seus membros e aplicavam um direito punitivo especial. Também desde essa altura se entendeu que os delitos militares deveriam ser averiguados e julgados pelos próprios militares, por serem quem melhor compreende os valores e idiossincrasias da organização e vivência militar.

O primeiro código de justiça militar foi aprovado em 09 de abril de 1875. Este código, tal como os que lhe seguiram, era composto por quatro livros: dos crimes e das penas; da organização judiciária; da competência do foro militar; e do processo criminal militar. Assim, a justiça militar constituía um sistema tendencialmente completo com organização judiciária, princípios e normas substantivas e adjetivas próprias. Este código consagrava o foro pessoal, isto é, os tribunais militares tinham jurisdição sobre todos os militares apenas pelo facto de o serem, independentemente da natureza do ilícito criminal cometido. Convém, no entanto, realçar que o foro militar não era considerado um privilégio da classe, mas sim uma garantia da manutenção do espírito de disciplina, de uma hierarquia inviolável e da resposta pronta e firme a qualquer infração através de uma ação corretiva e repressiva, adequada ao meio militar, procurando acautelar-se a interferência de juiz não militar, facto que poderia diminuir a autoridade dos chefes militares.

Antes da aprovação deste código vigoravam, desde 1763, os Regulamentos para o Exercício e Disciplina dos Regimentos de Infantaria e Cavalaria dos Exércitos de Sua Majestade Fidelíssima e os temidos Artigos de Guerra, que constituíam um dos seus capítulos. Estes regulamentos, que ficaram conhecidos como Regulamentos do Conde de Lippe, tinham introduzido na justiça militar o conceito de foro material, já generalizado na Europa, pelo que os conselhos de guerra não tinham competência para apreciar factos que não tivessem natureza militar ainda que praticados por militares. Assim, durante um largo período histórico e até à aprovação do primeiro código de justiça militar, os tribunais militares, com a designação de conselhos de guerra, conheciam apenas dos delitos específicos da disciplina militar. A substituição dos Artigos de Guerra por legislação penal militar codificada foi tentada repetidas vezes mas, como vimos, apenas em 1875 foi aprovado o primeiro código de justiça militar, ao qual se seguiram outros que mantiveram sempre os quatro livros referidos.

Em 1976, ano da entrada em vigor da atual Constituição, vigorava o código de justiça militar de 1925 que mantinha o foro pessoal. Por imposição constitucional foi aprovado, em 1977, novo código de justiça militar que cortou com a tradição do foro pessoal mas manteve a justiça militar autónoma, e que introduziu nova fase processual – a instrução – sob direção de um juiz de instrução criminal, magistrado judicial requisitado ao Conselho Superior de Magistratura.

Este código de 1977 mantinha pretensões de apresentar-se como um sistema tendencialmente completo, isto é, como um sistema constituído por uma organização judiciária com duas instâncias e por regras e princípios próprios, tendencialmente suficientes para regular os aspetos essenciais dos factos puníveis pelo direito penal militar. No topo da organização judiciária havia o Supremo Tribunal Militar, instância de recurso em matéria penal mas igualmente em matéria disciplinar, porque se considera que a justiça disciplinar, a par da justiça penal, integra a justiça militar. Isto é, todos os factos violadores do dever militar ou que ofendessem a disciplina e a hierarquia militares eram conhecidos no interior do sistema de justiça militar, havendo uma interdependência entre procedimento criminal e disciplinar, a fim de evitar a violação do *princípio non bis in idem*.

Ao longo de séculos, os tribunais militares das duas instâncias tiveram várias designações. Estas designações para os de segunda instância foram Conselho de

Guerra, Tribunal Superior de Guerra e Marinha, Supremo Conselho de Justiça Militar e Supremo Tribunal Militar. Os de primeira instância tiveram designações como conselhos de guerra regimentais, de Praça e de Divisão, conselhos de guerra permanentes, conselhos de guerra territoriais (e de marinha) e tribunais militares territoriais (e de marinha).

O código de justiça militar de 2003 deixou de ter os quatro livros em que todos os anteriores códigos de justiça militar se dividiam para passar a ter apenas dois: o primeiro "Dos crimes" e o segundo "Do processo". Esta alteração deveu-se à revisão constitucional de 1997 que veio consagrar a extinção dos tribunais militares em tempo de paz, a alteração da composição dos tribunais judiciais que julgam crimes estritamente militares (com juízes militares a integrá-los), a criação de formas especiais de assessoria do MP (assessores militares), a constituição de tribunais militares na vigência do estado de guerra, e a consagração do conceito de crime estritamente militar. Em consequência desta quarta revisão constitucional, a partir de 2004 e com a entrada em vigor do atual código de justiça militar, verificou-se uma rutura no sistema de justiça militar, no âmbito da organização judiciária e do direito penal e processual militar.

No entanto, retoma-se em tempo de guerra um foro próprio para julgamento de crimes de natureza militar, com a criação de tribunais de constituição especial – os tribunais militares ordinários –, com três instâncias, designadamente o Supremo Tribunal Militar, os tribunais militares de 2.ª instância e os tribunais militares de 1.ª instância com as competências, respetivamente, do Supremo Tribunal de Justiça, dos Tribunais da Relação e dos tribunais judiciais de Comarca e constituídos pelos três juízes militares dos Ramos e um juiz auditor, nomeado pelo Conselho Superior de Magistratura, que exerce funções de relator do processo. Em tempo de guerra podem ainda ser constituídos tribunais militares extraordinários, de constituição *ad hoc*, por motivos ponderosos de justiça militar e junto aos Comandos das Forças ou instalações militares que operem fora do território nacional; mas estes apenas com a competência dos tribunais militares de 1.ª instância e apenas para julgamento de crimes estritamente militares.

Bibliografia

Araújo, António de, "A jurisdição militar (do Conselho de Guerra à revisão constitucional de 1997)", in: *O Direito da Defesa Nacional e das Forças Armadas*, Miranda, Jorge e Morais, Carlos Blanco, ed. Cosmos/IDN, Lisboa, 2000.

Comissão da Defesa Nacional, *A Justiça Militar – Colóquio Parlamentar*, Assembleia da República, Divisão de Edições, Lisboa, 1995.

Pereira, Rui, *A Justiça Militar tem Futuro?*, in: Revista de Segurança e Defesa, Fevereiro 2007.

Prata, Vítor Gil, *A Justiça Militar e a Defesa Nacional*, ed. Coisasdeler, Lisboa, 2012.

Roque, Nuno, *A Justiça Penal Militar em Portugal*, ed. Atena, Linhó, 2000.

LEGÍTIMA DEFESA

José Pina Delgado

1. A Legítima Defesa (LD) é um direito limitado de autotutela do Estado garantido pelo Direito Internacional (DI) que lhe permite adoptar medidas militares para repelir uma agressão ilícita e evitar a sua continuação. Neste sentido, a LD sempre teve presença nas relações entre os Estados, haja em vista ser uma reação natural de qualquer entidade submetida a condutas lesivas de caráter bélico de outra(s). Contudo, antes de se assumir como o conceito juridicamente recortado e limitado da atualidade, a sua existência material estava ou acantonada a um plano mais moral ou político ou a sua extensão jurídica apresentava-se excessivamente abrangente. Associou-se à teoria da guerra justa, pois danos ou 'injúrias' causados a um Estado legitimava não só as ações necessárias para repelir uma agressão atual ou iminente, mas igualmente para punir *ex post factum* o agente; esteve mais tarde ligada ao direito à auto-preservação, de acordo com o qual os interesses supremos do Estado na ordem internacional sempre podem ser defendidos a partir de meios militares, e a uma concepção abrangente de auto-tutela de direitos, a qual permitia que o Estado usasse a força para proteger os seus direitos e os dos seus nacionais de condutas afetantes de outros Estados. Neste sentido, classicamente, não havia uma separação total entre noções ligadas à LD e figuras como a retaliação ou a retorsão.

2. Há muito a LD fazia parte do DI, mas não deixa de ser relevante que a caracterização que foi atribuída à LD pela Carta das Nações Unidas (CNU), 'direito natural' ou 'direito inerente', representa precisamente a sua tripla-natureza política, jurídica e moral. Se o conceito em si é jurídico, ele não deixa de estar conformado por elementos políticos e morais, amparados na ideia da necessidade de um ente garantir a sua preservação e disso ser intrínseco e justo. Ademais, se se atentar à realidade, o DI é apenas um subsistema do grande sistema de ordenação global, o qual é marcado por dinâmicas políticas e morais que se entrecruzam com a jurídica, um aspeto que encontra o seu reconhecimento máximo no papel que o costume desempenha no DI, permitindo que práticas decorrentes de interesses políticos ou da tentativa de concretização de valores morais possam alterar as normas jurídicas internacionais. Destarte, o entendimento adequado da LD depende da consideração desses níveis normativos distintos, mas complementares, particularmente porque se no momento em que a juridificação do *jus ad bellum* contemporâneo ocorre, podia-se ainda tratar do quadro legal separadamente, desenvolvimentos posteriores desencorajariam tal abordagem.

3. A LD clássica desenvolve-se no quadro de uma relação tradicional Estado--Estado, que envolve uma agressão à margem do DI, neste caso fazendo despoletar um direito de auto-tutela reconhecido pelo artigo 51 da CNU. Pressupõe um ataque armado atual ou iminente, uma agressão ilícita e ausência de ação efetiva do Conselho de Segurança e no seu decurso obedece aos requisitos da necessidade, imediatividade e proporcionalidade (*Caso Carolina* de 1837), bem como a obrigação de informar o CS. Distingue-se claramente da retaliação armada, ato de motivação punitiva, não limitado do ponto de vista temporal e sequer pela necessidade de defesa, como decorre do laudo arbitral do *Caso Naulilla* de 1914, do qual Portugal foi um dos protagonistas. As medidas defensivas, neste contexto, podem ser adotadas em nome próprio (LD individual) ou de terceiros (LD coletiva), neste caso exigindo-se um pedido do Estado atacado. O dever de socorro não decorre do DI Geral, podendo, outrossim, resultar de obrigações assumidas por via de um tratado multilateral (Tratado do Atlântico Norte; Tratado Inter-Americano de Assistência Recíproca) ou bilateral (Tratados de Defesa EUA-Japão; EUA-Coreia do Sul).

4. Desenvolvimentos políticos recentes das relações internacionais introduziram elementos que levaram à utilização cada vez mais diversificada de LD por atores e sujeitos de DI e em relação não só a ataques ou ameaças de atores estaduais como de não-estaduais, com cada vez maior capacidade bélica. Tem-se observado a sua invocação para a proteção de nacionais em perigo no estrangeiro (Raide sobre Entebbe), para antecipar uma agressão próxima (Guerra dos Seis Dias), para prevenir uma agressão futura (Israel; Estados Unidos/Iraque – 1981 e 2003), para destruir a capacidade de entidades responsáveis por ataques frequentes ao território do Estado (Afeganistão-2001; Israel-Líbano) ou até para eliminar responsáveis políticos ou militares através de ataques dirigidos/assassinatos seletivos (Ahmed Yassin; Bin Laden), num contexto umbilicalmente ligado à chamada guerra contra o terrorismo lançada em 2001 logo a seguir ao ataque promovido pela *Al Qaeda*. Pese embora muitas dessas reivindicações políticas terem sido efetivamente absorvidas pela Comunidade Internacional, há as que até hoje continuam a causar grande controvérsia entre Estados, para além de resultarem na decomposição de conceitos tradicionais da Ordem Global, com o esfacelamento da distinção entre LD e agressão (o caso da LD preventiva) e entre LD e retaliação (as retaliações com fins preventivos), e na mistura entre, por um lado, o Direito Internacional da Segurança (DIS) e, do outro, do DI dos Direitos Humanos, do DI Humanitário e do DI Penal (DIP) e ainda entre medidas de guerra e medidas de manutenção da ordem e de responsabilização criminal, no quadro dos ataques dirigidos a pessoas.

5. A LD não é só um conceito relevante para o DIS, já que central igualmente para o Direito da Responsabilidade Internacional e para o DIP, ramos que a incluem entre as causas de exclusão da ilicitude de condutas contrárias ao DI. Espraia-se também, para além das áreas tradicionais do Direito Interno, Direito Penal e Direito Civil, para o Direito Público Externo dos Estados. A LD é uma das causas que justifica a utilização das forças armadas de um país, faz parte das obrigações do Estado para com a sua população e para com a República, e constitui-se em base habilitante para a declaração do estado de exceção constitucional.

Bibliografia

Alexandrov, S., *Self-Defense Against the Use of Force in International Law*, The Hague, Kluwer, 1999.
Bowett, D., *Self-Defence in International Law*, Manchester, Manchester University Press, 1958.
Delgado, J.P., "Legítima Defesa e Antecipação no Direito Internacional: Desenvolvimentos Recentes", *Revista de Direito Público*, Lisboa, a. 1, n. 2, 2009, pp. 133-171.
Dinstein, Y., *War, Aggression, and Self-Defence*, 5.ª ed., Cambridge, UK, Cambridge University Press, 2012.
Ruys, T., '*Armed Attack' and Article 51 of the UN Charter: Evolutions in Customary Law and Practice*, Cambridge, UK, Cambridge University Press, 2011.

LEI DO CIBERCRIME

PEDRO VERDELHO

1. A Lei do Cibercrime (Lei n.º 109/2009, de 15 de Setembro) está em vigor desde 15 de Outubro de 2009 e veio revogar a Lei da Criminalidade Informática (Lei n.º 109/91). Com a sua publicação pretendeu o legislador português reagir aos desafios colocados pelas atividades ilegais associadas à massificação do uso das redes de informação e comunicação.

A lei anteriormente vigente, de 1991, assumia a sua inspiração na Recomendação n.º R (89) 9 do Conselho da Europa que, no seu tempo, foi o primeiro documento a sistematizar a definição dos chamados crimes informáticos. A estrutura conceptual deste corpo normativo manteve-se intocada durante as duas décadas em que vigorou. Porém, os concretos factos típicos nela previstos deixaram de ser suficientes para enfrentar todas as atividades ilícitas entretanto implementadas nas redes de comunicação.

Além de reparar a erosão do tempo, a lei de 2009 teve ainda como intuito cumprir compromissos internacionais assumidos por Portugal, introduzindo na lei interna disposições constantes de documentos vinculativos da União Europeia e do Conselho da Europa – respetivamente, a Decisão-Quadro 2005/222/JAI do Conselho, de 24 de Fevereiro de 2005, relativa a ataques contra sistemas de informação, e a Convenção sobre Cibercrime do Conselho da Europa (Convenção de Budapeste), aprovada pela Assembleia da República a 10 de Julho de 2009 e ratificada pelo Decreto do Presidente da República n.º 91/2009, de 15 de Setembro.

2. Há, todavia, uma outra grande inovação na lei de 2009: enquanto a lei de 1991 apenas previa normas de direito penal substantivo (os crimes e regras reguladoras da responsabilidade penal de pessoas coletivas), a Lei 109/2009,

introduziu um grande acervo de normas processuais e normas respeitantes a cooperação internacional – além de rever e atualizar aquelas disposições de direito penal substantivo. De facto, quanto às normas de direito penal substantivo, a inovação passou, sobretudo, pela tipificação de atuações que em 1991 não existiam ainda. Mas no que respeita a normas processuais e a disposições reguladoras de cooperação penal internacional, a inovação foi muito mais substancial, uma vez que, antes da Lei n.º 109/2009 inexistiam regras específicas nestes domínios. Após 2009 passaram a prever-se normas processuais específicas para a obtenção de prova digital e possibilidades também específicas de cooperação internacional, quando se investigarem cibercrimes ou qualquer outro tipo de ilícitos que suponham a obtenção de prova digital ou que tenha sido praticado por via de sistemas de computadores.

Com efeito, ao invés do que acontecia anteriormente, a Lei n.º 109/2009 optou pela condensação num só corpo normativo de um grupo de regras aplicáveis ao universo digital, regras essas de natureza penal, processual ou de cooperação internacional.

3. A primeira norma de direito penal material que surge no alinhamento do diploma (o Artigo 2.º) descreve os conceitos que deverão ser tidos em conta na interpretação desta lei. Esta norma recupera alguns dos conceitos que já se previam na lei antiga, mas também revê alguns deles e introduz outros, inovadores.

Assim, na alínea a) do Artigo 2.º, introduz-se o novo conceito de sistema informático, enquanto na alínea d) do mesmo Artigo 2.º se introduz o conceito de fornecedor de serviço. A necessidade de ambos resultou da evolução do ecossistema a que se dirige esta lei. Na verdade, o antigo conceito de sistema informático estava desatualizado; por outro lado, a realidade "fornecedor de serviço Internet" não existia em Portugal em 1991.

A mesma razão – evolução da tecnologia –, levou à introdução, na alínea b) do Artigo 2.º, do conceito de dados informáticos, que revê em grande expansão o anterior conceito de programa informático.

Em todos estes conceitos se nota o intuito de descrever noções jurídicas que sejam tecnologicamente neutrais, para que possam sobreviver às evoluções tecnológicas que o tempo futuro trará. Por exemplo, o conceito de sistema informático, que vem herdado da Convenção de Budapeste e, portanto, foi desenhado antes de 2001, mantém uma atualidade notável: sem qualquer reserva inclui, por exemplo, os *tablets* ou os *smartphones*, que à época não eram sequer imagináveis.

4. O elenco de crimes descrito na Lei do Cibercrime é pequeno, cobrindo, em geral, infrações relacionadas com a confidencialidade, integridade e disponibilidade dos sistemas de informação.

No Artigo 3.º, prevê-se o crime de falsidade informática. Trata-se de um crime complexo, prevendo-se sob a mesma epígrafe, de falsidade informática, diferentes infrações, dirigidas a diferentes interesses protegidos. Em termos genéricos, este crime pretende transpor para o ambiente digital a proteção conferida aos mesmos interesses da falsificação do mundo real, prevista no Código Penal. Porém, o tipo de ilícito (em especial o tipo matricial do Artigo 3.º, n.º 1), contém inúmeras especificidades.

Por seu lado, o n.º 2 do mesmo Artigo 3.º sanciona especificamente a alteração ilegítima de dados em três tipos de suportes: cartões bancários de pagamento (de débito ou de crédito) ou outros dispositivos que permitam o acesso a sistema ou meio de pagamento, cartões que permitam o acesso a sistemas de comunicações (os cartões SIM, para telemóveis) ou, ainda, dispositivos de acesso a serviços de acesso condicionado (cartões, ou *box* de televisão por cabo).

No n.º 4, por último, numa clara antecipação da tutela penal, prevê-se a incriminação da difusão de dispositivos que permitam praticar crimes de falsidade informática.

5. O Artigo 4.º da Lei do Cibercrime prevê o crime de dano relativo a programas ou outros dados informáticos, que é assumidamente a transposição para o ambiente virtual do correspondente tipo de ilícito da vida *offline*. Genericamente, esta infração pretende proteger a integridade dos dados informáticos, sancionando aqueles que os destruírem ou tornarem não utilizáveis. Da mesma forma que ocorre com o crime de falsidade informática, também quanto ao dano informático há uma antecipação da tutela penal, no n.º 3 do Artigo 4.º, punindo-se a difusão de dispositivos ou programas que permitam praticar crimes de dano informático – vírus, por exemplo.

6. O crime de sabotagem informática vem descrito no Artigo 5.º da Lei do Cibercrime. As modalidades fácticas de prática do crime são similares às do dano, sendo porém os crimes muito diferentes quanto ao respetivo objeto: no dano, o objeto são dados informáticos enquanto na sabotagem o objeto do crime são sistemas informáticos. Assim, comete sabotagem informática quem perturbar ou tornar não utilizável um sistema informático.

Tal como nos ilícitos anteriores, também a este propósito se prevê uma antecipação da tutela penal, punindo-se a mera difusão de dispositivos que permitam praticar sabotagem. Neste caso, esta extensão, por antecipação, do tipo, é particularmente significativa em termos práticos: por esta via se incriminam algumas das mais incisivas atividades, por exemplo relacionadas com *botnets*.

Uma última nota a propósito deste tipo: sendo esta uma das mais atuais e gravosas atividades cibernéticas, o legislador consagrou uma forma qualificada do mesmo no n.º 5, punindo mais gravemente aqueles que praticarem sabotagem contra sistema informático que apoie uma atividade destinada a assegurar funções sociais críticas, nomeadamente as cadeias de abastecimento, a saúde, a segurança e o bem-estar económico das pessoas, ou o funcionamento regular dos serviços públicos.

7. O crime de acesso ilegítimo vem descrito no Artigo 6.º da Lei do Cibercrime. Trata-se de uma infração que pune quem viola a confidencialidade de sistemas informáticos, a eles acedendo sem autorização. Ao contrário do que acontecia com a legislação anterior, é neste tipo de crime clara a indiferença quanto à existência de intuito lucrativo: haverá acesso ilegítimo desde que haja entrada num sistema sem autorização, quer esta entrada pretenda prejudicar terceiros ou providenciar lucro ao seu autor, quer dela não resulte qualquer vantagem económica ou prejuízo.

Além do mero acesso não autorizado, o Artigo 6.º pune também, no n.º 2, a difusão de dispositivos que permitam praticar acesso ilegítimo. Esta antecipação da tutela penal tem, neste aspeto particular, a extraordinária virtualidade de punir o chamado "roubo de identidade", moderna prática criminosa que normalmente antecede a prática de outros crimes (em particular burlas, clássicas do Artigo 217.º do Código Penal, ou informáticas, do Artigo 221.º do mesmo diploma, ou ainda crimes de acesso ilegítimo propriamente ditos).

8. A interceção ilegítima, descrita no Artigo 7.º da Lei do Cibercrime, visa primordialmente punir aqueles que, interferindo com comunicações eletrónicas, logram captar informação contida nas mesmas – é o que resulta desta disposição, conjugada com a definição da alínea e) do Artigo 2.º da mesma lei. O respetivo interesse protegido é, em primeira linha, o da confidencialidade das comunicações.

Tal como acontece com os antecedentes tipos de ilícito (dano informático, sabotagem informática e acesso ilegítimo) o legislador optou, no n.º 3 do Artigo 7.º, por antecipar a tutela penal, incriminando também, desde logo, a difusão de dispositivos ilícitos aptos à realização de interceções de comunicações.

9. A proteção do direito de autor sobre programas de computador não é o objeto principal da Lei do Cibercrime – este propósito é prosseguido, de forma compreensiva, pelo Decreto-Lei n.º 252/94, de 20 de Outubro (que transpôs para Portugal normas da União Europeia – a Diretiva n.º 91/250/CEE, do Conselho). Não obstante, no Decreto-Lei n.º 252/94, não se preveem normas criminais nem, de qualquer outra forma, se tutela por via criminal, a proteção do direito de autor sobre programas de computadores. É essa a razão pela qual o Artigo 8.º da Lei do Cibercrime, no seguimento do antigo Artigo 9.º da sua antecessora Lei da Criminalidade Informática, prevê o crime de reprodução ilegítima de programa protegido. Anote-se que este crime tutela, de forma muito restrita, qualquer tipo de reprodução não autorizada de programa protegido. Anote-se também que, não obstante, por visar exclusivamente programas de computador (tal como eles são definidos no Decreto-Lei n.º 252/94), não é aplicável à reprodução de quaisquer outros dados informáticos – sobre os quais não incide direito de autor. Do mesmo modo, não é aplicável à reprodução não autorizada de bases de dados, matéria regida pelo Decreto-lei n.º 122/2000, de 4 de Julho (que transpõe para o direito português a Diretiva do Parlamento e do Conselho n.º 96/9/CE), no qual se sanciona a reprodução não autorizada, ou a divulgação ou comunicação não autorizadas ao público de base de dados (Artigo 11.º).

10. A Lei do Cibercrime é muito menos detalhada que a sua antecessora de 1991 quanto à responsabilização criminal de pessoas coletivas. Na verdade, o legislador de 1991 tivera a necessidade efetiva de regular exaustivamente esta temática, prevendo todos os respetivos detalhes, porque à data não existia no ordenamento jurídico nacional um regime genérico que previsse a responsabilização penal de pessoas coletivas.

Em 2009 o regime geral de responsabilização de pessoas coletivas fora já introduzido pela revisão do Código Penal de 2007 (Artigo 11.º, n.ºs 2 a 11 e Artigos 90.ºA a 90.ºM) pelo que, não havendo nenhuma razão específica que justificasse a criação de normas especiais, a Lei do Cibercrime apenas estatuiu que as pessoas coletivas deviam ser responsabilizadas, quanto aos ilícitos previstos naquele diploma, nos precisos termos em que o eram quanto a outros crimes, previstos no Código Penal. Também esta vertente satisfez as linhas orientadoras, quer da Decisão-Quadro 2005/222/JAI, quer da Convenção sobre Cibercrime do Conselho da Europa.

11. Já acima ficou dito que a Lei do Cibercrime trouxe, como novidade, um conjunto de disposições de direito processual com um âmbito de aplicação que concorre com as normas do Código de Processo Penal. Trata-se de um conjunto de normas processuais especializadas, mas de grande abrangência, definida pelo Artigo 11.º da Lei do Cibercrime. De facto, embora este diploma pretenda, em primeira linha, introduzir mecanismos de processo penal que permitam investigar os crimes nele mesmos previstos, o Artigo 11.º estende a aplicação das normas processuais da Lei do Cibercrime a duas distintas áreas: a de todos os crimes cometidos por meio de um sistema informático e a dos crimes cuja prova esteja guardada em suportes digitais. Tratam-se de áreas não necessariamente identificadas com a cibercriminalidade – mais bem se reportarão ao crime comum –, mas cujas exigências de prova supõem a vertente digital.

Esta extensão é extremamente relevante, por permitir fazer apelo, na investigação da criminalidade comum, quer a institutos específicos e inovadores, introduzidos na ordem jurídica portuguesa pela Lei do Cibercrime, quer a institutos antigos, mas revistos e adaptados às novas realidades tecnológicas, pelo articulado da lei.

No que respeita aos clássicos institutos processuais penais, agora revisitados, a Lei do Cibercrime procedeu à adaptação ao mundo virtual dos regimes das buscas e das apreensões (pelas figuras da pesquisa de dados informáticos, no Artigo 15.º, da apreensão de dados informáticos, no Artigo 16.º e da apreensão de correio eletrónico e registos de comunicações de natureza semelhante, no

Artigo 17.º) e do regime das interceções de comunicações telefónicas (pela figura da interceção de comunicações, no Artigo 18.º). Na sua essência, todas estas medidas processuais transpõem para o ambiente digital a mesma natureza de que se revestem as suas congéneres do Código de Processo Penal. Porém, quanto à apreensão de correio eletrónico (no Artigo 18.º), há alguma novidade já que se destaca um regime novo que se autonomiza, quer da interceção de comunicações, quer da apreensão da correspondência em papel prevista no Código de Processo Penal.

De novo, introduziu a Lei do Cibercrime, nomeadamente, as figuras da preservação expedita de dados armazenados num sistema informático e da revelação expedita de dados de tráfego (Artigos 12.º e 13.º), e o instituto da injunção para apresentação ou concessão do acesso a dados (Artigo 14.º).

12. Como se disse, os Artigos 15.º a 17.º da Lei do Cibercrime preveem medidas "digitais", mas de natureza clássica: a pesquisa (ou busca) de dados informáticos, prevista no Artigo 15.º, a apreensão de dados informáticos (Artigo 16.º) e o regime especial de apreensão instituído para o correio eletrónico e outros registos de comunicação de natureza semelhante (Artigo 17.º). Todas estas medidas mais não visam que adaptar aquelas clássicas diligências ao ambiente digital em que terão que se desenrolar e às acrescidas exigências do meio (técnicas e legais).

No que respeita às pesquisas (que pela respetiva natureza não se confundem com exames ou perícias) são-lhes aplicáveis, naquilo que não estiver expressamente previsto e com as necessárias adaptações, as regras de execução das buscas previstas no Código de Processo Penal (Artigo 15.º, n.º 6, da Lei do Cibercrime). Ainda que assim não se previsse expressamente, o mesmo resultaria do regime dos números 2 a 4 do Artigo 15.º, que contêm regras materiais de natureza idêntica às das buscas do Código de Processo Penal.

O mesmo ocorre com o regime da apreensão de dados informáticos (Artigo 16.º), muito próximo do das apreensões do Código de Processo Penal: em ambos os casos, a competência funcional para as ordenar pertence em inquérito ao Ministério Público, e para ambas as situações e estão previstas salvaguardas, por exemplo relacionadas com os sigilos profissionais – no Artigo 16.º, n.º 5 consagra-se que as apreensões de dados ou documentos informáticos relativas a sistemas informáticos utilizados para o exercício da advocacia e das atividades médica e bancária estão sujeitas, com as necessárias adaptações, às regras e formalidades previstas no Código de Processo Penal. Por outro lado, ainda no mesmo Artigo 16.º, mas no n.º 3, impõe-se que, caso sejam apreendidos dados ou documentos informáticos cujo conteúdo seja suscetível de revelar dados pessoais ou íntimos, que possam pôr em causa a privacidade do respetivo titular ou de terceiros, os dados informáticos apreendidos sejam apresentados ao juiz, que ponderará a sua junção, tendo em conta os interesses do caso concreto.

LEI DO CIBERCRIME

Em sentido oposto, duas normas destes regimes revelam bem o esforço para adaptar os institutos ao ambiente digital: por um lado, a previsão do Artigo 15.º, n.º 5, que permite a extensão da pesquisa a outros sistemas informáticos (são as chamadas buscas *online*, ou à distância); por outro, o complexo de normas descritas no Artigo 16.º, n.º 7, onde se descrevem as diversas modalidades, ditas, de apreensão (além da chamada apreensão clássica de dados, no suporte onde estão instalados, prevê-se também a dita apreensão por realização de cópia dos dados, bem como a preservação da integridade dos dados e o apagamento ou bloqueio do acesso aos dados).

Também a interceção de comunicações, prevista no Artigo 18.º da Lei do Cibercrime, se limitou a adaptar ao ambiente digital o regime clássico da interceção de comunicações telefónicas, previsto no Código de Processo Penal. Anote-se que o regime do Código de Processo Penal abrangia não só as comunicações telefónicas, como qualquer outro tipo de comunicações (a que o Código chama "telemáticas"). Concorrem paralelamente, portanto, os dois regimes, sendo aquele que se prevê na Lei do Cibercrime aplicável nos casos descritos no respetivo Artigo 11.º e o do Código de Processo Penal nos restantes – que, em todo o caso, por força da abrangência daquele Artigo 11.º, serão muito poucos.

Em todo o caso, em substância, o Artigo 18.º da Lei do Cibercrime não desvirtua o mecanismo processual da interceção de comunicações previsto no Código de Processo Penal – pelo contrário, expressamente remete em bloco para o regime geral dos Artigos 187.º e 188.º do Código de Processo Penal deixando de fora desta remissão, apenas, o âmbito material sobre que incide.

13. Já se adiantou que entre as grandes inovações desta Lei do Cibercrime no campo processual, se perfilam as figuras da preservação expedita de dados armazenados num sistema informático e da preservação expedita e revelação de dados de tráfego, descritas nos respetivos Artigos 12.º e 13.º A preservação expedita de dados traduz-se em algo que a prática portuguesa vinha já permitindo: a permissão de as autoridades judiciárias ordenarem a terceiros que procedam à preservação de dados informáticos que estejam na respetiva disponibilidade ou controle, tendo em vista a sua ulterior obtenção efetiva. Esta possibilidade cobre dados referentes a comunicações (de tráfego, portanto) ou dados localmente armazenados num sistema informático, sendo certo que em caso algum é permitida, neste ponto, a obtenção efetiva daqueles dados, a qual se rege por outras normas.

Uma dessas outras normas é o Artigo 13.º da Lei do Cibercrime, que prevê a revelação expedita de dados de tráfego. Esta figura processual, de incidência muito estreita, traduz a vontade da lei de permitir aos fornecedores de serviço Internet, de forma quase imediata e informal, revelar o percurso seguido por uma determinada comunicação, através da rede dos vários fornecedores de serviço que aquela usou, desde a sua origem até ao respetivo destino. Aquilo que em concreto é permitido a cada fornecedor de serviço é, quando lhe seja solicitada a preservação de dados, revelar que a concreta comunicação em causa não teve origem na sua rede, antes provindo de uma outra – sendo-lhe designadamente permitido revelar o endereço IP de proveniência da comunicação.

Estas figuras não se confundem com a injunção para apresentação ou concessão do acesso a dados, prevista no Artigo 14.º da Lei do Cibercrime. Esta disposição é igualmente inovadora e transpõe para o direito português o conteúdo do Artigo 18.º da Convenção sobre Cibercrime (Convenção de Budapeste). Em termos práticos, traduz-se numa ordem, que pode ser dirigida por uma autoridade judiciária a quem tenha disponibilidade ou controlo sobre determinados dados informáticos, no sentido de que os comunique ou que permita o acesso aos mesmos. Esta ordem tem que ser cumprida pela pessoa que tenha disponibilidade ou controlo sobre os dados informáticos, a qual, não o fazendo, incorrerá na prática de crime de desobediência. Aliás, por esta razão, a injunção não pode ser dirigida a suspeito ou arguido (Artigo 14.º, n.º 5), da mesma forma que não pode incidir sobre sistemas informáticos utilizados para o exercício de profissões sujeitas a sigilo profissional, de funcionário ou a segredo de Estado (de acordo com o Código de Processo Penal).

As razões subjacentes a este mecanismo relacionam-se com a incomensurável capacidade de armazenamento de dados dos sistemas informáticos modernos, que muitas vezes inviabilizam a obtenção de conteúdos neles guardados. Por via da injunção criou-se uma forma de os obter compulsivamente, mesmo que tais conteúdos estejam ocultos no sistema, encriptados ou protegidos por *passwords*.

14. Adiantou-se ainda que a Lei do Cibercrime, de forma inovadora, inclui normas reguladoras do processo de cooperação internacional. Tais normas não pretendem substituir o regime geral da cooperação internacional em vigor (Lei n.º 144/99, de 31 de Agosto), antes introduzido normas específicas, para esta área particular. Preveem-se algumas figuras inovadoras e novos canais práticos de comunicação – tudo visando adequar a cooperação internacional aos desafios das realidades da cibercriminalidade, complementado, sem revogar, os métodos clássicos existentes de cooperação judiciária.

A Lei do Cibercrime inclui, entre outras, normas que permitem também providenciar cooperação internacional em situações em que a lei vem introduzir novas ferramentas processuais no foro interno. Assim acontece com a previsão do Artigo 22.º, que permite proceder em Portugal, em sede de cooperação internacional, à preservação e revelação expeditas de dados informáticos. O mesmo sucede com a norma do Artigo 24.º, que permite o acesso a dados informáticos em cooperação internacional. Ainda ocorre de forma idêntica com o Artigo 26.º, onde se descreve a interceção de comunicações em processos de cooperação internacional, a qual é, como com as restantes figuras, decalcada da possibilidade legal de proceder a esta diligência no estrito âmbito do direito interno.

Não obstante, duas das normas do capítulo da cooperação internacional merecem especial menção pelo seu caráter inovador, estritamente no âmbito da cooperação internacional: o Artigo 25.º e o Artigo 21.º.

Por via do Artigo 25.º permite-se a autoridades estrangeiras que acedam livremente a dados informáticos armazenados em sistemas informáticos localizados em Portugal sem qualquer necessidade de intervenção das autoridades portuguesas. Assim sucederá se os dados em causa estiverem disponíveis, desde logo, em fonte aberta. Mas também assim sucederá se a informação não estiver disponível para acesso público, desde que a autoridade estrangeira em causa obtenha autorização de quem deva concedê-la – portanto, autorização da pessoa legalmente autorizada a divulgar os dados, devendo esse consentimento ser legal e voluntário. Esta norma é o contraponto à autorização concedida às autoridades portuguesas pelo Artigo 32.º da Convenção sobre Cibercrime – diretamente aplicável na ordem jurídica interna.

Por último, o Artigo 21.º encerra uma disposição da área da cooperação internacional que se destaca pela sua relevante repercussão prática, já que institui a criação de um ponto permanente de contacto, a funcionar durante 24 horas por dia, 7 dias por semana, no seio da Polícia Judiciária. Este ponto de contacto, que não tem permissão legal para proceder a atos formais de cooperação judiciária, tem todavia o importante papel de assegurar, nesta área de criminalidade, contactos de cooperação urgentes, podendo, por exemplo, em caso de urgência, providenciar de imediato a preservação de dados.

MEDICINA LEGAL

Helena Pereira de Melo

A Medicina Legal é uma disciplina que se situa na fronteira entre Medicina e Direito, recorrendo a conhecimentos e conceitos provenientes destes dois ramos do saber, com o objectivo de resolver problemas que se suscitam quer ao Médico, quer ao Jurista. Deste modo, os médicos facultam aos juristas informações de que estes carecem para responder de forma adequada a uma questão que lhes foi colocada e os juristas facultam aos profissionais de saúde o enquadramento jurídico a que obedecem muitas das práticas e actos médicos. É, deste modo, uma área transdisciplinar do saber, que implica que quem nela trabalha tenha competências em diferentes disciplinas, de modo a poder responder adequadamente ao problema concreto que pretende resolver.

O recurso à Medicina Legal é útil para operadores jurídicos: é-o para o legislador, na medida em que lhe faculta informações indispensáveis para legislar de forma adequada em temas como a realização de perícias médico-legais ou a determinação do momento da morte. É também fundamental para o magistrado, quando necessita de interpretar os factos, facultando-lhe dados periciais que o ajudam a esclarecer o que efectivamente aconteceu.

A Medicina Legal é uma disciplina cujas fronteiras (difíceis de definir face às da Bioética, do Biodireito e da Deontologia Médica) têm vindo a abranger um território cada vez maior, por força do progresso do conhecimento científico e da consequente maior disponibilidade de inúmeras tecnologias. Lesseps L. Reys e Rui Pereira distinguem, no entanto, três domínios fundamentais da Medicina Legal: a Medicina Legal ou Forense, a Medicina Legal Social e o Direito Médico e Jurisprudência Médica.

A Medicina Legal ou Forense é uma ciência auxiliar da Justiça, na medida em que os profissionais que a praticam (e que trabalham em áreas tão distintas como Medicina, Biologia, Bioquímica, Física, Genética) intervêm como peritos na realização de exames ordenados pelos operadores judiciais. A Medicina Legal Social, muito importante na segunda metade do século XX nos países francófonos, encontra-se associada ao preenchimento dos requisitos indispensáveis para se aceder a determinadas prestações de Segurança Social (pensões por invalidez, por acidente de trabalho...). Por fim, o Direito Médico e a Jurisprudência Médica correspondem às normas jurídicas que enquadram o exercício dos profissionais de saúde e é particularmente valorizada nos países anglo-saxónicos.

Se analisarmos a estrutura dos Serviços Médico-Legais em Portugal, concluiremos que o Instituto Nacional de Medicina Legal (INML), tutelado pelo Ministério da Justiça, é o mais importante organismo existente nesta estrutura. A missão e atribuições deste Instituto encontram-se contidas no Decreto-Lei n.º 166/2012, de 31 de Julho, e os seus Estatutos foram aprovados pela Portaria n.º 19/2013, de 21 de Janeiro. Trata-se de um instituto público integrado na administração indirecta do Estado, que para além de ser um organismo central com jurisdição sobre todo o território nacional, é a instituição nacional de referência para efeitos de aplicação de múltiplas normas do Direito da União Europeia. Este Laboratório do Estado tem a sua sede em Coimbra, três delegações (em Coimbra, Porto e Lisboa) e 27 Gabinetes Médico-Legais em diferentes pontos do território nacional. De acordo com o disposto no acima referido Decreto-Lei, constituem atribuições do INML "apoiar a definição da política na nacional na área da Medicina Legal e de outras Ciências Forenses"; assegurar a prestação de serviços periciais médico--legais e forenses cooperando com os tribunais e demais entidades que intervêm na administração da justiça; "desenvolver actividades de investigação e divulgação científicas, de formação e de ensino, no âmbito da Medicina Legal e de outras

MEDICINA LEGAL

Ciências Forenses" e "assegurar o funcionamento da base de dados de perfis de ADN criada pela Lei n.º 5/2008, de 12 de Fevereiro. Constituem órgãos do INML o conselho directivo, o conselho médico-legal, a comissão de ética e o fiscal único. O Conselho Directivo é composto por um presidente, um vice-presidente e por dois vogais. Os seus membros, que exercem funções de directores das três delegações do Instituto, são em regra escolhidos de entre professores universitários de Medicina Legal ou de outras Ciências Forenses e de directores de serviços médicos com formação e experiência adequadas para o efeito. O Conselho Médico-Legal, composto pelo Presidente do INML, por representantes da Ordem dos Médicos e por Professores Universitários, emite pareceres e recomendações sobre questões técnicas e científicas no âmbito da Medicina Legal e de outras Ciências Forenses, a pedido do presidente do INML, do Ministro da Justiça, do Conselho Superior da Magistratura ou da Procuradoria-Geral da República. Compete-lhe, ainda, avaliar a actividade pericial do INML. A Comissão de Ética é composta pelo presidente do Instituto, por dois professores universitários (de Ética Médica e de Direito Médico) e por duas pessoas de reconhecido mérito técnico-científico designadas pelo Conselho Médico-legal. Tem natureza puramente consultiva, emitindo pareceres e redigindo um código de conduta. O INML é composto pelos seguintes serviços: Departamento de Administração Geral; Departamento de Investigação, Formação e Documentação; Serviço de Genética e Biologia Forenses; Serviço de Química e Toxicologia Forenses e Serviço de Tecnologias Forenses e Criminalística. O Serviço de Genética e Biologia Forenses realiza exames de identificação genética e emite pareceres e presta assessoria técnico-jurídica no domínio das suas competências. Efectua, por exemplo, investigação biológica de parentesco, exames de identificação individual e perícias de criminologia biológica. O Serviço de Química e Toxicologia Forenses efectua perícias e exames laboratoriais químicos e toxicológicos. O Serviço de Tecnologias Forenses e Criminalística procede à colheita e tratamento de vestígios, no âmbito da análise de escrita e documentos, balística e física. Em cada delegação do INML existe um Serviço de Clínica e Patologia Forense que procede à avaliação dos danos causados na integridade físico-psíquica das pessoas, à realização de autópsias e de exames de anatomia patológica forense e a perícias de identificação de cadáveres e de restos humanos, de embalsamento e análise de peças anatómicas. Por fim, os Gabinetes Médico-Legais Forenses, avaliam os danos causados na integridade psicofísica, realizam autópsias médico-legais, exames de antropologia forense, de identificação de cadáveres e embalsamentos, e procedem à colheita de amostras para exames complementares de laboratório.

As perícias médico-legais encontram-se reguladas pela Lei n.º 45/2004, de 19 de Agosto, que estabelece o regime jurídico das perícias médico-legais e forenses e pela Portaria n.º 175/2011, de 28 de Abril que aprova a tabela de preços a

MEDICINA LEGAL

cobrar pelo INML por perícias e exames. Os tipos de perícias legalmente previstos são de tanatologia forense; clínica médico-legal e forense; genética, biologia e toxicologia forenses e psiquiatria e psicologia forenses.

Os exames de patologia forense abrangem as autópsias médico-legais, o exame do hábito externo do cadáver, o exame do cadáver no local, o exame de antropologia forense, o embalsamento, o exame de botânica forense e o exame de radioscopia.

Os exames de clínica forense abrangem a avaliação do dano corporal, a avaliação do "estado de toxicodependência", exames de natureza sexual, a entrevista clínica, a aplicação de testes psicológicos, o exame electroencefalográfico e o exame audiométrico. Os exames de anatomia patológica forense podem ser de histologia, de citologia, de microscopia electrónica ou, ainda, estudos imuno--histocitoquímicos.

Os exames de genética e biologia forense incidem sobre amostras provenientes de sangue, saliva ou esperma, cabelos, dentes, ossos ou outros tecidos, ou de objectos pessoais. Estes exames podem ser feitos no âmbito da investigação biológica de parentesco, da identificação genética de desconhecidos (por amostra) através de comparação com amostras provenientes dos progenitores, da investigação biológica de vestígios criminais ou da análise de polimorfismos de ADN. Os exames de toxicologia forense traduzem-se em ensaios imunológicos de triagem por grupo, em exames de cromatografia, de espectrofotometria, de pesquisa de substâncias raras, em exames microscópicos e em testes colorimétricos. Os exames de química consistem, nomeadamente, na pesquisa de produtos inflamáveis, na determinação de PH por potenciometria, na identificação de aniões e catiões por reacções químicas e na pesquisa de explosivos. Os exames de documentos e de moeda papel podem ter diversos objectivos: o de determinar a autenticidade de documento, nota de euro ou de nota de outras denominações; a análise de viciações de documentos (substituição da fotografia ou manipulação da imagem de titulares, substituição de partes de documentos...); a identificação ou datação de escritas mecânicas e a recuperação de documentos danificados pelo fogo, água, corte. Os exames de escrita manual consistem, por exemplo, na comparação da escrita e na recolha de autógrafos. Os exames de física traduzem-se na análise de resíduos de disparos por microscopia electrónica, na estimativa de distância de disparos com projécteis únicos e na análise de vidros, fibras, tintas, solos, colas, moedas... Os exames de balística e de marcas consistem na descrição de diferentes tipos de armas (de fogo, de cápsula deflagrada, de cartucho deflagrado, de projéctil, eléctricas, brancas) e na descrição do rasto de calçado, rodado de pneumático e de marcas de ferramenta. Os exames de telecomunicações e informática consistem em exames a equipamentos de telecomunicações e informáticos e na realização de despistagens e detecção de intercepções ilegais de comunicações. Por fim, são também importantes os relatórios sociais associados à aplicação de medida de coacção de proibição de contacto com a vítima de violência doméstica, de aplicação de medida de coacção de execução na comunidade, ou ao reexame dos pressupostos da prisão preventiva ou da medida de coacção de obrigação de permanência na habitação.

As perícias são, em regra, realizadas no INML embora também o possam ser através de entidades públicas ou privadas contratadas ou indicadas pelo INML, pelo Laboratório de Polícia Científica da Polícia Judiciária (no âmbito sobretudo, da Genética) ou pela Direcção-Geral de Reinserção Social. A sua requisição, feita pela autoridade judiciária ou judicial, deve ser acompanhada das informações clínicas disponíveis e indica se a perícia é ou não urgente. De acordo com o disposto no artigo 6.º da Lei n.º 45/2006, de 19 de Agosto, "ninguém pode eximir-se a ser submetido a qualquer exame médico-legal quando este se mostrar necessário ao inquérito ou à instrução de qualquer processo e desde que seja ordenado pela autoridade judiciária competente, nos termos da lei". As perícias em regra são efectuadas nos serviços médico-legais. Fora das horas de funcionamento destes serviços sê-lo-ão nos serviços de urgência de hospitais públicos ou em outros estabelecimentos oficiais de saúde que tenham celebrado protocolos de cooperação com o INML. São competentes para o exercício de funções periciais os médicos do INML, os médicos contratados através do INML e docentes ou investigadores do ensino superior. A amostra colhida dos produtos e objectos examinados é conservada por dois anos, sendo destruída decorrido esse prazo, salvo se o tribunal ordenar o contrário ou se forem afectas ao espólio museológico do serviço médico-legal que as efectuou. Os preços devidos pela realização das perícias são directamente pagos ao INML ou à Polícia Judiciária pela entidade que as requereu.

Bibliografia
Pinheiro, Maria de Fátima (2013) (ed.), *Ciências Forenses ao Serviço da Justiça*, Lisboa: Lidel.
Reys, Lesseps L. e Pereira, Rui (1990), *Introdução ao Estudo da Medicina Legal*, Lisboa: Associação Académica da Faculdade de Direito de Lisboa.

MEDIDAS DE COAÇÃO

And012 Ventura

As medidas de coacção são meios processuais penais restritivas da liberdade pessoal, de natureza meramente cautelar e não punitiva, aplicáveis a arguidos sobre os quais recaIam indícios (cuja intensidade ou valor probatório poderão variar) da prática de um crime.

A legislação processual penal portuguesa estabelece, tal como os restantes ordenamentos jurídicos dentro da União Europeia, várias medidas de coacção, desde o termo de identidade e residência à prisão preventiva, graduando-as em função de factores de gravidade e necessidade, aferida à pena previsivelmente aplicável, correspondente ao crime imputado.

Tal como tem fortemente sublinhado a jurisprudência dos tribunais superiores portugueses, as medidas de coacção regem-se pelos princípios da necessidade, legalidade e proporcionalidade, numa lógica inter-sistemática de harmonia constitucional.

Estas características devem ser compreendidas, tal como enfatiza o Acórdão do Tribunal da Relação de Guimarães de 18 de Novembro de 2013, no quadro das próprias finalidades das medidas de coacção, enquanto decisões cautelares, tal como enunciado no art. 204 do Código de Processo Penal. De facto, ainda que atinentes aos critérios estabelecidos no art. 29.º da Constituição, as medidas cautelares não devem nunca afastar-se de uma linha de teleologia cautelar, sob pena de violação do princípio da presunção de inocência. Tal não impede, naturalmente, que na decisão final da tipologia de medida de coacção a aplicar sejam tidos em conta factores sociais e bens jurídicos eminentes, como a tranquilidade social ou o alarme público, o que se compreende, afinal, na própria dimensão de 'defesa social' atribuída consistentemente ao direito processual penal.

As medidas de coacção no direito processual penal português afirmam-se bastante diversificadas e poderão compreender:

– Termo de identidade e residência;
– Caução;
– Obrigação de apresentação periódica;
– Suspensão do exercício de funções, de profissão e de direitos;
– Proibição de permanência, de ausência e de contactos (art. 200.º);
– Obrigação de permanência na habitação;
– Prisão preventiva.

Quanto a este último tipo, deve ser sublinhado que o art. 215.º do CPP refere-se a prazos de duração máxima da medida de coacção de prisão preventiva, aplicada pelo juiz de instrução criminal no termo de um interrogatório judicial de arguido detido, levado a cabo com as formalidades previstas no art. 141.º do CPP. (cfr. Acórdão do Supremo Tribunal de Justiça de 21 Março de 2013).

Bibliografia
Silva, Germano Marques da, Curso de Processo Penal, II, Verbo, 1993.
Gonçalves, Fernando, A prisão preventiva e as restantes medidas de coacção, Almedina (2004).

MEDIDAS DE POLÍCIA

João Raposo

1. As medidas de polícia tanto podem ser encaradas como "todos os atos, jurídicos e materiais, genéricos e concretos, que dizem respeito à prossecução de atividades policiais de um ponto de vista material" (Miguel Nogueira de Brito, *Direito de Polícia*, in *Tratado de Direito Administrativo Especial*, coord. de Paulo Otero e Pedro Gonçalves, vol. I, Coimbra, 2009, p. 415) (conceito amplo) ou como uma espécie de atos de polícia, cuja finalidade é prevenir ofensas graves à ordem, segurança e tranquilidade públicas (conceito restrito, que continua a merecer a nossa preferência). O artigo 272.º, n.º 2, da Constituição da República Portuguesa reserva para a lei a tipificação das medidas de polícia, as quais podem interferir com o exercício de certos direitos e liberdades, pessoais ou económicos. A Lei de Segurança Interna (Lei n.º 53/2008, de 29 de Agosto) constitui o principal repositório das medidas de polícia em matéria de segurança pública. Leis avulsas podem estabelecer outras medidas de polícia administrativa, geral ou especial.

2. Conforme se estatui no artigo 30.º da Lei de Segurança Interna, a aplicação das medidas de polícia está sujeita ao princípio da necessidade. Trata-se de uma vertente do princípio da proporcionalidade, inscrito no n.º 2 do artigo 272.º da lei fundamental e no n.º 2 do artigo 2.º da referida lei, que pode resumir-se assim: *as medidas de polícia só devem ser aplicadas se forem imprescindíveis para garantir a segurança e a proteção de pessoas e bens*. A existência de "indícios fundados de preparação de atividade criminosa ou de perturbação séria ou violenta da ordem pública" constitui pressuposto de aplicação das medidas de polícia.

3. Apesar da sua epígrafe, o artigo 30.º da Lei de Segurança Interna não se limita a consagrar o princípio da necessidade. Na verdade, nele se contêm igualmente o princípio da legalidade das medidas de polícia (as quais são "aplicáveis nos termos e condições previstos na Constituição e na lei") e outros dois subprincípios da proporcionalidade: a adequação e a menor incidência, tendo em vista os fins concretamente prosseguidos ("pelo período de tempo estritamente indispensável para garantir a segurança e a proteção de pessoas e bens"). Fora do âmbito de aplicação do princípio da necessidade estrita apresenta-se a remoção de objetos, veículos ou outros obstáculos colocados em locais públicos sem autorização, que impeçam ou condicionem a passagem, a qual visa especificamente "garantir a liberdade de circulação em condições de segurança" (cfr. artigo 28.º, n.º 2, do referido diploma).

4. A Lei de Segurança Interna distingue entre medidas gerais de polícia (medidas de polícia *tout court*) e medidas especiais de polícia (cfr. artigos 28.º e 29.º, respetivamente). Cabem no primeiro grupo (i) a identificação de suspeitos em lugar público, aberto ao público ou sujeito a vigilância policial, (ii) restrições de acesso, circulação ou permanência de pessoas num determinado local, via de comunicação ou meio de transporte, e (iii) a remoção de objetos, veículos ou outros obstáculos indevidamente colocados em locais públicos. A exigência de identificação de pessoas suspeitas já vinha da Lei n.º 28/87, de 12 de junho; restrições à liberdade de circulação, sem especificações, eram conhecidas da antiga Lei Orgânica da Guarda Nacional Republicana [cfr. artigo 29.º, n.º 2, alínea d), do Decreto-Lei n.º 231/93, de 26 de junho, que falava em restrições à liberdade de circulação determinadas *por motivo de ordem pública ou tendo em vista garantir a segurança de pessoas e bens*; no atual diploma orgânico da Guarda deixou, compreensivelmente, de constar tal referência]; enfim, a remoção de coisas indevidamente colocadas em locais públicos é, salvo no caso de veículos (cfr. artigo 164.º do Código da Estrada), inovadora. Em contrapartida, desapareceram do enunciado da Lei de Segurança Interna a vigilância policial, por período de tempo determinado, de pessoas, edifícios e estabelecimentos, bem como o impedimento da entrada no País de estrangeiros indesejáveis ou indocumentados e o acionamento da expulsão de estrangeiros – que se mantêm, todavia, na competência do Serviço de Estrangeiros e Fronteiras [cfr., designadamente, os artigos 32.º a 40.º e 145.º a 150.º da Lei n.º 23/2007, de 4 de julho, alterada pela Lei n.º 29/2012, de 9 de agosto, que a republica, e 2.º, n.º 1, alíneas b), c) e l), do Decreto-Lei n.º 252/2000, de 16 de outubro, alterado pela última vez pelo Decreto-Lei n.º 240/2012, de 6 de novembro, que o republica]. Enfim, a apreensão temporária de armas, munições e explosivos perdeu a natureza de medida geral de polícia.

5. Constituem medidas *especiais* de polícia, nos termos do artigo 29.º da Lei de Segurança Interna, (i) as buscas e revistas para deteção, nomeadamente, de armas, objetos proibidos e pessoas procuradas, (ii) a apreensão temporária de armas, munições, explosivos e substâncias ou objetos proibidos, perigosos ou sujeitos a licenciamento, (iii) a realização de ações de fiscalização (como é o caso das "operações stop" e das rusgas), (iv) ações de vistoria ou instalação de equipamentos de segurança, (v) o encerramento temporário de certas instalações ou fábricas de armamento ou explosivos, a revogação ou suspensão das autorizações concedidas aos respetivos titulares e o encerramento temporário de estabelecimentos de venda de armas ou explosivos, (vi) a cessação compulsiva da atividade de entidades que se dediquem ao terrorismo ou à criminalidade violenta ou altamente organizada, enfim, (vii) a inibição da difusão a partir de sistemas de radiocomunicações e (viii) o isolamento eletromagnético ou o barramento do serviço telefónico em determinados espaços.

6. As medidas de polícia são da competência das autoridades de polícia (artigo 32.º, n.º 1, da Lei de Segurança Interna), podendo, no entanto, algumas delas – as medidas gerais de polícia e, bem assim, as medidas especiais de polícia previstas nas alíneas a) e b) do artigo 29.º da Lei de Segurança Interna – ser

MEDIDAS DE POLÍCIA

aplicadas pelos agentes de polícia, que ficam obrigados a comunicar imediatamente o facto às autoridades policiais competentes, com vista à respetiva confirmação por estas. Por autoridades de polícia entendem-se «*os funcionários superiores indicados como tais nos diplomas orgânicos das forças e serviços de segurança*» (artigo 26.º). Tais autoridades estão expressamente identificadas nas leis orgânicas das forças de segurança (cfr., para a Polícia de Segurança Pública, o artigo 10.º da Lei n.º 53/2007, de 31 de agosto, para a Guarda Nacional Republicana, o artigo 11.º, n.º 1, da Lei n.º 63/2007, de 6 de novembro, e para a Polícia Marítima, os artigos 4.º e 8.º do Decreto-Lei n.º 248/95, de 21 de setembro, alterado pelo Decreto-Lei n.º 220/2005, de 23 de dezembro, respetivamente). Por seu turno, os agentes das forças e serviços de segurança a que alude o artigo 32.º, n.º 2, da Lei de Segurança Interna são os agentes *com funções policiais* dos referidos corpos. Leis especiais podem atribuir competência para aplicação de medidas de polícia a outras autoridades policiais (por exemplo, a Autoridade de Segurança Alimentar e Económica, órgão de polícia criminal em matéria de segurança alimentar e económica, ou a Inspeção-Geral da Agricultura, do Mar, do Ambiente e do Ordenamento do Território, órgão de polícia criminal ambiental) ou a certas autoridades administrativas com poderes policiais (como é o caso das câmaras municipais), no âmbito das respetivas atribuições.

7. As medidas de polícia da Lei de Segurança Interna não se confundem com as medidas cautelares e de polícia previstas nos artigos 248.º a 253.º do Código de Processo Penal. Com efeito, enquanto as medidas de polícia da Lei de Segurança Interna revestem natureza essencialmente preventiva e são da competência das autoridades de polícia administrativa, as medidas cautelares e de polícia do Código de Processo Penal dizem respeito à investigação criminal, sendo da competência dos órgãos de polícia criminal. Tal não significa, contudo, que o regime aplicável a umas e outras seja necessariamente diferente: veja-se o caso da identificação de suspeitos, prevista no artigo 28.º, n.º 1, alínea a), da Lei de Segurança Interna, à qual se deve entender aplicável o regime do artigo 250.º do Código de Processo Penal.

8. Se as medidas gerais de polícia da Lei de Segurança Interna são da exclusiva competência da administração policial, prescindindo de qualquer intervenção do poder judicial, já as medidas especiais de polícia do artigo 29.º da referida lei exigem a intervenção do juiz, nuns casos, previamente à respetiva adoção (para efeitos de autorização), e noutros, sucessivamente (para efeitos de validação da medida tomada). Trata-se, em ambos os casos, de um controlo de legalidade, a cargo do juiz de instrução do local de aplicação da medida (cfr. artigos 32.º, n.º 3, e 33.º, n.º 3, da Lei de Segurança Interna).

9. Dependem, em regra, de fiscalização *preventiva* da legalidade as medidas especiais de polícia previstas nas alíneas e) a h) do citado artigo 29.º, a saber:

MEDIDAS DE POLÍCIA

o encerramento temporário de paióis, depósitos ou fábricas de armamento ou explosivos e respetivos componentes, bem como a revogação ou suspensão de autorizações dos respetivos titulares; o encerramento temporário de estabelecimentos de venda de armas ou explosivos; e a cessação da atividade de empresas, grupos, organizações ou associações que se entreguem ao terrorismo ou à criminalidade violenta ou altamente organizada (cfr. artigo 32.º, n.º 3). Excecionalmente, nos casos de urgência ou de perigo na demora, as referidas medidas podem ser aplicadas sem autorização judicial, conforme também ali se prevê. Quando tal acontece, ficam, naturalmente, sujeitas a validação, à semelhança das restantes medidas da mesma natureza.

10. Dependem obrigatoriamente da fiscalização *sucessiva* da legalidade as medidas especiais de polícia previstas nas alíneas a) a d) e i), do artigo 29.º – e ainda, como se referiu, aquelas que tenham sido decididas sem autorização judicial prévia (cfr. n.ºˢ 1 e 2 do artigo 33.º, ambos da Lei de Segurança Interna). Para o efeito, a respetiva aplicação deve ser comunicada ao tribunal no mais curto prazo, que não pode exceder quarenta e oito horas, sob pena de nulidade da medida (cfr. artigo 33.º, n.º 1). O tribunal dispõe do prazo de oito dias para decidir da validação das medidas aplicadas. Em caso de não validação, os efeitos da decisão judicial retroagem à data da medida aplicada. Conforme se dispõe no n.º 4 do artigo 33.º, não podem ser utilizadas em processo penal provas recolhidas no âmbito de medidas especiais de polícia não autorizadas ou não validadas pelo juiz.

11. As medidas de polícia tanto podem consistir em *ordens* (ou *proibições) policiais* dirigidas ao público (é o caso das medidas do artigo 28.º, n.º 1), como em *atos administrativos,* verdadeiros e próprios [tipicamente, as medidas previstas no artigo 29.º, alínea f); também as das alíneas b), e), g) e h)]. Certas medidas de polícia traduzem-se em meras operações materiais: tal é o caso, nomeadamente, das medidas previstas no n.º 2 do artigo 28.º e na segunda parte da alínea i) do artigo seguinte da Lei de Segurança Interna.

Bibliografia

Correia, José Manuel Sérvulo, *O Direito de Manifestação – Âmbito de Proteção e Restrições,* Coimbra, 2006.

Lomba, Pedro, *Sobre a Teoria das Medidas de Polícia,* in Jorge Miranda, reg., *Estudos de Direito de Polícia – Seminário de Direito Administrativo de 2001/2002,* vol. I, AAFDL, Lisboa, 2003, pp. 177-232.

Raposo, João, *O Regime Jurídico das Medidas de Polícia,* in *Estudos Jurídicos em Homenagem ao Professor Doutor Marcello Caetano no Centenário do seu Nascimento,* vol. I, Lisboa, 2006, pp.451-458.

Silva, Henrique Dias da, *O Código do Procedimento Administrativo e a atividade de polícia,* in *JURISMAT,* Portimão, n.º 2, 2013, pp. 161-198.

MEDIDAS DE SEGURANÇA

André Ventura

As medidas de segurança são instrumentos penais de natureza cautelar/preventiva que visam essencialmente acautelar e proteger a sociedade face a determinados perigos objectivamente considerados. As medidas de segurança são sempre e obrigatoriamente aplicadas após o cometimento de determinado delito penal, não podendo funcionar como instrumento preventivo puro (completamente desligado da acção/conduta do agente), tendo em atenção o direito penal do facto e não do agente que marca o pensamento penal contemporâneo.

Assim, como refere Damásio de Jesus, *"enquanto que a pena é retributiva-punitiva, tendendo actualmente à readaptação social do delinquente, a medida de segurança possui uma natureza essencialmente preventiva, no sentido de evitar que um sujeito que praticou um crime e se mostra perigoso, venha a cometer novas infracções penais"*. Por sua vez Fernando Galvão considera que *"as medidas de segurança são instrumentos utilizados pelo direito penal para a defesa da sociedade contra o potencial ofensivo inerente aos indivíduos considerados perigosos"*.

O regime português das medidas de segurança não se afasta muito destes pressupostos, exigindo também a existência de uma conduta criminal prévia. Efectivamente, dispõe o n.º 1 do art. 40.º do Código Penal que *"a aplicação de penas e medidas de segurança visa a protecção de bens jurídicos e a reintegração do agente na sociedade"*, dispondo ainda o n.º 3 do mesmo artigo que *"a medida de segurança só pode ser aplicada se for proporcional à gravidade do facto e à perigosidade do agente"*.

Resultam daqui vários elementos interessantes que devem ser realçados, na medida em que distinguem o regime português das medidas de segurança de outros sistemas similares, mesmo a nível europeu.

Desde logo, as finalidades das medidas de segurança que se confundem, propositadamente, com as inerentes à própria pena: ambas têm como propósito essencial a protecção dos bens jurídicos fundamentais e a ressocialização do agente. Neste sentido, apesar da distinção em termos de imputabilidade subjectiva, o legislador quis associar as medidas de segurança às próprias finalidades do sistema penal, distinguindo-a assim de outras figuras de natureza administrativa ou político-constitucional.

Por outro lado, ao contrário do que acontece noutros ordenamentos jurídicos, e ao revés de algumas posições doutrinais europeias, as medidas de segurança não se prendem apenas com a avaliação dos níveis de perigosidade representados pelos indivíduos: pelo contrário, em harmonia com o acima exposto, exige-se a prática de um determinado facto criminal, uma conduta que preencha tipicamente a norma penal. Neste sentido, as medidas de segurança têm sempre um elemento de conexão (a um determinado facto típico) e de limitação (não obstante a

MEDIDAS DE SEGURANÇA

prorrogação, as medias de segurança devem ter um termo judicialmente definido). Isto mesmo ficou definido no Acórdão do Supremo Tribunal de Justiça de 23 de Setembro de 2004 no sentido de considerar, por um lado, que *"a aplicação de medidas de segurança obedece, entre outros, aos princípios da legalidade e da tipicidade"* e, por outro, que *"se impõe ao tribunal do último julgamento fazer uma apreciação global da conduta do arguido, por referência a todos os factos praticados, quer nesses autos, quer nos processos anteriores, e à sua perigosidade, e aplicar uma única medida de internamento, em que se mantenha o mínimo aplicado anteriormente, a contar do início da medida, por razões de "defesa da ordem jurídica e da paz social" (arts. 92.º, n.º 1, 2.ª parte, e 91.º, n.º 2 do CP) e fazer corresponder o termo final do internamento ao momento da cessação do estado de perigosidade criminal, mas não para além, salvo prorrogação nos termos do art. 92.º, n.º 3, do "limite máximo da pena correspondente ao tipo de crime mais grave cometido pelo inimputável" (art. 92.º, n.º 2)"*.

Bibliografia
Jesus, Damásio de, Código Penal Brasileiro comentado, Ed. Saraiva, São Paulo, 2005.
Galvão, Fernando, Direito Penal – curso completo, Editora del Rey, 2007.

MINISTÉRIO PÚBLICO

André Ventura

O Ministério Público é, nos termos legais e constitucionais, o órgão do Estado encarregado de representar o Estado, exercer a acção penal e defender a legalidade democrática e os interesses que a lei determinar (artigo 1.º da Lei Orgânica do Ministério Público).

O Ministério Público deve exercer as suas competências de forma isenta e objectiva, distribuindo-se estas por diversos planos, onde se incluem o exercício da acção penal, compreendendo a direcção da investigação criminal, a promoção da legalidade, a representação do Estado, de incapazes e de incertos e também, em certos casos, o exercício de funções consultivas.

Deve ainda ser sublinhado o carácter de unidade e uniformidade da instituição Ministério Público que, apesar de disperso territorialmente, em função do modelo de organização administrativa e geográfica do país, assegura um modelo unitário de funcionamento, com a única excepção consagrada para a jurisdição no âmbito dos tribunais militares.

A Constituição e o Estatuto do Ministério Público asseguram-lhe ampla autonomia orgânica e funcional, actuando no âmbito do sistema de justiça enquanto entidade autónoma responsável pelo exercício objectivo da acção penal, no quadro das imposições legais e constitucionais. Deve ser notada, neste quadro, uma excepção que assume relevo significativo: o Ministério Público poderá actuar como parte quando representa directamente interesses do Estado (por exemplo em matérias financeiras ou de responsabilidade civil) ou interesses particulares (por exemplo menores ou incapazes).

Apesar da autonomia do Ministério Público, este encontra-se enquadrado na estrutura do Estado e apresenta-se hierarquicamente organizado, o que tem justificado algumas críticas doutrinárias específicas. Este enquadramento específico compreende-se, no entanto, no quadro da história administrativa e institucional portuguesa.

Efectivamente, as influências sofridas na organização político-judiciária portuguesa pelas alterações ocorridas em França após a Revolução de 1989 foram significativas. Entre estas estava o definitivo estabelecimento do papel do Ministério Publico enquanto órgão de exercício da acção penal e representante do poder executivo. Esta última dimensão foi, no entanto, reforçada nos países continentais e nos sistemas processuais habitualmente designados como inquisitoriais, o que prejudicou o efectivo exercício da autonomia do Ministério Público (evidente na comparação com os sistemas anglo-saxónicos, por exemplo), quer junto das autoridades judiciárias quer das autoridades executivas.

Foi este enquadramento, juntamente com as reformas operadas já no séculos XIX e XX (sobretudo Decreto n.º 24 de 16 de Maio de 1832, Novíssima Reforma Judiciaria de 1841, Estatutos Judiciários de 1927 e o Decreto n.º 44278 de 14 de Abril de 1962) que marcou definitivamente o funcionamento e o exercício de competências do Ministério Publico, cuja autonomia apenas viria a ser efectivamente consagrada na revisão constitucional de 1982.

Bibliografia
Beleza, Teresa, Apontamentos de Processo Penal, com a colaboração de outros autores, 3 volumes, Lisboa: AAFDL, 1995.
Mendes, Paulo de Sousa, Lições de Direito Processual Penal, Almedina, 2013.

MOBILIZAÇÃO CIVIL

José Fontes

A mobilização pode ter natureza militar ou civil. A *mobilização civil* tem por objetivo, nos termos da lei, a obtenção e a afetação dos recursos humanos que se tenham tornado imprescindíveis para o regular funcionamento das estruturas empresariais ou de serviços, civis ou militares, públicos, privados ou cooperativos, necessários à integral realização dos objetivos permanentes da política de Defesa Nacional, bem como o reforço e a adaptação dos mesmos, conforme as circunstâncias o determinem.

O Estado pode determinar a utilização dos recursos materiais e humanos indispensáveis à Defesa Nacional mediante mobilização (e requisição), o que implica que as pessoas mobilizadas ou abrangidas pelas obrigações dela decorrentes possam ser sujeitas aos regimes jurídicos da disciplina e justiça militares, nas condições fixadas na lei. De acordo com a legislação em vigor, pode o Estado mobilizar os cidadãos (a totalidade ou parte da população; por áreas territoriais; por setores de atividade e por períodos de tempo) para a Defesa Nacional. A mobilização pode determinar a subordinação dos cidadãos por ela abrangidos às Forças Armadas ou a autoridades civis do Estado.

A preparação da *mobilização civil* consiste na elaboração e permanente atualização, entre outros: dos estudos e planos, a cargo dos competentes órgãos e serviços do Estado e, em especial, dos serviços que intervêm no planeamento civil de emergência e que concorrem para a proteção civil, relativos à definição dos recursos humanos a abranger ou obter por *mobilização civil*, necessários para: *i*) desenvolver ações no domínio do apoio às Forças Armadas, da segurança das populações e proteção dos seus bens e da salvaguarda do património nacional; *ii*) ativar programas civis de emergência, em áreas e setores essenciais da vida nacional, com particular relevo para os relacionados com a saúde, os transportes, os recursos alimentares e energéticos, as matérias-primas, a produção industrial e as telecomunicações; *iii*) reforçar os efetivos de pessoal dos órgãos e serviços, de modo a permitir a necessária adaptação do seu funcionamento às situações de exceção, bem como suprir faltas que se verifiquem por motivos extraordinários nos quadros de pessoal dos mesmos organismos e serviços, designadamente as resultantes de mobilização militar; *iv*) promover ações que visem o aumento da capacidade de resistência e sobrevivência da comunidade nacional; dos cadastros e registos que incluam a situação relativa à mobilização do pessoal dos ministérios e dos órgãos e serviços que os integram ou que deles dependem, dos órgãos e serviços das Regiões Autónomas e das autarquias locais ou destas dependentes, dos institutos públicos e das empresas públicas, privadas ou cooperativas de interesse coletivo.

Logo que decretada a *mobilização civil* é de execução imediata, envolvendo, por parte das entidades responsáveis, a notificação dos cidadãos por ela abrangidos, para manutenção no posto de trabalho que detenham à data da mobilização ou para apresentação às entidades que, nos termos do diploma de mobilização, lhes sejam indicadas.

A *mobilização civil* abrange todos os cidadãos maiores de 18 anos que não estejam no exercício de funções decorrentes de serviço efetivo nas Forças Armadas ou nas Forças de Segurança. Por outro lado, a afetação dos cidadãos mobilizados deve ter em consideração as suas aptidões físicas e intelectuais, bem como, se possível, as respetivas profissões, a idade e a situação familiar (os cidadãos aposentados podem ser chamados a desempenhar tarefas compatíveis com as suas aptidões e capacidades, e os objetores de consciência não podem ser mobilizados para trabalhar no fabrico, reparação ou comércio de armas de qualquer natureza ou no fabrico e comércio das respetivas munições, bem como para trabalhar em investigação científica relacionada com essas atividades).

O diploma de *mobilização civil* deve fixar, entre outros que se revelem necessários pelas circunstâncias, os seguintes elementos: fundamentação, âmbito, objetivos, data e hora do início e vigência; cidadãos abrangidos e entidades a que ficam afetos; critérios e normas de afetação; termos e prazos de chamada e de apresentação dos cidadãos mobilizados nos locais de destino ou emprego; setores de atividade abrangidos; forma prevista de desmobilização; entidades responsáveis pela execução; e conteúdo do estatuto dos cidadãos mobilizados.

Os cidadãos mobilizados têm, por regra, os direitos e obrigações decorrentes do estatuto inerente à função ou à profissão que, pela mobilização, são chamados a desempenhar, nas condições especialmente fixadas no diploma de mobilização. Não é reconhecido aos cidadãos mobilizados o direito à greve e a remuneração devida aos cidadãos mobilizados pelas funções desempenhadas, bem como a entidade que a deve suportar são definidas pelo diploma de mobilização, de acordo com critérios de justiça e equidade, ponderando a gravidade da situação de exceção, o estado da economia nacional, a natureza das funções desempenhadas e as necessidades dos cidadãos mobilizados.

Por outro lado, no diploma de mobilização é definido o horário de trabalho a que os cidadãos mobilizados ficam sujeitos, ou os critérios e competência para essa definição, bem como os termos da sua eventual sujeição às disposições do Regulamento de Disciplina Militar.

Importa assinalar que o serviço prestado por efeito da *mobilização civil* não substitui as eventuais obrigações militares relativas ao serviço efetivo normal.

Bibliografia
Vicente Varela Soares e Eduardo das Neves Adelino, *Dicionário da Terminologia Militar*, Volume II; Edição dos Autores.

MOVIMENTOS SOCIAIS

Felipe Pathé Duarte

O conceito de movimento social não é consensual nas Ciências Sociais. Todavia, genericamente pode definir-se como sendo uma acção colectiva que pretende alterações estruturais e organizacionais, visando, em última instância, a transformação cultural, social e política. Parte de uma tensão conflitual resultante da impossibilidade de realização de determinada expectativa. Ou seja, da incompatibilidade entre o resultado factual e o desejado, gerando a sensação de privação relativa, ou o sentimento de exclusão. A transversalidade identitária e a fluidez organizacional de um movimento social excedem a actividade político-partidária, e não deverão ser confundidos. Trata-se de uma acção colectiva do foro pré-político, cuja força reside na capacidade mobilizadora.

Ao longo do tempo foram forjados vários paradigmas, que, muitas vezes, entraram em confronto. Há quem se refira a uma oposição entre o chamado de "modelo europeu" – que privilegia interpretações históricas das revoluções, remetendo às determinações estruturais dos movimentos sociais – à "interpretação norte-americana" – que valoriza a organização e mobilização de recursos por actores sociais. Neste sentido, encontrar uma definição de movimento social torna-se extremamente complicado.

Por um lado temos a corrente da escola americana que se distingue em duas abordagens: aquela que parte da Teoria da Mobilização dos Recursos (TMR) e uma outra que parte da Teoria do Processo Político (TPP). A primeira foi desenvolvida pelos sociólogos John D. Macharty e Mayer N Zald, a segunda por Charles Tilly. Ambas, surgidas nas décadas de 60 e 70, tendem a encarar a adesão ao movimento social como fruto de uma escolha puramente racional e de carácter estratégico. Porém, se a TMR primou pela perspectiva organizacional e estratégica deste tipo de acção colectiva, a TPP justifica-se na resposta ao contexto político. Ultrapassam a cultura, a ideologia e os valores como factores da mobilização colectiva, focando-se essencialmente na racionalidade, na escolha estratégica e na dimensão organizacional. Privilegiam uma análise mais conjuntural que estrutural e/histórica. Contudo, na TPP, que se baseia na dimensão macropolítica, o peso da identidade colectiva é mais tido em conta que na TMR, dando um cunho mais cultural ao processo de mobilização.

Por outro, na escola europeia, representada mormente pela Teoria dos Novos Movimentos Sociais (TNMS), relevam-se os aspectos simbólicos, emocionais e cognitivos na interpretação desta acção colectiva. Desta escola destaca-se Alain Touraine, Jürgen Habermas, Alberto Mellucci ou Michel Wieviorka. Numa sociedade pós-industrial, o conflito sociopolítico associado à questão de consciência de classe é ultrapassado, diluindo-se em vários sectores da sociedade. Esta alteração macrossocial terá gerado uma nova espécie de dominação, pautada não por uma questão de classe, mas por expressões culturais proeminentes. Assim sendo, a mobilização dos novos movimentos sociais é transversal, sem uma base social demarcada que é pressionada pela "normalidade" instituída. Segundo a TNMS, os movimentos sociais não deixaram de ser plataformas de resistência. Contudo, fazem-no na afirmação de uma identidade, mais ou menos abstracta, de carácter simbólico. Dirigem-se essencialmente contra a sociedade civil, e não somente contra o Estado, procurando alterações do foro cultural e identitário a longo prazo.

Em resumo, podemos dizer que as três teorias, forjadas nas convulsões sociais dos 60 e 70, se foram conciliando ao longo das décadas seguintes. Os antagonismos foram dando margem ao reconhecimento das limitações dos campos abordagem, criando, com as devidas diferenças, uma espécie de síntese da abordagem aos movimentos sociais. Ou seja, os movimentos sociais não surgem apenas pela desigualdade social, pelo resultado de interesses materiais ou pensamento estratégico, nem somente pela abnegação solidária da reacção identitária. A mobilização de um movimento social envolve todas estas variáveis, não devendo prevalecer a hegemonia de nenhuma no campo de abordagem. Desta forma é possível a conjugação das várias práticas de mobilização com o pano de fundo mundividente e identitário que as envolve.

No momento de crise económica, financeira, social e política que se atravessa, em que protesto é palavra de ordem, torna-se fundamental voltar a trazer à colação a questão dos movimentos sociais. Note-se pois que sob a égide de um certo romantismo de aspecto progressista e construtivo, característico dos movimentos sociais, há lutas que poderão assumir um carácter menos conciliador e, acima de tudo, violento. Resta ter em conta este tipo de abordagem integrada, para que se possa analisar cada movimento na sua especificidade, isolando aqueles que se poderão tornar nocivos ao próprio movimento que afirmam representar.

Bibliografia

McCarthy, J. D.; Zald, M; «Resource Mobilization and Social Movements: a Partial Theory»; in *American Journal of Sociology*, vol. 82, n.º 6, 1977.

Melucci, Alberto; «The New Social Movements: a Theoretical Approach»; in *Social Science Information*, vol. 19, n.º 2, 1980.

Tilly, Charles; *From mobilization to revolution*; Newberry Award Records, 1980.

Touraine, Alain; *La voix et le regard* ; Paris: Seuil, 1978.

Wieviorka, Michel ; «The Ressurgence of Social Movements»; in *Journal of Conflictology;* vol. 3, n.º 2, 2012.

OBEDIÊNCIA MILITAR

Vítor Gil Prata

A obediência militar está intrinsecamente associada a relações de autoridade e subordinação entre militares, características duma hierarquia determinada por postos, antiguidades e precedências previstos na lei militar. Assim, a obediência hierárquica é o vínculo de subordinação do militar relativamente aos seus superiores hierárquicos e do qual decorre o poder hierárquico destes. Sem obediência não pode haver nenhuma forma de disciplina militar e a ausência desta significa a inexistência da instituição militar

Obediência militar é o resultado natural de uma especial natureza e conformação da disciplina militar, decorrente da identidade e génese da própria instituição militar, assente em específicos padrões de subordinação hierárquica, de cumprimento do dever e de espírito de missão, como pilar indispensável ao cumprimento integral da missão que lhe é constitucionalmente atribuída, de defesa da independência nacional, da unidade do Estado e da integridade do território (Ac. STA 058/10, de 23-09-2010).

No direito militar, o dever de obediência encontra consagração em variados preceitos legais. O Estatuto dos Militares das Forças Armadas e o Regulamento de Disciplina Militar estipulam que o dever de obediência decorre do disposto nas leis e regulamentos militares e se traduz no integral e pronto cumprimento das suas normas, bem como das determinações, ordens e instruções dimanadas de superior hierárquico proferidas em matéria de serviço desde que o respetivo cumprimento não implique a prática de crime (art.º 12.º). Estes preceitos expressam o consagrado na Constituição da República (art.º 271.º, n.º 3), segundo a qual a obediência não é devida quando o cumprimento da ordem implique a prática de um facto penalmente relevante.

Em razão da presunção de legalidade inerente ao ato administrativo praticado por um superior hierárquico, este ao dar a ordem que se destina ao cumprimento pelo subordinado é a *vox legis*. Porém, a ordem que vinculará o subordinado ao seu cumprimento tem de obedecer a alguns requisitos que, cumpridos, excluirão a responsabilidade do militar cumpridor.

Assim, o primeiro requisito é que a ordem seja emanada de um superior hierárquico, isto é, de um militar com patente superior. O conceito de superior está ainda previsto no código de justiça militar (art.º 5.º), onde, para efeitos de incriminação penal, não se consideram superiores os oficiais, sargentos e praças do mesmo posto, salvo se forem encarregados, permanente ou incidentalmente, de comando de qualquer serviço e durante a execução deste.

Outro requisito é que a ordem seja relativa ao serviço, isto é, deve relacionar-se com a função do superior e ser dada no âmbito da sua competência funcional, mas também tem de estar no âmbito das tarefas funcionais do subordinado, atendendo-se assim aos interesses da instituição militar e não beneficiando interesses particulares.

O terceiro requisito de uma ordem legítima é o de que o respetivo cumprimento não implique a prática de crime.

Face a este conceito e aos seus requisitos, o militar não está vinculado ao dever de obediência se a ordem não for emanada por superior hierárquico, ou se não versar matéria de serviço, ou se o seu cumprimento conduzir à prática de um crime. Assim, consequentemente, o militar deve obediência a ordens (ainda que desconformes a leis e regulamentos) que sejam dadas por superior hierárquico e em matéria de serviço, mas desde que o seu cumprimento não conduza à prática de crime.

O regulamento de disciplina militar anterior consagrava, excecionalmente, o direito de respeitosa representação, isto é, o direito de o militar apresentar respeitosamente ao superior hierárquico reflexões sobre a inconveniência ou mesmo prejuízo que o cumprimento da ordem tal como estava a ser ordenado poderia causar. Este direito tinha consagração desde os regulamentos do Conde de Lippe, de 1763.

Apesar de o regulamento de disciplina militar em vigor não prever norma idêntica, em casos excecionais, o subordinado tem o dever de respeitosamente alertar o seu superior para o prejuízo que o cumprimento de uma ordem, nos termos em que é exigido, poderá provocar, face aos eventuais danos e baixas próprias da atividade militar. O dever de lealdade e, consequentemente, de informar com verdade os seus superiores e o dever de camaradagem, mas essencialmente a tutela dos valores militares fundamentais da missão, coesão e segurança, justificam essa reflexão respeitosa.

Por princípio, não é punível o facto praticado por um militar em obediência a ordem legítima de um superior hierárquico (art. 31.º do Código Penal); pelo contrário, punível disciplinar e criminalmente é a omissão de cumprimento das ordens emanadas pelos superiores hierárquicos. Enquanto para outras atividades profissionais a violação do dever de obediência é punível apenas disciplinarmente, o militar que não acate uma ordem ou determinação do seu superior hierárquico poderá ser punido disciplinarmente mas também criminalmente por lesão de um bem jurídico tutelado pela lei penal militar. A responsabilidade por este incumprimento é agravada em razão das circunstâncias em que ocorrer, seja por ser em tempo de guerra, ou por ocorrer na área de operações, ou a bordo de veículo, navio ou aeronave, ou em presença de militares reunidos ou, ainda, quando cometida coletivamente (art. 87.º do código de justiça militar).

O objecto da tutela penal relativo ao crime de insubordinação é naturalmente o interesse militar da autoridade, pelas consequências muito graves no seio da instituição militar.

A exclusão da ilicitude de um facto típico praticado por um militar em cumprimento de uma ordem superior só pode ocorrer quando essa ordem seja legítima, isto é, que verse matéria de serviço e não conduza à prática de um crime; o que significa que uma ordem não pode por si mesma eliminar a ilicitude penal do facto típico cometido na sua execução.

Mas se a ordem for ilegítima a conduta do subordinado é penalmente ilícita, por se traduzir na prática de um facto típico penalmente relevante. Nesta situação, a imputação ao subordinado da responsabilidade penal respetiva depende ainda, naturalmente, da existência de culpa.

A exclusão da culpa, diretamente relacionada com a obediência a ordens superiores, está expressamente prevista no art. 37.º "obediência indevida desculpante ", do Código Penal, nos seguintes termos: "age sem culpa o funcionário que cumpre uma ordem sem conhecer que ela conduz à prática de um crime, não sendo isso evidente no quadro das circunstâncias por ele representadas".

Este texto legal circunscreve o raio de ação da obediência indevida desculpante aos casos de cumprimento de uma ordem no desconhecimento de que a mesma conduz à prática de um crime; porém, faz ainda depender a exclusão da culpa da não evidência da ilegitimidade da ordem.

Assim, só atua com culpa o militar que comete um facto ilícito que preenche o tipo penal quando saiba que a ordem implica a prática desse facto ilícito ou quando tal seja evidente segundo as circunstâncias por ele conhecidas. Quando tal não acontece, a manutenção da responsabilidade do superior permite satisfazer as exigências de prevenção que se façam sentir.

A responsabilidade pelo cumprimento de uma ordem está relacionada com o exercício dos poderes de autoridade do superior. Como consagra o regulamento de disciplina militar (art. 19.º), em cumprimento do dever de responsabilidade incumbe ao militar assumir a responsabilidade dos atos que praticar por sua iniciativa e dos praticados em conformidade com as suas ordens. Assim, a exclusão da responsabilidade do subordinado pelo cumprimento de uma ordem exige que esta seja cumprida dentro da estrita obediência aos termos da ordem do superior, não podendo ir além do que lhe foi determinado; caso contrário, responde pelo excesso.

Assim sendo, emanada uma ordem que reúna os requisitos a ela inerentes, principalmente por não conduzir ao cometimento de um crime, e executada pelo subordinado, a responsabilidade pelas suas consequências recairá no plano jurídico ao superior, e não ao subordinado cumpridor. Na dúvida, quanto à responsabilidade do militar a quem foi dada uma ordem sem menção de cumprimento imediato, não está afastada a possibilidade de, nos termos do art. 271.º, n.º 2, da Constituição, este requerer a sua transmissão ou confirmação por escrito.

Porém, na atividade militar, a responsabilidade do superior hierárquico não provém somente de atos praticados por si ou por subordinado em conformidade com ordens suas. Provém, também, nos termos do art. 48.º e art. 97.º do código de justiça militar, do facto de tendo, ou devendo ter, conhecimento de que um subordinado está cometendo ou se prepara para cometer certos crimes (designadamente os crimes de guerra e crimes de abuso de autoridade por outras ofensas e de abuso de autoridade por prisão ilegal), o superior hierárquico não adote as medidas necessárias e adequadas para prevenir ou reprimir a sua prática ou para a levar ao conhecimento imediato das autoridades competentes. Nesta situação, o superior é punido com a pena correspondente ao crime ou crimes que vierem efetivamente a ser cometidos pelos seus subordinados. Releva-se ainda que, quanto aos crimes de guerra, o procedimento criminal e as penas impostas por esses crimes são imprescritíveis e, assim, também o é a responsabilidade do superior.

Bibliografia

Brandão, Nuno, *Justificação e Desculpa por Obediência em Direito Penal*, Coimbra, Coimbra Editora, 2006.

Dias, Jorge de Figueiredo, *O Problema da Consciência da Ilicitude em Direito Penal*, 4.ª ed., Coimbra Editora, Coimbra, 1995.

Prata, Vítor Gil, *A Justiça Militar e a Defesa Nacional*, ed. Coisasdeler, Lisboa, 2012.

OPERAÇÕES DE PAZ

Jorge Bacelar Gouveia

1. Domínio que tem assumido importância na atividade das Nações Unidas é o das *operações de paz*, que têm sido decretadas ao longo da sua atividade e praticamente desde a fundação.

O certo, porém, é que a Carta das Nações Unidas não refere a possibilidade de a Organização das Nações Unidas decretar tais operações, que implicam a utilização de meios militares para a efetivação da paz, mas que não exercem diretamente a força.

Contudo, nem por isso esta organização internacional se tem inibido de as levar por diante, melhor interpretando a Carta das Nações Unidas através da conjugação dos capítulos VI e VII, apesar de se reconhecer que as mesmas não se encaixam em nenhum deles:

- não no capítulo VI porque são mais do que meras medidas diplomáticas para a evitação e repressão dos conflitos, envolvendo a aplicação de meios militares;
- não no capítulo VII porque ficam aquém de uma utilização da força militar, que aí se encontra prevista contra as partes que ponham em causa a paz e a segurança internacionais.

A solução encontrada tem sido a da interpretação extensiva dos poderes literalmente previstos, numa fronteira entre as disposições de cada um daqueles capítulos, mas apoiando-se sempre no preâmbulo da Carta das Nações Unidas e no seu objetivo primordial de manutenção da paz e da segurança internacionais.

Como disse o General Dag Hammarskjöld, antigo Secretário-Geral da Organização das Nações Unidas e assassinado no exercício das suas funções, e que também pioneiramente utilizara a expressão "Peace keeping operations", as operações de manutenção de paz corresponderiam a um capítulo da Carta das Nações Unidas que teria ficado por redigir – o capítulo "seis e meio".

2. Com a prática alcançada em múltiplas situações de conflito internacional, o Conselho de Segurança das Nações Unidas veio apresentar, em 3 de maio de 1994, uma nota contendo os fatores da decretação das operações de manutenção de paz, com o objetivo de reduzir a discricionariedade decisória nessa matéria:

– a existência de uma ameaça à paz e à segurança internacionais;
– a existência de um cessar-fogo;
– a verificação da disponibilidade de entidades regionais para implantarem uma força de paz;
– a existência de um objetivo político claro suscetível de ser traduzido num mandato;
– um mandato preciso; e
– a existência de razoáveis garantias de segurança para o pessoal da Organização das Nações Unidas.

É da maior importância tal documento: não só se balizam os termos da criação das operações de paz como também ele testemunha a inequívoca aceitação deste mecanismo de pacificação das relações internacionais no seio da Organização das Nações Unidas e ao mais alto nível do Conselho de Segurança.

3. Numa observação de cunho histórico, as operações de paz têm sido variadas, pelo que se pode identificar cinco fases na respetiva evolução desde a fundação da Organização das Nações Unidas, às quais não foram alheias as tensões existentes no plano da política internacional em geral:

– a 1.ª fase de cunho experimental, de 1948 a 1956;
– a 2.ª fase de afirmação internacional, de 1956 a 1967;
– a 3.ª fase de estagnação, de 1967 a 1973;
– a 4.ª fase de renascimento, de 1973 a 1988; e
– a 5.ª fase de expansão, a partir do fim da guerra fria.

No presente momento, são mais de 40 as missões de paz que as Nações Unidas já puderam levar a cabo, em correspondência com cada uma dessas cinco fases de evolução, embora se possa dizer que o ponto de viragem foi o do fim da guerra fria, com apenas 13 operações criadas até então, e depois disso em muito maior número.

4. As operações de paz instalam-se no território outrora palco de combates e visam a consolidação de um cessar-fogo, ao mesmo tempo lançando as bases da normalização da vida do Estado, incluindo os seus serviços essenciais, sendo compostas por soldados da Organização das Nações Unidas, os "capacetes azuis", emprestados pelos Estados que nelas participam.

Mas as operações de paz, até por causa do seu apenas implícito fundamento normativo-internacional, não são de exercício livre e submetem-se a orientações internacionais muito próprias, as quais podem enquadrar-se nestes três princípios, que estruturam os respetivos efeitos:

- o *princípio do consentimento das partes envolvidas*: a intervenção da Organização das Nações Unidas com estas características depende de vontade dos contendores nesse sentido formulada;
- o *princípio da imparcialidade dos agentes da manutenção de paz*: os agentes da Organização das Nações Unidas não devem conferir tratamentos preferenciais às diversas partes envolvidas; e
- o *princípio da não utilização da força, exceto em legítima defesa*: as forças da Organização das Nações Unidas não são forças militares de ação, pelo que não podem usar da força, a não ser num condicionalismo de legítima defesa.

5. Nos finais da década de 80, porém, a Organização das Nações Unidas foi sendo confrontada com a necessidade de "muscular" certas operações de paz, passando a ser, não já de estrita manutenção de paz, mas de *imposição da paz*, originando operações de paz de duas categorias distintas, oscilando entre a consensualidade e a coercitividade na respetiva instalação nos territórios em causa:

- *forças restritas*, compostas por um reduzido número de observadores, que apenas pretendem garantir o respeito pelo acordo de paz assinado, e *mantendo a paz (peace keeping)*;
- *forças amplas*, fortemente militarizadas, que implicam a deslocação de forças militares, com uso de armamento equiparável ao de um verdadeiro exército regular, e *impondo a paz (peace enforcement)*.

Nalguns casos, as missões das Nações Unidas, dentro de uma ótica de consolidação da paz, vão mais longe e exercem poderes de natureza transitória, com o objetivo da construção dos Estados (*State building*).

Daí que seja hoje possível atribuir um leque mais diversificado de funções às operações de paz, que cada vez mais se distanciam de um estrito e único figurino, assim se refletindo sobre o respetivo conteúdo:

- a supervisão de um cessar-fogo;
- a desmobilização de forças e grupos armados, bem como o seu regresso à vida civil;

- a destruição de armamentos;
- a elaboração e aplicação de programas de desminagem;
- o controlo de refugiados e deslocados;
- a prestação de auxílio humanitário;
- a supervisão das estruturas administrativas existentes;
- o estabelecimento de novas forças armadas ou policiais;
- a verificação do respeito pelos direitos humanos;
- a elaboração de reformas constitucionais, legislativas e eleitorais;
- a observação, supervisão e organização de atos eleitorais;
- a coordenação de apoios em vista da reabilitação económica e da reconstrução nacional.

6. A correspondência mais atualizada quanto às várias operações de paz permite a seguinte síntese, havendo que diferenciar entre a esmagadora maioria, que implica o consentimento das partes, e a outra que vai para além ou contra esse consentimento, tal como se propõe na Agenda para a Paz da Organização das Nações Unidas, de 1995:

- a *diplomacia preventiva* (*preventive diplomacy*): o conjunto de medidas destinadas a evitar que diferendos se agravem, aumentando de tensão ou degenerando em conflitos armados;
- o *estabelecimento da paz* (*peace making*): o conjunto de medidas destinadas a alcançar um acordo entre as partes, com o uso dos meios pacíficos;
- a *manutenção de paz* (*peace keeping*): o conjunto de medidas destinadas a garantir a presença de forças da Organização das Nações Unidas através de efetivos militares ou policiais, bem como elementos civis;
- a *consolidação da paz* (*peace building*): o conjunto de medidas destinadas a fortalecer as estruturas do Estado, com o objetivo de evitar o recomeço das hostilidades, e lançando os caboucos de um futuro Estado;
- a *imposição da paz* (*peace enforcement*): o conjunto de medidas destinadas a garantir a presença de efetivos militares e policiais da Organização das Nações Unidas para impor a pacificação das relações entre as partes em conflito, prescindindo-se do respetivo consentimento.

Bibliografia

AAVV, *Portugal e as operações de paz – uma visão multidimensional* (dir. de Adriano Moreira), Lisboa, 2009.

Armando M. Marques Guedes, *Direito Internacional Público*, 2.ª ed., Lisboa, 1992.

Jorge Bacelar Gouveia: *Manual de Direito Internacional Público*, 4.ª ed., Almedina, Coimbra, 2013; *Direito Internacional da Segurança*, Almedina, Coimbra, 2013.

Malcolm N. Shaw, *International Law*, 5.ª ed, Cambridge, 2003.

Maria do Céu Pinto, *As Nações Unidas e a manutenção da paz e as atividades de peacekeeping doutras organizações internacionais*, Coimbra, 2007.
Nguyen Quoc Dihn, Patrick Daillier e Alain Pellet, *Droit International Public*, 7.ª ed., Paris, 2002.
Vítor Rodrigues Viana, *Segurança coletiva – a ONU e as operações de apoio à paz*, Lisboa, 2002.

ORGANIZAÇÃO DAS NAÇÕES UNIDAS

SOFIA SANTOS

1. A prossecução do ideal de paz internacional preconizado pelo presidente norte-americano Woodrow Wilson no programa de "Catorze Pontos" de 1918 inspirou a criação da Sociedade das Nações em 1920. As suas debilidades e insucesso na contenção da violência com a eclosão da Segunda Guerra Mundial em 1939 demonstraram que a objetivação deste ideal implicaria uma edificação de "Nações Unidas" (Franklin Roosevelt) sustentada por pilares mais sólidos. Sob o impulso da Carta do Atlântico (1941) e da Declaração das Nações Unidas (1942), as principais potências aliadas elaboraram o projeto do tratado constitutivo da futura Organização nas Conferências de Dumbarton Oaks (1944) e Ialta (1945), culminando com a adoção da Carta das Nações Unidas a 26 de Junho de 1945 na Conferência de São Francisco.

A Organização das Nações Unidas (ONU) com caráter universal (193 Estados) tem como objetivo principal a manutenção da paz e segurança internacionais conforme estipula o n.º 1 do artigo 1.º. Esta disposição prescreve ainda como *objetivos* da Organização: o desenvolvimento de relações amistosas entre as nações (n.º 2), a cooperação internacional, resolvendo os problemas internacionais de natureza económica, social, cultural ou humanitária e promovendo e estimulando o respeito pelos direitos humanos e liberdades fundamentais (n.º 3) e ser um centro de harmonização da ação das nações para a consecução desses objetivos comuns (n.º 4).

O artigo 2.º estabelece os *princípios* fundamentais: a Organização baseia-se no respeito pela igualdade soberana de todos os membros (n.º 1), os membros obrigam-se a cumprir de boa-fé os compromissos da Carta (n.º 2), as controvérsias internacionais devem ser resolvidas por meios pacíficos (n.º 3), os membros não deverão nas suas relações internacionais recorrer à ameaça ou ao uso da força (n.º 4), prestação de assistência à Organização e abstenção de prestação de assistência a qualquer Estado contra o qual esta aja de forma preventiva ou coercitiva (n.º 5), a Organização fará com que os Estados que não são membros das Nações Unidas atuem em conformidade com os seus princípios em tudo quanto for necessário à preservação da paz e da segurança internacionais (n.º 6) e os membros não deverão intervir em assuntos que dependam essencialmente

ORGANIZAÇÃO DAS NAÇÕES UNIDAS

da jurisdição interna de um Estado, com exceção da aplicação de medidas coercitivas ao abrigo do Capítulo VII (n.º 7).

O artigo 7.º, n.º 1 estabelece os principais *órgãos* da Organização: a Assembleia Geral, o Conselho de Segurança, o Conselho Económico e Social, o Tribunal Internacional de Justiça, o Secretariado e o Conselho de Tutela, cuja atividade se encontra suspensa desde 1994 (Capítulos XII e XIII).

A *Assembleia Geral*, constituída por todos os Estados-Membros (artigo 9.º), é o órgão plenário, reunindo-se em regra em sessões anuais ordinárias (artigo 20.º). A Assembleia dispõe de competência para discutir quaisquer questões ou assuntos que se inscrevam no âmbito das finalidades da Carta (artigo 10.º), designadamente a manutenção da paz e segurança internacionais (artigo 11.º, nos 2 e 3), desarmamento e a regulamentação dos armamentos (artigo 11.º, n.º 1), o desenvolvimento do Direito Internacional e a sua codificação (artigo 13.º, n.º 1 alínea a), 2.ª parte), a promoção da cooperação internacional a nível político (artigo 13.º, n.º 1, alínea a), 1.ª parte), económico, cultural, educacional e da saúde e do reconhecimento dos direitos humanos e das liberdades fundamentais (artigo 13.º, n.º 1, alínea b)) e a solução pacífica de situações que possam prejudicar o bem-estar geral ou as relações amistosas entre Estados (artigo 14.º). A Assembleia pode formular recomendações aos Estados e ao Conselho de Segurança (artigos 11.º, 13.º, n.º 1, 14.º) ou promover estudos (artigo 13.º, n.º 1). Contudo, a sua ampla competência é restringida no caso de a controvérsia ou situação se encontrar sob a responsabilidade do Conselho de Segurança (artigo 12.º, n.º 1). Entre as suas competências cumpre realçar ainda a apreciação dos relatórios do Conselho e restantes órgãos (artigo 15.º) e a aprovação do orçamento da Organização (artigo 17.º, n.º 1). Cada membro tem direito a um voto. As decisões sobre questões importantes são tomadas por maioria de dois terços dos membros presentes e votantes e sobre outras questões por maioria destes (artigo 18.º).

O *Conselho de Segurança* é constituído por 15 Estados-Membros: cinco membros permanentes (China, França, Estados Unidos, Federação Russa e Reino Unido) e dez membros não permanentes eleitos pela Assembleia Geral por um período de dois anos (artigo 23.º, nos 1 e 2). Este órgão tem a responsabilidade principal na manutenção da paz e segurança internacionais cujas competências estão previstas nos Capítulos VI, VII e VIII (artigo 24.º, n.os 1 e 2). Cada membro tem direito a um voto (artigo 27.º, n.º 1). As decisões sobre questões processuais requerem o voto afirmativo de nove membros (artigo 27.º, n.º 2). As decisões concernentes a questões materiais requerem o voto afirmativo de nove membros, no entanto exigem o voto favorável dos cinco membros permanentes (artigo 27.º, n.º 3).

O *Conselho Económico e Social* é composto por 54 membros eleitos pela Assembleia Geral (artigo 61.º). A este órgão incumbe a elaboração ou início de

ORGANIZAÇÃO DAS NAÇÕES UNIDAS

estudos e relatórios a respeito de assuntos internacionais de caráter económico, social, cultural, educacional, de saúde e conexos, formulação de recomendações com o intuito de promover o respeito e observância dos direitos do homem e das liberdades fundamentais, preparação de projetos de convenções para submeter à Assembleia e convocar conferências internacionais (artigo 62.º), estabelecimento de acordos com organizações especializadas e coordenação das suas atividades (artigos 57.º e 63.º) e fornecimento de informações e prestação de assistência ao Conselho de Segurança (artigo 65.º) Cada membro dispõe de um voto, sendo as decisões tomadas por maioria (artigo 67.º).

O *Secretariado*, liderado pelo Secretário-Geral, garante o apoio administrativo e logístico à Organização. O Secretário-Geral, nomeado pela Assembleia com base na recomendação do Conselho de Segurança por um período de cinco anos, é o principal funcionário administrativo da Organização (artigo 97.º). Ao Secretário--Geral compete a participação em todas as reuniões dos principais órgãos e a apresentação de um relatório anual à Assembleia Geral sobre as atividades da Organização (artigo 98.º), a nomeação do pessoal (artigo 101.º), a direção da atividade do Secretariado, a preparação do orçamento, o envio de representantes pessoais com autorização ou solicitação da Assembleia Geral e do Conselho, a mediação, facilitação da resolução pacífica de conflitos, bons-ofícios, processos de diálogo e arbitragem. Nos termos do artigo 99.º, o Secretário-Geral pode chamar a atenção do Conselho de Segurança para qualquer questão que na sua opinião possa constituir uma ameaça à paz e segurança internacionais. O artigo 100.º determina que o Secretário-Geral e os funcionários do Secretariado, no cumprimento dos seus deveres, não deverão solicitar nem receber instruções de qualquer Estado ou autoridade externa à Organização e deverão abster-se de qualquer ação incompatível com a sua posição (n.º 1). Os Estados-Membros não deverão exercer qualquer influência sobre estes (n.º 2).

O *Tribunal Internacional de Justiça*, composto por 15 juízes, é o principal órgão judicial da Organização. O seu funcionamento é regulamentado pelo Estatuto que é parte integrante da Carta (artigo 92.º). Este facto não significa, contudo, que todos Estados-Membros se encontram sujeitos à sua jurisdição. Esta depende de uma declaração de aceitação de acordo com o artigo 36.º do Estatuto (artigo 36.º, n.º 2 – "cláusula facultativa de jurisdição obrigatória"). O Tribunal tem competência genérica: pode emitir um parecer consultivo sobre qualquer questão jurídica mediante solicitação da Assembleia, do Conselho de Segurança ou de outros órgãos ou organizações especializadas (artigo 96.º e artigo 65.º e ss. do Estatuto), desprovido de efeito vinculativo, mas frequentemente com considerável valor político.

2. Em termos jurídico-securitários, cabe realçar que o fim do conflito bipolar constituiu um momento de transição, caraterizado por um maior dinamismo e

ORGANIZAÇÃO DAS NAÇÕES UNIDAS

adaptação conceptual e institucional. Os novos desafios e ameaças exigiram uma interpretação de "segurança" em sentido amplo com implicações no alcance do artigo 1.º, n.º 1. Em face de graves violações dos direitos humanos, atos de terrorismo e proliferação de Armas de Destruição Massiva, o Conselho de Segurança determinou a existência de uma "ameaça à paz", interpretando esta noção de modo extensivo. A consequente decisão de medidas militares ao abrigo do Capítulo VII a fim de proteger os direitos humanos limitou o alcance do princípio de não-ingerência nos assuntos internos (artigo 2.º, n.º 7). As operações de paz têm contribuído para a resolução de inúmeros conflitos e estabilização pós-conflito *(peacekeeping, peacemaking, peaceenforcement e peacebuilding)* com base nos Capítulos VI, VII e VIII. A alteração institucional neste domínio processou-se, designadamente com a criação de órgãos subsidiários pelo Conselho de Segurança de acordo com os artigos 7.º, n.º 2, e 29.º: Tribunais criminais ad hoc, Comités de sanções ad hoc, o Comité contra o Terrorismo (2001), o Comité 1540 (2004) e a Comissão de Consolidação da Paz (2005).

Bibliografia
Maria do Céu Pinto, *O Papel da ONU na Criação de uma Nova Ordem Mundial*, Prefacio, Lisboa, 2010.
Bruno Simma, Daniel Erasmus Kahn, Georg Nolte, Andreas Paulus (eds.), *The Charter of the United Nations, A Commentary*, Oxford Commentaries on International Law, Third Edition, Oxford University Press, Oxford, 2012.
Sven Bernhard Gareis, Johannes Varwick, *Die Vereinten Nationen*, 5. Auflage, Verlag Barbara Budrich, Opladen, 2014.

ORGANIZAÇÃO PARA A PROIBIÇÃO DE ARMAS QUÍMICAS

Sofia Santos

A Organização para a Proibição de Armas Químicas (OPAQ) instituída em 1997 tem como propósito garantir a aplicação das disposições da Convenção sobre a Proibição do Desenvolvimento, Produção, Armazenagem e Utilização de Armas Químicas e sobre a sua Destruição (Convenção sobre as Armas Químicas), incluindo as respeitantes à verificação internacional do seu cumprimento, e ser um fórum para a consulta e a cooperação entre Estados Partes (artigo VIII).

A OPAQ detém o estatuto de "organização relacionada" com a Organização das Nações Unidas (ONU), com caráter independente e autónomo, comprometendo-se a exercer as suas atividades de acordo com os propósitos e princípios da Carta (A/Res/55/283 e C-VI/Dec.5 de 2001).

Esta organização é constituída por três órgãos principais: a Conferência dos Estados Partes, o Conselho Executivo e o Secretariado Técnico (artigo VIII, n.º 4),

ORGANIZAÇÃO PARA A PROIBIÇÃO DE ARMAS QUÍMICAS

auxiliados por órgãos subsidiários: a Comissão para a Resolução de Conflitos sobre Confidencialidade (Conferência), o Órgão Consultivo em Assuntos Administrativos e Financeiros (Secretariado e Estados Partes) e o Conselho Consultivo Científico (Diretor-Geral). Esta estrutura institucional permite à OPAQ executar as suas atividades principais: desmilitarização (artigos III, IV, Parte I e Parte IV (A) e (B) do Anexo sobre Implementação e Verificação), não proliferação (artigo I, n.º 1, alínea d), artigo VI, n.º 2) Anexo sobre Produtos Químicos, Parte VI, VII, VIII e IX do Anexo sobre Implementação e Verificação), assistência e proteção contra armas químicas (artigo X), cooperação internacional para o uso pacífico de produtos químicos (artigo XI), promoção da universalidade da Convenção e apoio à implementação nacional da Convenção.

A Conferência, composta por um representante de cada membro (190 Estados) reúne-se anualmente, em regra, em sessões ordinárias. É o principal órgão da Organização, com competência para analisar todas as questões, assuntos ou problemas no âmbito da Convenção incluindo os relacionados com os poderes e funções do Conselho Executivo e do Secretariado Técnico, efetuar recomendações e deliberar sobre as questões, assuntos ou problemas apresentados por um Estado Parte ou submetidos pelo Conselho Executivo, supervisionar as atividades do Conselho Executivo e do Secretariado, podendo emitir orientações e analisar e aprovar o relatório, o programa e o orçamento da Organização apresentados pelo Conselho Executivo. Cada membro dispõe de um voto. A Conferência delibera sobre questões de procedimento por maioria simples dos membros presentes e com direito a voto e sobre questões de fundo por consenso, ou na sua impossibilidade após todas as diligências previstas, por maioria de dois terços dos membros presentes e votantes (artigo VIII, Parte B).

O Conselho Executivo é formado por 41 membros, oriundos de grupos regionais distintos, eleitos pela Conferência para um mandato de dois anos. É o órgão executivo da Organização, responsável perante a Conferência. O Conselho dispõe de competência para supervisionar as atividades do Secretário Técnico, celebrar acordos ou protocolos com Estados e organizações internacionais em nome da Organização, apreciar questões ou assuntos que no âmbito da sua competência afetem a Convenção e a sua aplicação, incluindo as dúvidas respeitantes ao cumprimento e casos de incumprimento e, quando apropriado, informar os Estados Partes e a Conferência, efetuar recomendações à Conferência relativamente a medidas para remediar a situação e garantir o cumprimento da Convenção e, em casos de particular gravidade e urgência, apresentar a questão ou assunto à Assembleia Geral e ao Conselho de Segurança da ONU. Cada membro tem direito a um voto. As decisões sobre questões de fundo são tomadas por maioria de dois terços dos membros e as questões de procedimento por maioria simples (artigo VIII, Parte C).

O Secretariado Técnico, liderado pelo diretor-geral (nomeado pela Conferência, responsável perante a Conferência e o Conselho Executivo), é constituído por inspetores e pessoal científico, técnico e outros especialistas. O Secretariado apoia a Conferência e o Conselho no desempenho das suas funções e realiza as medidas de verificação previstas na Convenção. Deste modo, compete-lhe negociar acordos ou protocolos respeitantes à implementação das atividades de verificação, sujeitos à aprovação do Conselho Executivo e informar este órgão sobre qualquer problema que tenha surgido no decurso do processo de verificação tais como dúvidas, ambiguidades ou incertezas, as quais as consultas com o Estado Parte não permitiram esclarecer. De notar que "no exercício das suas funções, o diretor-geral, os inspetores e outros membros do pessoal não solicitarão nem receberão instruções de qualquer Governo nem de qualquer outra fonte exterior à Organização" e não atuarão de forma incompatível com a sua posição. Os Estados Partes deverão respeitar o "caráter exclusivamente internacional" das suas responsabilidades e não tentarão influenciá-los no cumprimento das suas funções (artigo VIII, Parte D).

Uma caraterística importante do sistema são as "challenge inspections". Ou seja, a possibilidade de qualquer Estado Parte solicitar ao Secretariado Técnico que conduza inspeções, que poderão ocorrer num curto período de tempo após a decisão, em qualquer parte do território de um outro Estado Parte – ou sob a sua jurisdição ou controlo, o qual não poderá impedir o acesso a locais e instalações declarados ou não declarados (artigo IX e Anexo sobre Implementação e Verificação).

No caso de incumprimento, o artigo XII prevê várias medidas. A Conferência pode tomar medidas para garantir o cumprimento da Convenção e para reparar e corrigir a situação, tendo em consideração a informação e recomendações sobre as questões pertinentes apresentadas pelo Conselho (n.º 1). Se o Estado não reagir à solicitação no prazo estipulado, a Conferência pode, designadamente e com base na recomendação do Conselho restringir ou suspender os seus direitos e privilégios até este tomar as medidas necessárias para cumprir as obrigações (n.º 2). Nos casos em que a realização das atividades proibidas pela Convenção "possa prejudicar gravemente o objeto e fim da Convenção", a Conferência pode recomendar medidas coletivas aos Estados Partes de acordo com o Direito Internacional (n.º 3). Nos casos de particular gravidade, a Conferência apresentará a questão, incluindo as informações e conclusões relevantes, à Assembleia Geral e ao Conselho de Segurança da ONU (n.º 4).

O caso referente à Síria é incontornável seja pela celeridade, exigência (conflito interno) e eficácia com que decorreu o processo, seja pela significativa cooperação internacional. O ataque com armas químicas ocorrido em Damasco em Agosto de 2013 despoletou um conjunto importante de esforços diplomáticos e de decisões no sentido da eliminação do programa de armas químicas sírio (decisão EC-M-33/DEC.1 do Conselho Executivo apoiada pelo Conselho de Segurança na resolução 2118 decidida por unanimidade, ambas de 27 de Setembro de 2013 e adesão da Síria à Convenção (14.10.2013). Uma missão conjunta entre a OPAQ e a ONU para supervisionar a eliminação do programa foi formalmente estabelecida a 16 de Outubro de 2013. O procedimento compreendeu, numa primeira fase, a retirada das armas de território sírio e, numa segunda fase, a destruição da totalidade de armas químicas declaradas pelo navio norte-americano MV Cape Ray (sistema de hidrólise), tendo, assim, terminado o mandato da missão (30.09.2014).

Os seus "amplos esforços" no sentido da eliminação das armas químicas foram reconhecidos com a atribuição do Prémio Nobel da Paz a 11 de Outubro de 2013.

Bibliografia

Organization for the Prohibition of Chemical Weapons (Ed.), OPCW: The Legal Texts, 3rd Edition, Asser Press, The Hague, 2014.

Walter Krutzsch, Eric Mjyer, Ralf Trapp (Eds.), The Chemical Weapons Convention: A Commentary, Oxford Commentaries on International Law, Oxford University Press, Oxford, 2014.

ORGANIZAÇÃO PARA A SEGURANÇA E COOPERAÇÃO NA EUROPA

Sofia Santos

As origens da Organização para a Segurança e Cooperação na Europa (OSCE) remontam à Conferência para a Segurança e Cooperação na Europa (CSCE) formalizada pelo Ato Final de Helsínquia em 1975 como um processo de consulta política e de confluência entre os dois blocos antagónicos sob liderança dos Estados Unidos e da União Soviética.

A "Carta de Paris para uma Nova Europa" de 1990 assinala uma reorientação dos objetivos da OSCE com o intuito de adaptar a Organização ao novo ambiente securitário para desempenhar um papel futuro relevante e que se expressou na gradual aquisição de instituições permanentes e de capacidades operacionais. Deste modo, a alteração formal de "Conferência" para "Organização" em 1995, na sequência da decisão tomada na Cimeira de Budapeste (1994), não constituiu uma mera formalidade semântica.

A OSCE detém caraterísticas muito particulares. Esta organização regional congrega 57 "Estados Participantes", oriundos de um amplo perímetro geográfico: América do Norte, Europa e Ásia.

ORGANIZAÇÃO PARA A SEGURANÇA E COOPERAÇÃO NA EUROPA

O sistema institucional é complexo, composto por órgãos, instituições e estruturas com um caráter distinto. Os principais órgãos de negociação e tomada de decisão são o Conselho Ministerial (ministros dos negócios estrangeiros), o Conselho Permanente (representantes permanentes dos Estados Participantes) e o Fórum para a Cooperação em matéria de Segurança. As decisões são tomadas por consenso e não têm efeito vinculativo.

Cabe destacar entre as instituições e estruturas operacionais, o Presidente em exercício (*"Chairperson-in-Office"*) designado pelo Conselho Ministerial, o Secretariado, dirigido pelo Secretário-Geral, (proporciona apoio operacional à Organização), a Assembleia Parlamentar (facilita o diálogo interparlamentar, congregando 323 membros de 56 parlamentos nacionais, exceto a Santa Sé), o Escritório para as Instituições Democráticas e Direitos Humanos, o Alto-Comissário para as Minorias Nacionais e o Representante da OSCE para a Liberdade de Imprensa. A OSCE dispõe ainda de vários mecanismos para a resolução pacífica de conflitos como o Tribunal de Conciliação e Arbitragem.

A conceção de "segurança" estabelecida no Ato Final de Helsínquia abarca três dimensões (*"baskets"*): político-militar, económico-ambiental e humana. O acrescento das duas últimas dimensões representou uma abordagem securitária inédita. Este documento codificou os dez princípios de coexistência pacífica ("Decálogo"), princípios fundamentais que regulam o comportamento dos Estados em relação aos seus cidadãos e entre si. Estes princípios, ampliados pela Carta de Paris com particular ênfase na promoção e defesa dos direitos humanos e das liberdades fundamentais, na consolidação da democracia e preservação do Estado de Direito, permanecem fundamentais.

A *"Carta de Segurança Europeia"* adotada na Cimeira de Istambul (1999) e a Declaração de Astana *"Rumo a uma Comunidade de Segurança"* (2010) são documentos essenciais, definindo um conjunto de compromissos firmados na conceção de segurança abrangente e cooperativa. A OSCE é uma organização regional de alerta precoce, prevenção de conflitos, gestão não-militar de crises e reconstrução pós-conflito com vista a garantir a segurança e paz na área euro-atlântica. As áreas de atuação da OSCE compreendem o controlo de armamento, a gestão de fronteiras, o combate ao tráfico de seres humanos, o combate ao terrorismo, a prevenção e resolução de conflitos, a democratização, atividades económicas, a educação, a observação e assistência na realização de eleições democráticas, atividades ambientais, a igualdade de género, a boa governação, direitos humanos, a liberdade de imprensa e desenvolvimento, a reforma militar e cooperação, a promoção dos direitos das minorias (em particular, comunidades roma e sinti), o policiamento, promoção do Estado de Direito e tolerância e não discriminação.

Não obstante a OSCE ser considerada uma organização regional, o seu estatuto legal é ambíguo. À semelhança da CSCE não foi instituída por um tratado internacional e as várias tentativas de clarificação do seu estatuto têm-se revelado infrutíferas (recentes propostas de grupos de trabalho informais *"Draft Convention on the International Legal Personality, Legal Capacity, and Privileges and Immunities of the OSCE"* (2007) e *"Strengthening the Legal Framework of the OSCE"* (2014)) em virtude do dissenso entre os Estados Participantes, presentemente sobre a amplitude do estatuto e procedimentos para a sua efetivação, com implicações negativas na eficácia e eficiência da Organização.

Bibliografia

Nuray Ibryamova, "The OSCE as a regional security actor, A security governance perspective", in Emil J. Kirchner, Roberto Dominguez (eds.), *The Security Governance of Regional Organizations*, Global Institutions, Routledge, Abingdon, 2013, pp. 79-104.

David J. Galbreath, *The Organization for Security and Co-operation in Europe*, Global Institutions, Routledge, Abingdon, 2007.

João Mota de Campos (coord.), *Organizações Internacionais*, 4.ª ed., Coimbra Editora, Coimbra, 2010, pp. 745-772.

ORGANIZAÇÃO DO TRATADO DO ATLÂNTICO NORTE

SOFIA SANTOS

1. O confronto ideológico que se desenhava no período pós-Segunda Guerra Mundial e a aspiração de salvaguardar a liberdade, preservar valores comuns (democracia, liberdades individuais e respeito pelo direito) e de manter a paz e a segurança encontram-se subjacentes à criação da Organização do Tratado do Atlântico Norte (OTAN) em 1949.

O Tratado do Atlântico Norte concebe uma aliança militar entre Estados europeus e da América do Norte baseada na indivisibilidade da segurança. Os membros comprometem-se a resolver por meios pacíficos todas as divergências internacionais em que se possam encontrar envolvidos, *"por forma a não fazer perigar a paz e a segurança internacionais"* (artigo 1.º) e a desenvolver relações pacíficas e amigáveis (artigo 2.º) através de um processo de consultas (artigo 4.º). O artigo 5.º dispõe: *"as Partes concordam que um ataque armado contra uma ou várias delas na Europa ou na América do Norte será considerado um ataque a todas (...) cada uma, no exercício do direito de legítima defesa, individual ou coletiva, reconhecida pelo artigo 51.º da Carta das Nações Unidas, prestará assistência à Parte ou Partes assim atacadas, praticando sem demora, individualmente e de acordo com as restantes Partes, a ação que considerar necessária, inclusive o emprego da força armada, para restaurar e garantir a segurança na região do Atlântico Norte"*. O artigo 6.º, que complementa o artigo 5.º, precisa um ataque armado como um ataque contra o território de qualquer das Partes e contra as forças, navios ou aeronaves destas que se encontrem

ORGANIZAÇÃO DO TRATADO DO ATLÂNTICO NORTE

nesse território. O Tratado preceitua ainda o respeito pelos objetivos e princípios da Carta, nomeadamente pelo princípio da resolução pacífica dos conflitos internacionais e pelo princípio da proibição do uso da força e pela responsabilidade principal do Conselho de Segurança na manutenção da paz e da segurança internacionais (artigos 1.º, 5.º e 7.º).

A política de dissuasão e defesa permitiu assegurar o equilíbrio estratégico e a segurança na área euro-atlântica face à ameaça representada pela União Soviética e o Pacto de Varsóvia (1955) durante o conflito bipolar. Às críticas e dúvidas existenciais decorrentes das alterações geopolíticas, sucedeu a definição de um novo conceito estratégico da Aliança na Cimeira de Roma em 1991. As orientações foram ampliadas no conceito de Washington (1999), correspondendo às ações empreendidas pela OTAN na década de noventa e a fim de responder aos desafios securitários do século XXI. Esta redefinição estratégica associada à execução de missões e operações de distinta natureza e amplitude em diferentes regiões do globo permitiu a crescente afirmação da OTAN como uma organização internacional de segurança e defesa, cujo objetivo essencial e duradouro permanece a salvaguarda da liberdade e da segurança dos seus membros através de meios políticos e militares.

Esta Organização assenta num núcleo bipartido: político e militar. O órgão político principal é o Conselho do Atlântico Norte (artigo 9.º). Reúne os Representantes Permanentes dos 28 Estados-Membros (pode reunir ao nível dos Chefes de Estado e de Governo, ministros dos negócios estrangeiros ou da defesa) que decidem por unanimidade sobre questões de caráter político e operacional e é presidido pelo Secretário-Geral (designado pelo Conselho para um mandato de quatro anos). Ao Secretário-Geral, que lidera o Secretariado Internacional, incumbe ser o representante e porta-voz da Aliança, a promoção e direção do processo de consultas e de tomada de decisão, a proposta de assuntos para apreciação do Conselho e a promoção da resolução de conflitos entre os membros. Com autoridade similar à do Conselho, o Grupo de Planeamento Nuclear, composto pelos ministros da defesa dos Estados-Membros – à exceção da França – e presidido pelo Secretário-Geral, detém uma competência mais específica. É o órgão superior responsável pelo debate de questões no âmbito dos assuntos nucleares.

As principais instituições *militares* são o Comité Militar, a autoridade suprema no domínio militar, proporciona ao Conselho e ao Grupo de Planeamento Nuclear aconselhamento e assistência (reúne ao nível dos representantes militares bem como de Chefes de Defesa), o Estado-Maior Militar Internacional, o seu órgão executivo e a Estrutura de Comandos que se divide em dois comandos principais, sob autoridade do Comité: o Comando Aliado das Operações e o Comando Aliado da Transformação.

O Comando Aliado das Operações é liderado pelo Comandante Supremo Aliado na Europa (*"Supreme Allied Commander Europe"*, SACEUR) responsável pelo planeamento e execução de todas as operações. O Comando Aliado da Transformação tem como função principal impulsionar a transformação das estruturas militares, forças, capacidades e doutrinas e é liderado pelo Comandante Supremo Aliado para a Transformação (*"Supreme Allied Commander Transformation"* (SACT)).

2. Os conceitos e dimensões de "segurança"

O processo de transformação encetado pela OTAN escora-se numa interpretação extensiva de "segurança". Este facto reflete-se nas suas funções no âmbito das diferentes dimensões da segurança de modo a enfrentar com eficácia as ameaças emergentes e no emprego de distintos conceitos de "segurança". Em traços gerais:

2.1. "Segurança cooperativa"

O atual conceito estratégico (Conceito Estratégico de Lisboa, 2010) enuncia a "segurança cooperativa" como uma das funções securitárias fundamentais juntamente com a gestão de crises e a defesa coletiva prevista no artigo 5.º (§4). O documento delimita os contornos desta noção: "promoção da segurança internacional através da cooperação" que repousa em três linhas principais: parcerias com organizações internacionais e Estados relevantes (*"partners across the globe"* ou *"global partners"*), controlo de armamento, não proliferação e desarmamento e política de porta aberta (*"open-door policy"*) em conformidade com o artigo 10.º do Tratado do Atlântico Norte. Este artigo prevê a possibilidade de adesão ao Tratado por parte de Estados europeus com capacidade de favorecer o desenvolvimento dos princípios deste e de contribuir para a segurança da zona euro-atlântica, a qual se processa com base no "Plano de Ação para a Adesão" (MAP).

2.2. "Segurança ambiental"

Os problemas ambientais e escassez de recursos naturais poderão ter impacto no planeamento e nas operações da Aliança (Conceito Estratégico, §15). Este conceito compreende a preparação para enfrentar catástrofes naturais e de origem humana, medidas para fazer face ao impacto das alterações climáticas e escassez de recursos que poderão conduzir a tensões regionais e de violência, medidas de desmilitarização no âmbito dos *"Partnership for Peace Trust Funds"* tendo em vista a redução dos riscos ambientais entre outras medidas.

2.3. "Segurança energética"

As vias e infraestruturas de abastecimento energético são frequentemente alvo de ataques e perturbações, o que implica medidas a fim de promover a segurança energética tais como o conhecimento estratégico dos desenvolvimentos no domínio da energia com impacto na segurança, a proteção de infraestruturas energéticas críticas – aumentar a capacidade de resistência, necessidade agravada pela crescente dependência por parte de alguns membros de fornecedores e redes de abastecimento externos (Conceito Estratégico, §13). A segurança energética engloba medidas no sentido de uma maior eficiência energética no domínio militar (*"smart energy"*).

2.4. "Segurança cibernética"

O grau de sofisticação, de impacto e de frequência exige a proteção dos sistemas de comunicação e de informação da Aliança, promoção de uma maior capacidade de resistência ao nível das autoridades nacionais, setor privado e potencialmente das redes de transporte e de abastecimento e outras infraestruturas. O Conceito Estratégico salienta que tais ataques poderão ameaçar a prosperidade, a segurança e a estabilidade nacional e euro-atlântica (§12). A nova política de cibersegurança inclui a ciberdefesa no âmbito da defesa coletiva (artigo 5.º), confirma a aplicação do Direito Internacional ao ciberespaço e intensifica a cooperação da OTAN com a indústria. A ciberdefesa foi integrada na iniciativa de "Smart Defence".

Bibliografia

David S. Yost, *NATO's Balancing Act*, United State Institute of Peace Press, Washington, 2014.

Graeme P. Herd, John Kriendler (eds.), *Understanding NATO in the 21st century, Alliance Strategies, Security and Global Governance*, Contemporary Security Studies, Routledge, Abingdon, 2013.

ORGANIZAÇÕES INTERNACIONAIS DE SEGURANÇA E DEFESA

SOFIA SANTOS

I. Conceito

O Direito Internacional não oferece uma definição universalmente válida da noção de "Organizações Internacionais" (*stricto sensu*). Contudo, as definições enunciadas na doutrina jusinternacionalista denotam elementos caraterizadores comuns, aplicáveis às organizações com competência neste domínio material.

As "Organizações Internacionais de Segurança e Defesa" podem, assim, ser definidas como associações de sujeitos de Direito Internacional (em regra,

Estados) criadas por um ato jurídico internacional cujo traço distintivo essencial é o de consagrarem como um dos seus principais propósitos a prossecução da paz e da segurança, sustentada por uma estrutura institucional permanente e uma ordem jurídica próprias, em particular um sistema que articula as vertentes da segurança e da defesa. Este sistema prescreve as medidas necessárias e adequadas com o objetivo de debelar as ameaças securitárias numa determinada situação, que poderão estar confinadas a uma área geográfica ou deter uma amplitude internacional, no exercício dos poderes, explícitos ou implícitos, conferidos a estas organizações dotadas de personalidade jurídica.

As suas competências correlacionam-se com a interpretação de "segurança". O teor deste conceito tem-se tornado mais abrangente, repercutindo-se nos fundamentos conceptuais e institucionais e na prática destas organizações.

II. Os principais sistemas de segurança e defesa

Efetivamente, os novos desafios geopolíticos e securitários, sobretudo a partir da década de noventa do século XX evidenciaram gradualmente a indivisibilidade existente entre a vertente externa e a interna da "segurança" e a sua multidimensionalidade, o que implicou um processo de reforma e constante adaptação da estratégia securitária por parte da Organização das Nações Unidas (ONU), da Organização do Tratado do Atlântico Norte (OTAN) e da União Europeia (UE) e que se traduziu numa maior dinâmica na manutenção e restabelecimento da paz e da segurança. À escala regional, a União Africana tem desempenhado um papel relevante. Os atos constitutivos das Organizações Internacionais estabelecem as relações com os membros e com outros sujeitos internacionais, facto visível, neste domínio, nomeadamente na subordinação aos princípios da Carta das Nações Unidas.

A ação destas organizações materializa-se na resolução pacífica de conflitos internacionais, no restabelecimento e manutenção da paz, na gestão de crises e na reconstrução pós-conflito. Estas missões são conduzidas por iniciativa autónoma, com um mandato do Conselho de Segurança das Nações Unidas e/ou em articulação interorganizacional (cooperação simultânea ou sequencial).

Os sistemas revelam a singularidade das estruturas e dos procedimentos. Os contornos principais são, em síntese, os seguintes:

1. Organização das Nações Unidas

A ONU foi instituída em 1945 com um caráter universal. O artigo 1.º, n.º 1 estipula como objetivo primordial da Organização a manutenção da paz e segurança internacionais e, neste sentido, prevê a possibilidade de adoção de medidas coletivas.

Ao Conselho de Segurança incumbe a responsabilidade principal para o alcance de tal desiderato (artigo 24.º). Este órgão garante a observância do princípio geral de proibição do uso da força (artigo 2.º, n.º 4), norma de *ius cogens*, através da promoção, num primeiro momento, da solução pacífica dos conflitos nos termos do Capítulo VI. Mas é sobretudo ao abrigo do Capítulo VII, capítulo nuclear do sistema de segurança coletiva, que este órgão adquire uma ampla capacidade de ação ao deter a competência para determinar a existência de uma ameaça, rutura à paz ou ato de agressão (artigo 39.º), impor medidas provisórias (artigo 40.º) ou, se necessário, medidas coercitivas não militares (artigo 41.º) ou medidas coercitivas militares como *ultima ratio* (artigo 42.º). Além disso, o sistema prevê a possibilidade dos Estados recorrerem ao uso da força no exercício do direito de legítima defesa, individual ou coletiva, com base no artigo 51.º.

Nos termos do Capítulo VIII, às organizações regionais compete a solução pacífica das controvérsias locais (artigo 52.º, n.ᵒˢ 2 e 3), no entanto, perante a impossibilidade de tal resolução, o Conselho poderá autorizar o recurso à força (artigo 53.º, n.º 1). Com efeito, estas organizações têm constituído um importante mecanismo para a solução pacífica de controvérsias e execução de medidas coercitivas militares, uma vez que a ONU não dispõe de uma componente militar *de facto* apesar de prevista na Carta (acordos especiais com base no artigo 43.º e uma Comissão de Estado-Maior operacional que deveria assistir e apoiar o Conselho nos termos do artigo 47.º).

2. Organização do Tratado do Atlântico Norte

A OTAN foi estabelecida como uma aliança militar em 1949 com o intuito de fazer face à ameaça comum aos Estados-Membros representada pela União Soviética.

Com o fim da Guerra Fria, a Aliança Atlântica iniciou um processo de transformação, patente em diferentes conceitos estratégicos que têm preceituado as funções e princípios essenciais, os valores e os novos objetivos estratégicos em consonância com o ambiente securitário, e na reforma estrutural.

O órgão político principal é o Conselho do Atlântico Norte (artigo 9.º do Tratado do Atlântico Norte) que reúne representantes de alto nível dos 28 Estados-Membros que decidem por unanimidade após um processo de consulta (artigo 4.º). As principais instituições militares são o Comité Militar, que reúne ao nível dos representantes militares bem como de Chefes de Defesa, o seu órgão executivo, o Estado-Maior Militar Internacional e a Estrutura de Comandos constituída pelo Comando Aliado das Operações, responsável pelo planeamento e execução de todas as operações e pelo Comando Aliado da Transformação, com a função de impulsionar a reforma da Aliança.

ORGANIZAÇÕES INTERNACIONAIS DE SEGURANÇA E DEFESA

O Conceito Estratégico *"Active Engagement, Modern Defence"* aprovado na Cimeira de Lisboa em 2010 alicerçou os desenvolvimentos institucionais e conceptuais ocorridos na primeira década do século XXI e delineou a orientação futura. O objetivo fundamental permanece a *"salvaguarda da liberdade e da segurança de todos os seus membros através de meios políticos e militares"* (§1).

A defesa coletiva prevista no artigo 5.º, invocado pela primeira vez na sequência dos ataques de 11 de Setembro de 2001, permanece uma das funções fulcrais a par da gestão de crises e da segurança cooperativa, estas últimas assim designadas no atual Conceito Estratégico (§4). Para a execução das operações e missões, que poderão decorrer para além da área geográfica prevista no Tratado (artigo 6.º) com vista à manutenção ou restabelecimento da paz e segurança internacionais, a OTAN depende, amplamente, da disponibilização de recursos a nível financeiro e militar pelos seus membros.

3. União Europeia

A base institucional e normativa da Política Externa e de Segurança Comum (PESC) instituída com o Tratado de Maastricht de 1992 foi ampliada e integrada nas sucessivas revisões dos tratados constitutivos (Tratado de Amesterdão de 1997, o Tratado de Nice de 2001 e o Tratado de Lisboa de 2007, em vigor desde 2009).

As disposições relativas à PESC encontram-se especificadas no Título V, Capítulo 2 do TUE. Uma figura central é a do Alto Representante da União para os Negócios Estrangeiros e a Política de Segurança responsável pela coordenação e condução desta política (artigo 18.º). O Alto Representante é coadjuvado pelo Serviço Europeu para a Ação Externa (artigo 27.º, n.º 3) e pelo Comité Político e de Segurança (artigo 38.º). Este órgão, por seu turno, é assistido pelo Comité para os Aspetos Civis da Gestão de Crises, por um grupo de trabalho político--militar, pelo Estado-Maior e pelo Comité Militar da União Europeia, que pode reunir ao nível dos representantes militares ou de Chefes de Defesa.

A Política Comum de Segurança e Defesa (PCSD) é parte integrante da política externa. Esta política assegura à União uma capacidade operacional apoiada em capacidades civis e militares pelos 28 Estados-Membros, com caráter voluntário, que pode empregar em missões externas a fim de garantir a manutenção de paz, a prevenção de conflitos e a segurança internacional (artigos 42.º, n.º 1, e 43.º, n.º 1).

O sistema de segurança e defesa integrou uma cláusula de defesa mútua – *"se um Estado-Membro vier a ser alvo de agressão armada no seu território, os outros Estados-Membros devem prestar-lhe auxílio e assistência por todos os meios ao seu alcance (...)"* (artigo 42.º, n.º 7) – e uma cláusula de solidariedade, que estabelece a possibilidade de uma ação conjunta da União e dos Estados-Membros se um Estado for alvo de um ataque terrorista ou vítima de uma catástrofe natural ou de origem humana, aplicável no âmbito da PCSD (artigo 222.º do Tratado sobre o Funcionamento da União Europeia).

A natureza intergovernamental da PESC subsiste apesar do impulso unificador do Tratado de Lisboa, a supressão da estrutura de pilares ("despilarização"). Esta política encontra-se *sujeita a regras e procedimentos específicos* (artigo 24.º, n.º 1). É definida e executada pelo Conselho Europeu e pelo Conselho (artigos 26.º, n.os 2 e 3, 42.º, n.º 2, e 43.º, n.º 2). Em regra, as deliberações são aprovadas por unanimidade (artigos 31.º, n.º 1, e 42.º, n.º 2). A Comissão Europeia e o Parlamento Europeu não detêm poder decisório e o Tribunal de Justiça da União Europeia não dispõe de competência nesta matéria (artigo 24.º, n.º 1).

Bibliografia

João Mota de Campos (coord.), *Organizações Internacionais*, 4.ª ed., Coimbra: Coimbra Editora, 2010, pp. 229-328 e pp. 697-772.

Jorge Bacelar Gouveia, *Manual de Direito Internacional Público*, 4.ª ed., Almedina, Coimbra, 2013, pp. 516-538 e pp. 701-730.

Jorge Miranda, Curso de Direito Internacional Público, 5.ª ed., Lisboa: Princípia, 2012, pp. 241-267.

Sofia Santos, "As Nações Unidas, a OTAN e a Política Externa e de Segurança Comum da União Europeia enquanto principais catalisadores da segurança internacional", Jorge Bacelar Gouveia (coord.), *Estudos de Direito e Segurança*, vol. II, Coimbra: Almedina, 2012, pp. 423-448.

Torsten Stein, Christian von Buttlar, *Völkerrecht*, 13. Auflage, Vahlen, München, 2012, pp. 116-136.

ÓRGÃO DE POLÍCIA CRIMINAL

ANDRÉ VENTURA

Os órgãos de polícia criminal são entidades cuja função essencial é coadjuvar e auxiliar as autoridades judiciárias no âmbito da investigação criminal. Retiram-se daqui dois elementos importantes, que devem ser sublinhados: por um lado, a direcção da investigação não cabe aos órgãos de polícia criminal, estando confinada à competência material das autoridades judiciárias responsáveis em cada fase do processo; por outro lado, os órgãos de polícia criminal actuam no processo sob a dependência funcional destas autoridades judiciárias.

Estes aspectos estão patentes no art. 2.º da Lei de Organização da Investigação Criminal (Lei n.º 21/2000 de 10 de Agosto), onde se estatuí, por um lado, que "*a direcção da investigação cabe à autoridade judiciária competente em cada fase do processo*" (n.º 1) e, por outro, que "*os órgãos de polícia criminal actuam no processo sob*

ÓRGÃO DE POLÍCIA CRIMINAL

a direcção e na dependência funcional da autoridade judiciária competente, sem prejuízo da respectiva organização hierárquica" (n.º 4).

É necessário compreender a materialidade subjacente aos conceitos de 'direcção' e de 'dependência funcional' empregues pelo texto normativo. No essencial, esta opção revela um particular modelo de coabitação institucional entre as autoridades judiciárias (especialmente o Ministério Público) e os órgãos de polícia criminal, afastando assim do ordenamento jurídico português quer o modelo de dependência directa total dos órgãos de polícia criminal, quer o modelo de autonomia orgânica plena. Como tem sido sublinhado pelo Conselho Superior do Ministério Público, deve notar-se que "*em sede de relacionamento da polícia criminal com as autoridades judiciárias, não se consagrou nem um sistema de autonomia orgânica e funcional, nem um sistema de total dependência orgânica e funcional da polícia criminal perante a autoridade judiciária, mas um sistema de dependência funcional*".

Uma das características desta dependência funcional reporta-se à autonomia técnica e táctica dos órgãos de polícia criminal no âmbito das respectivas investigações, isto é, apesar do domínio funcional da autoridade judiciária na definição da direcção e dos termos da investigação, competirá ao órgão de polícia criminal a decisão relativamente à forma de melhor concretizar a linha decidida pelas autoridades judiciárias, bem como a selecção dos funcionários que, especificamente, levarão a cabo os actos processuais. Neste sentido, o n.º 5 do art. 2.º da Lei de Organização da Investigação Criminal determina que "*as investigações e os actos delegados pelas autoridades judiciárias são realizados pelos funcionários designados pelas entidades dos órgãos de polícia criminal para o efeito competentes, no âmbito da autonomia técnica e táctica necessária ao eficaz exercício dessas atribuições*".

Neste contexto, é importante distinguir os órgãos de polícia criminal das forças de segurança e de polícias administrativas, apesar das similitudes jurídicas, orgânicas e institucionais que, por vezes, se possam sobrepor. De facto, enquanto que a função específica dos órgãos de polícia criminal é o auxílio das autoridades judiciárias no âmbito de um processo de investigação criminal, as forças de segurança (definidas especificamente na Lei de Segurança Interna) têm como primordial objectivo a salvaguarda da ordem e da segurança públicas em todo o território nacional. O Serviço de Informações e Segurança (SIS), por exemplo, é considerado uma força de segurança mas não um órgão de polícia criminal. O mesmo se passa com as policias administrativas, cuja função essencial é garantir o cumprimento e a fiscalização das normas administrativas (em sede de organização do território, urbanismo, actividade económico--comercial, etc.), como é o caso das Policias Municipais, claramente fora do escopo jurídico dos órgãos de policia criminal.

Deve ainda ser sublinhado que os órgãos de polícia criminal se distinguem, em Portugal, essencialmente quanto à sua competência. Por um lado, temos um grupo a quem está confinada competência genérica de investigação (a PJ, a PSP e a GNR) e, por outro, um grupo distinto com competências específicas, atendendo às suas finalidades e missão (o caso do SEF, da ASAE, da AT, entre outros).

Finalmente, é importante notar que, no âmbito do ordenamento jurídico português, ao contrário do que sucede noutros sistemas, os órgãos de polícia criminal não estão confinados a acções de investigação, podendo ao mesmo tempo promover e coordenar acções de prevenção. No entanto, mesmo nestes casos, a direcção das mesmas caberá à autoridade judiciária competente, no âmbito da competência funcional acima descrita. É essencialmente o que resulta da alínea b) do n.º 3 do art. 3.º da Lei de Organização da Investigação Criminal onde se estatui expressamente que *"compete aos órgãos de polícia criminal (...) desenvolver as acções de prevenção e investigação da sua competência ou que lhes sejam cometidas pelas autoridades judiciárias competentes"*.

Bibliografia

Sousa, António Francisco – Polícia Administrativa: Autoridades, Órgãos e competências. Revista de Estudos Jurídico-Políticos, n.º 9/12. Polis: Porto, 2003, pp. 105 e ss.

Sunshine, Jason; Tyler, T.R – Moral Solidarity, Identification with the community, and the importance of procedural justice: The Police as prototypical representatives of a group's moral values, in: Society Psychology Quarterly. [Em linha]. 66 (2003), p. 154 [Consultado em 2 de Jun. 2009]. Disponível em: http://www.soc.iastate.edu/soc522a/PDF%20readings/Sunshine.pdf.

PENA

André Ventura

O conceito de pena está associado a uma específica linguagem de responsabilização ético-social. Punir, ou aplicar uma pena, corresponde a uma acção antropológica – e consciente – de chamar à responsabilidade alguém em consequência da prática de um determinado facto ou, em linguagem eminentemente jurídica, de uma determinada acção.

Se a noção de crime corresponde à descrição formal de uma determinada conduta considerada lesiva de bens jurídicos fundamentais, a pena adquire uma dimensão e uma função insubstituíveis. Numa primeira abordagem, poderemos considerar a pena como a mais grave consequência derivada da prática da conduta criminosa, expressão da censura histórico-comunitária imposta a esse mesmo comportamento. Assim, no conjunto das sanções jurídicas, a pena distingue-se de outros mecanismos sancionatórios relacionados com outras áreas do ordenamento jurídico, especialmente o direito civil, pelo seu específico sentido de estigmatização e pelas suas finalidade próprias, relacionadas com a figura jus-filosófica da reintegração (propriamente densificada no art. 40.º do Código Penal Português).

Como refere Faria Costa "*a pena representa a reacção de uma comunidade de homens àqueles comportamentos penalmente proibidos por essa mesma comunidade. O que bem demonstra, em nosso ver, que a pena é o reflexo dos valores dessa comunidade em ter um certo tempo e um certo espaço. A pena é, sobretudo, a refracção do entendimento do homem sobre si próprio. Precisamente por isso, a pena repõe o sentido em primevo da relação de cuidado-de-perigo*".

Ora, para além deste conceito de reacção comunitária, o que distingue a pena, do ponto de vista jurídico e sociológico (enquanto sanção criminal) é a característica específica e determinante de implicar (ou poder implicar) privação de liberdade, ao contrário das demais sanções jurídicas. Esta é uma linha de pensamento que tem sido particularmente sublinhado pela moderna criminologia anglo-saxónica.

Como refere Teresa Beleza, focando precisamente este aspecto, "*considerando o direito penal português no seu conjunto, aquilo que é mais característico é sempre uma possibilidade de privação da liberdade. Isto porque, mesmo no caso de aplicação da pena de multa, continua a existir a possibilidade de recurso à pena de prisão para aqueles que não pagam essa multa*".

Bibliografia
Ventura, André, Lições de Direito Penal – Volume I, Chiado Editora (2013).
Beleza, Teresa, Direito Penal, AAFDL, 2.ª ed. revista, Lisboa (1984).
Faria Costa, José de, Noções Fundamentais de Direito Penal, 3.ª ed., Coimbra Editora (2012).

PENA DE MORTE

ANDRÉ VENTURA

A pena de morte corresponde à sanção criminal mais grava que poderá ser imposta pelo sistema criminal e que consiste em eliminar, física e biologicamente, o agente responsável pela prática de determinado (s) ilícito (s).

As origens da pena de morte enquanto instituto jurídico remontam à Lei de Talião ("olho por olho, dente por dente") recolhida no famoso Código de Hamurabi (século XVII a.c.), em que se vislumbra já um desenvolvimento cuidado – e articulado com outros institutos – da figura da pena de morte. Em regra, estava associada à prática de crimes considerados muito graves ou ofensas politicas contra o Estado ou contra o Imperador ou Monarca. Apesar da crueldade com que, ao longo da história, esta pena tem sido aplicada, vários foram os pensadores clássicos que a defenderam e sustentaram, jurídica e filosoficamente. Neste rol encontramos nomes como Platão, Aristóteles, Jean-Jacques Rosseau e mesmo Friedrich Hegel, entre outros, onde merecem ser especialmente destacados os principais teóricos da democracia norte-americana.

A aceitação da pena de morte nos vários ordenamentos jurídicos tem sido extremamente polémica, conhecendo-se uma redução consistente e progressiva deste instituto desde o final da Segunda Guerra Mundial, especialmente a partir dos anos oitenta. A Europa tem sido o espaço geográfico em que esta redução tem sido especialmente verificada de forma consistente, na quase totalidade dos casos sem qualquer reversão no processo de abolição.

Portugal tem, face ao instituto da pena de morte, uma história curiosa, tendo sido o segundo Estado, após o Grão-Ducado da Toscana (1786), a banir aquela figura do seu sistema criminal. Este processo não foi, no entanto, homogéneo nem uniforme, passando por várias fases e , por vezes, retrocessos. De facto, enquanto que em 1852 a pena de morte é abolida para crimes políticos ou contra o Estado e em 1867 esta regra se alarga aos crimes civis, é apenas em 1911 que a figura da pena de morte é completamente erradicada do ordenamento jurídico, mesmo no âmbito dos crimes militares cometidos em tempo de guerra.

É um erro comum considerar que foi a Ditadura, instaurada em 1926 após o golpe militar de 28 de Maio, que reintroduziu a pena de morte. Na verdade, a pena de morte para crimes relacionados com actos de traição cometidos em tempo de guerra foi reintroduzida ainda em 1916, portanto em plena I República. Este ponto é especialmente relevante, sobretudo porque os documentos disponíveis parecem apontar para a existência de uma última execução na história de Portugal precisamente ocorrida em 1917, durante a participação portuguesa na Primeira Guerra Mundial, devida ao crime de traição em tempo de guerra.

Neste sentido, apenas se pode considerar completamente abolida a pena de morte em Portugal com a aprovação da Constituição da República Portuguesa de 1976 que, no n.º 2 do art. 24.º estatui que *"em caso algum haverá pena de morte"*.

Para além da abolição da pena de morte no ordenamento jurídica interno, Portugal tem levado a cabo um esforço consistente no sentido de promover a abolição daquele instituto no mundo inteiro e tem sido um dos Estados mais exigentes quanto a este assunto em termos de cooperação judiciária internacional e de execução dos mandados de detenção europeus, aprovados pela Decisão – Quadro 2002/584/JAI, do Conselho, de 13 de Junho.

Bibliografia
Guernsey, Joann, Death Penalty: Fair Solution Or Moral Failure?, Twenty-First Century Books (2009).
Hastie, Reid, Inside the Jury, The Lawbook Exchange (2013).

POLÍCIA

João Raposo

1. A polícia pode ser encarada como *atividade* e como *instituição*. Em *sentido material ou funcional*, a polícia é uma atividade de prevenção da perigosidade social; *em sentido institucional ou orgânico*, o conjunto dos serviços da Administração Pública com funções essencialmente policiais. A polícia pode ainda ser entendida como o conjunto das tarefas a cargo das entidades policiais, independentemente da sua natureza, falando-se a esse propósito num *sentido formal* de polícia (ou polícia *por atribuição*).

2. Não é fácil definir a polícia enquanto *atividade*. Poder-se-á, no entanto, assentar na ideia de que *a polícia em sentido material consiste no modo de atuação administrativa destinado a prevenir os perigos que ameaçam determinados bens jurídicos fundamentais – na economia do artigo 272.º, n.º 1, da Constituição, a legalidade democrática, a segurança interna e os direitos dos cidadãos*. Como é próprio da função administrativa, a polícia é pró-ativa: cabe-lhe detetar e neutralizar as ameaças aos referidos bens, impedindo as condutas ilícitas que os coloquem em perigo e pondo cobro às atuações que os lesem. A sua ação desenvolve-se no respeito pela legalidade, fazendo uso dos poderes de autoridade consagrados na lei. Especialmente no que concerne ao recurso a meios coercivos – para repelir uma agressão, em defesa própria ou de terceiros, ou para vencer resistência à execução do serviço policial –, o princípio da proporcionalidade impõe o uso prudente e equilibrado de tais meios, tendo em conta os interesses em presença e os direitos de terceiros. A atividade policial incide sobre comportamentos ou ocorrências suscetíveis de afetar interesses gerais – pelo que, em princípio, lhe são indiferentes os conflitos meramente privados. No entanto, em casos de urgência, e na impossibilidade de recurso em tempo útil aos tribunais, pode acontecer que a polícia seja chamada a resolver, ainda que provisoriamente, conflitos desta natureza. Sendo a *segurança coletiva* um bem diretamente protegido pelo Estado, a função policial é levada a cabo por serviços integrados na Administração Pública. Tal não significa, porém, a proibição da *segurança privada*, entendida como a atividade desenvolvida por particulares com vista à sua própria proteção (auto-proteção) ou no interesse de terceiros (hétero-proteção), a qual não envolve o exercício de prerrogativas de autoridade.

3. Na atividade policial, *por natureza*, cumpre distinguir a prevenção da criminalidade (*polícia judiciária*) da prevenção dos restantes perigos (*polícia administrativa*, em sentido restrito). A atividade de polícia judiciária é regulada pela Lei de Organização da Investigação Criminal (Lei n.º 49/2008, de 27 de agosto, alterada pela Lei n.º 34/2013, de 16 de maio) e pelo Direito Processual Penal; as atividades de polícia administrativa, pelo Direito de Polícia, ramo do Direito Administrativo geral. A polícia administrativa abrange as diversas áreas de atividade humana onde possam existir perigos que, pela sua relevância, justifiquem uma intervenção de autoridade. Assim, e em primeira linha, temos a polícia de segurança pública, destinada a assegurar o cumprimento da lei e a garantir a segurança das pessoas e bens, e das instituições políticas. Mas, a par dela, encontramos múltiplas atividades de polícia administrativa *especial*, como é o caso das polícias de viação, dos transportes, dos espetáculos, económica, fiscal, sanitária, de segurança alimentar, do ambiente, florestal, do urbanismo, informática, etc.

4. A função policial compreende a realização de *operações materiais* e a prática de *atos jurídicos*. Cabem no primeiro grupo as atuações de polícia que, em si mesmas, não visam produzir alterações na ordem jurídica (por exemplo, uma vigilância, a detonação controlada de um engenho explosivo, a remoção de um obstáculo na via pública, a imobilização física de um indivíduo, a dispersão de uma manifestação ilegal, etc.). As principais espécies de atos jurídicos de polícia são as ordens e as proibições (atos impositivos), e as autorizações e as licenças policiais (atos permissivos). Específicas da função policial administrativa são as denominadas *medidas de polícia*, a que a Constituição se refere expressamente no n.º 2 do artigo 272.º e das quais a Lei de Segurança Interna constitui o principal repositório em matéria de segurança pública. Por seu turno, os poderes genéricos dos órgãos e das autoridades de *polícia criminal* estão consagrados no Capítulo II da Lei de Organização da Investigação Criminal e no Código de Processo Penal.

5. Menos complexa se apresenta a noção de *polícia em sentido institucional*. Denominam-se *serviços ou corpos de polícia os serviços da administração direta das pessoas coletivas públicas de base territorial (Estado, Regiões Autónomas e municípios) com funções exclusiva ou predominantemente policiais*. Nos serviços de polícia encontramos as *autoridades de polícia*, às quais cabe, em regra, dirigir os serviços e exercer funções de comando, sendo competentes para aplicar as medidas de polícia. Na sua dependência estão os *agentes de polícia*, cuja função consiste em executar o serviço policial. O pessoal policial pode ser civil (como acontece na Polícia de Segurança Pública), militar (é o caso dos militares da Guarda Nacional Republicana) ou militarizado (como sucede com o pessoal militarizado da Marinha integrado na Polícia Marítima). Os principais serviços de polícia existentes no ordenamento jurídico português são, a nível estadual, a Polícia de Segurança Pública, a Guarda Nacional Republicana e a Polícia Marítima (com a natureza de forças de segurança), a Polícia Judiciária e o Serviço de Estrangeiros e Fronteiras (serviços de segurança), a Polícia Judiciária Militar (com competência para a prevenção e investigação dos crimes estritamente militares) e a Autoridade de Segurança Alimentar e Económica; nas Regiões Autónomas dos Açores e da Madeira, os respetivos Institutos Regionais das Atividades Económicas e as Polícias Florestais; e no plano autárquico, as polícias municipais. As forças e os serviços de segurança integram-se no Sistema de Segurança Interna. Enfim, os diversos ramos das Forças Armadas dispõem de polícias privativas, com jurisdição limitada aos respetivos militares e cuja função consiste, essencialmente, em fazer cumprir a lei e os regulamentos militares, bem como manter a ordem e a disciplina nos espaços castrenses.

Os serviços de polícia acumulam, em regra, atividades de polícia administrativa e de polícia judiciária. Todavia, a Polícia Judiciária e a Polícia Judiciária Militar são polícias exclusivamente criminais; e as polícias municipais apenas têm funções de polícia administrativa. As missões e as competências específicas dos diferentes corpos de polícia constam das respetivas leis orgânicas e de abundante legislação avulsa.

6. *No conceito formal de polícia cabem todas as tarefas, policiais ou de outra natureza, confiadas por lei às polícias.* Percorrendo o elenco das competências constante das respetivas leis orgânicas, constata-se efetivamente que, a par das matérias de polícia, propriamente ditas, daquele enunciado também podem fazer parte a proteção civil, a investigação criminal e contra-ordenacional, a recolha e tratamento de informação, etc. – atividades que, conforme referido, não correspondem à matriz da polícia.

Bibliografia

Brito, Miguel Nogueira de, *Direito Administrativo de Polícia,* in *Tratado de Direito Administrativo Especial,* Volume I, Paulo Otero e Pedro Gonçalves, coord., Coimbra, 2009, pp. 281-456.

Castro, Catarina Sarmento e, *A Questão das Polícias Municipais,* Coimbra, 2003.

Machete, Pedro, *Constituição Portuguesa Anotada,* Jorge Miranda e Rui Medeiros, coord., Tomo III, Coimbra, 2007, anotação ao artigo 272.º.

Raposo, João, *Direito Policial,* vol. I., Coimbra, 2006.

Valente, Manuel Monteiro Guedes, *Teoria Geral do Direito Policial,* 4.ª ed., Coimbra, 2014.

POLÍCIA CIENTÍFICA/CRIMINALÍSTICA

José Manuel Anes

A Criminologia é a aplicação das Ciências Sociais e Humanas (Sociologia, Direito, Psicologia, Antropologia Social e Cultural, etc.) à investigação do crime. Por seu turno, a Criminalística é a aplicação das Ciências "exactas" (Física, Química, Biologia, Farmácia, Matemática, Engenharia, etc.) à investigação do crime. A Criminalística situa-se no contexto das Ciências Forenses e tem estreita relação sobretudo com a Investigação criminal mas também por vezes com a Medicina Legal. A Criminalística inclui aquilo a que se chama de Polícia Científica e também a Polícia Técnica (Cena do crime, Desenho, Fotografia, etc.).

Consideram alguns autores que a Investigação criminal tem duas principais etapas: a) a etapa "artesanal", na qual sobressai a experiência do investigador, a sua intuição e faro policial, etc., enquadrados pela metodologia de raciocínio e pelas normas jurídico-legais; b) a etapa científica sobretudo desenvolvida a partir de meados do século XIX com a aplicação crescente das ciências exactas ao estudo crime e em que, sem menosprezar a experiência e o "faro" do investigador – sempre importantes –, a metodologia de investigação criminal tem cada vez mais de ser complementadas por análises técnico-científicas da prova material (sobretudo em finais do século XIX e princípios do século XX).

História da Criminalística e da Polícia Científica

- Até finais do século XIX

- No século XIX começa de um modo claro a transição entre as fases "artesanal" e a "científica", através de nomes como Alphonse Bertillon (Antropometria), etc., – não esquecendo a contribuição de Connan Doyle com os livros de Sherlock Holmes, cheio de aplicações da ciência da época ao estudo do crime, tendo recebido por isso mesmo o título de Fellow of the Royal Society of Chemistry.

- Finais do século XIX e século XX

- É no entanto no século XX que a Ciências Forenses se impõem através de nomes e disciplinas tais como:
  Leone Lattes (Toxicologia), Francis Galton (tratado "Finger Prints", "Impressões digitais"), Cor. Calvin Goddard (Balística), etc. De salientar Edmond Locard que no começo do século XX estabelece em Lyon (cidade onde era Professor universitário) o primeiro Laboratório de Polícia Científica com todas as suas valências.

Princípios da Criminalística

1) Princípio de Locard:

- Todo o contacto deixa um traço, ou um criminoso deixa vestígios no local do crime e por sua vez recebe vestígios por parte da cena do crime.

2) Princípio da individualidade

- As características morfológicas, físico-químicas e biológicas devem ser únicas para uma identificação inequívoca (ex. as impressões digitais e os perfis de ADN).
  De notar que o Princípio das Ciências naturais ou Lei de Occam – "a explicação mais simples prevalece sobre a mais complexa" – não se aplica a muitos

crimes particularmente os mais complexos nos quais, através de uma construção complexa e artificial, o criminoso quer desorientar a polícia e a sua investigação criminal.

O Trabalho na Cena do Crime

Situa-se no campo da chamada Polícia Técnica mas é indispensável ao trabalho de Polícia Científica que irá analisar os vestígios por aquela recolhidos. De facto, se os vestígios não forem bem recolhidos, por mais competente e valioso que seja o trabalho de laboratório forense, este ficará comprometido e de pouco valerá quer em investigação criminal quer no tribunal. Assim, a regra a respeitar escrupulosamente é a de que "nada deve ser retirado nem acrescentado à Cena do Crime" e neste sentido o cuidado com a não contaminação é fundamental. Para isso os fatos, utensílios, e recipientes apropriados ao trabalho, à recolha e à embalagem dos vestígios e objectos – e também ao seu transporte para o laboratório – deve ser uma preocupação constante do pessoal que trabalha na cena do crime e dos seus responsáveis.

Paralelamente ao Protocolo deste tipo de trabalho e das suas boas práticas, é muito importante a Cadeia de Custódia da Prova que é um formulário que regista todos os nomes que trabalharam na cena do crime e o grupo data/hora, local e natureza da sua intervenção.

Métodos de identificação pessoal

Têm de ser únicos, diversos e perenes, o que acontece quer com a Lofoscopia e com o ADN.

– Lofoscopia – estudo, registo e comparação das cristas dermo-papilares dos dedos, das palmas das mãos e dos pés

De entre eles a Dactiloscopia – registo e observação das impressões digitais (I.D.) – é o mais frequente. Há que considerar as impressões visíveis, as plásticas e as latentes, necessitando estas últimas a revelação através de substâncias e métodos diversos (ninidrina, pós diversos, "super cola3", laser, etc.). As I.D. suspeitas são então comparadas com as que constam numa base de dados informática, a AFIS – Automated Fringerprints Identification System.

– ADN – esta unidade base da constituição genética dos indivíduos é das mais modernas aplicações à Criminalística e à Polícia Científica (a partir de finais dos anos 80 do século XX). Sangue, saliva e esperma são os materiais biológicos mais correntes na Biologia forense, mas também podem ser utilizados cabelos, etc. Os perfis de ADN suspeitos são comparados com uma base de dados CODIS – Combined DNA Identification System que contem em teoria os perfis de indivíduos a quem foram aplicadas penas de prisão iguais ou superiores a 3 anos.

Toxicologia forense

A Toxicologia ocupa-se da identificação de venenos e drogas apreendidas – a detecção destes produtos no organismo (vivo ou morto) em princípio é tarefa da Medicina Legal. Os venenos podem ser minerais (Tálio, Arsénio, etc.) ou orgânicos (por exemplo o paratião). As drogas podem dividir-se em quatro categorias: Narcóticos (ex. Morfina, Heroína, Metadona, Codeína), Depressores (barbitúricos, álcool, diazepinas, metaqualona, etc.), Estimulantes (ex.: Cocaína, Anfetaminas, cafeína, nicotina) e Halucinogénicos (LSD, Marijuana ou Liamba, Haxixe, PCP – fenilciclidina, etc.). Há ainda a considerar as chamadas drogas de "clubes" (bares, discotecas, etc.) como o Exctasy (MDMA), o Rohypnol ("roofies"), o GHB, etc. Outro problema foram as drogas vendidas pelas "smart shops" com composições químicas à partida não identificáveis, apresentando nomes sedutores para os jovens: "speed 8", "happy caps",etc.

Balística forense

Inclui a determinação das trajectórias dos projectéis (hoje recorrendo a uma pistola "Laser"), a identificação das armas (marca, modelo, ano de fabrico, calibre) e a comparação – no Microscópio de Comparação Balistica –, através das estrias provocadas pelo interior do cano e as marcas deixadas pelo percutor, extractor, etc., entre um projéctil ou cápsula suspeitos e aqueles que foram disparados por uma determinada arma. Existe uma base de dados balística – IBIS-Integrated Balistic Identification System – onde são registadas as marcas deixadas pelas armas, permitindo associar projécteis e cápsulas a determinadas armas.

Documentos suspeitos

O objectivo é determinar num documento suspeito se seestá em presença de uma falsificação (alteração parcial) ou contrafacção (falsificação completa). Para isto duas áreas são essenciais e que recorrem a análise química ou à utilização de luzes alternativas em relação à visível (ultravioleta, infravermelho; etc.): a da análise do suporte do documento e a análise do que lá está impresso e/ou escrito – este último domínio é o da Comparação de escrita manual

Há ainda a considerar o estudo de Incêndios (e determinação da eventual origem criminosa) e de explosões (por gás ou por explosivos) e ainda todo um capítulo das ADM-Armas de Destruição Massiva (químicas, biológicas, radiológicas, nucleares).

Por último deve referir-se a área de Química que analisa gases lacrimogéneos, pós diversos, etc. e que procede ao reavivamento de marcas rasuradas (em armas e enviaturas) e à detecção de resíduos de disparos nas mãos de suspeitos – por

Microscopia Electrónica de Varrimento analítica com Epectroscopia de Fluorescência de Raios-X.

A este propósito refira-se que um Laboratório forense tem diversos métodos analíticos, desde o que acabámos de referir até às Cromatografias (em papel, em placa, de Gás-Líquido, de Líquido-Líquido) e às Espectroscopias diversas (Ultravioleta e visível, Infravermelhos, etc.).

Bibliografia
Maria J. Pinheiro, *As Ciências Forenses e o Sistema de Justiça*, Pactor/Lidel, 2013.
Richard Saferstein, *Criminalistics*, Pearsin, 10th edition.

POLÍCIA DO EXÉRCITO

José Fontes

As unidades de *Polícia do Exército* são forças de apoio de combate e de serviços flexíveis e complementares, capazes de executar operações em todo o espectro das operações militares, no âmbito nacional ou internacional, de acordo com a sua natureza, estando especialmente vocacionadas para serem empregues primariamente na manutenção da disciplina, da lei e da ordem; no apoio à mobilidade; na segurança de área e em operações de prisioneiros de guerra.

A *Polícia do Exército* pode desempenhar funções em tempo de guerra ou em tempo de paz e participar em missões internacionais exercendo funções de polícia militar ou outras. Em teatro de operações ou em regiões sujeitas a ações de combate, a *Polícia do Exército* pode ainda fiscalizar movimentos de indivíduos civis e, entre outros, evitar pilhagens ou tumultos e garantir a proteção pessoal de determinadas entidades. Em território nacional cabe-lhe, por exemplo, manter a ordem entre militares, fiscalizar a circulação militar quando estiverem a ser executados movimentos de tropas e fiscalizar os movimentos de civis ou de militares em zonas sob *jurisdição* do Exército. Em território nacional a *Polícia do Exército* participa também nas diferentes fases de empenhamento dos Planos do Exército no âmbito das *Outras Missões de Interesse Publico*, assim como no acionamento dos respetivos meios, quando e na forma que lhe for determinada, podendo, em situações legalmente estipuladas, as autoridades civis solicitar o auxílio ou a cooperação militares por parte da *Polícia do Exército*.

No campo internacional tem participado em projetos de cooperação técnico-militar, no âmbito da sua tipologia de força, conforme definido superiormente e em missões operacionais. O desempenho da *Polícia do Exército* segue a *NATO Military Police Doctrine*.

Em Portugal existiu até 1976 uma força designada Polícia Militar e atualmente existe ainda uma Polícia Aérea e uma Polícia Naval.

Bibliografia

Vicente Varela Soares; Eduardo das Neves Adelino, *Dicionário da Terminologia Militar*; Volume II; Edição dos Autores.

João Freire, *Elementos de Cultura Militar*; Edições Colibri; 2011.

POLÍCIA JUDICIÁRIA MILITAR

José Fontes

A *Polícia Judiciária Militar* é uma estrutura que funciona no âmbito do Ministério da Defesa Nacional e exerce a sua competência no domínio da investigação criminal, sendo, por isso, um corpo superior de polícia criminal que auxilia na administração da justiça; tem uma organização hierárquica e depende do Ministro da Defesa Nacional; cabe-lhe, nos termos da lei, a investigação dos crimes estritamente militares, tendo competência própria e reservada para a investigação de crimes praticados dentro de unidades, estabelecimentos e outras estruturas orgânicas de natureza militar.

Os demais órgãos de polícia criminal devem comunicar de imediato à *Polícia Judiciária Militar* os factos de que tenham conhecimento relativos à preparação e à execução de determinados tipos de crimes, apenas podendo praticar, até à sua intervenção, os atos cautelares e urgentes para obstar à sua consumação e assegurar os meios de prova. Contudo, tal não prejudica a competência conferida à Guarda Nacional Republicana, pela legislação em vigor, para a investigação de crimes comuns cometidos no interior dos seus estabelecimentos, unidades e órgãos.

A *Polícia Judiciária Militar* tem por missão coadjuvar as autoridades judiciárias na investigação criminal, desenvolver e promover as ações de prevenção e de investigação criminal da sua competência ou que lhe sejam cometidas pelas autoridades judiciárias competentes.

Bibliografia

Vicente Varela Soares; Eduardo das Neves Adelino, *Dicionário da Terminologia Militar*; Volume II; Edição dos Autores.

POLÍCIA DE SEGURANÇA PÚBLICA

João Raposo

1. A Polícia de Segurança Pública (abreviadamente, PSP) é definida no artigo 1.º da Lei n.º 53/2007, de 31 de Agosto, que aprova a sua orgânica, como "uma força de segurança, uniformizada e armada, com natureza de serviço público e dotada de autonomia administrativa", que tem por missão defender a

POLÍCIA DE SEGURANÇA PÚBLICA

legalidade democrática e garantir a segurança interna e os direitos dos cidadãos. Conforme referido, a PSP é uma *força de segurança*, verdadeira e própria: trata-se, com efeito, de um corpo de polícia destinado, essencialmente, a assegurar a manutenção da ordem e segurança públicas, dispondo para o efeito de uma estrutura fortemente hierarquizada, inspirada no modelo de organização militar. Diversamente, porém, daquilo que se passa com a Guarda Nacional Republicana e a Polícia Marítima, a PSP é uma força civil. A PSP depende hierarquicamente do membro do Governo responsável pela administração interna; e a sua organização é única para todo o território nacional (cfr. artigo 2.º da Lei Orgânica da PSP). Nos termos do artigo 3.º, n.º 1, da Lei de Organização da Investigação Criminal (Lei n.º 49/2008, de 27 de agosto), a PSP tem a natureza de *órgão de polícia criminal de competência genérica*.

Em síntese, podemos, pois, caracterizá-la como uma *força de segurança civil com funções de polícia administrativa e judiciária*.

2. As atribuições da PSP em situações de normalidade institucional diferem das suas atribuições em situações de exceção. No âmbito das primeiras, cabe à PSP prosseguir as atribuições decorrentes da legislação de segurança interna, densificadas nos n.ᵒˢ 2 e 3 do seu artigo 3.º; em situações de exceção, são-lhe cometidas as missões previstas na legislação sobre defesa nacional e sobre o estado de sítio e de emergência.

De entre as suas funções em situações de normalidade institucional avultam atividades de *polícia administrativa geral ou de segurança pública* [cfr., nomeadamente, artigo 2.º, n.º 2, alíneas a), b), d) e g)], a par de outras de *polícia administrativa especial* [cfr., por exemplo, as alíneas f), h), l) e n); e também o n.º 3]. A PSP desempenha também funções de *polícia judiciária* [cfr. alíneas c), e) e m)].

Como atribuições *próprias* da PSP temos o licenciamento, controlo e fiscalização do fabrico, armazenamento, comercialização, uso e transporte de armas, munições e substâncias explosivas e equiparadas não pertencentes às Forças Armadas; o licenciamento, controlo e fiscalização da segurança privada e respetiva formação; a garantia da segurança pessoal de altas entidades e de outros cidadãos, quando sujeitos a ameaça relevante; e o intercâmbio internacional de informações relativos aos fenómenos de violência associada ao desporto (cfr. n.º 3 do artigo 3.º).

Por fim, e para além, naturalmente, das demais atribuições que lhe estejam cometidas em leis avulsas [cfr. alínea q) do n.º 2 do artigo 3.º], a PSP tem ainda funções *sem carácter policial* – como é, designadamente, o caso da proteção civil [cfr. alíneas i) e p) do n.º 2 do mesmo preceito legal].

3. À semelhança daquilo que se passa na Guarda Nacional Republicana, considera-se *força pública* o efetivo mínimo de dois agentes policiais em missão de serviço. Os elementos da PSP no exercício de funções de comando de forças detêm a categoria de *comandantes de força pública*. Quando não lhes deva ser reconhecida qualidade superior, os elementos da PSP com funções policiais são considerados *agentes da força pública e de autoridade* (artigo 9.º da sua Lei Orgânica).

Para efeitos de *polícia administrativa*, são qualificadas como *autoridades de polícia* o diretor nacional e os diretores nacionais-adjuntos, o inspetor nacional, o comandante da Unidade Especial de Polícia, os comandantes das unidades e subunidades até ao nível de esquadra, e outros oficiais da PSP, quando no exercício de funções de comando ou chefia operacional. Estas autoridades têm o poder de aplicar as *medidas de polícia* legalmente previstas (artigos 10.º, n.º 2, e 12.º, n.º 1, da referida lei). Sob a mesma epígrafe de "medidas de polícia", alude-se ainda no mencionado artigo 4.º ao *uso de meios coercivos* por parte dos agentes da PSP, que está subordinado ao princípio da proporcionalidade. No entanto, medidas de polícia e meios coercivos são realidades de distinta natureza.

Para efeitos de *polícia judiciária*, são qualificadas como *autoridades de polícia criminal* as autoridades de polícia administrativa indicadas no artigo 10.º da Lei Orgânica da PSP; e consideram-se *órgãos de polícia criminal* todos os elementos com funções policiais incumbidos de realizar atos ordenados por uma autoridade judiciária ou determinados pelo Código de Processo Penal (cfr. artigo 11.º, n.ºs 1 e 2 da Lei n.º 53/2007).

A PSP prossegue as suas atribuições em todo o território nacional, podendo ainda desenvolver a sua atividade no exterior, quando legalmente mandatada para o efeito; no caso das atribuições comuns à Guarda Nacional Republicana, cabe ao membro do Governo responsável pela administração interna fixar, através de portaria, a área de responsabilidade da PSP (cfr. artigo 5.º, n.º 2 da Lei Orgânica, que o qualifica erroneamente como ministro da tutela). Presentemente, essa delimitação consta da Portaria n.º 340-A/2007, de 20 de março. A definição das áreas de responsabilidade das duas corporações relativamente aos itinerários principais e complementares nas áreas metropolitanas de Lisboa e Porto foi feita pela Portaria n.º 778/2009, de 22 de julho.

4. A organização geral da PSP encontra-se regulada nos artigos 17.º a 51.º da Lei n.º 53/2007, constituindo o Título II desta.

A organização da PSP compreende a *Direção Nacional*, as *unidades de polícia* e os *estabelecimentos de ensino policial*. A *Direção Nacional*, com sede em Lisboa, é a estrutura de cúpula da corporação: compreende, para além do diretor nacional e dos diretores nacionais-adjuntos, três órgãos consultivos, a Inspeção e as unidades orgânicas de operações e segurança, de recursos humanos e de logística e finanças.

O diretor nacional é o órgão superior da instituição: o seu recrutamento é feito, por escolha, de entre superintendentes-chefes ou indivíduos licenciados de reconhecida idoneidade e experiência profissional, vinculados ou não à Administração, sendo provido por despacho conjunto do Primeiro-Ministro e do Ministro da Administração Interna (artigo 52.º, n.ºs 1 e 2). Para além dos

POLÍCIA DE SEGURANÇA PÚBLICA

poderes próprios dos cargos de direção superior de 1.º grau (cfr. artigo 7.º da Lei n.º 2/2004, de 15 de janeiro, alterada pela última vez pela Lei n.º 68/2013, de 29 de agosto), compete-lhe, em geral, comandar, dirigir, coordenar, gerir, controlar e fiscalizar todos os órgãos, comandos e serviços da PSP (cfr. n.º 1 do artigo 21.º da Lei Orgânica). Coadjuvado por três diretores nacionais-adjuntos – que dirigem as três unidades orgânicas acima referidas (de operações e segurança, recursos humanos, e logística e finanças – cfr. artigo 21.º, n.º 5) –, o seu mandato tem a duração de três anos, sendo renovável por iguais períodos (artigo 52.º, n.º 3). Na sua dependência estão o Departamento de Apoio Geral e serviços para as áreas de estudos e planeamento, consultadoria jurídica, deontologia e disciplina, relações públicas e assistência religiosa (artigos 18.º, n.º 2, e 33.º), que se encontram regulados na Portaria n.º 383/2008, de 29 de maio. Por sua vez, a Portaria n.º 416/2008, de 11 de junho, fixa em 35 o número máximo de unidades orgânicas flexíveis da Direção Nacional, que se designam por divisões; e identifica os departamentos desta que prosseguem atribuições exclusiva ou predominantemente policiais, nos termos e para os efeitos da alínea c) do n.º 4 do artigo 65.º da Lei Orgânica da PSP. Os órgãos de consulta do diretor nacional são o Conselho Superior de Polícia, o Conselho Superior de Deontologia e Disciplina e a Junta de Saúde [cfr. artigos 24.º, alínea b), e 26.º a 28.º]. Na dependência direta do diretor nacional funciona ainda a Inspeção, que exerce internamente o controlo da atuação dos serviços da PSP nos domínios operacional, administrativo, financeiro e técnico [cfr. artigos 24.º, alínea a), e 25.º]. Das três unidades orgânicas existentes, a mais diversificada é, compreensivelmente, a unidade orgânica de operações e segurança, abrangendo as áreas de operações, informações policiais, investigação criminal, armas e explosivos, segurança privada, sistemas de informação e comunicações. As duas restantes compreendem, por um lado, as áreas de recursos humanos, formação e saúde e assistência na doença; e, por outro, as de logística e gestão financeira (artigos 29.º a 32.º).

As *unidades de polícia* são *os comandos territoriais de polícia* e a *Unidade Especial de Polícia*. Existem três espécies de comandos territoriais: *regionais* – um em cada Região Autónoma –, *metropolitanos* – com sede em Lisboa e no Porto; e *distritais* – com sede nas cidades indicadas no artigo 34.º, n.º 4, da Lei Orgânica da PSP. A respetiva organização, tal como consagrada no artigo 35.º, compreende o *comando* (assegurado por um comandante e um 2.º comandante – artigos 36.º e 37.º), *subunidades* (divisão policial e esquadra – artigo 38.º) e *serviços*, aquelas e estes a criar e extinguir por portaria ministerial (artigos 48.º e 49.º). Os comandos territoriais, independentemente da sua espécie, encontram-se na direta dependência do diretor nacional (artigo 34.º, n.º 1). Coube à Portaria n.º 434/2008, de 18 de junho, alterada e republicada pela Portaria n.º 2/2009, de 2 de janeiro, definir a estrutura dos comandos territoriais de polícia e aprovar as respetivas

POLÍCIA DE SEGURANÇA PÚBLICA

subunidades. Por seu turno, a Unidade Especial de Polícia encontra-se especialmente vocacionada para as finalidades indicadas no artigo 40.º da Lei Orgânica da PSP: manutenção e restabelecimento da ordem pública, resolução e gestão de incidentes críticos, intervenção tática em situações de violência concertada e de elevada perigosidade, complexidade e risco, segurança de instalações sensíveis, segurança pessoal de altas entidades, inativação de explosivos e segurança em subsolo, e missões internacionais. A Unidade Especial de Polícia compreende as seguintes subunidades operacionais, todas elas à ordem do diretor nacional: o Corpo de Intervenção, o Grupo de Operações Especiais, o Corpo de Segurança Pessoal, o Centro de Inativação de Explosivos e Segurança em Subsolo, e o Grupo Operacional Cinotécnico (cfr. artigos 41.º a 46.º).

Os *estabelecimentos de ensino* da PSP são o Instituto Superior de Ciências Policiais e Segurança Interna (que sucedeu à Escola Superior de Polícia, criada pelo Decreto-Lei n.º 423/82, de 15 de outubro) e a Escola Prática de Polícia. O primeiro é um estabelecimento de ensino superior universitário destinado à formação de oficiais de polícia e à promoção do seu aperfeiçoamento permanente, bem como à realização, coordenação ou colaboração em projetos de investigação e desenvolvimento no domínio das ciências policiais; a segunda ministra cursos e estágios de formação, aperfeiçoamento e atualização de agentes e chefes, e de especialização para todo o pessoal da PSP. Ambos dispõem de um diploma orgânico específico.

Por último, encontramos ainda, com carácter assistencial, os Serviços Sociais da PSP, regulados em diploma próprio (artigo 64.º); e o Cofre de Previdência, que "tem por finalidade essencial assegurar, por morte dos seus subscritores, um subsídio pecuniário e colaborar na construção ou aquisição de casas destinadas ao pessoal, pelo acesso à propriedade ou arrendamento" (n.º 2). Ambas as instituições dispõem de diploma próprio.

5. A PSP tem ao seu serviço pessoal *com funções policiais* e pessoal *com funções não policiais:* o primeiro encontra-se sujeito à hierarquia de comando, o segundo, às regras gerais da hierarquia administrativa (artigo 1.º, n.º 3, da Lei Orgânica da PSP). O Estatuto do Pessoal Policial da PSP (abreviadamente, EPPPSP) foi aprovado pelo Decreto-Lei n.º 299/2009, de 14 de outubro, que, em execução do quadro legal criado pela Lei n.º 12-A/2008, de 27 de fevereiro, procedeu à conversão do corpo especial de pessoal com funções policiais da PSP em carreira especial.

Nos termos do artigo 3.º deste diploma, "Considera-se pessoal policial o corpo de profissionais da PSP com funções policiais, armado e uniformizado, sujeito à hierarquia de comando, integrado nas carreiras especiais de oficial de polícia e agente de polícia e que prossegue as atribuições da PSP, nomeadamente nos domínios da segurança pública e da investigação criminal, em regime de nomeação, sujeito a deveres funcionais decorrentes de estatuto disciplinar próprio e para cujo

POLÍCIA DE SEGURANÇA PÚBLICA

ingresso é exigida formação específica, nos termos do presente decreto-lei". A carateterização do pessoal policial assenta, pois, nos seguintes aspetos: profissionalização; funções exercidas; sujeição a hierarquia de comando; integração em carreiras especiais; prossecução das atribuições da corporação; regime de nomeação; deveres funcionais específicos; e ingresso mediante formação também específica.

6. Nos termos do artigo 39.º do EPPPSP, consideram-se *cargos policiais* "os lugares fixados na estrutura orgânica da PSP a que correspondem funções definidas na Lei n.º 53/2007, de 31 de agosto, e respetiva regulamentação, bem como os cargos existentes em organismos internacionais a que correspondam funções predominantemente policiais"; e são *funções policiais* "as que implicam o exercício das competências legalmente estabelecidas para o pessoal policial", encontrando-se repartidas por funções de comando e direção, de assessoria, de supervisão e de execução (artigo 39.º, n.ºs 1, 2 e 3). A função de comando e direção diz respeito ao exercício da autoridade conferida a quem comanda, dirige, chefia, coordena e controla unidades, subunidades e forças, sendo responsável pelo cumprimento das missões e resultados alcançados; a função de assessoria consiste no apoio ao comandante, diretor ou chefe, tendo em vista a preparação, a difusão e a supervisão das suas decisões; a função de supervisão consiste na coordenação direta da execução do serviço; enfim, a função de execução traduz-se na realização das ações policiais para cumprimento das missões da PSP (cfr. n.ºs 4 a 7 do artigo 39.º). Do ponto de vista da sua natureza, as funções policiais dizem-se de tipo *operacional* quando implicam essencialmente a utilização de conhecimentos e a aplicação de técnicas policiais; e de *apoio operacional* quando implicam a conjugação com outras áreas do conhecimento (artigo 40.º).

O pessoal policial da PSP distribui-se pelas carreiras de oficial de polícia, chefe de polícia e agente de polícia, as quais se desenvolvem por categorias. A carreira de oficial de polícia desenvolve-se pelas categorias de superintendente-chefe, superintendente, intendente, subintendente, comissário e subcomissário; a de chefe de polícia, pelas categorias de chefe principal e chefe; enfim, a de agente de polícia, pelas carreiras de agente principal e agente (cfr. artigos 47.º a 59.º do estatuto).

7. Com vista a estabelecer, em todas as circunstâncias de serviço, relações de autoridade e subordinação entre o pessoal policial existe na PSP uma *hierarquia de comando,* a qual, sem prejuízo das relações decorrentes do exercício de cargos e funções policiais, assenta nos seguintes critérios: carreiras, categorias, antiguidade e precedências previstas na lei (cfr. artigo 36.º, n.º 2, do EPPPSP).

No que concerne às carreiras, preferem, por ordem decrescente de importância, as carreiras de oficial de polícia, de chefe de polícia e de agente de polícia (artigo 37.º); em cada carreira, as categorias mais elevadas preferem às restantes (*idem*); e em matéria de antiguidade no serviço, esta afere-se, em regra, pela data da nomeação na categoria (artigo 38.º, n.º 1, do mesmo diploma legal).

POLÍCIA DE SEGURANÇA PÚBLICA

8. O pessoal da PSP com funções policiais está sujeito aos deveres e goza dos direitos previstos na lei geral para os demais trabalhadores que exercem funções públicas, "sem prejuízo do disposto na legislação de segurança interna, nas leis sobre o regime de exercício dos direitos e da liberdade sindical do pessoal da PSP, no Regulamento de Continências e Honras Policiais, no Estatuto Disciplinar e no presente decreto-lei, bem como em outros regulamentos especialmente aplicáveis", conforme se prescreve no artigo 4.º do Decreto-Lei n.º 299/2009 (o Regulamento Disciplinar da PSP foi aprovado pela Lei n.º 7/90, de 20 de fevereiro).

Os deveres específicos do pessoal policial da PSP estão consagrados nos artigos 5.º a 9.º, e 14.º a 16.º do EPPPSP, de entre eles avultando o de, mesmo fora do horário normal de trabalho e da área de jurisdição da subunidade ou serviço onde exerça funções, tomar as providências urgentes para evitar a prática ou para descobrir e capturar os agentes de qualquer crime ou de cuja preparação ou execução tenha conhecimento (artigo 5.º, n.º 2); o dever de disponibilidade permanente (artigos 7.º, 32.º e 33.º, n.º 5); os vários deveres especiais do artigo 8.º; enfim, o dever de usar uniforme e armamento quando no exercício de funções. O referido pessoal dispõe de um sistema de avaliação de desempenho próprio (cfr. artigo 92.º).

9. O exercício de certos direitos fundamentais por parte do pessoal policial da PSP encontra-se restringido por lei. Encontram-se nessa situação a liberdade de expressão, o direito de reunião, o direito de manifestação, o direito de associação e o direito de petição coletiva (cfr. Leis n.ᵒˢ 6/90, de 20 de fevereiro, que estabelece o regime de exercício de direitos do pessoal da PSP, e 14/2002, de 19 de fevereiro, que regula o exercício da liberdade sindical e os direitos de negociação coletiva e de participação do pessoal da PSP). Tais restrições ancoram-se no artigo 270.º da Constituição da República, que, a partir de 1997, passou a incluir expressamente os agentes das forças e serviços de segurança, tornando, assim, dispensável o apelo à natureza militarizada do pessoal com funções policiais da PSP para legitimar tais restrições, como aconteceu no passado.

A *liberdade de expressão* encontra-se consagrada no artigo 37.º da Constituição. No caso do pessoal da PSP com funções policiais são-lhe, todavia, introduzidas as seguintes limitações: (i) a proibição de fazer declarações que afetem a subordinação da polícia à legalidade democrática, a sua isenção política e partidária, a coesão e o prestígio da instituição, a sua dependência perante os órgãos de governo ou que violem o princípio da disciplina e da hierarquia de comando [artigos 6.º, alínea a), da Lei n.º 6/90, e 3.º, alínea a), da Lei n.º 14/2002]; e (ii) a proibição de fazer declarações sobre matérias de que tomem conhecimento no exercício das suas funções e constituam segredo de Estado ou de justiça ou que respeitem a assuntos relativos ao dispositivo ou atividade operacional da polícia classificados

POLÍCIA DE SEGURANÇA PÚBLICA

de reservado ou superior, salvo, quanto a estes, autorização da entidade hierarquicamente competente [artigos 6.º, alínea b), da Lei n.º 6/90, e 3.º, alínea b), da Lei n.º 14/2002]. Destas duas ordens de restrições, são as do primeiro grupo que revestem maior significado, uma vez que as restantes sempre decorrem, afinal, do dever de reserva relativamente às matérias de serviço por parte dos trabalhadores da Administração Pública, por um lado, e do segredo próprio ou da confidencialidade específica de determinados assuntos, por outro. Como decorre do respetivo enunciado, as restrições legais da alínea a) do artigo 6.º utilizam vários conceitos indeterminados, obrigando o intérprete à sua integração casuística.

Os *direitos de reunião e de manifestação* encontram-se consagrados no artigo 45.º da Constituição. Nos termos da lei, o respetivo exercício não está dependente de autorização. A propósito das manifestações, estabelece-se, no entanto, o dever de *comunicação prévia* da respetiva realização à autoridade administrativa competente por parte dos respetivos promotores. No caso do pessoal com funções policiais da PSP, tais direitos estão, porém, limitados nos termos do disposto nas alíneas c) e d) do artigo 6.º da Lei 6/90 e na alínea c) do artigo 3.º da Lei n.º 14/2002. Assim, está-lhe vedado: (i) convocar reuniões ou manifestações de carácter político ou partidário; e (ii) participar em tais reuniões, exceto se trajando civilmente e, tratando-se de ato público, não integrar a mesa, não usar da palavra e não exibir qualquer tipo de mensagem.

No tocante ao *direito de petição* – consagrado, em termos gerais, no artigo 52.º, n.ᵒˢ 1 e 2, da Constituição da República –, é proibida ao pessoal com funções policiais a apresentação de petições *coletivas* sobre assuntos respeitantes à PSP antes de esgotada a via hierárquica, sem prejuízo do direito de queixa individual ao Provedor de Justiça e independentemente do uso dos demais meios administrativos e contenciosos. Do mesmo modo, é vedada a divulgação de petições que hajam sido classificadas de grau reservado ou superior [alínea f) do preceito que vimos acompanhando].

Finalmente, enquanto a *liberdade sindical* é, genericamente, reconhecida aos trabalhadores pelo artigo 55.º da lei fundamental, no caso da PSP tal liberdade encontra-se limitada nos termos da Lei n.º 14/2002. Assim, e desde logo, o direito de filiação e participação ativa em associações sindicais é restrito àquelas que forem exclusivamente compostas por pessoal com funções policiais em serviço efetivo nos quadros da PSP (artigo 2.º, n.º 2), estando vedada às associações sindicais a federação ou confederação com outras que não sejam compostas por aquele pessoal (n.º 5 do mesmo preceito). Em segundo lugar, e agora relativamente ao exercício da atividade sindical, o artigo 3.º da Lei n.º 14/2002 reedita as restrições constantes da Lei n.º 6/90, a saber: o pessoal com funções policiais não pode fazer declarações com determinado conteúdo; os direitos de reunião e manifestação estão limitados, nos termos já conhecidos; e, em consonância com o disposto na parte final do artigo 270.º da Constituição, é-lhe expressamente vedado o direito à greve.

Bibliografia

Barreto, Mascarenhas, *História da Polícia em Portugal – Polícia e Sociedade*, Braga, 1979.
Cosme, João, *Polícia de Segurança Pública – Das Origens à Atualidade*, Lisboa, 2006.
Ferrão, Alfredo Mendes de Almeida, *Serviços Públicos no Direito Português*, Coimbra, 1963, pp. 179-185.
Raposo, João, *Polícia de Segurança Pública, in Dicionário Jurídico da Administração Pública*, José Pedro Fernandes (dir.), 2.º Suplemento, Lisboa, 2001.

POLICIAMENTO ORIENTADO PELAS INFORMAÇÕES

Pedro Moleirinho

Com o 11 de Setembro de 2001 tornou-se mais forte uma certa consciência, já pré-existente em alguns meios sociais, políticos e institucionais, de que vivemos numa sociedade de risco, a qual exige um redesenhar do sistema de segurança interna e da oferta que o mesmo faculta aos seus "clientes".

Nesse contexto tem vindo a ser reavaliado o papel das forças de segurança com recurso à *"intelligence"*, especialmente nos Estados Unidos da América, num esforço de adaptação da sociedade *versus* Estado e, mais concretamente, das polícias, às novas realidades que lhe são apresentadas pelo terrorismo e também pelos designados crimes convencionais.

Na verdade, embora o terrorismo tenha servido como motor propulsor desta indagação, a sofisticação e maior complexidade social, causa e efeito da maior acessibilidade de meios, nomeadamente, informáticos e de telecomunicações, e da rapidez de comunicações, veio também acusar a urgência de novas soluções para antigos e novos problemas policiais.

Uma das propostas que tem sido apadrinhada com grande entusiasmo nos Estados Unidos da América é o chamado *intelligence-led policing*.

1. As origens: o *"intelligence-led policing"*

O *"intelligence-led policing"* o nosso "policiamento orientado pelas informações", tem as suas origens históricas no Reino Unido, mais precisamente no *Kent Constabulary*, nos anos 90 do século passado, pelas mãos de *Sir* David Philips, onde surgiu como resposta a um aumento acentuado de crimes contra o património – roubos e furtos de e em veículos –, numa altura em que os orçamentos daquela polícia estavam a sofrer cortes.

Então, acreditando que os responsáveis por uma grande percentagem dos crimes se reduziam a um pequeno grupo de pessoas e que poderiam ter melhores resultados se focassem a sua atenção e esforços na criminalidade mais recorrente na sua jurisdição, aquelas autoridades policiais estabeleceram prioridades nas suas missões por forma a redirecionarem os apelos e solicitações menos graves para outros serviços não policiais, libertando tempo e meios humanos para criar unidades de *intelligence* que focassem a sua atenção, inicialmente, em ofensas contra o património.

Os estudos sobre o *policiamento orientado pelas informações* inicialmente desenvolvidos no Reino Unido e profusamente difundidos no mundo anglo-saxónico, principalmente nos Estados Unidos após o 11 de setembro de 2001 apresentam ligeiras diferenças concetuais. Para além do seu objetivo inicial da prevenção da criminalidade, devido à sua plasticidade, os seus fundamentos também têm sido utilizados no combate ao terrorismo no âmbito da política interna americana da *Homeland Security*.

Entretanto, outros países têm igualmente vindo a adotar o modelo, nomeadamente o Canadá, a Austrália, a Nova Zelândia e, mais recentemente, em 2008, com assinalável pragmatismo, a Holanda.

Relevamos que cada país promoveu a sua deriva com base nas respetivas singularidades, de que destacamos o enquadramento jurídico-normativo específico.

Porém, o conceito ainda não se encontra perfeitamente estabilizado, no entanto, iremos socorrer-nos do construído por um dos investigadores que, com grande empenho, tem estudado, sistematizado e publicado obra de ampla difusão.

Assim, na senda do professor Jerry Ratcliffe, diremos que o *policiamento orientado pelas informações* é "um modelo de atuação e filosofia de gestão, em que a análise de dados e as informações criminais são fulcrais para a prossecução de um objetivo, a saber: um processo de tomada de decisão que facilite a redução, a irradicação e a prevenção da criminalidade, através da conjugação de estratégias eficazes de gestão e de combate a delinquentes perigosos reincidentes".

Vejamos alguns elementos relativos ao contexto em que surgiu o conceito.

Um estudo a uma das polícias do Reino Unido revelou que 40% do efetivo estava dedicado à investigação criminal e apenas 1% à prevenção.

Estava-se também a assistir: a uma revolução tecnológica; a uma crescente pressão na implementação de uma gestão policial profissional; a um aumento da criminalidade grave e da criminalidade organizada; e, principalmente a uma disparidade entre o modesto aumento do efetivo policial e o aumento exponencial das solicitações a que a instituição policial estava sujeita – o denominado hiato de solicitações.

Criou-se, assim, a ideia de centrar a atenção e esforços das autoridades policiais em actividades criminógenas chave, posto que, uma vez que os problemas tenham sido identificados e quantificados por meio de avaliações da *intelligence*, os criminosos chave podem consequentemente ser referenciados para investigação e acusação.

Sem pretender reduzir o aparecimento desta nova estratégia a esta realidade local, Jerry Ratcliffe situa a origem daquela expressão e da realidade correspondente no Reino Unido do início dos anos 90, tendo factores causais externos e internos ao policiamento.

De entre os factores externos, destaca a incapacidade do modelo tradicional de policiamento reactivo para suportar as rápidas alterações da globalização, as quais aumentaram as oportunidades para o crime organizado transnacional e removeram barreiras físicas e tecnológicas no domínio do policiamento. De outra parte, salienta o reconhecimento nos meios policiais de que estavam a ocorrer mudanças na relação dinâmica entre a indústria da segurança privada e da segurança pública. A polícia estava a perder a batalha nas ruas e com ela a confiança dos cidadãos. Na verdade, sentia-se, então como agora, o crescimento de obstáculos no e ao policiamento.

Presentemente, as forças policiais estão a enfrentar um tipo de crime que seria irreconhecível para os agentes policiais da geração passada e têm que desempenhar a sua função com uma base de recursos em rápido decréscimo. Por conseguinte, não podemos permitir-nos simplesmente reagir a cada nova situação, nem podemos basear-nos nos conceitos tradicionais de crime e de comportamento criminal -o *policiamento orientado pelas informações* pode constituir-se como a chave para o sucesso.

2. A implementação: inevitabilidade, liderança e rigor

Após a apresentação do modelo nas suas origens e respetiva definição conceptual, vamos ora debruçar-nos sobre a sua implementação.

Recorremos novamente a Jerry Ratcliffe para apresentarmos o modelo concetual dos *Três Is*. De forma simplista, começamos por referir que encarando o modelo na perspectiva dos seus fins últimos, a saber, a prevenção e a redução da criminalidade, o autor constrói um esquema – um ciclo de acção – que tem por base um fator permanente, embora dinâmico e fluido, da actividade policial, que denomina de "meio criminal", o qual as entidades policiais têm que compreender para que as suas operações possam ser eficazes. Serão então necessários analistas para *interpretar* o ambiente criminal, para que os mesmos, com propriedade, *influenciem* os decisores – os comandantes, que, por sua vez, fazendo uso de produtos informacionais adequados, com oportunidade, procurem criar *impacto* no ambiente criminal anteriormente analisado.

Exige-se, assim, que se estabeleçam relações de proximidade e comprometimento entre os analistas e os respetivos comandantes, que terão então capacidade para melhor balancear e controlar os seus recursos.

Com efeito, o grande objetivo do *policiamento orientado pelas informações* consiste em proporcionar ao comandante uma visão estratégica dos problemas da criminalidade na sua zona de ação, para que consiga, assim, alocar recursos para as prioridades criminais identificadas pela análise. O enfoque do modelo reside, precisamente, na qualidade da análise e na proatividade e preditividade que esta poderá proporcionar à ação. Assim, o meio criminal deverá ser o ponto de partida sobre o qual os esforços dos analistas devem incidir, no sentido de lograrem interpretá-lo. Naturalmente que essa interpretação terá que assentar tanto em fontes de informação policiais, como em fontes exteriores à própria instituição.

Salienta-se que a dinâmica e a mutabilidade do meio criminal podem constituir-se como uma vantagem para as entidades policiais, na medida em que por meio das suas acções e estratégias escolhidas e conduzidas segundo informações trabalhadas podem conseguir mudar e influenciar esse mesmo ambiente.

Este ciclo de ação, tal como o conhecido ciclo de produção de informações, que serve de sustentação a este modelo, também deve ser encarado como um ciclo ininterrupto que fomente a descentralização na ação, análoga à advogada por John Boyd no seu denominado *OODA loop, ou Ciclo de Boyd*.

Assim, consideramos que o modelo dos *Três Is* poderia ser potenciado nos seus propósitos se aplicado segundo os princípios advogados no *Ciclo de Boyd*. O *observar-orientar-decidir-agir* permitiria, eventualmente, diminuir os ciclos de recolha e análise de informação, orientando com superior rapidez a tomada de decisão do comandante, para que este agisse sobre o ambiente criminal em constante mutação, seja nas variáveis tempo, espaço ou tipologia.

Cada vez mais, a natureza da ameaça exige celeridade na resposta. Também aqui a variável tempo se constitui como fator crítico de sucesso no cumprimento da missão. Acresce referir que, ao abreviarmos o tempo de duração do modelo e dos respetivos ciclos, ser-nos-ia permitida uma redução de custos de operação, mas, por outro lado, exigir-se-ia, simultaneamente, uma monitorização permanente e atenta dos ciclos de vida corrente da unidade policial.

Como exemplo, e conscientes da dureza das palavras, imaginemos a urgência sufocante, o desespero dos investigadores e dos analistas de casos de tráfico de seres humanos, com probabilidade acrescida de exploração de cariz sexual, sob a sua forma mais hedionda – em que é envolvida a fragilidade das nossas crianças, – talvez, hoje, Boyd seja a parelha urgente ao sucesso de Ratcliffe. Ainda em consciência, como considera Winfried Hassemer, "estas manifestações da criminalidade afectam-nos directamente, seja como possíveis ou reais vítimas. Os efeitos não são apenas físicos e económicos, mas sobretudo atingem o nosso equilíbrio emocional e o nosso senso normativo", provocando consequentemente uma erosão no sentimento de segurança e na crença da força lei.

Tal como em todos os modelos, também este poderá experimentar lacunas mas, no atual contexto, cremos que apresenta relativas vantagens e inevitabilidade de aplicação. Além de outras, a boa gestão de recursos; a facilidade da informatização global das instituições e o aproveitamento de boas práticas e sinergias criadas por outros modelos, de que destacamos a segurança comunitária e o policiamento de proximidade.

Em concreto, considerando as linhas mestras de actuação do *policiamento orientado pelas informações*, as metodologias que lhe estão associadas, bem como a filosofia que lhe está subjacente, é com naturalidade que podemos assumir que o mesmo pode ser uma evolução natural do policiamento de proximidade ou, pelo menos, pode aproveitar deste algumas capacidades que os agentes policiais entretanto adquiriram por meio de um policiamento de proximidade e das relações de confiança que lograram estabelecer com a comunidade.

Senão vejamos. Será inequívoco afirmar que a abordagem científica para a resolução de problemas, a análise do ambiente, o estabelecimento de comunicações efectivas com o público, as actuações delineadas para redução do medo e a mobilização da comunidade são alguns dos atributos do policiamento de proximidade que constituem uma mais-valia para os desafios colocados à polícia pela criminalidade organizada nacional e transnacional e, designadamente, também pelo terrorismo. Ora, são estes alguns dos desafios que, por sua vez, conduziram, como vimos, ao desenvolvimento do *policiamento orientado pelas informações* e a sua implementação em alguns países.

Efetivamente, consideramos que os modelos mais estáticos de policiamento caraterísticos das polícias administrativas tradicionais devem, hoje, ser complementados por modelos mais dinâmicos e flexíveis, como por exemplo o modelo que temos vindo a explorar.

Mas se inevitável, também, em abono da honestidade intelectual, convém salientar que se requisita uma liderança exigente, seja na implementação, ao vencer, com resiliência, outras práticas institucionais já enraizadas, seja na necessária confiança depositada na análise que lhe está subordinada.

Neste particular, salienta-se que, como vem sendo notado nos países que como o Reino Unido ou o Canadá que já implementaram um sistema policial tendencialmente alicerçado em *intelligence*, existem ainda grandes lacunas ao nível do *feedback* disponibilizado pelos operacionais aos analistas. Tanto mais porque estes são muitas vezes civis ou contratados fora dos meios policiais institucionais, sendo comum o sentimento de que é impróprio à função policial aceitar recomendações de não polícias. Por outro lado, parece haver, por vezes, alguma dessintonia entre a macro visão que os analistas possuem do crime e as microexperiências que os operacionais de polícia têm do crime na sua área. De resto, há ainda por parte dos operacionais algumas reservas na partilha de informação sobre os meios de acção concretamente adoptados em determinado caso e algum preconceito sobre a impreparação destes analistas civis para compreenderem as especificidades das operações policiais.

Portanto, exige-se também uma clara aposta na formação, tanto dos analistas como dos operacionais no terreno, concomitantemente com o fomento de uma cultura de informações transversal ao restante efetivo.

Ainda na ótica da implementação deverá ser exigido rigor, porque as metodologias empregues pelo modelo, de que se destacam as ações de vigilância, devem cumprir escrupulosamente o enquadramento jurídico vigente, sem descorar os códigos deontológicos da atividade policial.

Estamos conscientes de que as forças e serviços de segurança balanceiam a sua atividade entre atos ablativos e ampliativos dos direitos do cidadão, devendo estar sempre bem presentes os limites gerais da atividade policial, em especial o princípio da proporcionalidade ou da proibição do excesso. Em paridade, salientamos que hoje, dentre as atuais roupagens dos direitos fundamentais, a instituição policial também se encontra vinculada à censurabilidade da sua atuação por omissão perante o perigo.

3. As vantagens do futuro: a polícia inteligente

Como constatação de facto, consideramos que a turbulência e incerteza da sociedade contemporânea continuarão a ser uma constante no futuro, mas, tal como a significância chinesa supostamente atribui ao vocábulo, crise nasce da conjugação de perigo com oportunidade, do desafio global das potencialidades das tecnologias de informação desta sociedade em rede e da inovação baseada no conhecimento, na inteligência preditiva.

Neste seguimento, o futuro global também apresenta oportunidades acrescidas no tocante à capacidade proativa e preditiva das forças de segurança, não informações estratégicas, mas sim informações táticas, instrumentais da atividade desenvolvida pela *praxis* policial. Mas, segundo alguns autores, cada vez mais se dilui a distância entre a alta e a baixa polícia de Hélène L'Heuillet, pela crescente adoção por cada uma das práticas da outra.

Sustentamos que o "olho da polícia também é o seu braço", mas, sem derivas securitárias exacerbadas. Também aqui "a função polícia deve agir para fazer respeitar a lei e atuar respeitando a lei", sempre na justa medida do equilíbrio entre a liberdade e segurança constitucionais, diremos nós.

Além das já genericamente afloradas, como vantagens do modelo em análise, sistematizamos os seguintes pontos fortes:

– Permite balancear os recursos, direcionando as sinergias para o que é verdadeiramente importante no âmbito da investigação, concentrando a atenção nos delinquentes mais perigosos e reincidentes;
– Direciona as atividades rotineiras e "saturantes" para outras estruturas;

POLICIAMENTO ORIENTADO PELAS INFORMAÇÕES

- As estruturas de apoio existem para sustentar a estrutura de análise de informação, que será assim mais adequada e oportuna para influenciar e suportar a tomada de decisão;
- Baseia-se numa estrutura de comando sustentada na informação e, consequentemente, adota as melhores práticas de comando e controlo;
- Permite adotar medidas de avaliação de desempenho e controlo de custos mais ajustadas;
- Faculta um melhor conhecimento da comunidade, das suas reais necessidades e expectativas, bem como da realidade criminal; e
- Abrange com sucesso a prevenção, a redução e a irradicação da criminalidade.

4. A deriva nacional: a alteração de paradigma – ventos de mudança

Assinalamos novamente que, na aplicação destas metodologias, naturalmente, os diversos Estados têm considerado o respetivo enquadramento jurídico-normativo, bem como os aspetos históricos, sociais, culturais e políticos nacionais. Assim, os países com sistemas jurídicos continentais, de matriz romano-germânica, têm adotado derivas específicas. Considerando este pressuposto, ir-nos-emos deter na realidade nacional. Assumimos que, tal como noutros modelos policiais – a título de exemplo, a segurança comunitária e o policiamento de proximidade –, em Portugal sempre se aplicaram algumas metodologias que outros, agora, tiveram o mérito de sistematizar e exportar como boas práticas inovadoras.

Em nossa opinião, nesta pátria lusitana também se têm vindo a utilizar os fundamentos do *policiamento orientado pelas informações*, naturalmente segundo a impressão digital nacional – a nossa matriz histórica, social e normativa.

Ainda assim, consideramos que existe um longo caminho a trilhar em Portugal na eventual aplicação das metodologias de policiamento proativo e preditivo, pese embora, possamos apontar alguns exemplos pontuais da aplicação destes modelos de atuação policial que aproveitam a tecnologia ao serviço da segurança e cumpram os fundamentos do *policiamento orientado pelas informações*. Além de outras iniciativas, estes princípios têm sido postos em prática, com inegável propriedade, através de grupos multidisciplinares específicos, criados com o intuito de dar resposta emergente a dinâmicas candentes da criminalidade, nomeadamente da criminalidade mais violenta e grave, que contribui para as estatísticas criminais, mas bem mais para o sentimento subjetivo de insegurança que lhes possa estar associado. Assim, apresentamos como exemplos práticos os Grupos Técnicos para a Prevenção da Criminalidade, as Equipas Mistas de Prevenção Criminal e as Equipas Mistas de Investigação Criminal, sob a égide do Sistema de Segurança Interna e da Procuradoria-Geral da República, respetivamente. Também consideramos oportuno mencionar as estruturas criadas no seio de algumas forças e serviços de segurança que têm vindo a aplicar com mediatizado sucesso alguns princípios do *policiamento orientado pelas informações*. Os inquéritos relativos ao denominado "gangue do multibanco", aos fenómenos criminais de *carjacking* e ao furto de metais não preciosos são exemplos práticos a ser apresentados.

Noutras dimensões, o estudo, a análise e a georreferenciação de "pontos negros" e o sistema "Polícia automático", no tocante à sinistralidade e fiscalização rodoviária, respetivamente, são também exemplo de como, recorrendo às tecnologias de informação, podemos combater mais eficazmente este flagelo nacional.

Digna ainda de referência a atualização do Sistema Integrado de Vigilância, Comando e Controlo relativo à fronteira marítima nacional, que também é da União Europeia, a qual se constitui, pelas suas potencialidades, inclusive da eventual exploração da terceira dimensão – o ar, como um exemplo de elevado alcance nesta análise.

Aplicado também à dimensão da protecção e socorro, relevamos a aplicação dos princípios e fundamentos do *policiamento orientado pelas informações* em metodologias praticadas pelo Grupo de Intervenção Proteção e Socorro da Guarda Nacional Republicana, na prevenção dos incêndios florestais na Base Reserva em Alcaria, nos Concelhos de Porto de Mós e de Alcanena, com resultados assinaláveis na diminuição de ignições naquela região.

Por fim, como exemplo, ainda as tecnologias utilizadas pelo Serviço de Estrangeiros e Fronteiras nos aeroportos nacionais, de que se destaca o Reconhecimento Automático de Passageiros Identificados.

Como orientação futura, como "ventos de mudança", deixamos para linha de análise, numa ótica de *benchmarking*, a recente evolução do modelo promovida pela polícia holandesa, a qual, para além de plataformas de partilha de informação – mais ou menos análogas à nossa *Plataforma Integrada de Informação Criminal –*, com rigor germânico e engenho lusitano, passou a promover uma análise de informações colaborativa e integradora das várias sensibilidades institucionais, com vista à resolução de problemas individuais emergentes. Passaram assim do estádio da partilha de informação para a partilha na análise, num processo ambicioso, mas coerente naquela realidade, de criação de uma verdadeira comunidade holandesa de informações.

O futuro passa assim pelos vocábulos: cooperação; coordenação; confiança; partilha e análise de informação, com recurso às tecnologias de informação e comunicação, nesta nossa sociedade global e em rede.

Consideramos ainda que qualquer política pública de segurança relativa à aplicação de modelos policiais, para além de outras soluções e, sem prejuízo de potenciar o uso das tecnologias de informação e comunicação, deve privilegiar e dispensar continuado enfoque aos recursos humanos.

Terminamos convictos que o cumprimento da atividade policial em Portugal se norteará pela proatividade, sem nunca olvidar a rigorosa observância da humanidade, o fomento da proximidade e a promoção da confiança, sempre na medida do justo equilíbrio entre a liberdade e a segurança.

Bibliografia

Alves, A.C., *Em busca de uma sociologia de polícia*. Guarda Nacional Republicana, Lisboa, 2008.

Baker, T.E., *Intelligence-Led Policing – Leadership, Strategies & Tactics*. Looseleaf, New York, 2009.

Clemente, P.J.L., *A polícia em Portugal*. INA, Lisboa, 2006.

Cusson, M., Dupont, B. e Lemieux, F., *Traité de Sécurité Intériere*. Presses Polytechnique et Universitaires Romandes, Lausanne, 2007.

Duyvesteyn, I., Jong, B. de and Reijn, J. van, *The Future of Intelligence – Challenges in the 21st centuary*. Routledge, New York, 2014.

Harfield, C. et al., *The handbook of intelligent policing – Consilience, Crime Control and Community Safety*. Oxford, New York, 2008.

Hassemer, W., *História das ideias penais na Alemanha do pós-guerra. A Segurança Pública no Estado de Direito*. AAFDL, Lisboa, 1995.

L'heuillet, H., *Alta Polícia Baixa Política*. Editorial Notícias, Lisboa, 2004.

Moleirinho, P.M.S.E., *O policiamento orientado pelas informações*. Proelium, Academia Militar. Investigação na Área da Segurança – Guarda Nacional Republicana. Série VII, n.º 7. Academia Militar, Lisboa, 2014.

Moleirinho, P.M.S.E., *Da Polícia de Proximidade ao Policiamento Orientado pelas Informações*. Dissertação de Mestrado em Direito e Segurança. Faculdade de Direito da Universidade Nova de Lisboa, Lisboa, 2009.

Newburn, T., *Handbook of Policing*. Second Edition, Routledge, New York, 2006.

Ratcliffe, J., *Intelligence-Led Policing*. Willan Publishing, Portland, 2008.

Ratcliffe, J., *Strategic thinking in criminal intelligence*. The federation press, Sidney, 2009.

POLÍTICA COMUM DE SEGURANÇA E DEFESA

FRANCISCO PEREIRA COUTINHO

1. *Noção*. Política que tem como objetivo atribuir capacidade operacional à União Europeia para enviar missões ao exterior a fim de assegurar a manutenção da paz, a prevenção de conflitos e o reforço da segurança internacional [art. 42.º, n.º 1, do Tratado da União Europeia (TUE)], e definir gradualmente uma política de defesa comum, a qual deve conduzir a uma efetiva defesa comum quando o Conselho Europeu, deliberando por unanimidade, assim o decidir (art. 42.º, n.º 2 (§1) TUE).

2. *Antecedentes*. A criação da Comunidade Europeia do Carvão e do Aço (CECA) – o embrião da União Europeia – foi justificada pelo Ministro dos

Negócios Estrangeiros francês Robert Schuman, na sua famosa declaração de 9 de maio de 1950, com a necessidade de criar uma solidariedade de produção que torne "qualquer guerra entre a França e Alemanha não só impensável, como materialmente impossível".

O caminho para a integração europeia foi assim aberto por razões securitárias através da comunitarização de duas matérias-primas essenciais para o esforço de guerra. É neste contexto que surge a ideia de criação de uma Comunidade Europeia de Defesa para responder à necessidade premente de alargar o esforço de defesa da Europa ocidental. O respetivo Tratado fundador, assinado em Paris em 1952, acabaria, no entanto, por nunca entrar em vigor, ao ser rejeitado em 1954 pela câmara baixa do parlamento francês (Assembleia Nacional).

A cooperação nos domínios da segurança e defesa constituiu quase um "tabu" até ao final da guerra-fria. O tema voltaria ao topo da agenda do processo de integração europeia no contexto da reunificação alemã – a Alemanha unida tinha estado envolvida em duas guerras mundiais – e da eventual retirada militar norte--americana da Europa ocidental terminada a ameaça soviética.

O Tratado de Maastricht (1992) referia-se à – entretanto extinta – União da Europa Ocidental (UEO) como o "braço armado" da União Europeia (art. J.4, n.º 2) e previa a adoção de uma política de defesa comum como uma espécie de corolário da PESC (art. B), ao passo que o Tratado de Amesterdão (1997) fazia referência às missões que podiam ser levadas a cabo em nome da União – as chamadas *Missões de Petersberg* –, as quais incluem nos dias de hoje ações conjuntas em matéria de desarmamento, missões humanitárias e de evacuação, missões de aconselhamento e assistência em matéria militar, missões de prevenção de conflitos e de manutenção de paz, missões de forças de combate para a gestão de crises, incluindo as missões de restabelecimento da paz e as operações de estabilização no termo de conflitos (art. 43.º, n.º 1, TUE).

Novos avanços surgiriam posteriormente com a cimeira franco-britânica de Saint-Malo, de 3 e 4 de dezembro de 1998, de onde resultou uma declaração conjunta em que se enfatizava que a União deveria desempenhar um papel relevante nas relações internacionais, apelando-se à necessidade de a organização "atuar de forma autónoma apoiando-se em forças militares credíveis, possuir os meios para decidir recorrer a essas forças e a vontade de o fazer, a fim de fazer face a crises militares". Os órgãos e estruturas políticas e militares permanentes destinadas a concretizar este programa de ação seriam concretizados nos anos seguintes em sucessivos Conselhos Europeus – em particular, Colónia e Helsínquia, em junho e dezembro de 1999, e Santa Maria da Feira, em junho 2000.

3. *Regime.* As decisões relativas à Política Comum de Segurança e Defesa (PCSD) são adotadas por unanimidade pelo Conselho, sob proposta do Alto

Representante da União para os Negócios Estrangeiros e a Política de Segurança ("Alto Representante") ou de um Estado-Membro (art. 42.º, n.º 4, TUE). Este método decisório não conhece qualquer exceção e não pode, ao contrário do que sucede no âmbito da PESC, ser alterado pelo Conselho Europeu, pois a "cláusula-*passerelle*" prevista no art. 31.º, n.º 3, do TUE, não é aplicável a domínios militares ou de defesa (art. 31.º, n.º 4, TUE). A PCSD configura assim um núcleo de "intergovernamentalismo qualificado" no seio da União, em que o Tribunal de Justiça da União Europeia carece de jurisdição, a Comissão não tem poder de iniciativa, e o Parlamento Europeu não tem poderes decisórios, conservando ainda assim o direito de (i) ser regularmente consultado pelo Alto Representante sobre os principais aspetos e escolhas básicas da PCSD, (ii) de ser informado pelo Alto Representante sobre a evolução da PCSD e (iii) de fazer recomendações ao Conselho e ao Alto Representante (art. 36.º TUE).

A condução da PCSD compete ao Alto Representante, que contribui com as suas propostas para a elaboração desta política, executando-a na qualidade de mandatário do Conselho (art. 18.º, n.º 2, TUE).

Uma vez que a União não dispõe de forças militares próprias, a concretização efetiva da PCSD depende de os Estados-Membros disponibilizarem meios civis e militares apropriados. Para o efeito, os Estados-Membros assumiram convencionalmente o compromisso de melhorar progressivamente as suas capacidades militares, cabendo à "Agência Europeia de Defesa" prestar assistência ao Conselho na avaliação do melhoramento dessas capacidades (art. 42.º, n.º 3, TUE).

O financiamento das despesas administrativas em que incorram as instituições europeias por força da aplicação da PCSD está a cargo do orçamento da União. Aos Estados-Membros incumbe assumir os encargos decorrentes de despesas resultantes de operações militares ou de defesa, salvo se outra for a decisão adotada pelo Conselho, deliberando por unanimidade (art. 41.º, n.º 2, TUE).

4. *A "geometria variável" da Política Comum de Segurança e Defesa.* A PCSD não afeta a neutralidade das políticas de segurança e defesa de alguns Estados-Membros ou as obrigações que resultem para outros Estados-Membros do Tratado do Atlântico Norte (art. 42.º, n.º 2 (§2) TUE).

Os Tratados autorizam ainda outros tipos de desvios à participação universal dos Estados-Membros na PCSD. Para além de admitirem o estabelecimento de cooperações reforçadas, desde que aprovadas pelo Conselho, deliberando por unanimidade [art. 329.º, n.º 2, e 331.º, n.º 2, do Tratado sobre o Funcionamento da União Europeia (TFUE)], permitem que os Estados-Membros cujas capacidades militares preencham critérios mais elevados – aferidos de acordo com os critérios operacionais definidos no Protocolo n.º 10 anexo ao TUE – e que tenham assumido compromissos que impliquem a realização de missões mais exigentes, possam instaurar entre si cooperações estruturadas permanentes (art. 42.º, n.º 6, TUE).

Devem para o efeito solicitar autorização ao Conselho, que, no prazo de três meses, adotará decisão por maioria qualificada (art. 46.º, n.º 2, TUE).

5. *Defesa mútua.* Se um Estado-Membro for objeto de agressão estadual armada contra o seu território, os restantes estão obrigados a prestar-lhe auxílio e assistência por todos os meios ao seu alcance, de acordo com o art. 51.º da Carta das Nações Unidas. Não se trata, todavia, de uma "cláusula de legítima defesa coletiva" semelhante ao art. 5.º do Tratado de Washington (OTAN), na medida em que não prejudica as políticas de neutralidade adotadas por alguns Estados--Membros (art. 42.º, n.º 7, TUE, *in fine*).

Em contrapartida, se em causa estiver um ataque terrorista, a União e os seus Estados-Membros atuarão em conjunto, num espírito de solidariedade, mobilizando todos os instrumentos ao seu dispor – incluindo meios militares disponibilizados pelos Estados-Membros – para prestar assistência ao Estado-Membro afetado (art. 222.º do TFUE).

Bibliografia

Francisco Pereira Coutinho e Isabel Camisão, "A Ação Externa da União Europeia", *Revista de Direito Público*, 8, 2012, pp. 7 a 56.

Maria José Rangel de Mesquita, *A Actuação Externa da União depois do Tratado de Lisboa*, Almedina, 2011.

Giovanni Grevi, Damien Helly e Daniel Keohane (eds.), *European Security and Defence Policy: The First Ten Years (1999–2009)*, EU Institute for Security Studies, 2009.

Jolyon Howorth, *Security and Defence Policy in the European Union*, Palgrave Macmillan, 2007.

Anne Deighton "The European Security and Defence Policy", 40, *Journal of Common Market Studies*, 2002, pp. 719 a 41.

PRINCÍPIO DA PROPORCIONALIDADE

Jorge Bacelar Gouveia

1. O *princípio da proporcionalidade* deve ser inserido na ideia geral do princípio do Estado de Direito como uma dimensão material do mesmo.

A configuração do princípio da proporcionalidade assenta numa limitação material interna à atuação jurídico-pública de caráter discricionário, contendo os efeitos excessivos que eventualmente se apresentem na edição das providências de poder público de cariz ablatório para os respetivos destinatários.

2. O princípio da proporcionalidade começou por ser apenas uma orientação constringente das atuações agressivas do poder público no âmbito da esfera dos cidadãos, fornecendo um esquema intelectual-jurídico de aferição do cumprimento de determinados requisitos e estruturando-se sobretudo no âmbito do Direito Administrativo de Polícia.

Mas rapidamente tal princípio se expanderia para outros setores da atuação jurídico-administrativa, não só na administração constitutiva como também ao nível dos diversos órgãos do poder público.

Só recentemente, porém, é que o princípio da proporcionalidade veria a luz do dia na Teoria do Direito Constitucional, aí contudo desempenhando um papel decisivo, sobretudo na temática dos limites aos direitos fundamentais.

3. O estádio atual do desenvolvimento do princípio da proporcionalidade como elemento decisivo do princípio do Estado de Direito, insuflando, no fim de contas, todo o Direito Público, aceita-se segundo um conjunto de progressivas generalizações que é mister mencionar.

Indubitável é, neste contexto, reconhecer a enorme transcendência da respetiva descoberta científica para a limitação do exercício do poder público, ficando patente, até certo ponto, a própria coerência global do Ordenamento Jurídico.

A proporcionalidade de um efeito jurídico no seio da Ordem Jurídica carece, como pressuposto essencial, de uma ponderação entre os meios que esses efeitos representam e as finalidades que se assinalam à respetiva consecução.

Um ato do poder público é proporcionado se a finalidade que a Ordem Constitucional lhe comete se afigura cabalmente medida no confronto com as opções de seleção e de modelação de intervenção prática que esse meio oferece.

4. Se bem que a ideia de proporcionalidade imediatamente induza o sentido da proibição de uma atuação jurídico-pública excessiva, ele desdobra-se em três vertentes fundamentais por que se decompõe aquele conceito geral:

a) a adequação (*Geeignetheit*);

b) a necessidade (*Erforderlichkeit*); e

c) a racionalidade ou proporcionalidade em sentido estrito (*Proportionalität*).

A vertente da *adequação* ilustra a relação de idoneidade que deve existir entre a providência que se pretende tomar e o fim que a mesma se propõe alcançar, através da respetiva regulação parametrizante, fim que legitimamente se considera pertinente: *a providência é adequada se estruturalmente se apresentar apta à obtenção do resultado que lhe foi normativamente destinado.*

A vertente da *necessidade* mostra como, perante uma providência que já se considere adequada, se impõe fazer um juízo a respeito da sua indispensabilidade no leque de providências que, do mesmo modo, sejam equivalentemente consideradas aptas à obtenção do resultado pretendido: *a providência é necessária se outra não houver que seja, do ponto de vista da respetiva lesividade, menos gravosa.*

A vertente da *racionalidade* explicita o teor material da providência enquanto conjunto atomístico de efeitos jurídicos ablativos para a esfera jurídica dos destinatários, determinando uma sua delimitação negativa interna: *a providência é racional caso os efeitos escolhidos, dentro do tipo de medida ou de efeito especificamente considerado adequado e necessário, se apresentem equilibrados, em acordância com uma avaliação entre os custos a suportar e os benefícios a atingir.*

5. A leitura do texto da Constituição Portuguesa permite encontrar a positivação do princípio da proporcionalidade em vários dos seus preceitos, com especial realce para o âmbito dos direitos fundamentais, e bem assim nalguns preceitos relativos à organização do poder político.

Porém, o princípio da proporcionalidade surge naturalmente como um princípio geral do Direito Constitucional sempre que uma atuação ablativa do poder público careça de um juízo de proporcionalidade em relação aos fins que lhe foram normativamente cometidos.

É assim que a invocação direta do preceito constitucional que proclama o princípio do Estado de Direito serve para justificar a respetiva generalização, no mesmo se filiando – como verdadeiro preceito-mãe – quaisquer outras aplicações deste especial princípio constitucional.

Bibliografia
Jorge Bacelar Gouveia, *O estado de exceção no Direito Constitucional*, II, Coimbra, 1998, pp. 320 e ss.
Vitalino Canas, *Proporcionalidade (princípio da)*, in DJAP, VI, Lisboa, 1994, pp. 591 e ss.,
   e *O princípio da proibição do excesso na Constituição: arqueologia e aplicações*, in AAVV, PC, II,
   Coimbra, 1997, pp. 323 e ss.
Peter Saladin, *Grundrechte im Wandel – Die Rechtsprechung des Schweizerischen Bundesgerichts zu den
   Grundrechten in einer sich ändernden Umwelt*, 3.ª ed., Bern, 1982, pp. 355 e ss.

PRISÃO PREVENTIVA

Teresa Pizarro Beleza
Frederico Costa Pinto

1. A prisão preventiva é uma das sete medidas de coacção previstas no Código de Processo Penal de 1987 (artigos 191.º e ss).

As medidas de coacção são medidas cautelares aplicadas a arguidos para proteger o processo em curso ou para tutelar interesses relevantes conexos com o mesmo. Assim, uma medida de coação pode ser aplicada para evitar, por exemplo, a fuga do arguido, para impedir que o mesmo destrua provas ou para obstar a que continue a actividade criminosa indiciada (artigo 204.º do CPP). Em qualquer caso, trata-se de medidas cautelares e não de medidas punitivas.

O sistema legal das medidas de coacção organiza as diversas medidas num quadro de gravidade progressiva. Assim, o termo de identidade e residência (artigo 196.º do CPP) é a medida menos grave e, por isso, tem um regime especial: aplicando-se a todos os arguidos, obrigatoriamente, pode ser decidida não só pelo juiz, como também pelo Ministério Público e pelos órgãos de polícia criminal. As demais medidas – a caução (artigo 197.º), a obrigação de apresentação periódica (artigo 198.º), a suspensão do exercício de actividade ou direitos (artigo 199.º), as proibições e injunções específicas de condutas (artigo 200.º), a obrigação de permanência na habitação (artigo 201.º) e a prisão preventiva (artigo 202.º) – estão sujeitas a reserva judicial: só o juiz as pode aplicar, por sua iniciativa na instrução, no julgamento ou no recurso e a requerimento do Ministério Público durante a fase de inquérito (artigo 194.º, n.º 1, do CPP).

A prisão preventiva é a medida mais severa no plano da privação da liberdade pessoal e, por isso, é também aquela que tem um regime constitucional e legal mais exigente quanto aos pressupostos da sua aplicação e à sua vigência processual.

2. A aplicação da medida de prisão preventiva tem sofrido ao longo dos tempos oscilações e leituras nem sempre congruentes. É importante conhecer os números oficiais da sua aplicação, conscientes de que por detrás de cada número está em regra um drama pessoal e humano que não pode ser reduzido à frieza das tendências estatísticas.

Sem grande margem de erro, é possível afirmar que a prisão preventiva conheceu entre nós níveis muito elevados durante os anos 90 do século passado, devido em grande parte à perseguição penal ao consumo e tráfico de estupefacientes. A despenalização do consumo de drogas levou a uma diminuição significativa do número de prisões preventivas decretadas, que se situam actualmente num nível médio-alto, depois de uma quebra do número de presos preventivos após a entrada em vigor da reforma do CPP realizada em 2007. A percentagem da população prisional sujeita a prisão preventiva em Portugal é sensivelmente equivalente à da Alemanha ou Espanha e inferior à de França, Bélgica ou Itália.

Usando como referência dados oficiais (*www.dgsp.mj.pt*) dos últimos três anos (relativos à primeira quinzena do mês de Fevereiro) notam-se duas tendências de sentido aparentemente oposto: por um lado, tem-se verificado um ligeiro aumento da população prisional (13.020 presos em 15.02.2012, 13.887 presos em 15.02.2013 e 14.304 presos em 15.02.2014); por outro, verifica-se uma diminuição percentual dos presos preventivos, acompanhada de um aumento do número de detidos sujeitos a prisão preventiva (2.426 presos preventivos, em 15.02.2012, correspondendo a 18,6% da população prisional; 2.592 presos preventivos em 15.02.2013, correspondendo a 18,6% da população prisional; e 2.526 presos preventivos em 15.02.2013, equivalente a 17,5% da população prisional).

Números mais recentes confirmam estas tendências: em 1 de Junho de 2014 a população prisional era de 14.301 pessoas estando em prisão preventiva 2394 arguidos, o que corresponde a 16,7% do total. Entre estes, 649 arguidos já tinham sido condenados, aguardando o resultado dos recursos, e 1745 arguidos tinham sido acusados ou pronunciados, aguardando a realização do julgamento em prisão preventiva.

Em suma, a percentagem de arguidos em prisão preventiva tem sentido uma ligeira diminuição, mas que resulta em boa parte de a população prisional (de condenados) ter aumentado.

3. Sendo a medida mais grave para a liberdade pessoal do arguido, a prisão preventiva está condicionada a (i) um regime especial de subsidiariedade reforçada (só se pode aplicar se as finalidades não puderem ser prosseguidas com uma medida menos grave), (ii) à reserva de juiz (só o juiz pode aplicar esta medida, não podendo uma pessoa ser detida mais de 48 h sem controlo judicial, como determina o artigo 28.º, n.º 1, da Constituição), a (iii) um juízo de precariedade por referência ao estado de coisas que determinou a sua aplicação (a alteração desse estado de coisas determina a revisão da medida) e (iv) a um prazo máximo de duração efectiva, indexado a cada fase processual (cfr. artigos 202.º, n.º 1, 194.º, n.º 1, 212.º, n.º 1, al. b) e 215.º, do CPP). Um regime notoriamente apertado que surge, desde logo, como decorrência das imposições constitucionais na matéria, previstas no artigo 28.º da CRP, que apresenta a prisão preventiva como uma medida de natureza excepcional e subsidiária (cfr. n.º 2 do citado artigo 28.º da CRP).

4. O artigo 202.º do CPP exige ainda como condições essenciais para a aplicação da prisão preventiva a um arguido que se esteja perante (i) fortes indícios (ii) da prática de um crime doloso, que (iii) essa incriminação tenha uma pena legal máxima superior a 5 anos de prisão ou que esteja prevista em algum dos catálogos "específicos" (enunciados nas alíneas do n.º 1 do artigo 202.º) e que (iv) tal medida se revele necessária pela insuficiência das demais medidas de coacção em relação ao caso concreto. Estes requisitos específicos cumulam-se com os requisitos gerais de aplicação das medidas de coacção (artigo 204.º CPP), que exigem a comprovação de uma situação de perigo para o processo decorrente da continuação do arguido em liberdade (*pericula libertatis*). Todos os requisitos legais devem ser comprovados na fundamentação do despacho que aplica a medida, sob pena de nulidade do mesmo (artigo 194.º, n.º 6 e 7, do CPP).

5. O elenco de crimes que permite a aplicação de prisão preventiva tem variado ao longo dos tempos, inclusivamente durante a vigência do Código de Processo Penal de 1987. O legislador recorre para este efeito a dois critérios diferentes: a medida legal máxima da pena e a adopção de catálogos específicos de crimes. No primeiro caso, que serve como critério geral, todos os crimes com pena legal máxima superior a 5 anos de prisão admitem prisão preventiva. Para além disto, cada uma das alíneas contempla casos específicos que, por si só ou conjugados com uma pena legal superior a 3 anos, autorizam a aplicação da prisão preventiva. O conteúdo dos catálogos é fechado e taxativo, mas acaba por ser muito amplo porque abrange não só os tipos incriminadores expressamente referidos como também, por remissão legal, todos aqueles que correspondem às definições de «criminalidade violenta» e «criminalidade altamente organizada» (cfr. artigos 202.º, n.º 1, alíneas b) e c), e artigo 1.º, alíneas j) e m) do CPP).

O alargamento sucessivo do catálogo de crimes, designadamente em 2010, veio em parte corrigir alguns problemas criados pela reforma de 2007 na matéria, mas

PRISÃO PREVENTIVA

o resultado final não deixou de ser o oposto: um elenco muito amplo de crimes que em abstracto admitem prisão preventiva.

O elenco de crimes previsto no n.º 2 do artigo 215.º do CPP, aqueles que permitem o aumento do prazo de sujeição a prisão preventiva, não coincide com o elenco de crimes que consta do catálogo de crimes que admitem prisão preventiva, contemplado no n.º 1, ao artigo 202.º do CPP. Ou seja, na sua literalidade a lei autoriza a prorrogação do prazo de prisão preventiva em relação a crimes que, em si mesmos, de acordo com o artigo 202.º, não admitem prisão preventiva, como seja o caso de falsificação de títulos de crédito, valores selados, selos e equiparados (artigos 268.º e 269.º) ou os crimes de insolvência dolosa (artigo 227.º), administração danosa do sector público ou cooperativo (artigo 235.º) ou participação económica em negócio (artigo 377.º, todos do Código Penal). Tal facto gera uma absurda contradição normativa entre o regime dos pressupostos da prisão preventiva (artigo 202.º do CPP) e o regime de alargamento de prazos (artigo 215.º do CPP). Apesar das rectificações a que o texto do CPP de 2007 foi sujeito, o problema não foi resolvido. Como o alargamento de prazo é um regime secundário que pressupõe e não substitui os pressupostos legais da prisão preventiva, o regime do artigo 202.º tem necessariamente de prevalecer. O que implica uma interpretação abrogante das partes do artigo 215.º que não têm correspondência no elenco do artigo 202.º do CPP, por esta elementar razão: o legislador só pode pretender alargar o prazo de sujeição a prisão preventiva em relação a crimes que admitam prisão preventiva.

6. A prisão preventiva sempre esteve, na vigência do Código de Processo Penal de 1987, sujeita a um sistema de prazos indexados à duração da fase processual em que seria aplicada. A reforma de 2007 encurtou em cerca de 1/3 todos os prazos legais, que hoje são os que se encontram referidos no artigo 215.º do CPP: a prisão preventiva não pode durar mais de 4 meses sem ter havido acusação, 8 meses durante a fase de instrução sem que tenha sido proferida a decisão instrutória, 14 meses sem ter havido condenação em primeira instância e 18 meses sem ser proferida condenação transitada em julgado. Estes prazos gerais são depois alargados em casos mais graves e em situações específicas, como descrito nos diversos números do artigo 215.º do CPP.

Uma vez decorrido o prazo legal máximo, o arguido deve ser imediatamente libertado porque a medida se extingue por efeito legal automático (artigo 215.º, n.º 1, do CPP), podendo, contudo, ser aplicada outra medida de coacção (artigo 217.º do CPP). O que vale por dizer, em suma, que a manutenção do arguido em prisão preventiva para além do prazo admissível corresponde a uma prisão ilegal, para todos os efeitos (dever de actuação judicial, *habeas corpus*, indemnização, etc.)

PRISÃO PREVENTIVA

7. A precariedade da prisão preventiva e a sua gravidade para a liberdade pessoal do arguido exigem um regime especial de reexame periódico obrigatório e uma particular relevância da cláusula *rebus sic stantibus*. Para além das iniciativas dos sujeitos processuais na matéria, o juiz procede de três em três meses ao reexame obrigatório da prisão preventiva, decidindo sobre a sua continuação ou revogação (artigo 213.º). O que, por seu turno, não impede que de forma casuística a prisão preventiva seja revogada (e, eventualmente, substituída por outra medida de coacção) sempre que se tenha alterado o estado de coisas de determinou a sua aplicação (artigos 204.º e 212.º do CPP).

8. O arguido pode reagir perante a prisão preventiva de três formas: (i) solicitando o reexame da medida por alteração da situação que determinou a sua aplicação (artigo 212.º, n.º 4); (ii) interpondo um recurso para o Tribunal da Relação do despacho que aplica a prisão preventiva; ou, em caso de ilegalidade da prisão, (iii) apresentando uma providência extraordinária de *habeas corpus* dirigida directamente ao Supremo Tribunal de Justiça (artigo 31.º da CRP e artigos 222.º e 219.º, n.º 2, do CPP), mas apresentada junto da autoridade que mantém o arguido ilegalmente preso.

9. A ilegalidade da prisão preventiva pode gerar responsabilidade civil do Estado, como é expressamente declarado no texto constitucional: «a privação da liberdade contra o disposto na Constituição e na lei constitui o Estado no dever de indemnizar o lesado nos termos que a lei estabelecer» (artigo 27.º, n.º 5, da CRP). Os pressupostos da responsabilidade do Estado nesta matéria estão formulados no artigo 225.º do CPP, abrangendo três situações: (i) ilegalidade da prisão, nos termos que fundamentam a petição de *habeas corpus*, (ii) erro grosseiro na apreciação dos pressupostos de facto que determinaram a prisão e (iii) absolvição do arguido por se comprovar que não foi agente do crime ou que actuou ao abrigo de uma causa de justificação. A lei não contempla o direito à indemnização por insuficiência de prova. Por isso, se o arguido for absolvido por uma dúvida razoável (*in dubio pro reo*) incompatível com a presunção constitucional de inocência que lhe assiste (artigo 32.º, n.º 2, da CRP) ou por serem eliminadas provas proibidas (artigo 126.º do CPP) não tem garantida indemnização do Estado pela privação da liberdade que sofreu. Neste sentido se tem igualmente pronunciado o Tribunal Constitucional (cfr. Ac. TC n.º 185/2010, de 12 de Maio, na senda de jurisprudência anterior no mesmo sentido, embora sem unanimidade) entendendo que, por um lado, tal situação não está prevista na lei como fonte de indemnização e, por outro, que a sua consideração poderia subverter o equilíbrio das fases processuais e gerar grande incerteza quanto à própria condução do processo pelos magistrados nas fases preliminares. As reservas do Tribunal Constitucional são compreensíveis, mas a materialidade das situações poderia justificar uma solução diferente.

10. O período de sujeição a prisão preventiva é descontado por inteiro na pena de prisão a que o arguido seja sujeito em função de sentença condenatória, como determina o artigo 80.º do Código Penal.

Bibliografia

Albuquerque, Paulo Pinto de, *Comentário do Código de Processo Penal*, 4.ª ed., Lisboa: UCE, 2011, anotações aos artigos citados.

Beleza, Maria Teresa, «Prisão preventiva e direitos do arguido», *in Que futuro para o Direito Processual Penal*, Simpósio em Homenagem a Jorge de Figueiredo Dias, por ocasião dos 20 anos do Código de Processo Penal Português, Coimbra: Coimbra Editora, 2009, pp. 671-685.

Gaspar, António Henriques *et al.*, *Código de Processo Penal Comentado*, Coimbra: Almedina, 2014, anotações aos artigos citados.

Matos, Ricardo J. B. de, «Prisão preventiva e detenção: as alterações introduzidas pela Lei n.º 26/2010, de 30 de Agosto» *in* CEJ (org.), *As alterações de 2010 ao Código Penal e ao Código de Processo Penal*, Coimbra: Coimbra Editora, 2011, pp. 283-322.

Silva, Germano Marques da, *Curso de Processo Penal*, volume II, 5.ª ed. revista e actualizada, Lisboa: Verbo, Babel, 2011.

PRODUÇÃO DE INFORMAÇÕES

Rui Pereira

Alice Feiteira

A produção de informações, ou segundo a denominação anglo-saxónica *intelligence*, resulta de um processo metodológico próprio, intrinsecamente dependente da cultura, das condições históricas, geográficas, políticas, económicas, sociais, securitárias e de defesa de cada Estado. Todavia é comummente aceite que, apesar das diferentes circunstâncias, a actividade de produção de informações resulta de uma acção dinâmica e complexa que visa acompanhar a permanente transformação dos poderes soberanos e, na sua essência, conhecer o pensamento, o agir do outro, o jogo de interesses entre Estados, ou de outros actores formais e informais, e, em geral, determinar as ameaças ao Estado de direito democrático. Os serviços de informações destinam-se assim a produzir informações que permitam tornar previsível (naturalmente num quadro de margem de erro aceitável) a evolução dessas realidades, determinadas em larga medida pelo impacto das decisões políticas e das estratégias sectoriais adoptadas.

As informações, entendidas como um conjunto de elementos disponíveis, devidamente "recortados", valorados e interpretados, representam um instrumento de auxílio à tomada de decisão política, de natureza estratégica e táctica, e uma garantia na defesa dos valores estruturantes do Estado de Direito democrático. Esses elementos podem provir de fontes abertas, incluindo a comunicação social

PRODUÇÃO DE INFORMAÇÕES

e a internet, cujo valor informativo é cada vez maior e de fontes "fechadas", como as acções encobertas, que se distinguem das levas a cabo por órgãos de polícia criminal por não costumarem ser associadas a cláusulas gerais de impunibilidade dos agentes encobertos.

Enquanto metodologia, ou técnica, a produção de informações tem como ponto de partida o ciclo das informações do qual emana a definição do conteúdo das actividades de um serviço de informações e dos procedimentos levados a cabo pelos seus funcionários. Todavia, o ciclo de informações entendido como o processo de obtenção de dados, através da identificação de problemas e da definição de estratégias de pesquisa, de processamento, de interpretação, de avaliação e da difusão de informações, isto é de previsões fiáveis e seguras, destinadas ao consumidor final, não é estanque. Actualmente, a produção de informações, em razão da amplitude e diversidade dos desafios colocados aos Estados e aos cidadãos, impõe o recurso a métodos analíticos interdisciplinares, quanto à determinação de fontes, à aplicação de critérios analíticos, à definição de matrizes de decisão, à configuração de hipóteses competitivas, à cenarização, à comparação de dados, à aplicação de modelos matemáticos, designadamente no quadro domínio do cálculo de probabilidades, à definição de diagramas de influência e à avaliação, necessariamente subjectiva, resultante da interacção do conhecimento de especialistas com os analistas.

No âmbito da produção de informações, aos analistas cabe, cada vez mais, realizar uma avaliação das possibilidades e probabilidades de concretização dos riscos e ameaças, bem como a determinação de factores de vulnerabilidade presentes ou futuros. Neste quadro a actividade de produção de informações impõe a ponderação de alternativas, a construção de cenários prováveis bem como a avaliação de trajectórias e interdependências dos vários actores formais e informais.

Em síntese, a actividade de produção de informações, ou de *intelligence*, no Estado de direito democrático destina-se a municiar os decisores políticos, ou outros destinatários legítimos, de conhecimento que permita reduzir o nível de incerteza, pelo que requer uma forma estruturada de análise da informação disponível, que devidamente valorada e agregada, contribuirá para essa tomada de decisões. Na transmissão das informações, faz-se sempre um balanceamento entre os princípios da necessidade de conhecer e da disponibilidade das informações, por um lado, e, por outro lado, o segredo de Estado e a proteção das fontes dos serviços de informações.

Bibliografia
Clark, M Robert, *Intelligence analysis, a target-centric approach*, 2.ª edição, CQPress, Washington, D.C. 2006.
Michael Herman, *Intelligence power in peace and war*, Cambridge University, 2006.
Williams Vaughan Nick, *Critical Security Studies – an introducion*, Routledge-Taylor and Francis Group, London and New York, 2010.

PRODUÇÃO DE INFORMAÇÕES

Uri Bar-Joseph, *Intelligence Intervention in The Politics of Democratic States: the United States, Israel and Britain*, The Pennylvania State University, 1995.

Kent, Sherman, *Strategic Intelligence for American Worl Policy*, Princeton: Princeton University 1949.

Kieran Williams e Dennis Deletant, *Security Intelligence in New democracies, The Czech Republic, Slovakia and Romania*, Palgrave, 2001.

PROIBIÇÃO DO USO DA FORÇA NO DIREITO INTERNACIONAL PÚBLICO

Jorge Bacelar Gouveia

1. No plano *jurídico-internacional*, a condenação da guerra unicamente se alcançaria no século XX, tendo-se vivido até então num regime de aceitação do uso da força no plano das relações internacionais, diretamente filiado na distinção entre Direito da Paz e Direito da Guerra, cuja paternidade é de Hugo Grócio.

Daí que até ao início do século passado, num outro aspeto que justifica a passagem do período clássico ao período moderno na sua periodificação, o Direito Internacional assentasse numa dicotomia fundamental entre:

– o *ius ad bellum*;
– o *ius in bello*.

O *ius ad bellum* representava o setor do Direito Internacional que estabelecia os termos e as condições para decretar o estado de guerra, definindo o respetivo formalismo e as partes que o pudessem fazer, assim consagrando um direito dos Estados de recorrer à força no âmbito das relações internacionais.

O *ius in bello* atendia às normas que regulavam os conflitos armados, na convicção – até certo ponto ingénua – de que haveria uma ordem normativa no meio do caos que um conflito bélico sempre pressupõe.

2. Notoriamente no século XX é que se estabeleceria a afirmação jurídico--internacional da proscrição do uso da força, paulatinamente distribuída por *quatro momentos*, todos encadeados entre si, numa caminhada normativo-internacional sempre crescente:

– a proibição do uso da força na cobrança de dívidas contratuais;
– a moratória de guerra no âmbito do Pacto da Sociedade das Nações;
– a renúncia geral ao uso da força no Pacto Briand-Kellog; e
– a proibição geral na Carta das Nações Unidas.

3. O *primeiro momento* a referir, ainda que limitado e pouco conhecido, aconteceu em 1907, na 2.ª Conferência da Haia, também designada por Convenção Drago-Porter.

Esta convenção estabeleceu a proibição do uso da força, através das represálias, no caso de entre os Estados haver dívidas não pagas, no âmbito de uma relação obrigacional.

É claro que se trata de um aspeto bastante pontual no seio das relações internacionais, mas não deixou de possuir uma relevância apreciável como primeiro tratado internacional proscrevendo o uso da força, ainda que marginalmente.

Dizia-se no respetivo tratado o seguinte: "As partes contratantes estão convencidas de que não devem utilizar a força armada para a cobrança de dívidas contratuais...".

4. O *segundo momento*, de afirmação de uma geral limitação processual ao uso da guerra, aconteceria no texto do Pacto da Sociedade das Nações, a Parte I do Tratado de Versalhes, que selaria o fim da I Guerra Mundial.

Segundo se podia ler num dos seus preceitos, "Acordam todos os Membros da Sociedade que, ao surgir entre eles algum diferendo suscetível de os levar a uma rutura, se submeterão, quer a um processo de arbitragem ou a uma decisão judicial, quer ao exame do Conselho", depois se concluindo nesse preceito que "Mais acordam que, em caso algum, devem recorrer à guerra antes de expirado o prazo de três meses depois da decisão arbitral ou judicial ou do relatório do Conselho" (art. 12.º do Pacto da Sociedade das Nações).

Este esquema ficaria conhecido por moratória de guerra porque, não sendo uma proscrição propriamente dita, impunha o retardamento do uso da força por três meses, com a finalidade de permitir ao Conselho pronunciar-se e fazer com que as partes em conflito chegassem a acordo, além de se admitir a força como medida coerciva ou como legítima defesa.

Formou-se, assim, a convicção de que a decisão de fazer a guerra, relevando à comunidade internacional no seu conjunto, deveria ser filtrada por uma instância internacional. E assim se concebeu a primeira limitação geral ao direito de fazer a guerra, apenas se admitindo três suas modalidades: (i) como medida de *ultima ratio*, (ii) como medida coercitiva assim decretada e (iii) como legítima defesa, traduzindo-se, em termos gerais, o Pacto da Sociedade das Nações num sistema de "retardamento" do uso da guerra.

5. O *terceiro momento*, de condenação substantiva do uso da força, seria protagonizado pelo Tratado de Renúncia Geral do Uso da Força, mais conhecido por Pacto Briand-Kellog, celebrado em 27 de agosto de 1928, tendo por negociadores o Ministro dos Negócios Estrangeiros Francês e o Secretário de Estado Norte-Americano, respetivamente Aristide Briand e Frank Kellog, embora tivesse sido assinado por quinze Estados.

Numa das suas poucas disposições, este tratado era bastante enfático quanto ao facto de os Estados partes aceitarem que o uso da força deixava de pertencer à respetiva capacidade jurídico-internacional, como desde tempos imemoriais sempre se aceitou. Verdadeiramente se fazia a diferença numa diversa evolução da questão, condenando-se explicitamente a guerra como instrumento de política internacional, ao admitir-se a guerra somente como medida de *ultima ratio*.

Nos termos deste tratado, o uso da força só se considerava permitido como legítima defesa ou como medida de coerção para repelir as mais graves violações do Direito Internacional, tendo este momento ficado na sua História por ter sido o primeiro de proibição geral do uso da força nas relações internacionais, ao nível substantivo, e pondo termo à "competência discricionária da guerra".

A dificuldade residia na forte imperfeição adjetiva deste tratado: embora substantivamente proibisse o uso da força, não estabelecia qualquer mecanismo sancionatório para punir o respetivo incumprimento, o que não tardaria muito tempo que viesse a acontecer, e em larga escala, rebentando a II Guerra Mundial.

6. O *quarto momento*, numa dupla ótica substantiva e adjetiva, é o que estamos vivendo e seria alcançado com a aprovação da Carta das Nações. Ainda que se aceite que as atribuições da Organização das Nações Unidas largamente ultrapassam o objetivo da paz e da segurança internacionais, sem dúvida que esta vem a ser uma das suas principais finalidades, ou não tivesse esta instituição sido criada sobre os escombros dramáticos da II Guerra Mundial.

Não se pode questionar que a Carta das Nações Unidas tivesse estabelecido não apenas essa finalidade como um dos seu principais objetivos, mas sobretudo tivesse afirmado o monopólio do uso da força a cargo da Organização das Nações Unidas, a deliberar por intermédio de um dos seus órgãos, o Conselho de Segurança.

A Carta das Nações Unidas estabeleceria, de todos estes textos, a proibição mais abrangente do uso da força, erguendo do mesmo passo a defesa da soberania num dos seus princípios fundamentais, afirmando que "Os membros deverão abster-se nas suas relações internacionais de recorrer à ameaça ou ao uso da força, quer seja contra a integridade territorial ou a independência política de um Estado, quer seja de qualquer outro modo incompatível com os objetivos das Nações Unidas" (art. 2.º, n.º 4, da CNU).

As exceções formalmente previstas são as seguintes:

  (i) a legítima defesa;
 (ii) as medidas adotadas ou autorizadas pelos órgãos competentes da Organização das Nações Unidas para manter ou restabelecer a paz e a segurança internacionais;
(iii) as medidas adotadas contra anteriores Estados inimigos;
 (iv) as medidas adotadas por organizações regionais.

A Assembleia Geral da Organização das Nações Unidas, por seu lado, teria oportunidade de explicitar o sentido da proibição internacional do uso da força, o que veio a fazer em duas ocasiões distintas: primeiro, na Resolução n.º 2625 (XXV), de 24 de outubro de 1970, e depois, na Resolução n.º 3314 (XXIX), de 14 de dezembro de 1974.

No plano jurisprudencial, é de referir algumas intervenções que se fizeram na estabilização dessa proscrição geral do uso da força, avançando-se, primeiro, com considerações laterais, no *Caso do Estreito de Corfu* (Reino Unido *versus* Albânia) (1947-1949) e no *Caso do pessoal diplomático e consular dos Estados Unidos em Teerão* (Estados Unidos *versus* Irão) (1979-1981), para se avaliar, depois, o problema a título principal no *Caso das atividades militares e paramilitares na Nicarágua dos contras* (Nicarágua *versus* Estados Unidos) (1986), ligando este princípio fundamental do sistema da Organização das Nações Unidas ao Direito Internacional Costumeiro.

Para além da decretação da força no seio da Organização das Nações Unidas, a única possibilidade de autotutela material efetivamente aberta foi a da legítima defesa, quando os respetivos pressupostos são pertinentes, a exercer por parte dos Estados. As outras hipóteses, também admitidas, foram-no apenas temporariamente, o tempo e as circunstâncias se encarregando de decretar a respetiva caducidade: o uso da força relativamente aos Estados vencidos da II Guerra Mundial rapidamente perderia a sua razão de ser; as medidas regionais nunca efetivamente poderiam obter qualquer autonomia em face do desenvolvimento da função constitucional da Carta das Nações Unidas relativamente a outros tratados de natureza militar, sobre eles prevalecendo.

7. A proscrição do uso da força no Direito Internacional Público, arduamente conquistada, rapidamente se tornaria uma realidade universal, tal a difusão de disposições, confirmando a linha central seguida pela Carta das Nações Unidas, não se podendo encontrar setor específico do Direito Internacional que não lhe seja sensível:

- o Direito Internacional dos Tratados: "É nulo todo o tratado cuja conclusão tenha sido obtida pela ameaça ou pelo emprego da força em violação dos princípios de Direito Internacional contidos na Carta das Nações Unidas" (art. 52.º da CVDTE);
- o Direito Internacional do Mar: "No exercício dos seus direitos e no cumprimento das suas obrigações nos termos da presente Convenção, os Estados Partes devem abster-se de qualquer ameaça ou uso da força contra a integridade territorial ou a independência política de qualquer Estado, ou de qualquer outra forma incompatível com os princípios de Direito Internacional incorporados na Carta das Nações Unidas" (art. 301.º da CNUDM); ou
- o Direito Internacional do Espaço Exterior: "A Lua e os demais corpos celestes utilizar-se-ão exclusivamente com fins pacíficos por todos os Estados

PROIBIÇÃO DO USO DA FORÇA NO DIREITO INTERNACIONAL PÚBLICO

Partes no Tratado. Fica proibido estabelecer nos corpos celestes bases, instalações e fortificações militares, efetuar ensaios com qualquer tipo de armas e realizar manobras militares" (art. 4.º, § 2.º do TEUEE).

8. Por aquilo que se vê, o que resta hoje do *ius belli* é muito pouco, com todas as inevitáveis consequências que isso acarreta:

- *regulativamente*, na modificação de muitas das normas do Direito Internacional da Guerra;
- *dogmaticamente*, no desinteresse em que caíram estas matérias, rapidamente substituídas por outras.

As severas restrições que este século veio felizmente trazer à utilização da guerra antes considerada livre – acantonando-a em recônditos casos de legítima defesa e de decretação por instâncias internacionais, com a incumbência de zelar pela segurança e paz internacionais – determinou a perda da sua importância científica, já nem sequer sendo possível fazer a *summa divisio* do Direito Internacional – até há bem pouco tempo clássica e fundamental – entre o Direito da Paz e o Direito da Guerra.

Bibliografia
Armando M. Marques Guedes, *Direito Internacional Público*, 2.ª ed., Lisboa, 1992.
Jorge Bacelar Gouveia: *Manual de Direito Internacional Público*, 4.ª ed., Almedina, Coimbra, 2013; *Direito Internacional da Segurança*, Almedina, Coimbra, 2013; *O uso da força no Direito Internacional Público*, in AAVV, *Estudos em Comemoração do X Aniversário do Instituto Superior de Ciências Jurídicas e Sociais*, I volume (org. de Mário Pereira da Silva, Leão de Pina e Paulo Monteiro Júnior), Praia, 2012.
Malcolm N. Shaw, *International Law*, 5.ª ed, Cambridge, 2003.
Nguyen Quoc Dihn, Patrick Daillier e Alain Pellet, *Droit International Public*, 7.ª ed., Paris, 2002.
Valério de Oliveira Mazzuoli, *Curso de Direito Internacional Público*, São Paulo, 2006.

PROTEÇÃO CIVIL

DUARTE CALDEIRA

Define-se como seguro (segura), do latim *securus*, aquele ou aquela que está livre e isento de qualquer perigo ou dano.

A segurança como valor absoluto não existe, pelo que nunca poderá ser alcançada na sua totalidade, sendo que a sua procura constitui uma missão sem fim.

A sensação de segurança ou a falta dela e a proteção contra os perigos são conceitos inatos, relacionados com a sobrevivência que todos temos, não obstante deverem ser trabalhados e desenvolvidos.

PROTEÇÃO CIVIL

O conceito de segurança incorpora a hierarquia das necessidades vitais da pessoa humana identificadas por Abraham H. Maslow, criador da psicologia humanista e eminente psicólogo do século XX.

Na doutrina da segurança não existem milagres. Ela é o produto de sistemas de defesa contra as ameaças a que os cidadãos estão sujeitos, bem como de processos de formação e consciencialização destes, de modo a reforçar a sua resiliência.

Com o crescimento da sociedade humana, vieram grupos, tribos, nações e as disputas por melhores territórios, onde os meios disponíveis para satisfação das necessidades básicas eram abundantes, surgindo as primeiras guerras.

A necessidade de defesa surgiu e evoluiu com o homem. Na Antiguidade, os exércitos em confronto possuíam organização compatível com os meios disponíveis, bom sistema de informações, razoável sistema de abastecimentos, porém, pouca proteção da população civil não envolvida na luta.

No entanto, pela necessidade de segurança, ainda na história antiga, vemos relatos que nos dão notícia das providências adotadas pelos exércitos gregos, romanos, persas e egípcios, para proteger as populações que ficavam nas cidades, quando deslocavam seus exércitos para a guerra.

Na Idade Média, os franceses confiavam a luta contra o fogo aos operários e a certas ordens religiosas. Posteriormente, no século XVII, foram organizados os corpos permanentes com aquela finalidade.

Napoleão desenvolveu, sistematicamente, o domínio da política de segurança, destinado a proteger o homem contra os perigos, quer com a prevenção, quer em caso de falhas de prevenção.

Assim, chegamos aos tempos modernos e só durante a segunda Guerra Mundial surgiu de facto a noção de Proteção Civil, como necessidade imperiosa de proteger as populações não empenhadas no conflito bélico.

Na Inglaterra, surgiu a Civil Defense, organização que tinha o objetivo de preparar e organizar a população, no sentido de minimizar os danos causados, aquando do ataque de inimigos.

Este tipo de organização foi posteriormente adotado por outros países, persistindo em tempo de paz, visto ter demonstrado a sua eficácia na minimização dos efeitos causados por eventos adversos de qualquer tipo, nomeadamente nos desastres naturais e nos eventos calamitosos de origem humana.

No ordenamento jurídico português, define-se Proteção Civil como "a atividade desenvolvida pelo Estado, Regiões Autónomas e autarquias locais, pelos cidadãos e por todas as entidades públicas e privadas com a finalidade de prevenir riscos coletivos inerentes a situações de acidente grave ou catástrofe, de atenuar os seus efeitos e proteger e socorrer as pessoas e bens em perigo quando aquelas situações ocorram".

PROTEÇÃO CIVIL

As atividades de proteção civil identificam-se pelo seu caráter permanente, multidisciplinar e plurissectorial, desenvolvem-se em todo o território nacional ou fora deste, no quadro dos compromissos internacionais e das normas aplicáveis do direito internacional, cabendo a todos os órgãos do Estado promover as condições indispensáveis à sua execução, de forma descentralizada, sem prejuízo do apoio mútuo entre organismos e entidades do mesmo nível ou proveniente de níveis superiores.

A política de proteção civil é determinada pelo conjunto de princípios, orientações e medidas que visem atingir os fins da proteção civil.

Os objetivos fundamentais da proteção civil são:

a) Prevenir os riscos coletivos e a ocorrência de acidente grave ou catástrofe, deles resultantes;

b) Atenuar riscos coletivos e limitar os seus efeitos no caso de ocorrências descritas na alínea anterior;

c) Socorrer e assistir as pessoas e outros seres vivos em perigo;

d) Proteger bens culturais, ambientais e de elevado interesse público;

e) Apoiar a reposição da normalidade da vida das pessoas em áreas afetadas por acidente grave ou catástrofe.

Para a prossecução dos mencionados objetivos, a atividade de proteção civil exerce-se nos seguintes domínios: levantamento, previsão, avaliação e prevenção de riscos coletivos; análise permanente das vulnerabilidades perante situações de risco; informação e formação das populações, visando a sua sensibilização em matéria de autoproteção e de colaboração com as autoridades; planeamento de soluções de emergência, visando a busca, o salvamento, a prestação de socorro e assistência, bem como a evacuação, alojamento e abastecimento das populações; inventariação dos recursos e meios disponíveis e dos mais facilmente mobilizáveis, ao nível local, regional e nacional; estudo e divulgação de formas adequadas de proteção dos edifícios em geral, de monumentos e de outros bens culturais, de infraestruturas, do património arquivístico, de instalações e serviços essenciais, bem como de ambiente e dos recursos naturais; previsão e planeamento de ações atinentes à eventualidade de isolamento de áreas afetadas por riscos.

A nível nacional, a direção política da proteção civil é assegurada pelo Governo e pelo Primeiro-Ministro. A nível regional, pelo Governo Regional e pelo respetivo Presidente. Finalmente, a nível municipal pelo Presidente da Câmara.

Quanto à estrutura do sistema, a Autoridade Nacional de Proteção Civil constitui-se como entidade coordenadora, apoiada numa comissão nacional e em comissões distritais. A nível regional, a estrutura de proteção civil depende dos respetivos órgãos de governo próprio. Quanto ao nível municipal, a estrutura de proteção civil depende do respetivo Presidente de Câmara, apoiado por uma comissão municipal.

As missões que consubstanciam os objetivos e atividades de proteção civil são exercidas pelos agentes de proteção civil, de acordo com as suas atribuições específicas. Os agentes de proteção civil são: os corpos de bombeiros; as forças de segurança; as forças armadas; as autoridades, marítima e aeronáutica; o Instituto Nacional de Emergência Médica e demais serviços de saúde e os sapadores florestais.

A Cruz Vermelha Portuguesa, embora não seja um agente de proteção civil, tem também uma participação relevante no sistema.

Muitas outras entidades têm um dever especial de cooperação com os agentes de proteção civil, sejam públicas, sociais ou privadas, o mesmo se verificando com as instituições de investigação técnica e científica, com competências específicas em domínios com interesse para a prossecução dos objetivos do sistema.

No plano operacional, os referidos agentes intervêm de acordo com um conjunto de estruturas, de normas e procedimentos, para garantir que estes atuam, sob um comando único, sem prejuízo da respetiva dependência hierárquica e funcional, designado Sistema Integrado de Operações de Proteção e Socorro (SIOPS).

Legislação
Lei n.º 27/2006, de 3 de Julho – Lei de Bases da Proteção Civil.

PROVAS PROIBIDAS

Teresa Pizarro Beleza
Frederico da Costa Pinto

1. A prova é essencial no processo penal. É através da prova (enquanto meio processual de demonstração da verdade dos factos) que as autoridades judiciárias procuram chegar à verdade histórica (o que efectivamente aconteceu) através da organização da verdade processual. Para o efeito, as autoridades judiciárias (Tribunais e Ministério Público) recorrem a meios de prova: por exemplo, depoimentos das testemunhas, das vítimas ou dos arguidos, documentos, objectos ou perícias. Por isso, o que se consegue perceber através do processo é uma simples aproximação à verdade histórica, realizada através dos meios de prova. O que é concretizado num quadro de legalidade processual e com uma fundamentação específica em matéria de prova (cfr. artigo 374.º, n.º 2, do CPP). Em suma, a verdade processual depende do que se conseguir provar no processo com meios legais de prova.

2. Nem todos os meios de prova são admissíveis em processo penal e nem todas as formas de conseguir os meios de prova para o processo são aceitáveis. Quanto ao primeiro aspecto, existem meios de prova que são em si mesmos proibidos. Por exemplo: as declarações produzidas em estado hipnótico não são aceitáveis como meio de prova entre nós (artigo 126.º, n.º 2 al. a) do CPP), mesmo que a sujeição à hipnose tenha sido requerida pela pessoa que presta o depoimento. Relativamente ao segundo aspecto, a nossa lei não admite o uso da prova se a forma de a obter implicar o recurso a um meio enganoso ou uma intromissão não autorizada (nem pelo próprio, nem por um juiz) no domicílio de alguém (artigo 126.º, n.º 2, alínea a), e n.º 3).

3. A inadmissibilidade de algumas provas em processo penal é afirmada, desde logo, pela Constituição quando, a propósito das garantias do processo criminal, afirma que «são nulas todas as provas obtidas mediante tortura, coacção, ofensa à integridade física ou moral da pessoa, abusiva intromissão na vida privada, no domicílio, na correspondência ou nas telecomunicações» (artigo 32.º, n.º 8, da CRP, confirmado depois pelo regime de protecção do domicílio, da correspondência e das telecomunicações, previsto no artigo 34.º). É nesta matriz constitucional que se filia o regime de proibições de prova previsto no artigo 126.º do Código de Processo Penal: criando, por um lado, proibições absolutas de prova (n.º 1 e n.º 2) e assumindo, por outro, a natureza relativa de alguns casos diferentes dos anteriores (n.º 3). Podemos afirmar que tendencialmente a protecção da integridade física e moral dos visados é absoluta e que a tutela de algumas dimensões da sua privacidade é relativa. Mas todos os regimes legais de proibições de prova estão sujeitos ao controlo de constitucionalidade.

a) Nas proibições absolutas (n.º 1 e n.º 2 do artigo 126.º do CPP) não há excepções: tais provas são completamente inadmissíveis e em caso algum podem ser usadas no processo penal. Por isso, se uma lei eventualmente o permitisse seria inconstitucional (por exemplo, uma lei que admitisse certas formas de tortura – a simulação de afogamento ou interrogatórios contínuos com privação do sono – como método de interrogatório de arguidos ou suspeitos em crimes de terrorismo).

b) Nas proibições relativas (n.º 3 do artigo 126.º do CPP), diversamente, a Constituição só interdita as situações de intromissão abusiva e, por isso, a lei pode admitir o recurso a tais métodos de obtenção de prova (por exemplo: buscas domiciliárias, escutas telefónicas ou apreensão de correspondência, autorizadas por um tribunal) e o próprio visado pode consentir na prática do acto processual (permitindo, por exemplo, a entrada da polícia em sua casa ou entregando correspondência reservada). Noutros termos: no domínio das proibições relativas de prova a permissão legal do acto processual e o consentimento ou aceitação do visado impedem que a prova obtida seja considerada proibida. Tal não acontece com as proibições absolutas.

4. O regime de proibições de prova vigente entre nós (artigo 126.º CPP) é subjectivamente amplo: aplica-se não apenas aos arguidos e autoridades judiciárias, mas a todas as pessoas que estejam envolvidas na obtenção e produção de

PROVAS PROIBIDAS

prova com relevância para o processo. Assim, tanto pode ser vítima de coacção ou de ameaças (que determinam a proibição de prova do artigo 126.º, n.º 2, alíneas, a), c) ou d), do CPP) um arguido, como uma testemunha ou mesmo um perito com intervenção no processo. E o facto ilícito de obtenção da prova proibida tanto pode ser praticado por uma entidade pública (juiz, ministério público ou órgão de polícia criminal), como pode ser praticado por um parti-cular (um conhecido do arguido, um detective privado ou um familiar da vítima). Em qualquer um dos casos referidos, a prova pode ser declarada como proibida e, por isso, de uso inadmissível. Isto não invalida que algumas proibições de prova surjam apenas configuradas para o suspeito e o arguido, como seja a violação das formalidades associadas à constituição de arguido (artigo 58.º, n.º 5, do CPP). Em tais casos, as proibições de prova contém normas de conduta dirigidas às autoridades judiciárias e órgãos de polícia criminal que lidam com essas pessoas visadas pelo processo.

5. As provas proibidas são processualmente inadmissíveis em qualquer nível ou momento em que surjam. Assim, vigora neste domínio desde logo uma *proibição de obtenção* dessa prova, seguida de uma *proibição da sua integração nos autos*. Se, contudo, tal acontecer existem ainda mais dois níveis de possível desconsi-deração da prova proibida: a *proibição de produção* dessa prova e, residualmente, a *proibição de valoração* de provas proibidas identificadas nos autos. O que significa, no fundo, que as provas proibidas não podem ser obtidas e, se forem obtidas, não podem ser usadas para fundamentar as decisões das autoridades judiciárias.

6. Uma prova proibida, quando identificada, gera um efeito-à-distância, moldado sobre o efeito equivalente das nulidades, tal como se encontra previsto no artigo 122.º do CPP. Entre nós não vigora a doutrina norte americana «dos frutos da árvore envenenada», nem um efeito dominó (cego, indiferente e mecâ-nico), como sublinha a jurisprudência nacional. Pelo contrário, o artigo 122.º exige para fazer com que o desvalor de um acto se projecte sobre outros actos uma relação de dependência do acto subsequente em relação ao primeiro e uma repercussão material do conteúdo do primeiro acto no segundo acto processual. Por isso, o efeito-à-distância não se pode aplicar em abstracto ou com um critério puramente cronológico: exige uma comprovação lógica e material da repercussão da prova proibida nas provas consequenciais, como tem disso defendido pela jurisprudência maioritária entre nós. Dito noutros termos: para estender o efeito de uma prova proibida a actos probatórios subsequentes é necessário, ao nível da fundamentação da decisão, documentar o concreto efeito da prova proibida originária em cada prova consequencial que se pretenda excluir do processo com base no efeito-à-distância.

7. O efeito-à-distância da prova proibida admite quebras, isto é, situações em que, apesar de se identificar a prova proibida e o seu efeito, se pode também

PROVAS PROIBIDAS

imunizar alguns actos processuais subsequentes em relação a esse mesmo efeito. Trata-se de matéria sujeita a intenso debate doutrinário onde as posições não são unânimes. Mas talvez se possa afirmar que pelo menos em três situações (reconhecidas pelo Ac. do Tribunal Constitucional n.º 194/2004, de 29 de Março) o efeito da prova proibida originária não passa para os actos subsequentes: em primeiro lugar, nos casos em que o acto subsequente resulte de uma fonte independente (*v.g.* uma confissão livre e esclarecida do visado); em segundo lugar, nos casos em que o curso concreto da investigação conduziria inevitavelmente ao mesmo resultado obtido pela prova proibida; em terceiro lugar, quando o efeito da prova proibida se tiver dissipado e não se faça já sentir na prova subsequente. Casos que, no fundo, negam a regra que exige dependência e materialidade como condições do efeito-à-distância, delimitado normativamente pelo artigo 122.º, n.º 1, do CPP.

8. A jurisprudência nacional tem desenvolvido nas quase três décadas de vigência do Código de Processo Penal de 1987 uma intensa actividade de análise e debate sobre a admissibilidade de alguns meios de prova em processo penal. Não é possível nos limites de espaço deste texto dar conta de todas essas posições e casos concretos. Mas, a título de mera ilustração, pode apresentar-se um caso interessante e controvertido que mereceu uma solução clara por parte do Tribunal da Relação de Lisboa (Ac. do TRL, de 27-02-2008):

Durante um inquérito criminal, o Ministério Público solicitou ao Tribunal de Instrução Criminal autorização para colocar um microfone oculto na cela de dois presos preventivos, durante trinta dias, de forma a tentar determinar a autoria de um caso de homicídio.

O TIC recusou o pedido e o Ministério Público recorreu para a Relação de Lisboa deste despacho de indeferimento. O MP argumentou que o pedido devia ser deferido pelas seguintes razões: a) o artigo 189.º, n.º 1, do CPP permite a escuta quanto a crimes de homicídio; b) a Lei 5/2002 admite este tipo de escuta em casos menos graves; c) a prova obtida corresponderia não a todas as conversas mantidas pelos arguidos, mas apenas as conversas com relevância para o processo, selecionadas nos termos do artigo 188.º do CPP.

O Tribunal da Relação de Lisboa confirmou o despacho recorrido e não aceitou o pedido do MP, considerando que «a realização de escutas através de microfone a colocar em cela de duas camas em estabelecimento prisional com a finalidade de registar as conversações efectuadas por dois arguidos ocupantes de tal cela, como vista à investigação de crime de homicídio, não é legalmente admissível face ao disposto nos artigos 187.º, 188.º, 190.º CPP e 34.º, n.º 1 e 4 CRP, sob pena de violação intolerável dos direitos constitucionais de inviolabilidade do domicílio e da reserva da vida privada». Ou seja, o Tribunal considerou (na fundamentação do acórdão) que a cela é para um recluso o último reduto de liberdade e de intimidade, não podendo ser devassado com um método oculto de obtenção de prova, sob pena de violação desleal e intolerável de direitos fundamentais, já de si comprimidos com a sujeição a prisão preventiva.

O caso descrito evidencia a riqueza teórica e prática do regime das provas proibidas e a sua ligação material à protecção de direitos fundamentais em todas as circunstâncias da vida, em particular em situação de especial vulnerabilidade como a prisão.

Bibliografia

Albuquerque, Paulo Pinto de, *Comentário do Código de Processo Penal*, 4.ª edição, Lisboa: UCE, 2011, anotações aos artigos citados.

Andrade, Manuel da Costa, *Sobre as proibições de prova em processo penal*, Coimbra: Coimbra Editora, 1992 (ou reimpressão posterior).

Andrade, Manuel da Costa, *«Bruscamente no Verão Passado», a reforma do Código de Processo Penal*, Coimbra: Coimbra Editora, 2009.

Beleza, Teresa Pizarro, «Tão amigos que nós éramos. O valor probatório do depoimento do co-arguido no processo penal português», *in RMP*, n.º74 (1998), pp. 39 e ss.

Gaspar, António Henriques *et al.*, *Código de Processo Penal Comentado*, Coimbra: Almedina, 2014, anotações aos artigos citados.

Mendes, Paulo de Sousa, *Lições de Processo Penal*, Coimbra: Almedina, 2013, pp. 173 e ss.

PROVEDOR DE JUSTIÇA

José Lucas Cardoso

1. O Provedor de Justiça é um órgão do Estado, independente, ao qual os cidadãos podem apresentar queixa por acções ou omissões das autoridades públicas que as apreciará sem poder decisório, dirigindo aos órgãos competentes as recomendações necessárias para prevenir e reparar ilegalidades e injustiças.

2. A independência do Provedor de Justiça, constitucionalmente prevista, carece ser assegurada por um conjunto de mecanismos legais concretizadores, nomeadamente quanto ao órgão designante e à relação que se estabelece entre este e o *Ombudsman*. Uma análise de direito comparado permite sistematizar três modelos: o (i) *modelo nórdico ou de órgão instrumental do Parlamento*, em que o *Ombudsman* é eleito pelo Parlamento, para um mandato que corresponde à legislatura e apenas permanece em funções enquanto tiver a confiança deste, são os casos da Suécia, da Noruega e da Dinamarca. O (ii) *modelo de órgão de génese governamental mas que exerce uma actividade dependente do Parlamento*, são os casos inglês e francês nos quais embora o *Ombudsman* seja uma pessoa da confiança do Governo só investiga as queixas que os parlamentares decidem remeter-lhe. Por último, o (iii) *Ombudsman independente* pressupõe, além da respectiva eleição parlamentar, a inamovibilidade do titular no decurso do mandato, pelo menos na falta de um motivo objectivo, são os casos austríaco, belga, espanhol, finlandês, grego, holandês, português e dos *Difensore Civici* regionais italianos.

3. Considerando que no âmbito deste último modelo é conferida aos *Ombudsmen* a posição institucional de órgãos sucedâneos, ou pelo menos auxiliares, do Parlamento no exercício da função de controlo da Administração pública mas também lhes é outorgada a possibilidade de agirem de modo independente perante o titular originário da função, entendemos por bem qualificá-lo como *órgão parlamentar independente*. Assim, à semelhança do fenómeno da *desgovernamentalização* da função administrativa, realizada mediante a *desconcentração* de competências e a *descentralização* de atribuições, também a *desparlamentarização* de algumas das funções clássicas do Parlamento conheceu o seu início no século XIX quando a função legislativa começou a ser partilhada, primeiro entre Parlamento e Governo e posteriormente entre órgãos de soberania e assembleias representativas de comunidades regionais, o mesmo fenómeno estendeu-se à função política do Estado. O *Ombudsman* surge precisamente como uma expressão deste fenómeno de *desparlamentarização* de funções do Estado que no entanto não foram confiadas a qualquer dos outros poderes clássicos do mesmo, provocando o aparecimento de uma estrutura policêntrica onde outrora a assembleia parlamentar se encontrava isolada; motivo pelo qual sufragamos a qualificação desta estrutura organizatória como *órgão parlamentar independente*.

Considerando o modelo em apreço na perspectiva do cidadão, a vantagem do *Ombudsman* independente, isto é, do *Ombudsman* equidistante dos vários órgãos do poder político no exercício da sua função reside na circunstância de reunir os pressupostos necessários para se apresentar como *um verdadeiro órgão do Estado alternativo*, isto é, *um órgão que reúne maior confiança dos cidadãos* pois, sendo independente dos partidos com assento parlamentar, poderá desempenhar com eficácia a sua missão conciliadora. Se não for independente, o *Ombudsman* não terá nem a confiança do cidadão, nem a da Administração.

4. A independência do Provedor de Justiça, significa, em suma, que este órgão beneficia de um estado de não sujeição a ordens nem a instruções de qualquer outra autoridade, pública ou privada, no exercício das suas funções.

Considerando o assunto em termos gerais, a independência de um órgão reveste duas vertentes: orgânica, ou pessoal, e funcional. A independência orgânica, ou pessoal, pode ser definida por referência ao conceito de *autonomia organizatória*, consubstanciada em sede de composição do órgão, cujos membros devem ser pessoas que ofereçam garantias de agir com imparcialidade no exercício das funções que lhe estão confiadas. O escopo pretendido poderá ser consubstanciado, numa perspectiva subjectiva, pela (i) delimitação de um universo de personalidades virtualmente designáveis para titulares do órgão, de modo que a escolha recaia necessariamente sobre pessoas de competência e idoneidade reconhecidas

PROVEDOR DE JUSTIÇA

e que pelo seu perfil ofereçam as desejadas garantias de agir com imparcialidade no exercício de funções e, numa perspectiva objectiva, pela (ii) fixação de um conjunto de garantias de longa duração do mandato, do seu carácter não renovável, de inamovibilidade do titular durante o exercício do mandato, de incompatibilidade de acumular funções e ainda de algumas imunidades. A independência funcional é assimilada ao conceito de *liberdade de condicionalismos* que significa a não dependência da manifestação da vontade de outrem no desenvolvimento da actividade e dela são parte integrante os aspectos administrativo, procedimental, financeiro e contabilístico que, em suma, passa pela ausência de submissão hierárquica ou tutelar.

5. Quanto ao Provedor de Justiça português, a consagração legislativa de um conjunto de mecanismos jurídicos concretizadores da independência do órgão é uma consequência necessária da respectiva configuração constitucional como órgão independente e podemos identificar os seguintes pressupostos dessa mesma independência. Quanto aos mecanismos substantivos, cremos que (i) as características pessoais do titular, a exigência de capacidade eleitoral passiva para a Assembleia da República, assim como de comprovada reputação, de integridade e de independência, (ii) a estabilidade do mandato, (iii) a permissão de uma única reeleição e (iv) a sujeição do titular às incompatibilidades dos magistrados judiciais em exercício de funções, configuram um regime jurídico adequado a permitir ao Provedor de Justiça o exercício das suas funções com independência. Quanto aos mecanismos procedimentais, apontamos a obrigatoriedade da (v) Assembleia da República proceder à apreciação das qualidades pessoais do designando através do mecanismo regimental que melhor lhe permita recolher a informação necessária à realização de uma escolha ponderada. Complementarmente, identificamos (vi) a inamovibilidade do titular como garantia de respeito pela sua independência.

6. Quanto às condições para o exercício digno das suas funções, afinal o *Ombudsman* investiga factos, analisa problemas, propõe soluções e, no momento de passar à acção, tendo em conta que não é titular de poderes de autoridade, será legítimo supor que as autoridades administrativas não estão obrigadas a respeitar a sua actuação, mesmo que apenas dentro dos estritos limites das competências deste? Ou seja, será que o *Ombudsman* está condenado, como *Sísifo* na fábula, a *carregar com um pedregulho pela montanha* (administrativa) *acima* que na hora da verdade o dirigente máximo do serviço se encarrega de fazer cair novamente por terra?

7. Se compulsarmos os vários ordenamentos jurídicos, verificamos que existem mecanismos destinados a proporcionar ao *Ombudsman* as condições necessárias ao desempenho eficaz da sua função e que podem ser classificados em quatro grupos.

Assim, alguns ordenamentos jurídicos impõem às autoridades administrativas um (i) dever genérico de colaboração, ou *cooperação*, com o *Ombudsman* como acontece na Áustria, Espanha, França, Grécia, Holanda e Portugal, sendo que no caso espanhol este dever assume carácter prioritário e urgente.

Contudo, as ordens jurídicas não se circunscrevem normalmente a uma formulação vaga e indeterminada pois, além deste dever genérico de cooperação, especificam outros (ii) mecanismos como aqueles que permitem ao *Ombudsman* conhecer a matéria de facto necessária a uma apreciação esclarecida dos casos que lhe são submetidos, como os deveres das autoridades visadas (α) permitirem ao *Ombudsman* a consulta de documentos inseridos em procedimentos administrativos em curso ou constantes dos seus arquivos, (β) de prestarem os esclarecimentos sobre os aspectos relacionados com o objecto do processo que o *Ombudsman* solicitar, por escrito ou por convocação dos agentes administrativos envolvidos para inquirição ou ainda deslocar-se aos serviços para dialogar com os mesmos, podendo ainda o *Ombudsman* tomar a iniciativa de (γ) realizar inspecções por investigação directa para apreciar os factos *in loco* ou solicitar a colaboração de outras entidades para o efeito.

Os poderes cognitivos do *Ombudsman* poderão, no entanto, deparar com alguns (iii) limites no que concerne à informação protegida pelo segredo de Estado ou pelo segredo de justiça.

Complementarmente, os ordenamentos jurídicos estabelecem (iv) garantias de cumprimento do dever de cooperação com o *Ombudsman* por forma a impedir, ou pelo menos a dissuadir, eventuais resistências dos titulares de cargos políticos e dos agentes administrativos ao cumprimento desse dever, como a (α) fixação de prazo legal, imperativo ou supletivo, para responder às interpelações do *Ombudsman* e o (β) dever de responder especificamente às recomendações e de fundamentar o não acatamento das mesmas, assim como os (γ) mecanismos que permitem aos *Ombudsmen* reagir contra o incumprimento deste dever de responder comunicando o teor das suas interpelações à autoridade política ou administrativa habilitada a controlar a actividade do órgão, ou agente, visado. Por seu turno, os relatórios a enviar ao Parlamento, seja o relatório anual, sejam relatórios específicos sobre determinadas matérias, constituem um mecanismo adequado para o *Ombudsman* comunicar factos relevantes para que aquele órgão de soberania possa desencadear o controlo político, se assim o entender por conveniente.

8. Com vista a concluir os assuntos relevantes, resta-nos averiguar quem, sobre que matérias, quando e por que via pode apresentar queixas ao *Ombudsman*? A análise de direito comparado revela-nos que o acesso das pessoas ao *Ombudsman* se encontra condicionado pela fixação de alguns pressupostos a serem observados em sede de apresentação de queixas, para os quais propomos a seguinte classificação, em quatro grupos: (i) pressupostos relativos aos sujeitos, (ii) pressupostos relativos ao objecto da queixa, (iii) pressupostos relativos ao tempo de apresentação da queixa e finalmente (iv) pressupostos relativos à tramitação da mesma.

9. À primeira vista, o acesso dos particulares ao *Ombudsman* não se encontra circunscrito em função da (i) legitimidade do reclamante, salvo nos casos da Noruega e do Reino Unido. Deste modo, o particular não necessita invocar a lesão de um interesse directo, pessoal e legítimo pela Administração pública, nem de alegar um interesse em demandar para efeito de aceitação da sua queixa. Contudo, os enunciados legais referidos não permitem *per se* induzir pela consagração de um sistema de legitimidade universal, ao jeito de uma acção popular atípica. Com efeito, a queixa em apreço tem subjacente uma ideia de controlo político da Administração pública, motivo pelo qual a intervenção do *Ombudsman* pressupõe necessariamente a existência de uma (ii) conduta imputável a uma autoridade administrativa. Conduta esta que constitui o verdadeiro pressuposto da intervenção do *Ombudsman* e que pressupõe, por sua vez, a existência de uma relação jurídica entre Administração pública e interessado. Ou seja, só está legitimado a apresentar uma queixa ao *Ombudsman* quem estiver legitimado também a colocar o problema junto da autoridade administrativa competente.

10. Quanto ao requisito do (iii) tempo de apresentação das queixas, a consagração legislativa de um prazo para o efeito não é bem acolhida em termos doutrinários; bem pelo contrário, os autores que se pronunciaram sobre este assunto em regra assumem uma atitude de contestação da solução normativa ou, pelo menos, de relativização da eficácia que lhe é conferida. Os argumentos são, em suma, se (α) o *Ombudsman* proporciona aos cidadãos, e às pessoas colectivas, uma garantia flexível e informal dos seus direitos fundamentais, se (β) não é titular de poderes de injunção e se (γ) a sua acção pode contribuir para melhorar a actividade da Administração Pública, a fixação de prazo nestes casos apresenta inconvenientes de duas ordens. À partida, afigura-se uma exigência excessiva porque impõe aos reclamantes um ónus desproporcionado relativamente à eficácia da protecção que lhes é assegurada pelo *Ombudsman* e, por outro lado, revela-se uma exigência contraproducente porque impede o *Ombudsman* de prestar o seu contributo para melhoria da actividade administrativa quando já prescreveram as demais formas de controlo administrativo.

11. O requisito de (iv) apresentação de queixas por intermédio de um deputado, característico dos sistemas políticos britânico e francês, é uma solução própria do modelo de *Ombudsman* de génese governamental mas que exerce uma actividade dependente do Parlamento. Com efeito, apenas nos Estados em que o *Ombudsman* não apresenta uma ligação genética ao Parlamento, o legislador sentiu necessidade de encontrar mecanismos de compensação que permitissem assegurar a continuidade da participação da assembleia parlamentar numa das suas tarefas clássicas que fora objecto de *desparlamentarização*: o controlo político da Administração pública.

12. O sistema de apresentação prévia das queixas à autoridade visada consiste no dever do reclamante informar previamente aquela, pois só estamos perante uma conduta da Administração pública quando os respectivos órgãos estiverem investidos no dever legal de se pronunciarem e esse estado apenas se verifica quando os particulares lhes apresentarem um assunto em matéria da sua competência. Subsequentemente a autoridade administrativa poderá pronunciar-se ou abster-se de o fazer, mesmo que decorrido o prazo legal para decisão, e só então estaremos perante uma conduta imputável à Administração pública, respectivamente por acção ou por omissão. Assim sendo, o dever de apresentação prévia do assunto à autoridade administrativa competente não é requisito imposto pelo legislador mas sim pressuposto pela própria natureza da função do *Ombudsman* porque só o seu cumprimento permite certificar a ocorrência de uma conduta no âmbito da função administrativa do Estado.

Bibliografia

Andersen, Robert (organização de), *Le médiateur*, Bruxelles, 1995.

Cardoso, José Lucas, *A posição institucional do Provedor de Justiça – O Ombudsman entre a assembleia parlamentar, a administração pública e o cidadão*, Coimbra, 2012.

Correia, Fernando Alves, *Do Ombudsman ao Provedor de Justiça*, in *Estudos em Homenagem ao Prof. Doutor J. J. Teixeira Ribeiro*, vol. IV, Coimbra, 1980, p. 133 e ss.

Legrand, André, *L'Ombudsman Scandinave – Études comparées sur le contrôle de l'administration*, Paris, 1970.

Peces-Barba Martínez, Gregorio (organização de), *Diez años le la Ley Orgánica del Defensor del Pueblo – Problemas y perspectivas*, 3 volumes, Madrid, 1992.

REGIME JURÍDICO DA SEGURANÇA PRIVADA

João Frias

A Lei n.º 34/2013, de 16 de maio, adiante designada por Lei de Segurança Privada (LSP), vem estabelecer o regime do exercício da atividade de segurança privada e revogou o anterior regime jurídico da segurança privada, aprovado pelo Decreto-Lei n.º 35/2004, de 21 de fevereiro, alterado pelo Decreto-Lei n.º 198/2005, de 10 de novembro, pela Lei n.º 38/2008, de 8 de agosto, pelo Decreto-Lei n.º 135/2010, de 27 de dezembro e alterado e republicado pelo Decreto-Lei n.º 114/2011, de 30 de Novembro.

A Lei n.º 34/2013, de 16 de maio, considerando as alterações materializadas, teve um período de vacatio legis de 30 dias, entrando em vigor no dia 15 de Junho de 2013.

Nas disposições preambulares da Portaria n.º 273/2013, de 20 de agosto, é referido que a Lei n.º 34/2013, de 16 de maio, "procedeu a uma importante revisão global do regime jurídico que regulava o exercício da atividade de segurança privada".

Relevamos também, que com o novo regime jurídico da atividade de segurança privada, houve uma tentativa de clarificar conceitos e de regulamentar algumas atividades que apesar de enquadráveis neste ramo de actividade, até 2013, eram atividades marginais às normas que regulavam a atividade de segurança privada.

No que tange ao objeto e ao âmbito, com a Lei n.º 34/2013, de 16 de maio, o legislador fez algumas alterações, contudo, manteve inalterável (em relação à redação do regime que vigorava desde 2004) a definição de atividade de segurança privada, a qual, nos termos do artigo 1.º, n.º 3, als. a) e b), é a prestação de serviços por entidades privadas com vista à proteção de pessoas e bens, bem como à prevenção da prática de crimes, e, ainda, a organização, por quaisquer entidades e em proveito próprio, de serviços de autoproteção, com os retroditos fins.

Os sobreditos serviços de segurança privada estão tipificados no artigo 3.º, n.º 1, da LSP, e esta atividade de segurança pode, como previsto no artigo 4.º da LSP, ser exercida por empresas de segurança privada, por entidades que organizem serviços de autoproteção, por entidades consultoras e por entidades formadoras, porém, para o seu exercício, aquelas carecem de título concedido pelo membro do Governo responsável pela administração interna. No que tange aos títulos, os mesmos consubstanciam-se em alvarás, licenças e autorizações e estão previstos, respetivamente nos artigos 14.º, 15.º e 16.º da LSP.

Para obtenção dos supramencionados títulos, as entidades deverão materializar o pedido e cumprir os requisitos prescritos, nomeadamente nos artigos 43.º a 50.º do LSP e na Portaria n.º 273/2013, de 20 de agosto, especialmente nos artigos 22.º, 25.º, 30.º e 31.º Mais, para obter os aludidos títulos são devidas as taxas previstas na Portaria n.º 292/2013, de 26 de setembro, sendo também obrigatório a prestação de cauções mediante depósito em instituição bancária ou garantia bancária, nos termos previstos no Despacho n.º 10703/2013, de 13 de agosto, do Ministro da Administração Interna.

No regime jurídico de 2004, a formação do pessoal de vigilância podia ser ministrada por entidades titulares de alvará ou por entidades especializadas, devidamente autorizadas, porém, apesar de o retrodito, a atividade de formação não era considerada atividade de segurança privada. Com o novo regime jurídico da segurança privada, o legislador consagra, no n.º 4 do artigo 1.º da LSP, a formação profissional como atividade de segurança privada.

Relevamos, que, uma vez mais, o legislador clarificou aspetos que gravitavam na indefinição e, nesta senda, a atividade de porteiro foi, definitivamente, aclarada. Deste modo, o n.º 5 do artigo 1.º da LSP, vem excluir do regime jurídico da segurança privada, as atividades de porteiro de hotelaria e de porteiro de prédio urbano destinado a habitação ou a escritórios, mas a atividade deve ser regulada pelas câmaras municipais. Todavia, como prescrito no n.º 6, do já mencionado artigo 1.º, se os aludidos serviços de porteiro, mesmo que parcialmente, corresponderem aos serviços ou funções previstos na LSP, os mesmos terão de se reger por este regime jurídico.

Este novo regime jurídico da segurança privada clarifica (artigo 2.º) alguns conceitos, dos quais, alguns apesar de existirem no regime jurídico então revogado não tinham qualquer definição legal, sendo outros atinentes a novas realidades da atividade de segurança privada, nomeadamente a novos serviços prestados no âmbito da aludida atividade.

A LSP prevê (artigo 7.º) que determinados atores económicos, designadamente empresas ou entidades industriais, comerciais ou de serviços são obrigados à adotar determinadas medidas de segurança, de modo a prevenir a ocorrência de crimes.

Das referidas medidas, relevamos as atinentes ao transporte de valores, as quais são mais abrangentes que as do anterior regime jurídico, pelo que, na hodierna LSP, o legislador prevê a obrigatoriedade de os atores económicos, identificados supra, que necessitem efetuar transporte de moedas, notas, fundos, títulos, metais preciosos ou obras de arte de valor, recorrerem a empresas de segurança privada titulares de alvará tipo D, quando o valor dos bens a transportarem for superior a € 15.000. Mais, as instituições de crédito e as sociedades financeiras são obrigadas a efetuar o transporte nos termos precedentes, quando o valor for superior a € 25.000. Não obstante o retromencionado, se as entidades referidas anteriormente forem titulares de licença tipo D, obviamente, não necessitam recorrer a uma empresa de segurança privada para materializar o transporte de valores.

Este serviço de segurança privada está previsto na al. d), n.º 1 do artigo 3.º da LSP e regulamentado, nomeadamente nos artigos 19.º e 20.º da Portaria n.º 273/2013, de 20 de agosto. No artigo 19.º, está previsto a tipologia de viaturas utilizadas em transporte de valores, as quais podem ser, nos termos do n.º 1, blindadas e destinada a transporte de notas ou moedas de banco ou outro tipo de valores e também destinadas ao transporte exclusivo de moeda metálica em contentores, paletes ou similares. O n.º 2 do artigo 19.º, também estipula que o transporte de valores poderá ser efetuado em viaturas não blindadas, desde que o valor dos bens a transportar seja inferior a € 15.000, e sujeito às demais restrições prescritas na referida disposição legal. Quanto às características das viaturas blindadas, estas estão prescritas no citado artigo 20.º da supradita portaria.

A LSP, na senda do referido anteriormente, também estipula, no artigo 8.º, que determinadas entidades são obrigadas à adoção de sistemas de segurança. Desde logo, relevamos as instituições de crédito e as sociedades financeiras, as entidades gestoras de conjuntos comerciais com área bruta locável igual ou superior a 20.000 m2 e de grandes superfícies comerciais que disponham, a nível nacional, de uma área de venda acumulada igual ou superior a 30.000 m2. O legislador consagra também que os estabelecimentos onde se exiba, compre e venda metais preciosos e obras de arte e as farmácias e postos de abastecimento de combustível (PAC) são obrigados a adotar sistemas e medidas de segurança específicas.

O regime especial, no caso sub judice a Portaria n.º 273/2013, de 20 de agosto, tipifica as medidas de segurança que deverão ser adotadas pelas sobreditas entidades. Em relação aos conjuntos comerciais e grandes superfícies o regime está previsto nos artigos 92.º a 95.º da retromencionada portaria.

As medidas de segurança a adotar pelos estabelecimentos onde se procede à exibição, compra e venda de metais preciosos, bem como de obras d arte, são as elencadas, respetivamente nos artigos 97.º e 98.º da Portaria n.º 273/2013, de 20 de agosto. Por último, no que concerne às medidas a adotar pelas farmácias e pelos PAC, estas estão caracterizadas no artigo 100.º da retrodita portaria.

No âmbito das referidas medidas de segurança, algumas entidades devem possuir um diretor de segurança com as competências e funções previstas no artigo 20.º da LSP, o qual deve possuir a formação prevista na Portaria n.º 148/2014, de 18 de julho. Esta portaria vem regular o conteúdo e a duração dos cursos do pessoal de segurança privada, assim como as qualificações do corpo docente.

Ainda no âmbito das medidas de segurança, os estabelecimentos de restauração e bebidas que disponham de salas ou de espaços destinados a dança ou onde habitualmente se dance são obrigados a adotar sistemas de segurança nos termos do artigo 9.º, n.º 1, da LSP e do Decreto-Lei n.º 135/2014, de 8 de setembro.

Relativamente à realização de espetáculos em recintos desportivos, dispõe o n.º 2 do artigo 9.º da LSP, que é necessário adotar um sistema de segurança que inclua assistentes de recinto desportivo (ARD). A Portaria n.º 261/2013, de 14 de agosto, designa os termos e as condições de utilização de ARD em espetáculos desportivos realizados em recintos desportivos. Também a realização de espetáculos e divertimentos em recintos autorizados, depende, como previsto no n.º 3 do artigo 9.º da LSP, da adoção de um sistema de segurança que inclua assistentes de recinto de espetáculos (ARE). Relevamos, que os ARD e os ARE podem, nas condições prescritas no artigo 19.º da LSP, efetuar revistas pessoais de prevenção e segurança.

Para a realização de espetáculos e divertimentos em recintos autorizados é indispensável adotar um sistema de segurança que inclua Assistentes de Recinto de Espetáculos (ARE), conforme definido no artigo 9.º, n.º 3, da LSP e na Portaria n.º 102/2014, de 15 de maio.

A LSP estabelece, no seu artigo 10.º, as condições de segurança e os requisitos técnicos necessários para instalação de equipamentos dispensadores de nota de euro. Mais, as medidas de segurança das operações de transporte de valores, os

REGIME JURÍDICO DA SEGURANÇA PRIVADA

requisitos técnicos mínimos de ATM, as avaliações prévias à instalação de ATM e os trâmites à sua instalação estão prescritos nos artigos 101.º a 105.º da Portaria n.º 273/2013, de 20 de agosto.

Hodiernamente, é recorrente a utilização de equipamentos e outros meios tecnológicos para proteção de pessoas e bens. Desde logo, destaca-se a instalação de alarmes em imóvel, que deve obedecer à tramitação prevista no artigo 11.º da LSP, nomeadamente a necessidade de comunicação e registo na autoridade policial da área, nos 5 dias subsequentes à montagem. Os requisitos técnicos, as condições de funcionamento e o modelo de comunicação referidos no n.º 4 do artigo 11.º da LSP, foram aprovados, grosso modo, nos artigos 106.º a 109.º da Portaria n.º 273/2013, de 20 de agosto.

A conceção, a venda, a instalação, a manutenção e a assistência técnica de material e equipamento de segurança ou de centrais de alarme pode ser desen-volvida por empresas de segurança privada titulares de alvará tipo C (artigo 14.º, n.º 3 da LSP), bem como por outras entidades, que apesar de, nos termos do n.º 2 do artigo 12.º da LSP não serem consideradas empresas de segurança privada, são obrigados a registo prévio como preceituado no n.º 3 das retroditas disposições legais e da Portaria n.º 272/2013, de 20 de agosto. Pelo registo é devida a taxa prevista na al. a) do artigo 12.º da Portaria n.º 292/2013, de 26 de setembro.

Como meio auxiliar de segurança, as entidades titulares de alvará e de licença para exercerem os serviços previstos nas als. a), c) e d) do n.º 1 do artigo 3.º da LSP, podem, como estipulado no artigo 31.º da LSP, recorrer a sistemas de video-vigilância por câmaras de vídeo para captação e gravação de imagens, tendo como objetivo a proteção de pessoas e bens.

A utilização dos aludidos sistemas de videovigilância, obriga a que as enti-dades utilizadoras dos mesmos procedam ao seu registo como preceituado nos artigos 51.º e 52.º e os sinalizem nos termos do artigo 115.º, todos da Portaria n.º 273/2013, de 20 de agosto.

Ainda no âmbito da utilização de meios tecnológicos auxiliares da atividade de segurança privada, as entidades titulares de alvará e licença tipo C podem exercer o serviço de exploração e gestão de centrais de receção e monitori-zação de sinais de alarme e de videovigilância, como previsto na al. c) n.º 1 do artigo 3.º, al. c) n.º 2 do artigo 14.º e da al. c) n.º 2 do artigo 15.º da LSP. Esta matéria está ainda regulamentada nos artigos 57.º a 67.º da Portaria n.º 273/2013, de 20 de agosto.

O artigo 17.º do LSP alude ao pessoal de vigilância, prescrevendo que esta profissão é regulamentada, carece de título profissional e do cumprimento dos requisitos definidos no artigo 22.º da referida lei. No n.º 3 do artigo 17.º, estão tipificadas as especialidades da profissão de segurança privado e no artigo 18.º está descrito o conteúdo funcional destas.

O artigo 22.º define os requisitos que devem ser preenchidos, permanente e cumulativamente, por todos os profissionais da atividade de segurança privada. Para além dos requisitos gerais, para a admissão e permanência na profissão de segurança privado, como previsto na al. a) n.º 5 do artigo 22.º, é necessário possuir condições mínimas de aptidão física, mental e psicológica.

O artigo 23.º da LSP prevê que o pessoal de vigilância é submetido a uma avaliação médica e psicológica, e, caso não atinja os mínimos, não é aprovado. Os requisitos mínimos e os equipamentos para avaliação médica e psicológica estão previstos na Portaria n.º 319/2013, de 24 de outubro.

Como sobredito, para a admissão e permanência na profissão de segurança privado é necessário possuir determinados requisitos específicos. Como previsto na al. b) n.º 5 do artigo 22.º da LSP, para a admissão à profissão de segurança privado, é imprescindível frequentar a formação prevista no artigo 25.º da LSP, bem como no respetivo regime especial, previsto na Portaria n.º 148/2014, de 18 de julho.

Como já referido, a Portaria n.º 148/2014, de 18 de julho, vem regular o conteúdo e a duração dos cursos do pessoal de segurança privada, assim como as qualificações do corpo docente.

Em relação à formação do coordenador de segurança, referida no n.º 6 do artigo 20.º da LSP, a mesma foi definida na Portaria n.º 324/2013, de 31 de outubro. Nesta portaria está prevista a organização, os conteúdos e a duração do curso, bem como a tramitação necessária para a acreditação do referido curso.

No exercício das suas funções, os diretores de segurança e o pessoal de vigilância devem ser titulares de cartão profissional, nos termos preceituados no artigo 27.º da LSP e do respetivo regime especial, previsto, sobretudo, nos artigos 38.º a 50.º e 123.º da Portaria n.º 273/2013, de 20 de agosto. Pela emissão e renovação dos cartões profissionais são devidas taxas, de acordo com o estipulado nos artigos 2.º, 4.º e 5.º da Portaria n.º 292/2013, de 26 de setembro. O uso do cartão profissional é obrigatório e deve ser aposto visivelmente, como previsto na al. b) n.º 1 do artigo 29.º da LSP.

No desempenho de algumas atividades previstas no nas als. a), c) e d) a f), como alude o artigo 28.º da LSP, o pessoal de vigilância está obrigado ao uso de uniforme (vide al. a) n.º 1 do artigo 29.º), o qual deverá ser aprovado pelo membro do Governo responsável pela área da administração interna e respeitar os pressupostos constantes nos artigos 33.º a 35.º da Portaria n.º 273/2013, de 20 de agosto. Quanto aos ARD e aos ARE, estes devem usar sobreveste, conforme estipulado n.º 3 do artigo 29.º da LSP e de acordo com as características elencadas no artigo 36.º da retromencionada portaria.

A competência para aprovação de uniformes, bem como outras prerrogativas atinentes à segurança privada, foram delegadas no Secretário de Estado

Adjunto da Ministra da Administração Interna (SEAMAI), conforme Despacho n.º 14147-D/2014, de 21 de novembro, da Ministra da Administração Interna. O SEAMAI subdelegou, conforme Despacho n.º 15384/2014, de 5 de dezembro, as aludidas competências no Diretor Nacional da Polícia de Segurança Pública.

O pessoal de segurança privada pode, desde que devidamente autorizado por escrito pela entidade patronal e titular de licença de uso e porte de armas, usar em serviço armas, designadamente as da classe E, como previsto no artigo 32.º n.ºs 1 e 2 da LSP. A aludida autorização é anual e expressamente renovável, devendo ser comunicada à Direção Nacional da Polícia de Segurança Pública com os dados indicados no n.º 3 das referidas disposições legais e do preceituado nos artigos 85.º e 86.º da Portaria n.º 273/2013, de 20 de agosto.

Como modo complementar de segurança, as entidades titulares de alvará ou de licença podem, como previsto no artigo 33.º da LSP, utilizar canídeos para acompanhamento do pessoal de segurança, desde que estes estejam habilitados pela entidade competente e a utilização dos canídeos seja autorizada, por escrito, pela entidade patronal e cumpram as demais condições previstas no sobredito artigo e no regime especial, previsto nos artigos 81.º a 84.º da Portaria n.º 273/2013, de 20 de agosto.

As entidades que exercem a atividade de segurança privada são, nos termos das disposições infra elencadas, obrigadas a dispor de seguro de responsabilidade civil. Assim, nos termos do disposto no n.º 4 do artigo 33.º, no n.º 2 do artigo 45.º, nas als. e) e f) do n.º 2 e do n.º 3 do artigo 47.º, na alínea d) do n.º 2 do artigo 48.º, na alínea c) do n.º 2 do artigo 49.º e na alínea c) do n.º 2 do artigo 50.º da Lei n.º 34/2013, de 16 de maio, é obrigatório o seguro de responsabilidade civil, sendo que a definição dos requisitos e das condições aplicáveis a estes seguros estão preceituados na Portaria n.º 552/2014, de 9 de julho.

Na apreciação feita ao regime jurídico da atividade de segurança privada, teremos de, ainda que sucintamente, fazer referência ao regime sancionatório. Desde logo, relevamos, que a maioria das infrações, às disposições do aludido regime jurídico, é enquadrada no regime jurídico do ilícito de mera ordenação social e que outras, mas poucas, são tipificadas como ilícito criminal.

Quanto às infrações criminais, previstas no artigo 57.º LSP, são, grosso modo, a prestação de serviços de segurança privada sem o respetivo alvará, licença ou autorização, o exercício da profissão não sendo titular de cartão profissional ou o desempenho de funções de especialidade para o qual não está habilitado e a contratação, por quaisquer pessoas, de serviços, sabendo que os contratados não são titulares de alvará, licença, autorização ou cartão profissional.

Relevamos ainda, que as pessoas coletivas e as entidades equiparadas são responsabilizadas criminalmente nos termos do artigo 58.º da LSP, pelos crimes previstos no artigo 57.º da referida lei.

Finalmente, no que concerne ao Sistema Integrado de Gestão de Segurança Privada (SIGESP), a base de dados e os dados pessoais passíveis de serem objeto de tratamento informático estão regulados na Lei n.º 23/2014, de 28 de abril.

RESOLUÇÃO DAS CONTROVÉRSIAS INTERNACIONAIS

Jorge Bacelar Gouveia

1. Inevitável dimensão de qualquer setor jurídico é a que se ocupa da sua efetividade, que se vê em situações de crise, perante a violação das respetivas disposições.

Não é de espantar que a garantia do Direito Internacional Público – o mesmo se podendo dizer do Direito Internacional da Segurança – venha a assumir um particular relevo numa vertente adjetiva, dela dependendo a sua capacidade de controlo da atividade internacional.

2. A solução dos conflitos internacionais, em geral, pode percorrer dois caminhos distintos:

– uma *via pacífica*, sem o recurso à coerção; e
– uma *via bélica*, através do recurso à força.

Na primeira destas duas vias, a modalidade que se coloca com maior relevância – e que sempre tem sido preferida – é a da *solução política dos conflitos internacionais*, ela pressupondo a adoção de esquemas que passam apenas pelos respetivos sujeitos, sem que se imponha recorrer a estruturas de tipo jurisdicional.

Para esta via política de solução dos conflitos se posiciona a Carta das Nações Unidas, ao pressupor a sua atividade na lógica do princípio de que os membros da Organização das Nações Unidas regulam os seus diferendos internacionais pelos meios pacíficos em que os mesmos colaborem.

Como também não é de estranhar que muitas vezes estes meios políticos sejam desenvolvidos ao abrigo desta organização internacional, através dos seus órgãos Conselho de Segurança e Assembleia Geral, numa via tanto recomendatória como coativa.

3. Nessa ótica garantística, o Direito Internacional Público tem sido muito sensível à *resolução pacífica das controvérsias internacionais*, não sendo preciso, nesse caso, recorrer à força para a imposição das soluções.

Isso mesmo se pode ler na Carta das Nações Unidas: "As partes numa controvérsia, que possa vir a constituir uma ameaça à paz e à segurança internacionais, procurarão, antes de tudo, chegar a uma solução por negociação, inquérito, mediação, conciliação, arbitragem, via judicial, recurso a organizações ou acordos regionais, ou qualquer outro meio pacífico à sua escolha" (art. 33.º, n.º 1, da CNU).

4. São vários os mecanismos de resolução pacífica política das controvérsias internacionais:

– a *negociação*;
– os *bons ofícios*;
– a *mediação*;
– o *inquérito*; e
– a *conciliação*.

A *negociação* é o esquema mais simples e direto, partindo do pressuposto de que a resolução do litígio deve aconselhar o entabular de conversações entre as partes desavindas, para, bem conhecendo o pomo da discórdia, se chegar a um entendimento, que pode assumir a modalidade de um sistema de consultas, podendo dela decorrer três resultados: a transação, a aquiescência e a desistência.

Os *bons ofícios* integram já a intervenção de uma entidade exterior às partes em conflito, que assume o relevante papel de as aproximar e de as colocar em discussão, ainda que nesta não participando diretamente, nem sequer lhe competindo sugerir qualquer solução para o conflito, apresentando-se nesta hipótese como igualmente essencial o entendimento direto das partes na contenda, como sucede na negociação.

A *mediação* também postula a intervenção de uma entidade estranha ao conflito, mas desta feita com um papel ativo, propondo soluções no sentido de virem a ser aceites pelas partes, com intervenção, assim, no procedimento negocial, não sendo o seu relevo meramente instrumental, embora deva contar com a anuência das partes em dissídio.

O *inquérito* repousa na convicção de que a discórdia entre sujeitos internacionais assenta muitas vezes no desconhecimento dos factos praticados, pelo que se impõe a respetiva averiguação por parte de alguém que lhes é exterior, formando uma comissão de inquérito, ainda que este seja um mecanismo que se vê limitado na sua utilidade a dissensos a respeito de dados de facto, não já de teor hermenêutico.

A *conciliação* traduz-se na formação de uma comissão, em número ímpar e composta por elementos indicados pelas partes em causa e por partes neutras, que possa analisar a natureza e os pormenores do conflito, incumbindo-lhe propor uma solução jurídica, apresentando-se como esquema mais formal e complexo relativamente à ideia de mediação, que lhe está na génese, estando consagrado nalguns recentes textos internacionais.

RESOLUÇÃO DAS CONTROVÉRSIAS INTERNACIONAIS

5. A resolução dos conflitos internacionais pode também operar-se por intermédio de processos de *cunho jurisdicional*, indo assim além de esquemas de natureza política.

Neste caso, pressupõe-se já a intervenção de entidades independentes, que agirão segundo a veste própria da função jurisdicional, nas suas características de independência e de imparcialidade relativamente às partes em conflito, e aplicando parâmetros jurídicos, com base num processo contraditório.

A despeito de obviamente dela se aproximar, estamos longe de poder equiparar esta via jurisdicional de resolução dos conflitos ao exercício da função jurisdicional conhecida do Direito Interno, pois que aquela ainda assenta no dogma da vontade dos Estados de se lhe submeterem, seja diretamente na constituição dos tribunais arbitrais, seja mediatamente pela vinculação aos tratados que possam determinar a sua aplicação, *maxime* os tribunais internacionais.

A *solução jurisdicional dos conflitos* pode subdividir-se, tal como sucede no Direito Interno, entre:

– a *via arbitral*; e
– a *via judicial*.

6. A *via arbitral*, historicamente antecedendo a via judicial, consiste na resolução do litígio a partir da formação de um tribunal arbitral, que tem como particularidade, não estando integrado no poder judicial público, a indicação voluntária dos árbitros, bem como o seu limitado número, para além de poder incluir a respetiva regulamentação, substantiva e adjetiva.

Os *tribunais arbitrais* podem apresentar-se sob duas modalidades, ganhando crescentemente sentido os da segunda espécie:

– como tribunais arbitrais *ad hoc*; e
– como tribunais arbitrais permanentes.

Os *tribunais arbitrais ad hoc* são apenas constituídos, assim funcionando, para a resolução de um específico litígio, em razão do qual ganharam a sua razão de ser. Encontrada a decisão arbitral, esse tribunal extingue-se.

Os *tribunais arbitrais permanentes* existem continuamente, estando já parcialmente pré-definidos, aos mesmos as partes recorrendo para lhes pedir uma específica intervenção na composição do conflito que entre elas surgiu e querem ver solucionado.

A estrutura dos tribunais arbitrais é variável, tendo evoluído de um árbitro único a uma comissão mista, embora prevalecendo hoje o tribunal colegial, num número ímpar de membros.

Os tribunais arbitrais decidem em instância única, deles não havendo recurso para os tribunais comuns, a não ser situações de nulidade muito grave, podendo ainda receber pedidos de aclaração das respetivas decisões.

As decisões arbitrais são obrigatórias e definitivas, como as decisões dos tribunais judiciais, mas não dispõem de executoriedade, não sendo os tribunais arbitrais dotados de meios coercivos para aplicar as decisões, embora se parta do pressuposto de que o fundamento de uma decisão arbitral inclui o acatamento do sentido da solução que for encontrada para o litígio.

A utilização do tribunal arbitral pode ainda ser titulada por três possíveis fontes, devendo assentar na vontade das partes que assim decidem resolver o seu litígio, dizendo-se a primeira *arbitragem facultativa* e as outras duas *arbitragem obrigatória*:

- o *compromisso arbitral*: sempre que as partes, levantado um litígio, entendam submeter a respetiva resolução a um tribunal arbitral a constituir;
- a *cláusula arbitral*: sempre que os litígios resultantes da interpretação ou aplicação de certo tratado devam ser antecipadamente resolvidos por tribunal arbitral, por força de uma das suas cláusulas, que assim o prevê;
- a *convenção geral de arbitragem*: sempre que as respetivas partes assumam a vontade de resolver os litígios entre si emergentes, relativos a diversos tratados celebrados, de acordo com o tribunal arbitral naquela previsto.

7. A *via judicial* representa a resolução do litígio a partir da intervenção de tribunais judiciais, estruturas permanentes e integradas no poder judicial internacional.

Diferentemente do que sucede com os tribunais arbitrais, nos tribunais judiciais as partes em conflito não interferem na escolha dos juízes, que formam um corpo próprio e estável.

Por outro lado, as suas decisões são proferidas nos termos das regras processuais aplicáveis, em razão do estatuto internacional que prevê tais tribunais.

8. A tendência geral do Direito Internacional Público vai no sentido da intensificação da resolução dos conflitos pela via jurisdicional, sendo apreciáveis os múltiplos exemplos que testemunham essa tendência.

E, algo curiosamente, o recurso crescente às soluções jurisdicionais faz-se, ao mesmo tempo, com um sentido ambivalente que se retira de cada uma daquelas duas mencionadas vias:

- há mais e mais tribunais arbitrais, essencialmente para as questões de índole económica; e
- há mais e mais tribunais judiciais, essencialmente para as questões político-humanitárias.

Bibliografia

Armando M. Marques Guedes, *Direito Internacional Público*, 2.ª ed., Lisboa, 1992.

Jorge Bacelar Gouveia: *Manual de Direito Internacional Público*, 4.ª ed., Almedina, Coimbra, 2013; *Direito Internacional da Segurança*, Almedina, Coimbra, 2013.

Paul Reuter, *Direito Internacional Público*, Lisboa, 1981, pp. 245 e ss.

Malcolm N. Shaw, *International Law*, 5.ª ed., Cambridge, 2003.

Nguyen Quoc Dihn, Patrick Daillier e Alain Pellet, *Droit International Public*, 7.ª ed., Paris, 2002.

Valério de Oliveira Mazzuoli, *Curso de Direito Internacional Público*, São Paulo, 2006.

SABOTAGEM

Felipe Pathé Duarte

Historicamente a sabotagem é tão antiga quanto o exercício do poder político. Porém, associou-se directamente à luta operária britânica dos primórdios da revolução industrial e depois, na generalidade, às lutas sindicais do final do século XIX. O próprio termo "sabotagem" advém da palavra francesa *sabot*, referindo-se aos tamancos dos operários fabris que eram utilizados para boicotar normal funcionamento da engrenagem dos equipamentos industriais. Segundo Emilie Pouget (1860-1931), anarquista francês, a sabotagem foi assumindo um papel relevante no combate pelos direitos sociais, representando a mais efectiva arma do explorado contra a exigência do patronato. Assim, às greves de braços sindicais unia-se a greve das máquinas que, por estarem obstruídas ou destruídas, não contribuíam como meios de produção, pondo em causa o poder do capital.

Ao nível polemológico, a sabotagem pode ser definida como sendo um método de acção subversiva. É uma forma de acção directa muito privilegiada em guerras de carácter irregular. Categorizando podemos dizer que a guerra irregular difere da guerra regular pelo emprego de tácticas não-convencionais, como o terrorismo ou guerrilha, pela não identificação imediata dos combatentes e pela não-aceitação das regras e critérios internacionais. Para além disso é normalmente levada a cabo por actores não-Estatais que, em regra, pugnam pela assimetria de combate contra forças regulares. Assenta ainda na maleabilidade e fluidez organizacional, na imprevisibilidade de ataque e na multiplicidade de objectivos, evitando, sempre que possível, o combate directo.

Inserida neste tipo de acção, a sabotagem procura a destruição ou incapacitação intencional de sistemas de comunicação e de infra-estruturas que possam pôr em causa a estabilidade de uma comunidade sociopolítica, tendo sempre como matriz a intenção de subverter o poder instituído. O objectivo da sabotagem é danificar e destruir pontos vitais do inimigo, incapacitando-o da prossecução dos seus fins económicos e políticos. Neste sentido, poderá ser levada a cabo de variadas formas: seja pela destruição física através da explosão de vias de comunicação ou de equipamentos industriais, seja por ataques ao ciberespaço, ou pela contaminação de suprimentos alimentares. Note-se que a sabotagem não visa directamente alvos humano, as instalações materiais são o alvo preferencial. No fundo, a sabotagem procura demonstrar o poder do sabotador, apontando a vulnerabilidade e a inoperância do *status quo* que se procura subverter, deixando latente que nada é ou está seguro. A sabotagem também poderá ter uma componente estratégica, quando levada a cabo por unidades de exércitos regulares especialmente treinadas para atingir infra-estruturas críticas que possam dificultar a prossecução e o emprego de uma força militar.

Bibliografia
Marighella, Carlos; *Manual do Guerrilheiro Urbano*; s/l: Ed. Sabotagem; 2003.
Mellor, William; *Direct Action;* Londres: Parsons, 1920.
Pouget, Emile; *Sabotage*; trad. inglesa.; Chicago: Charles H. Kerr & Company, 1912.

SANÇÕES INTERNACIONAIS

SOFIA SANTOS

I. Conceito

As sanções internacionais podem ser definidas como medidas coercitivas não militares impostas com o propósito de alterar o comportamento de um Estado, de entidades, grupos ou indivíduos particularmente em casos em que a comunidade internacional considera que as suas ações ameaçam a paz e a segurança internacionais.

Estas medidas dividem-se em medidas de caráter mais geral, na aceção clássica do termo, como as de natureza económica, decididas contra Estados em geral e medidas de caráter mais restrito, cujos destinatários são entidades, grupos ou indivíduos, as designadas "sanções inteligentes" (*"targeted"* ou *"smart sanctions"*). Este tipo de sanções, cuja relevância para a manutenção da paz e segurança internacionais tem aumentado gradualmente, inclui sobretudo sanções comerciais, por exemplo, relativamente a armas, diamantes, petróleo, madeira, sanções financeiras, como o congelamento de ativos de indivíduos, restrições de viagem para membros do governo ou líderes rebeldes desse Estado, culturais e desportivas e do tráfego aéreo.

As sanções internacionais podem ser impostas por Estados individualmente ou em articulação com outro(s) Estado(s) ou no âmbito de organizações como a Organização das Nações Unidas e a União Europeia.

II. O processo sancionatório

1. Organização das Nações Unidas

1.1. A Carta das Nações Unidas estatui no artigo 41.º a possibilidade de sanções coativas não militares que são decididas no âmbito do sistema de segurança coletiva ao abrigo do Capítulo VII: *"O Conselho de Segurança decidirá sobre as medidas que, sem envolver o emprego de forças armadas, deverão ser tomadas para tornar efetivas as suas decisões e poderá instar os membros das Nações Unidas a aplicarem tais medidas. Estas poderão incluir a interrupção completa ou parcial das relações económicas, dos meios de comunicação ferroviários, marítimos, aéreos, postais, telegráficos, radioelétricos, ou de outra qualquer espécie, e o rompimento das relações diplomáticas".*

Nos termos deste artigo, o Conselho de Segurança pode decidir diferentes medidas coercitivas não militares e instar os Estados-Membros da Organização a aplicarem tais medidas. Este tipo de medidas constitui um patamar, com um menor grau de coercitividade, ao qual poderá suceder a imposição de medidas coativas militares decididas com base no artigo 42.º. As expressões "poderão incluir" e "ou de outra qualquer espécie" demonstram que as medidas elencadas não são exaustivas e que este órgão pode optar por outras sanções que considere adequadas para a manutenção ou restabelecimento da paz e segurança internacionais.

1.2. A década de noventa do século XX é marcada por um elevado número de medidas clássicas desta tipologia decididas pelo Conselho de Segurança, sobretudo embargos económicos e comerciais contra Estados. Vários casos, no entanto, revelaram as deficiências destas sanções tais como as consequências negativas para a população civil e a ineficácia em termos de objetivos políticos, sendo o caso do Iraque particularmente ilustrativo, ou os efeitos perversos da imposição de embargos de armamento tais como a criação de uma economia paralela e o estímulo do comércio ilícito.

Destas limitações decorreu o desenvolvimento das "sanções inteligentes". Ao abrigo do capítulo VII, o Conselho de Segurança estabeleceu Comités de Sanções como órgãos subsidiários com base no artigo 29.º para auxiliar na implementação e monitorização destas sanções e que informam os Estados sobre as violações das entidades, grupos ou indivíduos sob sua jurisdição e das medidas requeridas para a sua execução.

Apesar de este tipo de sanções refletir uma abordagem mais aprimorada em termos de conceção, aplicação e implementação evidenciou problemas jurídicos essenciais com o consequente questionamento da sua transparência, eficácia e credibilidade. Uma das principais críticas prendia-se com a ausência de procedimentos justos e transparentes na colocação de indivíduos e entidades nas listas de sanções (*"listing"*) e o seu *"de-listing"* bem como isenções por razões humanitárias.

Várias iniciativas foram apresentadas no sentido de reformar o instrumentário sancionatório. O impulso decisivo registou-se com os processos de Interlaken, Bona-Berlim e Estocolmo, entre 1998 e 2003. Nesta linha de pensamento, os Estados-Membros, na Cimeira Mundial de 2005, reconheceram a necessidade de melhorar a implementação e monitorização de sanções inteligentes e dos seus efeitos e sublinharam o papel do Conselho de Segurança. Nesse sentido, este órgão empreendeu algumas reformas tais como melhoria dos procedimentos de *listing* e *delisting*, uma maior clareza das resoluções e na monitorização da implementação das sanções e apelou ao Secretário-Geral em 2006 (resolução 1730) o estabelecimento de uma subdivisão no Secretariado referente aos órgãos subsidiários do Conselho de Segurança (*"Security Council Subsidiary organs branch"*) cuja função principal é a de receção de pedidos de *delisting* e em 2009 (resolução 1904) criou um Gabinete do Provedor (*"Office of the Ombudsperson"*).

2. União Europeia

A imposição de sanções, "medidas restritivas" na terminologia europeia, que ocorreu de forma mais consistente igualmente desde a década de noventa, segue dois trâmites distintos: por iniciativa da União Europeia ou através da adoção de sanções decididas pelo Conselho de Segurança, às quais a União pode decidir impor medidas mais restritivas ou adicionais.

O Tratado de Lisboa prevê a possibilidade da imposição de sanções no artigo 215.º do Tratado sobre o Funcionamento da União Europeia (TFUE) (Parte IV) no âmbito da Política Externa e de Segurança Comum e no artigo 75.º do TFUE (Título V, Capítulo 1), no âmbito do Espaço de Liberdade, Segurança e Justiça.

Nos termos do n.º 1 do artigo 215.º: *"Quando uma decisão, adotada em conformidade com o Capítulo 2 do Título V do Tratado da União Europeia, determine a interrupção ou a redução, total ou parcial, das relações económicas e financeiras com um ou mais países terceiros, o Conselho, deliberando por maioria qualificada, sob proposta conjunta do Alto Representante da União para os Negócios Estrangeiros e a Política de Segurança e da Comissão, adota as medidas que se revelarem necessárias (...)"*. O Conselho pode, assim, decidir uma panóplia de medidas que não se encontram enunciadas ("as medidas que se revelarem necessárias"). O n.º 2 do artigo 215.º prevê a adoção de medidas cujos destinatários são pessoas singulares ou coletivas, grupos ou entidades não estatais, firmando no Direito originário a prática da União Europeia e da Comunidade Europeia.

O artigo 75.º prevê a adoção de regulamentos de acordo com o processo legislativo ordinário com vista à concretização dos objetivos referentes ao Espaço de Liberdade, Segurança e Justiça previstos no Tratado.

As medidas restritivas podem contemplar o congelamento de fundos e recursos económicos e outras sanções financeiras, embargos de armamento e material conexo (estabelecidos na Lista Militar Comum), restrições à exportação e importação de bens e à admissão de nacionais de Estados terceiros.

A União aprovou vários documentos de avaliação tais como "Melhores Práticas da UE para a implementação eficaz de medidas restritivas" e "Diretrizes para a aplicação e avaliação de medidas restritivas no âmbito da Política Externa e de Segurança Comum", que vão sendo atualizados, refletindo preocupações seme-lhantes às do sistema onusiano.

Bibliografia

Frowein/Krisch, "Article 41", in Bruno Simma et al. (eds), The Charter of the United Nations: A Commentary, Oxford: Oxford University Press, 2002, pp. 735-742.

Jeremy Matam Farrall, *United Nations Sanctions and the Rule of Law*, New Edition, Cambridge Studies in International and Comparative Law, Cambridge, 2009.

Mikael Eriksson, "Unintended consequences of targeted sanctions" in Christopher Daase, Cornelius Friesendorf (eds.), *Rethinking Security Governance: The problem of unintended consequences*, Routledge, London, 2010, pp. 157-175.

Thomas J. Biersteker, "Unintended consequences of measures to counter the financing of terrorism" in Christopher Daase, Cornelius Friesendorf (eds.), *Rethinking Security Governance: The problem of unintended consequences*, Routledge, London, 2010, pp. 127-136.

Francesco Giumelli, *How EU sanctions work: A new narrative*, Chaillot Paper n.º 129, European Union Institute for Security Studies, Paris, 2013, disponível em http://www.iss.europa.eu/uploads/media/Chaillot_129.pdf.

SEGREDO DE ESTADO

Arménio Marques Ferreira

I. Segredo de Estado

Segredo de Estado é uma expressão com dois horizontes semânticos, de aspeto combinatório:

- No sentido em que a lei o exprime, significa o regime decorrente das nor-mas relativas à classificação e proteção de certas matérias, documentos e informações, pressupondo que consubstanciam um conhecimento a que só pessoas credenciadas e especialmente autorizadas podem ter acesso, resultando da sua violação a aplicação das sanções legalmente previstas;
- No sentido corrente e complementar, exprime o próprio conhecimento cuja divulgação é suscetível de pôr em risco interesses fundamentais do Estado.

Os interesses fundamentais do Estado são os que diretamente se relacionam com o que que tipicamente a lei enumera: a independência nacional, a unidade e integridade e a segurança interna e externa do Estado, as instituições constitucionais, os recursos afetos à defesa e à diplomacia, a população em território nacional, os recursos económicos e estratégicos e o potencial científico nacional.

II. Segredo de Estado: aspetos da evolução da ideia

O primeiro regime de segredo que chegou, como princípio pensado, a foros de instituição, terá sido, a partir do sermão de Hipócrates, o "segredo médico", ornado de um traço nobilitante: o da proteção do "íntimo".

Mas, diversamente, a natureza do segredo, pela ocultação que envolve, remete outrossim para o imaginário que teme a perturbação da "ordem". Somos herdeiros do espírito grego, em que os deuses só nascem quando o caos se transforma em ordem; o rumor do segredo desperta sempre a aura do mistério que perturba a ordem porque quebra o encadeamento em que assentamos o princípio da confiança que estrutura o contrato social.

Na verdade, trata-se de epistemas distintos: o segredo confronta o conhecimento enquanto o mistério confronta o sentimento de incompletude. Mas na consciência coletiva, a ideia de segredo tem, por regra e mais marcadamente nos últimos dois séculos, estatuto negativo.

A democracia europeia, assente nas correntes contratualistas, substituiu, a partir da ordem emergente das revoluções vitoriosas do século XVIII, a ideia de poder baseado na autoridade transcendente pelo princípio da vontade popular. Paralelamente, o discurso sobre a "razão de Estado" (a partir da obra "Della ragion di Stato", publicada em 1589, pelo jesuíta Giovanni Botero), tema de pensamento político em toda a Europa até fins do século XVII, recuperando aspetos perdidos da ideia romana obnubilados pela idade média mas retomados pelo espírito pagão de Maquiavel, também declinou com o processo de identificação entre governantes e governados e com a importância da opinião pública na condução da vida política.

Ora, a ideia de segredo de Estado inscreve-se numa conceção de autonomia que afinal partilha alguns elementos sobrantes do velho conceito de razão de Estado. Com o seu declínio, também o conceito de segredo perdeu aceitação.

O pensamento democrático desenvolveu-se nos últimos dois séculos à medida que a sua matriz política se foi secularizando: crer na natureza comum de todos os homens, é afinal crer na força da razão individual. É este o princípio fundador do parlamentarismo, como ideia estruturante da vida democrática dos povos europeus, propagada a outros continentes num processo que ainda decorre.

O povo, num sistema em que todo o poder dele emana, deve ter livre conhecimento da vida política e, por extensão, dos assuntos do Estado.

Por isso, no Estado de direito democrático a transparência é a regra. Complementam o princípio, as ideias de publicidade dos atos e administração aberta.

Mas a mais recente literatura crítica tem vindo a propor a destrinça de uma dualidade no conceito de razão de Estado, nomeadamente na linha de influência de Michel Foucault, opondo uma boa a uma má razão de Estado. No âmbito da autonomia de uma sociedade que se regula a si mesma na transparência de toda a verdade, remanesce sempre um resto de heteronomia pela transcendência relativa da exterioridade do Estado e pela própria contingência interna.

É nesta linha que se perfila a nova argumentação de defesa do regime de segredo, aceitando que o Estado carece de certos dispositivos excecionais que lhe confiram vantagem em situações de potencial conflito, se o antagonismo se revelar dissolvente do espaço de liberdade em que a democracia se inscreve.

O segredo pode defender-se de dois modos: de modo passivo, pelo sigilo, que é uma forma atenta de ocultação, ou de modo ativo, pela dissimulação, que é uma forma de contra informação intencional; nesta última modalidade é clássica a referência a Richelieu que terá dito: "saber dissimular é o *modus operandi* do segredo...é a sabedoria dos reis"; nesse tempo circulava a máxima: "qui nescit dissimulare, nescit regnare". A defesa ativa do segredo de Estado sob a forma de dissimulação intencional não é hoje admissível, embora se possa discutir a possibilidade da sua utilização em situação declarada de conflito armado; mas esse já não é o campo da normalidade democrática.

O conhecimento é apenas um dos elementos integrantes do quadro de decisão, no processo complexo do *trâmite* conhecimento-decisão-ação; não impõe a decisão nem integra a estrutura da ação que é, à superfície, um procedimento contingente de ordem tática. Mas na medida em que todo o antagonismo supõe uma tensão relacional, se um dos polos reservar um conhecimento de que o outro não dispõe, pode sobrepor-lhe uma estratégia preventiva; e se então estiverem em causa interesses fundamentais do Estado, justifica-se a derrogação excecional do princípio da transparência em função de uma necessidade pública maior.

É neste apertado campo de exceção que entra o regime do segredo de Estado, circunscrito à salvaguarda dos interesses fundamentais do Estado, no lugar residual em que se configura o dilema da reserva e da transparência; a solução deste tipo de dilemas é dada pelo lugar geométrico da máxima redução do campo da exceção até ao ponto em que essa diminuição deixe de acarretar, na ressalva do que justifica a exceção, o custo político da regra.

O Estado reserva-se a exclusividade do conhecimento de certas matérias, numa homologia aproximada à do monopólio da coerção pela força, quando estão em causa aspetos essenciais da organização coletiva. São ambos traços do poder de soberania.

III. Os graus do segredo

J. A. Teles Pereira refere que o uso do segredo como "instrumento de condução política, ocorreu paralelamente ao desenvolvimento do estado-nação". Mas, entre nós, a violação do segredo de Estado só começou a ser penalmente sancionada a partir de 1886 (artigo 153.º do código penal então vigente). Porém, a lei não o definia. Na prática, cabia ao poder executivo a fixação do âmbito críptico dos factos, com a genérica complacência dos que entendiam, por receio, que o poder quando sabe apenas o que todos sabem tende a ser mais agressivo para se afirmar e manter.

Foi só no início da segunda metade do século XX que passámos a dar mais atenção à matéria do segredo de Estado, a partir do compromisso assumido de preservar os segredos no âmbito da OTAN. A partir de 1988, Portugal começou progressivamente a dotar-se das primeiras Instruções para a Segurança Nacional, Salvaguarda e Defesa das Matérias Classificadas, Segurança Industrial, Tecnológica e de Investigação, Segurança das Telecomunicações e Segurança Informática (comummente designadas por SEGNAC). Tais "Instruções" ainda vigoram, embora careçam de adaptação; é do seu quadro normativo que decorre a sistemática das classificações de segurança usada no nosso país: muito secreto, secreto, confidencial e reservado.

IV. Quadro normativo do Segredo de Estado

O quadro normativo do segredo de Estado tem por base as disposições da lei orgânica n.º 2/2014, de 6 de agosto (alterada pela Lei Orgânica n.º 1/2015, de 8 de janeiro), que veio substituir a lei n.º 6/94, de 7 de abril.

O quadro normativo do segredo de Estado compreende ainda as disposições dos artigos 316.º do Código Penal, (na redação conferida pela citada lei orgânica n.º 2/2014) e 137.º do Código do Processo Penal (na redação também conferida pela mesma lei orgânica). Ao nível constitucional o segredo de Estado é referido no art.º 164.º, alínea q), que estabelece reserva absoluta de competência legislativa da Assembleia da República sobre esta matéria, e no art.º 156.º, alínea d), que exceciona, do direito de conhecer dos Deputados no âmbito do seu poder de fazer perguntas ao Governo, as matérias sujeitas a segredo de Estado.

Integra também o quadro, a lei orgânica n.º 3/2014, de 6 de agosto, que cria a Entidade Fiscalizadora do Segredo de Estado – EFSE, entidade independente que funciona junto da Assembleia da República e que tem por principais missões a de fiscalizar o cumprimento do regime do segredo de Estado e de manter um registo de todas as matérias e documentos classificados como segredo de Estado.

Como é próprio das excecionalidades, todo o regime é de interpretação restritiva. O próprio texto da lei avança desde logo os principais traços de uma franca moldura limitativa, cingindo-a em princípios de que se destacam os da excecionalidade, da subsidiariedade, da necessidade e da proporcionalidade, por entre outros de cariz igualmente circunjacente.

Com o mesmo propósito, a lei confere a competência para a classificação definitiva como segredo de Estado apenas aos Presidentes da República, da Assembleia da República e ao Primeiro-Ministro, Vice-Primeiros-Ministros e Ministros, sem possibilidade de delegação. E ainda, no mesmo sentido restringente, o prazo para a duração da classificação ou para a sua reapreciação não pode exceder 4 anos, e o tempo máximo para as renovações sucessivas não pode, em geral, ir além de 30 anos, caducando o ato de classificação pelo decurso do prazo.

Neste quadro integram-se também as disposições especiais dos artigos 32.º e 32.º-A da Lei n.º 30/84, de 5 de setembro (lei-quadro do Sistema de Informações da República Portuguesa – SIRP), alterada e republicada pela Lei Orgânica n.º 4/2014, de 13 de agosto. Destas disposições decorre a classificação *ope legis* como segredo de Estado dos registos, documentos, *dossiers* e arquivos dos serviços de informações integrados no SIRP, continentes de dados e informações cuja difusão seja suscetível de causar dano aos interesses fundamentais do Estado nos já referidos termos definidos pela lei do segredo de Estado. No caso especial do SIRP o poder de desclassificação é da competência do Primeiro-Ministro, em regra delegável no Secretário-Geral do SIRP. De modo igualmente especial, as informações sobre a estrutura, funcionamento e processamentos técnicos de informações, e ainda as relativas à identidade dos funcionários, não estão sujeitas a avaliação periódica de manutenção da classificação como segredo de Estado nem a caducidade por decurso de prazo, não são comunicadas à Entidade Fiscalizadora do Segredo de Estado e só são passíveis de desclassificação por ato formal e expresso do Primeiro-Ministro.

O segredo de Estado é uma das modalidades do regime público do segredo, a par do segredo de justiça, que merecem referência direta no texto constitucional. o segredo de justiça é mencionado no art.º 20.º, n.º 3, da Constituição, mas todo o seu regime decorre da lei ordinária; não resulta daí, porém, que o segredo de Estado beneficie de qualquer supra-ordenação em relação ao segredo de justiça. O primeiro visa salvaguardar a classificação de matérias cuja divulgação prejudicaria os superiores interesses do Estado; o segundo visa proteger o êxito da investigação criminal, a descoberta da verdade e, acessoriamente, a honra e bom nome do arguido, no domínio do processo penal. É verdade que no âmbito do processo judicial o segredo de Estado beneficia de apanágio mais forte que dificulta o afastamento, mas isso decorre da distinção do seu próprio objeto e consequente regime de titularidade e tutela, sem indução de efeitos consumptivos.

O segredo de Estado inibe o depoimento perante autoridades judiciais ou comissões de inquérito parlamentar, mas essa inibição fica dependente da confirmação pela entidade detentora do segredo, a consultar nessa circunstância.

Se o dever de sigilo decorrer do quadro normativo aplicável aos serviços integrados no SIRP, vigora um regime especial: em caso de dever de sigilo, depende de confirmação pelo Primeiro-Ministro a recusa de depoimento, mas esta confirmação tem apenas por objeto mediato a recusa e não propriamente o segredo e, por isso, a não confirmação da recusa limita-se apenas a funcionar como causa de justificação atípica em relação à violação do segredo.

A moldura penal da figura matricial do crime de violação do segredo de Estado é atualmente de 2 a 8 anos de prisão, nos termos do artigo 316.º, n.os 1 e 2 do Código Penal, sendo de 3 a 10 anos no caso dos tipos penais qualificados previstos nos n.os 3 e 4 do mesmo artigo. A. Medina Seiça esclarece, em anotação a este artigo no Comentário Conimbricense do Código Penal (Coimbra, 2001, tomo III, pág. 122), que os atos de execução "com intenção de cometer este delito constituem tentativa punível" e que "a violação do segredo de Estado é consumida pelo crime de espionagem prevista no artigo 317.º" do mesmo código.

É de referir que, em lugares paralelos, o tribunal pode, quando se trate de segredo profissional, determinar o seu levantamento depois de ouvir o organismo representativo da profissão; entretanto, a violação é, genericamente, punível com prisão até 1 ano. Do segredo religioso, nunca o tribunal pode determinar o levantamento, em homenagem à liberdade religiosa constitucionalmente consagrada; a violação deste segredo apenas infringe eventuais deveres religiosos.

Bibliografia
Gouveia, Jorge Bacelar, Segredo de Estado, in *Estudos de Direito Público*, Cascais, 2000.
Pereira, J. A. Teles, O Segredo de Estado e a Jurisprudência do Tribunal Constitucional, in *Estudos em Homenagem ao Conselheiro José Manuel Cardoso da Costa*, Coimbra, 2003.

SEGREDO DE JUSTIÇA

Teresa Pizarro Beleza
Frederico da Costa Pinto

1. O segredo de justiça é um instituto jurídico que se traduz numa garantia legal de reserva sobre alguns actos processuais. E, como tal, está prevista no artigo 20.º, n.º 3, da Constituição, ao dispor que «a lei define e assegura a adequada protecção do segredo de justiça». A figura do segredo de justiça não é assumida no texto constitucional como uma garantia penal específica, mas antes como uma dimensão garantística da tutela jurisdicional efectiva. Não é, portanto, uma figura exclusiva do processo penal, revelando-se igualmente em processos de outra natureza que contemplam fases reservadas (*v.g.* investigação da paternidade, processo disciplinar ou processo de contra-ordenação). No processo penal o segredo de justiça assume, contudo, dimensões mais problemáticas,

SEGREDO DE JUSTIÇA

por duas razões: a) por um lado, no início da vigência do Código de Processo Penal de 1987 o modelo misto de processo adoptado supunha que toda a fase preliminar (inquérito e instrução) seria reservada e sujeita a segredo de justiça e só na fase de julgamento o processo passaria então a ser público – e, por isso, o regime de segredo de justiça era parte do modelo de processo penal adoptado em 1987, congruente com o princípio da presunção de inocência e a natureza indiciária das fases preliminares do processo; b) por outro, o segredo de justiça em processo penal sempre se revelou uma fonte de conflitos mais intensa do que noutros sectores, pela sua colisão directa com o acesso aos autos pelos sujeitos processuais e pelas limitações legais que comporta relativamente à actuação dos jornalistas e à divulgação de notícias.

2. O segredo de justiça em processo penal tem o seu conteúdo descrito no artigo 86.º, n.º 8, do CPP, e assenta em três pilares essenciais: proibição de assistência à prática de actos processuais (em relação aos quais não se tenha o direito ou o dever de assistir); proibição de conhecimento do conteúdo do acto processual (nos mesmos casos); proibição de divulgação da ocorrência do acto processual ou dos seus termos. Estas proibições processuais imanentes ao regime de segredo de justiça impedem, por exemplo, que alguém, sem estar legitimado para tal, assista a uma inquirição de testemunhas na fase de inquérito; que uma testemunha preste depoimento em inquérito e depois revele à comunicação social o que disse; ou que alguém divulgue a realização de buscas e apreensões domiciliárias, realizadas ou a realizar em relação a certa pessoa ou entidade. Este é o regime processual: como se verá adiante, o crime de violação de segredo de justiça não abrange todas estas realidades (artigo 371.º do Código Penal).

3. A evolução do segredo de justiça no processo penal português revela uma história atribulada, mas que se justifica conhecer em linhas gerais por ter determinado a configuração actual do regime legal.

a) De 1987 a 1998 vigorou um regime de segredo de justiça obrigatório, aplicável às fases de inquérito e de instrução, sem prazos de duração, em que o acesso ao processo pelos sujeitos processuais era decidido exclusivamente pelo titular da fase processual (o MP no inquérito e o JIC na instrução). Mas com a dedução de acusação terminava o segredo interno do processo e o arguido e o assistente já o podiam consultar livremente. Este regime assentava em alguns pontos de equilíbrio: com o fim do inquérito o arguido e o assistente podiam ter acesso integral ao conteúdo dos autos para fazerem valer as suas pretensões, mas como estávamos ainda numa fase indiciária do processo a publicidade plena só vigoraria para a fase subsequente de audiência de julgamento. A solução limitava os direitos de defesa do arguido e o direito à realização da pretensão penal do assistente, pois o Ministério Público dominava o inquérito, o acesso aos autos e a própria duração do segredo de justiça, sem qualquer controlo que não fosse o da própria

SEGREDO DE JUSTIÇA

hierarquia e, indirectamente, o incidente de aceleração processual. A este regime legal com uma tutela maximalista do segredo de justiça correspondeu uma degradação empírica sistemática do segredo de justiça e da presunção de inocência dos arguidos, com a divulgação pública de muitas notícias sobre o conteúdo dos processos num ambiente de considerável impunidade.

b) Em 1998 o legislador manteve o segredo de justiça como obrigatório para a fase de inquérito e converteu-o em facultativo na fase de instrução, caso em que apenas vigoraria se o arguido o requeresse. Deste modo, limitava-se a tutela de segredo de justiça aos casos em que o arguido sentia necessidade de manter o processo sob reserva, para preservar socialmente a presunção de inocência numa altura em que não se sabia sequer se o arguido ia ou não a julgamento (o que só aconteceria no final da instrução). E, por outro lado, diminuía-se o campo normativo das potenciais violações de segredo de justiça numa situação (a fase de instrução) em que muita gente já tinha acesso ao processo. Mas as violações mediáticas do segredo de justiça continuaram e, em alguns casos, atingiram níveis inadmissíveis num Estado de Direito, com a degradação do nome e reputação das pessoas sem que as mesmas, nessa altura, estivessem sequer a ser julgadas (e, em alguns casos, sem estarem sequer acusadas). Mas a partir de 2004, sensivelmente, algumas mudanças de orientação na jurisprudência dos tribunais superiores levaram às primeiras condenações por violação de segredo de justiça na comunicação social.

c) A reforma de 2007 é o ponto em que confluem, simultaneamente, todos os problemas e todas as esperanças da sua resolução. Num ambiente político--jurídico pouco propício a decisões racionais (encontravam-se propostas de solução em todos os sentidos, desde soluções equilibradas e fundamentadas a "atrevimentos" diversos, mais fruto da ignorância e da vontade de protagonismo, do que de um saber consistente e cientificamente legitimado) a Unidade de Missão para a Reforma Penal apresenta uma proposta de reforma processual penal ao Governo, incluindo o regime de segredo de justiça, que por seu turno a apresenta ao Parlamento. Mas o Parlamento na matéria do segredo de justiça afasta-se em várias soluções do que tinha sido apresentado pelo Governo e, sem qualquer fundamento ou antecedente que o justificasse, resolve «mudar o paradigma» do processo penal português: sujeita todo o processo penal em geral ao princípio da publicidade, incluindo o inquérito criminal (!), torna o segredo de justiça facultativo, limita a possibilidade de ser decretado o segredo à fase de inquérito, condiciona os poderes do Ministério Público na matéria (que passa a ser controlado pelo JIC na sujeição do inquérito a segredo e apenas tem autonomia se o decidir levantar) e converte um regime legal de segredo imperativo num mero problema de partes, permitindo requerimentos do arguido, do assistente e até do ofendido (que não se constituiu assistente) quer para a sujeição

380

a segredo, quer para o seu levantamento. Um regime de ruptura, inventado por alguns parlamentares, sem que entre os mesmos se encontre qualquer penalista reconhecido, sem antecedentes na história jurídica nacional e sem paralelo nas soluções de direito estrangeiro (sobre a autoria e enquadramento do novo regime, cfr. Diário da Assembleia da República, I Série, n.º 108, de 20 de Julho de 2007).

d) Não surpreende por isso que a doutrina e a jurisprudência tenham reagido com particular adversidade ao novo regime, sublinhando o seu carácter inusitado, a cumulação de soluções diversas, a vulnerabilidade do inquérito aos novos prazos e à devassa de alguns sujeitos processuais, a reboque da propalada publicidade do processo, ou o desconforto do modelo de controlo do JIC sobre o MP, titular do inquérito, numa matéria essencial para a protecção da investigação.

e) Se fosse necessária uma confirmação histórica dos erros anteriores do legislador ela também existiria e por uma dupla via. Na verdade, logo em 2008, o Tribunal Constitucional, corroborando as críticas assumidas pela doutrina e pelas magistraturas, considera que o sistema de quebra automática do segredo interno por mero decurso de um prazo formal do inquérito (artigo 89.º, n.º 6, do CPP) implica uma desproteção desequilibrada da informação contida no processo, incompatível com as exigências de adequada protecção do segredo de justiça. E, em conformidade, declara inconstitucional o artigo 89.º, n.º 6 do CPP (cfr. Ac. Tribunal Constitucional, n.º 428/2008, de 12 de Agosto). Dois anos depois, foi a vez de o legislador vir corrigir discretamente o erro anterior relativo à absurda vigência do princípio da publicidade do processo nas fases preliminares. Para o efeito, a Lei n.º 26/2010, de 30 de Agosto, veio limitar a assistência do público em geral (que vigorava como consequência legal expressa da publicidade do processo) ao debate instrutório e a actos processuais na fase de julgamento (cfr. artigo 86.º, n.º 6, alínea a), do CPP). Como quem diz: a publicidade não pode abranger o inquérito nem toda a instrução em todas as suas dimensões. Como já resultava, em suma, dos avisos inequívocos feitos pelas magistraturas e pela doutrina em 2007.

4. Como resultado desta sucessão de regimes e, também, da aplicação da lei penal aos agentes que divulgam informação em segredo de justiça, mesmo quando não têm um estatuto jurídico no processo em causa, a violação do regime de segredo de justiça é hoje um problema de menor extensão do que no passado. Isso mesmo foi recentemente reconhecido no relatório de auditoria da Procuradoria--Geral da República, sobre a matéria do segredo de justiça, divulgado publicamente no seu *site*, em 10 de Janeiro de 2014 (*www.pgr.pt*).

5. Conhecida a realidade histórico-legislativa, vejamos agora, em apertada síntese, os traços essenciais do regime legal de segredo de justiça vigente actualmente entre nós.

O segredo de justiça em processo penal só vigora no inquérito criminal, se tal for promovido pelo Ministério Publico, pelo arguido, pelo assistente ou pelo ofendido. Tem portanto natureza facultativa. Mas a efectiva sujeição do inquérito a segredo é decidida pelo JIC. O MP só tem autonomia para levantar o segredo, não o pode determinar sozinho (artigo 86.º, n.º 2, 3, 4 e 5, do CPP).

Uma vez decretado, o segredo de justiça implica as três proibições referidas: de assistência, de conhecimento e de divulgação dos actos processuais. Significa isto, na prática, que passam a existir limites quanto ao acesso aos autos por parte dos sujeitos processuais (segredo interno) e que a divulgação indevida de informação processual é proibida (segredo externo) (artigo 86.º, n.º 8, do CPP, e artigo 371.º, n.º 1, do Código Penal). A lei sujeita, contudo, o segredo interno aos prazos do inquérito e, por isso, decorridos os mesmos, os sujeitos processuais passam a ter de forma automática livre acesso aos autos (artigo 89.º, n.º 6, do CPP), aspecto que, como se referiu, já mereceu a censura do Tribunal Constitucional.

O segredo de justiça existe não só por razões processuais, como também por razões materiais, ou seja, visa proteger uma pluralidade de bens jurídicos: as condições de eficácia da investigação criminal, a presunção de inocência do arguido (incluindo a sua imagem social, bom nome e reputação) e interesses pessoais (segurança, integridade física, integridade moral) de pessoas ligadas à investigação (*v.g.* protecção da vítima ou de testemunhas).

6. A proibição penal é mais limitada do que as proibições processuais, pois o crime de violação de segredo de justiça (previsto no artigo 371.º do Código Penal) só declara punível a violação dolosa do teor de acto processual sujeito a segredo de justiça. Significa isto que a mera assistência ou conhecimento de acto processual sujeito a segredo de justiça não constituem crime, o que tem merecido o acordo da doutrina. De igual modo, só a divulgação do teor e não a divulgação da mera ocorrência do acto processual é que realizam o tipo legal de crime. Finalmente, a divulgação só é crime se for dolosa e ilegítima, o que significa que a quebra negligente do segredo não é criminalmente punível e que pode existir uma razão que legitima a divulgação de informação reservada (por exemplo, o interesse público no conhecimento imediato de certa situação a ser investigada).

7. O segredo de justiça também vigora nos processos de contraordenação até à decisão final do mesmo pela autoridade administrativa, e nos processos disciplinares enquanto a lei o determinar (artigo 371.º, n.º 2, do CPP). Contudo, como nestes processos em fases pré-judiciais não existe intervenção do JIC, nem Ministério Público, nem assistentes, deve entender-se que é o titular do processo que decide da sujeição e levantamento do segredo, não tendo aplicação integral o regime do artigo 86.º do CPP. O que é consentâneo com a competência exclusiva de algumas autoridades para a condução e decisão do processo.

8. Um assunto recorrente nesta matéria do segredo de justiça consiste em saber se o regime legal descrito constitui uma limitação aceitável ou intolerável à liberdade de imprensa, designadamente à liberdade de informar. A resposta deve ser negativa. A liberdade de imprensa é um pilar fundamental do Estado de Direito, mas não confere direitos absolutos e ilimitados aos seus titulares, pois está sujeita a restricções constitucionais directas se forem praticados ilícitos criminais e ilícitos de mera ordenação social (artigo 37.º, n.º 3, da Constituição). De resto, a sujeição de um inquérito criminal a segredo de justiça não impede o exercício da liberdade de imprensa, pois a comunicação social pode investigar livremente os factos históricos com relevância noticiosa e divulgar notícias sobre os mesmos. A vigência do segredo de justiça (que é sempre temporária) proíbe apenas que a comunicação social use o processo e os seus intervenientes como fontes de informação, e nunca impede a investigação jornalística autónoma, nem a divulgação desses resultados ao público.

9. Em data recente (Janeiro de 2014), o tema da protecção do segredo de justiça, o seu regime e a sua violação voltaram a estar em debate, por iniciativa da Procuradoria-Geral da República. No relatório divulgado, foram avaliados criticamente alguns aspectos do regime vigente (designadamente, a intervenção do JIC relativamente ao MP, titular do inquérito e responsável pela estratégia de investigação), foram apresentados números sobre a sujeição de processos a segredo (em 1.310.609 inquéritos movimentados em 2011 e 2012 foram sujeitos a segredo apenas 6696 processos) e sobre as promoções do MP e subsequente validação do JIC (em mais de 1500 pedidos de validação, só em 18 casos a mesma foi recusada e por razões essencialmente formais). A PGR concluiu que actualmente a violação do segredo de justiça não é um problema judicial com a dimensão que já teve no passado, embora se encontrem especiais dificuldades e até desincentivos na investigação de tal crime, designadamente pelo secretismo do circuito da informação e pelos agentes potencialmente envolvidos. O reforço de meios jurídicos para o efeito (designadamente, ao nível das buscas, escutas telefónicas ou obtenção de dados relativos às telecomunicações, envolvendo sujeitos processuais e jornalistas) é um tema particularmente polémico e pouco consensual.

Bibliografia

Albuquerque, Paulo Pinto de, *Comentário do Código de Processo Penal*, 4.ª ed., Lisboa: UCE, 2011, anotações aos artigos 86.º e 89.º

Albuquerque, Paulo Pinto de, *Comentário do Código Penal*, 2.ª ed., Lisboa: 2010, anotação ao artigo 371.º (violação de segredo de justiça).

Antunes, Maria João – «O segredo de justiça e o direito de defesa do arguido sujeito a medida de coacção» in *Liber Discipulorum para Jorge de Figueiredo Dias*, Coimbra: Coimbra Editora, 2003, p. 1237-1268.

Leite, Inês Ferreira – «Segredo ou publicidade? A tentação e kafka na investigação criminal portuguesa» in *RMP* 124 (2010), p. 5-87.

PGR – *Relatório. Segredo de Justiça. Auditoria*, 10 de Janeiro de 2014 (disponível na página da internet: *www.pgr.pt*).

Pinto, Frederico de Lacerda da Costa – «Publicidade e segredo na última revisão do Código de Processo Penal» in *Revista do CEJ* 9 (2008), p. 7-44

SEGURANÇA AMBIENTAL

Viriato Soromenho-Marques

Uma das novas 'criaturas' epistémicas emergentes desde o início dos anos 90 do século passado é uma área disciplinar de contornos ainda algo sinuosos e imprecisos, cuja designação mais consensual é a de 'segurança ambiental' (*environmental security*) (Uma introdução ao tema, que aqui seguimos com alterações e complementos, pode ser encontrada no meu ensaio: "A 'Segurança Ambiental: Oportunidades e Limites", *Metamorfoses. Entre o Colapso e o Desenvolvimento Sustentável*, Mem Martins, Publicações Europa-América, 2005, pp. 63-81).

§1. Nas raízes da 'segurança ambiental'

Trata-se, como a própria nomenclatura sugere, da demanda por um compromisso metodológico e categorial entre as ciências do ambiente, por um lado, e uma combinação de disciplinas das áreas clássicas da segurança, nomeadamente, da estratégia e das relações internacionais.

Se a história de uma coisa nos ajuda a perceber qual a sua essência, então penso que não será inútil aprofundarmos algumas das razões e marcos históricos mais relevantes desta curiosa aproximação entre pensadores estratégicos, ecologistas e ambientalistas.

Na primeira metade da década de 1980, era surpreendente verificar a distância abissal que separava, nessa época já distante, as duas comunidades científicas, estrategistas e ecologistas, uma da outra (Viriato Soromenho-Marques, *Europa: O Risco do Futuro*, Lisboa, Publicações Dom Quixote, 1985.) Nesses tempos, que, felizmente, se revelariam crepusculares para a guerra-fria, os estudos estratégicos continuavam a ser considerados como tendo preponderantemente a ver com a gestão das forças, tensões e ameaças militares. A luta dos dois blocos, a enorme pressão da corrida aos armamentos, a constante e mútua vigilância entre dois arsenais de destruição maciça como a história jamais tinha conhecido, acabavam por lançar para a periferia todos os outros aspectos que não se revestissem imediatamente de uma conotação de defesa, numa acepção acentuadamente militar. Por outro lado, os ecologistas, com a excepção dos estudos sobre os efeitos ambientais de uma eventual guerra termonuclear, tendiam para recusar, ou considerar com indiferença, as considerações de âmbito estratégico (R.P. Turco, A.B. Toon, T.P.Ackerman, J.B. Pollack, C. Sagan [TTAPPS], "Nuclear Winter: Global Consequences of Multiple Nuclear Explosions", *Science*, n.º 222, 1983, pp. 1238-1297). Na Europa, os ecologistas e ambientalistas apareciam inclusive na primeira linha de um movimento pacifista que não se caracterizava por uma particular subtileza analítica no tratamento das difíceis questões da diplomacia militar entre potências dispondo de armamento nuclear.

Do ponto de vista do pensamento estratégico de recorte mais convencional é possível vislumbrar alguns elementos de parentesco entre as questões da segurança nacional e a problemática ambiental. Com efeito, o debate despoletado a partir de 1972, com a publicação do relatório Meadows sobre 'Os limites do Crescimento' é uma ilustração evidente do que estamos a afirmar (Donella Meadows *et al.*, *The Limits to Growth*, New York, Universe Books, 1972). A perspectiva de uma próxima e relativamente súbita interrupção do abastecimento dos países ocidentais em recursos naturais vitais, como sejam os combustíveis fósseis e alguns minerais indispensáveis para a actividade industrial, colocava de imediato em risco a própria 'capacidade' (*capability*) defensiva do ocidente para fazer vencimento aos seus interesses na cena mundial. Podemos, pois, vislumbrar as implicações estratégicas que se abrigavam no pano de fundo da polémica que sobre a evolução dos principais *stocks* de recursos naturais essenciais se travou entre 'optimistas' como John Maddox e Julian Simon, e 'pessimistas' como Paul Ehrlich (John Maddox, *The Doomsday Syndrome*, New York, McGraw-Hill 1972; Julian L. Simon, *The Ultimate Resource 2*, Princeton, NJ, Princeton University Press, 1996; P. R. Ehrlich et al., *Ecoscience, Population, Resources, Environment*, San Francisco, W.H.Freeman and Company, 1977).

Mais recentemente têm surgido outras vertentes, particularmente relevantes para uma perspectiva de segurança nacional, com uma classificação ostensivamente ecológica. Como é o caso dos 'refugiados ambientais' (*environmental refugees*). Esta questão, que de acordo com os cálculos de diversas agências do sistema das Nações Unidas e outras entidades abrange milhões de seres humanos em vários Continentes, coloca claramente em risco a estabilidade política dos países afectados pelos movimentos migratórios compulsivos, agitando os equilíbrios regionais em vastas zonas do globo, já sacudidas por outros problemas muito graves (Evan Vlachos, "Environmental Refugees: The Growing Challenge", edited by N. P. Gleditsch *et al.* (eds), Kluwer Academic Publishers, 1997).

Nessa medida, alguns autores têm aproveitado o longo debate sobre a reforma das Nações Unidas para sugerir que a prioridade da Organização deveria ser deslocada da prevenção do risco de conflito para a prevenção da ocorrência de tragédias humanitárias em grande escala, sobretudo catástrofes naturais, induzidas ou não pela acção humana. Os dados estatísticos são, de facto, esmagadores: entre 1990 e 1999 foram afectadas anualmente 188 milhões de pessoas por desastres naturais. Isso equivale a seis vezes mais do que os 31 milhões de seres humanos que, no mesmo período, foram anualmente atingidos pelos efeitos de conflitos armados (Nigel Purvis e Joshua Busby, "The Security Implications of Climate

Change for the UN System", *Environmental Change and Security Project Report*, Woodrow Wilson International Center, Issue 10, 2004, pp. 67-73). Por outro lado, todos os recordes de sinistralidade induzida pelas alterações climáticas foram batidos em 2005, de que o furacão Katrina ficará como trágico símbolo. Os estudos posteriores confirmam essa tendência como o mais recente relatório do IPCC (2013 e 2014) bem o indicam.

O movimento tendente à constituição de uma área de pesquisa em torno da segurança ambiental resultou de um processo complexo, cuja face de aceleração mais visível ocorreu na última década, mas cujas raízes podem ser encontradas na própria necessidade das concepções tradicionais de segurança integrarem a emergência de novos desafios, por um lado, e na inevitabilidade de a problemática ecológica, à medida que a sua visibilidade se torna incontornável, acabar por se impor nos aparelhos conceptuais de manutenção da segurança e da soberania a todos os seus diferentes níveis.

Numa síntese brevíssima poderíamos resumir da seguinte forma os principais factores que permitem compreender a génese das preocupações em torno da segurança ambiental:

1.1. O eclipse da guerra-fria, que permitiu, por um lado, a formação de novas ameaças e riscos e, por outro lado, a crescente focagem de ameaças e riscos já existentes, mas até aí considerados de importância subsidiária face ao perigo da conflagração atómica generalizada. A ruptura do quadro de referência da guerra-fria abriu o campo para novas grelhas de leitura no campo da geoestratégia e da geopolítica, nomeadamente, a "ecopolítica" (Pedro de Pezarat Correia, *Manual de Geopolítica e Geoestratégia. Vol. I – Conceitos, Teorias e Doutrinas*, Coimbra, Quarteto 2002: 251-260).

1.2. A libertação de recursos, tanto em capital como em potencial científico, até aí investidos na corrida bélica e que passaram a ser dirigidos para outras áreas de pesquisa, nomeadamente, no domínio do estudo das vulnerabilidades do nosso ambiente, em particular, à escala global.

1.3. Incremento dos sintomas inquestionáveis da crise ambiental global, através do que designo como o efeito de 'pedagogia da catástrofe'. O acidente de Chernobyl – cuja "normalidade" foi recordada pela repetição na tragédia nipónica de Fukushima, em 2011 – tornando impotentes as concepções tradicionais de soberania territorial, é a esse título exemplar. A acumulação de indicadores globais da crise ambiental –, por oposição aos indicadores meramente locais das décadas imediatamente posteriores ao segundo pós-guerra –, desde as chuvas ácidas até às alterações climáticas, vieram chamar a atenção para os perigos colocados à estabilidade de um já de si frágil e incerto sistema internacional, pela eventual acumulação sem resposta adequada de sintomas de degradação ambiental, com implicações e consequências não só transfronteiriças mas efectivamente planetárias (Patrícia Neves, *Império Nuclear. A Era Pós-Fukushima*, Lisboa, Chiado Editora, 2014).

1.4. Por outro lado, a própria fragmentação da ordem política internacional, na sequência da desarticulação dos sistemas de alianças da hegemonia bipolar, veio permitir uma maior capacidade de iniciativa a Estados até aí periféricos, ou totalmente contidos dentro do círculo disciplinador de lealdades da guerra fria. Nesse novo contexto, os factores da degradação ambiental ganharam não só maior nitidez como puderam ser até identificados como uma arma de guerra, como ocorreu com a decisão do governo iraquiano, em 1991, de incendiar os poços de petróleo do Kuwait, mesmo quando isso já nada poderia fazer para inverter a sorte das armas.

§2. Mudança e Permanência na Dolorosa Génese de um Novo Sistema Internacional

Se queremos exibir com mais nitidez o potencial de inovação dos estudos em matéria de segurança ambiental temos de os entender no quadro da perspectiva mais ampla permitida pela análise das múltiplas forças colocadas em marcha pela longa e turbulenta transição que tem afectado o sistema internacional depois da queda do muro de Berlim.

Na caracterização dos predicados do paradigma de Vestafália, que tem presidido às relações internacionais nos últimos 350 anos, tem prevalecido a tendência para alguma rigidez conceptual. Ao longo deste imenso período, os arquétipos dominantes de Vestfália, nomeadamente, o papel central do voluntarismo dos Estados e uma concepção essencialmente territorial da soberania, têm sofrido algumas mutações significativas. Apenas a título de exemplo: repare-se na substancial diferença introduzida no funcionamento do sistema internacional pela consolidação da base cultural, industrial e militar dos nacionalismos europeus durante o século XIX. Essas mutações, que realizaram, pelo menos a uma escala nacional as esperanças educativas e de cidadania política que o iluminismo tinha propagado com um alcance mais cosmopolita, vieram não só interromper uma vasta série de projectos federalizadores que o século XVIII tinha sucessivamente alimentado, como vieram fornecer uma base de legitimação social completamente nova e alargada às aspirações imperiais das nações europeias dominantes.

Por outro lado, é legítimo considerar-se não se encontrarem ainda suficientemente estudados os impactos da gigantesca pressão exercida sobre a racionalidade estratégica clássica por parte das tensões inerentes à gestão, durante os quarenta anos da guerra-fria, de enormes arsenais bélicos que jamais poderiam ser usados numa guerra central visando uma derrota clara do inimigo, sob pena de conduzirem a uma destruição assegurada de todos os contendores e seus respectivos

SEGURANÇA AMBIENTAL

aliados. O estilhaçamento do modelo estratégico clausewitziano, introduzindo novas e estranhas modalidades de 'cooperação entre inimigos' não pode ter deixado de afectar os alicerces do próprio edifício de Vestfália. Com efeito, pela primeira na memória colectiva da humanidade, um conflito entre dois poderes hegemónicos rivais terminou pela implosão de um deles, e não pela habitual e catastrófica colisão (Viriato Soromenho-Marques, "Violência e poder nas relações internacionais", *Janus 2005. Anuário de Relações Exteriores*, Lisboa, Público e Universidade Autónoma de Lisboa 2005: 122-123).

O contributo da segurança ambiental para a compreensão dos conflitos internacionais e para a construção de regimes capazes de apoiar o esforço de construção de uma paz duradoura tem de ser integrado no quadro das mudanças do sistema internacional. Por outras palavras: a segurança ambiental não só constitui um novo método para o estudo das tensões internacionais como é ela própria um sintoma da profunda alteração que se tem vindo a registar, num ritmo progressivamente acelerado, no sistema internacional.

A verdade é que o sistema de Vestfália encontra-se percorrido por um conflito de forças entre linhas de continuidade e linhas de mudança, eventualmente, portadoras de fracturas com uma significativa carga dinâmica. A entrada na cena das negociações internacionais conducentes à criação de novos regimes, particularmente na área ambiental, de novos actores não-governamentais, a aceitação, mesmo sob severa reserva da figura de uma 'herança comum da humanidade', como ocorreu com a Convenção das Nações Unidas sobre Direito do Mar, de 1982, o próprio potencial de subversão constitucional trazido pela Declaração Universal dos Direitos do Homem de 1948, contrariando uma visão absoluta da soberania dos Estados, são alguns sintomas de alterações ainda em curso e cujas consequências mais efectivas não podem ser desde já plenamente antecipadas. (José Manuel Pureza, "Eternalizing Westphalia? International Law in a Period of Turbulence, International Law in a Period of Turbulence, *Nação e Defesa*, n.º 87-2.ª série, Outono 1998: 31-48).

A segurança ambiental pode, assim, ser entendida como um acontecimento conceptual e metodológico com implicações mais ambiciosas do que a simples modificação do sistema de agências destinadas à recolha e ao tratamento de informação estratégica relevante por parte dos EUA, na sua qualidade de potência, que embora em declínio, continua a ser dominante (Stacy D. VanDeveer, *Foreign Policy--In Focus*, vol. 4, n.º 2, January 1999).

A segurança ambiental poderia ser integrada no interior de uma constelação de acontecimentos com um significativo potencial estruturante, emergindo de dentro do próprio sistema internacional, mas com relações mútuas ainda imprecisas.

Vejamos, sumariamente, apenas alguns desses complexos fenómenos inovadores:

SEGURANÇA AMBIENTAL

2.1. O aparecimento, particularmente em virtude das dramáticas mudanças ocorridas nas ciências e tecnologias da informação, de uma quase sociedade civil global (e virtual), que não sendo alternativa ao sistema internacional ancorado nos Estados, não poderá ser por estes nem suprimido, nem ignorado (Paul Wapner, Governance in a Global Civil Society", *Global Governance. Drawing Insights from the Environmental Experience*, edited by Oran R. Young, Cambridge, MA-London, The MIT Press, 1997, pp. 65-84).

2.2. A introdução de exigências de natureza ambiental em zonas tão sensíveis das relações internacionais, como é o caso do comércio mundial: os aspectos negativos da globalização e as próprias insuficiências da Organização Mundial do Comércio conduziriam à urgência de corrigir a lógica da especialização económica através de um princípio de racionalidade ecológica, fundado numa gestão sustentável dos ecossistemas tendente a minimizar os impactos catastróficos sobre o ambiente planetário provocados pelo funcionamento das regras de mera eficiência económica de curto prazo (Fred Gale, "Sustainable Trade: Theoretical Framework, Guiding Principles and Operational Policies", Paper (draft) presented at *the Annual Meeting of the International Studies Association*, Minneapolis, March 18-21, 1998). A fase de recuo em que a política internacional de ambiente entrou depois de 1998, que foi confirmada no insucesso da Cimeira de Joanesburgo (2002), e aprofundada pela crise financeira e económica internacional depois de 2008.

2.3. A generalização da intervenção de actores não-governamentais em áreas da política internacional acabaria por conduzir à existência de regimes internacionais suportados no papel decisivo do que se poderia designar como uma "governância privada global" (*private global governance*). Um bom exemplo disso seria fornecido pela determinação, com o decisivo concurso dos principais agentes interessados, das regras do controlo de qualidade na gestão ambiental a nível internacional (Yu-che Chen, ""Private Global Governance: The Promise of International Environmental Management Standards – ISSO 14000 Series", Paper (draft) presented at *the Annual Meeting of the International Studies Association*, Minneapolis, March 18-21 1998).

§3. Segurança Ambiental: As Dificuldades de uma Visão Alargada

O principal obstáculo ao contributo da segurança ambiental para a produção de uma visão alargada e integrada, capaz de contribuir para uma interpretação mais rica da evolução dos factores conducentes à paz ou ao conflito, reside na própria tendência de alguns cultores da nova disciplina para quererem obter resultados formalmente rigorosos, baseando-se na metodologia das ciências quantitativas, esquecendo algumas dificuldade qualitativas que têm mas a ver com os domínios da compreensão do que com os da explicação (Alcamo, 1999) (Joseph Alcamo e Marcel Endejan, "The Security Diagram: An Approach to Quantifying Global Environmental Security", *Contribution to NATO Advanced Research Workshop* (ARW), Budapest, 21-23 January 1999).

Os próprios trabalhos, considerados como de valor referencial na última década do século passado, nomeadamente do canadiano Homer-Dixon e do suíço Günther Bächler, não têm deixado de sofrer críticas (Homer-Dixon, 1991; Bächler, 1996) (Thomas Homer-Dixon, *International Security* 16 (2), 1991: 76-116; Günther Bächler *et al., et al. Kriegursache Umweltzerstörung: Ökologische Konflikte in der Dritten Welt und Wege ihrer friedlichen Bearbeitung*, Zürich, Rüegger, 1996).

O primeiro foi, por exemplo, criticado em virtude da alegada utilização de um universo de estudos de caso que estaria percorrido por um vício metodológico, impedindo qualquer verificação rigorosa do efectivo grau de participação causal dos factores ambientais no desencadear de conflitos (Gleditsch, 1999) (Nils Peter Gleditsch, "Resource and Environmental Conflict: The State of the Art", *Contribution to NATO Advanced Research Workshop* (ARW), Budapest, 21-23 January 1999).

Thomas Homer-Dixon tem sido alvo de outras críticas, nomeadamente, de sectores neo-marxistas que o acusam de uma óptica neo-malthusiana (Nancy Peluso e Michael Watts (eds.), *Violent Environments*, Ithaca-New York, Cornell University Press, 2001). Contudo, se seguirmos o percurso de investigação do professor canadiano, ao longo dos últimos anos veremos facilmente que a acusação de reducionismo contrasta frontalmente com um pensamento que atingiu um plano de autêntica filosofia da história, ao formular a sua teoria da "lacuna de engenho" (*the ingenuity gap*) (Thomas Homer-Dixon, *The Ingenuity Gap*, New York, Alfred A. Knopf, 2000).

Por outro lado, Gleditsch, não escapa à tendência redutora de que acusa Homer-Dixon. Na verdade, no texto citado, o investigador norueguês acaba por manifestar uma crença optimista dificilmente justificável. Ela concerne à afirmação de uma eventual relação causal entre o grau de desenvolvimento económico e a capacidade de combate efectivo aos problemas ambientais. Infelizmente, muitas das mais recentes investigações em matéria de ecologia económica estão longe de subscrever esse diagnóstico tranquilo. A melhoria de alguns indicadores ambientais seria sobretudo válida para algumas situações de poluição regionalmente críticas. Para o quadro global e agregado dos indicadores ambientais, contudo, essa equação entre aumento da riqueza e melhoria do estado do ambiente teria dificuldade em ser subscrita (Robert Costanza, *et al.*,"The Value of the World's Ecosystem Services and Natural Capital","The value of the world's ecosystem services and natural capital", *Nature*, vol. 387, 15 de Maio de 1997, pp. 253-269).

Por outro lado, Homer-Dixon proporia, ainda na década de 1990, uma concepção de 'escassez ambiental' (*environmental scarcity*) onde a abertura para a complexidade económica e social se viu consideravelmente refinada (Thomas Homer-Dixon., "Environmental Scarcities and Violent Conflict", *Theories of War and Peace*, edited by Michael E. Brown et al., Cambridge, MA-London, The MIT Press, 1998: 501-536).

A raiz das interpretações redutoras do que de essencial se joga nesta nova área de estudos prende-se, na perspectiva deste ensaio, essencialmente a uma subordinação das componentes ambientais à óptica da segurança, mesmo que o seu timbre militar clássico se encontre revestido por algum verniz de modernidade.

Pelo contrário, os ângulos de análise que permitem uma heurística mais diversificada e uma hermenêutica mais fina tanto dos acontecimentos como das tendências envolventes, são aqueles que consideram as questões da segurança ambiental como um sub-sistema de uma doutrina alargada do desenvolvimento sustentável. O mesmo é dizer, que os factores de insegurança ambiental seriam de procurar mais no plano dos sintomas disfuncionais de modelos de sociedade profundamente instáveis e ineficientes, tanto social como ambientalmente, do que no plano das causas aparentemente directas dessas anomalias.

Nesse sentido concorrem os esforços visando a determinação de uma grelha subtil e hierarquizada de indicadores de sustentabilidade, que permita antever quadros de insegurança em função da incapacidade de construir ou manter modelos sustentáveis, numa óptica capaz de integrar as dimensões sociais e políticas, ambientais e económicas envolvidas numa concepção suficientemente rica de sustentabilidade (Schultnik, 1999) (Gerhardus Schultnik, "Comparative Environmental Policy and Risk Assessment: Implications for Risk Communication and International Conflict Resolution", *Contribution to NATO Advanced Research Workshop* (ARW), Budapest, 21-23 January 1999).

Por seu turno, outros autores chamam a atenção para o facto de que tanto os patamares de (in) segurança como de (in) sustentabilidade se encontrarem dependentes do papel crucial desempenhado pelos horizontes culturais e éticos de percepção, elementos geralmente considerados 'subjectivos' e irrelevantes pelos apóstolos do 'realismo'. Dessa forma, quer numa óptica de herança cultural, quer no sentido prospectivo das apostas e projectos de futuro nenhuma análise das relações internacionais e da (in) segurança ambiental pode abdicar da necessidade de contar com a presença de 'valores' e posicionamentos éticos, muitas vezes na contracorrente que se pretende unívoca e objectiva dos 'interesses' (John N. Kinnas, "Ethics, Environment and International Security", *International Geneva Yearbook. Organization and Activities of International Institutions in Geneva*, Geneva, Georg Éditeur, 1997, pp. 42-48; Hugh C., Dyer, "Theoretical Aspects of Environmental Security" (draft paper), *Contribution to NATO Advanced Research Workshop* (ARW), Budapest, 21-23 January 1999).

§4. As Geografias expansivas da (In) segurança Ambiental

Apesar dos debates que atravessam as correntes de pesquisa e consultoria em torno da temática da (in) segurança ambiental, é possível traçar um perfil de algumas das linhas dominantes do estado da arte, que, por seu turno, nos permitem desenhar uma geografia da intranquilidade estratégica e ambiental. Essa geografia preditiva permitirá desenhar estratégias preventivas, ou pelo menos mitigadoras, nas quais se integram, entre medidas de teor mais económico e social, soluções jurídico-políticas, que passam frequentemente pelo recurso à negociação de novos regimes internacionais com uma fortíssima componente ambiental.

Uma das tendências mais comuns consiste em considerar que o problema crucial na raiz ambiental de alguns conflitos conjecturáveis para o futuro não reside tanto no problema da escassez ou do esgotamento físico, absoluto, de recursos naturais vitais, desde alimentos a matérias-primas, mas mais na ruptura das linhas e nos sistemas de abastecimento. O problema torna-se, assim, numa questão da (não) acessibilidade aos recursos, com toda a crispação social e política daí decorrentes (Nils Peter Gledtisch, "Geography, Democracy and Peace", *International Interaction* 20 (4), 1999, pp.297-323).

Este diagnóstico faz deslocar o caudal dominante das expectativas de conflito para países e regiões do mundo em vias de desenvolvimento onde essas rupturas no acesso aos abastecimentos assumem uma dimensão praticamente endémica.

Nesse sentido, foi elaborado um importante e pioneiro relatório produzido por uma equipa internacional financiada pela NATO e sob coordenação alemã e norte-americana. Nesse relatório datado de 15 de Janeiro de 1999, identificam-se quatro tipos fundamentais de conflitos ambientais: a) conflitos de base étnica e política; b) conflitos enraizados em fortes e súbitos movimentos migratórios; c) conflitos originados pela disputa de recursos hídricos internacionais; d) conflitos relacionados com a evolução das mudanças climáticas globais (Kurt Lietzmann e Gary D. Vest, *NATO/CCMS Pilot Study: Environment and Security in an International Context (Executive Summary Report)*, Compiled by Ecologic and Evidence Based Research, Vancouver, 15 January 1999: 18).

Esta classificação transforma as zonas do planeta de menor desenvolvimento económico e, simultaneamente, maior pressão demográfica, entre as candidatas mais prováveis a conflitos com uma forte etiologia em factores ambientais. Contudo, será importante não descurar as implicações políticas na Europa de Leste e na Eurásia resultantes da desagregação sem controlo aparente do antigo império soviético. Ainda há escassos anos, as relações entre a Hungria e a Eslováquia estiveram muito tensas em virtude da (não) construção de uma barragem comum no Danúbio (Miklos Sukosd, "The Slowak-Hungarian Conflict over the Gabcikovo-Nagymaros Dam System on the Danube (draft paper), *Contribution to NATO Advanced Research Workshop* (ARW), Budapest, 21-23 January 1999).

Por outro lado, países como a Roménia e a Bulgária estão continuamente submetidos ao risco de terem de optar entre a catástrofe ecológica ou a destruição da base energética de uma sociedade civilizada moderna, dada a ameaça de colapso das suas obsoletas e inseguras instalações nucleares (Bogadan Constantinescu e Roxana Bugoi, "Nuclear Power Plant Conflicts: Response Strategies Scenarios in Romania and Bulgaria", *Contribution to NATO Advanced Research Workshop* (ARW), Budapest, 21-23 January 1999). Mais ainda, o quadro comum a todos estes países é descrito por dois autores russos quando estabelecem o abissal contraste entre as primeiras medidas de política pública de ambiente, tomadas na década de 1990, e as profundas dificuldades sentidas na sua implementação, em virtude da ausência de condições estruturais para o florescimento de uma activa e participativa sociedade civil, na Rússia, o que continua a ser infelizmente válido para muitos outros países do antigo bloco soviético (Vladimir Kotov e Elena Nikitina, "Environmental Security in Russia: Crisis of Protective Instruments", *Contribution to NATO Advanced Research Workshop* (ARW), Budapest, 21-23 January 1999).

A questão da capacidade de resposta política aos fenómenos e sintomas de degradação ambiental é outro factor decisivo no traçar dos mapas da (in)segurança ambiental. Também aqui as escolas de pensamento se juntam, umas vezes em complemento, outras em colisão.

Para os defensores da 'teoria da paz democrática' (*democratic peace theory*) a existência de estrutura constitucionais democráticas, ou, pelo menos, a transição nesse sentido, surge como uma quase garantia de que os conflitos com raiz ambiental não escalarão até um patamar bélico, em virtude da forte improbabilidade de uso da violência entres Estado democráticos. Infelizmente, outros autores, recorrendo a múltiplos estudos de caso da história recente, alegam que a turbulência dos processos de transição para a democracia por parte de nações com uma história longa de regimes autoritários acaba, no curto prazo, por se sobrepor trágica e ruidosamente às vantagens estruturais da democracia, conduzindo muitos países para conflitos regionais e sangrentas guerras civis (Edward D. Mansfield e Jack Snyder, "Democratization and the Danger of War", *Theories of War and Peace*, edited by Michael E. Brown et al., Cambridge, MA-London, The MIT Press, 1998, pp. 221-254; Christopher Layne, "Kant or Cant", *Theories of War and Peace*, edited by Michael E. Brown et al., Cambridge, MA-London, The MIT Press, 1998, pp. 176-220).

§5. Contra as visões redutoras

Em muitos círculos de investigação e aconselhamento, próximos de instituições governamentais, a linha dominante de abordagem dos temas ambientais caracteriza-se pela securitização, ou mesmo militarização do tema. Com efeito, na nova visão do mundo da administração norte-americana – inaugurada pela resposta ao 11 de Setembro de 2001, e continuada, mesmo que com algumas mudanças, pela administração Obama – a luta militar contra o terrorismo tornou-se uma prioridade central. Os níveis de ajuda oficial ao desenvolvimento de Washington são os mais baixos de sempre da história desse país e estão na cauda da OCDE. O auge dessa ajuda foi atingido entre 1948 e 1951, com o Presidente Truman e o Plano Marshall. Nessa altura a ajuda à reconstrução das economias e sociedades devastadas pela II Guerra Mundial atingia quase 2% do Produto Interno Bruto (PIB) dos EUA. No tempo da administração G. W. Bush a ajuda dos EUA reduz-se a uns míseros 0,1% do PIB, sendo que a assistência aos países mais pobres é ainda muito mais irrisória, correspondendo apenas a 0,02% do PIB (Jeffrey D. Sachs, "The Strategic Significance of Global Inequality", *Environmental Change & Security Project Report*, Woodrow Wilson International Center, Issue no. 9, 2003, pp. 27-35).

A crise financeira e económica global não trouxe nada de bom para esta dimensão. Pelo contrário. Uma visão não securitária da segurança ambiental perdeu terreno e meios orçamentais, não só nos EUA, mas também numa União Europeia, devastada por lutas intestinas desde 2009, quando as políticas de austeridade transformaram o projecto europeu numa gigantesca balsa à deriva, onde países devedores e países credores trocam argumentos e ameaças (Viriato Soromenho-Marques, *Portugal na Queda da Europa*, Lisboa, Temas & Debates/ Círculo de Leitores, 2014).

As alternativas a estas visões redutoras da segurança ambiental, que oscilam entre a omissão e o alarmismo, passam por estratégias muito mais integradas, promovendo modalidades de "manutenção de paz ambiental" (*environmental peacekeeping*), ou mesmo de "imposição de paz ambiental" (*environmental peace-making*). (Erika Weinthal, "From Environmental Peacemaking to Environmental Peacekeeping", *Environmental Change and Security Project Report*, Woodrow Wilson International Center, Issue 10, 2004, pp. 19-23.; Ken Conca et. al., "Building Peace Through Environmental Cooperation", *State of the World 2005. Redefining Global Security*, New York/London, W.W. Norton & Company, 2005, pp. 144-155). Essas oportunidades de cooperação compulsiva, em torno de temas ambientais, tornam-se particularmente relevantes quando falamos em política da água, contribuindo para um amplo e alargado conceito de segurança no seu todo. (Viriato Soromenho-Marques (coordenador), *O Desafio da Água no Século XXI. Entre o Conflito e a Cooperação*, Lisboa, IPRIS/Editorial Notícias, 2003; Michael Renner, "Security Redefined", *State of the World 2005. Redefining Global Security*, New York/London, W.W. Norton & Company, 2005, pp. 3-19).

§6. A (In)segurança Ambiental e o Futuro do Sistema Internacional

É necessário ter a precaução suficiente para não tombar numa das mais difíceis armadilhas que surgem no caminho de qualquer área epistémica nova: não confundir sintomas com causas. A verdade é que a degradação ambiental – mesmo que no futuro venham de facto a ocorrer guerras pela água ou por quaisquer outros recursos naturais vitais e escassos – não constitui uma causa num plano radical. Essa degradação é já um resultado, um efeito. Ora, tal como a melhor medicina é a preventiva, e não a que cura os doentes quando estes se encontram num estado lastimável, também os melhores regimes internacionais são os que atingem as zonas mais sensíveis e profundas, aquelas a que poderemos chamar, com propriedade, como causas primeiras da conflitualidade, e não meros epifenómenos. Não me parece, portanto, razoável a expectativa da criação de um 'regime global para a segurança ambiental' (*Global Environmental Security Regime*) (Maria Julia Trombetta, "'A Global Environmental Security Regime: The Changes in International Environmental Politics from Stockholm to Kyoto", *Contribution to NATO Advanced Research Workshop* (ARW), Budapest, 21-23 January 1999).

Contudo, isto não significa que se considerem inúteis ou fúteis os estudos sobre segurança ambiental. Pelo contrário, eles podem e devem ser levados a cabo como instrumentos auxiliares no esforço conducente a determinar com alguma antecedência focos de instabilidade e insegurança para lá das vias habituais, que são cegas e indiferentes às varáveis ambientais. Mais do que isso, as investigações em torno da (in) segurança ambiental podem e devem proporcionar informações suplementares que caminhem no sentido de facilitar a formação de regimes internacionais nas áreas chave. Podem fornecer argumentos suplementares para, por exemplo, acelerar a resolução diplomática de um conflito em torno de rios internacionais, ou catalisar a formação de outros tipos de regimes de base regional, como os relativos a mares ou a certos tipos de poluição atmosférica (Stacy D. VanDeveer e Geoffrey D. Dabelko, "Debating Regional Security Around the Baltic: The Environmental Dimension", *Contribution to NATO Advanced Research Workshop* (ARW), Budapest, 21-23 January 1999; John McCormick, The Whole or the Parts? Comparing Regional and National Responses to Accid Pollution in Europe", Paper (draft) presented at *the Annual Meeting of the International Studies Association*, Minneapolis, March 18-21, 1998).

As investigações sobre (in) segurança ambiental ajudam. Igualmente, a iluminar o caminho da tão necessária quanto adiada, reforma do sistema institucional das Nações Unidas. Mas também aí, é conveniente não confundir o essencial com o acessório, nem os fins com os meios.

A utilidade de uma eventual e sempre adiada futura Organização Global para o Ambiente (*Global Environment Organisation*), ou de um Conselho para a Segurança Ambiental (*Environment Security Council*) pertence à classe dos instrumentos e não dos fins (Sebastian Oberthür "Preventing Environmentally Induced Conflicts through International Environmental Policy", *Contribution to NATO Advanced Research Workshop* (ARW), Budapest, 21-23 January 1999; Marvin S. Soroos, "Global Institutions and the Environment: An Evolutionary Perspective", Paper (draft) presented at *the Annual Meeting of the International Studies Association*, Minneapolis, March 18-21 1998).

O que está absolutamente fora de questão é o agravamento da situação ambiental do Planeta desde o início do século XXI. A intensificação das alterações climáticas, que encontra na China e noutros países emergentes o seu novo motor de crescimento, foi amplamente confirmada por toda a pesquisa científica, em particular o mais recente relatório do IPCC (Painel Intergovernamental das Alterações Climáticas) (Ver a entrada sobe Alterações Climáticas nesta obra). Por outro lado, neste século já conhecemos duas crises de carestia alimentar (2008 e 2011), com implicações de segurança interna e internacional que não só são evidentes, como poderão ser agravadas em próximas crises. A situação hídrica global, dilacerada por múltiplas assimetrias, constitui também uma das fontes de estabilidade regional e internacional. As alterações climáticas, a segurança alimentar, a água, constituem os três vértices de um triângulo de insegurança ambiental, a que se juntam outras facetas (energia, biodiversidade, riscos tecnológicos emergentes, entre outras ameaças) (Veja.se: European Commission (DG Research, 2009), url: http://ec.europa.eu/research/social-sciences/pdf/the-world-in2025-report_en.pdf; CIA, *Global Trends 2025: A Transformed World* (2008), url: http://www.acus.org/files/publication_pdfs/3/Global-Trends-2025.pdf).

Pela primeira vez na história da humanidade, a espécie humana encontra-se confrontada com uma crise ontológica da sua habitação terrestre, provocada não pela Natureza, mas por causas antrópicas. O tempo para encontrar respostas solidárias, contrariando a tendência atávica para o egoísmo estratégico dos Estados, está cada vez mais próximo de atingir o seu limite útil. Ou aprendemos a habitar a Terra em conjunto, organizando um sistema internacional capaz de organizar um mínimo de justiça sustentável global, ou pereceremos juntos numa desordem e num sofrimento que não terá paralelo com nenhum evento ocorrido na longa e trágica história da aventura humana.

SEGURANÇA COLETIVA

José Pina Delgado

1. Como qualquer conceito ligado às relações internacionais, o de segurança coletiva não é de fácil determinação, haja em vista o seu caráter polissémico e

SEGURANÇA COLETIVA

relativamente fluído. É possível, não obstante, apresentá-la como um arranjo político e/ou jurídico ao abrigo do qual a paz e a segurança estadual e humana, num determinado espaço geográfico, são garantidos por todos ou alguns dos Estados que dele fazem parte, através da adoção de medidas de prevenção, monitorização, auxílio e repressão de condutas que as afectam. Ao longo da História vários foram os sistemas que contaram com esquemas de segurança coletiva com graus de eficácia diversos. Foram os casos das cidades-Estado da Antiga Grécia, das cidades-Estado do Centro da Itália, das quais a mais famosa foi Roma, a *Republica Christiana* medieval, o Concerto Europeu novecentista e o estabelecido pela Sociedade das Nações (SdN). No entanto, nenhum deles foi mais completo, e relativamente eficaz, do que o estabelecido, depois da II Guerra Mundial, sob os auspícios da ONU. Assenta em três níveis diferentes, o universal de base, o regional e o bilateral, idealmente complementares, mas, por vezes, sobrepostos.

2. O sistema universal estrutura-se em dois princípios associados, o da proibição do uso e da ameaça do uso da força (art. 2 (4) da Carta da ONU (CNU)) e o da segurança coletiva (art. 1 (1); Cap. VII, CNU). Por um lado, veda-se o uso da força unilateral pelos Estados nas suas relações internacionais, por outro, a organização estabelece um mecanismo público para garantir respostas no caso de haver qualquer ação que perturbe a paz ou a segurança internacionais, ficando, neste caso, a legítima defesa apenas como um meio subsidiário de auto-tutela, ao qual se pode recorrer enquanto o mecanismo coletivo não garantir respostas efetivas a uma agressão ilícita (art. 51, CNU). O cumprimento dessas atribuições estaria dependente de acordos, que nunca se materializaram, entre os Estados-Membros e o Conselho de Segurança para fornecimento de contingentes militares (art. 43 e ss, CNU).

3. Este mecanismo nunca chegou a funcionar na sua plenitude, apesar de ter conseguido concretizar o seu principal objetivo, evitar uma nova guerra mundial. Fê-lo, porém, permitindo a eclosão de vários conflitos de menor intensidade. A explicá-lo estão problemas políticos e jurídicos, com consequências a estes níveis. O problema político de base radica na posição privilegiada que o mecanismo reserva aos membros permanentes do CS, o órgão com poderes decisórios em matéria de paz e segurança, uma decorrência da necessidade sentida de se evitar os erros da SdN. Tentou-se ajustar a legitimidade ao reconhecimento de um estatuto privilegiado às potências militares do pós-Guerra, consubstanciando-se no reconhecimento de um poder de bloqueio sobre qualquer decisão do CS. Este veto (art. 27 (3), CNU) acabou por congelar a sua ação, já que, raras vezes, teve condições para usar os poderes previstos pelo Cap. VII durante a Guerra Fria, sendo exceções para confirmar a regra, os casos da Coréia (1950), Rodésia do Sul (1966) e África do Sul (1977). Este quadro vai alterar-se depois do fim da Guerra

Fria, período no qual o CS foi ressuscitado e acabou por conseguir algum protagonismo, embora nem sempre com grande eficácia, em casos de resposta a atos de agressão (Iraque/Kuwait), restabelecimento da democracia (Haiti), ações humanitárias (Somália, Bósnia, Líbia), promoção da justiça internacional penal (Jugoslávia; Ruanda), administração territorial e *state building*, combate ao terrorismo e à proliferação de armas de destruição em massa, etc. Não obstante, os sinais dos últimos anos mostram o ressurgimento de uma política de bloqueio e de grandes jogos estratégicos que colocam em oposição os países ocidentais, de um lado, e Rússia e China, do outro.

4. Há, ademais, uma relação direta entre a incerteza da ação coletiva e o aumento de soluções unilaterais, muitas das quais foram promovidas por organizações regionais ou sub-regionais. Estas, de acordo com o modelo que decorre do Capítulo VIII da CNU, foram concebidas como auxiliares da ONU no esforço coletivo de manutenção da paz e da segurança, pressupondo-se que somente estão habilitadas a usar a força caso houver uma autorização do CS (art. 53 (1), CNU). A colaboração não foi muito frequente, havendo, no entanto, tendência de uma maior articulação universal/regional, especialmente em África, em casos em que exista identidade de motivações. Porém, essas relações têm sido tensas, particularmente nas situações em que se considera que há bloqueio ou falta de vontade de agir do CS. Assim, por vezes, muitos dos sistemas regionais existentes, face à inoperância ou a imprevisibilidade do sistema universal, têm reivindicado uma capacidade de agir autonomamente, mesmo em ações coercitivas. Nos anos sessenta do Século XX foi a OEA a fazê-lo, num quadro de ressonância dos interesses dos EUA na luta contra qualquer subversão ideológica (Rep. Dominicana; Granada). Mais recentemente tem sido o continente africano a assumir a confrontação, particularmente como reação à omissão do CS em relação ao genocídio do Ruanda e da convicção de que há um desinteresse da comunidade internacional em lidar com questões envolvendo a sua segurança, por mais graves que sejam. Assim, paradigmaticamente, tanto a organização sub-regional oeste africana (a CEDEAO), que, aliás, já tinha intervido na Libéria e em Serra Leoa sem mandato do CS, como a nova organização regional criada, a UA, adotaram fórmulas para permitir, nalguns casos, o funcionamento completamente independente do seu sistema de segurança regional. Note-se que também no espaço euro-atlântico aconteceram desenvolvimentos importantes resultantes da articulação do papel e da missão de três organizações envolvidas com questões de segurança – a OTAN, a OSCE e a UE –, bem assim como no Médio Oriente (Liga Árabe e a Organização da Conferência Islâmica), na Ásia (Organização para a Cooperação de Shangai e ASEAN), e noutras sub-regiões africanas (IGAD, Organização Económica dos Estados da África Central, SADEC), e americanas (Organização dos Estados das Caraíbas Orientais).

5. Completam o sistema os esquemas mais locais/bilaterais, assentes sobretudo em pactos de não-agressão, de uma parte, e de assistência recíproca, de outra. Acabam por ser a decorrência natural das limitações existentes num sistema de segurança coletiva em que, no fundo, a segurança de Estados e pessoas dependem: a) da *capacidade* militar de alguns dos seus membros, a maior parte dos quais, com a exceção dos Estados Unidos o único que tem condições de projeção global e de alguns poucos que podem agir num quadro mais regional ou de curto alcance, não conseguem colaborar em atividades desta natureza; b) da sua *vontade*, sempre marcada pela defesa de interesses próprios e de grande relutância em comprometer-se em espaços desprovidos de interesse estratégico ou económico, fatores aos quais se pode acrescentar a pressão interna negativa, especialmente forte depois da Guerra do Iraque de 2003.

6. Portugal insere-se em esquemas de segurança coletiva universal (as Nações Unidas) e regional (OTAN; UE), com mandato constitucional assegurado pelo artigo 7 (2) ("o estabelecimento de um sistema de segurança coletiva") e 7 (6) ("um espaço de liberdade, segurança e justiça e a definição e execução de uma política externa, de *segurança e de defesa* comuns") da Lei Básica da República, garantindo às Forças Armadas condições jurídicas de com elas colaborar (art. 275 (5): "Incumbe às Forças Armadas, nos termos da lei, satisfazer os compromissos internacionais do Estado Português no âmbito militar e participar em missões humanitárias e de paz assumidas pelas organizações internacionais de que Portugal faça parte").

Bibliografia

Baptista, E. C., *O poder público bélico em Direito Internacional: o uso da força pelas Nações Unidas em especial*, Coimbra, Almedina, 2003.

Gouveia, J. B., *Direito Internacional da Segurança*, Coimbra, Almedina, 2013.

Gray, C., *International Law and the Use of Force*, 3. ed., Oxford, Oxford University Press, 2008.

Kelsen, H., *Collective Security under International Law*, Washington, D.C., US Government Printing Office, 1957.

Orakhelashvili, A., *Collective Security* , Oxford, Oxford University Press, 2011.

White, N., *Advanced Introduction to International Conflict and Security Law*, Cheltenham, Edward Elgar, 2014.

SEGURANÇA COMUNITÁRIA E POLICIAMENTO DE PROXIMIDADE

PEDRO MOLEIRINHO

Começamos por afirmar que, segundo os paradigmas da segurança comunitária e do policiamento de proximidade, o cidadão passa a ser o centro de gravidade da atividade policial e que a instituição policial, apesar de ser "o parceiro" por excelência da execução das políticas públicas de segurança, atua em conjugação de esforços com os outros parceiros da sociedade civil e das instituições locais – públicas ou privadas, mais formais ou informais, tais como as autarquias locais, a saúde, a educação, os órgãos de comunicação social e os movimentos cívicos.

Esta estratégia da instituição policial, assente na descentralização pela presença personalizada e autónoma, pretende formar uma estrutura em rede de vasos comunicantes e convergentes, assentes em relações de confiança profunda e na legitimidade, com vista à prevenção e resolução de problemas emergentes relacionados com as incivilidades e com a criminalidade, associadas à diminuição do sentimento de insegurança – num verdadeiro processo de controlo social e de coprodução de segurança.

1. Uma passagem pelos Sistemas e Modelos Policiais

Para melhor enquadrarmos esta problemática da segurança cumpre, *ab initio*, explorar os sistemas e modelos policiais que a alicerçam. Isto é, quais as relações e as configurações que determinados Estados adotam relativamente à sua organização policial.

Não existem, pois, modelos puros e perfeitos, estes são fruto de derivas que cada Estado *per si* foi adotando e desenvolvendo, considerando a respetiva evolução histórica, sociopolítica e económica. Condicionando, assim, os seus próprios modelos, com identidade própria, mas também com pontos comuns a modelos de outros Estados. Tal como sucedeu com as restantes estruturas públicas, as organizações policiais também foram evoluindo e adotando novas formas de organização, de táticas e técnicas e também de metodologias e de processos de gestão. Não obstante ser possível construir uma delimitação formal de alguns modelos policiais, de entre outras existentes no contexto policial, como procuraremos fazer de seguida.

Monet faz uma distinção entre modelos monistas, dualistas ou pluralistas, estatizados ou municipais, centralizados e descentralizados. Uns mais ligados ao Estado, outros mais autónomos; mais unificados ou fragmentados; mais generalistas ou especializados.

Tupman e Tupman, numa abordagem histórica europeia, adotam uma outra arrumação, assumindo três modelos de polícia: o napoleónico; o nacionalista e o descentralizado. Sendo que o modelo napoleónico se carateriza pela centralização e dualidade, em que o comando emana diretamente do poder central e existe uma força de natureza militar e outra de natureza civil. Trata-se de um modelo mais enraizado nos países do sul da Europa. Já o modelo nacional, mais implementado nalguns países do norte da Europa, assenta numa única polícia de competência nacional. Por fim, o modelo descentralizado, característico do sistema anglo-saxónico, caracteriza-se pela autonomia que as várias forças policiais espalhadas pelo país detêm.

Ao tipo de modelo policial adotado estão associados os estilos do exercício da função policial – os modelos de policiamento. Não sendo dogmático, tradicionalmente os modelos napoleónico e nacional assentam num estilo mais reativo ao serviço do poder central, relegando para segundo plano as questões de índole social; já no modelo descentralizado, privilegia-se mais a proatividade e o serviço centrado na comunidade e no cidadão.

Na atualidade, procura-se, pretensamente, adotar este último modelo, de maior proximidade à comunidade, associando-o ainda a uma melhor racionalização dos recursos humanos. A emergência deste modelo resulta, em parte, da crise sentida, a partir de finais dos anos setenta e princípios dos anos oitenta, relativamente ao modelo profissional de polícia dos Estados Unidos – caraterizado pela neutralidade política, pelo controlo centralizado, pela responsabilização rigorosa e pela eficiência e eficácia operacional. Este modelo começou a ser questionado por dar excessivo ênfase à urgência da resposta, em paridade com a reatividade legalista, suportada e proporcionada pelo fator tecnológico,- em concreto, pela utilização do rádio transmissor e das viaturas motorizadas. O enfoque nos recortes criminais e a utilização, quase exclusiva, destes recursos provocaram um correlativo afastamento e isolamento da organização policial em relação aos cidadãos, associando-se também estes fatores à necessidade de um reforço da segurança gerada pelo aumento do sentimento de insegurança.

De outra parte, tem-se vindo a defender que à função policial tradicional, de caraterísticas mais reativas e coercivas, se possa também associar outras funções de cariz mais social, de aproximação ao cidadão e de caráter mais proactivo. O modelo de segurança comunitária e de policiamento de proximidade rejeita assim os modelos anteriores de polícia, seja o militarista – de manutenção da ordem, o legalista ou o profissional.

Numa perspectiva de modelos a implementar, importa ter sempre presente que em cada país existem modelos que terão uma maior aceitação e facilidade de implementação do que outros, tudo dependendo das raízes históricas e conceções sociopolíticas vigentes.

Alertamos, desde já, para o paradoxo de que, se por um lado as populações exigem maior proximidade e cortesia, na mesma medida não toleram a falta de oportunidade de ações mais musculadas, simultâneas, relativamente a impulsos de incivilidade e criminalidade.

2. Uma necessária alteração de paradigma – a aproximação ao cidadão

Diversos estudos revelam que hoje os métodos tradicionais de combate às incivilidades e à criminalidade, nomeadamente aqueles que recorrem ao reforço da estrutura policial e ao aumento das penas, não têm tido o sucesso que seria expectável.

Actualmente tem-se consciência que a opção por políticas meramente securitárias e repressivas não pode fazer face, em exclusivo, a problemas de natureza social. Problemas de exclusão, de pobreza, de falta de integração e de falta de equipamentos de apoio comunitário exigem respostas diferenciadas, de índole mais preventiva e que privilegiem o conhecimento antecipado de contextos sociais particulares e de sinergias comunitárias.

O objetivo não é substituir a repressão pela prevenção, mas sim utilizar de forma combinada e concertada, na medida do ajustado, uma ou outra política – conciliando a autoridade com o consentimento. É pela prevenção que se podem atacar os problemas na sua génese, evitando-se mesmo a sua futura eclosão. Desta forma os recursos ao dispor das forças de segurança podem ser mais eficazmente balanceados para áreas que estão mais diretamente relacionadas com o bem-estar das populações, reforçando com maior profundidade o sentimento de segurança da comunidade.

Estes conceitos de segurança comunitária e de policiamento de proximidade têm na sua génese o envolvimento da comunidade na gestão partilhada das questões relacionadas com a segurança.

É, pois, retirado à organização policial o ónus de ser a única responsável pela gestão das questões da segurança. A polícia, em conjugação de esforços com a comunidade, torna, assim, o cidadão o seu centro de gravidade, em detrimento de se dedicar, em exclusivo, às ocorrências policiais.

Pretende-se alterar a imagem autocrática e repressiva do "agente de autoridade" para uma imagem mais associada à harmonia social, à paz pública e à segurança comunitária.

3. A segurança comunitária e o policiamento de proximidade – perspectiva histórica

O modelo de polícia comunitária encontra as suas raízes na reforma da polícia operada em Inglaterra no século XIX por Sir Robert Pell, quando na qualidade de *Home Secretary*, define padrões éticos na eficácia policial, centrando então a atividade policial no cidadão, na proatividade e na ausência de ocorrências criminais e não no número de detenções. Perdurando a sua frase de que "a polícia é o público e o público é a polícia".

É, pois, no contexto da Revolução Industrial, dos grandes êxodos rurais para a periferia dos centros industriais, que as imensas massas humanas experimentam a exclusão, o que se traduziu em manifestações e revoltas constantes e também no consequente aumento dos índices de criminalidade. À época, a polícia era encarada pela generalidade das classes sociais como uma instituição repressiva que disciplinava as convulsões de contestação.

SEGURANÇA COMUNITÁRIA E POLICIAMENTO DE PROXIMIDADE

Para procurar alterar esta situação, em 1829 é criada uma "nova polícia" que procura privilegiar os aspetos mais relacionados com a prevenção, de maior proximidade aos cidadãos, de quem obtém a legitimidade necessária para afastar o clima de desconfiança em relação à sua atuação. Em simultâneo, privilegiava-se também o uso gradual dos meios, devendo começar-se pela persuasão, por forma a levar o cidadão a entender e a respeitar a ordem, aderindo este, então, voluntariamente às normas vigentes, relegando-se o uso coercivo da força para última ratio.

Esta polícia evoluiu depois para uma polícia de consenso, que conjuga, em sintonia, um poder reduzido e um grande consentimento da população na atuação policial, posto que, não sendo opressiva, a polícia consegue o apoio da população e com este pode prescindir de alguns poderes de ação porque a própria população se constitui como uma das suas armas.

Contudo, este modelo fracassou, não só por não ter conseguido superar a visão de opressor junto de certos meios, em particular do operariado, como também não conseguiu reduzir os níveis de criminalidade e a conflitualidade social.

Assim, entre os anos 20 do século XX e 1950 verifica-se um novo volte face, passando o crime a ser a principal missão da polícia, sendo relegadas para segundo plano as restantes questões sociais. Esta situação provocou o afastamento e o consequente desconhecimento da comunidade, voltando a função policial a ser meramente reativa. A proximidade para com a população só se verificava em situações de crise ou de alterações da ordem pública.

Ora, este afastamento da população teve implicações, como não podia deixar de ser, ao nível da recolha de informações sobre a comunidade, o que acarretou um ciclo de reforço da componente policial reativa devido à sua incapacidade de identificar e reagir às causas da delinquência e da criminalidade.

Posteriormente, desde finais da década de 60 e sobretudo durante a década de 70, começa a despontar de novo o sentimento de que a polícia não deve apenas intervir em questões de ordem pública, devendo antes prestar um serviço público ininterrupto à comunidade que serve, tanto mais porque grande parte das solicitações recebidas pela polícia nada tinha a ver com o restabelecimento da ordem pública. Na verdade, à época, a polícia afetava menos tempo à descoberta dos criminosos do que aos outros serviços marginais, o que fazia sobressair ainda mais, numa sociedade em constante evolução, a necessidade da polícia repensar as suas prioridades e a sua própria missão.

Surgiu assim a terceira grande reforma, com experiências piloto em diversas cidades do Reino Unido, introduzindo o conceito de polícia em equipa, posteriormente exportado para os Estados Unidos da América no final dos anos 60, e que consistia na atribuição a um conjunto de polícias a responsabilidade permanente de todos os serviços policiais numa determinada área geográfica estável. Estabelecendo-se relações de comunicação e de interacção efectiva com essa comunidade, institucionalizando reuniões oficiais entre a polícia e os membros da comunidade e promovendo inclusive reuniões para encaminhamento de alguns casos para organismos sociais adequados.

Este modelo foi adotando diversas *nuances* e, apesar da evolução, foram-lhe sempre apontadas como principais fragilidades a dificuldade de formação de equipas adequadamente preparadas e legitimadas e ainda a resistência de alguns quadros de nível intermédio relativamente à suposta perda de autoridade, caraterística deste modelo e ainda de um olhar depreciativo para com os elementos dedicados a esta tarefa por parte do restante efetivo policial. A alteração do *status quo* e a resistência à mudança encontra sempre melhor terreiro na instituição policial.

Mas, ainda assim, primeiramente nos Estados Unidos e posteriormente no Reino Unido, foram sendo adotados programas de vigilância, que vieram a culminar num renovado tipo de polícia – a polícia de cariz comunitário que procura o diálogo permanente com a comunidade, tal como anteriormente tinha preconizado Pell.

Acresce referir que os trabalhos desenvolvidos em Nova Iorque na década de 80 por James Wilson e George Kelling, relativamente à sua teoria dos "vidros partidos" vêm reforçar que os impulsos de incivilidade devem ser considerados como geradores de sentimentos de insegurança, em paridade com a futura eclosão da criminalidade. Esta teoria veio também a influenciar determinantemente nos Estados Unidos, mas também na Europa, a hodierna conceção das políticas públicas de segurança comunitária, apelando à identificação da génese social da problemática da segurança.

4. A segurança comunitária e o policiamento de proximidade – ancoragem concetual

Salientamos que o conceito de polícia de proximidade é de grande abrangência e de relativa complexidade, dependendo de diferentes enquadramentos sociais, organizacionais e culturais, não obtendo assim consenso generalizado. Desde logo, não existe uma uniformidade na sua designação, – os anglo-saxónicos utilizam o termo polícia comunitária, enquanto os francófonos ou continentais, o de polícia de proximidade.

Podemos considerar que no policiamento comunitário, a polícia de determinada região, com as suas caraterísticas específicas, se constitui como parceira da comunidade, de onde emerge. Já no policiamento de proximidade a polícia procura corresponder às expetativas da população, num esforço de aproximação organizacional gradual da mesma com vista a ganhar a sua confiança. Também aqui os modelos policiais, mais descentralizados ou centralizados, respetivamente, determinaram a forma de atingir objetivos semelhantes, tanto nos Estados Unidos e na Grã-Bretanha, como em França – os dois conceitos têm pontos de contato – mormente o da procura da proximidade ao cidadão, sendo que as diferenças, salvo melhor entendimento, não se estendem a questões de natureza conceptual.

Já a segurança comunitária, pode ser definida concetualmente como uma forma de prestar um serviço policial de aprimorada qualidade, uma nova governança que cumpra critérios de legitimidade e de sufrágio permanente; que corresponda às legítimas expetativas que a comunidade tem da instituição policial, devendo esta servi-la ininterruptamente, com relativa proximidade e sensibilidade, com vista à resolução e acompanhamento do caso concreto.

Este é o único modelo policial pós-moderno e, tal como temos vindo a aflorar, consiste num modelo apenas relativamente padronizado, que se pretende eficaz no controlo da criminalidade, segundo os pressupostos da prevenção e do envolvimento da população, partilhando responsabilidades no tocante à edificação da segurança coletiva. Este modelo contraria os modelos anteriores – modernos –, meramente reativos, que se limitam a reprimir quando a legalidade se mostra violada.

Cremos que uma das principais razões para que se tivesse evoluído de um modelo de polícia tradicional para um modelo de segurança comunitária e de policiamento de proximidade nos países ocidentais está diretamente relacionada com a crescente crise de eficácia e de legitimidade do modelo tradicional ou reativo, por este não conseguir dar uma cabal resposta ao crescente sentimento de insegurança.

De resto, as exigências de mudança clamadas pelo crescente sentimento de insegurança não têm em vista apenas a criminalidade propriamente dita, mas devem atalhar a espiral de delinquência, de que são contributo as desordens e incivilidades que se vêm alastrando principalmente no espaço urbano e que produzem alguma retração social, procurando-se a génese das suas causas.

A segurança comunitária e a polícia de proximidade está longe de se limitar a um mero plano tático, implicando a reforma de processos de tomada de decisão e a emergência de uma nova filosofia de atuação organizacional, em paridade com uma nova cultura no seio das forças policiais. Trata-se, sobretudo, duma estratégia organizacional que redefine os objetivos da atividade policial, assumindo como princípios a descentralização e a reorientação das patrulhas, impondo aos polícias, após a definição dos problemas locais e das suas prioridades, estar atentos às solicitações dos cidadãos. De outra parte, significa proporcionar às comunidades locais condições para que elas próprias possam, também, sustentadamente, resolver os problemas relacionados com as incivilidades e a delinquência menor.

Este modelo pressupõe uma estrutura descentralizada ao nível da instituição policial, atribuindo maior responsabilidade e liberdade de ação aos vários níveis hierárquicos da estrutura, pautando a sua atuação pela proatividade.

A instituição policial deve auscultar permanentemente o seu local de atuação, desenvolvendo projetos específicos de proximidade que consigam, pelo enfoque na proatividade, combater as incivilidades e a criminalidade, mas também o sentimento de insegurança objectivo ou subjetivo que lhe possa estar associado. O agente policial deve integrar o tecido social que serve, acompanhando as tendências com grande flexibilidade e interpretando, em permanência, as caraterísticas desse espaço, antecipando, assim, os seus problemas.

Devem ser estabelecidas relações de parceria consequentes e, através da mediação, aprofundados os laços de confiança entre a organização policial e a comunidade, devendo esta ser, inclusive, incentivada a colaborar e a mobilizar os seus recursos na prossecução dos vários programas policiais e projetos comuns aplicados à sua realidade.

Convém esclarecer que este modelo é ainda um processo em desenvolvimento, que não se apresenta como solução miraculosa e que, por si só, não consegue erradicar as causas socioeconómicas que estão ligadas ao crime, à quebra dos valores tradicionais, à rutura das famílias, a toda e qualquer discriminação e ao desemprego.

Apesar das virtualidades e de representar uma evolução, este modelo apresenta também alguns pontos fracos, resistências e limitações. Segundo alguns dos autores mais céticos, a segurança comunitária e o policiamento de proximidade é mais uma ilusão de um mundo paradisíaco que nunca tivemos ou iremos ter, não passando de um discurso de retórica e de uma ideologia de manipulação. Serve apenas para legitimar ações mais coercivas, sendo que estas sempre foram a verdadeira essência da atividade policial.

Com efeito, é incontestável que os próprios agentes têm uma representação mais reativa da sua actividade que não se compatibiliza na perfeição com uma conceção mais preventiva e de colaboração com a comunidade e tal é, por si só, bastante para desvirtuar ou corromper este modelo de atuação, constituindo-se como inevitável fator de bloqueio ou resistência à sua efectiva implementação. Na verdade, a polícia é uma instituição tradicionalmente paramilitar que se opõe naturalmente ao modelo descentralizado do tipo comunitário.

De outra parte e em consonância, também a população espera da polícia uma atuação mais reativa e repressiva contra as atitudes delinquentes e não uma mera colaboração ou parceria, havendo por parte dos responsáveis políticos, na opção pelo modelo policial a consagrar, que dar resposta a tais expectativas e anseios sociais.

Acresce ainda notar que neste tipo de atuação privilegiam-se os consensos, que podem ter acolhimento na comunidade, mas podem também não corresponder ao mais adequado no domínio do formal. Além de que o controlo social informal utilizado pelo modelo tem maior capacidade para identificar os problemas do que para os prevenir, o que faz sobressair a sua auto-insuficência.

Normalmente as populações mais colaborantes são aquelas onde se verificam menores índices de criminalidade.

Paralelamente, o aumento da complexidade dos problemas sociais e do fenómeno criminal exige uma consequente especialização do agente policial, pulverizando por vezes os parcos recursos humanos colocados ao dispor do gestor policial, contradizendo-se também a generalização requerida pelo modelo.

Deve ainda admitir-se que, existe também alguma dificuldade em gerir este modelo, pois a sua prioridade é manter a ordem em detrimento da aplicação da lei, o que pode conduzir a que o agente policial perca a noção de que é um representante da ordem e que tem e deve exercer um poder efectivo, não sendo um mero negociador ou pedagogo. Além da eventual perda de autoridade, no limite podem gerar-se proximidades deturpadas entre quem serve e quem é servido, propiciadoras de impulsos de corrupção.

Cumpre ainda referir a falta de enquadramento doutrinário e a dificuldade de interpretação e de implementação do modelo nalguns Estados.

Ainda que alguns resultados ao nível dos índices de criminalidade coloquem em questão a eficácia do modelo, é inequívoca a sua associação da sua implementação à diminuição dos níveis do sentimento de insegurança nas respetivas populações.

Mas, como dissemos, trata-se de um modelo em evolução, o que nos reconduz a outros modelos, segundo alguns autores apenas uma sua evolução ou deriva: o do policiamento orientado para os problemas e o policiamento orientado pelas informações.

5. Uma passagem pela realidade nacional

Em meados dos anos 90, começa a fazer parte do discurso político nacional a necessidade de modernização policial. Assim, o termo polícia de proximidade, além de utilização no discurso político, começa também a encontrar eco no seio da comunidade policial.

Tem-se vindo a implementar um policiamento de maior proximidade à sociedade e de maior visibilidade, procurando uma gradual aceitação da polícia nas comunidades locais, como resposta multidisciplinar às novas transformações socioeconómicas, com os consequentes problemas de segurança a elas associados.

Não obstante a questionável eficácia ao nível da prevenção e da cabal implementação deste modelo em Portugal, nomeadamente ao nível da definição e integração das políticas públicas de segurança comunitária, podemos identificar alguma obra feita, essencialmente prática, que se enquadra neste paradigma da segurança comunitária e do policiamento de proximidade.

Efectivamente têm sido criados pelo Ministério da Administração Interna e no seio das forças e serviços de segurança algumas estruturas específicas, delineadas estratégias e implementados programas especiais de segurança comunitária e de policiamento de proximidade orientados para grupos sociais específicos, mais vulneráveis a questões relacionadas com a segurança. O Estado central, as Autarquias Locais, a par de outras instituições públicas e organizações não-governamentais, têm procurado fomentar uma nova cultura de segurança mais centrada no cidadão.

Por fim cumpre relevar, que existem forças de segurança nacionais que possuem ancestralmente na sua génese do desempenho da função policial as caraterísticas e as dinâmicas, ainda que rudimentares, da segurança comunitária e do policiamento de proximidade, pelo conhecimento profundo que detêm da população que servem.

Bibliografia

Alves, A. C., *Em busca de uma sociologia da polícia*. Guarda Nacional Republicana, Lisboa, 2008.

Cusson, M., Dupont, B. e Lemieux, F., *Traité de Sécurité Intérieure*. Presses Polytechnique et Universitaires Romandes, Lausanne, 2007.

INHESJ, *Les dilemmes de la proximité*. Les cahiers de la sécurité intérieure, 39, 1er trimestre, Paris, 2000.

Moleirinho, P.M.S.E., *Da Polícia de Proximidade ao Policiamento Orientado pelas Informações*. Dissertação de Mestrado em Direito e Segurança. Faculdade de Direito da Universidade Nova de Lisboa, Lisboa, 2009.

Newburn, T., *Handbook of Policing*. Second Edition, Routledge, New York, 2006.

Oliveira, J. F. d., *As políticas de segurança e os modelos de policiamento – A emergência do policiamento de proximidade*. Almedina, Coimbra, 2006.

Tilley, N., *Handbook of Crime Prevention and Community Safety*. Willan Publishing, Devon, 2005.

Williamson, T., *The Handbook of Knowledge-Based Policing. Current Conceptions and Future Directions*. John Wiley & Sons Ltd, England, 2008.

SEGURANÇA COOPERATIVA

SOFIA SANTOS

A segurança cooperativa pode ser definida como ações de cooperação tendo em vista a redução da probabilidade de conflito e a promoção da paz e da estabilidade. Mais concretamente é *"um processo pelo qual os Estados com interesses comuns cooperam através de mecanismos acordados para reduzir as tensões e a desconfiança, resolver ou mitigar disputas, criar confiança* [em certas situações], *aumentar perpetivas de desenvolvimento económico e manter a estabilidade nas suas regiões"* (Michael Moodie, p. 5), podendo-se acrescentar a esta definição a preocupação em determinados casos pela manutenção da estabilidade a nível internacional.

Este conceito emergiu no período pós-Guerra Fria em virtude da intensificação da cooperação interestatal para a qual contribuíram as instituições multilaterais como fóruns de negociação, de elaboração de fundamentos normativos e de políticas de cooperação e, desde então, tem-se consolidado como uma das dimensões da "segurança internacional".

Contrariamente ao que sucede com a maioria dessas instituições, este conceito tem-se cimentado na terminologia da Organização do Tratado do Atlântico Norte e nos seus objetivos. Do mesmo modo, a Organização para a Segurança e Cooperação na Europa tem aplicado e desenvolvido esta noção em consonância com o Ato Final de Helsínquia de 1975 que formalizou a Conferência para a Segurança e Cooperação na Europa.

Apesar de se verificar uma variabilidade na extensão do conceito podem-se enunciar denominadores comuns tais como o controlo de armamento, não proliferação, o desarmamento e a cooperação com Estados relevantes com base num entendimento multidimensional de segurança.

Bibliografia

Richard Cohen, Michael Mihalka, *Cooperative Security: New Horizons for International Order*, The Marshall Center Papers, No. 3, George C. Marshall European Center for Security Studies, Garmisch-Patenkirchen, 2001.

Michael Mihalka, "Cooperative Security in the 21st Century", *The Quarterly Journal*, vol. 4, n.º 4, 2005, pp. 113-122.

Alexandre Reis Rodrigues, Alianças e Comunidades de Segurança. A Segurança Cooperativa. O caso da NATO, Jornal de Defesa e Relações Internacionais (JIDRI), 2013, disponível em <http://database.jornaldefesa.pt/organizacoes_internacionais/nato/JDRI%20018%20 100113%20alian%C3%A7as.pdf>.

Michael Moodie, "Cooperative Security: Implications for National Security and International Relations", Cooperative Monitoring Center Occasional Paper No. 14, Sandia National Laboratories, 2000, disponível em <http://www.sandia.gov/cooperative-monitoring-center/_assets/documents/sand98-050514.pdf>.

SEGURANÇA ECONÓMICA

Sofia Santos

1. Conceito

O processo de reconceptualização da "segurança" iniciado na década de noventa do século XX radica na insustentabilidade do entendimento tradicional, circunscrito às relações interestatais, e à delimitação clássica entre segurança externa e interna. A "segurança" passou a conglomerar uma multiplicidade de novos atores e a contemplar novas ameaças e novas vertentes entre as quais a "segurança económica".

A segurança em termos económicos tem adquirido uma relevância crescente por duas razões principais: em primeiro lugar, a valorização do indivíduo como sujeito de Direito Internacional com ênfase na proteção dos direitos humanos e, em particular no respeito pela dignidade humana no âmbito dos denominados *"direitos humanos de segunda geração"* e, em segundo lugar, a interdependência da economia global e os efeitos da globalização a nível individual, estatal, regional e internacional. Ainda que esta noção permaneça num limbo jurídico, político e económico, a esfera de referência constitui um fator determinante na dilucidação do seu significado.

I. A segurança económica e o indivíduo

1. Com enfoque no indivíduo, significa a liberdade da pobreza, a posse de recursos económicos suficientes para participar com dignidade em sociedade. Abarca a segurança de deter um emprego e uma remuneração resultante do seu trabalho, financiada no caso de desemprego por um sistema de segurança social público bem como o acesso à saúde, à educação e à habitação entre outras necessidades básicas.

2. A segurança económica constitui uma das dimensões da conceção de *"segurança humana"* que se encontra associada à emergência de um novo paradigma que se centra na pessoa humana, afetada de forma mais direta e não de forma mediata através do Estado. Esta conceção foi impulsionada pelo Programa das Nações Unidas para o Desenvolvimento (PNUD) no Relatório de Desenvolvimento Humano de 1994. Embora a segurança humana não possua natureza vinculativa encontra-se subjacente à atuação, nomeadamente de organizações internacionais e, consequentemente, concorre para a segurança económica.

II. A segurança económica e o Estado

Com enfoque no Estado, pode definir-se como a capacidade de manter ou melhorar a posição na economia global. Este termo pode ser associado à necessidade de alcançar prosperidade económica e um peso económico relevante internacionalmente, de reduzir a vulnerabilidade a crises internacionais e de deter recursos para garantir a sua subsistência, incluindo através de abastecimentos externos tais como energéticos (gás, petróleo e combustíveis nucleares).

A globalização da economia demonstrou a imprescindibilidade de uma maior integração económica. Assistiu-se, assim, a uma crescente coordenação das políticas estatais, criação de normas e de instituições regionais e internacionais. Por um lado, a cooperação contribui para a estabilização das relações interestatais e, subsequentemente, da segurança económica dos Estados envolvidos; por outro lado, porém, a emergência de acentuadas desigualdades económicas e situações de instabilidade económica global e, simultaneamente, de crise institucional – e outras ameaças como catástrofes naturais, comércio ilícito transnacional, conflitos interestatais ou intraestatais (aos quais poderá estar subjacente, entre outras motivações, a procura de segurança em termos económicos e interesses político-económicos antagónicos por parte dos intervenientes) ou a imposição de sanções económicas por parte da comunidade internacional – podem contribuir para a insegurança económica do Estado e dos indivíduos.

III. As preocupações securitárias materializaram-se na proposta de criação de um *Conselho de Segurança Económico Mundial* incluída em várias iniciativas no âmbito do debate sobre a reforma da Organização das Nações Unidas desde a década de oitenta do século passado. A proposta do PNUD argumenta no sentido de este órgão refletir o alcance mais amplo da noção de segurança e de constituir um fórum com a missão de analisar as ameaças à segurança humana, tais como a pobreza global e o desemprego, e de decidir as medidas necessárias, igualmente no âmbito de um desenvolvimento humano sustentado. Outras propostas, no entanto, centram a missão deste Conselho sobretudo na coordenação e regulação económica e financeira internacional tendo em vista a sustentabilidade da economia global.

Bibliografia

Vincent Cable, "What is international economic security?", *International Affairs*, vol. 71, n.º 2, 1995, pp. 305-324.

Commission on Human Security, "Human Security Now", New York, 2003, pp. 73 e ss, disponível em http://www.unocha.org/humansecurity/chs/finalreport/English/FinalReport.pdf.

United Nations Development Programme, *Human Development Report*, Oxford University Press, New York, 1994, pp. 25 e s. e pp. 83 e s. disponível em http://hdr.undp.org/sites/default/files/reports/255/hdr_1994_en_complete_nostats.pdf.

International Labour Organization Socio-Economic Programme, "*Economic Security for a Better World*", International Labour Office, Geneva, 2004, disponível em http://www.ilo.org/public/english/protection/ses/info/publ/economic_security.htm.

SEGURANÇA EXTERNA

ARMANDO MARQUES GUEDES

1. No mundo saído da Paz de Westphalia em 1648, o conceito tradicional de soberania repousava sobre os fundamentos geográficos de fronteiras, que por sua vez determinavam aquilo que é 'interno' e o distinguiam com nitidez do que é 'externo'. Nos novos enquadramentos fornecidos pelo que Robert Keohane e Joseph Nye famosamente apediram a "interdependência complexa" em que os

Estados se veem crescentemente envolvidos, essa dicotomia torna-se menos clara, e as contradistinções "clássicas" que a subtendiam mais probemáticas.

A noção de interdependência complexa advogada por Keohane e Nye centra-se na evidência de que os Estados e os seus destinos cada vez estão mais interligados – o que retira grande parte da fundamentação empírica de que os podemos convincentemente conceptualizar como entidades independentes uma das outras. Note-se que as implicações disso não são de todo despiciendas. Com efeito, uma análise, mesmo que superficial, das ligações de interdependência hoje verificadas entre um número mais e mais significativo de Estados mostram com nitidez o uso de canais múltiplos de atuação das sociedades contemporâneas em relacionamentos interestaduais, intergovernamentais e transnacionais. A disponibilização de segurança – 'interna' como 'externa' – que constituía uma das funções cruciais dos Estados, parece-nos hoje menos óbvia nos seus contornos. Em termos históricos comparativos, tal exprime-se e traduz-se por um relativo enredamento, multidimensional e "multinível" (*multilevel*), entre o que antes eram Estados largamente independentes uns dos outros e apenas articulados entre si de maneiras muitíssimo mais unívocas. A análise da natureza cambiante de desafios à segurança 'interna' e 'externa' e aos seus interelacionamentos, incluindo os efeitos de *spillover* entre esses dois planos da segurança; domínios como o da imigração ilegal, ou da autonomia económica são disso bons exemplos.

Vale decerto a pena determo-nos por uns momentos neste ponto. Tanto num patamar conceptual quanto em planos práticos, as consequências dessa "difusão em rede" de entidades que já não são o que eram, o que se revela com implicações de peso. Para o entrever com clareza basta, designadamente, tentar equacionar os planos, ou dimensões, e os tipos de articulação hoje em dia patentes em palcos marcados pela multiplicidade de actores e ligações efectivas em que se manifestam.

Repare-se: numa parcela crescente das conjunturas contemporâneas, a ideia de que a "segurança externa" de uma entidade (estatal ou outra; ou seja, a generalizada 'segurança internacional', seja ela regional ou global, sempre no sentido em que transborda o nosso quadro matricial de referência) é tão só uma fracção da "segurança nacional", aquela que diz respeito a arenas 'exteriores' aos Estados, e à relação destas com outras 'interiores'. O dualismo interior/exterior em larga medida esbateu-se, e hoje apenas tem conteúdo útil se encararmos a dicotomia em sentido figurativo, dada a proeminência que cada vez mais vão tendo actores não estatais de diversos tipos – muitos deles infra-estaduais, mas outros também supra-estaduais. Para disso dar boa conta, não chega tomar como ponto de partida que se trata da simples re-emergência de "povos", "culturas", ou "nações".

SEGURANÇA EXTERNA

Na verdade, o descentramento cada vez mais comum que observamos não está desligado das insuficiências cada vez mais patentes da visão 'clássica': "[t]*he established view of 'states-as-billiard balls'*", a qual está, nas palavras redigidas em 2005 por John Hobson, "*being transformed into a global co-web of transactions that cuts across the increasingly porous boundaries of nation-states*".

Com efeito, com a crescente "interdependência" que marca o relacionamento entre as partes do sistema internacional pós-bipolar – mesmo se considerarmos que o acentuar do processo de globalização está em retrocesso, numa eventual via de "desglobalização" acelerada – verdadeiros entrosamentos tornam-se comuns. Assim, em conjunturas como as contemporâneas, olhar a 'segurança externa' como uma mera projeção externa da matriz da 'segurança interna' em palcos internacionais ou globais redundaria numa ilusão de óptica – e uma ilusão que com facilidade adquire uma carga política pouco adequada a uma divisão de trabalho disciplinar e institucional que se tornou numa espécie de sabedoria convencional de peso. Um ponto a que, abaixo, irei regressar. Primeiro, porém, umas palavras sobre "segurança".

2. Como pode ser verificado na entrada deste volume relativa ao conceito de "segurança interna", para a qual se remete o leitor interessado, a noção de 'segurança' hoje em dia recobre uma enorme variedade de preocupações e temas interligados, visto terem um impacto no nosso bem-estar, porventura mesmo na nossa sobrevivência, e que não podemos por isso negligenciar. Um elenco de temas e preocupações que – se e quando encaradas de um ponto de vista 'externo' a quaisquer entidades que se queira considerar – inclui questões de advéem da complexidade da interdependência dos cada vez mais numerosos actores internacionais que tanto marca as conjunturas actuais – que envolvem Estados e os seus conflitos e guerras, mas também tensões e litígios mais atípicos como conflitos económicos, financeiros, e comerciais, o acesso a recursos energéticos ou hídricos, passando por degradação ambiental, eventuais mudanças climáticas de fundo, e actividades de actores não-estatais, o que abarca terrorismo, pirataria, crime organizado, imigração ilegal, tráfico de pessoas, tráfico de droga e armamentos, etc. Sobre todos estes tópicos versa o que se convencionou apelidar de "segurança externa" – uma expressão no essencial descritiva que em boa verdade coincide amplamente com segurança em espaços que apelidamos de "internacionais" desde o último quartel do século XVIII, altura em que a palavra foi composta por Jeremy Bentham.

Como seria seguramente de esperar, em larga medida em consequência apareceram e tornaram-se correntes conceitos alargados como o de "segurança humana" – uma noção que ganhou importância nos quadros pós-bipolares, mas que seguramente é numerosas vezes excessivamente lassa, por assim dizer, visto ter mais potencial descritivo do que propriamente utilidade analítica. Seja com

SEGURANÇA EXTERNA

for, o movimento de abertura conceptual é decerto sem dificuldades compreensível. Em larga medida, tratou-se de um esforço de operacionalização. No fundo tratou-se de um desdobramento – o conceito de "segurança", por outras palavras, como que se multi-dimensionalizou, acompanhando as mudanças "no chão". Em resultado, 'segurança' tornou-se num conceito de banda larga, por assim dizer.

Suspendendo, por parcelares, eventuais outras abordagens e pontos focais de aplicação, como o são por exemplo abordagens jurídicas, vale decerto a pena reconfigurar as questões de uma perspectiva explicitamente centrada no que entendemos como "segurança". Sem querer entrar numa discussão teórica de pormenor descabida na economia do presente texto, mas abordando o que consideramos imprescindível para uma melhor compreensão do duplo movimento de internalização--externalização daquilo que apelidamos de 'segurança', é indispensável verificar que 'a segurança' – seja como for que a prefiramos circunscrever – para ser efetiva e eficaz exige uma imbricação sofisticada e intrincada de recursos humanos, institucionais, organizacionais, e em quantos casos de muitos outros ainda.

De facto, se nos colocarmos num qualquer enquadramento científico--disciplinar específico, depressa apuramos haver hoje um amplo consenso de que a 'segurança' e a sua governação não podem ser capazmente pensadas se as virmos como desligadas uma da outra. Constatamos também que, dados os enredamentos recíproco de muitos dos Estados contemporâneos, os analistas estão cada vez mais predispostos a reconhecer uma multiplicidade de fontes para o domínio cada vez mais heterogéneo e multidimensional que se vai desvendando. Como pensar hoje, então, a segurança (externa e/ou interna), tendo isto em linha de conta? A segurança como que se transmutou de um 'objecto' numa propriedade – de uma entidade substantiva passou a uma condição adjetiva.

Talvez mais crucial ainda, os mecanismos tidos como centrais para a sua 'governação' viram-se ampliados – e isso tem tido reflexos disciplinares no plano da investigação. Para além dos domínios tradicionais do Direito, da Criminologia, dos Estudos Policiais e Militares, dos da Ciência Política, das Ciências Militares, ou dos da Sociologia, Antropologia e Psicologia, a segurança e a governação que a orquestra e sintoniza tem vindo a tornar-se em objeto das Relações Internacionais e da Economia Política Internacional, para nos atermos aos exemplos mais óbvios – e, em todos os casos exibiu, nos seus primórdios, uma tónica estatocêntrica muitíssimo marcada. Raros são hoje em dia os casos em que essa orientação 'paradigmática' se mantém incólume.

Cartografar as coordenadas gerais deste processo, não entrando em pormenores mas sem de maneira nenhuma tentar escamotear a sua complexidade, constitui aqui a finalidade central. O esforço é tudo menos simples. O mais sucinto levantamento dos desenvolvimentos recentes no próprio conceito de 'segurança' põe-no claramente em evidência. Para o entrevermos, basta uma rápida indicação daquele que são algumas das mais importantes condicionantes teóricas e meto-dológicas que têm vindo a ser gizadas quanto à alçada de termos como "segurança externa" e quanto à sua interpretação.

Em primeiro lugar, verificaram-se alterações de âmbito, de alargamento por sectores; em segundo lugar, deu-se um aprofundamento, com uma subdivisão em níveis. Porventura refletindo alterações empíricas na conjuntura e lugares estruturais diferentes dos sujeitos dos enfoques conceptuais, desde há muito que se tornou consensual cá, como lá fora, a convicção de que a segurança já não é matéria exclusiva da atenção dos Estados. Efectivamente, decerto em sintonia com o fim da Segunda Guerra Mundial um novo domínio de estudos intitulado *"international security"* emergiu, tendo sido depressa absorvido pela área disci-plinar maior de *International Relations*, da qual depressa se veio a tornar na sua *piéce de résistence*; embora, na realidade, o conteúdo do termo 'segurança externa' se tenha como que expandido, com a passagem dos anos – e sobretudo desde o fim da ordem internacional bipolar.

O mais leve dos escrutínios da bibliografia relativa a questões de segurança externa, regional, internacional, ou global, e de inúmeras das atuações recentes mostram-no muito graficamente: 'securitizar' descentrou-se como que por esti-ramento. Aquilo a que o termo "segurança" alude mudou. Por um lado, perdeu a sua dimensão quase exclusivamente pública, nacional, e policial e/ou militar. No sistema internacional em que hoje em dia vivemos, o conceito de 'segurança' abarca agora a atuação e o empenhamento de instituições públicas mas e também de privadas, da sociedade local e da sociedade civil num sentido mais amplo – bem como de instituições e organizações internacionais, sejam elas as de Estados vizi-nhos, as de entidades intergovernamentais ou as de outras, supranacionais. Não esquecendo as nacionais, evidentemente.

3. Esmiuçar a nova conjuntura securitária implica por isso, com clareza, a necessidade de prestarmos a devida atenção a estes novos âmbitos de aplicação do conceito: já que, como não podia deixar de ser, este lançar de rede num arco mais amplo exprime-se como uma redefinição de "objetos". Os que vão aparecendo, em domínios como os das novas tecnologias de comunicação, nas novas arenas das múltiplas formas de interdependência económica, energética, ou financeira, ou nos formatos "híbridos" das novas-velhas receitas que dia a dia emergem no que com algum *wishful thinking* mesclado com uma boa dose de romantismo bucó-lico que aspira a vestes comunitaristas, continuamos em todo o caso a apelidar de parcelar da nossa "aldeia global".

A marca destes novos enunciados é messiânica. Tal parece-me indiscutível. De facto, numerosos desenvolvimentos têm vindo a ocorrer nos mais diversos enquadramentos disciplinares, alguns deles até há poucos anos entrevistos como largamente desligados de questões securitárias – designadamente no que diz respeito a domínios ligados à investigação sobre a Economia e o Desenvolvimento, passando por imagens mais idealizadas do que se poderá aglutinar como *benchmarks* de uma "Boa Governação". Nas investigações recentes, todas estas são áreas – incluindo as muitas jurídicas que se têm vindo a desenvolver ou foram criadas *ex-novo* – nas quais os pesquisadores têm assumido, como suas, noções como a de pobreza, ou o desenvolvimento socioeconómico, e a construção-manutenção de paz, considerando que estes são fenómenos inextricavelmente interligados. Nas nossas paisagens conceptuais e nos nossos novos e correlativos horizontes de problematização, as alterações a que aqui aludimos não têm tido só lugar na ordem "interna".

Por intermediação de uma curiosa analogia, também tem sido assim nas arenas internacionais, nas quais discursos sobre os Direitos Humanos, sobre o Direito de Ingerência, ou até sobre a Responsabilidade de Proteger, ou sobre a emergência manifesta de um *jus post bellum*, têm ganho foros de cidade. Por outras palavras, e quantas vezes *à contre-sens*, uma narrativa hegemónica coesa baseada numa analogia implícita (por vezes tácita, por vezes porventura nem sequer consciente) entre segurança interna e segurança externa, tratando a segunda como uma variante maior da primeira, também manifestamente tem vindo a ganhar terreno no que toca ao relacionamento apenas entre Estados – embora permaneça sempre a suspeita subliminar de que parece haver mais e menos do que isso.

Escusado será dizer que tais construções aumentam, em vez de diminuir, os riscos com que nos vemos na contingência de conviver. Para reiterar o que antes fizemos questão de sublinhar, é interessante tomar em boa conta, reiterando-o, que estes denominadores comuns não ocorrem de maneira aleatória – exprimem, antes, alterações muito concretas que têm vindo a ocorrer no Mundo e perspectivações sobre elas oriundas de lugares estruturais diferentes ocupados pelos que as enunciam. Embora de ângulos diversos e de qualidade variável, estas novas abordagens convergem com a propensão 'epistémica' das anteriores, insistindo na multiplicidade de planos sociais em que se afirma a "estaticidade", e nas diversas "frentes" nas quais os processos de "globalização" – e o seu hipotético retrocesso, que aqui apelidei de "desglobalização" – sejam eles permanentes ou temporários, afectam as dinâmicas estaduais, a segurança, e as práticas de governação. Não excluem, ainda, os casos, infelizmente comuns, em que os Estados não são produtores de segurança (interna ou externa), mas antes se constituem como ameaças a ela. Note-se, mais uma vez, que na larga maioria dos casos em apreço, a pluralidade e heterogeneidade empírica emergente em largos sectores do Mundo contemporâneo derrogam na presumida 'unidade' dos Estados, do seu funcionamento, e das práticas de governação que lhes são imputadas – pondo também no palco modelos complexos e multidimensionais de uma governação cada vez mais encarada como policêntrica, e/ou "multinível".

4. Bom ou mau, e decerto com todos os perigos a tal inerentes, tudo isto pode ser encarado como a emergência e cristalização do que John Rawls caracterizou como um *"overlapping consensus"* quanto à natureza universal da justiça e ao núcleo duro de valores humanos: uma forma de comunicação sobre a liberdade e dignidade humanas a fazer-se ouvir alto e bom som num Mundo marcado por dolorosas fragmentações, iniquidades, e uma insegurança crescente. Mas fazê-lo não parece prudente. Com efeito, e na maioria dos casos sem assumir os riscos incorridos ao enveredar por este caminho, dois aspectos comuns e interligados desta nova "grande narrativa emergente" têm-se manifestado por apelos a um comprometimento crescente com formas de *"change from below"*, e uma maior sensibilidade a contextos culturais, sociais e políticos diferentes, designadamente os "não-Ocidentais", ou aqueles ligados a agrupamentos "minoritários", ou "subalternos".

Uma dose de realismo é aqui de novo reveladora: as discussões esgrimidas têm-se revelado pouco convincentes, embora à superfície o possam parecer. Como é bem sabido, nas últimas décadas, tanto no "Sul" como no "Norte" políticos, têm sido levadas a cabo experiências de participação democrática direta e *grass-roots* nos mais diversos sectores da vida social – de áreas como a definição de orçamentos locais, ao micro-crédito, à educação, à regulação do acesso aos recursos naturais e à da sustentabilidade do meio-ambiente, ao policiamento e à segurança em geral. Nos mais diversos domínios, uma reconceptualização que redunda na ideia da "democracia como uma forma de vida" têm enraizado e medrado.

E a teoria democrática (ou, nos casos de "má-fé", no sentido que Jean-Paul Sartre deu à expressão, i.e. quando a manifestação é instrumental e ínvia) tem tendido a assestar baterias sobre as formas segundo as quais a mobilização de capacidades no interior de organizações cívicas pode melhorar substancialmente a qualidade dos *inputs* em processos democrático-representativos e, mesmo fora deles, nas instituições e mecanismos de tomada de decisão e *governance* – ou seja, no quadro *interno* dos Estados. O argumentário utilizado tem por norma posto a tónica em questões como a educação política, a resistência concertada face a abusos, o *checking* e as pressões de *accountability* dos poderes 'governamentais' desses Estados, ou na agregação de interesses e representações e na dinâmica das deliberações públicas que produzem.

Em larga medida, poder-se-á com plausibilidade argumentar, esta narrativa visa resolver problemas de poder e afirmação – mormente, como seria de esperar, naqueles Estados que se sentem internacionalmente menos *empowered* do que desejariam, ou ambicionariam. Ou, ao invés, vê-se esgrimida por Estados, pequenos ou grandes, poderosos ou não, que escolhem operar de "má-fé" (ainda no sentido acima utilizado) nas invocações que fazem dessa mesma narrativa democrática.

Num quadro mais macro, estas novas perspectivações adquirem foros que propendem para cosmopolitismos jurídicos mais ou menos neo-Kantianos, tido como pelo menos potencialmente eficazes na produção, ancilar, de formas mais robustas de segurança externa do que aquelas que nos foram legadas. O que subjaz a estes discursos é a convicção de que a "segurança externa" tem uma ligação umbilical com a "segurança interna", embora por vezes esta articulação se manifeste por vias inesperadas. A narrativa – veremos por quanto tempo – tornou-se virtualmente hegemónica, pelo menos nos meios políticos ocidentais e naqueles outros por estes fortemente influenciados, nos quais os teóricos mais idealistas se têm implantado. No fundo, aquilo que está subjacente a esta perspectivação optimista é a ideia de que a "sociedade civil" dá corpo a capacidades sub- ou mal utilizadas para a resolução de problemas colectivos – que podem com facilidade ver-se potenciadas. Por norma, não nos têm sido fornecidas construções, intelectuais ou institucionais, que sustentem esta curiosa convicção-crença que condescendemos em partilhar.

Bibliografia

Bigo Didier (2001), "Internal and External Security(ies): The Möbius Ribbon", in (eds.) Mathias Albert, David Jacobson and Yosef Lapid, *Identities, Borders and Orders*: 91-136, Minneapolis, Minnesota University Press.

Booth Ken et al. (2008), *Critical Security Studies and World Politics*, Boulder, London: Lynne Rienner Publishers.

Buzan, Barry & Weaver, Ole (2003), *Regions and powers: The structure of international security*, Cambridge: Cambridge University Press.

Fukuyama, Francis (2004), *State-building: Governance and World Order in the Twenty-first Century*, Cornell University Press.

Marques Guedes, Armando (2011), "A estratégia política de reconstrução e a normatividade *post bellum* emergente. O caso da participação portuguesa no ISAF, Afeganistão, 2002-2011", *Conflictos Armados, Gestión Posconflicto y Reconstrucción*: 477-515, *Studia Iuridica*, Santiago de Compostela, España.

Marques Guedes, Armando e Luís Elias (2012), "*Here be Dragons*. Novos Conceitos de Segurança e o Mundo contemporâneo", *O Poder e o Estado*: 5-36, ISCPSI e Almedina, Coimbra.

SEGURANÇA HUMANA

Jorge Bacelar Gouveia

1. A Comunidade Internacional e as suas relações; a Globalização como novo paradigma

I. A Comunidade Internacional dos tempos atuais, a despeito das legítimas dúvidas que se possam suscitar acerca da sua verdadeira natureza comunitária ou societária, recordando a celebérrima distinção entre *Gemeinschaft* e *Gesellschaft* proposta por Ferdinand Tönnies, apresenta-se cada vez mais num intrincado conjunto de relações que se analisam sob diversos prismas da atividade humana.

Não há hoje praticamente nenhuma área do interesse público que lhe escape, desde as clássicas questões político-militares até às matérias de natureza económico-financeira, passando ainda pelos temas de índole social, educacional ou cultural.

Quer isto dizer que o estudo contemporâneo das Relações Internacionais que a Comunidade Internacional proporciona se tornou um domínio científico vasto, ao qual são convocados conhecimentos de diversos âmbitos, tornando o seu estudo uma tarefa abrangente, quando não mesmo verdadeiramente hercúlea.

II. Não é difícil concluir que nunca como hoje se atingiu, quantitativa e qualitativamente, um tão elevado número de assuntos postos à consideração dos membros da Comunidade Internacional, pouco restando para o âmbito dos Estados ou para a sua esfera interna de atuação jurídico-pública.

Evidentemente que avulta como explicação fundamental para essa evolução o novo paradigma que a Globalização veio trazer às Relações Internacionais e ao Direito Internacional Público.

Trata-se, na verdade, de um feixe de interações sem qualquer precedente, não obstante experiências anteriores, mais ou menos duradouras, como nos grandes impérios ou nos Descobrimentos, de colocação em relação em larga escala de povos, línguas, economias, culturas ou civilizações.

2. Os conflitos internacionais e a segurança

I. Se é vasta a variedade das relações que se estabelecem na Comunidade Internacional da ótica do respetivo objeto, no contexto marcado por uma Globalização triunfante, não deixa do mesmo modo de ser relevante a diferente natureza dessas relações numa outra perspetiva: saber se essas atividades, bilaterais ou multilaterais, são de natureza pacífica ou se, pelo contrário, assumem um jaez adversarial ou mesmo conflitual.

Claro que ambas as naturezas podem ser encontradas, ainda que a resposta a dar pela Comunidade Internacional seja diversa em função da gravidade da sua repercussão na própria subsistência dos sujeitos internacionais: é que as relações internacionais conflituais decerto implicam a rotura com regras aplicáveis e potenciam a própria destruição da Comunidade Internacional...

II. Por isso mesmo, um dos mais relevantes setores tanto das Relações Internacionais como do Direito Internacional Público tem sido o estudo das relações internacionais de conflito, agindo-se tanto preventiva como repressivamente no sentido de os mesmos não oclodirem, ou acontecendo, oferecendo o menor impacto negativo possível.

Ora, a questão da segurança na Comunidade Internacional tem diretamente que ver com um dos mais relevantes tipos de relações internacionais, precisamente aquelas que se assinalam com base nessa natureza conflitual.

Contudo, nem todos os conflitos internacionais são de molde a fazer perigar ou a romper mesmo a segurança internacional, mas naturalmente que esta se posiciona de um modo particular no ambiente de uma relação de cunho conflitual.

III. Não será decerto por acaso que a própria Carta das Nações Unidas – para muitos uma "Constituição Mundial" – estabelece como primeiro objetivo a "paz e a segurança internacionais", dizendo que "Os objetivos das Nações Unidas são: 1) Manter a paz e a segurança internacionais e para esse fim tomar medidas coletivas eficazes para prevenir e afastar ameaças à paz e reprimir os atos de agressão, ou outra qualquer rutura da paz e chegar, por meios pacíficos, e em conformidade com os princípios da justiça e do Direito Internacional, a um ajustamento ou solução de controvérsias ou situações internacionais que possam levar a uma perturbação da paz".

Para esse efeito, a Carta das Nações Unidas fixa como um dos princípios a observar na atividade dos Estados a proibição do uso da força: "Os membros deverão abster-se nas suas relações internacionais de recorrer à ameaça ou ao uso da força, quer seja contra a integridade territorial ou a independência política de um Estado, quer seja de qualquer outro modo incompatível com os objetivos das Nações Unidas" (art. 2.º, n.º 4, da CNU).

3. Metamorfose da Segurança Internacional: da segurança político-estadual à segurança humana

I. A configuração da segurança na Comunidade Internacional, apesar do caráter acentuadamente intuitivo do conceito, tem sido alvo de intensos debates e conceções doutrinárias, que têm como ponto focal a colocação da segurança no centro da discussão das relações internacionais conflituais.

A tradição tem entendido a segurança internacional no sentido da violação dos direitos e dos bens coletivos dos Estados, estes entendidos a partir dos seus elementos constitutivos, realçando-se sobretudo o elemento territorial – a integridade territorial – e o elemento funcional – o poder público soberano de que disfrutam, nas suas aceções interna e internacional.

A rutura da segurança internacional tem o significado da postergação destes direitos e princípios fundamentais da inserção internacional dos Estados, pondo em crise a sua própria coexistência no seio da Comunidade Internacional.

II. Todavia, a partir dos anos noventa do século XX, surgiu uma outra conceção de segurança internacional que adota uma perspetiva mais compreensiva das questões que lhe subjazem, que é o conceito de *segurança humana*.

Essa foi a proposta pioneira do relatório do Programa das Nações Unidas para o Desenvolvimento (PNUD) de 1994 e desde de então têm-se multiplicado a invocação e a densificação de tal conceito, em substituição de um tradicional conceito de segurança político-estadual.

A segurança humana assume-se, portanto, com uma outra configuração, com base na seguinte tipologia de dimensões:

- segurança económica;
- segurança alimentar;
- segurança sanitária;
- segurança ambiental;
- segurança pessoal;
- segurança comunitária;
- segurança política.

De um modo geral, percebe-se que este conceito de segurança humana é omnicompreensivo, quer em termos de *safety* – "freedom from want" – quer em termos de *security* – "freedom from fear."

III. Igualmente se tem salientado a necessidade de a segurança humana apresentar as seguintes características fundamentais:

1) *Universalidade*: é um desígnio que deve ser alcançável por todas as pessoas, constituindo uma preocupação universal;

2) *Interdependência*: é um desígnio que depende também de ações isoladas dos países, sendo certo que atividades locais ou regionais contra a segurança humana também a afetam em termos globais;

3) *Prevenção*: é um desígnio que pode ser melhor obtido pela ação de medidas preventivas, ao invés do que sucede com medidas puramente repressivas, não tão eficazes e muitas vezes menos eficientes;

4) *Humanidade*: é um desígnio que se realiza pela medida do ser humana, sendo este o dispasão das providências concretas que venham a ser tomadas para a sua consecução.

IV. É de assinalar o avanço que este novo conceito de segurança humana representa na proteção dos valores fundamentais da Comunidade Internacional, além de corresponder, com felicidade, às suas novas exigências:

- por um lado, o alargamento subjetivo dos seus membros, sendo certo que hoje a Comunidade Internacional se diversificou em protagonistas, não sendo apenas os Estados os detentores de valores que a segurança internacional deve proteger;
- por outro lado, a emergência dos direitos humanos determina que os Estados se encontram ao serviço do seu elemento humano – que são as pessoas, cida-

SEGURANÇA HUMANA

dãos ou não – e daí se impõe que os bens a proteger, além dos bens comunitários, possam ser também alguns bens individuais mais representativos;
– por fim, a caracterização da sociedades atuais – estadual (*Risikogesellschaft*) e internacional (*Weltrisikogesellschaft*) – como sociedade de risco, na esteira da proposta de ULRICH BECK, implica que os bens a proteger não sejam apenas os da *security*, mas igualmente sejam os da *safety*, a partir da necessidade de responder a todos os novos riscos que uma sociedade tecnológica tem vindo a potenciar.

Bibliografia

Ariana Bazzano de Oliveira, *Desenvolvimento e Segurança: uma relação necessária?*, in AAVV, *II Seminário Nacional de Sociologia & Política*, IV, Curitiba, 2010, pp. 2 e ss.

Bruno Jorge Rijo Lamenha Lins, *Segurança, Estado e Direitos Humanos: algumas reflexões acerca do direito humano à segurança sob a égide da sociedade ocidental contemporânea*, in AAVV, *Anais do XIX Encontro Nacional do CONPEDI*, Fortaleza, 2010, pp. 4808 e ss.

Francisco Proença Garcia e Mónica Ferro, *A Crise do Estado e a Segurança Internacional*, in *Revista de Direito e Segurança*, ano I, n.º 1, Janeiro-Junho de 2013, Lisboa, pp. 38 e ss.

Jorge Bacelar Gouveia, *Direito Internacional da Segurança*, Coimbra, 2013, pp. 13 e ss.

SEGURANÇA DA INFORMAÇÃO

Lino Santos

A informação é um activo essencial para as organizações. Num contexto dinâmico e de elevada concorrência, a informação atempada e de qualidade é fundamental para a tomada de decisão nos mais variados domínios, tais como o financeiro, o marketing ou a produção. Por outro lado, a crescente informatização em todos estes domínios trouxe novos suportes e os meios de transmissão digitais de informação, que passam a coexistir com os formatos físicos tradicionais. Esta alteração de paradigma obriga as organizações a uma adaptação e à utilização de uma abordagem holística que inlcui todo um novo quadro de ameaças, bem como um novo aparato de segurança.

A segurança da informação tem como objectivos garantir, a todo o tempo, a confidencialidade, a integridade e a disponibilidade da informação. Garantir a confidencialidade da informação significa garantir que esta só é acedida por quem possui os privilégios para tal. Assegurar a integridade da informação significa ter a informação livre de erros e de alterações decorrentes de acção maliciosa ou negligente. Garantir a disponibilidade da informação significa que a informação pode ser acedida e usada quando esta é necessária. Para a concretização destes objectivos contribui um conjunto de processos que configuram o que se designa, forma genérica, por gestão da segurança da informação.

Numa abordagem holística, a gestão da segurança da informação abrange a segurança de pessoal, a segurança dos processos e a tecnologia de segurança. Não sendo a segurança da informação objecto de regulação formal, têm especial relevância para a sua construção, as normas e as boas práticas.

Existem várias organizações de âmbito nacional e internacional com tradição na produção de normas e de boas práticas para segurança da informação. Sem sermos exaustivos, de entre estas destacamos a Internet Engineering Task Force (IETF), o Institute of Electrical and Electronics Engineers (IEEE), o International Telecommunications Union (ITU), o National Institute of Standards and Technology (NIST), a International Organization for Standardization (ISO) e a International Electrotechnical Commission (IEC).

As duas últimas são responsáveis pela produção da família de normas ISO/IEC 27.000, da qual se destacam as normas sobre requisitos para sistemas de gestão da segurança da informação (ISO/IEC 27001:2013), sobre boas práticas em controlos de segurança da informação (ISO/IEC 27002:2013) e, ainda, a norma sobre gestão de risco em segurança da informação (ISO/IEC 27005:2011).

A norma ISO/IEC 27001 define um modelo de gestão da segurança da informação para qualquer tipo de organismo. Nela são definidos os requisitos necessários para estabelecer, desenvolver, operar, monitorar, rever e melhorar o sistema de gestão da segurança da informação. Esta norma coloca um grande enfoque nos processos de análise de risco dos bens e serviços da organização e no enquadramento orgânico da segurança da informação dentro da organização. Por outro lado a norma ISO/IEC 27002 define um conjunto de práticas de segurança da informação (controlos) em áreas como a definição de políticas de segurança, o enquadramento da segurança dentro da organização, a gestão de activos, a segurança do quadro de pessoal, a segurança física e ambiental, a gestão de operações e comunicações, o controlo de acessos, a aquisição, desenvolvimento e manutenção de sistemas de informação, a gestão de incidentes, a continuidade de negócio e a conformidade. Esta norma tem vindo a assumir-se como a principal referência internacional para a definição de políticas de segurança da informação nas organizações.

O conjunto de conceitos que compõe a ontologia da segurança da informação não é particularmente distinto da segurança noutros domínios. Os activos de informação são alvo de ameaças, que se concretizam em agressões que, por sua vez, produzem um impacto nesse activo, do qual resultam prejuízos para a organização. As agressões podem ser classificadas pela natureza da acção física ou lógica e, por outro lado, como tendo origem natural, acidental ou intencional. Como exemplos, uma inundação é classificada como uma agressão física de origem natural, enquanto um ciberataque é classificado como uma agressão lógica de origem intencional.

Para ser eficiente do ponto de vista técnico, mas também económico, a segurança da informação deve ser alicerçada numa boa avaliação de risco, suportada na quantificação do valor do risco de um activo, ou conjunto de activos, perante uma determinada ameaça (cenário). Partindo deste conjunto de cenários, quantifica-se a probabilidade de concretização (vulnerabilidade) e as possíveis consequências associadas (impacto). O cálculo da vulnerabilidade, por seu turno, é função da probabilidade de ocorrência (motivação do agente de ameaça) e da probabilidade de sucesso (capacidade desse mesmo agente). O resultado deste exercício resulta na decisão de mitigar, transferir ou, em último caso, assumir um valor de risco para um determinado cenário. A vantagem da utilização de metodologias de gestão de risco permite uma melhor alocação de recursos e uma escolha consciente das medidas para a redução dos riscos de maior intensidade.

A escolha e aplicação de medidas de mitigação de risco pode e deve ser feita a vários níveis: um conjunto de medidas dissuasoras que actua sobre a ameaça e visa diminuir a probabilidade de estas se concretizarem em agressões, onde se incluem as políticas aceitáveis de uso dos recursos informacionais da organização, ou os sistemas de videovigilância; um conjunto de medidas preventivas que visa diminuir a probabilidade de sucesso das agressões, onde se insere o normal aparato de segurança perimétrica física e lógica; um conjunto de medidas paliativas que tem como objectivo mitigar o impacto de agressões realizadas, onde se inserem os mecanismos de redundância activa e passiva de sistemas; e um conjunto de medidas de recuperação que visa reduzir ou recuperar o prejuízo resultante, que inlcui procedimentos de salvaguarda de dados ou a contratação de seguros para os activos mais importantes.

Por último, importa fazer uma referência à segurança da informação classificada, que se encontra regulada em quatro diplomas distintos, a saber: Instruções para a segurança nacional, salvaguarda e defesa das matérias classificadas (SEGNAC1), Resolução do Conselho de Ministros n.º 50/88, de 8 de Setembro; Normas para a segurança nacional, salvaguarda e defesa das matérias classificadas, segurança industrial tecnológica e de investigação (SEGNAC2), Resolução do Conselho de Ministros n.º 37/89, de 1 de Junho; Instruções para a segurança nacional, segurança das telecomunicações (SEGNAC3), Resolução do Conselho de Ministros n.º 16/94, de 22 de Março; e Normas para a segurança nacional, salvaguarda e defesa das matérias classificadas, segurança informática (SEGNAC4), Resolução do Conselho de Ministros n.º 5/90, de 28 de Setembro.

Bibliografia

Brewer, D. (2013). An Introduction to ISO/IEC 27001:2013. BSI Standards Limited. ISBN 978-0580821653.

Crouhy, M. (2006). The Essentials of Risk Management: The Definitive Guide for the Non-risk Professional. McGraw-Hill. ISBN 978-0071429665.

SEGURANÇA INTERNA

ARMANDO MARQUES GUEDES

1. De acordo com a definição "tradicional", os referentes da expressão 'segurança interna' são os Estados, embrenhados nos seus esforços de manter a integridade das fronteiras dos seus territórios soberanos, em no interior delas manter a paz, e em o fazer nos termos de uma defesa intransigente do Direito nacional face a eventuais ameaças – sejam elas provenientes do exterior, sejam elas oriundas do seu próprio interior. De acordo com tais coordenadas, a panóplia dos desafios "clássicos" a que esta 'segurança interna por via de regra tem de fazer face inclui ameaças como a desordem civil, actos de violência em larga escala, ou mesmo invasões ou insurgências intestinas que ponham em cheque a soberania e/ou o monopólio que cada Estado detém sobre o uso da força no seu território e sobre a sua população.

Ainda de acordo com esta modelização convencional que vigorou sem discordâncias de maior até há um par de décadas, os desafios a que os esforços securitários devem fazer frente são vários, e percorrem um rol de objetos em que os Estados tem como direito e dever focar a suas atenções. Entre estes avultam os internos: tanto ameaças a cidadãos ou súbditos do Estado em causa (seja na sua propriedade seja nos seus direitos), como aquelas apostadas em lesar o Estado nas suas infraestruturas ou nos seus orgãos – e incluem pequenas infrações, crimes avulsos de todo o tipo, o desmembramento de agrupamentos envolvidos em actos de criminalidade organizada, a contenção de distúrbios cívicos, num amplo gradiente a que não escapa o impedir de actos terroristas. Avultam também os externos, de novo num gradiente que, desta feita abarca, para além das ameaças semelheantes às anteriores mas provenientes de ambientes exteriores aos do Estado, como ainda a desmontagem de rebeliões, de acções terroristas organizadas em movimentos linear ou hibridamente concertados, e as invasões e a ocupação por outro, ou outros, Estados.

Como é bom de ver, e ainda segundo um enquadramento conceptual deste género, a parcela mais significativa da segurança interna a carecer de proteção é por via de regra definida em termos dos seus referentes objectivos e nos termos da sua abrangência e inclusividade. Assim, aquilo que nas modelizações clássicas, ou tradicionais, da 'segurança interna' está sobretudo em causa é o facto de nelas tenderem a ser claros os objetos e as entidades passíveis de serem protegidos; a natureza e o tipo de riscos, desafios, e ameaças a que há que fazer frente; bem como a definição dos meios e dos agentes que nela se podem empenhar. Mais ainda, enquanto detentores monopolistas do uso legítimo da força num dado território e sobre uma dada população, os Estados e o pessoal que lhes está afectado não constituem apenas a referência central da segurança a garantir. Também é aos Estados, e tendencialmente apenas a eles e aos seus representantes, que cabe actuar nesse sentido activamente securitário.

Em termos muito genéricos e comparativos, podemos com facilidade desdobrar estes pontos em maior pormenor: os agentes estatais podem ser, de acordo com o tipo de ameaças a confrontar, forças policiais, forças para-militares (que muitas vezes são por exemplo, forças militares especializadas apelidadas de *Gendarmeries*) ou, em casos mais excepcionais, forças militares "clássicas" propriamente ditas. As entidades governamentais que, num Estado, têm como função garantir a sua segurança interna, variam pouco de Estado para Estado, e quando o fazem, tendem a fazê-lo da forma de governo destes últimos. Podem assim ver-se mobilizadas forças policiais ou para-militares dependentes de Ministérios das Administrações Internas, ou os seus equivalentes laterais; ou, mais raramente, em circunstâncias normais, forças dependentes dos respectivos Ministérios das suas Defesas Nacionais. Como podem ainda ser mobilizados Serviços de Informações, ora ligados a quaisquer umas destas entidades ou, mais directamente, às chefias do governo; e, em complemento, entidades mais focalizadas como o são as Guardas Fronteiriças locais, Polícias de Intervenção mais robustas, ou Guardas Fiscais e/ou Costeiras especializadas, por exemplo.

Quando são declarados Estados de Emergência a segurança interna é muitas vezes também alocada a forças militares, por via de regra, em Estados democráticos, forças mantidas sob controlo civil – e, idealmente, apenas enquanto a "emergência" durar e de modo a conter os efeitos nefastos potenciais dela.

2. Por norma, hoje em dia já não é assim; e não o é pelo menos desde finais dos anos 70 do século passado. Em reconhecimento disso, mesmo a normatividade jurídica que se lhe aplica tem vindo a adaptar-se aos novos enquadramentos conceptuais emergentes quanto à sua natureza e caracterização de pormenor. Embora a genealogia da nova conceptualização ordenadora seja complexa e o seu arranque inicial anterior, foi sobretudo desde o fim da ordem internacional bipolar que a visão "tradicional" quanto à alçada do conceito de "segurança interna" que acima retratei se tem visto cada vez mais contestada enquanto perspectiva – e tem-no sido à medida de, e de par com, muitas das mudanças politico-securitárias e demográfico-sociológicas que tem vindo a ter lugar "no terreno", por assim dizer.

Não foi de maneira nenhuma esta a única mudança anunciada: era também nos termos desta modelização que se iluminava e se tentava decifrar a "segurança nacional" dos Estados face a ameaças tanto externas, quanto internas, segundo o qual *"a nation has security when it does not have to sacrifice its legitimate interests to avoid war, and is able, if challenged, to maintain them by war"* (nos termos de um conceito inovador trazido à baila em 1943, em plena Segunda Guerra Mundial, quando enunciado por Walter Lippmann e depois popularizado nos Estados Unidos pela Administração Truman e as seguintes). Como também era esse o modelo que sincronizava a condução da "segurança externa" ou a de "segurança internacional", tidas como aquelas cuja defesa tinha lugar em meios localizados para além fronteiras estatais em causa, ou em resposta a ameaças deles provindas. O mote interpretativo utilizado também nestes casos mudou – ao começar a ser elaborado em seu lugar um enquadramento alternativo. As razões para tanto são bastantes fáceis de compreender, já que radicam em alterações tangíveis, e de fundo, nas estruturas das conjunturas vividas durante e no pós-guerra.

Será útil aqui elencar algumas das mais importantes alterações que para tanto contribuíram de maneira decisiva. Em primeiro lugar, porque pela via dos processos que foram identificados por Robert Keohane e Joseph Nye, no último quartel do século XX, e aptamente apelidados de "interdependência complexa", têm tendido a ver-se diluída a distinção dicotómica convencional entre 'segurança externa' e 'segurança interna', tornando tão densas quão porosas as suas articulações recíprocas activas. Ligado a isto, cedo se tornou numa narrativa amplamente consensual (e porventura hegemónica, depois do fim da ordem internacional bipolar e dos processos de liberalização e democratização que vieram no seu esteio, no sentido de sob sua égide), a convicção, arreigada, de que a liberdade política e o desenvolvimento económico esstarão umbilicalmente associados. Começando estes, por conseguinte, a ser encarados como indissociáveis de uma "segurança" cujo referente se soltou, em resultado, de uma ligação exclusiva aos Estados – e pondo em relevo planos infra- e supra-estaduais, designadamente os mais focados em indivíduos e comunidades que se entrevêem como entidades logicamente prévias em relação aos Estados em que melhor ou pior se integram.

Em segundo lugar, pois depressa se tornou evidente que as dinâmicas políticas desencadeadas no essencial depois dos anos 70 do século XX, pareciam tornar inexoráveis processos de integração regional e até global dos Estados – o que tornava estes últimos cada vez menos capazes de se decidir a actuar de forma individual e independente, sobretudo em resultado da multiplicação do número de tipo de actores e meios; a proliferação e alteração supraveniente de novos riscos e ameaças; e o desenvolvimento de novas coordenadas de utilização dos novos instrumentos de segurança. Por fim, pois pareceu tornar-se evidente que conceptualizações de "segurança interna" (ou segurança de qualquer outra amplitude e alçada) fundeadas numa perspectiva estatocêntrica casavam mal com o número infaustamente crescente de casos empíricos em que os Estados (total ou parcialmente) são vistos como as principais fontes de insegurança para as suas populações e territórios o papel negativo preenchido por Estados "falhados" e "frágeis" tornou-se diacrítico para estas reconceptualizações engendradas.

Com efeito, sobretudo depois da Queda do Muro de Berlim e da implosão da URSS, depressa cresceu a constatação de que estávamos perante alterações de substância no que toca aos quadros referenciais, aos objectos neles inscritos, e aos riscos e ameaças neles percepcionados – contra um pano de fundo histórico que contava com novos instrumentos tanto de desafio como de amparo à 'segurança', fosse ela tida como interna, externa, ou híbrida.

3. Para uma maior resolução de imagens neste ponto, vale decerto a pena desdobrar questões. No que toca a riscos, desafios, e ameaças securitárias, actores não-estatais tem vindo a ganhar uma importância manifesta – positiva como negativamente. Trata-se assim, de actores que vão de *warlords,* a *caids* activos nos cartéis que lideram o tráfico de droga, e a múltiplas organizações dedicadas ao tráfico de pessoas – por norma organizados em redes criminosas transnacionais mas com *pieds à terre* nacionais – a agrupamentos terroristas sub-nacionais ou internacionais. Trata-se de produtores de segurança que podemos ordenar num gradiente que vai das ONGs às organizações regionais formais formais e informais (como a UE, o Conselho da Europa, ou a OSCE, para só dar três exemplos próximos), como de outras internacionais ora formais ora menos informais (da ONU a entidades mais lassas como o G7, o G20, ou o Forum de Davos, cada nos atermos a uma mão cheia de exemplos).

De par com estes processos, têm-se tornado incontornáveis nas agendas de "segurança interna" numerosos riscos, desafios, e ameaças mais atípicos (porque "não-convencionais", "não estaduais", ou "não apenas militares" em termos jurídico-legais), muitas dos quais de natureza "híbrida", no sentido em que partilham características antes típicas nos formatos que as precederam. E, nesses casos, quantas vezes sendo alguns deles retomas de formatos históricos, mas agora em novos moldes: como o terrorismo, a pirataria marítima, a criminalidade organizada transnacional, os ciberataques, a segurança económica, energética, e/ou ambiental, as violações grosseiras dos direitos humanos, a fragilidade ou mesmo o colapso de Estados, as catástrofes naturais, os movimentos de refugiados, a ondas de imigração ilegal, etc. E a variedade não cessa de aumentar. É aqui de sublinhar que estas ameaças e desafios não são apenas oriundas de outros Estados, tendo pelo contrário muitas vezes a sua origem no próprio interior dos Estados em cheque – quantas vezes em formatos cuja heterogeneidade reflete diferenças culturais, sociais, de nível de desenvolvimento, ou de opções religiosas e/ou politico-ideológicas presentes.

Não constituirá, por tudo isto, surpresa que se tenha sentido a necessidade de acompanhar, pela via de novos enquadramentos teórico-conceptuais a enorme diversidade e entremeação das mudanças vislumbradas no espaços da "segurança interna". Tal como se compreende com facilidade a necessidade, depressa pressentida, de uma sua contenção-acomodação por meios outros que não os policiais, para-militares, e militares tradicionais. Tendo em vista as novas narrativas dominantes, trata-se de meios que, como seria por isso de esperar, vão de montagem de serviços de *intelligence* reforçados, a novos processos diplomáticos, a uma panóplia de medidas económico-financeira que incluem dimensões sancionatórias, e por aí em diante. Tudo isto em quadros maiores que vão de um novo tipo de ajuda pública (e privada) ao desenvolvimento, a novos regimes jurídicos e financeiros quadro, à reconstrução e fortalecimento de "Estados de Direito", e a processos promoção, interna e externa, de regimes credíveis de defesa dos Direitos Humanos.

O âmbito teórico-conceptual maior desta autêntica reconfiguração de perspectivas tem sido sobretudo o de uma opção no sentido de colocar indivíduos e comunidades em paralelo com Estados, cuja proeminência, tida como segura nas modelizações tradicionais, afinal se revelava como insuficiente. Optou-se, num amplo espectro de casos, por falar não de "segurança", seja ela "interna" ou "externa", mas antes de "segurança humana", ou até de "segurança *latu senso*". O gesto, em todo o caso, foi compreensivelmente um de alargamento e aprofundamento – com o intuito explícito de ampliar os domínios de aplicabilidade da ideia de 'segurança', incluindo no seu leque dimensões como pessoas, sub-grupos e culturas, povos, nações, a Humanidade como um todo; levando o novo foco nas comunidades, a albergar, ainda, entidades menos institucionalizadas como a opinião pública, os *media*, os *opinion-makers* e os *think tanks*, e até os mercados. Ao mesmo tempo adjectivando o conceito, ao aludir a "segurança ambiental", "económica", "política", etc.; e trazendo à tona novos agentes de segurança como autoridades locais e tradicionais, empresas privadas de natureza ou pendor securitário, organizações não governamentais dedicadas a problemas tidos como articulados, a montante, com questões ligadas à segurança, num elenco potencialmente ilimitada de novos actores. Uma listagem infindável de que uma focagem atida apenas aos Estados de toda a evidência nunca conseguiria dar conta.

4. Importa, no entanto, dar realce à evidência de que, no que toca em especial a questões de "segurança interna" (ou, se se preferir, de "segurança nacional") os perigos desta mudança são de peso. Trata-se, com efeito, de um exercício tão controverso quanto é sensível, e em potência até como que volátil. O que está em causa é, acima de tudo, evitar indiscriminações que possam por em perigo a utilidade analítica e operacional que conceitos como o de "segurança" precisam de ter para ser manejáveis e *user-friendly*. De modo nenhum me parece, por isso, ser difícil de aceitar a definição produzida cá, por Luís Tomé, que toma em boa linha de conta os aprofundamentos e alargamentos referidos: a "segurança" é assim definida em contraponto, e em moldes muito próximos dos das teorizões norte-americanas sobre *national security*, como "a protecção e a promoção de valores e interesses considerados vitais para a sobrevivência política e o bem-estar da comunidade, estando tanto mais salvaguardada quanto mais perto se estiver da ausência de preocupações militares, políticas e económicas". Efectivamente, ter como referência primeira a comunidade, significa que o objecto a securitizar tanto pode ser um Estado como entidades infra-estatais (como subgrupos étnicos ou religiosos, ou minorais mais difusas empenhadas num estilo de vida "alternativos") ou transestaduais (por exemplo agrupamentos de cariz confessional religioso ou laico, ou outros, de natureza económica). Enquanto que, por outro lado, ao colocar num lugar central "a sobrevivência política" e o seu "bem-estar" pretende estender o conceito de segurança para além da suas baias tradicionais sem perda de utilidade ou operacionalidade – ao mesmo tempo que evita indiscriminações que tornariam o conceito inerte.

Como reitero na entrada deste volume relativa a "segurança externa", a teoria democrática tem tendido a assestar baterias sobre as formas segundo as quais a mobilização de capacidades no interior de organizações cívicas pode melhorar substancialmente a qualidade dos *inputs* em processos democrático--representativos e, mesmo fora deles, nas instituições e mecanismos de tomada de decisão e governance – ou seja, no quadro interno dos Estados. O argumentário utilizado tem por norma posto a tónica em questões como a educação política, a resistência concertada face a abusos, o *checking* e as pressões de *accountability* dos poderes 'governamentais' dos Estados, ou na agregação de interesses e representações e na dinâmica das deliberações públicas que estas, no fim, produzem.

Muitas vezes, infelizmente, o resultado não tem sido famoso. E não o tem sido em termos bastante concretos. Mesmo se nos restringirmos àquilo que se passa nos domínios intra-estaduais, é fácil constatar que no decurso da última dezena de anos, embora muitos estudiosos se tenham nos últimos tempos vindo a debruçar sobre exemplos de participação democrática, a verdade é que por norma tais casos não têm desencadeado – ou sequer envolvido – um real revigoramento da vida associativa em contextos de uma qualquer modalidade de governação representativa, como chave de uma por vezes muito tangível revitalização democrática. Ao invés, nestes domínios intra-estatais o ponto focal que tem sido colocado na participação direta dos cidadãos mantém-se ora aquém, ora além dos objectivos traçados – e as consequências, umas desejáveis outras não, raramente têm sido as esperadas. A impressão que fica é a de que a interdependência, no domínio securitário como em tantos outros, atingiu um nível de tão alta intensidade que não é possível garantir 'seguranças internas' estáveis e sustentadas sem que as garantamos, em simultâneo, e de forma 'exógena', no plano de uma 'segurança externa' em que radica, afinal, a "grande segurança": a entidade que, em última instância, subtende a larguíssima maioria dos discursos sobre qualquer uma delas elaborados.

Bibliografia

AAVV, (ed.) Collins, Alan (2013), *Contemporary Security Studies*, Oxford University Press.

Buzan, Barry and Lene Hansen (2010), *The Evolution of International Security Studies*, Cambridge University Press.

Keohane, Robert O. and Joseph S.Nye (1997) "Interdependence in World Politics." In Crane, G.T. & Amawi, A., *The Theoretical evolution of international political economy: a reader*. New York: Oxford University Press.

Marques Guedes, Armando e Luís Elias (2012),"*Here be Dragons*. Novos Conceitos de Segurança e o Mundo contemporâneo", *O Poder e o Estado*: 5-36, ISCPSI e Almedina, Coimbra.

Tomé, Luís (2011), "Security e security complex: operational concepts", in *Janus.net, e-journal of international relations*, vol. 1, no. 1.

SEGURANÇA INTERNA

Nelson Lourenço

Historicamente a noção de segurança aparece essencialmente associada à ideia de segurança militar e do Estado. Só mais recentemente, no após Guerra Fria, se irá assistir a uma reconceptualização do conceito de segurança e a uma extensão do seu significado e alcance, num processo de reposicionamento da segurança externa – ou defesa – no quadro amplo da ideia de segurança nacional de que a segurança interna é um dos pilares.

Até recentemente, a ciência política e as teorias das relações internacionais centravam a sua preocupação na análise das questões da defesa e da geoestratégia. O mesmo se verificava na sociologia, cuja preocupação se centrava essencialmente na análise dos comportamentos desviantes, da criminalidade, da delinquência juvenil e da violência urbana ou com uma sociologia da organização policial.

Os estudos sobre a segurança global, integrando a dimensão interna e societal e a relação com a segurança externa são recentes, não obstante as profundas transformações decorrentes da globalização, da mundialização da economia e da nova ordem internacional.

A noção de segurança gera e carrega consigo contradições e *nuances* diversas. Contradições entre segurança e defesa, entre segurança individual e segurança nacional, entre segurança numa perspectiva objetiva ou percepção da segurança, entre segurança nacional e segurança internacional. Contradições e complexidade resultante de uma perspectiva necessariamente alargada de segurança.

A noção de segurança interna é uma designação recente quer na terminologia político-administrativa quer no quadro das ciências sociais. As referências mais consistentes do ponto de vista conceptual datam do início da década de 1990.

Esta origem recente é visível na pouca atenção que lhe tem sido dada no quadro da ciência política, essencialmente preocupada com a defesa ou com a estratégia, e da sociologia, mais preocupada com a análise dos comportamentos desviantes, da criminalidade e da violência ou com uma sociologia da organização policial do que com a segurança na sua dimensão interna e societal e na sua relação com a segurança externa.

O seu aparecimento na cena dos estudos sobre segurança e a sua utilização hoje generalizada tem uma explicação nem sempre clara mas indubitavelmente relacionada com as mudanças sociais e políticas simultaneamente associadas com a globalização e com o fim da Guerra Fria e os seus impactes.

A noção de segurança interna convoca a ideia, os actores e o campo de acção historicamente definido, pelo menos na tradição das sociedades ocidentais, como da ordem pública. A complexidade da sociedade global e a alteração do quadro de ameaças estão na origem da redefinição da missão atribuída às polícias e consequentemente à assunção de um quadro conceptual mais alargado e mais denso do que os limites estritos da noção de ordem pública.

A noção de ordem pública e mesmo a de segurança interna, se definida numa perspectiva restrita, apelam à ideia de paz social no interior das fronteiras nacionais, enquanto realidade de competência das polícias e diferenciada da defesa do território e da soberania nacional face a ameaças externas, tradicionalmente campo reservado às forças armadas.

A passagem de uma noção de segurança confundível ou subsumida na noção de defesa para um conceito autonomizado – embora sistemicamente relacionado – só é compreensível no quadro da globalização, num processo em que o fim da Guerra Fria, o terrorismo *jihadista* e a importância crescente do crime transnacional organizado desempenham papel significativo.

A natureza externa de ameaças à ordem pública interna contribui para a consolidação e complexidade do conceito de segurança interna e, simultaneamente, para perturbar a limitação tradicional entre segurança interna e segurança externa, com consequências marcantes a nível político e jurídico--administrativo. A desterritorialização das ameaças é talvez o facto político e social com maior impacte na transformação do quadro tradicional de referência da segurança.

Bibliografia

Booth, Ken (Ed). *Critical Security Studies and World Politics*. Lynne Rienner Publishers, Boulder – Colorado, 2005.

Buzan, Barry, *People, States and Fear. An agenda for international security studies in the post-cold war era*, ECPR Press, New York, 2009.

Commission sur la Sécurité Humaine. *La Sécurité Humaine Maintenant. Rapport de la Commission sur la Sécurité Humaine.* Presses de Sciences Po, Paris, 2003.

Recasens y Brunet, Amadeu, *La Seguridad y sus Politicas*. Atelier Libros Jurídicos, Barcelona, 2007.

SEGURANÇA NO MAR

Duarte Lynce de Faria

I. Introdução

O papel que está, hoje, reservado à "segurança" deve ter, cada vez mais, uma perspetiva holística a começar, desde logo, no "mar" e, em particular, no âmbito dos transportes marítimos e dos portos. Em Portugal nem sempre se tem dada a devida atenção à necessidade de se articularem as questões do "mar" com os "portos", com os "transportes" e com a "logística" – de que é exemplo o documento intitulado por Estratégia Nacional para o Mar para o período 2013-2020 (ENM), aprovado pela Resolução de Conselho de Ministros n.º 12/2014, de 23 de janeiro. Estranhamente, esta lacuna tem muito mais a ver com a falta de uma matriz de orientação política coerente e agregadora dos assuntos do mar (em que se desenvolvam, integradamente com as demais, as matérias da construção e da reparação naval, do transporte marítimo de mercadorias e da logística, dos portos, do transporte marítimo de passageiros e da própria defesa militar-naval dos espaços marítimos) do que com opções políticas de fundo para o nosso país ou com estudos efetuados ou a empreender.

Ninguém, seguramente, quererá prosseguir de "reforma" em "reforma" até que, mesmo as instituições públicas tradicionais, ou desaparecem sem cabal sucedâneo (como acontece com muitas das direções-gerais tradicionais) ou, as que sobrevivem não conseguem desempenhar o seu papel por ausência de recursos humanos (com as sucessivas aposentações) e financeiros (com os cortes nas despesas de funcionamento). E, no "mar português", esta consequência será, certamente, devastadora!

Numa outra ótica, o novo Conceito Estratégico de Defesa Nacional (CEDN), aprovado pela Resolução do Conselho de Ministros n.º 19/2013, de 5 de abril, integra elementos muito importantes sobre a relevância do mar neste contexto, considerando-se, designadamente, que *"como ativo estratégico, o mar deve estar integrado numa perspetiva ampla de segurança e defesa nacional".*

Relembre-se que o CEDN define as prioridades do Estado em matéria de defesa e pretende dar resposta aos aspetos fundamentais das opções políticas setoriais de Portugal, nos termos do artigo 15.º da Lei da Defesa Nacional (Lei n.º 31-A/2009, de 7 de Julho). Da aprovação daquele Conceito Estratégico decorre a revisão das diretivas e demais documentos estruturantes de defesa nacional e das forças armadas, designadamente, o Conceito Estratégico Militar, as missões das forças armadas, o sistema de forças e o dispositivo. Entretanto e tendo em vista alterações substanciais, a 17 de abril de 2014, o Governo aprovou uma proposta de Lei de Defesa Nacional e uma proposta de Lei Orgânica de

Bases da Organização das Forças Armadas, diplomas que foram enviados para a Assembleia da República.

Se se tiver em linha de conta que sobre o "objeto mar" incidem, pelo menos e no que respeita ao âmbito a que nos propusemos tratar, dois documentos de valor idêntico, ambos aprovados por resolução do conselho de ministros e de natureza estratégica (a ENM e o CEDN), verifica-se, sem grande dificuldade que não só, não estão abrangidas, conveniente a aprofundadamente, todas as atividades que têm uma ligação preferencial com o mar ou nele se desenvolvem, como cada um dos documentos "segmenta" o mar à sua maneira, ferindo, igualmente, a sua própria designação: no caso da ENM, não é uma verdadeira estratégia integrada (e portanto, é uma "estratégia semântica") e no caso do CEDN não atende a uma visão holística que deve estar presente na estratégia de defesa nacional (sendo um documento que se confina, quase exclusivamente, aos limites militares e não decorrente de uma estratégia nacional em que o "mar" deverá ter uma posição relevante como ativo, em conjugação com o conhecimento e com outras atividades desenvolvidas em terra mas que têm ligações umbilicais ao mar num país como Portugal, designadamente, o transporte de mercadorias).

A ENM consubstancia-se num plano de ação (o Plano Mar-Portugal) cuja execução se prolonga até 2020 e que visa, essencialmente, concretizar o potencial económico, geoestratégico e geopolítico do território marítimo nacional, criando condições para atrair investimento e reforçar a capacidade científica e tecnológica nacional. No outro polo, o CEDN trata de garantir o uso do mar sob jurisdição nacional – a defesa militar-naval – contra as ameaças e riscos militares e também ambientais e a minimização das catástrofes naturais. A articulação entre os dois instrumentos é feita, tão-somente, no fomento da economia do mar e na sua promoção, em particular, na exploração dos recursos marítimos nacionais e na investigação e desenvolvimento na área das ciências do mar.

Verdadeiramente, constata-se, ainda, que nenhum dos documentos trata, profundamente e com o devido relevo, a *"segurança no mar"*, talvez por ela ser indispensável a ambos os documentos mas, na realidade, não tem tratamento adequado (porque segmentado) em nenhum deles o que é, no mínimo, de estranhar quando, hoje em dia, todas as atividades marítimas e portuárias se desenvolvem a partir de determinados padrões de segurança exigíveis pela legislação internacional. Por outro lado, ameaças e riscos existem em documentos militares ou civis – porque decorrem das análises de componente económica ou estritamente militar – mas têm repercussões ao nível da política estratégica de um país marítimo como Portugal.

Hoje, mais do que nunca, deve reservar-se um espaço importante para se equacionarem os problemas do que chamaremos "segurança do mar" que envolve as tradicionais figuras da "segurança" *(safety)* e da "proteção" *(security)*. Por sua vez, tanto um como outro dos conceitos, contemplam as diversas ações inerentes ao seu âmbito nos navios propriamente ditos e nos portos. A diferença essencial – que não exclusiva – entre os dois conceitos reside no facto de, na maioria dos casos, as ações contra a prevenção de acidentes e o seu combate, no caso de sinistro, se integrarem na "segurança" enquanto que, na "proteção", visa-se a defesa contra ameaças intencionais de pessoas jurídicas ou de grupos contra os navios, pessoas, instalações e equipamentos. Em termos sintéticos, com a segurança combatem-se os "riscos" e com a proteção as "ameaças" – embora não de forma completamente estanque.

Por exemplo, a condução inadvertida de um navio em águas restritas pelo seu comandante, fora do canal de navegação aconselhado, mesmo que baseado num sistema de navegação eletrónico (e com um determinado erro momentâneo) e que leve ao seu encalhe, não deixa de ser uma conduta na alçada da "segurança" mas praticada com "dolo eventual". Neste caso, o comandante representa o facto danoso como consequência possível da conduta e, ainda assim, conforma-se. Dito de outra forma, terá confiado, unicamente, num sistema de navegação, tendo outros à sua disposição, incluindo, a posição geográfica obtida pelo cruzamento de azimutes e/ou por distâncias radar.

II. A segurança no mar

Entende-se, assim, que a noção ampla de "segurança no mar" deve abranger as matérias da segurança (marítima) e da proteção marítima e, em termos espaciais, nos navios e nos portos. É de todos conhecido que a expressão tradicional "segurança marítima" abarca, hoje, valências distintas quer relativamente ao objeto em si próprio quer à própria natureza das medidas. Assim e quanto ao objeto, aquela expressão abrange a «segurança do transporte marítimo» – em que o enfoque se traduz no «navio» e na sua movimentação – e a "segurança portuária" – que respeita, essencialmente, à segurança nas áreas sob jurisdição portuária, abrangendo os diversos terminais, a área terrestre adjacente e a área molhada.

A "segurança do transporte marítimo" (ou "segurança marítima em sentido estrito"), envolve o conjunto de medidas destinadas a garantir uma navegação segura por parte dos navios, i.e., quer na envolvência das condições de bordo (qualificação dos tripulantes, estiva e movimentação da carga e, em geral, as condições de navegabilidade estruturais e de equipamentos do navio), quer no sistema de ajudas à navegação e de ordenamento das aproximações a um porto que permitem, aos navios, uma navegação segura.

No outro polo, a "proteção do transporte marítimo" e a "proteção portuária" consoante o objeto – envolvem todas as medidas de segurança física aplicáveis no espaço sob jurisdição portuária, aos tripulantes e passageiros dos navios e aos demais funcionários que operam nos portos, bem como aos próprios navios.

A Conferência Diplomática da Organização Marítima Internacional (*OMI*), reunida em 12 de dezembro de 2002, alterou a Convenção SOLAS (*"Safety of Life at Sea"*), veio a adotar o Código Internacional para a Proteção dos Navios e Instalações Portuárias (designado por "Código ISPS"), que entrou em vigor em 1 de julho de 2004.

Também a União Europeia, considerando a exigência de melhorar a segurança da cadeia logística de abastecimento do transporte marítimo, do fornecedor ao consumidor, veio criar diversas medidas consagradas no Regulamento n.º 725/2004, do Parlamento Europeu e do Conselho, de 31 de Março. Posteriormente e alargando o âmbito da "proteção" aos portos propriamente ditos (as instalações portuárias correspondem, normalmente, a terminais autónomos em cada porto que podem integrar várias instalações), a União Europeia veio a aprovar a Diretiva n.º 2005/65/CE, do Parlamento Europeu e do Conselho, de 26 de outubro. A nível interno, o Decreto-Lei n.º 226/2006, de 15 de novembro, regulamentou o Código ISPS e procedeu à transposição da citada Diretiva.

A questão da "segurança no mar" desdobra-se em dois tipos de perigos: as ameaças e os riscos que envolvem a utilização do mar, seja nos navios ou nos portos.

As ameaças são, essencialmente, de duas naturezas: os ilícitos genéricos no mar e os ilícitos específicos que tenham influência na liberdade de navegação. Na primeira, constam, designadamente, o tráfico de estupefacientes e de substâncias psicotrópicas, o contrabando em geral e o de armamento, a proliferação de armas de destruição maciça, a exploração ilegal de recursos marinhos, da plataforma ou do património cultural subaquático, os atentados ambientais e a imigração ilegal. Na segunda, contam-se, entre outros, o terrorismo, a pirataria, os ataques cibernéticos aos sistemas de informação e outras atividades de cariz criminoso classificadas como tal pelo Direito internacional.

Por sua vez, os riscos apresentam uma natureza acidental e têm a sua identificação principal (que não exclusiva) com a "segurança do transporte marítimo" e com a "segurança portuária". O risco é o produto da probabilidade de ocorrência pela gravidade (ou intensidade) dos seus efeitos. Os acidentes podem incidir sobre os navios e embarcações, sobre as pessoas embarcadas, sobre as plataformas ou infraestruturas no mar (e, igualmente, sobre aviões e submarinos) e sobre o ambiente marinho, designadamente, através dos acidentes de poluição.

Esta tendencial identificação da "segurança" (em sentido estrito) com os "riscos" e a "proteção" com as "ameaças" tem a grande vantagem de poder colher os ensinamentos de áreas que, até há bem pouco tempo, evoluíram autonomamente e que os atentados de 11 de setembro de 2001 vieram a exigir a sua estreita articulação, tendo em conta a necessidade de adotar medidas aplicáveis aos navios e às instalações portuárias no âmbito da "proteção" tendo em conta que a identificação de ameaças à segurança e à tomada de medidas para a prevenção de acidentes se passaram a desenrolar cumulativa e coordenadamente, de acordo com o Código ISPS.

É claro que o conceito amplo de "segurança no mar" cruza-se com a "proteção de infraestruturas críticas" que tem um tratamento bastante aprofundado pela Comissão Europeia. Desta sorte, os portos e os transportes marítimos para um país periférico na Europa é uma matéria essencial que teve desenvolvimentos com a vigência do Decreto-Lei n.º 62/2011, de 9 de maio que veio transpor a Diretiva n.º 2008/114/CE, do Conselho de 8 de dezembro, estabelecendo os procedimentos de identificação e de proteção das infraestruturas crítica.

III. Conclusões

Uma questão que está hoje na ordem do dia – e que, dialeticamente, é bom que esteja sempre – respeita à configuração do sistema de atribuição de competências no âmbito de uma visão integrada da responsabilidade dos Estados no mar, sobre a qual se constata uma penúria de estudos minimamente aprofundados e de natureza holística.

O aproveitamento dos recursos, ligado ao desenvolvimento do país, é apenas uma das vertentes do mar, ligada mais ao conhecimento e ao empreendedorismo – intercalando o lazer, a exploração de recursos e os transportes, sendo as demais as que se relacionam com a defesa militar e com a segurança no mar – que desenvolvemos e conceptualizámos.

Na verdade, um planeamento estratégico global do Estado deverá partir, pela sua situação geográfica e pelos seus interesses diretos, do "mar" – seja como ativo, seja como meio, seja, até, como enquadrador de atividades tão diversas que vão da exploração de recursos ao turismo náutico – concedendo-lhe a sua relevância estruturante pois não basta reivindicar a extensão da plataforma continental.

Portugal veio lançar mão do disposto no do n.º 5 e do n.º 6 do artigo 76.º da Convenção de *Montego Bay,* os limites exteriores da plataforma continental poderão ser alargados até a um máximo de 350 milhas da linha de base ou a uma distância que não exceda 100 milhas da isóbata de 2500 metros embora, no caso das cristas submarinas, o limite exterior não deva exceder as 350 milhas da linha de base, devendo o Estado proponente submeter à Comissão de Limites da Plataforma Continental os novos limites.

Na sequência da Resolução do Conselho de Ministros n.º 9/2005, foi entregue, junto da Comissão de Limites da Plataforma Continental, a proposta portuguesa para o alargamento do limite da plataforma continental para lá das 200 milhas. Uma vez aprovada esta proposta, os fundos marinhos sob soberania nacional passarão a ter uma área de cerca de 4 milhões de km2, que corresponde a mais de 90% da área emersa da União Europeia.

Esta nova área de responsabilidade, se dúvidas houvesse, vem colocar o centro nevrálgico de Portugal no "mar" e que tem que ter o adequado reflexo numa estratégia nacional que não queira isolar o país ou que não queira, pura e simplesmente, "amarrá-lo", apenas, à Europa. Portugal precisa dos "dois braços", numa visão equilibrada entre o continente europeu e o atlântico.

Por isso, mais do que fragmentar, sem uma visão global, o atual sistema – seja ele o Sistema da Autoridade Marítima ou outro – e reformular as suas atribuições por outras entidades, parece de vital importância que se imponha o "mar" como fulcro de uma estratégia efetiva a nível nacional, que permita ultrapassar algum atraso na investigação e no conhecimento sobre os assuntos marinhos e, igualmente, permita promover a interoperabilidade das mercadorias com a Europa, quer pela via terrestre (ferrovia) quer pela via marítima e as necessárias componentes da segurança do mar e de defesa nacional.

É uma visão "bifronte do mar" – tal com o deus Jano da mitologia romana mas, agora, numa dialética dual nova: do passado/futuro de Jano para o mar/terra – pois o "mar" só é realizável através dos recursos e das pessoas "de terra" e desenvolve-se "por terra"!

A dinâmica das atividades económicas ligadas ao mar num país com a faixa atlântica como Portugal obrigará, seguramente, a que a exploração dos recursos do mar, os portos e o transporte marítimo sejam vistos como fontes de riqueza e de valor acrescentado e, mais do que tudo, que contribuirão para o seu (re) posicionamento estratégico com centro no "mar".

Mas, para tudo isto ser possível, a "segurança no mar" – que, note-se, interessa a todos os atores que nele intervêm – deve estar garantida e reforçada com a eficiência e com os meios mínimos que exigem, naturalmente, um planeamento a médio e a longo prazo de recursos materiais e humanos e uma coordenação mais efetiva entre as várias entidades, muito mais do que se tornar um objeto de litígio interno ou de reivindicação de grupos, tão arreigado, infelizmente, no nosso país!

Esse caminho levar-nos-ia a ser-nos aplicável uma expressão muito conhecida: *"De 'vitória em vitória' até à 'derrota final'".* E, aí, perderão, seguramente, todos os portugueses!

Bibliografia

Cajarabille, Victor Lopo, "As principais envolventes da segurança marítima e a postura da união europeia", Maria Scientia, edição n.º 3, julho 2012.

Neves, João M. Lopes Pires e Duarte, António Carlos Rebelo, "A Maritimidade Portuguesa. Do reavivar da consciência à oportunidade de As responsabilidades dos Estados no mar. O papel da UE e o empenhamento nacional no desenvolvimento", Edições Culturais da Marinha, Lisboa, Cadernos Navais n.º 44, janeiro/março 2013.

Ribeiro, António Silva, Planeamento da Ação Estratégica Aplicado ao Estado, Editorial Minerva, Lisboa, 2008.

Rodrigues, Alexandre Reis, "Estratégia de segurança marítima europeia. Porquê e para quê?", Jornal de Defesa a Relações Internacionais, 15 de janeiro de 2014.

Santos, R. Serrão, "O conhecimento do mar", Nação e Defesa, Primavera 2009, n.º 122, 4.ª série.

Semedo, Álvaro Milho, et al., A Segurança no Mar – uma visão holística, Aveiro, Mare Liberum, 2012.

SEGURANÇA RODOVIÁRIA

ALICE FEITEIRA

A segurança rodoviária é um sistema que visa a protecção de pessoas e bens no contexto da utilização das vias de circulação rodoviária por condutores de veículos e peões. No âmbito da União Europeia tem sido preconizada a uniformização dos termos relacionados com a segurança rodoviária e impulsionada a adopção de indicadores quantitativos – medidas e critérios de referência –, da sinistralidade rodoviária, de modo a permitir a comparação fidedigna dos dados disponíveis. Em 19 de Março de 2013, a Comissão Europeia publicou um documento de trabalho relativo a vítimas de ferimentos graves – de acordo com o critério vigente desde 2012 – da sinistralidade rodoviária, no qual é assumido o objectivo de reduzir o número deste tipo de vítimas no período de 2015 a 2020.

A amplitude das causas da sinistralidade rodoviária determina que as políticas públicas da segurança rodoviária abranjam diversos aspectos, designadamente a segurança das infra-estruturas e dos veículos, os agentes rodoviários (condutores e peões) e a definição de regimes legais específicos, considerando, ainda, o ambiente cultural onde se desenvolvem. Dados empíricos e científicos revelam que a eficiência das políticas públicas de segurança rodoviária resulta da existência de um ambiente rodoviário civilizado e assente em políticas integradas, nas quais participam entidades públicas e privadas, e da consolidação de mecanismos preventivos de segurança.

A nível nacional, as políticas de segurança rodoviária destinam-se, primordialmente, a concretizar programas de acção, definidos como Estratégias Nacionais de Segurança Rodoviária. No âmbito europeu, destaca-se o Programa de Segurança Rodoviária em vigor para o período de 2011-2020. Através de um conjunto de iniciativas levadas a cabo pela União e pelos Estados-membros, este Programa visa o reforço da segurança dos veículos e das infra-estruturas e a promoção das boas práticas dos condutores e peões. Todavia, atendendo ao princípio da subsidiariedade a concretização das medidas previstas cabe, em regra, às entidades nacionais, com ressalva das competências da União no que concerne à adopção de medidas atinentes ao estado técnico dos veículos, ao transporte de mercadorias perigosas e à segurança das redes viárias.

Em síntese, o referido Programa estabelece os seguintes objectivos estratégicos:

– **Reforço da segurança dos veículos**: através da adopção de medidas de segurança passiva e activa que se consubstanciam no aperfeiçoamento dos sistemas de alerta, dos sistemas de travagem de emergência e dos limitadores obrigatórios de velocidade. Neste contexto, refere-se o projecto relativo às inspecções técnicas periódicas de veículos, aos documentos de matrícula e aos controlos de estrada sobre veículos comerciais, aprovado pelo Parlamento Europeu em 11 de Março de 2014. Sublinha-se que o referido Programa prevê a adopção de mecanismos de segurança específicos para os veículos de duas rodas e de normas técnicas relativas a equipamentos de protecção para este tipo de veículos;

– **Construção de infra-estruturas rodoviárias mais seguras**: para o efeito, realça-se a importância das auditorias de segurança relativas a infra-estruturas rodoviárias, em especial, no que concerne às vias de circulação, aos mecanismos de sinalização, aos limites de velocidade, à definição ou reformulação de traçados viários e, por fim, à identificação dos denominados "pontos negros", isto é, troços da estrada de elevada sinistralidade. A Directiva 2008/96/CE, de 19 de Novembro de 2008, relativa à gestão da segurança das infra-estruturas rodoviárias, densifica o conceito de "segurança rodoviária" compreendido em todos os processos inerentes às infra-estruturas rodoviárias: construção, exploração e alteração substancial das vias rodoviárias;

– **Promoção de tecnologias inteligentes ao serviço da segurança rodoviária (STI)**: neste domínio estão em curso diversas iniciativas europeias, das quais se destaca o programa Safety, criado em 2006. Em Dezembro de 2008, a Comissão Europeia aprovou um Plano de Acção destinado ao desenvolvimento de transportes inteligentes (STI). A Directiva 2010/40/EU, de 7 de Julho de 2010, relativa ao STI no transporte rodoviário, destina-se a garantir a interoperabilidade dos STI existentes na União. Nestes mecanismos incluem-se os adaptadores automáticos de velocidade, os equipamentos aptos à manutenção do veículo na faixa de rodagem, os sistemas de prevenção de colisão e de chamada de emergência automática em caso de acidente (e-Call);

– **Educação e formação dos utilizadores da estrada**: a educação e formação cívicas dos agentes rodoviários, condutores e peões, são factores decisivos para o desenvolvimento de boas práticas e para o cumprimento das normas de segurança rodoviária. A aposta em programas de sensibilização contribui para a redução de comportamentos de risco e para alertar os utilizadores

SEGURANÇA RODOVIÁRIA

sobre os riscos inerentes ao incumprimento das regras de segurança rodoviária. Em termos concretos, os referidos programas destinam-se a promover a utilização de meios individuais de protecção (capacetes e cinto de segurança) e a alertar para as consequências do consumo de álcool, da prática de manobras perigosas e da violação dos limites legais de velocidade;

– **Intensificação da acção repressiva**: no âmbito da segurança rodoviária, o reforço dos controlos policiais nacionais e europeus é hoje um imperativo. A Directiva 2011/82/EU, de 25 de Outubro de 2011, estabelece instrumentos que permitem o intercâmbio transfronteiriço de elementos relativos às infracções das regras de trânsito. O regime de intercâmbio previsto, assente em "pontos de contacto" nacionais, alicerça-se numa rede de dados electrónicos que possibilita a aplicação de sanções, por violação das regras rodoviárias, a condutores não residentes. Com a salvaguarda de dados pessoais, a existência de um centro de dados, associado ao sistema, permite agrupar ficheiros estatísticos nacionais e difundir de forma eficiente esse tipo de informação;

– **Redução do número de feridos em resultado de acidentes rodoviários:** no contexto da União, os dados quantitativos relativos ao número de feridos resultam da integração dos elementos nacionais provenientes dos serviços de emergência, em caso de acidentes rodoviários, e da recolha e análise de dados sobre feridos graves e ligeiros e sobre tipologia das lesões. No que concerne ao apuramento de índices de lesões corporais graves e de mortalidade, assume particular relevância o Banco de dados CARE, criado ao abrigo da Decisão 93/704/CE do Conselho. A compilação de dados referentes ao padrão estatístico de mortalidade é aferida pelo critério do número de mortos a trinta dias. Cabe ainda ao Observatório Europeu da Segurança Rodoviária (ERSO) o apuramento estatístico da morbilidade e mortalidade rodoviária. Note-se que é assumido no Programa de Segurança Rodoviária Europeu o objectivo estratégico de diminuir, segundo uma média anual de 7%, a sinistralidade rodoviária. Estimativas internacionais, provenientes da Organização Mundial de Saúde e do Banco Mundial, dão conta de que em 2020 os traumatismos rodoviários poderão ascender ao terceiro lugar na lista das doenças incapacitantes. O facto de as vítimas dos traumatismos rodoviários serem maioritariamente jovens, determina maiores custos, sociais e económicos, em comparação com outro tipo de sinistros e de doenças. O Conselho Europeu de Segurança Rodoviária (ETSC – European Transport Safety Council) avalia o impacto deste tipo de sinistralidade como um importante problema de saúde pública, tanto pela natureza das lesões produzidas, como por os danos serem, em regra, superiores aos apresentados oficialmente.

SEGURANÇA RODOVIÁRIA

Em termos nacionais, a política pública de segurança rodoviária encontra-se vertida num Plano Nacional de Segurança Rodoviária (PNPR), aprovado em 2003, e na Estratégia de Segurança Rodoviária 2008-2015, formulada pela Autoridade Nacional de Segurança Rodoviária (ANSR), entidade à qual cabe a responsabilidade da sua execução. A ANSR tem ainda a seu cargo a elaboração e apresentação do Anuário de Segurança Rodoviária, documento que reúne informações e análises que permitem uma melhor compreensão do fenómeno da sinistralidade rodoviária em Portugal. A Estratégia de Segurança Rodoviária nacional prossegue primordialmente os seguintes objectivos estratégicos:

- Redução da sinistralidade rodoviária;
- Reforço dos controlos rodoviários quanto aos utilizadores deste espaço e aos veículos em circulação;
- Aperfeiçoamento de novas tecnologias de segurança rodoviária;
- Melhoria da infra-estrutura rodoviária;
- Sensibilização dos condutores de veículos e dos peões para a adopção de boas práticas no ambiente rodoviário;
- Aperfeiçoamento dos mecanismos de fiscalização e da repressão;
- Reforço dos meios de socorro e da emergência;
- Desenvolvimento de uma cultura de condução defensiva;
- Aumento da fiabilidade das estatísticas de sinistralidade.

A prossecução dos objectivos enunciados decorre da sensibilização e formação dos diversos agentes – condutores de veículos de duas rodas a motor, condutores de automóveis ligeiros e peões – e do controlo dos factores de risco, designadamente: medidas específicas de circulação no interior das localidades, prevenção e repressão da condução sob o efeito de álcool e de substâncias psicotrópicas, controlos dos limites de velocidade e utilização de dispositivos de segurança. Outros factores como a prontidão do socorro às vítimas, o melhoramento das condições das infra-estruturas rodoviárias e das condições de segurança dos veículos revelam-se essenciais para a diminuição da sinistralidade rodoviária. Aos referidos grupos e factores de risco devem associar-se indicadores de resultados, designadamente os números de referência histórica e as comparações internacionais (*benchmark* evolutivo), com o objectivo de avaliar os níveis de execução dos objectivos estabelecidos.

Em suma, as políticas de segurança rodoviária adoptadas no quadro da União Europeia e dos Estados-membros reflectem o impacto preocupante da sinistralidade rodoviária, em especial a nível económico e social, e a exigência de concertação de esforços, atendendo a aspectos conexos como a segurança dos veículos, o traçado das vias e os níveis de prontidão de socorro às vítimas. A responsabilidade da segurança rodoviária encontra-se repartida por diversos agentes, pelo que a eficácia das políticas públicas depende da consagração de metodologias e objectivos que promovam a segurança rodoviária como uma responsabilidade colectiva e um exercício de cidadania.

Bibliografia
www.europarl.europa.eu/aboutparliament/pt/displayFtu.html?ftuld
www. ansr.pt
http://ec.europa.eu/eurostat
SWOV – Institute for Road Safety Research:
European Road Safety Observatory – safetynet

SENTIMENTO DE INSEGURANÇA

Nelson Lourenço

O sentimento de insegurança é correntemente definido como um conjunto de representações e de manifestações, quer individuais quer colectivas, de inquietação, de perturbação ou de medo e de preocupação pela ordem social. Surge associado a um clima generalizado de ansiedade, cuja origem assenta no complexo e muito rápido processo de mudanças sociais que caracteriza a sociedade moderna e em que o aumento da criminalidade é uma das consequências mais visíveis.

Numa perspectiva analítica o sentimento de insegurança inclui duas dimensões: a preocupação com o crime, i.e. com a sua etiologia; o medo do crime, i.e. a avaliação, ou representação, que os indivíduos fazem sobre a possibilidade de serem vítimas de um crime. Retenha-se que, independentemente de terem sido ou não vítimas ou intervenientes em actos de violência, o medo do crime é sempre *real* nos seus efeitos para os indivíduos que o sentem.

O significado social e político actual da questão da insegurança surge, assim, como a resultante da combinação do aumento da criminalidade com um processo de selecção e construção social do crime como risco. Com efeito, apenas deste modo é explicável a centralidade da criminalidade relativamente a outros riscos que caracterizam a modernidade.

Em contexto urbano – ou essencialmente urbano – as pessoas são confrontadas com um vasto conjunto de actos, não forçosamente associados ao crime ou a manifestações delinquentes, portanto fora de qualquer moldura penal, que *atropelam* o seu quotidiano. Correntemente designados por incivilidades, estes actos são contribuintes líquidos para a emergência do sentimento de insegurança, embora menos visíveis nos estudos sobre insegurança que em regra assentam em inquéritos de vitimação.

A cristalização do sentimento de insegurança no crime é, assim, facilitada pela sua própria natureza: o crime afecta o indivíduo no seu corpo, nos seus haveres e na violação do seu domicílio, isto é, na sua privacidade. Na representação social dos indivíduos e da comunidade, o crime associa-se a outras formas de violência e às incivilidades, emergindo como um desafio, um elemento perturbador da ordem instituída, isto é, com capacidade de pôr em risco os mecanismos quer informais quer institucionais de controlo social.

A emergência do sentimento de insegurança, ao minar a confiança dos cidadãos na capacidade do Estado de Direito em assegurar a sua segurança, pode contribuir activamente para a assunção de ideologias securitárias e para a aceitação de quadros restritivos das liberdades e direitos fundamentais. Ao favorecer a emergência de lógicas identitárias, o sentimento de insegurança associa-se frequentemente a comportamentos marcadamente xenófobos e à proposição de políticas restritivas de imigração.

O sentimento de insegurança é essencialmente urbano. É na cidade que problemas sociais como o desemprego, a toxicodependência, a exclusão social, a desagregação da família e das redes de sociabilidade são uma presença constante do quotidiano, gerando um ambiente propiciador do aumento da criminalidade e particularmente da pequena criminalidade. É também na cidade que os comportamentos cautelares são mais frequentes, que o número de denúncias de crimes é mais baixo e mais forte a representação de uma polícia pouco eficaz e incapaz de assegurar a manutenção da segurança e da ordem social, potenciando o efeito do aumento do crime e particularmente da pequena criminalidade na construção do sentimento de insegurança.

O medo do crime tende a reproduzir uma lógica situacional, em que os indivíduos, de acordo com o seu conhecimento da situação vivida, adequam o medo ao risco percepcionado, tomando medidas cautelares mais ou menos fortes. Na preocupação pela ordem social está mais presente o que se designa por lógica cultural, que se associa frequentemente a um sentimento de auto--identidade e de classificação social em que os *outros* são percepcionados como os actores supostamente causadores da perturbação da ordem, da violência e da criminalidade.

Bibliografia
Roché, Sébastian, *Le Sentiment d'Insécurité*, Paris, PUF, 1993.
Roché, Sébastian, *La Société Incivile*, Paris, Seuil, 1996.
Lourenço, Nelson e Lisboa, Manuel, "Violência, Criminalidade e Sentimentos de Insegurança", *Textos*, Centro de Estudos Judiciários, n.º 2 (91-92/92-93), 1996, pp. 45-64.

SERVIÇO CÍVICO

Francisco Proença Garcia

O serviço cívico surge nos termos do art. 276.º, n.º 4, da CRP como uma obrigação para o objector de consciência. Uma vez atribuído o estatuto de objector de consciência nos termos da Lei n.º 7/92 de 12 de Maio, o cidadão fica isento do serviço militar e sujeito à prestação de um serviço cívico de natureza civil. O serviço cívico relacionado com a situação de objector de consciência, consiste num serviço de natureza exclusivamente civil, concretizado numa participação útil em tarefas necessárias à colectividade, possibilitando simultaneamente uma adequada aplicação das normas e interesses vocacionais dos objectores.

Esta disposição da CRP deriva do princípio da igualdade, que seria infringido caso os objectores ficassem isentos de cumprir serviço cívico, uma vez que o serviço militar consiste numa obrigação que se estende a todos os cidadãos. Para evitar esta situação de desigualdade devem os "os objectores de consciência ao serviço militar a que legalmente estejam sujeitos prestarão serviço cívico de duração e penosidade equivalentes à do serviço militar armado." (art. 276.º, n.º 4, *in fine*, da CRP). Ainda segundo o mesmo artigo da CRP, o serviço cívico pode ser estabelecido em substituição ou complemento do serviço militar e tornado obrigatório por lei para os cidadãos não sujeitos a deveres militares, especificando-se ainda que nenhum cidadão poderá conservar nem obter emprego do Estado ou de outra entidade pública se deixar de cumprir os seus deveres militares ou de serviço cívico quando obrigatório, bem como nenhum cidadão pode ser prejudicado na sua colocação, nos seus benefícios sociais ou no seu emprego permanente por virtude do cumprimento do serviço militar ou do serviço cívico obrigatório.

O serviço cívico deve ser prestado nas seguintes áreas preferenciais: Saúde (Assistência em hospitais e outros estabelecimentos de saúde); apoio social e comunitário (luta contra o tabagismo, o alcoolismo e as drogas; assistência a deficientes, crianças e idosos; prevenção e combate a incêndios e socorros a náufragos; assistência a populações sinistradas); conservação do meio ambiente (manutenção, repovoamento e conservação de parques, reservas naturais e outras áreas classificadas), animação cultural (Protecção do património cultural; colaboração em acções de alfabetização e promoção cultural).

O serviço cívico dos objectores de consciência pode ser prestado em entidades públicas ou privadas. A recusa em prestar este serviço leva necessariamente à punição do infractor.

Bibliografia
Constituição da república Portuguesa.
Lei n.º 7/92, de 12 de Maio.

SERVIÇO CÍVICO

Decreto-Lei n.º 191/92, de 8 de Setembro.
Coutinho, Francisco Pereira (2001) – "Sentido e limites do direito fundamental à objecção de consciência". In: http://www.estig.ipbeja.pt/ac_direito/Coutinho01.pdf.

SERVIÇO DE ESTRANGEIROS E FRONTEIRAS

André Ventura

O serviço de estrangeiros e fronteiras é um serviço de segurança com competências próprias de polícia criminal, tendo como missão fundamental controlar a circulação de pessoas nas fronteiras, a permanência e atividades de estrangeiros em território nacional, bem como estudar, promover, coordenar e executar as medidas e ações relacionadas com aquelas atividades e com os movimentos migratórios.

Historicamente, o SEF tem estado integrado em diversos organismos públicos, ora de natureza administrativa, ora policial, dependendo da orgânica e do figurino institucional do Ministério da Administração Interna.

Assim, no final do século XIX, a função de controlo dos estrangeiros e dos movimentos migratórios estava cometido à Polícia de Inspecção Administrativa, mas, a partir de 1918, foi atribuída a um órgão novo designado de Polícia de Emigração. Chegando a estar integrado na PIDE e, antes de 1974, na Direção Geral de Segurança (DGS), foi só a partir de 1986 que o SEF adquire o seu figurino jurídico e institucional que hoje lhe conhecemos, através do Decreto-Lei n.º 440/86, de 31 de dezembro.

As funções do Serviço de Estrangeiros e Fronteiras (SEF) dividem-se hoje em quatro áreas fundamentais: operativas, administrativas, consultivas e de representação.

Em relação às primeiras, o SEF tem a responsabilidade primeira no âmbito da vigilância e controlo das fronteiras, incluindo a zona internacional dos portos e aeroportos, a circulação de pessoas, podendo impedir o desembarque de passageiros e tripulantes de embarcações e aeronaves indocumentados ou em situação irregular. De igual forma, nos termos do n.º 1 do art. 2.º da sua lei orgânica, cabe a este organismos a fiscalização das actividades dos estrangeiros em todo o território nacional e, da mesma forma, a investigação do crime de auxílio à imigração ilegal – e da criminalidade conexa –, área em que se assume verdadeiramente como polícia da imigração.

No âmbito da competência administrativa, o SEF adquire especial importância na medida em que lhe cabe, por exemplo, manter a necessária colaboração com as entidades às quais compete a fiscalização do cumprimento da lei reguladora do trabalho de estrangeiros e instaurar, instruir e decidir os processos de expulsão administrativa de estrangeiros do território nacional e dar execução às decisões de expulsão administrativas e judiciais, bem como acionar, instruir e decidir os processos de readmissão e assegurar a sua execução.

Por sua vez, enquanto entidade consultiva, o SEF tem importantes competências na área dos pedidos de asilo, concessão de naturalização e estatuto de igualdade cabendo-lhe, por exemplo, analisar e dar parecer sobre os pedidos de concessão de estatutos de igualdade formulados pelos cidadãos estrangeiros abrangidos por convenções internacionais. Também nos processos de concessão de nacionalidade portuguesa por via de naturalização, cabe ao SEF parecer obrigatório para o membro do Governo responsável.

Finalmente, enquanto entidade responsável no âmbito da cooperação, cabe ao SEF, entre outras, assegurar a gestão e a comunicação de dados relativos à parte nacional do Sistema de Informação Schengen (NSIS) e, sem prejuízo das competências de outras entidades, de outros sistemas de informação comuns aos Estados membros da União Europeia no âmbito do controlo da circulação de pessoas, nomeadamente o Sistema de Informação de Vistos (VIS) e o Sistema de Informação Antecipada de Passageiros (APIS), bem como os relativos ao sistema de informação do passaporte eletrónico português e ainda cooperar com as representações diplomáticas e consulares de outros Estados, devidamente acreditadas em Portugal, nomeadamente no repatriamento dos seus nacionais.

Em termos orgânicos, o SEF está organizado verticalmente, compreendendo uma estrutura hierárquica bem definida, compreendendo quatro órgãos fundamentais: o Director Nacional, o Conselho Administrativo, os Serviços Centrais e os Serviços Descentralizados.

Nos últimos anos, fruto das necessidades específicas da tutela e de diversas agremiações civis, mas também de uma renovada relação com as universidades e outras comunidades científicas, o SEF tem vindo a desenvolver uma área técnico-pedagógica de considerável relevo, nomeadamente no estudo, análise, tratamento e difusão da informação relacionada com os movimentos migratórios e as comunidades estrangeiras em Portugal. Para esse feito foi criada, efectivamente, a Direcção Central de Informação e Documentação cuja missão essencial é, nos termos do art. 26.º da lei orgânica do SEF *"centralizar, tratar e difundir informação relacionada com os movimentos migratórios, estudar as medidas destinadas a apoiar a política de imigração, proceder à identificação e peritagem documental, registo e difusão dos movimentos migratórios e informação de natureza policial, bem como centralizar o controlo da emissão de documentos de viagem"*.

Bibliografia
Mascarenhas Barreto, *História da Polícia em Portugal: Polícia e Sociedade*, Braga Editora, 1979.
Reis de Oliveira, Catarina, *Monitorizar a integração de Imigrantes em Portugal*, ACM, 2014.

SERVIÇO MILITAR

FRANCISCO PROENÇA GARCIA

De acordo com a Lei n.º 174/99, de 21 de Setembro, Lei do Serviço Militar, o conceito e natureza do serviço militar são: a defesa da Pátria como direito e dever fundamental de todos os portugueses; integrando-se o serviço militar no contributo para a defesa nacional, no âmbito militar, a prestar pelos cidadãos portugueses, constituindo ainda objectivo do serviço militar a valorização cívica, cultural, profissional e física dos cidadãos.

A prestação do serviço militar em tempo de paz baseia-se no voluntariado, no entanto tal não prejudica as obrigações dos cidadãos portugueses inerentes ao recrutamento militar e ao serviço efectivo decorrente de convocação ou de mobilização, nos termos da lei.

Podem ser consideradas como situações do serviço militar: o serviço efectivo (situação dos cidadãos enquanto permanecem ao serviço das FA); a reserva de recrutamento e a reserva de disponibilidade, sendo que o serviço efectivo abrange o serviço efectivo nos quadros permanentes, o serviço efectivo em regime de contrato; em regime de voluntariado ou decorrente de convocação ou mobilização.

O período de sujeição dos cidadãos portugueses a obrigações militares decorre entre o primeiro dia do ano em que completam 18 anos de idade e o último dia do ano em que completam 35 anos de idade.

Bibliografia
Lei n.º 174/99, de 21 de Setembro.

SERVIÇOS DE INFORMAÇÕES

RUI PEREIRA
ALICE FEITEIRA

A actividade de produção de informações resultante da actuação de órgãos da administração pública, designados por serviços de informações ou de *intelligence*, na terminologia anglo-saxónica, representa um núcleo constitutivo do Estado de direito democrático. Os serviços de informações integram a estrutura administrativa central do Estado tendo como escopo principal prevenir e detectar acções disruptivas da normalidade da vida em sociedade ou a afectação de interesses essenciais ao funcionamento do Estado. Pela natureza da sua actividade, os serviços de informações desenvolvem uma actuação discreta e silenciosa na

SERVIÇOS DE INFORMAÇÕES

prossecução das missões de que estão legalmente incumbidos, representando a tutela do interesse nacional e a defesa dos valores constitucionalmente estabelecidos a sua *ratio*.

Nos Estados totalitários, os serviços de informações não costumam existir autonomamente. Em regra, são as polícias políticas como, em Portugal, a PIDE/DGS até 1974) que produzem informações e associam a esta competência, por vezes, a fiscalização de fronteiras e até a instrução de processos. Nos sistemas democráticos, encontram-se, constitucionalmente e legalmente, definidas as formas de interacção entre a acção política e a actividade de produção de informações, sujeitando-se esta última aos ditames constitucionais e legais, que exprimem o pacto social.

Todavia, a legitimação democrática dos serviços de informações não assenta exclusivamente no enquadramento constitucional e infraconstitucional que rege as respectivas competências, meios e missões, sendo preenchida igualmente pela compreensão da comunidade política quanto aos valores e interesses socialmente relevantes e a proteger pelos serviços de informações, contribuindo também para essa avaliação o lastro histórico dos serviços de informações junto dessa comunidade. Quanto à legitimação material subsiste, também, a dificuldade de os serviços de informações – pela natureza das actividades que desenvolvem e pela sujeição das suas actividades ao segredo de Estado – fazerem prova, de forma imediata, do seu valor acrescentado junto da comunidade.

Apesar das dificuldades enunciadas, nas sociedades contemporâneas é consensual os cidadãos entenderem a actividade desenvolvida pelos serviços de informações como um contributo legítimo e relevante na tutela dos seguintes interesses: (*i*) interesses do Estado – (no domínio do exercício de poderes de soberania: diplomáticos, militares, e executivos) (*ii*) interesses da comunidade – (na defesa dos valores de cidadania: direitos, liberdades e garantias e, em geral, dos valores constitucionalmente protegidos) – e, ainda, quando assim é permitido: (*iii*) de interesses privados (no âmbito da denominada inteligência competitiva, ou inteligência económica).

Refira-se, igualmente, que nos sistemas políticos democráticos, a actuação dos serviços de informações, nos domínios das suas missões e competências com recurso a meios humanos e materiais legalmente previstos, encontra-se subordinada a exigentes mecanismos de fiscalização e controlo internos e externos, que envolvem, em regra, os parlamentos, para além dos próprios tribunais. Sublinha-se que neste domínio da administração pública os códigos éticos e deontológicos assumem particular relevância, encontrando-se especialmente onerados os agentes e funcionários dos serviços de informações com exigências funcionais.

Os serviços de informações podem ser civis ou militares e ter missões no âmbito da segurança interna ou externa. Há vários modelos possíveis, que oscilam entre os Estados que concentram a produção de informações num só serviço (Espanha e Brasil, por exemplo) e os Estados que dispõem de uma grande multiplicidade de agências, como os Estados Unidos da América. A proliferação de serviços, para além de representar dispêndio de recursos públicos, pode dificultar a circulação de informações e criar conflitos de competências, como se verificou no caso dos atentados de 11 de Setembro de 2001.

Nas democracias ocidentais as entidades de fiscalização e controlo, de natureza interna ou externa aos serviços, embora integrem a estrutura orgânica dos serviços de informações, caracterizam-se pela autonomia funcional e independência e respondem, em regra, perante os respectivos parlamentos. Ainda, no domínio da fiscalização e controlo dos serviços de informações tem vindo a assumir socialmente relevância um controlo "informal" dos serviços de informações, levado a cabo em *fora* académicos e sociais, e por órgãos de comunicação social, quanto às actividades prosseguidas e aos métodos utilizados.

A definição de limites à actuação dos serviços de informações é feita de forma muito rigorosa em Estados democráticos. Assim, para além do genérico respeito por direitos, liberdades e garantias, em vários Estados, como Portugal, os serviços estão proibidos de exercer funções que caibam nas competências dos órgãos de polícia criminal ou das autoridades judiciárias e de desenvolver investigações criminais. A distinção entre informações e investigação criminal é um obstáculo ao surgimento de polícias políticas. Porém, as tendências mais restritivas, como a proibição de interceção de comunicações que vigora em Portugal, podem dificultar a acção dos serviços de informações.

Bibliografia

Clark, M Robert, *Intelligence analysis, a target-centric approach*, 2.ª ed., CQPress, Washington, D.C. 2006.

Michael Herman, *Intelligence power in peace and war*, Cambridge University, 2006.

Williams Vaughan Nick, *Critical Security Studies – an introducion*, Routledge-Taylor and Francis Group, London and New York, 2010.

Uri Bar- Joseph, *Intelligence Intervention in The Politics of Democratic States: the United States, Israel and Britain*, The Pennylvania State University, 1995.

Kent, Sherman, *Strategic Intelligence for American Worl Policy*, Princeton: Princeton University 1949.

Kieran Williams e Dennis Deletant, *Security Intelligence in New democracies, The Czech Republic, Slovakia and Romania*, Palgrave, 2001.

SOCIEDADE DE RISCO

Felipe Pathé Duarte

O risco é ubíquo a toda a sociedade. Todavia, a sua definição parece-nos demasiado ambígua. É com frequência associado ao perigo e à vulnerabilidade, sendo, por isso, transversal a quase todos os sectores da nossa vida. O risco tornou-se assim alvo de estudo tanto das Ciências Naturais, como das chamadas Ciências Sociais. As primeiras estão mais focadas na previsão e na análise das causas, as segundas na percepção e prevenção.

Debrucemo-nos nas Ciências Sociais. Aqui, a noção de risco leva-nos para um conjunto de probabilidades e possibilidades acerca de uma ocorrência futura. Se partirmos da dinâmica social para esta análise, a incerteza da interpretação é permanente. Mais ainda se tivermos em conta que a análise do risco procura uma leitura não sobre o que está a acontecer, mas sobre o devir. Nessa contingência a percepção de risco é sempre variável, dependendo do actor e do contexto. Porém, não obstante a inconsistência da noção de risco, a demarcação entre possibilidade e a realidade factual e a incerteza serão sempre ponto de partida para análise.

É na sequência do desastre nuclear de Chernobyl, em 1986, que o sociólogo germânico Ulrich Beck apresenta o conceito de "Sociedade de Risco". Refere-se aos crescentes riscos ambientais, sociais, políticos e económicos que escapam ao controlo e antecipação das sociedades contemporâneas. Ou seja, parte da incerteza e da impossibilidade de controlo como sendo uma marca da essencial do mundo de hoje. Foi uma abordagem de enorme impacto aquando da sua fase inicial, tendo sido, posteriormente, sujeita a várias interpretações críticas.

Não nos podemos referir à "Sociedade de Risco", sem aludir à evolução técnico-científica do século passado. Se por um lado essa evolução trouxe um bem-estar físico à sociedade, por outro contribuiu para o exaurir dos recursos naturais do planeta e para a degradação ambiental. Também podemos associar a este desenvolvimento o fenómeno da globalização, que permite uma ampla e plena troca de informação e bens. Por aqui se cria uma nova e abrangente dinâmica no relacionamento interpessoal. Esta alteração das relações sociais, ainda em aberto, trouxe consequências imprevisíveis, contraditórias e de difícil controlo. Embora tenha facilitado acessos e comunicações a um nível global, levou, por um lado, a uma generalização identitária, e, por outro, a uma desenfreada competição económica. O primeiro caso despertou uma atitude reactiva por parte de algumas identidades, o segundo levou a um agravar da incerteza expectante no que diz respeito à condição socioecónomica. As alterações ambientais trazidas pela evolução técnico-científica e a transformações sociais e políticas resultantes da globalização trouxeram uma percepção diferente de risco a que as sociedades contemporâneas estão sujeitas.

SOCIEDADE DE RISCO

Para Ulrich Beck o mundo ocidental sofreu uma dura ruptura transformativa na passagem das sociedades feudais para as sociedades industrializadas e capitalistas. Para além do progresso científico e intelectual, estas sociedades, ditas modernas, criaram uma nova forma de produção e distribuição de bens. Ambas as variáveis influenciaram fortemente os relacionamentos ente os homens, sendo que a última vem acentuar as desigualdades sociais na diferença do acesso aos meios de produção.

Todavia, o desenvolvimento desta modernidade industrializada culmina noutra ruptura transformativa. Ulrich Beck e Anthony Giddens catalogaram a fase seguinte de "modernidade reflexiva". Ou seja, é a própria sociedade que reflecte sobre as suas bases, pondo em causa as certezas paradigmáticas que a definem. Esta espécie de segunda modernidade (ou pós-modernidade) reflectiu sobre si, pondo em causa as estruturas que eram base das sociedades industriais e capitalistas. Foi a consciencialização da imprevisibilidade dos riscos e perigos que levou a uma ruptura. Isto é, durante a modernidade, eivada de uma racionalidade científica, era mister controlar a natureza, de forma a libertar a humanidade das restrições, através do desenvolvimento tecnológico-científico. Porém, nos dias de hoje, a modernidade (ou pós-modernidade) tornou-se paulatinamente reflexiva – transformou-se no seu próprio objecto de reflexão. Consciencializando-se das alterações nos planos económico e social, passou a focar-se na gestão dos riscos provocados pela utilização, actual ou potencial, de certas tecnologias e das consequências da globalização.

Surge assim uma sociedade mais crítica, ficando mais vulnerável porque mais reflexiva. Perdendo as certezas estruturantes, as sociedades industriais deram lugar à "Sociedade de Risco". Nas últimas décadas, as evoluções tecnológicas ao mesmo tempo que geram benefícios geram consequências inesperadas, complexas e pouco desejadas. São efeitos colaterais negativos para as sociedades, que escapam ao controlo convencional característico das sociedades modernas e industriais. As alterações sucedem a um ritmo e a uma intensidade cada vez maior. E hoje o poder político revela-se cada vez menos capaz de agir sobre essa condição, nomeadamente porque a espacialidade e temporalidade destes novos riscos excedem a condição geopolítica que define um Estado-Nação. A nossa vulnerabilidade está exposta à proliferação de armas de destruição em massa, à poluição ambiental, aos desastres naturais e às alterações climáticas, à escassez de recursos naturais, ao radicalismo político e/ou religioso, aos Estados frágeis ao conflitos regionais, ou aos ciberataques, ao terrorismo e à criminalidade organizada transnacional.

A expectativa do devir, a percepção do risco e da imprevisibilidade tornaram-se então eixo da contemporaneidade. A iminência e incerteza de um acontecimento são normalidade e elemento base do nosso quotidiano. Assim, o risco, associado à incerteza e probabilidade, influencia cada vez mais o processo de decisão. Condiciona-se acção humana, sendo que hoje a decisão assenta mais na ideia de insegurança que na de progresso.

Bibliografia

Beck, Ulrich, *Risk Society: Towards a New Modernity*; trad. inglesa, Londres: Sage Publications, 1992.

Beck, Ulrich, *World at Risk*; trad. inglesa, Cambridge: Polity Press, 2008.

Giddens, Anthony; *As consequências da modernidade*, trad. port., Oeiras: Celta Editora, 1995.

Beck, Ulrich, *O Mundo na Era da* Globalização, trad. port., Lisboa: Presença, 2000.

SUBVERSÃO

Felipe Pathé Duarte

Na subversão está implícito o acto ou efeito de subverter, o que, em si, implica a existência de uma ordem prévia que se quer ver destituída e substituída. Subverter implica uma mudança, que normalmente é brusca, e a imposição de uma ordem divergente da anterior. Portanto, a subversão, como corrosão de um dado sistema ordenado, é um instrumento de acção efémero que tem como fim último a mudança através de uma ruptura total ou parcial com a conjuntura e a queda ordem instituída. Em geral, existe desde que o homem tem consciência política, vontade de alteração e de tomada de poder da ordem em vigor, mas incapacidade de o fazer convencionalmente ou de uma forma aberta (pela assimetria de forças e/ou ineficácia em combate directo).

As estruturas que sustentam este tipo de acto diferem ao nível de valores, ordem jurídica, social e política da situação vigente. Por isso, tendem a ser marginais. Na subversão está latente um quase-processo dialéctico entre a conservação e a destruição do existente.

A acção subversiva é objecto de estudo de diversas disciplinas. Há três que a abordam mais aprofundadamente. Uma de carácter mais circunstancial, centrada numa forma de conflitualidade política externa ou intra-estatal, que procura as causas e os fins do movimento perpetrador da acção, bem como o tipo de resposta a ter em conta – estamos, portanto, no campo da análise da Ciência Política e de Polemologia. Há também a componente legal do combate à acção subversiva que reside no campo da jurisprudência, mais propriamente do foro do Direito Penal e Constitucional. E por fim, há uma outra, mais conceptual, que analisa a essência do fenómeno subversivo partindo da Filosofia Política e assentando na análise da dinâmica social.

A subversão pode ou não chegar à acção armada. Sobre este último tipo de subversão, a armada, encontraremos autores tão díspares, cultural e cronolo-

SUBVERSÃO

gicamente, como Sun Tzu (século IV a.C.), Carl von Clausewitz (século XIX), T.E. Lawrence (século XX) ou, já na segunda metade do século passado, Mao Tse-Tung, Nguyen Giap ou Carlos Marighella, só para citar alguns exemplos.

Das diversas enunciações que encontrámos sobre subversão armada, quase todas tinham em comum quatro tópicos: a) ser uma categoria de guerra interna; b) a desigualdade de estatuto jurídico-político entre as partes em confronto; c) ter como meio a violência armada, por forma a corroer, desgastar e restringir a capacidade de reacção do poder em causa; d) ter como fim a alteração e/ou conquista da ordem e do poder vigentes.

a) O facto de ser uma categoria de guerra interna leva-a a que se desenrole necessariamente dentro de um Estado e que englobe uma participação activa de uma parte significativa da sociedade civil – seja pela comunhão ideológica e política, seja no apoio táctico à acção armada. Embora se desenrole interinamente, também poderá ter uma dimensão internacional, quer pelo possível apoio indirecto de outros Estados quer pelo efeito desestabilizador da guerra. Mas a definição não se pode afundar na configuração interna. Há acções subversivas cuja matriz ideológica excede a dimensão puramente territorial e o próprio conceito de Estado.

b) A desigualdade de estatuto jurídico-político prende-se com a questão da diferença de poder entre as partes beligerantes. Uma, a subversiva, não é reconhecida enquanto Estado, nem lhe é conferida a legalidade política (não obstante a pretensa legitimidade). Neste caso, o poder instituído, a outra parte, detém a possibilidade de legislar e, logo, de declarar como ilegal e sancionar actividades e organizações que considere subversivas ou atentatórias ao exercício do seu poder. Daí ser crucial para o grupo subversivo a procura da legitimidade entre a população.

c) Esta desigualdade de estatuto leva-nos à assimetria de combate. O domínio político efectivo, o controlo de grande parte do território e das principais instituições estatais, como as forças armadas e serviços de segurança, concede ao poder formal uma superioridade bélica e diplomática que o perpetrador da subversão armada não tem. Conscientes disso, são levados a enveredar por tácticas, militarizadas ou não-militarizadas, de guerra não-convencional, que poderão ter fortes repercussões estratégicas. Falamos, por exemplo, de acções terroristas e de acções de guerrilha. Acresce ainda o facto da subversão armada se desenrolar num tempo próprio, com uma estratégia total, muitas vezes sem combate directo, que, por exaustão, procura lentamente aniquilar o inimigo e submetê-lo à sua vontade.

d) Mas, seja qual for a orientação política, a finalidade de quem participa numa subversão armada é sempre a derrocada, e possível tomada, do poder vigente e a sua substituição por outro sistema político. Em geral, está sempre latente uma doutrina política revolucionária que se serve da subversão armada para a consumação da uma espécie síntese universal. Não se quer com isto dizer que toda a subversão armada seja revolucionária. Todavia, no facto de visar a transformação no imediato, são extremamente úteis às doutrinas revolucionárias. Daqui facilmente se parte para um enquadramento da realidade política assente numa tensão bipolar de amigo/inimigo ou num maniqueísmo moral de "bom" e "mau". Note-se que uma ideologia revolucionária a despertar uma subversão armada resulta sempre numa hostilização absoluta do inimigo.

A definição aqui apresentada procura não restringir o conceito de subversão armada a um formalismo. Estamos conscientes de que a realidade o excede. Este conceito não define a subversão armada pelas causas nem pelos objectivos que cada grupo pretende atingir. Porém, cremos que as causas são sempre políticas, podendo a retórica variar para questões étnicas, religiosas, sociais, etc. Os objectivos poderão passar pela libertação de um território/povo, conquista do poder, melhores condições económicas e sociais, estabelecimento de um determinado sistema ideológico, criação de uma nova sociedade política, etc.

Convém também lembrar que a subversão armada se distingue daquele tipo de violência política que, no limite, não apresenta as características próprias de uma guerra. O atentado político, o golpe de estado ou militar, a guerra de guerrilha (urbana ou rural), o terrorismo, a insurreição ou, por exemplo, a sabotagem não são sinónimos de subversão armada. São tácticas utilizadas na subversão armada que poderão ter repercussões estratégicas, ou seja, poderão ter como resultado uma alteração na relação de forças entre os actores em conflito. Da mesma forma, não se deverá confundir com subversão armada o emprego isolado da força de um Estado contra outro(s).

A subversão armada não deixa de ser guerra, porque é um confronto armado e organizado entre grupos políticos, determinado espacialmente e com uma regularidade temporal. É subversiva, porque, pela corrosão do poder formal, procura a alteração do *status quo* político e social.

Bibliografia

Couto, Abel Cabral, *Elementos de Estratégia – Apontamentos para um Curso*, Lisboa: Instituto de Altos Estudos Militares, 1989.

Duarte, Felipe Pathé, Violência Política: Do Estado à Subversão do Estado – Análise sobre um Modelo Conceptual», *Perspectivas – Portuguese Journal of Political Science and International Relations*, 2012.

Garcia, Francisco, *Da Guerra e da Estratégia – A Nova Polemologia*, Lisboa: Prefácio, 2010.

Kilcullen, David, *The Accidental Guerrilla – Fighting Small Wars in the Midst of a Big One*, Londres: Hurst & Company, 2009.

Oliveira, Hermes Araújo, *A Filosofia da Subversão e o Homem Novo*, Vila Nova de Famalicão: Centro Gráfico de Famalicão de José Casimiro da Silva, 1971.

TERRORISMO

José Manuel Anes

O terrorismo é uma táctica que pretende provocar o terror, o pânico, a falta de confiança de uma população nas suas autoridades (Adriano Moreira) e a eventual paralisia total ou parcial de uma comunidade através de acções violentas e letais cujo alvo principal, mas não exclusivo, é a população civil não combatente, através de um número considerável de mortos neles causados.

Tipos de terrorismo

Há vários tipos de terrorismo – anarquista, de extrema esquerda, de extrema direita, de Estado, ecologista, islamista, etc. – mas salientaremos as duas grandes categorias:

Terrorismo laico

É mais seletivo nos alvos, atingindo na maior parte dos casos os elementos do chamado aparelho de Estado (polícias, militares, magistrados, políticos, etc.) mas por vezes também atinge a população, não apenas como "danos colaterais" mas intencionalmente fazendo sequestros e/ou provocando mortes. Nestacategorisa seinclui também o chamado Terrorismo de Estado. Por vezes este terrorismo laico denomina-se de político mas político também é o terrorismo religioso; a diferença entre ambos situa-se na ideologia motivadora que determina, em geral, uma maior descriminação de alvos por parte do terrorismo laico.

Terrorismo religioso – Terrorismo islamista

É mais indiscriminado que o anterior procurando atingir mais a população provocando o pânico dentro e fora dela. Pode ter expressão em quase todas as religiões: islão, cristianismo, judaísmo, hinduísmo, budismo, sikhismo, etc., sendo actualmenteo terrorismo islamista o que prevalece sobre todos os outros. É evidente em muitos casos uma dimensão apocalíptica que o terrorismo religioso assume – ex. os atentados contra as Torres Gémeas de Nova Iorque em Setembro de 2001. O terrorista religioso pretende exercer a justiça divina, considerando-se um braço armado dela e nesse sentido todos são culpados, pobres ou ricos, pois pertencem a um universo cultural e religioso "inimigo", são "infiéis" no dizer desses radicais. As recompensas são motivadoras, como no caso do terrorismo suicida – cada vez mais frequente – em que o "mártir" acredita que uma vez morto no atentado irá logo para o Céu para junto de Allah e rodeado de virgens;

no entanto a certeza do reconhecimento do seu martírio pela comunidade radical e a recompensa financeira que muitas vezes é dada à família também são factores motivadores.

Desenvolvamos este tema pois actualmente este tipo de terrorismo é o mais frequente globalmente. Como refere Jonathan R. White no seu já clássico livro de texto (Jonathan R. White, *Terrorism – 2002 update*, 4th ed., Wadsworth/Thompson, Belmont, CA, USA, 2003, p. 10; as traduções são nossas), a definição de "terrorismo" de Alex Schmidt parece ser um bom ponto de partida para um estudo acerca da natureza "terrorismo" e, em particular, do "terrorismo religioso" – de que nos ocuparemos neste capítulo. Segundo Schmidt, *o terrorismo é um método de combate em que as vítimas servem de alvos simbólicos. Os actores violentos são capazes de produzir um estado crónico de medo ao utilizar a violência para além do campo do comportamento normativo. Isto produz uma audiência para além da vítima imediata e resulta numa mudança das atitudes e acções do público.* Esta definição geral serve tanto para o "terrorismo laico" como para o "terrorismo religioso". No entanto, no caso do Terrorismo Religioso a dimensão simbólica acentua-se, devido à força dos símbolos religiosos, ao mesmo tempo que, devido ao "mandato divino" de que os terroristas religiosos se sentem investidos e à dimensão cósmica da luta entre o Bem e o Mal incarnada na luta entre os "fiéis" e os "infiéis", diminuem ou mesmo desaparecem as *limitações sociais da violência* Tudo isto se deve ao facto de que, neste tipo de terrorismo, se considera o *mundo como um campo de batalha entre as forças da luz e das trevas,* pelo que *o inimigo tem de ser totalmente destruído.*

O grande especialista de terrorismo Bruce Hoffman, da Universidade de Georgetown e da Rand Corporation, considera que os "terroristas religiosos" *encaram o matar como um acto sacramental* que *pode santificar o terrorista* e que eles *matam indiscriminadamente porque estão a matar os inimigos de Deus* (Bruce Hoffman, *Inside Terrorism, Columbia* University Press, N.Y., 2006, 3.ª ed. revista e aumentada), isto é, os "infiéis".

Essa matança "indiscriminada" coloca o terrorismo religioso no nível máximo de violência religiosa, já que não se trata apenas de matar – com mandato divino – o inimigo no campo de batalha clássico, mas de atingir todos fora dele, mesmo que sejam civis inocentes, incluindo mulheres e crianças.

É importante recordar que este tipo de terrorismo – o "religioso" – é o dominante na última década, como refere Gus Marti (*Understanding Terrorism,* California State University, 2003, p. 389): *O terrorismo motivado pela religião tornou-se um problema global. O terrorismo religioso (...) cresceu de modo a desafiar a estabilidade política nacional e internacional durante os anos 90 e no começo dos anos 2000. A frequência dos ataques sectários e as suas vítimas cresceram rapidamente durante este período. (...) A violência religiosa continuará a ser um aspecto central do terrorismo do século XXI.(...) Contrariamente às acções relativamente cirúrgicas dos esquerdistas seculares dos anos anteriores, os terroristas religiosos provaram ser particularmente mortíferos (...) Esta espécie de letalidade tornou-se um elemento central do terrorismo religioso internacional.*

Veremos adiante outras consequências desta perspectiva, mas saliente-se, desde já, duas características deste (novo/velho) tipo de terrorismo: a matança indiscriminada de vítimas – mas com alvos discriminados – e a não inocência das vítimas (na sua perspectiva).

Os actos de terrorismo religioso são actos, não apenas de destruição, mas também de derramamento de sangue, executados com intensidade e acentuando o carácter extremo e "selvagem" da violência dramática, de modo a desencadear o medo, o desespero, o horror e o pânico (quanto mais generalizado melhor), através da arbitrariedade dos atentados conjugada com a escolha de alvos simbólicos. Trata-se daquilo a que Mark Juergensmeyer denominou de "violência demonstrativa" que pretende ter, para além da destruição e da morte, um significado simbólico, e impactos secundários e estratégicos. Segundo este mesmo autor, estes "acontecimentos dramáticos" têm de ser analisados em temos de símbolo, de mito e de ritual.

Tal como os rituais religiosos públicos que parecem, ou pretendem, imitar (tal como também os teatros de rua), os actos de terrorismo religioso são, para Mark Juergensmeyer, uma "performance", isto é, um espectáculo público destinado a ter um enorme impacto emocional nas diversas audiências que pretendem atingir (adversas ou não). Neste sentido, eles são, a mesmo tempo, acontecimentos de "performance" – pois querem fazer um discurso simbólico – e actos "performativos" – pois querem mudar as coisas. Por seu lado, ainda segundo Juergensmeyer, as vítimas dos actos de terrorismo são tratadas simbolicamente – em virtude da ideologia religiosa legitimadora desses actos – como <u>animais</u> ou <u>seres</u> corruptos e desprezíveis, vítimas expiatórias (cf. R. Girard) pois são arbitrárias e recolhem a unanimidade violenta e reforçam os laços da comunidade que apoia esses actos. Além disso, o "palco" (o lugar), o tempo (determinados aniversários) e, por vezes, o alvo humano, são escolhidos de modo a ter um significado simbólico. O terrorismo é uma "linguagem para ser noticiada", sem a qual ele perde a sua dimensão, ou a dimensão pretendida, não porque precise de publicidade (para atrair adeptos ou membros, dessa maneira), mas porque necessita de espalhar o choque, o terror e o pânico. Para os terroristas religiosos, eles estão participando numa "guerra cósmica" (M. Juergensmeyer), um confronto escatológico entre as forças do Bem e do Mal que exige o martírio e o sacrifício dos seus actores. A religião é um meio privilegiado como agente de honra – que vinga a dignidade (religiosa, política, social, nacional, económica, etc.) e afirma a identidade, passando simbolicamente da humilhação à afirmação identitária absoluta, sagrada (cf. o "eu sagrado chamânico" de Jacob Pandian, *Culture, religion and the sacred self*, 1991) – e também de legitimação da resistência, da luta, da guerra – que é "tremenda e fascinante" (R. Otto). Como refere Benjamin Beit-Hallahmi, no seu artigo *The return of martyrdom: Honour, death and Immortality* (in *Religious Fundamentalism and Political Extremism*, Leonard Weinberg, Ami Pedahzur eds., Frank Cass, London, 2004, p. 26 e 23), "se a honra é mais importante que a vida, ela inspirará a violência e o auto-sacrifício", "(isto é) o martírio justificado por um sistema de crenças religioso (assente na) imortalidade (pelo que) "a morte violenta sacralizada atinge (assim) um significado cósmico".

Como e quando é que uma confrontação é caracterizada como sendo uma "guerra cósmica"? 1) quando a luta é concebida como uma defesa da identidade e da dignidade básicas de todo um universo, de toda uma religião (p. ex.: da Umma), quer no que diz respeito à vida, quer no que diz respeito à cultura, religiosa e particular. 2) quando, pelo facto de haver dificuldades em conceber a vitória no plano da realidade, se desloca a luta para um plano meta-físico, onde se verifica uma sacralização e deificação dessa luta, cujas possibilidades de vitória estão agora nas mãos de Deus; *é então preciso criar actos que elevem a luta ao nível da guerra cósmica, sacralizando-a*, por exemplo, a "guerra santa", a *jihad*, no caso islâmico. Aqui se inclui, o auto-sacrifício, o martírio suicida, o suicídio terrorista – de que trataremos no seguinte e último capítulo, pois, neste contexto, não só a violência é legitimada pela sacralização da luta, como também a morte é sempre heróica e conduz a uma transformação da derrota em vitória. O martírio é a morte mais honrosa num quadro religioso (num quadro das ideólogas seculares modernas, o herói morre pela Paria, pelo Povo, pela República, mas não adquire, apesar do esforço de sacralização dos Estados laicos, a dimensão sagrada do mártir).

Também queremos referir aqui, para além da dimensão individual, a dimensão psicológica social da "lógica da violência religiosa" (M. Juergensmeyer) e chamar a atenção para as pertinentes observações realizadas por John Mack (que Selengut refere) o qual ao estudar a psicologia da violência de grupos vitimizados – grupos e movimentos que acreditam eles próprios serem vítimas reais ou potenciais de perseguição, discriminação e humilhação – e cuja dor e sofrimento são de tal dimensão que eles desencadeiam uma canalização da frustração e da raiva sobre os inimigos do grupo, o qual se vê a si próprio como totalmente puro e isento de culpa. Esta "guerra como terapia" vai revitalizar e dar energia ao grupo e aos seus membros, dando-lhes um sentimento de poder (o *symbolic empowerment*, que refere M. Juergensmeyer) e de visibilidade. De facto, a violência – e a linguagem da violência – é experimentada como uma força libertadora que restaura a honra, a dignidade, o orgulho e o respeito por si próprios, não apenas dos indivíduos, mas de todo o grupo social.

Bibliografia

Hoffman, Bruce, *Inside Terrorism* (revised & expanded edition), Columbia University Press, New York, 2006.

Hoffman, Bruce e Reinares, Fernando (eds.), *The Evolution of the Global Terrorist Threat – from 9/11 to Osama bin Ladens' death*, New York, Columbia University Press, 2014.

Juergensmeyer, Mark, *Terror in the Mind of God – the Global Rise of Religious Violence*, University of California Press, Berkeley (LA), 2000.

Kepel, Gilles, *Terreur et Martyre – Relever le défi de civilisation*, Flammarion, Paris, 2008.

Martin, Gus, *Understanding Terrorism – Challenges, Perspectives, and Issues*, Sage, London, 2013.

Sageman, Marc, *Undersdtanding Terror Networks*, PENN – University of Pennsylvania Press, Philadelphia, 2004.

Sageman, Marc, *Leaderless Jihad – Terror Networks in the Twenty-First Century*, University of Pennsylvania Press, Philadelphia, 2008.

TERRORISMO ISLAMISTA

José Manuel Anes

Veremos agora quais os fundamentos doutrinários do terrorismo de raíz islâmica, denominado mais propriamente de "islamista radical", para não o associar a todo o Islão (com os seus 1.300 milhões de crentes), que, no seu fundamento e etimologia, é uma religião de paz (*salam*) – como todas as outras religiões, embora todas elas contenham apelos à violência, como já vimos nos capítulos anteriores. Esta vaga tão intensa, espectacular e dramática de terrorismo que tem atingido não só os países e interesses ocidentais (com particular destaque para o mais poderoso de todos eles, os E.U.A, mas incluindo também países como a França, Inglaterra, Espanha, etc.), mas também os próprios países islâmicos (de Marrocos à Indonésia) e mesmo não ocidentais e não islâmicos (como a Índia), começou com os atentados de Beirute, em 1983, contra interesses e posições norte-americanas e francesas – realizados pelas "pioneira" (no que diz respeito ao terrorismo suicida de raiz religiosa) Hezbolah –, passou pelo atentado contra o Metro de Paris (1995), pelo de Bali (2002), pelo de Casablanca (2003), para só citarmos alguns exemplos, até chegar ao "apocalíptico" atentado de 11 de Setembro nos EUA (Torres Gémeas, que já tinham sido alvo de um atentado em 1993, e Pentágono) e aos mais recentes atentados de Madrid (11 de Março de 2004), de Londres (7 de Julho de 2005) e de Bombaim (12 de Julho de 2006).

Trata-se de uma vaga de atentados terroristas que tem duas vertentes: uma assente em agendas locais e realizada por organizações nacionais (embora com solidariedades internacionais), como é o caso da libanesa Hezbolah (organização xiita apoiada pelo Irão e pela Síria) ou das palestinianas Hamas e Jihad Islâmica, e outra vertente, de carácter global (embora a elas possam pertencer algumas organizações com agendas também nacionais). Ambos estes tipos de terrorismo são condenáveis (tal como eram condenáveis os terrorismos laicos do IRA, da ETA e da OLP), mas apenas nos debruçaremos aqui sobre o chamado "terrorismo global", pois a ele está associado uma ideologia de um grande fervor religioso – assente num plano de dominação política global. De facto, este terrorismo religioso de raiz islâmica, melhor dizendo, este terrorismo "islamista" radical, atinge a sua maior expressão destrutiva e mediática com a operacionalidade eficaz da Jihad global desencadeada, federada e inspirada pela "Al Qaeda al Jihad" ("a Base da Jihad"), dirigida por Odsama Bin Laden e por Al Zawahiri e, embora tendo uma doutrina cultural e religiosa com raízes profundas em certo Islão, ela apresenta algumas inovações.

Constituída a partir de 1984, no Afeganistão e "baptizada" com o seu nome actual em 1988, Bin Laden teve, para tal, o apoio do seu "primeiro mentor" (cf. Abdel Bari Atwan, *The Secret History of al-Qa'da*, SAQI, London, 2006, p. 44), o palestiano Abdulah Azzam, líder do ramo palestiniano dos Irmãos Muçulmanos, que era (entre outras razões pelo receio da *fitna*, ou discórdia, no seio do Islão) num defensor da "jihad" tradicional, defensiva – o que lhe terá acarretado a morte, face a opositores que defendiam uma "jihad" ofensiva. A *Jihad* (luta) divide-se em "jihad" maior – uma luta interior, ou seja, o esforço de melhoria espiritual e religiosa do fiel, que a tal é obrigado – e "jihad" menor – a luta exterior contra um inimigo do Islão, que em princípio é apenas defensiva, mas que pode ser também ofensiva, particularmente no caso das versões mais radicais do "islamismo". Os textos corânicos são por vezes contraditórios, sustentanto as duas posições. Assim por um lado podemos ler no Corão (Sura II, vers. 186) uma sustentação da primeira perspectiva: *Combatei no caminho de Deus os que vos combatem, mas não sejais os agressores. Deus não ama os agressores.* No entanto, mais à frente podemos encontrar um trecho que parece abrir portas para a segunda perspectiva (ao mesmo tempo que incentiva a conversão dos "idólatras"): *Matai os idólatras em todo o lado onde os encontrardes, fazei-os prisioneiros...; mas se eles se converterem...então deixai-os tranquilos, pois Deus é indulgente e misericordioso* (Sura IX, vers. 5). Uma grande disputa – com alguma "discórdia", *fitna* – verificou-se nos últimos decénios entre os que partidários da "jihad" defensiva (contra os que ocupam "terra do Islão", como os soviéticos no Afeganistão e os Israelitas na Palestina) e os da "jihad" ofensiva (contra os "infiéis", sejam eles "cruzados" ou "sionistas"), mas também entre os que consideram que a "jihad" deve ser realizada também contra o "inimigo próximo" (os "apóstatas", os maus dirigentes dos países árabes e islâmicos e os maus muçulmanos) e os que defendem que ela deve atingir apenas o "inimigo longínquo" (o Ocidente, particularmente os EUA e seus aliados) – de notar que o maior receio da *fitna* reside precisamente nesta última oposição, devido às consequências divisionistas que pode acarretar a "jihad" contra o "inimigo próximo".

Mas não é só a ideologia do "jihadismo" que fundamenta a acção extremista do "islamismo" radical pois, se é verdade que é ela que fundamenta directamente a sua acção violenta, a verdade é que doutrinas como a da reconstituição do Califado (o império muçulmano, o último dos quais foi o otomano, que terminou nos anos 30 do século XX) e da "umma" – a comunidade original dos crentes – são indirectamente inspiradoras da violência e da guerra. Mas, nos dias de hoje, existe um ressurgimento de antigas doutrinas islâmicas rigoristas e fundamentalistas, nem todos violentos nas suas manifestações, mas que apresentam, no entanto, um caldo de cultura favorável a todas estas perspectivas e, logo, à violência mais extremista. Trata-se do "salafismo", do "wahabismo" e da doutrina da "nova *jahilyia*".

O "salafismo" – o caminho dos "antepassados" ou "antigos" (*salaf*) – é uma doutrina de revivificação religiosa que se desenvolveu em finais do século XIX e que está intimamente associada a uma das antigas escolas jurídicas do Islão, a mais rigorista, e também ao "wahabismo" saudita – fundado por Ibn Abd ad Wahab (1703-1791) – o qual assenta na absoluta declaração da unicidade divina – de facto, no primeiro dos 5 pilares do Islão, *só há um Deus e esse Deus é Allah, e Maomé o seu Profeta –*, com a recusa do princípio da intercessão dos santos (presente no sufismo, esoterismo místico do Islão, e também em algumas formas do Islão popular) e a consequente proibição de orar junto aos túmulos dos mesmos. O "wahabismo" defende um Islão estrito e puritano (presente, por exemplo, através da importação cultural saudita, nos *taliban* do Afeganistão que proíbem a música e a poesia) que condena como infiéis os muçulmanos que não seguem a sua concepção religiosa e cultural (por exemplo os mongóis) e condenam os xiitas como heréticos.

Outra conceção que está presente no fundamentalismo islamista e que alimenta as suas manifestações mais violentas, é a da "nova *jahilyia*". A *jahilyia* é o tempo das "trevas", da "ignorância" e dos "idólatras" que existia no tempo em que o Profeta começou a sua pregação junto dos povos da Arábia que seguiam as antigas religiões – as religiões "pagãs" autóctones. O grande cultor da doutrina da *jahilyia* foi Ibn Taymyia (1263-1328), expoente máximo da escola jurídica sunita mais rigorosa, a do "hanbalismo" que, ainda hoje, serve de modelo aos fundamentalistas islâmicos mais estritos, os quais consideram ser o mundo de hoje uma "nova *jahilyia*", uma nova época de ignorância, de trevas e de idolatria. Assim o afirmaram o indiano Abu Ala Maududi (1903-1979) e também o egípcio Sayid Qutb (1906-1966), para os quais a "nova barbárie" é, entre outras coisas, uma sociedade em que as leis de Deus (a *sharia*, que mais do que código legal, é um código de vida) são substituídas pelas leis dos homens, votadas em parlamentos (mais ou menos) democráticos. Haveria aqui lugar para uma discussão acerca do chamado "choque das civilizações" (Samuel Huntington) mas, se ele existe, é apenas entre uma determinada concepção estrita, fundamentalista e, por vezes radical, do Islão – que defende a indissolúvel ligação entre a Religião e o Estado, rejeitando, portanto, o laicismo ocidental – e a chamada civilização ocidental.

Bibliografia

Hoffman, Bruce, *Inside Terrorism* (revised & expanded edition), Columbia University Press, New York, 2006.

Hoffman, Bruce e Reinares, Fernando (eds.), *The Evolution of the Global Terrorist Threat – from 9/11 to Osama bin Ladens' death*, New York, Columbia University Press, 2014.

Juergensmeyer, Mark, *Terror in the Mind of God – the Global Rise of Religious Violence*, University of California Press, Berkeley (LA), 2000.

Kepel, Gilles, *Terreur et Martyre – Relever le défi de civilisation*, Flammarion, Paris, 2008.

Martin, Gus, *Understanding Terrorism – Challenges, Perspectives, and Issues*, Sage, London, 2013.

Sageman, Marc, *Undersdtanding Terror Networks*, PENN – University of Pennsylvania Press, Philadelphia, 2004.

Sageman, Marc, *Leaderless Jihad – Terror Networks in the Twenty-First Century*, University of Pennsylvania Press, Philadelphia, 2008.

TRIBUNAL DE JÚRI

André Ventura

A origem do tribunal de júri remonta à Constituição de 1826 (art. 118.º da Carta Constitucional), quando se estabelecia como uma possibilidade – embora extremamente restrita e ainda mal definida, muito influenciada pelo clima jurídico e politica de domínio anglo-saxónico – em matéria de resolução de litígios civis e criminais.

Com a proclamação da República e com o estabelecimento de uma nova Constituição em 1911 a instituição do júri é claramente reforçada e, para além da possibilidade sempre presente em matérias civis e comerciais, torna-se obrigatória em matéria criminal, quando estejam em causa delitos graves do ponto de vista das consequências sancionatórias ou infrações de natureza política.

Com o advento do sistema democrático e da Constituição de 1976, o júri torna-se uma instituição facultativa (que pode ser requerida pela acusação ou pela defesa), embora seja agora restringido aos crimes mais graves, por uma questão de celeridade e pragmatismo decisório. Em qualquer caso, é a partir dos anos 80 que o figurino do júr adquire, no âmbito do sistema judicial português, as características e os elementos dogmáticos equiparados a outros regimes europeus, sobretudo o Reino Unido. Ao mesmo tempo, consolida-se a consciência dos profissionais forenses quanto ao funcionamento e às garantias que o sistema de júri tem como objectivos essenciais, o que claramente se insere nos propósitos de democratização do sistema judicial claramente assumidos pelo legislador desde 25 de Abril de 1974. Em poucos anos, o júri assume-se como um mecanismo de referência do sistema judicial, embora os números revelem que nunca tenha utilização relativa semelhante (ou sequer próxima) dos sistemas de natureza anglo-saxónica.

Em Portugal o regime do júri foi finalmente definido, numa matriz consolidada, no DL n.º 387-A/87, de 29 de Dezembro que fixou a competência formal e material dos tribunais de júri: competirá a este órgão julgar os processos em que, tendo a intervenção do júri sido requerida pelo Ministério Público, pelo assistente ou pelo arguido, respeitarem a crimes previstos no título II e no capítulo I do título V do livro II do Código Penal e ainda os processos que, não devendo ser julgados pelo tribunal singular, e tendo a intervenção do júri sido requerida pelo Ministério Público, pelo assistente ou pelo arguido, respeitarem a crimes cuja pena máxima, abstractamente aplicável, for superior a oito anos de prisão. Por outro lado, do ponto de vista jurídico-material ficou claramente delimitada a competência do júri que deverá ficar delimitada *"às questões da culpabilidade e da determinação da sanção"* (n.º 3 do art. 2.º do DL n.º 387-A/87 de 29 de Dezembro).

A questão da responsabilidade dos jurados e do dever de obediência (a órgãos de soberania ou outros) assumiu sempre grande relevo na ordem jurídica em que a figura do júri foi instituída. Em Portugal, mesmo depois da Constituição de 1911 a questão era sobretudo abordada em termos doutrinais e jurisprudenciais (embora em medida significativamente menor), pelo que a questão impunha alguma direcção ou resolução por parte do legislador.

Neste sentido, o DL n.º 387-A/87 de 29 de Dezembro veio resolver definitivamente estas questões ao determinar, por um lado, que *"os jurados decidem apenas segundo a lei e o direito e não estão sujeitos a ordens ou instruções"* (n.º 1 do art. 14.º do DL n.º 387-A/87 de 29 de Dezembro) e, por outro lado *"são irresponsáveis pelos julgamentos e decisões e só em casos especialmente previstos na lei podem ser sujeitos, em razão do exercício das suas funções, a responsabilidade civil ou criminal"* (n.º 3 do art. 14.º do DL n.º 387-A/87 de 29 de Dezembro).

Deve ser sublinhado que, apesar da predominância dos tribunais de júri nos sistemas de matriz anglo-saxónica (especialmente nos Estados Unidos e no Reino Unido), esta figura tem sido cada vez mais recorrente nos ordenamentos jurídicos continentais, com as estatísticas em Portugal e França demonstram solidamente.

Bibliografia

Abramson, Jeffrey B., We, the Jury: The Jury System and the Ideal of Democracy, Harvard University Press (1994).

Pereira e Silva, Rodrigo, Tribunal de Jurí – O novo rito interpretado, Juruá Ed. (2008).

TRIBUNAL PENAL INTERNACIONAL

JORGE BACELAR GOUVEIA

1. O Tribunal Penal Internacional merece uma alusão específica porque não só é pouco – e, às vezes, mal – estudado como sobretudo pela sua acrescida relevância na consolidação da justiça penal internacional.

Trata-se de uma instituição permanente, que visa a aplicação do Direito Penal Internacional mais grave, em complemento das jurisdições nacionais: "É criado, pelo presente instrumento, um Tribunal Penal Internacional (...). O Tribunal será uma instituição permanente, com jurisdição sobre as pessoas responsáveis pelos crimes de maior gravidade com alcance internacional, de acordo com o presente Estatuto, e será complementar das jurisdições penais nacionais" (Art. 1.º do Estatuto de Roma do Tribunal Penal Internacional).

Foi criado pelo Estatuto de Roma do Tribunal Penal Internacional, que é um tratado internacional, negociado sob os auspícios da Organização das Nações Unidas, e aberto à assinatura até 31 de dezembro de 2000, dele sendo apenas partes os Estados, podendo do mesmo retirar-se com um aviso prévio de um ano, embora mantendo-se vigentes alguns deveres de natureza financeira e de cooperação judiciária.

Desde que foi concluído em 1998, já obteve o número mínimo de instrumentos de vinculação, que são 60, tendo entrado em vigor em 1 de julho de 2002 e estando sediado na cidade neerlandesa da Haia.

2. O Estatuto de Roma do Tribunal Penal Internacional tem a forma de tratado internacional solene, contando com 128 artigos, que sistematicamente se distribuem por 13 capítulos, assim agrupados:

- Capítulo I – *Criação do Tribunal*
- Capítulo II – *Competência, admissibilidade e Direito aplicável*
- Capítulo III – *Princípios gerais de Direito Penal*
- Capítulo IV – *Composição e administração do Tribunal*
- Capítulo V – *Inquérito e procedimento criminal*
- Capítulo VI – *O julgamento*
- Capítulo VII – *As penas*
- Capítulo VIII – *Recurso e revisão*
- Capítulo IX – *Cooperação internacional e auxílio judiciário*
- Capítulo X – *Execução da pena*
- Capítulo XI – *Assembleia dos Estados Partes*
- Capítulo XII – *Financiamento*
- Capítulo XIII – *Cláusulas finais*

No tocante ao edifício normativo-penal, o Estatuto de Roma do Tribunal Penal Internacional é apenas uma sua parte porque esse documento remete para outras instâncias – como a Assembleia dos Estados Partes – a definição de dois outros importantes textos normativos, que assim não alcançam o valor de tratado internacional:

– os *elementos constitutivos dos crimes*, que são a especificação dos tipos de crimes que ficam sendo abrangidos pela jurisdição do Tribunal Penal Internacional; e
– os *elementos processuais penais*, nos mesmos termos a definir posteriormente.

Para além disso, o Estatuto de Roma do Tribunal Penal Internacional mostra-se particularmente blindado, porquanto no seu percurso de vinculação não aceita a formulação de qualquer reserva, o que tem suscitado não poucos problemas de efetividade.

A modificação posterior do Estatuto de Roma do Tribunal Penal Internacional pode ter lugar segundo três esquemas paralelos, com alcances distintos:

– a alteração de disposições de natureza institucional, que pode acontecer em qualquer momento;
– a alteração do Estatuto de Roma do Tribunal Penal Internacional, para qualquer matéria, ao fim de sete anos de vigência, por iniciativa dos Estados, no seio da reunião da Assembleia dos Estados Partes;
– a revisão do Estatuto de Roma do Tribunal Penal Internacional, para qualquer assunto, sob proposta do Secretário-Geral das Nações Unidas, no âmbito de uma conferência de revisão.

3. Embora já se encontre em vigor, a colaboração dos Estados ao Estatuto de Roma do Tribunal Penal Internacional tem sido polémica, dado o passo extremamente significativo que implica num domínio que tem sido pertença absoluta da soberania estadual: o *ius puniendi*.

São vários os importantes Estados que já manifestaram a vontade de não vir a estar abrangidos pelo Estatuto de Roma do Tribunal Penal Internacional, o que se afigura muito negativo para o êxito desta jurisdição, de entre eles se salientando a oposição dos Estados Unidas da América.

Apesar da bondade de algumas das soluções contidas no Estatuto de Roma do Tribunal Penal Internacional, não deixa o mesmo de neste momento representar a linha de fronteira em relação ao exercício daquela soberania, ao que também não serão alheios os diversos erros em que soçobram vários dos seus preceitos.

4. Uma das principais dificuldades com que o Estatuto de Roma do Tribunal Penal Internacional se debate é o facto de poder não vir a ser uma jurisdição universal, não obstante ser um tratado multilateral geral, que se vocaciona para a vinculação voluntária de todos os Estados.

Evidentemente que sempre poderá restar a via costumeira, já tendo sucedido, até mais do que uma vez, que um tratado multilateral, durante muito tempo sem vigorar a título convencional, se tenha tornado eficaz por força da formação de costumes, alguns mesmo de criação instantânea.

Não se crê que essa seja uma hipótese plausível porque assentaria numa suma ironia: ser o Estatuto de Roma do Tribunal Penal Internacional globalmente vinculativo por via consuetudinária quando ele próprio não se cansa de proclamar o princípio da legalidade criminal, que tem como vertente mais significativa – no contexto constitucionalista em que nasceu e depois passando para o âmbito internacional – proscrever a formação de costumes penais, não se esperando, assim, que venha a ser o próprio Estatuto de Roma do Tribunal Penal Internacional um desses exemplos.

A dificuldade – que provavelmente se converterá em impossibilidade – de se atingir uma jurisdição universal, que seja vinculativa dos Estados, é sempre um risco que se deve correr, devendo ser sobretudo visto como um caminho que levará muitos anos a atingir, exigindo porventura recuar nalgumas precipitadas soluções que foram adotadas.

5. Olhando ao Direito Internacional Penal, o Tribunal Penal Internacional não se aplica à totalidade daquele setor jurídico-internacional, pois que, até de acordo com a respetiva definição, apenas se dedica aos crimes mais graves.

Se se fizer uma representação gráfica, conclui-se que o Direito substantivo que o Tribunal Penal Internacional aplica é um círculo concêntrico menor dentro de um círculo maior, que representa o Direito Internacional Penal total.

Autonomamente enunciando os crimes e as penas aplicáveis, o Estatuto de Roma do Tribunal Penal Internacional contém uma cláusula geral que apela para outras fontes normativas aplicáveis, com diversas gradações, a fazer lembrar o já nosso bem conhecido art. 38.º do Estatuto do Tribunal Internacional de Justiça:

- o Estatuto de Roma do Tribunal Penal Internacional, os elementos do crime e o Regulamento Processual;
- o Direito Internacional Penal e o Direito Internacional dos Conflitos Armados;
- os princípios gerais do Direito Interno.

6. Ao observar diretamente o Estatuto de Roma do Tribunal Penal Internacional, e dentro dos "crimes mais graves que afetam a comunidade internacional no seu conjunto", há uma seleção que abrange os seguintes tipos:

- o crime de genocídio;
- os crimes contra a Humanidade;

TRIBUNAL PENAL INTERNACIONAL

– os crimes de guerra; e
– o crime de agressão.

Quanto às sanções punitivas a aplicar, é de realçar a primazia que deve ser dada às penas privativas de liberdade, que podem ser de duas categorias, alternativamente:

– a *pena de prisão por um número determinado de anos, até ao limite máximo de 30 anos*; ou
– a *pena de prisão perpétua*, se o elevado grau de ilicitude do facto e as condições pessoais do condenado o justificarem.

O Estatuto de Roma do Tribunal Penal Internacional prevê igualmente, ao lado destas duas penas principais, privativas de liberdade, a existência de penas acessórias, em duas modalidades:

– a *pena de multa*; e
– a *perda de produtos, bens e haveres provenientes, direta ou indiretamente, do crime*.

7. A aplicação destas penas à prática dos crimes descritos submete-se ainda a um importante conjunto de orientações materiais que têm permitido a construção, no Direito Interno, da Teoria da Lei Penal e da Teoria da Infração Penal, do mesmo modo aqui estando presentes, que nos Direitos Penais Internos se assumem até constitucionalmente relevantes.

Ao nível da Teoria da Lei Penal, é de frisar a afirmação de vários importantes princípios:

– o princípio da legalidade;
– o princípio da determinação;
– o princípio da tipicidade; e
– o princípio da irretroatividade.

Ao nível da Teoria da Infração Penal, são também várias as orientações a levar em consideração:

– o princípio da culpa;
– o princípio da relevância das causas de exclusão da ilicitude e da culpa; e
– o princípio da imprescritibilidade dos crimes.

8. Todo este novo e complexo Direito Internacional Penal não deixa de suscitar a maior das perplexidades na sua relação com os Direitos Penais Estaduais, quanto mais não seja porque se lhes oferece numa linha de complementaridade, processual e substantiva.

Ora, é exatamente desta complementaridade substantiva que cura um dos mais estranhos e misteriosos preceitos do Estatuto de Roma do Tribunal Penal Internacional, localizando-se depois da definição das penas que considera aplicáveis: "Nada no presente capítulo prejudicará a aplicação, pelos Estados, das penas previstas nos respetivos Direitos internos, ou a aplicação da legislação de Estados que não preveja as penas referidas neste capítulo" (Art. 80.º do Estatuto de Roma do Tribunal Penal Internacional).

O motivo para essa ininteligibilidade reside no seguinte: se o Estatuto de Roma do Tribunal Penal Internacional é complementar das penas aplicáveis pelo Direito Interno, cedendo perante estas, e sem que haja um mecanismo de verificação da respetiva razoabilidade, então para que serve todo o aparato do Estatuto de Roma do Tribunal Penal Internacional, se ele não pode funcionar no caso em que os Estados apliquem penas simbólicas ou, pura e simplesmente, não prevejam nenhumas penas, isentando os óbvios criminosos de qualquer responsabilidade penal ao nível interno?

Percebe-se que o Estatuto de Roma do Tribunal Penal Internacional pretende, cautelosamente, não contrariar o sentido interno, mas não sendo esse propósito regulativamente plasmado, bem pode o Estatuto de Roma do Tribunal Penal Internacional engrossar o conjunto das "inutilidades jurídico-internacionais" porque se autocontém perante o Direito Interno que se alinhe num objetivo contrário, na defesa da impunidade interna frente aos crimes internacionais.

9. O Tribunal Penal Internacional é do mesmo modo relevante no plano do Direito Processual Penal, contendo inúmeras disposições nessa matéria, e absorveu várias influências dos sistemas judiciários internos.

Mas é incomum que o principal instrumento desse ordenamento jurídico--processual penal não conste tanto do Estatuto de Roma do Tribunal Penal Internacional quanto do Regulamento Processual, que deverá ser aprovado pela Assembleia dos Estados Partes, podendo os juízes, até à sua aprovação, adotar normas provisórias, nas situações de justificada urgência.

Noutra perspetiva, também o Tribunal Penal Internacional deve aprovar o Regimento do Tribunal, "...necessário ao normal funcionamento do Tribunal" (Art. 52.º, n.º 1, *in fine,* do Estatuto de Roma do Tribunal Penal Internacional).

10. Na sua organização interna, o Tribunal Penal Internacional, em rigor, não é somente um tribunal: é mais um complexo de justiça penal internacional, onde se localizam diversas estruturas, formalmente consideradas como órgãos do Tribunal:

– a presidência;
– as secções de recurso, de julgamento e de instrução;
– o procurador;
– a secretaria.

TRIBUNAL PENAL INTERNACIONAL

Um outro órgão que deve ser autonomamente considerado – mas que erroneamente não consta da aludida enumeração – é o próprio plenário dos juízes do Tribunal Penal Internacional, a quem cabem importantes competências regulativas, como a da aprovação de normas provisórias, enquanto não seja aprovado o Regulamento Processual, ou a elaboração do seu próprio Regimento, para além da competência de impulsão de outros procedimentos, como do próprio Regulamento Processual, em relação ao qual tem poder de iniciativa.

11. Do ponto de vista das suas competências, o Tribunal Penal Internacional exerce o respetivo poder em três circunstâncias, tendo um total de 18 juízes:

- a *competência de instrução*, no âmbito da investigação dos processos;
- a *competência de julgamento*, quando decide se alguém deve ser condenado ou absolvido;
- a *competência de revisão*, quando aprecia, em recurso, uma decisão anterior.

12. O itinerário jurídico-processual assenta na existência de uma estrutura acusatória, em que se separa a entidade que acusa da entidade que julga, sendo de enquadrar diversas fases:

- o *inquérito*;
- a *instrução*;
- o *julgamento*;
- a *execução*;
- o *recurso*.

O *inquérito*, perante a notícia da prática de um crime abrangido pela competência do tribunal, engloba um conjunto de atividades e iniciativas destinadas à investigação preliminar da existência de crimes, das suas circunstâncias e da respetiva autoria, podendo terminar de duas maneiras:

- com o *arquivamento*, situação em que, afinal, nada se apurou, após a conclusão da atividade investigatória;
- com a *acusação*, tendo havido a descoberta de elementos suficientes para uma convicção acerca da probabilidade da prática de certo crime, de certa autoria.

A *instrução* implica que ao juiz dessa fase incumba uma apreciação preliminar relativamente aos factos de que alguém é imputado na acusação, podendo decidir declará-la procedente ou não.

O *julgamento*, que só faz sentido se a primeira fase tiver terminado com a acusação, implica que o acusado se submete a um juízo final, perante um grupo de juízes de outra secção, aí sendo o momento da produção de prova definitiva, no sentido de permitir ao Tribunal uma decisão relativamente ao facto de o arguido dever ser condenado ou absolvido.

A *execução*, só naturalmente fazendo sentido no caso de ter havido a condenação, destina-se a concretizar a aplicação da pena de prisão, quer do ponto de vista do local, quer do ponto de vista da respetiva duração e regime de reclusão.

O *recurso* tem o objetivo de permitir um reexame de uma primeira sentença definitiva, vivenciando-se o duplo grau de jurisdição em matéria penal. Importa, contudo, dele distinguir a revisão de sentença, que tem um cariz extraordinário, sempre que, depois do trânsito em julgado, haja elementos novos que determinem a alteração da condenação, que já não é possível levar a cabo através do processo de recurso.

13. O exercício desta jurisdição por parte do Tribunal Penal Internacional submete-se a alguns aspetos retores que condicionam a segregação do correspondente poder jurisdicional, de entre elas se frisando os seguintes princípios:

– o princípio do juiz legal;
– o princípio do *ne bis in idem*;
– o princípio da irrelevância das imunidades constitucionais dos arguidos;
– o princípio da presunção de inocência do arguido;
– o princípio da cooperação com o tribunal;
– o princípio da jurisdição complementar relativamente às jurisdições internas.

Sem dúvida que se trata de um poder jurisdicional, uma vez que a jurisdição é independente e as suas decisões têm força de caso julgado material.

14. Este último princípio, pela sua relevância nuclear na afirmação do Tribunal Penal Internacional, merece uma atenção especial, já que se posiciona no difícil equilíbrio de impor sem desconsiderar a efetividade das jurisdições nacionais.

De acordo com o preâmbulo, o Tribunal Penal Internacional será "...complementar das jurisdições penais nacionais" (Preâmbulo do Estatuto de Roma), igualmente aplicando o princípio do *ne bis in idem*, tanto para crimes já julgados pelo próprio tribunal como para os mesmos crimes julgados por outro tribunal.

Contudo, o próprio Estatuto de Roma do Tribunal Penal Internacional é muito claro nos casos em que desvaloriza o anterior ou concomitante exercício de poder jurisdicional sobre um mesmo crime que também entenda por bem julgar: "O Tribunal não poderá julgar uma pessoa que já tenha sido julgada por outro tribunal por atos também punidos pelos artigos 6.º, 7.º ou 8.º, a menos que o processo nesse outro tribunal: a) Tenha tido por objetivo subtrair o arguido à sua responsabilidade criminal por crimes da competência do Tribunal; ou b) Não tenha sido conduzido de forma independente ou imparcial, em conformidade com as garantias de um processo equitativo reconhecidas pelo Direito Internacional, ou tenha sido conduzido de uma maneira que, no caso concreto, se revele incompatível com a intenção de submeter a pessoa à ação da justiça" (Art. 20.º, n.º 3, do Estatuto de Roma do Tribunal Penal Internacional).

Este vem a ser um melindroso aspeto do Tribunal Penal Internacional porque se tenta fazer a "quadratura do círculo": ao mesmo tempo que pretende aceitar a validade das jurisdições nacionais, determina a sua irrelevância em certos casos.

E note-se o modo bastante equívoco como aquele preceito está redigido, tudo se resumindo à descoberta de uma "intenção" – do foro puramente psicológico e sem se exigir um qualquer índice do foro objetivo, que por si seja naturalmente mais seguro – de subtrair a pessoa em causa à ação da justiça, partindo-se também do pressuposto de que as jurisdições dos Estados partes neste tratado internacional podem revelar essas "maléficas intenções".

Bibliografia

AAVV, *O Tribunal Penal Internacional e a transformação do Direito Internacional* (org. de Silva Miguel e Paulo Albuquerque), Lisboa, 2007.

Gerhard Werle, *Principles of International Criminal Law*, the Hague, 2005.

Jorge Bacelar Gouveia: *O Tribunal Penal Internacional: uma perspetiva de Direito Internacional e de Direito Constitucional*, in *Juris Poiesis – Revista do Curso de Direito da Universidade Estácio de Sá*, ano 7, n.º 6, 2004; *Manual de Direito Internacional Público*, 4.ª ed., Almedina, Coimbra, 2013; *Direito Internacional da Segurança*, Almedina, Coimbra, 2013.

Kai Ambos, *Internationales Strafrecht*, München, 2006.

M. Cherif Bassiouni, *Introduction au Droit Pénal International*, Bruxelles, 2002.

Renata Mantovani de Lima E Marina Martins da Costa Brina, *O Tribunal Penal Internacional*, Belo Horizonte, 2006.

Wladimir Brito, *Tribunal Penal Internacional: uma garantia jurisdicional para a proteção dos direitos da pessoa humana*, in *Boletim da Faculdade de Direito da Universidade de Coimbra*, 2000.

TRIBUNAL PENAL INTERNACIONAL

José Pina Delgado
Liriam Tiujo Delgado

1. O TPI foi o resultado de um longo processo de reconhecimento da necessidade de responsabilizar criminalmente indivíduos que atentassem de forma grave contra certos direitos humanos básicos, propósito este que esbarrava inicialmente na ausência de personalidade jurídica dessa entidade, resultante do caráter tradicionalmente estatocêntrico do Direito Internacional (DI). Ultrapassado este obstáculo de forma intermitente a partir dos julgamentos de Nuremberga (pelo Tribunal Militar Internacional) e Tóquio (pelo Tribunal Militar Internacional para o Extremo Oriente) na sequência da II Guerra Mundial, com a aceitação dos *Princípios de DI Reconhecidos pela Carta e pelo Julgamento do Tribunal de Nuremberga*

TRIBUNAL PENAL INTERNACIONAL

(AG/R/174, de 11/12/46), e, finalmente, com a criação dos tribunais para a Antiga Jugoslávia (TPIAJ) e para o Ruanda (TPIR) pelo Conselho de Segurança (CS) em 1993 e 1994 (CS/R/827, de 25/05; CS/R/955, de 8/11), pôde-se, finalmente, estabelecer as condições para evitar que atos hediondos cometidos um pouco por todo o Globo passassem impunes. Este processo levou, já na segunda metade dos anos noventa do século passado, à instituição de uma rede de instituições judiciárias internacionais (TPIAJ; TPIR) ou híbridas (criadas para as situações de Serra Leoa, Bósnia, Kosovo, Timor Leste, Camboja, Iraque, Chade), dentre as quais pontifica o TPI, estabelecido, no dia 17 de Julho de 1998, pelo Estatuto de Roma (ETPI ou ER), na sequência de uma conferência com a presença de representantes de Estados, organizações internacionais e organizações não-governamentais (art. 1.º, ETPI).

2. O modo de criação do TPI afastou-se do que havia sido utilizado pela Comunidade Internacional na primeira metade da década de noventa, já que se optou por um tratado ao invés de resoluções do CS adotadas com base no Capítulo VII da Carta das Nações Unidas, inadequadas para um projeto da abrangência da criação de um tribunal internacional penal permanente. No entanto, como qualquer acordo internacional de vontades, para mais de várias, a forma como o TPI nasceu vai, para o bem e para o mal, condicionar não só as soluções encontradas e vertidas para os instrumentos que compõem o seu regime jurídico, como também a sua própria força normativa, já que os tratados vinculam somente aqueles que demonstram, de forma explícita, o seu consentimento em deles fazer parte.

Por conseguinte, a pluralidade de perspetivas sobre a configuração básica do TPI, seja na dimensão material, seja na processual, foi o resultado natural de interesses distintos em matéria de política internacional dos Estados, das suas filosofias políticas, constitucionais e penais diversas e do fato de seguirem tradições jurídicas desiguais, manifestando-se esta dissonância, por exemplo, no papel a reservar ao CS no sistema, nos poderes do Tribunal e dos seus órgãos ou relativamente aos critérios de atribuição de jurisdição criminal; na possibilidade de aplicação ou não de penas de caráter perpétuo e até da pena de morte e na adoção de um sistema processual mais próximo da tradição romano-germânica ou da anglo-saxónica. Os impasses resultantes de uma negociação internacional complexa, numa questão tão sensível, que remetia para aspetos essenciais da identidade política e jurídica de várias nações, somente foram ultrapassados com cedências mútuas e compromissos políticos que, sendo aceitáveis para a maioria que votou favoravelmente ao texto do ER, acabaram também por lhes deixar parcialmente insatisfeitas e, nalguns casos, com dificuldades de lhe compatibilizar com dispositivos internos de valor fundamental. As soluções jurídicas para ele vertidas decerto resultam dessa tensão e dos consequentes mecanismos de acomodação encontrados para harmonizar as diversas posições, mas também são devedoras da observação da

TRIBUNAL PENAL INTERNACIONAL

experiência recente dos dois tribunais *ad hoc*, permitindo que se pudessem reproduzir experiências "exitosas" e ponderar a exclusão das menos bem-sucedidas.

3. Com tal contexto e condicionantes, o ER foi moldado tendo na sua base um princípio básico, o da complementaridade, segundo o qual o TPI, instituição judiciária permanente (art. 1.º, ETPI) com personalidade jurídica internacional (art. 4.º (1), ETPI) sedeada na Haia, Países Baixos (art. 3.º, ETPI), somente intervém nos casos em que os Estados forem incapazes ou não desejarem perseguir criminalmente os suspeitos pelo cometimento dos crimes previstos no ER (arts. 1.º e 17, ETPI). O regime jurídico do TPI é composto pelo ER e pelos seguintes instrumentos complementares: um Regulamento Processual e de Provas (RPP); os Elementos dos Crimes (EC), de 2002, revistos em 2010; o Regimento do TPI; o Regulamento do Gabinete do Procurador; o Regulamento da Secretaria; o Código de Conduta Profissional para Advogados; o Código de Ética Judicial; as Regras de Pessoal; o Regulamento Financeiro. Na vertente externa, destacam-se o Acordo sobre Privilégios e Imunidades do TPI, o Acordo TPI-ONU e o Acordo de Sede com o país de acolhimento. Mais recentemente, em 2012, o ER e vários outros instrumentos foram objeto de alteração na Conferência de Revisão realizada em Campala, Uganda.

O sistema está alicerçado sobre princípios clássicos ligados à legalidade penal (*nullum crimen sine lege, nulla poena sine lege* e irretroatividade da lei penal); da responsabilidade criminal individual, da exclusão de jurisdição relativamente a menores de dezoito anos, da irrelevância de qualidade pessoal, da responsabilidade dos chefes militares e outros superiores hierárquicos e da imprescritibilidade (arts. 22.-29, ETPI).

A jurisdição do TPI é fixada pelo ER, imperando a filosofia de que, do ponto de vista material, esta instituição judiciária internacional somente cuida dos crimes mais graves que afetam a comunidade internacional, ou seja, do crime de genocídio, o "crime dos crimes", dos crimes contra a humanidade, dos crimes de guerra e do crime de agressão (art. 5.º, ETPI, EC). A este respeito a Conferência de Revisão realizada em 2012 tomou passos decisivos para efetivar o crime de agressão aprofundando a sua definição e os critérios de exercício de jurisdição, porém postergou para 2017 uma decisão final sobre a questão. *Ratione temporis*, ao contrário das instituições estabelecidas pelo CS, o TPI somente tem jurisdição sobre os crimes cometidos depois da sua entrada em vigor (art. 11 (2), ETPI) ou, no que toca a Estados que se tornarem Partes depois da entrada em vigor do Estatuto, sobre os crimes cometidos depois da sua vinculação (art. 11 (2)), ETPI). Trata-se, neste caso, de uma solução destinada a salvaguardar o princípio da legalidade penal e, obviamente, uma decorrência natural de os Estados não terem só a propensão de aceitar um documento vinculativo que pode ser aplicado aos seus nacionais em relação a fatos ocorridos antes da sua entrada em vigor e nem a isso estarem obrigados pelo DI dos Tratados (*Convenção de Viena de 1969*, art. 27). Como a jurisdição do TPI não é universal, nem automática, somente se um crime for cometido por um nacional de um Estado-Parte ou que a aceite ou no seu território ou, ainda, se a situação for remetida à instituição pelo CS (art. 13, ETPI) é que uma pessoa pode ser julgada pelos crimes mencionados e mesmo assim respeitado o princípio da complementaridade.

4. A relação entre o TPI e o sistema internacional de segurança é natural e multifacetada. Caracteriza-se pela convergência no sentido de que visa produzir segurança humana, à medida que cria um quadro jurídico para permitir que, por via penal, se previna a ocorrência de crimes graves contra as pessoas, punindo os que incorrem em tais condutas. Mas também pode revelar-se tensa nas situações em que a prossecução da justiça esbarra em imperativos de manutenção da segurança porque a punição de governantes poderá inviabilizar acertos essenciais para pôr termo a conflitos armados ou criar instabilidade numa determinada região ou Estado.

5. O TPI transporta consigo virtudes e fragilidades resultantes do contexto e do modo como foi criado. Conheceu viva oposição da maior parte das grandes potências militares do Planeta, designadamente dos EUA, China, Rússia, Irão, Israel e muitas outras e padeceu de ações quase militantes de Washington nos seus primeiros anos de existência com a exploração de resoluções do CS (13 (b), ETPI) para conceder imunidades a integrantes de missões de paz ou dos acordos de consentimento preliminar à entrega previstos pelo art. 98 (2) do ER. Teve igualmente que se confrontar com uma miríade de questões que resultaram das negociações e que limitavam a capacidade dos *Like-Minded States* manifestarem o seu consentimento sob pena de criarem tensões constitucionais difíceis de ultrapassar. Com a colaboração desses Estados, como Portugal e outros países lusófonos, conseguiu contorná-las. Atualmente, o Tribunal conta com 123 Partes (dado de Fevereiro de 2015) e um ambiente um pouco mais amigável, já que, pelo menos, a oposição sistemática dos EUA baixou substancialmente de tom com a Administração Obama. No entanto, como é natural, novos desafios emergiram, dentre os quais desponta a reduzida amplitude da sua ação e a sua "africanização" (representando a integralidade dos casos pendentes as situações na Rep. Democrática do Congo, Uganda, Darfur, Rep. Centro-Africana, Quénia, Líbia, Côte d'Ivoire e Mali), que suscitou a reação de certos países e da União Africana (que pondera criar uma secção criminal no Tribunal Africano de Justiça e de Direitos Humanos para julgar crimes dessa natureza cometidos no continente), bem como a incapacidade de ter acesso a arguidos que circunstancialmente mantêm poder político considerável e amparo de alguns membros da comunidade internacional como é o caso do Presidente do Sudão, Al-Bashir. A substituição do antigo Procurador, o argentino Moreno Ocampo, cujo desempenho foi muito mal avaliado, pela gambiana Bensouda, poderá ter um impacto positivo com diversificação da 'clientela' do Tribunal, especialmente porque estão abertos inquéritos sobre as situações do Afeganistão, Geórgia, Iraque, Comores, Colômbia, Nigéria, Honduras e Rep. da Guiné.

Bibliografia

Direito e Justiça, Número especial: *O Tribunal Penal Internacional e a Transformação do Direito Internacional*, J. S. Miguel & P. S. Albuquerque (orgs.), 2006.

Gouveia, J. B., *Direito Internacional Penal. Uma Perspetiva Dogmático-Crítica*, Coimbra, Almedina, 2008.

Guerreiro, A., *A Resistência dos Estados Africanos à Jurisdição do Tribunal Penal Internacional*, Coimbra, Almedina, 2012.

Schabas, W., *The International Criminal Court: A Commentary on the Rome Statute*, Oxford, Oxford University Press, 2010.

Schabas, W., *An Introduction to the International Criminal Court*, Cambridge, Cambridge University Press, 2011.

UNIÃO AFRICANA

Sofia Santos

A dinâmica securitária em África é marcada pela substituição da Organização da Unidade Africana (OUA) de 1963 pela União Africana (UA) formalizada na Cimeira de Durban em 2002. Impulsionada na Cimeira de Sirte em 1999 e consolidada nas Cimeiras de Lomé (2000) e de Lusaka (2001), esta transição caracteriza-se por um processo de reforma e de fortalecimento institucional e normativo, com particular ênfase na dimensão securitária a fim de enfrentar com maior eficácia as ameaças e desafios regionais e globais. Abandonando as preocupações patentes na Carta da OUA de erradicação de todas as formas de colonialismo (artigo II, n.º 1, alínea d)) e de emancipação completa do continente africano (artigo III, n.º 6), o Ato Constitutivo da União centra-se na interligação entre a paz, a segurança e o desenvolvimento, refletindo a diferente realidade do continente africano.

Em consonância com o ideal do "Pan-Africanismo" preconizado pela sua antecessora, a União, constituída por 54 Estados, tem como principal propósito a realização de uma *maior* unidade e solidariedade entre os países e povos de África (artigo 3.º, alínea a)). As preocupações securitárias perpassam os seus objetivos e princípios e encontram-se subjacentes à criação de uma arquitetura de paz e segurança.

Os *objetivos* consagrados no artigo 3.º do Ato Constitutivo refletem a ambiciosa missão: respeito pela soberania, integridade territorial e independência dos membros, acelerar a integração política e socioeconómica do continente africano, promoção e defesa das posições africanas comuns sobre as questões de interesse para o Continente e seus povos, encorajamento da cooperação internacional, promoção da paz, da segurança e da estabilidade no continente, promoção dos princípios e das instituições democráticas, da participação popular e da boa governação, promoção e proteção dos direitos do homem e dos povos (de acordo com a Carta Africana dos Direitos do Homem e dos Povos e outros instrumentos relevantes), criação das condições necessárias que permitam ao continente africano desempenhar um papel relevante na economia mundial e nas negociações internacionais, promoção do desenvolvimento económico, social e cultural duradoiro e a integração das economias africanas, promoção da cooperação em todos os domínios da ação humana, com vista a elevar o nível de vida dos povos africanos, coordenação e harmonização das políticas entre as Comunidades Económicas Regionais existentes e futuras, impulsionar o desenvolvimento do continente através da promoção da investigação, particularmente no domínio da ciência e tecnologia, colaboração com os parceiros internacionais relevantes na erradicação das doenças suscetíveis de prevenção e na promoção de boa saúde no continente africano (alíneas b) a n)).

O artigo 4.º prescreve os *princípios* basilares da União: igualdade soberana e interdependência entre os membros, respeito pelas fronteiras existentes no momento da acessão à independência, participação dos povos africanos nas atividades da organização, estabelecimento de uma política comum de defesa, resolução pacífica dos conflitos e proibição da ameaça ou do uso da força entre os membros, não ingerência de qualquer Estado-membro nos assuntos internos de outro, direito da organização intervir num Estado-membro, em situações graves, designadamente, crimes de guerra, genocídio e crimes contra a humanidade, coexistência pacífica dos membros e seu direito de viver em paz e segurança e de procurar auxílio bem como o direito da organização intervir para restabelecer a paz e a segurança, direito dos membros de solicitarem a sua intervenção com vista ao restabelecimento da paz e segurança, promoção da autonomia coletiva no quadro da organização, promoção da igualdade de géneros, respeito pelos princípios democráticos, pelos direitos humanos, pelo Estado de Direito e pela boa governação, promoção da justiça social para garantir o desenvolvimento económico equilibrado, respeito pela santidade da vida humana, condenação e rejeição da impunidade, dos assassinatos políticos, dos atos de terrorismo e atividades subversivas assim como de mudanças inconstitucionais de governos (alíneas a) a p)).

Ainda que preceituando o respeito pela soberania e integridade territorial e a não ingerência nos assuntos internos, a UA rejeita uma interpretação estrita destes princípios. Tal posição prende-se com a defesa da segurança humana e com o argumento de que tal interpretação continuaria a obstar a intervenções, designadamente para pôr termo a graves violações dos direitos humanos, crimes de guerra e genocídio (processo descrito na literatura como a adoção do princípio da "não-indiferença" em detrimento do princípio da "não-interferência" defendido pela OUA) e que poderão ser solicitadas pelos Estados para o restabelecimento da paz e segurança. À condenação e rejeição de assassinatos políticos e atividades subversivas, o Ato Constitutivo acrescenta os atos de terrorismo e as mudanças inconstitucionais de governos, prevendo a sua suspensão no artigo 30.º (por exemplo, Mali (2012) Guiné Bissau (2012-2014), Egito (2013-2014) e República Centro-Africana (desde 2014)).

O artigo 5.º, n.º 1 determina o estabelecimento de vários órgãos de natureza distinta: a Conferência da União, o Conselho Executivo, o Parlamento Pan-Africano, o Tribunal de Justiça, a Comissão, o Comité de Representantes Permanentes, os Comités Técnicos Especializados, o Conselho Económico, Social e Cultural e as instituições financeiras. Com base no n.º 2 do mesmo artigo, que prevê a possibilidade de estabelecimento de outros órgãos por parte da Conferência, foram instituídos o Conselho de Paz e Segurança e a Comissão da União Africana sobre o Direito Internacional (2009).

A responsabilidade principal para a promoção da paz, segurança e estabilidade reside na *"Arquitetura de Paz e Segurança Africana"* (APSA), que aspira estabelece-se como um sistema de segurança coletiva e de alerta precoce, reagindo de forma atempada e eficaz a crises e situações de conflito. A entrada em vigor do "Protocolo Relativo ao Estabelecimento do Conselho de Paz e Segurança" em 2003 instituiu o Conselho de Paz e Segurança (*"Peace and Security Council"*) como peça central desta arquitetura. A este órgão, composto por 15 membros, eleitos com base no princípio da representação geográfica equitativa e da rotatividade (artigo 5.º), compete a prevenção, gestão e resolução de conflitos (artigo 2.º, n.º 1). O artigo 3.º precisa os objetivos do Conselho: promoção da paz, segurança e estabilidade, antecipação e prevenção de conflitos, promoção e implementação de ações de construção da paz e de reconstrução pós-conflito, coordenação e harmonização de esforços na prevenção e combate ao terrorismo internacional, desenvolvimento de uma política de defesa nos termos do artigo 4.º, alínea d) do Ato Constitutivo, promoção e encorajamento de práticas democráticas, da boa governação e do Estado de Direito. O Conselho orienta-se pelos princípios contidos no Ato Constitutivo da UA, na Carta das Nações Unidas e na Declaração Universal dos Direitos Humanos (artigo 4.º). Os artigos 6.º e 7.º detalham as funções e poderes deste órgão na prossecução dos objetivos enunciados. De salientar a responsabilidade pela implementação de uma política comum de defesa (artigo 7.º, n.º 1, alínea h)), consagrada na *Declaração Solene sobre uma Política Comum Africana de Defesa e Segurança* de 2004, e pela promoção da harmonização, coordenação e cooperação entre a União e os mecanismos regionais, componentes desta arquitetura securitária (artigos 7.º, n.º 1, alínea j) e 16.º).

O Conselho é apoiado pela Comissão, pelo Painel dos Sábios (*"Panel of the Wise"*), composto por cinco personalidades africanas altamente respeitadas em virtude do seu contributo para a paz, a segurança e o desenvolvimento do continente africano (artigo 11.º), por um sistema continental de alerta antecipado (*"Continental Early Warning System"*), para facilitar a antecipação e prevenção de conflitos, tendo em consideração os indicadores políticos, económicos, sociais, militares e humanitários claramente definidos e aceites (artigo 12.º), de uma força permanente de manutenção da paz (*"African Standby Force"*) para que o Conselho possa desempenhar as suas responsabilidades relativamente ao destacamento célere de missões de acordo com o artigo 4.º, alineas h) e j) do Ato Constitutivo (artigo 13.º) e pelo Fundo da Paz (*"Peace Fund"*). Este fundo visa proporcionar os recursos financeiros necessários para o desempenho das atividades no âmbito da paz e segurança, que agrega contribuições do orçamento regular da União e contribuições voluntárias dos membros, por parte do setor privado, da sociedade civil, de indivíduos entre outras fontes (artigo 21.º).

O progresso do sistema securitário tem possibilitado à União desempenhar um papel incontestavelmente mais interventivo em matéria de paz e segurança do que a OUA. Contudo, a sua efetivação plena depara-se com alguns obstáculos que residem na distinta valoração por parte dos Estados-membros dos princípios democráticos, do respeito pelos direitos humanos e da boa governação e, sobretudo na escassez de recursos financeiros, humanos e logísticos.

Bibliografia

Ulf Engel, João Gomes Porto (eds.), *Africa's New Peace and Security Architecture, Promoting Norms, Institutionalizing Solutions*, Global Security in a Changing World, Ashgate, Farnham, Surrey, 2010.

Ulf Engel, João Gomes Porto, "The African Union and African Security", in James J. Hentz (ed.), *Routledge Handbook of African Security*, Routledge, Abingdon, 2014, pp. 190-197.

Olufemi Babarinde, "The African Union and the quest for security governance in Africa", in Emil J. Kirchner, Roberto Dominguez (eds.), *The Security Governance of Regional Organizations*, Global Institutions, Routledge, Abingdon, 2013, pp. 273-299.

UNIÃO EUROPEIA

Francisco Pereira Coutinho

I. A ideia de uma união política à escala europeia que trouxesse paz e prosperidade a um Continente devastado pela guerra ficou eternizada por Winston Churchill no discurso de Zurique (1945), quando sugeriu a criação dos "Estados Unidos da Europa". Este apelo encontrou eco nos movimentos pan-europeus que se reuniram na Haia no Congresso da Europa (1948). Uma das vias discutidas

UNIÃO EUROPEIA

para o desenvolvimento da integração europeia foi a da cooperação supra-nacional, através da criação de entidades para as quais os respetivos Estados--Membros transfeririam poderes soberanos. Sob o impulso da "Declaração Schuman" (1950), a primeira destas concretizações foi a Comunidade Europeia do Carvão e do Aço – duas das mais importantes matérias-primas usadas no esforço de guerra –, criada por seis Estados europeus pelo Tratado de Paris (1951). O sucesso desta primeira realização foi, contudo, ofuscado pelo abandono do projeto da Comunidade Europeia de Defesa (1954), que antecederia a criação de uma Comunidade Política Europeia. Reunidos em Messina (1955), os Estados--Membros da Comunidade Europeia do Carvão e do Aço promoveram uma inflexão no processo de integração europeia, retomando a via funcionalista dos "pequenos passos" sugerida na "Declaração Schuman", que redundaria na criação da Comunidade Económica Europeia e da Comunidade Europeia da Energia Atómica pelos Tratados de Roma (1957). Entre as realizações mais relevantes da Comunidade Económica Europeia encontramos a união aduaneira e, parti-cularmente, o mercado único, onde pessoas, mercadorias, serviços e capitais podem circular livremente.

Seria somente com o Ato Único Europeu (1986) que a União Europeia ganharia existência jurídica (art. 1.º), mas seria preciso esperar pela entrada em vigor do Tratado de Maastricht (1993) para que finalmente fosse dotada de um quadro institucional único, do qual resulta uma ordem jurídica autónoma dos seus Estados-Membros, a qual se projetava com diferentes graus de intensidade no âmbito das Comunidades Europeias (I Pilar), da Política Externa e de Segurança Comum (II Pilar) e da cooperação nos domínios da justiça e assuntos internos (III Pilar). Com a entrada em vigor do Tratado de Lisboa (2009) a União Europeia absorveu a Comunidade Europeia – a anterior Comunidade Económica Europeia (art. 1.º, terceiro parágrafo, *in fine*).

II. A UE é hoje uma entidade política *sui generis* que congrega 28 Estados euro-peus (2014) fundada no Tratado da União Europeia e no Tratado sobre o Funcio-namento da União Europeia (art. 1.º do Tratado da União Europeia). A descrita singularidade decorre do largo acervo competências que possui (arts. 4.º e 5.º do Tratado da União Europeia) e da prossecução de fins muito alargados (art. 3.º do Tratado da União Europeia). A originalidade resulta também do quadro insti-tucional adotado (art. 13.º do Tratado da União Europeia), que reúne simultane-amente instituições políticas de cariz intergovernamental (o Conselho Europeu e o Conselho da União Europeia) e de cariz supranacional (o Parlamento Europeu e a Comissão Europeia). A estas acrescem ainda instituições de controlo juris-dicional (o Tribunal de Justiça da União Europeia) e administrativo (o Tribunal de Contas), bem como uma instituição administrativa independente (o Banco Central Europeu).

UNIÃO EUROPEIA

Outra das particularidades da União Europeia decorre de o seu direito se ter afastado das suas "raízes" jusinternacionais. Tal ocorreu essencialmente através de um conjunto de decisões do Tribunal de Justiça da União Europeia, onde se declarou que as normas da União (i) podem criar direitos que os particulares podem reclamar diretamente perante os tribunais nacionais ("van Gend & Loos", acórdão de 5 de Fevereiro de 1963, 26/62, *Colect.*, 1962-1964, p. 210), e (ii) prevalecem sobre o direito nacional, seja este anterior ou posterior à entrada em vigor da norma da União ("Costa", acórdão de 15 de Julho de 1964, 6/64, *Colect.*, 1962-1964, p. 549), e mesmo que em causa estejam normas de estalão constitucional (acórdão de 17 de Dezembro de 1970, "Internationale Handelsgesellschaft", 11/70, *Colect.*, 1969-1970, p. 625, n.º 3). Face ao Tratado sobre o Funcionamento da União Europeia, acrescente-se, apenas os regulamentos são fontes imediatas de direitos e obrigações [art. 288.º (2) do Tratado sobre o Funcionamento da União Europeia]. A atribuição de efeito direto às demais normas da União originárias (Tratados) ou derivadas (diretivas, decisões, recomendações ou pareceres) está dependente de análise casuística do Tribunal de Justiça da União Europeia que avaliará, entre outros aspectos, a sua clareza e incondicionalidade.

III. Nos domínios da segurança e defesa, o Tratado da União Europeia impõe a adoção de políticas que permitam à União obter capacidade operacional para enviar missões ao exterior a fim de assegurar a manutenção da paz, a prevenção de conflitos e o reforço da segurança internacional (art. 42.º, n.º 1, do Tratado da União Europeia). São as chamadas *Missões de Petersberg*, as quais incluem missões em matéria de desarmamento, missões humanitárias e de evacuação, missões de aconselhamento e assistência em matéria militar, missões de prevenção de conflitos e de manutenção de paz, missões de forças de combate para a gestão de crises, incluindo as missões de restabelecimento da paz e as operações de estabilização no termo de conflitos (art. 43.º, n.º 1, do Tratado da União Europeia).

Como objetivo de longo prazo, o Tratado prevê ainda a definição gradual de uma política de defesa comum que conduza a uma efetiva defesa comum quando o Conselho Europeu, deliberando por unanimidade, assim o decidir [art. 42.º, n.º 2 (§1) do Tratado da União Europeia]. Salvaguardada convencionalmente ficou, todavia, a neutralidade das políticas de segurança e defesa de alguns Estados-Membros ou as obrigações que resultem para outros Estados--Membros do Tratado do Atlântico Norte [art. 42.º, n.º 2 (§2) do Tratado da União Europeia].

As decisões relativas à política comum de segurança e defesa são adotadas por unanimidade pelo Conselho, sob proposta do Alto Representante da União para os Negócios Estrangeiros e a Política de Segurança ("Alto Representante") ou de um Estado-Membro (art. 42.º, n.º 4, TUE). A condução das políticas de segurança e defesa compete ao Alto Representante, que as executa na qualidade de mandatário do Conselho (art. 18.º, n.º 2, do Tratado da União Europeia). Uma vez que a União não dispõe de forças militares próprias, a sua concretização efetiva depende de os Estados-Membros disponibilizarem meios civis e militares apropriados. Para o efeito, os Estados-Membros assumiram convencionalmente o compromisso de melhorar progressivamente as suas capacidades militares, cabendo à "Agência Europeia de Defesa" prestar assistência ao Conselho na avaliação do melhoramento dessas capacidades (art. 42.º, n.º 3, do Tratado da União Europeia).

Bibliografia

Francisco Pereira Coutinho e Isabel Camisão, "A ação externa da União Europeia", (com Isabel Camisão), *Revista de Direito Público*, 8, 2012, pp. 7 a 56.

Maria José Rangel de Mesquita, *A Actuação Externa da União depois do Tratado de Lisboa*, Almedina, 2011.

Jolyon Howorth, *Security and Defence Policy in the European Union*, Palgrave Macmillan, 2007.

Anne Deighton "The European Security and Defence Policy", 40, *Journal of Common Market Studies*, 2002, pp. 719 a 41.

Paul Magnette, *What is the European Union*, Palgrave Macmillan, 2005.

VIOLÊNCIA URBANA

Nelson Lourenço

A violência e segurança urbanas são questões societais centrais ocupando um espaço significativo no quadro da preocupação dos indivíduos e da vivência democrática, em todo o Mundo. A sua análise pressupõe uma leitura ampla das dinâmicas urbanas e dos processos de metropolização que, associadas ao processo de globalização, dão forma à modernidade tardia nas suas dimensões social, cultural, política e económica.

As cidades de hoje foram formatadas pela revolução industrial num processo de estandardização dos sistemas urbanos, com as suas avenidas, edifícios altos, bairros socialmente diferenciados e zonas de segregação étnica. O aparecimento de redes de transportes públicos assegurou a integração das diferentes áreas de actividades. O automóvel contribuiu para a dispersão urbana ao possibilitar o aparecimento de zonas de residência individual. O progresso técnico aparece, assim, associado à criação das condições para a emergência e constituição de grandes zonas urbanas, ou metrópoles, que caracterizam a paisagem da modernidade. Importa reter, no entanto, que uma região metropolitana é definida não apenas pela sua dimensão e estrutura interna, mas também por uma nova forma de organização territorial que se caracteriza por uma difusão e interdependência no espaço das actividades, das funções e dos grupos, possuidores de uma forte mobilidade geográfica.

VIOLÊNCIA URBANA

O crescimento da população urbana não é por si algo positivo ou negativo. Historicamente as cidades têm desempenhado um papel fundamental na modernização e desenvolvimento das sociedades, evidenciando uma maior capacidade de atrair investimentos e de gerar oportunidades de emprego, contribuindo para a melhoria das condições de vida da população. Este progresso assenta na capacidade de assegurar um ritmo de crescimento económico capaz de satisfazer as necessidades acrescidas por um aumento rápido da população.

No entanto, a evidência também mostra que, apesar do seu potencial intrínseco de gerarem prosperidade, a riqueza criada nas cidades não é condição suficiente para eliminar a pobreza. Muitas cidades, particularmente as das regiões menos desenvolvidas, que apresentam os ritmos mais intensos de crescimento demográfico, afirmam-se como espaços potenciadores de pobreza e de desigualdades sociais a que se associa um risco acrescido de instabilidade social. A vulnerabilidade das *mega* e *metacidades* está inscrita neste quadro.

A cidade é uma realidade em permanente mudança, influenciada pela inovação tecnológica e pelas dinâmicas sociais e económicas. Heterogénea na sua composição social, a cidade vive num equilíbrio precário e frágil como todos os sistemas sociais.

Vivendo numa sociedade essencialmente urbana – quer quanto à distribuição da população e organização do território quer quanto à cultura – qual o interesse em falar em violência urbana dado que a maioria dos actos classificados como violentos decorre em contexto urbano?

As definições propostas para violência urbana são quase sempre ou meramente descritivas ou redutoras do objecto que se quer definir. Há contudo pontos fortes de convergência nas definições comummente utilizadas para referir este tipo de acção: que os seus actores são jovens, embora a definição do que é ser jovem não seja clara quanto ao seu limite superior; que se refere a acções de fraca organização; que define como objecto frequente de agressão os espaços públicos, físicos ou simbólicos; o carácter gratuito dos actos, que podem assumir formas diversas, indo do vandalismo ao motim; o terem efeitos colaterais vastos e de frequentemente não serem dirigidos a ninguém em concreto.

Assim, violência urbana é o furto por esticão, a mendicidade agressiva ou a *grafitagem* desenfreada ou o furto de viaturas para passeios nocturnos que podem acabar em actos de violência criminal. Violência urbana é ainda a delinquência juvenil nas suas variadas formas e ilicitudes. Violência urbana é o que leva a que sejam destruídas viaturas e mobiliário urbano nas ruas de muitas cidades; na origem destes actos estão frequentemente conflitos entre grupos de jovens ou entre estes e a polícia.

Em certos contextos geográficos a violência e a criminalidade atingem valores altíssimos constituindo uma séria ameaça à segurança e ao desenvolvimento.

VIOLÊNCIA URBANA

É o caso em muitas cidades da América Latina, da Ásia e de África, onde a violência urbana e a escalada de violência armada se situam num quadro sem possibilidade de comparação com o que acontece em sociedades como as europeias. Ilustrando esta realidade a agência das Nações Unidas HABITAT constatava que a violência urbana é uma das cinco primeiras causas de morte em países como o Brasil, a Colômbia, El Salvador e a Guatemala.

O crime organizado, o tráfico de droga, o tráfico de seres humanos, os raptos e os actos associados à violência política, como a guerrilha, a eliminação de adversários políticos e a violência policial, integram o longo *road-map* da violência urbana na América Latina.

A noção de violência urbana mais corrente refere-se a um vasto conjunto de actos de tipificação difícil, porque frequentemente sobrepostos, apelando a uma leitura holística para a compreensão da sua origem e motivação e essencial à definição de políticas de intervenção. Na noção de violência urbana incluem-se, assim, actos de graduação penal diferenciada – quando não estão fora da *alçada da lei*, como muitos que cabem na designação de incivilidades – e que atingindo certos patamares põem em causa a segurança e a qualidade de vida dos cidadãos e alimentam o sentimento de insegurança.

A complexa realidade da violência em contexto urbano exige, no entanto, uma definição mais ampla e abrangente. Com efeito, a distinção entre violência urbana e motim é paradigmática desta dificuldade em definir, com recurso à terminologia jurídica, insegurança e violência urbana. Esta dificuldade terminológica é comum a outros países: em França, a dificuldade em distinguir *violence urbaine* de *émeute* conduziram a uma terminologia com origem nos serviços de informação, falando-se agora em *violence périurbaine* ou em *troubles périurbaines;* a terminologia anglófona oscila entre *riots,* significando perturbação da ordem pública, e *civil unrest* e *urban unrest,* para designar quer a violência urbana quer os motins.

Os motins têm uma natureza colectiva, prosseguem objectivos políticos ou de contestação da ordem instalada. As acções que cabem na designação de motins referem-se a manifestações contra a autoridade e são acompanhadas por actos de vandalismo contra a propriedade pública e privada e de violência contra as pessoas. Estas acções constituem hoje um fenómeno frequente um pouco por todo o mundo, registando-se em países desenvolvidos ou em desenvolvimento. A reter o carácter espontâneo de muitas destas acções, em que as novas tecnologias de informação (o *twiter*, o *facebook* ou os *sms*) têm desempenhado um papel potenciador na emergência e consolidação das redes sociais que desencadeiam e suportam estas acções.

Como actores principais da insegurança urbana a maioria dos autores menciona os *gangs*. Referidos na criminologia clássica como um fenómeno essencialmente americano, os *gangs* são hoje considerados como uma realidade de dimensão universal com uma forte e significativa contribuição para a violência urbana e o sentimento de insegurança que lhe está associado.

Podendo assumir objectivos e formas organizacionais diferenciadas, os *gangs* são nos seus traços caracterizadores grupos de jovens de origem social baixa, oriundos de bairros degradados e/ou periféricos e cuja identidade pode ser fundada na pertença étnica, ou racial ou religiosa e no sentimento de discriminação. A associação a actividades delinquentes e ilícitas é outro dos marcadores de referência destes grupos.

A geografia social das cidades modernas é frequentemente polarizada, criando espaços de diferenciação social, cultural e económica acentuada e em cujos interstícios os *gangs* actuam, por vezes passando de grupos de rua a grupos institucionalizados e que perduram por mais de uma geração. Substituindo um Estado ausente e uma sociedade com reduzidas alternativas, definindo os seus próprios padrões de comportamento, no quadro de uma subcultura por si legitimada, os *gangs* surgem a estes jovens como uma *irmandade* e a porta de entrada a um desejado bem-estar material, mesmo que ilícito ou criminal.

A literatura especializada vem referindo o papel crescente destes grupos, por todo o mundo, na economia informal de natureza criminosa, onde pontifica o tráfico de droga. Alguns autores destacam a permeabilidade, em certos contextos sociogeográficos, das fronteiras entre delinquência e criminalidade e a actividades associadas a grupos de natureza política de carácter nacionalista e fundamentalista ou mesmo terrorista.

Bibliografia

Castells, Manuel, *La question urbaine*. Maspero, Paris, 1972.

Hagedorn, John M. (Ed.). *Gangs in the Global City. Alternatives to Traditional Criminology*, University of Illinois Press, Champaign – Illinois, 2007.

Lourenço, Nelson, "Globalização, Metropolização e Insegurança: América Latina e África". *RDeS – Revista de Direito e Segurança*, 1, 2013, pp. 87-116.

Plessis-Fraissard, Maryvonne, "Safety in the city", Habitat Debate, 13, 3, 2007, pp. 8.

Roché, Sébastian, *Le Frisson de l'Emeute. Violences Urbaines et Banlieues*. Seuil, Paris, 2006.

ÍNDICE

NOTA PRÉVIA	5
COLABORADORES	7

Academia Militar – *João Vieira Borges*	17
Administração Pública da Segurança – *Alice Feiteira*	18
Agência Internacional de Energia Atómica – *Sofia Santos*	22
Alterações climáticas – *Viriato Soromenho-Marques*	25
Armada – *Francisco Proença Garcia*	36
Armas de destruição massiva – *Sofia Santos*	37
Ataque armado – *Sofia Santos*	41
Autoridade marítima nacional e polícia marítima – *Duarte Lynce de Faria*	43
Autoridade Nacional de Proteção Civil – *Duarte Caldeira*	49
Autoridade de Segurança Alimentar e Económica – *André Ventura*	50
Autoridade Tributária e Aduaneira – *André Ventura*	51
Biossegurança – *Sofia Santos*	54
Bombeiros – *Duarte Caldeira*	57
Carreira militar – *Francisco Proença Garcia*	59
Ciberespaço – *Lino Santos*	60
Cibersegurança – *Lino Santos*	63
Comandante Supremo das Forças Armadas – *Francisco Proença Garcia*	67
Condição militar – *José Fontes*	69
Conselho de Segurança das Nações Unidas – *Sofia Santos*	70
Conselho Superior de Defesa Nacional – *Francisco Proença Garcia*	73
Constituição – *Jorge Bacelar Gouveia*	75
Convenção de Mérida – *André Ventura*	77
Convenção de Palermo – *André Ventura*	79
Corrupção – *André Ventura*	81
Crime – *André Ventura*	83

ENCICLOPÉDIA DE DIREITO E SEGURANÇA

Crime militar – *Vítor Gil Prata*	84
Crimes estritamente militares – *Vítor Gil Prata*	86
Criminalidade – *Nelson Lourenço*	87
Criminalidade organizada – *José Manuel Anes*	89
Criminalidade transnacional e globalização – *Nelson Lourenço*	94
Criminologia – *André Ventura*	96
Declaração de guerra – *Francisco Proença Garcia*	97
Defesa Nacional – *Francisco Proença Garcia*	99
Defesa da Pátria – *Francisco Proença Garcia*	101
Defesa preemptiva – *Sofia Santos*	102
Defesa preventiva – *Sofia Santos*	104
Delinquência juvenil – *Maria João Leote de Carvalho*	105
Democracia – *Jorge Bacelar Gouveia*	108
Dignidade da Pessoa Humana – *Jorge Bacelar Gouveia*	112
Direito Africano da Segurança – *José Pina Delgado*	116
Direito Constitucional – *Jorge Bacelar Gouveia*	119
Direito Constitucional da Segurança – *Jorge Bacelar Gouveia*	131
Direito Disciplinar Militar – *Vítor Gil Prata*	136
Direito Internacional Humanitário – *Helena Pereira de Melo*	139
Direito Internacional Humanitário – *Jorge Bacelar Gouveia*	144
Direito Internacional da Segurança – *Jorge Bacelar Gouveia*	147
Direito de legítima defesa internacional – *Sofia Santos*	150
Direito Militar – *José Fontes*	152
Direito Penal Militar – *Vítor Gil Prata*	153
Direito Rodoviário – *Sónia Reis*	157
Direitos fundamentais – *Jorge Bacelar Gouveia*	161
Disciplina militar – *Vítor Gil Prata*	165
Emergência médica – *Duarte Caldeira*	167
Estado – *Jorge Bacelar Gouveia*	168
Estado de Direito – *Jorge Bacelar Gouveia*	185
Estado de guerra – *Francisco Proença Garcia*	189
Estado-Maior-General das Forças Armadas – *Francisco Proença Garcia*	190
Estado-Maior dos Ramos – *Francisco Proença Garcia*	191
Estados falhados – *Felipe Pathé Duarte*	192
Estados de sítio e de emergência – *Jorge Bacelar Gouveia*	193
Estatísticas criminais – *Nelson Lourenço*	197
Exército – *Francisco Proença Garcia*	200
Expulsão – *Constança Urbano de Sousa*	201
Extradição – *Constança Urbano de Sousa*	205
Força Aérea – *Francisco Proença Garcia*	208
Forças Armadas – *Luís Salgado de Matos*	209

Gestão de crises – *Sofia Santos*	213
Guarda Nacional Republicana – *João Raposo*	215
Guerra justa – *José Pina Delgado*	221
Habeas corpus – *André Ventura*	224
Independência nacional – *Luís Salgado de Matos*	226
Ingerência humanitária – *Sofia Santos*	234
Inimigo – *Luís Salgado de Matos*	237
Intervenção para Alteração e Proteção de Regime [Político] (incluindo a Intervenção Democrática) – *José Pina Delgado*	243
Investigação criminal – *André Ventura*	246
Juízes militares – *Vítor Gil Prata*	247
Justiça militar – *Vítor Gil Prata*	249
Legítima defesa – *José Pina Delgado*	253
Lei do Cibercrime – *Pedro Verdelho*	255
Medicina Legal – *Helena Pereira de Melo*	263
Medidas de coação – *André Ventura*	267
Medidas de polícia – *João Raposo*	269
Medidas de segurança – *André Ventura*	273
Ministério Público – *André Ventura*	274
Mobilização civil – *José Fontes*	275
Movimentos sociais – *Felipe Pathé Duarte*	277
Obediência militar – *Vítor Gil Prata*	279
Operações de paz – *Jorge Bacelar Gouveia*	283
Organização das Nações Unidas – *Sofia Santos*	287
Organização para a Proibição de Armas Químicas – *Sofia Santos*	290
Organização para a Segurança e Cooperação na Europa – *Sofia Santos*	293
Organização do Tratado do Atlântico Norte – *Sofia Santos*	295
Organizações internacionais de segurança e defesa – *Sofia Santos*	298
Órgão de polícia criminal – *André Ventura*	302
Pena – *André Ventura*	304
Pena de morte – *André Ventura*	305
Polícia – *João Raposo*	307
Polícia Científica/Criminalística – *José Manuel Anes*	309
Polícia do Exército – *José Fontes*	313
Polícia Judiciária Militar – *José Fontes*	314
Polícia de Segurança Pública – *João Raposo*	314
Policiamento orientado pelas informações – *Pedro Moleirinho*	322
Política Comum de Segurança e Defesa – *Francisco Pereira Coutinho*	330
Princípio da proporcionalidade – *Jorge Bacelar Gouveia*	333
Prisão preventiva – *Teresa Pizarro Beleza e Frederico Costa Pinto*	335
Produção de informações – *Rui Pereira e Alice Feiteira*	340

ENCICLOPÉDIA DE DIREITO E SEGURANÇA

Proibição do uso da força no Direito Internacional Público – *Jorge Bacelar Gouveia*	342
Proteção civil – *Duarte Caldeira*	346
Provas proibidas – *Teresa Pizarro Beleza e Frederico da Costa Pinto*	349
Provedor de Justiça – *José Lucas Cardoso*	353
Regime Jurídico da Segurança Privada – *João Frias*	358
Resolução de controvérsias internacionais – *Jorge Bacelar Gouveia*	365
Sabotagem – *Felipe Pathé Duarte*	369
Sanções internacionais – *Sofia Santos*	370
Segredo de Estado – *Arménio Marques Ferreira*	373
Segredo de justiça – *Teresa Pizarro Beleza e Frederico da Costa Pinto*	378
Segurança ambiental – *Viriato Soromenho-Marques*	384
Segurança coletiva – *José Pina Delgado*	396
Segurança comunitária e policiamento de proximidade – *Pedro Moleirinho*	399
Segurança cooperativa – *Sofia Santos*	408
Segurança económica – *Sofia Santos*	409
Segurança externa – *Armando Marques Guedes*	411
Segurança humana – *Jorge Bacelar Gouveia*	418
Segurança da informação – *Lino Santos*	422
Segurança interna – *Armando Marques Guedes*	425
Segurança interna – *Nelson Lourenço*	431
Segurança no mar – *Duarte Lynce de Faria*	433
Segurança rodoviária – *Alice Feiteira*	439
Sentimento de insegurança – *Nelson Lourenço*	443
Serviço cívico – *Francisco Proença Garcia*	445
Serviço de Estrangeiros e Fronteiras – *André Ventura*	446
Serviço militar – *Francisco Proença Garcia*	448
Serviços de informações – *Rui Pereira e Alice Feiteira*	448
Sociedade de risco – *Felipe Pathé Duarte*	451
Subversão – *Felipe Pathé Duarte*	453
Terrorismo – *José Manuel Anes*	456
Terrorismo islamista – *José Manuel Anes*	460
Tribunal de júri – *André Ventura*	463
Tribunal Penal Internacional – *Jorge Bacelar Gouveia*	465
Tribunal Penal Internacional – *José Pina Delgado e Liriam Tiujo Delgado*	472
União Africana – *Sofia Santos*	476
União Europeia – *Francisco Pereira Coutinho*	479
Violência Urbana – *Nelson Lourenço*	482